동인도회사
제국이 된 기업

THE ANARCHY:
THE RELENTLESS RISE OF THE EAST INDIA COMPANY
Copyright © William Dalrymple, 2019
Maps and illustrations © Olivia Fraser, 2019

This translation of THE ANARCHY is published by Sangsang Academy by arrangement with Bloomsbury Publishing Plc. through Eric Yang Agency.

이 책의 한국어판 저작권은 에릭양 에이전시를 통해 Bloomsbury Publishing Plc.와 독점 계약한 ㈜상상아카데미가 소유합니다. 저작권법에 의하여 한국 내에서 보호를 받는 저작물이므로 무단 전재 및 복제를 금합니다.

동인도회사
제국이 된 기업

1판 1쇄 펴냄 2025년 10월 10일
1판 2쇄 펴냄 2025년 10월 20일

지은이 윌리엄 달림플
옮긴이 최파일
발행인 김병준·고세규
발행처 생각의힘
편집 조소영·박승기·정혜지 **디자인** 이소연·김경민 **마케팅** 김유정·신예은·최은규

등록 2011. 10. 27. 제406-2011-000127호
주소 서울시 마포구 독막로6길 11, 2, 3층
전화 편집 02)6925-4183 영업 02)6953-8396 팩스 02)6925-4182
전자우편 tpbook1@tpbook.co.kr 홈페이지 www.tpbook.co.kr

*책값은 뒤표지에 있습니다.
*잘못된 책은 구입하신 서점에서 교환해 드립니다.

ISBN 979-11-94880-21-9 (93900)

THE ANARCHY

동인도회사
제국이 된 기업

윌리엄 달림플 William Dalrymple
최파일 옮김

탐욕과 혼돈의 아수라

생각의힘

"일개 상업회사가 2억 명의 나라를 노예로 만들었다."

1908년 12월 14일, 레프 톨스토이가 어느 힌두교도에게 보낸 편지에서

"기업은 벌을 받을 육체도 지옥에 떨어질 영혼도 없으니
제 하고 싶은 대로 한다."

에드워드, 제1대 설로 남작(1731~1806), 워런 헤이스팅스 탄핵 심판 당시 대법관

〔큰 글씨는 무굴 제국의 분열 이후 사실상 독립적으로 행동한 주요 정치 세력 또는 군벌 정권들이다〕

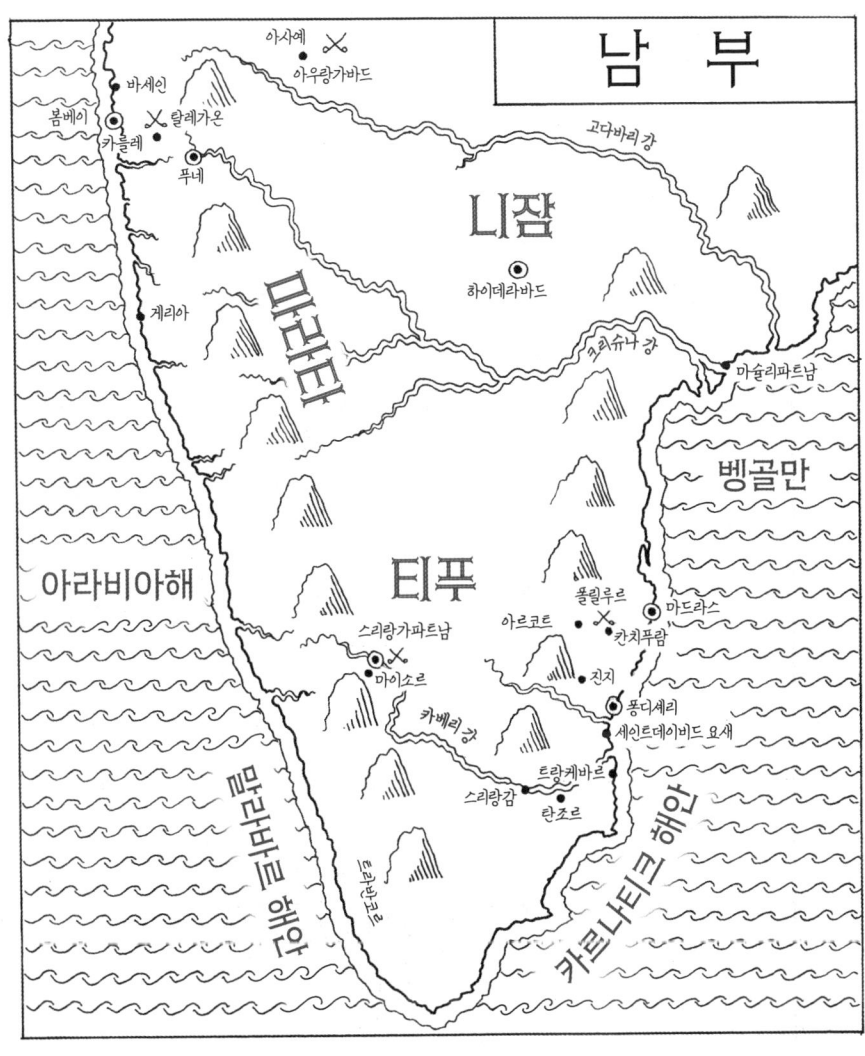

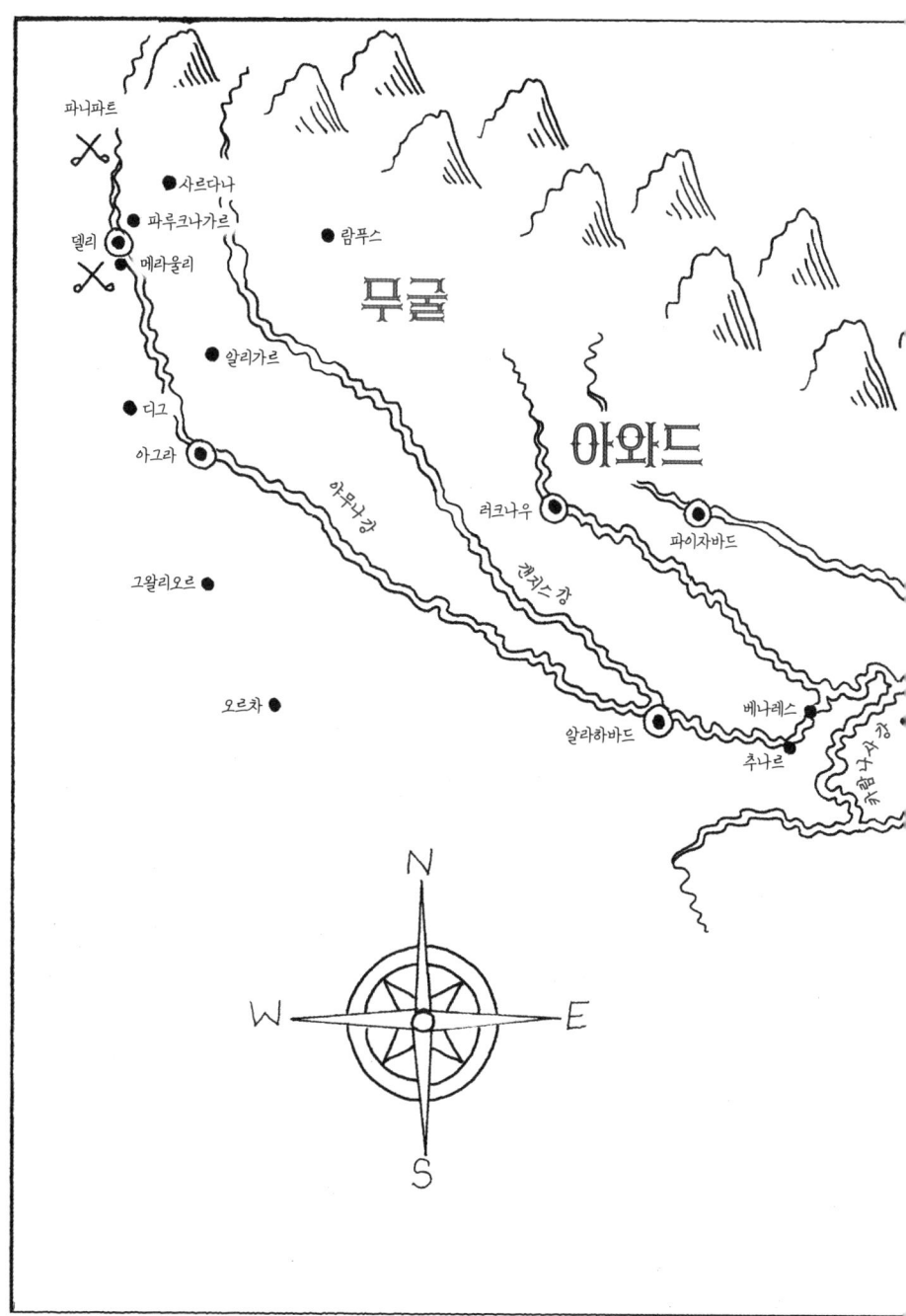

북 부

히말라야

비하르

북사르
파트나
몽기르
갠지스강
라지마할
보드가야
헬사
무르시다바드
카심바자르
다카
비르붐
플라시
카트와
부르드완
파드마강
치타공
벵골
후글리강
찬데르나가르
미드나푸르
캘커타
풀타

벵골만

차례

지도 6
등장인물 13
프롤로그 25

1장	1599년	43
2장	거절할 수 없는 제의	125
3장	약탈의 빗자루질	177
4장	별 볼 일 없는 군주	227
5장	유혈과 혼란	275
6장	기근에 시달리다	329
7장	황폐한 델리	389
8장	워런 헤이스팅스 탄핵	455
9장	인도라는 시체	493

에필로그 569
용어 해설 575
주 581
참고문헌 627
찾아보기 647

일러두기
1. 이 책의 원제는 *The Anarchy: The Relentless Rise Of The East India Company*이 며, 한국어판 제목은 《동인도회사, 제국이 된 기업》이다.
2. 단행본은 겹화살괄호(《 》), 신문, 잡지, 희곡, 그림 등 개별 작품의 제목은 홑화살 괄호(〈 〉)로 표기하였다.
3. 이 책은 국립국어원의 표준어 규정 및 외래어 표기법을 따랐으나, 일부는 관례 와 원어 발음을 고려하였다.
4. 본문 중 대괄호([ ])는 매끄러운 이해를 돕고자 저자가 원문에 없는 내용을 추가 한 것이며, 거북등괄호(〔 〕)는 옮긴이가 추가한 설명이다.
5. 옮긴이 주석은 마지막에 '―옮긴이'라고 밝혔다.
6. 원문이 이탤릭체로 표기된 것은 용어 해설을 참고하라. (예. 니잠*nizam*, 문시*munshi*)

등장인물

영국인

로버트 클라이브 Robert Clive, 1대 클라이브 남작(1725~1774)

동인도회사 회계원이었으나 놀라운 군사적 재능으로 승진하여 벵골 총독이 된다. 바라진 몸매에 말수가 적고 지독하게 야심만만하며 자기주장이 매우 확고한 그는 난폭하고 인정사정없지만 회사와 회사 군대의 매우 유능한 리더였다. 상대를 판단할 줄 아는 거리 싸움꾼의 눈썰미, 우연히 찾아온 기회를 붙드는 재능, 커다란 위험을 감수하는 자세, 공격적이고 기막힌 배짱이 있었다. 벵골과 비하르, 오리사주에서 동인도회사의 정치적, 군사적 패권을 수립하고 영국의 인도 지배의 토대를 놓은 장본인이다.

워런 헤이스팅스 Warren Hastings(1732~1818)

1773년부터 1785년까지 윌리엄 요새 총독령Presidency의 초대 총독, 벵골 최고 집행위원회의 수장이자 실질적인 인도의 초대 총독으로 학문과 언어에 능했다. 검소하고 학구적이며 근면하고 금욕적인 일 중독자인 그는 인도를 깊이 이해하고 사랑한 인물로 잘 알려져 있다. 젊은 시절에는 동료들의 벵골 약탈을 막으려고 고군분투했다. 맞수인 필립 프랜시스가 부패 혐의로 고발해 의회에서 탄핵되었고, 세간의 이목이 집중된 긴 재판 끝에 1795년에 마침내 무죄를 선고받았다.

필립 프랜시스 Philip Francis (1740~1818)

아일랜드 출신 정치가이자 모사에 능한 논객으로《유니우스 서한》의 작가로 추정되며, 워런 헤이스팅스의 주요 맞수이자 적대자였다. 헤이스팅스가 벵골의 모든 부패의 원흉이라는 그릇된 믿음과 그를 대신해 벵골 총독이 될 야심을 품고서 1774년부터 죽을 때까지 헤이스팅스를 괴롭혔다. 결투에서 헤이스팅스를 죽이지 못하고 오히려 자기 갈비뼈에 피스톨 총알을 맞은 뒤 런던으로 돌아왔다. 그의 고발로 헤이스팅스와 벵골 대법관 일라이자 임피 Elijah Impey가 탄핵되었으나, 궁극적으로 둘 다 무죄 선고를 받았다.

찰스 콘월리스 Charles Cornwallis, 1대 콘월리스 후작 (1738~1805)

1781년 요크타운 포위전에서 미국-프랑스 연합군에 항복한 북아메리카 주둔 영국군 사령관 콘월리스는 인도에서 그와 같은 사태가 되풀이되지 않도록 하기 위해 동인도회사의 인도 총독으로 기용되었다. 뜻밖에 정력적인 행정가였던 그는 영구처분법을 도입해 벵골에서 회사의 토지세입을 증가시켰고 1782년 제3차 영국-마이소르 전쟁에서 티푸 술탄을 무찔렀다.

리처드 콜리 웰즐리 Richard Colley Wellesley, 1대 웰즐리 후작 (1760~1842)

나폴레옹이 정복한 유럽보다 더 넓은 인도 땅을 정복한 총독. 동인도회사의 장삿속을 멸시하고, 그 대신 상무원 의장 President of the Board of Trade이자 프랑스공포증 환자인 친구 던다스의 지침에 따라 움직였다. 동인도회사의 군대와 자원을 이용해 제4차 영국-마이소르 전쟁을 성공적으로 수행했고, 이 전쟁은 1799년 티푸 술탄이 죽고 그의 수도가 파괴되면서 막을 내렸다. 이어 1803년에는 제2차 영국-마라타 전쟁을 벌여 신디아와 홀카르의 군대를 격파했다. 이 무렵 그는 인도에 남아 있던 프랑스 세력을 모두 몰아냈고, 동인도회사는 펀자브 이남 아대륙 대부분의 지배권을 얻었다.

아서 웰즐리 Arthur Wellesley 대령(1769~1852)

마이소르 총독이자 데칸과 '남부 마라타 지방의 수석 정치 군사 장교'였던 그는 1799년 티푸의 군대와 1803년 마라타 군대를 무찌르는 데 기여했다. 훗날의 웰링턴 공작으로 더 유명하다.

제럴드 레이크 Gerald Lake, 1대 레이크 자작(1744~1808)

아서왕 전설의 기사 랜슬롯의 후손을 자처하던 레이크 경 Lord Lake 은 외교를 그다지 중시하지 않는 인물이었다. 한번은 군대 경리관에게 "끼적거리는 건 집어치우고 싸움이나 잘해라"라고 소리쳤다고 한다. 7년전쟁과 미국독립전쟁에 참전하여 요크타운에서 워싱턴에 맞서 싸운 적도 있는 그는 예순 살에도 소년 같은 매력과 엄청난 에너지로 유명했고, 새벽 2시에 일어나 푸른 눈을 번뜩이며 행군을 이끌 채비를 하곤 했다. 그는 웰즐리의 매우 유능한 사령관이었고 1803년 전쟁의 북부 작전 지역인 힌두스탄에서 마라타 군대를 무찌르는 임무를 맡았다.

에드워드 클라이브 Edward Clive, 1대 파위스 배자(1754~1839)

로버트 클라이브('인도의 클라이브')의 아들인 그는 눈에 띄게 아둔한 마드라스 총독이었다.

프랑스인

조제프-프랑수아 뒤플렉스 Joseph-François Dupleix(1697~1764)

인도 내 프랑스 점령 지역의 총독으로, 남인도에서 벌어진 카르나티크 전쟁에서 젊은 로버트 클라이브에게 패했다.

미셸 조아킴 마리 레몽 Michel Joachim Marie Raymond(1755~1798)

하이데라바드 주둔 프랑스 대대의 용병 대장

피에르 퀼레르-페롱 Pierre Cuiller-Perron **장군**(1755~1834)

프로방스 직조공의 아들로 태어난 페롱은 훨씬 유능한 브누아 드 부아뉴 Benoît de Boigne의 후임으로 신디아 연대의 지휘관이 되었다. 델리에서 동남쪽으로 160킬로미터 떨어진 알리가르의 대요새에서 병사들과 함께 지내다가 1803년 노후 자금과 함께 인도를 떠나게 해주겠다는 동인도회사의 약속을 받고 부하들을 배신했다.

무굴인

알람기르 아우랑제브 Alamgir Aurangzeb(1618~1707, 재위 1658~1707)

매력 없고 금욕적인 무굴 황제. 지나치게 야심 찬 데칸 정복으로 제국의 영토를 사상 최대 규모로 넓혔으나, 그로 인해 제국은 결국 붕괴의 길로 들어섰다. 종교적인 편협함으로 제국의 힌두교도 주민, 특히 라지푸트 동맹들을 소외시켜 그의 사후 제국 붕괴가 가속화되었다.

무하마드 샤 랑길라 Muhammad Shah Rangila (1702~1748, 재위 1719~1748)

무굴 궁정의 연약한 탐미주의자. 행정적 태만과 군사적 무능의 결과로 1739년 카르날 전투에서 페르시아 군벌 나데르 샤 Nader Shah에게 패했다. 나데르 샤는 무굴 수도 델리를 약탈했고 전설적인 코이누르 다이아몬드가 박힌 공작 왕좌를 가져갔다. 그가 텅 빈 국고와 함께 무하마드 샤를 힘없는 군주로 남겨두고 페르시아로 돌아간 뒤 무굴 제국은 회복 불능 수준으로 분해되었다.

가지 우드딘 칸 Ghazi ud-Din Khan, 이마드 울물크 Imad ul-Mulk

[무굴의 봉신국이던] 하이데라바드의 초대 니잠 Nizam(이와 같이 이텔릭체로 표기된 경우, 용어 해설을 참조)인 니잠 울물크 Nizam ul-Mulk의 과대망상적인 10대 손자. 1753년에 원래 자신의 후원자였던 사프다르 중 Safdar Jung을 공격해 무찌르고 그다음 1754년에는 황제 아흐마드 샤 (재위 1748~1754)를 공격해 승리한 뒤 황제의 두 눈을 멀게 하고 투옥했다가 결국에는 살해한다. 알람기르 2세를 제위에 앉혔다가 결국 1759년에 이 꼭두각시 황제를 암살했고, 그의 아들 샤 알람을 붙잡아 죽이려 했으나 실패했다. 아프간 나지브 우드다울라가 대두하자 델리에서 도망쳤고 우드다울라가 그의 뒤를 이어 델리의 실질적 통치자가 되었다.

알람기르 2세 Alamgir II (1699~1759, 재위 1754~1759)

자한다르 샤 황제의 아들이자 샤 알람의 아버지. 1754년에 살라틴 Salatin 우리에서 풀려나 이마드 울물크에 의해 꼭두각시 황제로 즉위했다가 4년 뒤인 1759년에 페로즈 샤 코틀라 Kotla에서 이마드 울물크의 명령에 따라 살해되었다.

샤 알람 Shah Alam (1728~1806, 재위 1759~1806)

잘생기고 재능이 넘치는 무굴의 왕자로 평생 패배와 불운에 시달렸으나 끔찍한 시련에도 어마어마한 투지와 결의를 보여주었다. 어렸을 적 나데르 샤가 델리로 쳐들어와 약탈했던 것을 목격했다. 나중에는 이마드 울물크의 암살 시도에서 목숨을 건졌고 클라이브와의 거듭된 전투에서 살아남았다. 파트나와 북사르에서 동인도회사에 맞서 싸웠고 알라하바드에서 클라이브에게 디와니 Diwani (징세 권한)를 수여했으며 워런 헤이스팅스의 뜻을 거역하고 아대륙을 가로질러 델리로 귀환했다. 그곳에서 온갖 역경을 딛고 미르자 나자프 칸 Mirza Najaf Khan과 손을 잡아 선조들의 제국을 재건하는 데 성공할 뻔했으나, 무굴 최후의 그 위대한 장군의 때 이른 죽음 이후 모든 것이 신기루가 되고 말았다. 마지막으로 과거 자신이 총애한 사이코 같은 굴람 카디르에게 공격을 당해 눈이 멀고 인생 최악의 나락에 떨어졌다. 이런 시련들에도 불구하고 자포자기한 적이 없으나 가족이 강간당하고 로힐라인들에게 실명을 당한 뒤 잠시 그도 절망에 빠졌다. 대大무정부 상태라는 상상할 수 있는 가장 불리한 상황에서도 그는 고급문화를 꽃피운 궁정을 주재했으며 스스로 훌륭한 운문을 지음과 동시에 시인과 학자, 예술가들에게 관대한 후원자였다.

나와브 〔총독 또는 부왕副王과 같은 지역 통치자〕

알리베르디 칸 Aliverdi Khan, 벵골의 나와브 (1671~1756)

아랍과 아프샤르 튀르크멘(중앙아시아 튀르크계 종족 집단—옮긴이)의 혈통이 섞인 알리베르디 칸은 엄청나게 막강한 자가트 세트 은행가들이 기획하고 자금을 댄 군사 쿠데타를 통해 1740년에 무굴 제국에서 가장 부유한 지방인 벵골의 권력을 쥐었다. 고양이를 좋아하고 저녁 시간을 좋은 음식과 책, 이야기로 채우길 좋아한 그는 마라타연맹을 무찌른 뒤 무르시다바드에 강력하고 눈부신 시아파 궁정 문화와 안정적인 정치, 경제, 사회 중심지를 탄생시켰다. 이곳은 무굴 쇠퇴기 무정부 상태 와중에도 보기 드문 평온과 번영의 섬이었다.

시라지 우드다울라 Siraj ud-Daula, **벵골의 나와브**(1733~1757)

알리베르디 칸의 손자. 그가 카심바자르와 캘커타의 동인도회사 교역소를 공격한 것을 계기로 회사의 벵골 정복이 시작되었다. 당대의 무수한 문헌들—페르시아나 벵골, 무굴, 프랑스, 네덜란드, 영국 어느 쪽이든—가운데 어디에도 그에 대해 좋게 말하는 경우가 없다. 그의 정치적 동맹이었던 장 로에 따르면 "그는 상상할 수 있는 최악의 평판을 누렸다". 그중 최악의 평가는 사촌이자 그의 보좌진 가운데 한 명인 굴람 후사인 칸Ghulam Hussain Khan이 남긴 것이다. 남녀를 가리지 않는 연쇄 강간범이자 사이코패스로 묘사할 만큼 시라지의 행태에 심한 충격을 받았던 굴람 후사인 칸은 "그의 성품은 무지와 방종의 결합이었다"라고 썼다.

미르 자파르 Mir Jafar, **벵골의 나와브**(1691~1765)

시아파 성소인 나자프 출신 일자무식의 아랍인 용병이었던 그는 마라타연맹을 상대로 한 알리베르디의 결정적 승리에 기여했고, 1756년에는 시라지 우드다울라를 위해 성공적인 캘커타 공격을 이끌었다. 시라지 우드다울라를 교체하려는 자가트 세트가의 모의에 가담했다가 동인도회사의 즉흥적인 결정으로 벵골의 꼭두각시 통치자가 된다. 로버트 클라이브는 그를 '별 볼 일 없는 군주'라고 바르게 묘사했다.

미르 카심 Mir Qasim, 벵골의 나와브(1763년 사망)

미르 카심은 엉망진창이고 무식한 장인 미르 자파르와는 천양지차인 사람이었다. 페르시아 귀족 가문 출신인 미르 카심은 아버지의 영지인 파트나 인근에서 태어났고 왜소하고 군사 경험이 거의 없었지만 젊고 유능하고 영리하고 무엇보다도 결연했다. 무능한 미르 자파르를 몰아내려고 1760년에 동인도회사와 공모하여 쿠데타를 일으켰고, 근대적 보병 군대를 갖춘 단단한 정권을 수립하는 데 성공했다. 하지만 3년 만에 회사와 충돌했고 그의 잔존 병력은 1765년 북사르 전투에서 끝내 패배했다. 그는 서쪽으로 달아났고 아그라 근처에서 무일푼으로 죽었다.

슈자 우드다울라 Shuja ud-Daula, 아와드의 나와브(1732~1774)

위대한 무굴 재상 사프다르 중의 아들로서 아버지의 뒤를 이어 아와드의 나와브가 되었다. 키가 거의 210센티미터에 달하는 거인으로 기름을 바른 콧수염은 활짝 펼친 독수리 날개처럼 죽 뻗어 있었고 힘이 장사였다. 1763년에도 한창때만큼은 못했지만 여전히 단칼에 물소 머리를 쳐내거나 한 손에 한 명씩 부하 두 명을 번쩍 들어올릴 수 있을 만큼 힘이 셌다고 한다. 그의 결점은 지나친 야심과 거만한 자존심, 자신의 능력에 대한 과대평가였다. 이런 성격은 세련되고 지적인 굴람 후사인 칸에게 곧장 강한 인상을 남겼고, 굴람 후사인 칸은 그를 대담한 만큼 살짝 멍청하기도 한 골칫거리로 여겼다. 그는 슈자가 "당당하고 무지했다"고 썼다. 1765년 북사르 전투에서 회사에 패배했고, 클라이브가 그를 아와드의 권좌에 다시 앉혀 죽을 때까지 영국 동인도회사의 충실한 동맹으로 지역을 다스렸다.

로힐라인 (인도 북부 아프간계 무슬림)

나지브 칸 유수프자이 Najib Khan Yusufzai, 나지브 우드다울라 Najib ud-Daula

유수프자이 파슈툰족 말 장수 출신으로, 기병 지휘관으로 무굴 왕조를 섬기다가 1757년 침공 당시 아흐마드 샤 두라니 Ahmad Shah Durrani 편으로 넘어갔다. 아흐마드 샤가 임명한 델리 총독이 되었고, 말년은 사하란푸르 근처 그의 이름을 딴 수도 나지바바드에서 보내다 1770년에 사망했다.

자비타 칸 로힐라 Zabita Khan Rohilla (1785년 사망)

파니파트 전투에서 싸웠고 샤 알람에 맞서 거듭 반란을 일으킨 로힐라 족장. 나지브 우드다울라의 아들이자 굴람 카디르의 아버지다.

굴람 카디르 칸 로힐라 Ghulam Qadir Khan Rohilla (대략 1765~1787)

자비타 칸 로힐라의 아들로, 1772년 가우스가르 함락 때 샤 알람에게 붙잡혀 델리로 끌려와 쿠드시아 바그에서 무굴 왕실의 왕자로 자랐다. 일부 문헌들은 그가 샤 알람의 총아였고 심지어 그의 미동美童이었을 수도 있다고 시사한다. 1787년에, 어쩌면 그 시기에 당한 수모에 대한 복수로 델리를 공격해 붉은 요새를 약탈하고 왕가 사람들을 강간하고 샤 알람의 두 눈을 멀게 만들었다. 결국에는 자신도 마하지 신디아의 마라타 병사들에게 붙잡혀 고문을 당해 죽었다.

마이소르 (남인도의 왕국)의 술탄

하이다르 알리 Haidar Ali (1782년 사망)

마이소르 군대의 장교로 1761년 마이소르 와디야르 라자를 무너트리고 스스로 권력을 잡았다. 프랑스군의 전술을 관찰하여 근대 보병 전법을 터득한 그는 동인도회사에 거세게 저항했고, 1780년 폴릴루르에서 아들 티푸 술탄과 함께 가장 유명한 승리를 거뒀다.

티푸 술탄 Tipu Sultan (1750~1799)

마이소르의 전사 술탄. 아버지 하이다르 알리와 함께 1780년 폴릴루르 전투에서 거둔 유명한 승리를 비롯해 여러 차례 동인도회사를 격퇴했다. 1782년 아버지의 뒤를 이은 그는 평시에는 매우 효율적이고 창의적으로 나라를 다스렸지만 전시에는 굉장히 잔혹했다. 1792년에 콘윌리스 경, 마라타연맹, 하이데라바드 간 삼자동맹에 왕국의 절반을 내줬고, 1799년 끝내 웰즐리 경에게 패배하여 죽었다.

마라타인 〔인도 중서부 지역의 힌두계 정치 세력〕

차트라파티 시바지 본슬레 Chhatrapati Shivaji Bhonsle (1680년 사망)

데칸 지방 비자푸르의 아딜 샤히 술탄국의 폐허에서 자기만의 왕국을 개척한 다음 무굴 제국에 맞서 싸운 마라타의 군사 지도자. 무굴 제국은 그의 사후인 1686년 비자푸르를 정복했다. 무굴 아우랑제브 황제의 원수가 된 그는 요새를 건립하고 해군을 창설했으며 무굴 영토 깊숙한 곳까지 침입했다. 1674년 인생 말년에 라이가드에서 잇따라 치른 두 차례 대관식에서 차트라파티, 즉 왕중왕으로 즉위했다.

투코지 홀카르 Tukoji Holkar (1723~1797)

늠름한 마라타 족장. 파니파트 전투에서 살아남아 북인도에서 마하지 신디아의 최대 라이벌이 된다.

나나 파드나비스 Nana Phadnavis (1742~1800)

푸네를 기반으로 한 정치가이자 페슈와(마라타연맹의 재상—옮긴이)들의 대신으로서 '마라타 마키아벨리'로 알려졌다. 동인도회사가 인도에 실존적 위협을 제기한다는 것을 가장 먼저 깨달은 이들 중 한 명으로 회사를 몰아내기 위해 하이데라바드, 마이소르 왕국과 손잡고 삼자동맹을 결성하려 했으나 계획을 완수하지 못했다.

마하지 신디아 Mahadji Scindia (1730~1794)

마라타 족장이자 정치가로, 1770년대부터 20년간 힌두스탄[북인도 평원 지역]에서 가장 커다란 권력을 누린 인도인 통치자였다. 1761년 파니파트 전투에서 심하게 다쳐 여생 내내 다리를 절었으며 엄청나게 뚱뚱해졌지만 기민한 정치가였고, 1771년부터 샤 알람의 후견인이 되어 무굴 왕조를 마라타의 꼭두각시로 만들었다. 그는 사부아 출신 장군 브누아 드 부아뉴 휘하에 강력한 근대적 군대를 만들었다. 하지만 말년에 투코지 홀카르와 대립하고 살바이 조약으로 동인도회사와 일방적으로 강화하여 마라타연맹의 단합을 크게 해쳤고, 그가 죽고 9년 뒤에 마라타연맹에 회사가 최종적으로 승리하게 되는 여건을 조성했다.

페슈와 바지 라오 2세 Peshwa Baji Rao II (1775~1851)

1795년부터 1818년까지 마라타연맹을 다스린 마지막 페슈와 처음에 무스누드 Musnud(옥좌)를 승계했을 때 그는 턱선이 흐릿하고 솜털이 보송보송한 호리호리하고 소심하고 자신감 없어 보이는 스물한 살의 젊은이였다. 자신이 마라타 권력 기반을 구성하는 다양한 파벌들을 하나로 유지하는 과제를 감당할 재목이 전혀 아님을 금방 드러냈고, 그가 1802년 바세인에서 동인도회사와 맺은 조약은 대大마라타연맹의 최종적 해체로 이어졌다.

다울라트 라오 신디아 Daulat Rao Scindia(1779~1827)

마하지 신디아가 1794년에 죽었을 때 후계자인 다울라트 라오는 불과 열다섯 살이었다. 소년은 브누아 드 부아뉴가 그의 선임자를 위해 훈련시킨 훌륭한 군대를 물려받았지만, 그것을 이용할 때 이렇다 할 비전이나 재능을 보여주지 못했다. 홀카르 가문과 대립하고 동인도회사에 맞서 공동전선을 수립하지 못한 것은 1803년 제2차 영국-마라타 전쟁의 참사로 이어졌다. 이로써 동인도회사는 인도에서 제1의 권력이 되었고 영국의 인도 지배로 가는 길을 닦았다.

자스완트 라오 홀카르 Jaswant Rao Holkar(1776~1811)

자스완트 라오는 투코지 홀카르가 첩과의 사이에서 얻은 사생아였다. 뛰어난 전쟁 지도자였지만 외교에 대한 이해는 떨어졌고 동인도회사가 마라타연맹을 분열시키도록 허용하는 치명적인 과오를 범했다. 결국 동인도회사는 신디아를 먼저 무찌른 다음, 이듬해에 홀카르도 항복하게 만들었다. 이로써 1803년 말에 이르자 회사는 힌두스탄 대부분을 차지했다.

무어게이트 필즈 파운더스홀에서 첫 공개 모임이 열리기 이틀 전인 1599년 9월 22일에 '동인도로의 항해'를 위해 '회계관 스마이스'가 모금한 런던의 최초 출자자 목록.

(왼쪽) 동인도회사 창립자 토머스 '회계관' 스마이스, 1616년.

(오른쪽) 1601년 회사의 첫 번째 항해를 지휘한 제임스 랭커스터 경. 5년 전 참사에 가까웠던 그의 첫 번째 동방 여행에서 귀환했을 때의 모습이다.

1615년 인도로의 영국 최초 공식 외교 사절단을 이끈 제임스 1세의 대사 토머스 로 경.

〈수피교도를 더 아끼는 천년왕국의 술탄 자한기르〉, 비치트르 작. 옥좌에 앉아 있는 자한기르 뒤쪽 광륜에서 뻗어나온 후광이 너무 밝게 빛나서 날개 달린 아기 천사 하나가 그 눈부신 광휘에 눈을 가려야만 하고, 또 다른 한 쌍의 아기 천사들은 "알라 아크바르! 오, 왕이시여, 천세를 누리소서!"라는 글귀를 적고 있다. 황제는 오스만 술탄이 내민 손을 외면한 채 수피교도에게 쿠란을 건네고 있다. 한편 제임스 1세는 자한기르의 발치 아래 화면 하단으로 밀려나 고작 비치트르의 자화상보다 윗자리를 차지하고 있다. 영국 국왕은 무굴의 위계 서열에서 자신의 낮은 위치가 언짢은 듯 부루퉁한 표정을 지은 채 몸을 살짝 돌린 비스듬한 자세―무굴 세밀 초상화에서 지위가 떨어지는 인물에게 부여되는 각도―로 묘사되어 있다.

런던 레든홀가에 자리한 동인도회사 본사 건물 뉴이스트인디아하우스. 18세기 초반 팔라디오 양식의 외장 개조를 거친 이후의 모습이다. 1731년에 한 포르투갈 여행객은 "거리를 면하는 쪽에 석조 외벽을 둘러 최근에 멋지게 건축되었다. 하지만 전면부가 너무 좁아서 넓은 부지를 차지하고 있는 건물 안쪽의 웅장함과 전혀 어울리지 않는 모양새다"라고 평가했다. 동인도회사의 권력을 둘러싼 많은 것과 마찬가지로 이스트인디아하우스의 수수한 외관은 몹시 기만적이었다.

1660년 뎃퍼드의 동인도회사 선박들.

〈후글리의 네덜란드 동인도회사 본부〉, 1665년, 헨드릭 판 슈이렌버그 작.

〈캘커타 윌리엄 요새〉, 1731년 조지 램버트와 새뮤얼 스콧 작.

엄격하고 청교도적인 무굴 황제 알람기르 아우랑제브의 지나치게 야심 찬 데칸 정복은 처음에는 무굴 제국의 판도를 최대로 넓혔지만 결국 제국의 붕괴로 이어졌다. 1653년경 작품.

아래는 그의 불구대천의 원수 마라타 군벌 시바지 본슬레의 말년의 모습이다. 1680년경 작품. 시바지는 요새를 건립하고 해군을 창설했으며 무굴 제국 안쪽 깊숙이 침략했다. 그는 1674년 오지의 요새인 라이가드에서 두 차례 잇달아 즉위식을 거행하며 차트라파티, 즉 왕중왕으로 즉위했다.

페르시아 군벌 나데르 샤는 미천한 양치기 겸 모피상의 아들이었다. 그는 뛰어난 군사적 재능으로 사파비 왕조 군대에서 빠르게 진급했고, 페르시아 왕국의 권좌를 차지했다. 이후 그는 "무굴 공작으로부터 황금 깃털을 뽑기로" 결심했다.

나데르 샤와 유약한 탐미주의자 황제 무함마드 샤 랑길라. 나데르 샤는 거대한 코이누르 다이아몬드가 박힌 공작 옥좌를 비롯해 무굴의 국고를 전부 털어갔다. 나데르 샤가 떠난 뒤 델리의 갑작스러운 궁핍은 무굴 행정 조직과 군대에 더 이상 봉급을 지급할 수 없다는 뜻이었고, 연료가 떨어진 무굴 제국의 보일러실은 불이 꺼졌다.

젊은 샤 알람으로 추정되는 한 무굴 왕자가 붉은 요새의 테라스에서 무희들이 제공하는 유흥을 즐기고 있다. 나데르 샤의 침공 시기 직후인 1745년경 작.

1770년경의 붉은 요새 조감도.

나인수크 작 〈한가로운 여정〉. 델리 몰락의 여파로 왕실의 예술가들이 제국 전역으로 퍼져나갔고, 이 작품과 같은 우아한 걸작들이 굴레르와 자스로타 같은 히말라야 산자락의 오지 궁정에서 그려지기 시작했다.

〈도시를 포위한 유럽인들〉. 무굴 제국의 권위가 해체되면서 모두가 자구책을 강구했고, 인도는 분권화되고 뒤죽박죽이면서도 한편으로 극심하게 군사화된 사회가 되었다. 유럽인 용병들은 군사적 능력 때문에 특히 포병으로서 수요가 대단히 많았다.

무르시다바드 어느 성소의 풍경

무르시다바드 인근 후글리강

파이자바드의 궁전들

알리베르디 칸은 막강한 자가트 세트가 은행가들이 자금을 댄 군사 쿠데타로 1740년에 벵골에서 정권을 잡았다. 저녁 시간을 좋은 음식과 책, 이야기로 채우길 좋아하고 고양이를 사랑하는 미식가였던 그는, 마라타연맹을 물리친 뒤, 무르시다바드에 안정적인 정치, 경제, 문화의 중심지를 탄생시켰다. 이곳은 무굴 제국의 쇠퇴로 인한 무정부 상태의 와중에도 보기 드문 번영을 이루었다.

위는 매사냥을 하고 있는 알리베르디 칸이며, 아래는 손자인 시라지 우드다울라가 지켜보는 가운데 좀 더 늙은 그가 터번 보석 장식, 다시 말해 무굴 공직 휘장인 사르페슈 *sarpeche*를 조카에게 건네는 모습이다.

여인들에게 둘러싸인 시라지 우드다울라. "이 군주는 남녀를 불문하고 마음에 드는 거의 모든 사람을 자신의 욕정에 희생시키는 것을 재미로 삼았다"고 사촌이자 역사가인 굴람 후사인 칸은 썼다.

알리베르디의 사위인 샤하마트 장이 델리 출신의 칼라완트, 즉 세습 악단의 친밀한 음악 공연을 즐기고 있다. 이들은 분명히 궁정의 귀중한 자랑거리로 여겨졌는데 모두 이름이 적혀 있고 각각 뚜렷이 구분되게 그려져 있기 때문이다. 홀 바깥쪽에 앉아서 노래 부를 차례를 기다리고 있는 델리의 절세미인 네 여인도 역시 각각 이름이 표기되어 있다.

말을 타고 출정하는 시라지 우드다울라

뛰어난 역사가 굴람 후사인 칸. 나와브의 사촌으로 이 시기에 폐허가 된 델리 시가지에서 이주해온 많은 이들 중 한 명이다. 그가 쓴 《세이르 무타케린》 혹은 《당대 비평》은 18세기 인도의 위대한 역사서로서 그 시대를 가장 잘 드러내주는 인도 문헌이다.

1757년 플라시 전투를 지휘하는 로버트 클라이브

미르 자파르 칸은 일자무식의 아랍인 용병으로서 마라타연맹을 상대로 한 알리베르디의 결정적 승리 다수에 일익을 담당했고 1756년에는 시라지 우드다울라를 위해 성공적인 캘커타 공격을 이끌었다. 시라지 우드다울라를 교체하려는 자가트 세트 가의 모의에 가담했다가 동인도회사의 즉흥적인 결정으로 벵골의 꼭두각시 통치자가 된다. 로버트 클라이브는 그를 "별 볼 일 없는 군주"라고 바르게 묘사했다.

북사르 전투 한 해 전인 1764년경의 젊은 로버트 클라이브. 말수가 적지만 지독하게 야심만만하고 자기주장이 매우 확고한 그는 인도에서 난폭하지만 극도로 유능한, 회사와 회사 군대의 지도자였다. 상대를 판단할 줄 아는 거리 싸움꾼의 눈썰미, 우연히 찾아온 기회를 붙드는 재능, 커다란 위험도 감수하는 자세를 갖췄다.

1759년 황제로 선포된 직후 갠지스강을 내려다보는 옥좌에 앉아 있는 샤 알람. 샤 알람은 영토도 돈도 없었지만 자신의 매력과 시적 기질, 세련된 매너로 이를 능력껏 만회했다. 이런 식으로 그는 주변으로 2만 명가량의 추종자와 실직 용병들을 끌어모을 수 있었는데, 대다수는 그처럼 빈털터리에 무장이 빈약했다.

사냥 여행을 나온 미르 자파르와 그의 아들 미란. 미르 자파르가 휘청거리고 국고는 텅텅 비어가면서 혈기 왕성하나 폭력적인 아들 미란은 점점 더 포악해졌다. "그는 사람들을 억압하고 괴롭히는 성향이 있었다"고 그를 잘 알았던 굴람 후사인 칸은 썼다. "그런 쪽으로 특별한 재주가 있었고 악명 높거나 극악무도한 행위를 하나같이 신중함과 선견지명에서 우러나온 행위로 여기면서 사람들을 도륙하고 살인을 저지르는 데 신속하고 머리가 잘 돌아갔다."

1765년 미르 자파르(위)와 미르 카심(아래). 미르 카심은 엉망진창이고 무식한 장인 미르 자파르와는 천양지차였다. 아버지의 영지인 파트나 인근에서 태어났으나 페르시아 귀족 가문 출신인 미르 카심은 왜소하고 군사적 경험이 거의 없었지만 젊고 유능하고 영리하고 무엇보다도 결연했다. 무능한 미르 자파르를 몰아내려고 1760년에 동인도회사와 공모하여 쿠데타를 일으켰고, 근대적 보병 군대를 갖추고 단단히 운영되는 국가를 탄생시키는 데 성공했다. 하지만 결국 3년 만에 회사와 충돌하게 됐다.

호자 그레고리는 이스파한 출신 아르메니아인으로, 미르 카심은 그에게 '늑대'라는 뜻의 구르긴 칸이라는 칭호를 내렸다. 굴람 후사인 칸은 그를 굉장한 사람이라고 생각했다. "보통 키보다 크고, 다부진 체격에 안색이 매우 희며, 매부리코에 불같이 이글거리는 듯한 크고 검은 눈동자를 가졌다."

〈나와브와 토론 중인 관리〉. 1760년과 1765년 사이 파트나에서 만난 윌리엄 풀러턴과 미르 카심으로 짐작된다. 풀러턴은 인기 있는 스코틀랜드인 의사이자 탐미가로서, 파트나 학살에서 살아남은 극소수 중 한 명이었다. 그는 오랜 친구인 역사가 굴람 후사인 칸이 직접 개입한 덕분에 목숨을 부지할 수 있었다.

벵골 미술가 카라야의 샤이크 무함마드 아미르가 그린 팔라디오 양식 저택과 정원.

마이단(공공 행사장이나 연병장으로 쓰이는 광장—옮긴이) 방면에서 샤이크가 본 캘커타 총독 관저와 산책로. 두 작품 모두 1827년경에 그려진 듯하다.

무굴 수도가 무정부 상태로 빠져들면서 유명한 델리 미술가들 딥 찬드와 니다 말은 동쪽으로 이주해 더 부유하고 안정적이고 코즈모폴리턴적인 궁정인 파트나와 러크나우에서 일거리를 찾았다. 여기서 그들은 드넓게 펼쳐진 갠지스강이 하얀 모래톱 사이로 변함없이 유유히 흘러가며, 보트들이 물길을 오가는 모습을 묘사한 지역적 양식을 발전시켰다.

(위) 파트나를 기반으로 하는 카슈미르 출신의 교양 있는 상인 제후 아슈라프 알리 칸과 그의 비비 무투비가 유럽식 유행을 실험 중이다. 아슈라프는 섭정 시대 양식 의자에 양반다리를 하고 앉아 있으며 둘 다 물담배를 작은 다탁茶卓 위에 올려놓았다.

(아래) 나와브 슈자 우드다울라의 성대한 행렬이 강가에 늘어선 궁전 옆을 지나가고 있다.

(왼쪽) 북사르 전투 이후로 유럽인과 그들의 세포이 호위병들이 인도 전역으로 퍼져나가 무역, 전투, 과세, 세입과 법무 행정을 담당했다. 위는 코끼리를 타고 있는 제임스 토드 대위(나중에는 대령). 1817년 메와르, 초카 작.

(오른쪽) 헥터 먼로, 1785년경. 먼로는 북사르의 승자이자 폴릴루르의 패자였다.

마드라스 세포이. 1780년경.

〈가마를 탄 영국군 장교〉, 벨로르의 옐라파 작.

〈동인도회사 장교〉, 1765년 무르시다바드.

너새니얼 댄스가 그린 로버트 클라이브, 1770년경. 배 나온 중년의 플라시 남작 클라이브는 벵골과 비하르, 오리사에서 동인도회사의 군사적, 정치적 패권을 수립하기 위해 자신이 이룬 그 모든 것을 의식하고 있는 듯한 모습 그 자체다. 그는 "행운의 여신은 마지막까지 나와 함께하기로 한 것 같다"라고 친구이자 전기 작가 로버트 옴에게 썼다. "모든 목표와 낙관적 소망이 완전히 실현되기 직전이다."

프롤로그

가장 먼저 영어에 들어온 인도 단어 가운데 하나는 약탈품이나 전리품을 뜻하는 힌두스타니어 속어인 '루트loot'이다. 《옥스퍼드 영어사전》에 따르면 이 단어는 18세기 말까지 북인도 평원 지대 밖에서는 거의 들을 일이 없다가 어느새 영국 곳곳에서 흔히 쓰이는 말이 되었다. 루트가 어떻게, 그리고 어째서 그 머나먼 곳에 뿌리를 내리고 번성하게 되었는지를 이해하려면 웨일스와 잉글랜드 접경지에 있는 파위스 성Powis Castle을 한번 들러보는 것으로 충분하다.

웨일스 최후의 세습 군주인 잊을 수 없는 이름의 오와인 그리피스 압 그웬윈윈Owain Gruffith ap Gwenwynwyn은 13세기에 이 울퉁불퉁한 언덕 요새인 파위스 성을 지었다. 그 대저택과 영지는 그가 웨일스를 버리고 잉글랜드 국왕의 지배를 받아들인 것에 대한 보상이었다. 하지만 파위스 성에 소장된 가장 눈부신 보물들은 훨씬 후대에 이루어진 잉글랜드의 정복과 약탈에서 유래한다.

파위스 성에는 18세기에 영국 동인도회사East India Company: EIC가 인도에서 가져온 제국의 약탈품이 넘쳐난다. 웨일스 시골의 이 사유 저택에 인도의 어느 곳, 심지어 델리의 국립박물관에 전시된 것보다 더 많은 무굴 공예품이 쌓여 있다. 파위스 성의 호화로운 수장품 가운데는 자줏빛으로 물들인 흑단을 상감한 광택이 나는 금제 물담배, 멋들어진 명문을 새긴 바다흐샨 첨정석尖晶石과 보석이 박힌 단검들, 비둘기의 핏빛 색깔로 반짝이는 루비와 여기저기 널린 초록 도마뱀 색깔의 에메랄드 등이 있다. 사파이어와 노란 토파즈를 박은 호랑이 머리 박제들, 옥과 상아로 만든 장신구, 양귀비와 연꽃 그림을 수놓은 비단 걸개, 다양한 힌두 신상과 화려한 코끼리 의장도 있다. 눈에 가장 잘 띄는 자리에는 소유주들이 패배하고 죽임을 당한 뒤 가져온 두 개의 커다란 전리품이 서 있다. 바로 벵골 나와브인 시라지 우드다울라가 플라시 전장에서 도망치며 남기고 간 가마와 마이소르의 호랑이로 불린 티푸 술탄의 군영 천막이다.

이런 보물들이 워낙 눈길을 사로잡아 지난여름 그곳을 방문했을 때 나는 이 모든 약탈품이 이곳으로 오게 된 연유를 설명하는 거대한 캔버스를 놓칠 뻔했다. 그 그림은 짙은 떡갈나무 판자를 댄 계단 꼭대기의 목조 내실內室 문간 어둑한 곳에 걸려 있다. 걸작은 아니지만 가까이 가서 살펴볼 만하다. 금실로 짠 옷을 걸친 유약해 보이는 한 인도 군주가 비단 캐노피(제단이나 옥좌 위에 기둥으로 받치거나 매달아 놓은 덮개—옮긴이) 아래 옥좌에 앉아 있다. 그의 왼쪽에는 언월도와 창을 든 병사들이 서 있고 오른쪽에는 분을 뿌린 가발을 쓴 조지 왕조 시대 신사 무리가 있다. 군주는 빨간 프록코트를 입고 살짝 과체중인 한 영국인의 손에 선뜻 두루마리를 건네고 있다.

이 그림은 델리에서 쫓겨나 객지를 떠돌며 동인도회사(이하에서 다른 설명이 없는 한 '동인도회사'나 '회사'는 전부 영국 동인도회사를 가리킨다—옮긴이) 군대에 패배한 젊은 무굴 황제 샤 알람이 요즘 같으면 강제 민영화라고 부를 행위에 내몰린 1765년 8월의 어느 정경을 보여준다. 이 두루마리에서 황제는 영국 동인도회사를 "드높고 강대하고, 지체 높은 귀족 중에서도 가장 고귀하며, 빛나는 전사들의 우두머리요, 짐의 충성스러운 종복이자 진실한 지지자, 짐의 은전을 받기에 마땅한 영국회사"라고 칭하며 벵골과 비하르, 오리사의 무굴 징세관을 해임하고 그들을 벵골의 신임 총독 로버트 클라이브와 회사의 이사들이 임명한 일단의 영국인 무역상으로 교체한다고 밝힌다. 그 이후 무굴 제국의 징세 업무는 이 막강한 다국적 기업에 하도급되었고, 그 기업은 징세 활동을 회사의 사설 군대로 보호했다.

회사는 창립 칙허장에 따라 '전쟁을 수행할' 수 있는 권한을 부여받았고, 1602년 최초 항해에서 포르투갈 선박을 나포했을 때부터 목적을 달성하기 위해 폭력을 사용했다. 더욱이 회사는 1630년대 이래로 인도 정착지 주변의 소규모 지역들을 지배했다.[1] 1765년은 동인도회사가 비단과 향신료를 취급하는 일반적인 무역회사와 조금이나마 닮은 구석을 완전히 떨쳐버리고 훨씬 더 독특한 존재가 된 중요한 시점이었다. 단 몇 달 만에, 250명의 회사 직원들은 현지에서 모집한 인도 병사 2만 명이라는 군사력을 등에 업고 무굴 제국에서 가장 부유한 지방들의 실질적 지배자가 되었다. 국제적 기업은 침략적인 식민 권력으로 변신하고 있었다.

회사 소유 병력이 거의 20만 명으로 불어난 1803년에 이르면 회사는 아대륙 전체를 신속히 복속시키거나 직접 장악했다. 놀랍게도 이는 반세기가 채 걸리지 않았다. 최초의 본격적인 영토 정복은 1756년에 벵골에서 시작되었다. 47년 뒤에 회사의 영토는 북쪽으로 무굴의 수도 델리까지 이르렀고, 그때쯤 델리 이남의 인도 거의 전체를 실질적으로 시티 오브 런던the City of London(런던의 상업, 금융 중심지. 줄여서 그냥 '시티'라고도 부른다—옮긴이)의 이사회실에서 다스리고 있었다. "궁둥이 씻는 법도 모르는 한 줌의 무역상에게 명령을 들어야 한다면 우리에게 무슨 명예가 남아 있으랴?"라고 무굴의 한 관리는 탄식했다.[2]

우리는 지금도 영국이 인도를 정복했다고 말하지만 그 표현은 더 음험한 현실을 가린다. 18세기 중반에 인도의 커다란 땅덩어리를 집어삼키기 시작한 장본인은 영국 정부가 아니었다. 그것은 런던에서는 창문 다섯 개 너비의 자그마한 사무실에 본사를 두고, 인도에서는 폭력적이고 인정사정없고 간혹 정신적으로 불안정한 기업 약탈자 클라이브가 경영한 규제되지 않은 위험한 민간 회사였다. 인도에서 식민주의로의 이행은 오로지 투자자들의 배를 불리기 위한 목적으로 존재하는 한 영리 기업 치하에서 일어났다.

19세기 중반 빅토리아 시대 전성기에, 영국이 수상쩍고 무자비한 장사꾼의 방식으로 인도를 지배했다는 것은 영 창피한 일이었다. 빅토리아인은 역사의 진짜 본질은 국민국가nation-state의 정치라고 생각했다. 그들은 부패한 기업들의 경제가 아니라 정치가 근본적인 연구 대상이자 인간사에서 진정한 변혁의 동력이라고 믿었다. 게다가 그들은 제국을 문명화 사명으로 생각하길 좋아했는데, 그들에게 제국이란 서양에서 동양으로 지식과 철도, 문명의 각종 이기들을 자애롭게 국가적으로 이전하는 것이었다. 영국의 인도 지배를 열어젖힌 기업의 약탈에 관한 기억은 고의적이고 계획적으로 상실되었다.

두 번째 그림은 윌리엄 로텐슈타인William Rothenstein이 의뢰를 받아 영국 하원 회의장 벽에 그린 것으로, 그 같은 과정에 대한 공식 기억을 빅토리아인들이 얼마나 성공적으로 제시하고 교묘하게 재가공했는지를 보여준다. 이 작품은 〈브리튼 건설The Building of Britain〉이란 제목의 벽화 시리즈의 일부로, 소리가 웅웅거리는 접견 공간인 웨스트민스터 의사당의 세인트스티븐스홀에서 지금도 볼 수 있다. 벽화 시리즈는 877년 데인족을 격퇴하는 알프레드 대왕, 1707년 잉글랜드와 스코틀랜드 의회 통합 등등 당시 작품 선정위원회가 영국사의 하이라이트이자 전환점들이라고 간주한 것을 보여준다.

이 시리즈에서 인도를 다룬 벽화는 캐노피 아래 높은 단상에 앉아 있는 또 다른 무굴 군주의 이미지를 보여준다. 우리는 사방에서 수행원들이 고개를 숙이고 있고, 나팔 소리가 울려 퍼지며, 다시금 한 영국인이 무굴 황제 앞에 서 있는 궁정 배경과 마주한다. 하지만 이번에 권력 균형은 매우 다르다.

여기서 제임스 1세가 무굴 궁정에 파견한 대사인 토머스 로 경Sir Thomas Roe은 자한기르Jahangir 황제 앞에 서 있고, 때는 무굴 제국이 여전히 부유하고 막강하던 1614년이다. 자한기르는 아버지 아크바르로부터 세계에서 가장 부유한 양대 정치체 중 하나를 물려받았는데, 그에 견줄 만한 나라는 명나라뿐이었다. 그의 영토는 인도 대부분, 오늘날의 파키스탄과 방글라데시 전부와 아프가니스탄 대부분에 뻗어 있었다. 그는 오스만 제국보다 다섯 배나 많은 인구―대략 1억 명―를 다스렸고 그의 백성은 전 세계 제조품의 4분의 1가량을 생산했다.

자한기르의 아버지 아크바르는 그가 '미개인 집합'이라고 묘사한 인도의 유럽인 이민자들을 문명화하는 프로젝트를 시도해볼까 잠시 고려했지만 나중에 그 계획이 실행 불가능하다고 여기고 그만뒀다. 이국적 물건과 야수를 모으는 취미가 있던 자한기르는 인도에 최초로 칠면조가 들어왔을 때와 마찬가지의 열정으로 토머스 로 경을 환영했고 유럽의 특이한 풍물에 관해 꼬치꼬치 캐물었다. 하원에 어떤 그림을 걸지 계획한 위원회에게 이 사건은 영국과 인도의 첫 만남이었다. 두 국민국가가 처음으로 직접 대면한 순간이었던 것이다. 하지만 이 책의 첫 장이 보여주듯이, 영국과 인도의 관계는 실제로는 외교와 국왕 사절 간의 만남이 아니라 윌리엄 호킨스William Hawkins 선장, 다시 말해 아그라에 도착하자마자 황제가 신붓감을 주겠다고 하니 덥석 받아서 좋다고 그녀를 영국까지 데려온 회사 소속 술꾼 선장이 이끈 무역 항해로 시작되었다. 그것은 하원 작품 선정위원회가 망각하기로 한 판본의 역사다.

여러 측면에서 동인도회사는 상업적 효율의 본보기였다. 창립 후 100년이 지났을 때도 본사에는 상근 직원이 35명밖에 없었다. 그럼에도 그 최소한의 인원은 역사상 유례없는 기업 주도의 정변을 일으켰다. 남아시아의 광대한 영토의 군사적 정복과 복속, 약탈로 일궈낸 그 성공은 세계 역사상 최대의 기업 폭력 행위일 것이 거의 틀림없다.

역사가들은 동인도회사의 놀라운 성공에 다양한 이유를 제시한다. 무굴 인도가 상호 경합하는 자잘한 국가들로 쪼개진 상황, 프리드리히 대왕의 군사적 혁신이 유럽의 동인도회사들에 부여한 군사적 우위, 그리고 특히 영국 동인도회사가 언제든 거액의 현금을 조달할 수 있는 능력을 갖추게 해준 유럽의 통치, 과세, 금융상의 혁신 등이다. 진홍색 제복과 팔라디오 양식의 대저택, 호랑이 사냥과 총독 관저에서 열리는 무도회 뒤편으로는 손익을 낱낱이 적은 장부와 런던 증권거래소에서 등락을 거듭하는 회사의 주가 기록과 더불어 회사 회계사들이 작성한 대차대조표가 항시 놓여 있었다.

하지만 가장 결정적인 요인은 동인도회사가 영국 의회로부터 누린 지원이었다. 양자 관계는 18세기 내내 꾸준하게 공생하는 성격을 띠더니 궁극적으로는 오늘날 공공-민간 파트너십이라고 부를 만한 것으로 변신했다. 클라이브처럼 귀국한 네이봅*nabob*(인도의 제후를 가리키는 '나와브nawab'가 와전된 단어로, 동인도에서 부와 권력을 쌓은 벼락출세자를 가리킨다. 용어해설도 참조하라—옮긴이)들은 축적한 부를 이용해 의원과 의석, 즉 악명 높은 '부패 선거구'를 사들였다. 한편 의회는 국가 권력으로 회사를 지원했다. 프랑스와 영국의 동인도회사가 서로에게 대포를 겨눌 때 필요한 선박과 병사의 형태로 말이다.

회사는 언제나 두 가지 대상을 염두에 두었다. 하나는 회사가 사업을 벌이는 땅이었고, 다른 하나는 회사를 탄생시킨 나라였다. 회사의 변호사와 로비스트, 회사의 주주인 의원 들은 서서히 눈에 띄지 않게 회사에 유리한 방향으로 의회의 입법에 영향을 미치고 왜곡시켰다. 아닌 게 아니라 동인도회사는 기업 로비 활동을 발명한 회사일 것이다. 1693년, 창립된 지 100년도 지나지 않아 회사는 저명한 의원과 장관 들에게 연간 1,200파운드를 쏟아부으며 최초로 자사 주식을 이용해 의원을 매수한 것으로 드러났다. 세계 최초의 기업 로비 스캔들인 이 사건을 조사한 의회는 회사가 뇌물 공여와 내부자 거래를 저질렀다는 결론을 내렸고, 이는 추밀원장 탄핵과 회사 회장의 투옥으로 이어졌다.

회사의 총영업자본은 영구적으로 국가에 대부된 상태였지만 (사실상 반#국가기업이라는 의미—옮긴이), 회사는 필요할 때는 자신들이 정부와 법적으로 별개라는 점을 부각시켰다. 일례로 회사의 인도 영토를 보호하는 육해군 작전에 영국 정부가 엄청난 비용을 들였음에도 불구하고 회사는 1765년에 샤 알람이 서명한 문서—디와니로 알려졌다—는 법적으로 국왕정부the Crown의 소유가 아니라 회사의 소유라고 강하게 주장해 결국 뜻을 관철했다. 하지만 이러한 법적 구분을 인정하는 데에 찬성표를 던진 의원들은 딱히 중립적이지 않았다. 의원 가운데 거의 4분의 1은 회사 주식을 보유했는데, 정부가 디와니를 소유했다면 주가는 곤두박질쳤을 것이다. 같은 이유에서, 회사를 외국과의 경쟁에서 보호하는 것이 영국 외교 정책의 주요 목표가 되었다.

그림에서 묘사된 거래는 파국적인 결과를 가져오게 된다. 기업이란 게 그렇듯이 당시에도 영국 동인도회사는 오로지 주주들에게만 책임이 있었다. 벵골 지방에 대한 공정한 통치나 장기적 복지에 이해관계가 걸려 있지 않았으므로 회사의 지배는 단순명료한 수탈과 서방으로 부를 신속하게 유출하는 것으로 탈바꿈했다.

얼마 안 있어 이미 전쟁으로 피폐해진 벵골주에는 1769년에 기근이 닥쳤고 상황은 과중한 세금으로 악화됐다. 회사의 징세인들은 당시에 '돈나무 흔들기shaking of the pagoda tree'('pagoda tree'는 회화나무나 벵골보리수나무처럼 탑 모양으로 자라는 나무를 통칭하며 돈나무라고도 한다. 돈나무 흔들기는 손쉽게 떼돈을 번다, 벼락부자가 된다는 의미의 관용적 표현이다―옮긴이)라고 부른 짓―오늘날에는 세금 징수 과정에서 자행되는 중대한 인권 침해라고 부를 만한 행위―을 저질렀다. 벵골의 부는 급속히 영국으로 유출된 반면, 그곳에서 번영하던 직조공과 장인은 새로운 주인에게 '수많은 노예'처럼 부려졌다.

벵골에서 약탈한 부의 상당량은 클라이브의 주머니로 곧장 들어갔다. 그는 당시 가치로 23만 4,000파운드에 달하는 재산을 챙겨 영국으로 돌아와 유럽 최대의 자수성가 갑부가 되었다. 1757년 플라시 전투―군사적 재능만큼이나 기만과 계약서 위조, 은행가들과 뇌물 덕분에 얻은 승리―이후로 그는 패전한 벵골의 군주들에게서 재산을 몰수하여 회사 금고에 무려 250만 파운드*를 이전했는데, 당시 전대미문의 액수였다. 여기에 무슨 대단한 간계는 필요하지 않았다. 벵골 국고에 수장된 보화 전체가 그냥 100척의 보트에 실려 갠지스강을 따라 운반되어, 무르시다바드에 있는 벵골 나와브의 궁전에서 회사의 캘커타 본부인 윌리엄 요새Fort William에 도착했다. 여기서 나온 돈의 일부는 나중에 파위스 성을 재건하는 데 들어갔다.

---

* 현재 가치로 2억 6,250만 파운드(저자는 당시와 현재의 물가를 기준으로 단순 환산한 것으로 보인다. 경제 규모의 차이까지 고려하면 당시의 100만 파운드는 수백억 파운드에 이를 것으로 추정된다―옮긴이).

파위스에 걸려 있는 클라이브와 샤 알람의 그림은 살짝 기만적이다. 화가인 벤저민 웨스트Benjamin West는 인도에 간 적이 없다. 당시에도 한 평자는 원경의 모스크가 "우리의 유서 깊은 세인트 폴 성당의 돔"과 의심스러울 만큼 닮았다고 지적했다. 사실 그때 거창한 공식 의례는 없었다. 징세권 이전은 얼마 전 함락된 무굴 알라 하바드 요새의 연병장에 황급히 차려진 클라이브의 막사 안에서 조용히 이루어졌다. 그림 속 샤 알람의 비단 옥좌는 사실 수여식을 위해서 클라이브의 안락의자를 식탁 위에 올린 다음 친츠chintz(흔히 자잘한 꽃무늬가 날염된 광택이 나는 면직물―옮긴이) 침대보로 덮어 급조한 것이었다.

나중에 영국은 알라하바드 조약이라고 부르면서 그 문서에 위엄과 그럴듯한 지위를 부여했지만, 클라이브가 모든 합의 조건을 결정했고 겁에 질린 샤 알람은 그저 동의했을 뿐이다. 당대 무굴의 역사가 굴람 후사인 칸이 다음과 같이 표현한 대로였다. "현명한 대사와 유능한 협상가 들을 파견하고 신료들과 오랜 토론과 논쟁이 필요했을 그렇게 엄중한 사안이 수탕나귀나 역축, 소 한 마리를 팔 때 걸릴 시간보다 더 짧은 시간에 매듭지어졌다."[3]

오래잖아 EIC는 전 세계를 주름잡았다. 회사는 로마 시대부터 줄곧 서양에서 동양으로 정금正金의 지속적인 유출을 초래한 무역수지를 거의 혼자 힘으로 뒤집었다. 동인도회사는 중국으로 아편을 실어 날랐고, 결국에는 홍콩에 역외기지를 얻어내고 고수익의 마약 독점 무역을 보호하기 위해 아편전쟁을 벌였다(동인도회사의 중국 무역 독점은 이미 1833년에 폐지되어 다양한 회사들이 아편 무역에 뛰어들었다. 1839년에 발발한 아편전쟁은 협소하게 동인도회사의 이익을 보호하기 위한 것이라기보다는 제한적인 광둥 무역 체제를 깨트리고 중국에 영국식 자유무역 체제를 강요하려는 의도가 컸다―옮긴이).

회사는 서쪽으로는 중국산 차를 매사추세츠로 실어 날랐는데, 그곳 보스턴 항구에서 차 상자가 투척된 사건은 미국 독립전쟁을 불러왔다. 실제로 독립전쟁 전야에 아메리카 애국파Patriots(영국령 북아메리카 식민지 주민들 가운데 독립을 지향하던 사람들이 스스로를 부르던 이름. 반대로 본국 정부에 충성하는 사람들은 '충성파Loyalists'라고 불렸다—옮긴이)는 인도에서처럼 본국 의회가 아메리카 대륙에 동인도회사를 들여와 이곳을 실컷 약탈하게 만들 것이라며 두려워했다. 1773년 11월에 애국파 존 디킨슨John Dickenson은 EIC의 차를 "가증스러운 쓰레기"라고 부르며 장차 동인도회사가 아메리카에 집권할 가능성을 "쥐 떼에 잡아먹히는 것"에 비유했다. 그는 이 "거의 파탄 난 회사"가 벵골에서 "유례없는 만행과 착취, 독점"을 자행하더니 이제는 "강탈과 압제, 잔인성의 재능을 발휘할 새로운 무대로 아메리카에 눈을 돌리고 있다"며 성토했다.[4]

1803년, 회사는 무굴의 수도 델리를 함락하고 폐허가 된 왕궁 한가운데 눈이 먼 채로 앉아 있던 군주 샤 알람을 사로잡았다. 이때쯤 회사는 대략 20만 명의 사설 치안 병력—영국 육군의 두 배 규모—을 육성했고, 아시아의 어느 국민국가보다 더 많은 화력을 보유했다.

유럽 가장자리 외딴 섬나라에서 온 소수의 사업가가 이제 서쪽의 델리부터 북인도를 가로질러 동쪽의 아삼까지 전 영역을 지배했다. 아대륙의 동해안 거의 전체가 회사의 수중에 있었고 구자라트부터 코모린곶(칸야쿠마리)까지 서해안의 전략 요충지도 대부분 회사 소유였다. 지방의 군소 나와브와 총독조차 유럽의 대국보다 더 넓고 더 인구가 많은 지역을 다스리던 광대한 제국을 승계하며, 그들은 불과 40년 만에 인구가 5,000만에서 6,000만에 달하는 아대륙 거의 전부의 주인이 되었다.

어느 이사가 시인한 대로 EIC는 동방의 어느 나라와도 전쟁을 하거나 화평을 맺을 권한을 보유한 '제국 안의 제국'이었다. 이 시기에 이르러 회사는 방대하고 정교한 행정과 공무원 조직을 구축하고 런던 항만구역의 상당 부분을 건설했으며, 영국 무역의 절반 가까이를 담당했다. EIC가 이제 '세계에서 가장 원대한 상인회'를 자처한 것도 당연했다.

하지만 더 최근에 등장한 초거대기업처럼 EIC도 엄청나게 막강한 동시에 경제적 불확실성에 묘하게 취약한 것으로 드러났다. 벵골의 막대한 국부를 차지하고 징세권을 확보하여 회사의 주가가 하룻밤 새 두 배로 뛰었던 때 이후 고작 7년이 지나, 벵골의 약탈과 기근으로 토지 세입 전망치가 크게 줄어들자 거품이 꺼졌다. EIC는 150만 파운드의 부채와 100만 파운드*의 체납 청구서를 떠안았다. 이 사실이 알려졌을 때 유럽 전역에서 30개 은행이 연쇄적으로 파산하고 무역이 중단되었다.

결국 이 기업은 오늘날 우리에게 섬뜩할 만큼 친숙한 장면을 연출해가며, 모든 것을 실토하고 정부에 대규모 구제 금융을 요청해야만 했다. 1772년 7월 15일에 동인도회사의 이사들은 영란은행Bank of England에 40만 파운드의 대출을 요청했다. 2주 뒤에 그들은 또다시 찾아와 추가로 30만 파운드를 요청했다. 영란은행은 20만 파운드밖에 마련할 수 없었다.** 8월에 이르자 이사들은 사실은 무려 100만 파운드라는 초유의 추가 지급이 필요하다고 정부에 넌지시 이야기했다. 이듬해 에드먼드 버크Edmund Burke가 작성한 공식 보고서는 EIC

---

*   현재 가치로 각각 1억 5,750만 파운드와 1억 500만 파운드.
** 현재 가치로는 40만 파운드=4,200만 파운드, 30만 파운드=3,150만 파운드, 20만 파운드=2,100만 파운드.

프롤로그

의 재정 문제가 잠재적으로 "목에 걸린 맷돌처럼 [정부를] 헤아릴 수 없는 나락으로 끌고 내려갈 수 있다"라고 내다봤다. "이 저주받을 회사는 결국엔 독사처럼, 자신을 품 안에서 키워준 나라의 파멸을 초래할 것이다."

하지만 동인도회사는 정말이지 너무 커서 망할 수가 없는 회사였다. 이듬해인 1773년에 세계 최초의 침략적인 다국적 기업은 역사상 최초의 구제 금융으로 살아났다. 국가가 망해가는 기업을 살려주는 대가로 회사를 규제하고 경영을 엄격하게 통제할 권한을 받아낸 최초 사례였다.

이 책의 목표는 동인도회사의 전사全史를 전달하는 것이 아니며, 이 회사의 경영을 경제적으로 분석하는 것은 더더욱 아니다. 그 대신 이 책은 런던의 사무실 단지에 본사를 둔 한 기업이 1756년과 1803년 사이에 어떻게 광대한 아대륙의 주인으로서 강대한 무굴 제국을 대체했을까라는 질문에 대답해보고자 했다.

그것은 회사가 어떻게 주요 경쟁자들—벵골과 아와드의 나와브, 티푸 술탄의 마이소르 왕국, 대大마라타연맹—을 물리치고 샤 알람 황제를 자신들의 비호 아래 두게 되었는지에 관한 이야기다. 샤 알람, 그는 인도를 침략하여 일개 무역 회사에서 어엿한 제국적 세력으로 대두하는 50년에 걸친 회사의 이야기 전체를 지켜볼 운명을 타고난 사람이었다. 아닌 게 아니라 샤 알람의 일생은 이하에 나올 서사의 뼈대를 이룬다.

앞 세대 역사가들의 연구와 달리, 18세기는 인도의 '암흑기'가 아니었다는 것이 지금은 일반적인 견해다. 오히려 무굴 제국의 정치적 쇠퇴가 아대륙 다른 지역들의 경제 부흥을 가져왔다는 인식을 심화시키는 연구가 많이 나왔다.[5] 하지만 지역 부흥에 관한 탁월한 연구들이 18세기 대부분의 기간 동안 분명히 무굴 심장부, 특히 델리와 아그라 주변 지역의 붕괴를 초래한 무정부 상태의 현실을 바꾸지는 않는다. 파키르 카이르 우드딘 일라하바디Fakir Khair ud-Din Illahabadi가 표현한 대로 "무질서와 타락은 더는 모습을 감추려 하지 않았고 한때 평화로웠던 인도는 아수라장이 되었다. 그사이 무굴 군주정은 실체가 사라졌고 그저 이름뿐이거나 희미한 그림자만 남게 되었다".[6]

무정부라는 진단은 파키르 카이르 우드딘과 굴람 후사인 칸과 같이 비탄에 빠진 몇몇 무굴 귀족만이 아니라 그 시대의 여행객들이 한결같이 기록한 현상임을 고려할 때, 나는 수정주의 역사 서술은 너무 나간 것이라 생각한다. 로와 모다브부터 폴리에르와 프랭클린에 이르기까지 18세기 후반 인도를 직접 체험한 거의 모든 목격자들은 거듭하여 그 시기의 끝없는 유혈과 혼란, 그리고 중무장한 호위대 없이는 대부분의 지역을 무사히 이동할 수 없는 어려움에 관해 언급한다. 거대한 무정부 상태Great Anarchy란 개념을 처음 통용시킨 이들은 바로 이런 목격자 들이었다.

특히 1750년대와 1770년대 사이에 회사가 치른 많은 전쟁과 벵골, 비하르, 오리사주 약탈은 이러한 혼란상을 더했고 델리에서 아주 멀리 떨어진 지역들까지 영향을 미쳤다. 이 책의 원제를《무정부Anarchy》라고 지은 것은 그래서이다. 파란만장하고 혼란스럽고 폭력으로 점철된 이 시기의 군사사史와, 리처드 바넷Richard Barnett과 케임브리지 재학 시절 옛 스승이기도 한 크리스토퍼 베일리Christopher Bayly가 힘써 조명해온 새로운 정치적, 경제적, 사회적 구조의 장기적인 확립 사이에 까다로운 균형을 분명히 잡아야 한다. 지금까지 이러한 상이한 층위의 행위와 분석을 일치시킬 방법을 찾아낸 사람이 있는지 모르겠지만 어쨌든 이 책은 그런 불가능한 과제를 해결해보려는 시도다.

이 책은 주로 수천, 수만 장에 달하는 회사의 방대한 기록을 토대로 한다. 본사에서 나온 문서와 인도 주재 직원이 레든홀가의 이사진에게 보낸 공문은 이제 런던 영국도서관의 문서고에 들어차 있다. 총독 관지와 캘커타 윌리엄 요새에 위치한 회사의 인도 본부에서 나온 흔히 더 자세하고 흥미로운 기록은 이제 뉴델리 인도 국립문서고National Archives of India: NAI에서 찾을 수 있으며, 내가 조사를 집중한 곳이기도 하다.

하지만 NAI에 소장된 18세기 기록은 잘 정리된 그곳의 19세기 문서보다 파악하기가 훨씬 어렵다. 나는 처음 몇 주 동안은 색인 목록을 찾는 데만도 애를 먹었는데, 뛰어나고 항상 인내심을 잃지 않는 NAI의 자야 라빈드란과 아누미타 바네르지 덕분에 결국 이 문제를 해결할 수 있었다. 두 사람은 골방과 창고를 샅샅이 뒤진 끝에 목록을 찾아냈다. 성공의 보답은 엄청났다. 몇 주 만에 나는 회사로 하여금 로저 드레이크Roger Drake 총독에게 캘커타 성벽 재건을 지시하게 만들었고, 그리하여 시라지 우드다울라의 공격 행위를 유발해 개전 사유가 된 로리앙항Port Lorient에서 나온 첩보 원문과 클라이브가 플라시 전장에서 보낸 최초 공문을 손에 쥐었다.

이러한 회사의 영어 기록과 더불어 교양 넘치는 무굴 역사가, 귀족, 문시munshi, 서기 들이 18세기에 걸쳐 내놓은 탁월한 페르시아어 역사서도 이용했다. 이 가운데 최고인 《세이르 무타케린Seir Mutaqherin》, 다시 말해 명석한 젊은 무굴 역사가 굴람 후사인 칸이 쓴 《당대 비평》은 그 시대에 대한 가장 예리한 시각이 돋보이는 인도 문헌이며, 1790년대 이래로 영어로도 구할 수 있는 책이다. 하지만《당대 비평》만큼 알려주는 것이 많은 다른 페르시아어 역사서 다수는 여전히 번역되지도 출판되지도 않았다.

이런 문헌은 나의 오랜 협업자 브루스 워널Bruce Wannell의 도움을 받아 광범위하게 이용할 수 있었다. 그가 메라울리에 있는 내 염소 농장 정원에 텐트를 치고 머물면서 파키르 카이르 우드딘 일라하바디의《이브라트 나마Ibrat Nama》(훈계서)나 파니파트의 무하마드 알리 칸 안사리Mohammad Ail Khan Ansari가 쓴《타리크이 무자파리Tarikh-i Muzaffari》같이 잘 알려지지 않은 문헌을 가지고 여러 달에 걸쳐 내놓은 뛰어난 번역은 이 프로젝트를 완전히 바꿔놓았으며, 18세기 인도와 더 넓은 이슬람 세계에 대한 비할 데 없는 그의 지식도 마찬가지다. 그가 라자스탄, 통크의 마프리 연구소MAAPRI Reserch Insititute에서 긴 시간을 보내면서 전에 이용된 적 없는 샤 알람 전기인 문시 문나 랄Munshi Munna Lal의《샤 알람 나마Shah Alam Nama》를 번역하고, 퐁디셰리(푸두체리)에서 장 들로슈와 여러 차례 토론을 통해, 장티, 마데크, 로의 회고록과 모다브 백작Comte de Modave의 훌륭한《여행기Voyages》와 같이 번역된 적 없고 거의 이용되지 않은 18세기 프랑스 문헌 다수를 흠잡을 데 없이 영어로 옮겨준 것에 특히 감사하다. 특히 그르노블 시절 볼테르의 세련된 이웃이자 친구였던 모다브 백작은 회사 지배 시기 캘커타의 드넓은 대로부터 되락해가는 샤 일림의 수도 델리의 폐허에 이르기까지 18세기 풍경에 세련되고 풍자적이며 날카로운 시선을 던져준다.

    지난 6년간 동인도회사에 관해 작업하면서 많은 이들에게 빚을 졌다. 우선 내가 인도 국립문서고에서 파헤친 필사본들을 타자로 치며 여러 달 동안 수고한 릴리 텍셍과 단정한 필기체로 적힌 회사의 공식 기록 및 클라이브, 헤이스팅스, 콘월리스, 웰즐리의 개인 서신을 붙들고 씨름하며 런던에서 유사한 과제를 수행해준 나의 인척 케이티 로원과 하르파반 만쿠에게 고마움을 표하고 싶다. 샤 알람의 자작시를 아름답게 번역해준 알리야 나크비와 캐서린 버틀러 스코필드에게도 고마움을 전한다.

    많은 친구들이 이 책의 여러 초고를 읽어주었는데 특히 피터 마셜, 라자트 다타, 로버트 트래버스, 나자프 하이데르, 락슈미 수브라 마니안, 장마리 라퐁, 노니카 다타, 소날 싱, 비자이 핀치, 마무드 파루퀴, 야샤슈위니 찬드라, 나라야니 바수, 스코필드, 말라싱, 로리 프레이저, 샘 밀러, 잔니 두비니, 제러미 파킨슨, 리야 사르카르, 치키 사르카르, 자얀타 셍굽타, 애덤 달림플, 난디니 메타에게 감사드린다.

    다른 많은 이들도 귀중한 지원을 아끼지 않았다. 인도에서는 B. N. 고스와미, 에바 코흐, 모민 라티프, 존 프리츠, 조지 미셸, 샤시 타루르, 찬데르 셰카르, 자그디시 미탈, 다이애나 로즈 하오비잠, 나브테지 사르나, 타냐 쿠루빌라, S. 가우탐, 타냐 바논과 바샤라트 피어에게 감사드리며, 특히 인도 최고의 여행사인 반얀의 루시 데이비슨에게 감사드린다. 데이비슨은 카르나티크 해안을 따라 스리랑가파트남과 통크까지, 데칸을 거쳐 푸네까지 그리고 어쩌면 그중에서 가장 기억에 남을 캘커타와 무르시다바드까지 여러 차례 답사 여행을 솜씨

좋게 조직해줬다.

파키스탄에서는 파키르 아이자주딘, 알리 세티, 후사인과 알리야 나크비 그리고 페르시아어와 우르두어 문헌에 접근할 수 있게 너그러이 도움을 준 펀자브 문서고의 아바스에게 감사드린다.

미국에서는 무자파르 알람, 마야 재서노프, 아예샤 잘랄, 벤 홉킨스, 나일 그린, 산자이 수브라마니암, 두르바 고시, 엘브룬 키멜만, 나비나 하이다르에게 감사드린다.

영국에서는 닉 로빈스, 사키브 바부리, 어슐러 심스윌리엄스, 존 윌슨, 말리니 로이, 제리 로스티, 존 펠코너, 앤드루 탑스필드, 린다 콜리, 데이비드 캐너다인, 수전 스트런지, 아민 재퍼, 아니타 아난드, 이안 트루거, 로버트 맥팔레인, 마이클 액스워디, 데이비드 길모어, 로리 스튜어트, 찰스 앨런, 존 키, 토미 와이드, 모니샤 라제시, 아라티 프라사드, 파루크 후사인, 찰스 그리그, 로지 루엘린존스, 리처드 블러턴, 앤 버들, 샘 머피, 헨리 놀티, 로버트 스켈턴, 프란체스카 갤러웨이, 샘 밀러, 시린 바킬, 자리어 마사니, 티르산카르 로이, 브리지드 워딤스, 바너비와 로즈 로저슨, 앤서니와 실비 새틴, 휴, 족, 롭 달림플, 그리고 이제는 고인이 된 그리운 크리스 베일리에게 감사드린다. 30년도 더 전에 케임브리지에서 들은 크리스의 강의는 18세기 인도의 복잡다단함에 관한 나의 흥미를 처음 일깨웠다.

나는 둘도 없는 에이전트 데이비드 고드윈과 블룸스버리 출판사의 뛰어난 직원들인 알렉산드라 프링글, 트람안 도안, 릴리드 켄드릭, 에마 볼, 리처드 차킨, 요게시 샤르마, 미낙시 싱, 파이자 칸, 벤 하이먼 그리고 특히 30년 넘게 나의 편집자인 마이크 피시윅과 함께 일할 수 있어서 운이 좋았다. 뷔셰 샤스텔 출판사의 베라 미칼스키와 이탈리아 아델피 출판사의 로베르토 칼라소에게도 감사드린다.

사랑하는 가족 올리비아, 아이비, 샘, 애덤은 이 책이 나올 때까지 6년의 긴 세월 동안 내가 제정신을 유지하고 행복하게 지낼 수 있게 해줬다. 올리브는 특히 정서적으로 나를 지탱해준 반석이자 이 프로젝트를 배후에서 이끈 진정한 힘이며, 나의 첫 번째이자 최고의 편집자인 동시에 변함없는 인내심과 관대함, 사랑을 베풀어주는 인생의 동반자다. 그들과 이 책을 집필하는 사이에 돌아가신 부모님께 나는 누구에게보다 큰 빚을 졌다. 아버지는 특히 내가 이 책을 완성하는 것을 보지 못하리라 믿으셨는데 정말로 탈고까지 아직 두 장이 남아 있던 크리스마스 이튿날 돌아가셔서 끝내 완결을 보지 못하셨다. 하지만 역사를 사랑하고 인생을 살아가는 법을 내게 가르쳐주신 분은 아버지다. 이 책을 아버지 영전에 바친다.

윌리엄 달림플
노스 버윅-치즈윅-메라울리,
2013년 3월~2019년 6월

‹ 1 ›

1599년

1599년 9월 24일, 윌리엄 셰익스피어가 서더크 글로브 극장으로부터 강 하류 쪽에 위치한 자택에서 《햄릿》 초고를 고심하던 때였다. 북쪽으로 1.5킬로미터쯤 거리, 템스강 건너편으로 걸어서 20분이 채 안 걸리는 곳에 잡다한 런던 사람들이 중간 문설주가 있는 무수한 튜더 양식 창문으로 빛이 들어오는 미로 같은 목조 건물에 모였다.[1]

당시에도 그 모임은 역사적인 회합으로 인식되었다. 그날 무어게이트 필즈 인근 파운더스홀에 모인 엘리자베스 시대 런던의 이례적인 다채로운 계층을 기록하기 위해 잉크와 깃펜을 든 공증인들이 참석했다.[2] 고위 인사로는 진홍색 퍼스티언(주로 남성복 제작에 이용되는 두껍고 질긴 면직물―옮긴이) 외투 위에 자신의 직함을 상징하는 금빛 사슬을 늘어트린 단단한 체구의 런던 시장 스티븐 소엄 경Sir Stephen Soame이 있었다. 그의 주변으로는 전임 런던 시장 두 명과 시의 고위층들이 있었다. 그들은 흰 턱수염이 무성한 얼굴을 깃털같이 풍성한 하얀 주름 칼라로 감싼 굽신거리는 엘리자베스 시대 부르주아들이었다.[3] 이 가운데 가장 힘 있는 사람은 근엄한 느낌의 염소수염에, 담비 털을 두르고 연통형 모자를 쓴 런던시 회계관 토머스 스마이스 경Sir Thomas Smythe으로, 그는 그리스 섬들에서는 건포도를, 알레포에서는 향신료를 수입하여 재산을 모았다. 몇 년 전 '회계관 스마이스'는 자신의 무역을 지원할 수단으로 레반트회사Levant Company 설립을 도왔고, 이 날의 회합도 그가 주도한 것이었다.[4]

이 풍채 좋은 런던시의 대들보들 옆으로는 그들보다는 지위가 낮지만 재산을 불릴 희망에 부푼 무역상들 다수와, 더 미천한 출신으로 신분 상승을 꿈꾸는 야심 찬 이들이 군데군데 자리를 차지하고 있었다. 공증인들이 충실하게 기록을 남긴 이들의 직업은 잡화상, 포목상, 방물장수, '양복장이' '포도주 상인' '가죽장수' '피혁공' 등이었다.[5] 흉터가 있는 군인과 선원, 울위치와 뎃퍼드의 부두에서 온 수염이 무성한 모험가들도 몇몇 있었다. 그들은 산전수전 다 겪은 노련한 뱃사람들로서, 10년 전 에스파냐 아르마다 함대와 싸운 사람도 있었고 모두가 더블릿에 금 귀걸이를 달고 허리띠에는 선원용 단검을 눈에 띄지 않게 찔러둔 차림새였다. 이 갑판 선원과 후後갑판원(앞쪽은 일반 선원, 뒤쪽은 좀 더 지위가 높은 선원이나 장교를 가리킴—옮긴이) 가운데 다수는 드레이크, 롤리와 어깨를 맞대고 따뜻한 카리브 해역에서 에스파냐 보물선과 싸웠던 경험이 있었고, 이제는 공증인들 앞에서 점잖은 엘리자베스 시대 완곡어법으로 스스로를 '사략선원privateers(국가로부터 면허나 특허장을 받아 전시에 적국 선박을 공격, 나포할 수 있는 민간인이나 민간 선박을 가리킨다. 사략 행위는 사실상 국가 공인 해적질이었다—옮긴이)'이라 불렀다. 멀리 모험을 떠났던 일단의 탐험가와 여행가들도 있었는데, 일례로 북극권의 배핀만에 이름을 부여한 극지 탐험가 윌리엄 배핀William Baffin도 이 자리에 있었다. 마지막으로 자칭 '동인도 항해의 역사 서술자'인 젊은 리처드 해클루트Richard Hakluyt(1553~1616. 영국의 작가로 그가 집필하거나 편찬한 항해기와 탐험기는 당대 유럽의 해양 팽창과 식민화에 일조했으며, 대항해시대를 들여다볼 수 있는 중요한 사료다—옮긴이)가 세심하게 이 모임을 기록하고 있었다. 그는 향신료 항로Spice Routes에 관해 그때까지 잉글랜드에 알려진 모든 정보를 집대성한 공로로 모험가들로부터 11파운드 20실링*의 보수를 받았다.[6]

한 지붕 아래 모일 일이 거의 없었던 이런 잡다한 집단이 모두가 한 가지 목적을 띠고 이 자리에 모였다. 가발을 쓰고 분을 칠한, 당시 66세인 연로한 엘리자베스 여왕에게 "동인도와 여타 섬 그리고 그 일대의 나라들로 항해를 떠나 (…) 그 섬이나 나라들이 산출하거나 제공하는 (…) (그리고 번창하여 주님을 기쁘게 할) 상품이나 물품, 물건, 귀금속을 사거나 교환함으로써 교역할"[7] 회사의 창립을 윤허해달라고 청원하기 위해서였다.

스마이스는 이틀 전에 101명의 부유한 상인들을 모아놓고 각자 100파운드에서 3,000파운드의 출자금을 내놓으라고 종용했는데, 당시로서는 상당한 액수였다. 스마이스는 다해서 3만 133파운드 6실링 8펜스의 출자금을 마련했다.** 투자자들은 계약서를 작성해 기금 대장에 "각자 분담금을 손수 적어 넣었"으며, "우리 나라의 영예와 잉글랜드 왕국 내 무역과 상업의 발전을 위해" 그렇게 한다고 밝혔다.

---

*   현재 가치로 대략 1,200파운드.
**   현재 가치로 환산하면 100파운드는 대략 1만 파운드, 3,000파운드는 30만 파운드이며, 출자 총액은 300만 파운드가 넘는다.

역사를 거슬러 독해하는 것은 언제나 잘못이다. 우리는 동인도회사가 점점 커져서 결국 세계 무역의 거의 절반을 지배하고 역사상 가장 막강한 기업이, 에드먼드 버크의 유명한 말마따나 "상인의 겉모습을 한 국가"가 되었다는 사실을 알고 있다. 사후적으로 보면 회사의 대두는 거의 필연처럼 보인다. 하지만 1599년에는 그렇게 보이지 않았다. 창립 당시 성공이 그보다 더 불확실해 보이던 회사도 얼마 없었을 것이다.

그 시대 잉글랜드는 국민 대부분이 농업에 종사하는 비교적 가난한 국가였고, 당대의 가장 분열적인 주제인 종교를 놓고 거의 반세기 동안 내전을 치렀다.[8] 그 과정에서 당시 다수의 현명한 사람들이 보기에 의도적인 자해 행위나 다름없게 유럽에서 가장 막강한 제도(교황과 로마가톨릭 교회—옮긴이)와 일방적으로 절연하여 다수 유럽인들의 눈에 일종의 외톨이 나라가 되었다. 그 결과, 당혹스러워하는 이웃 나라들과 단절된 잉글랜드는 새로운 시장과 상업적 출구를 찾아 먼 곳까지 지구상을 샅샅이 뒤질 수밖에 없었다. 그들은 이 일을 해적다운 열성을 품고 해냈다.

프랜시스 드레이크 경Sir Francis Drake이 기조를 세웠다. 드레이크는 1560년대 초에 파나마 지협을 따라 광산에서 항구로 은을 실어 나르는 에스파냐 노새 떼를 습격하는 버커니어buccaneer(카리브해와 서인도제도에서 활동한 해적이나 사략선원—옮긴이)로 명성을 얻었다. 이런 습격에서 얻은 이익 중 일부로 드레이크는 1577년에 골든하인드Golden Hinde호를 타고 3년간의 세계 일주 항해에 나섰다. 역사상 세 번째 세계 일주 시도였고 나침반과 아스트롤라베(천체 고도 관측 기구의 하나. 태양의 남중고도나 별의 고도를 파악해 현지 시각이나 위도를 계산할 수 있다— 옮긴이)가 개선되고 에스파냐, 포르투갈과의 관계가 악화된 덕분에 가능했던 프로젝트였다.[9]

드레이크는 "금[과] 은 (…) 향신료 약재, 코치닐(붉은 염료의 일종—옮긴이)을 챙길 커다란 희망"을 안고 출항했고, 그의 항해는 이베리아 선박을 간헐적으로 습격하며 지속되었다. 짐을 가득 실은 포르투갈 카라크선을 노획한 뒤 드레이크는 "금은, 진주, 귀금속이 넘쳐나는" 화물을 가지고 귀환했는데, 화물 가치가 무려 10만 파운드* 이상에 달해 대항해시대의 모든 항해 가운데 가장 큰 이익을 남겼을 정도였다. 이렇듯 당시 남아메리카와 중앙아메리카를 지배하던 더 부유한 이베리아 제국들을 괴롭히며 약탈하는 행위는 본질적으로 화이트홀과 채링크로스(둘 다 런던에 있는 정치·행정의 중심지. 우리나라의 세종로나 광화문 일대에 해당한다—옮긴이)의 과두지배층이 좌우지하는 엘리자베스 시대의 국가 공인 조직 범죄였다. 드레이크의 라이벌인 월터 롤리 경Sir Walter Raleigh(1553~1618. 영국의 정치가, 군인, 탐험가, 문인. 그가 쓴 과장된 탐험기는 황금의 도시 엘도라도 전설의 끈질긴 생명력에 적잖게 기여했다—옮긴이)과 부하들이 유사한 습격을 벌이고 귀환하자 에스파냐 대사는 즉시 그들을 "해적, 해적, 해적"[10]이라고 규탄했다.

에스파냐 대사가 해적이라고 간주했을 사람들 다수도 그날 파운더스 홀에 있었다. 이 뱃사람과 모험가 집단이 약탈자로서는 재능이 있을지 몰라도 그보다 더 실력이 필요한 장거리 항해나 생존 가능한 식민지를 건설하여 진득하게 유지하는 일에는 여태까지 그다지 성공

---

*   현재 가치로 1,000만 파운드 이상이다.

을 거두지 못했음을 회사의 잠재적 투자자들은 잘 알고 있었다. 정말이지 다른 유럽 이웃들과 비교하여 잉글랜드인은 그 두 분야에서 아마추어로 여겨졌다.

그들은 향신료 제도로 가는 전설적인 북서 항로를 찾아 나섰지만, 계획했던 몰루카제도 대신 북극권 언저리에서 처참한 결말을 맞았다. 갤리언선이 유빙에 갇히고, 낡고 닳은 선체가 빙산에 구멍이 나고, 장창을 휘두르던 선원들은 북극곰의 공격을 받아 사지가 절단되었다.[11] 그들은 1599년에 심각한 공격을 받았던 아일랜드의 신생 프로테스탄트 플랜테이션(엘리자베스 1세와 제임스 1세 시대에 반란을 일으키거나 망명을 간 아일랜드 귀족, 영주들의 토지를 몰수하여 그곳에 주로 스코틀랜드의 신교도를 이주시키는 사업이 적극 추진되었다. 아일랜드 플랜테이션은 그렇게 해서 생겨난 농원과 소읍town 등의 식민 정착지를 가리킨다―옮긴이)을 보호하는 데도 실패했다. 카리브해 노예 무역에 억지로 끼려고 한 시도도 성과가 없었던 한편, 북아메리카에 잉글랜드 식민지를 수립하려는 시도들은 그야말로 참사로 끝났다.

1584년 월터 롤리 경은 체서피크만 남쪽 로어노크섬에 최초의 영국 정착지를 세우고 그 지역에 그의 군주를 기려 버지니아라는 이름을 붙였다. 하지만 로어노크 식민지는 1년을 간신히 버텼을 뿐, 1586년 6월에 구조 선단이 도착했을 때는 버려진 상태였다. 열성적새 정착민들이 물가에 뛰어내려 다가가보니 목책과 그 안쪽의 집들은 완전히 부서져 있었고, 기존 정착민들의 운명을 가리키는 것은 해골 하나와 어느 나무줄기에 새겨진 현지 인디언 부족의 이름 크로아탄CROATOAN뿐이었다. 롤리가 불과 2년 전에 그곳을 떠날 때 남은 남자 90명과 여자 17명, 아이 11명의 자취는 온데간데없었다. 정착민들이 허공 속으로 사라지기라도 한 것 같았다.[12]

그날 파운더스홀 모임에 참석한 런던에서 가장 노련한 뱃사람이자 동방 탐험가 두 사람도 항해에서 돌아왔을 때 자신들의 시도를 입증해줄 경이로운 이야기 말고는 딱히 내놓을 게 없었다. 그들의 선원과 화물 어느 것도 무사히 귀환하지 못했다.

먼저 랠프 피치Ralph Fitch가 1583년에 파머스에서 타이거Tyger호를 타고 출항했다. 스마이스 회계관이 세운 레반트회사로부터 향신료 구입 임무를 띠고 동방으로 파견된 피치는 호르무즈까지밖에 못 갔을 때 포르투갈인들에게 스파이로 붙잡혔다. 그는 호르무즈에서 (포르투갈의 인도 거점이자 종교재판소가 있던) 고아Goa로 압송되었고 거기서 스트라파도strappado를 당했다. 종교재판소의 번지점프라고 할 수 있는 스트라파도는 사람을 밧줄에 매달아 높은 곳에서 떨어뜨리는 고문인데, 밧줄이 팽팽하게 당겨지며 일순간 추락이 멈출 때 뼈가 뒤틀리는 고통은 엘리자베스 시대 잉글랜드인들이 선호한 형틀 고문보다 훨씬 더 괴로웠다고 한다.

피치는 오랫동안 고아에서 활동했던 잉글랜드인 예수회 수도사로서 그의 보증인이 되어준 토머스 스티븐스 수사Fra Thomas Stevens의 도움으로 결국 탈출했다. 그는 데칸의 부유한 술탄국들을 거쳐 16세기 무굴의 수도 아그라로 갔고 거기서 벵골을 거쳐 몰루카까지 가는 데 성공했다.¹³ 3년 뒤 런던으로 귀환하자마자 그는 여행담으로 수도를 사로잡았고, 유명 인사가 되어서 "그녀의 남편은 타이거호의 선장으로 알레포로 갔시"라는 대사로 그의 배가 셰익스피어의 《맥베스》에서 언급될 정도였다. 하지만 피치는 후추 무역에 관한 감질나는 디테일만 알아 오고 실제 후추는 갖고 오지 않았다.¹⁴

향신료 무역에 진입하려는 레반트회사의 시도는 계속되었으나, 바닷길을 이용한 다음번 시도는 재앙에 가까웠다. 제임스 랭커스터

경Sir James Lancaster의 1591년 인도양 항해는 희망봉을 돌아 동방에 도달하려는 잉글랜드 최초의 시도였다. 항해 자금과 무장 선박은 모두 스마이스와 그의 레반트회사가 댔다. 하지만 결국 랭커스터의 배 네 척 가운데 딱 한 척 에드워드 보나벤처Edward Bonaventure호만이 인도에서 귀환할 수 있었고, 그것도 한 줌의 선원들만이 무사한 상태였다. 최종 생환자들인 다섯 명의 남자와 소년 한 명은 앞서 포르투갈 선박에서 약탈한 후추 화물을 싣고 간신히 돌아왔다. 랭커스터 본인은 사이클론이 휘몰아칠 때 난파당해 다른 선원들과 함께 코모로제도에서 오도 가도 못하다가 결국 1594년에야 귀환했다. 귀환 길에 그는 무풍대에 갇히고, 괴혈병에 고생하고, 배 세 척을 잃고, 동료 선원 거의 전부가 성난 섬 주민의 창에 찔려 죽음을 맞이하는 것을 지켜보았다. 레반트회사의 자금줄이 풍부한 게 다행이었다. 1591년의 인도양 항해는 처참한 재정적 실패였으니까 말이다.[15]

이런 초라한 버커니어들과 대조적으로 더 세련된 포르투갈과 에스파냐 경쟁자들은 한 세기 넘게 전 지구상에 걸쳐 고수익의 코즈모폴리턴 제국을 부지런히 건설했다. 신세계에서 가져온 막대한 양의 금은 에스파냐를 유럽 최대의 부국으로 탈바꿈시켰고, 동방의 바다와 향신료를 장악한 포르투갈은 에스파냐를 바짝 뒤쫓는 2등이었다. 잉글랜드인들한테는 분통 터질 일이지만 실제로 이베리아인들의 유일한 경쟁 상대는 갓 독립한 자그마한 네덜란드 공화국으로서, 그곳의 인구는 잉글랜드 절반에도 못 미쳤고 에스파냐의 지배를 벗어난 것은 고작 20년 전인 1579년이었다.

근래 네덜란드인들이 거둔 놀라운 성공이야말로 이 다양한 런던 사람들을 한자리에 불러 모은 요인이었다. 3개월 전인 7월 19일에 네덜란드의 콤파니 판 페러Compagnie Van Verre—원지회사the Company of

Distant Lands— 소속 야코프 코넬리슨 판넥Jacob Corneliszoon van Neck 제독은 인도네시아에서 막대한 향신료 화물—후추 800톤과 정향 및 다량의 계피와 육두구 200톤—을 싣고 귀환했다. 이 항해는 400퍼센트라는 전대미문의 이윤을 남겼다. 한 레반트회사 관계자는 부러워하며 "지금까지 네덜란드에 화물을 그렇게 가득 싣고 돌아온 배는 없었다"라고 썼다.[16]

8월이 되자 '네덜란드인들의 이 성공'을 본받아, 잉글랜드 상인들도 수수료로 가격을 세 배나 부르는 중동의 중간상인들을 배제하고 지구 반 바퀴를 돌아 동인도의 생산자에게 직접 향신료를 구입하기 위해 유사한 항해를 추진할 회사의 설립 가능성을 논의하기 시작했다. 이번에도 주동자들은, 그리스의 키오스섬에서 누군가가 편지에 쓴 것처럼 네덜란드인의 이 "동인도 무역이 알레포와 우리의 거래를 확실하게 망가트렸음"을 깨달은 스마이스 파벌인 레반트회사 무역상들이었다.[17]

마지막 계기는 동방으로의 추가 항해를 위해 잉글랜드 선박을 매입하고자 네덜란드인들이 런던으로 대표단을 보낸 일이었다. 이것은 엘리자베스 시대 런던의 자존심이 도저히 허락할 수 없는 일이었다. 함부르크 회사Hamburg Company의 올드 스틸야드Old Steelyard에서 기다리고 있던 암스테르담의 대리인들은 "우리 런던 상인들은 우리 선박이 전부 필요하며 네덜란드인들에게 팔 것은 없다. 앞으로 우리도 동인도와 무역을 할 작정이다"라는 답변을 들었다.[18] 파운더스홀의 모임은 그 퇴짜의 직접적 결과였다. 엘리자베스 여왕의 추밀원에 제출한 청원서에서 그들은 "네덜란드 상인들이 자신들의 공화국을 이롭게 하려는 것처럼 조국의 무역을 증진하려는 마음에서 우러나온 것이며 (…) 우리 나라의 영예와 무역의 증진을 위해 (…) 금년 동인도로

항해에 나서려고 한다"고 말했다.[19]

이 항해의 투자자들의 4분의 1과 회사의 원조 이사들 열다섯 명 가운데 일곱 명은 레반트회사의 주요 투자자였다. 네덜란드인들이 향신료 무역에 대한 기존 투자를 망쳐버렸다는 근거 있는 걱정에 시달린 그들은 출자금의 3분의 1뿐만 아니라 초창기 여러 모임이 열린 사무실과 선박도 제공했다. 그러므로 '동인도와 무역하는 런던 상인회 The Company of Merchants of London trading to the East Indies'는 원래 레반트회사에서 파생된 것이자 항로를 개척함으로써 기존의 무역을 원동 遠東, Far East(여기서는 맥락상 인도와 인도 동쪽의 동남아 일대를 막연히 가리킨다—옮긴이)까지 확대하고 가능한 한 많은 신규 자본을 끌어모으려는 그곳 주주들의 메커니즘이었다.[20]

이것이 스마이스와 그의 동료들이 기존의 독점 영역을 단순히 확대하는 대신 새 회사를 창립하여 자금을 대는 모든 투자자에게 사업 기회를 개방하기로 결심한 이유였다. 단단히 결속된 투자자 53인으로 구성된 고정적인 이사회가 있는 레반트회사와 달리 EIC는 처음부터 모든 투자자에게 열려 있는 주식회사로 구상되었다. 스마이스와 동료들은 항해에 수반되는 막대한 비용과 고위험 때문에 "그렇게 멀리 떨어진 곳과의 무역은 공동의 연합 주식자본으로만 운영할 수 있다"고 판단했다.[21] 이러니저러니 해도 비용은 천문학적으로 높았다. 그들이 구입하려 하는 상품은 극히 비싼 거대한 배로 운송되며, 그 배를 조종하고 보호하려면 많은 승무원과 포술 장인, 직업적인 머스킷 총병을 승선시켜야 했다. 더욱이 만사가 계획대로 돌아간다고 해도 투자 수익은 여러 해 동안 나오지 못할 터였다.

주식회사라는 관념은 튜더 왕조 시대 잉글랜드의 가장 빛나고 혁명적인 혁신 가운데 하나다. 그 착상의 불꽃은 중세 장인 길드로부터 나왔다. 길드에서 상인과 제조업자들은 자원을 공동 투여하여 개인이 혼자서 감당할 수 없는 사업에 착수할 수 있었다. 길드와 주식회사 간 결정적 차이점은 주식회사의 경우 프로젝트에 출자할 현금을 갖고 있지만 경영에는 직접 참여하지 않는 수동적 투자자들을 끌어들일 수 있다는 것이었다. 주식은 누구나 사고팔 수 있었고 주식 가격은 주식에 대한 수요와 사업의 성공 여부에 따라 오르내렸다.

그러한 회사는 '집합적이고 정치적인 인체one body corporate and politick' 다시 말해 법인체corporation가 될 것이며, 그리하여 개별 주주의 죽음을 초월할 수 있는 모종의 집합적 불멸성과 법적 인격을 가질 수 있었다. 법학자 윌리엄 블랙스톤William Blackstone이 말한 대로 "템스강이 템스강을 구성하는 각 부분들이 끊임없이 변화하고 있지만 여전히 동일한 강인 것과 마찬가지인 방식으로" 말이다.[22]

40년 전인 1553년에 앞 세대 런던 상인들은 세계 최초의 칙허 주식회사를 출범시키는 과정에 착수했다. 바로 머스커비회사the Muscovy Company, 또는 그 위풍당당한 정식 명칭을 밝히자면 '미지의 영역, 지방, 섬과 장소를 발견하기 위한 상인 모험가들의 회합이자 길드'였다.[23] 이 회사의 애초의 목적은 이 세상이 하나의 대양에 둘러싸인 커다란 섬이라고 믿은 고전 지리학자들이 처음 제시한 발상을 탐색하는 것이었다. 그들의 생각이 맞다면 희망봉을 돌아가는 것 말고도 머나먼 동방의 금과 향신료에 도달할 수 있는 북방 항로가 존재할 테고, 그 항로는 이베리아 경쟁 상대들로부터 완전히 자유로울 것이었다.

머스커비회사 이사들은 북방 항로가 존재하지 않는다는 결론에 곧 도달했고, 그 과정에서 러시아를 거쳐 페르시아와 바로 이어지는 육로를 발견하고 그곳과의 직교역에 성공했다. 오스만튀르크가 정복하여 1580년에 그 교역로가 차단되기 전까지, 머스커비회사는 이스파한과 대大바자가 열리는 그 지역의 여타 도시들로 여섯 차례 상인단을 파견하는 데 성공했고 제법 괜찮은 수익을 올릴 수 있었다.[24]

1555년에 머스커비회사는 마침내 여러 특권과 책임을 명시한 칙허장을 받았다. 1583년에 이르자 칙허 베니스회사와 터키회사가 있었고, 두 회사는 1592년에 합병하여 레반트회사가 되었다. 같은 해 노예 무역을 하는 시에라리온회사가 창립되었다. 동인도회사는 그러므로 꽤 잘 다져진 길을 따라가고 있었고, 칙허장은 별다른 어려움 없이 나올 법했다. 더욱이 여왕은 방자한 에식스 백작 로버트 데버루의 반란 위협이 현실화될 경우에 대비해 시티를 자기편으로 두고 싶었으므로 청원을 선뜻 받아들이는 듯했다.[25]

하지만 청원이 올라가기 무섭게 회사의 설립과 항해 준비를 유예하라는 추밀원 명령이 내려왔다. 1598년 펠리페 2세가 사망한 뒤 에스파냐와 강화 협상이 진행 중이었고, 추밀원의 고관들은 "화평을 맺는 것이 (…) 다툼으로 그것이 저해되는 것보다 더 유익하다고 생각"하여 모험가들이 "올해에 이 사안을 더 이상 추진하지 말아야 한다"는 결정을 내렸다.

귀족 출신이 전혀 없었고, 그래서 궁정에서 별다른 지위나 영향력이 없었던 상인들은 기다리는 수밖에 없었다. 동방과 무역을 할 잉글랜드 회사를 창립하려는 야심 찬 구상은 열두 달 동안 딱 그렇게, 한여름의 꿈으로 남게 된다.

1600년 여름에 에스파냐와의 강화 협상이 좌초했을 때에야 추밀원은 마음을 바꿔서 항해의 보편적 자유와 모든 나라가 어디로든 배를 보낼 권리가 있음을 역설할 자신감이 생겼다. 청원서가 작성된 지 거의 정확히 1년 뒤인 1600년 9월 23일에 출자자들은 마침내 인가를 받았다. 그들은 "목표한 바를 추진하고 (…) 상기의 항해에 나설 것"

을 "여왕 폐하께서 기꺼이 윤허하시는 바다"라고 통고받았다.²⁶

1600년 12월 31일 새 세기의 첫 해 마지막 날에 218명으로 구성된 '동인도와 무역하는 런던 상인회와 회장Governor and Company of Merchants of London trading to the East Indies'은 칙허장을 받았다.²⁷

이는 청원자들이 예상하거나 희망한 것보다 훨씬 폭넓은 권한을 부여한 문서로 드러났다. 칙허장은 회사의 처음 여섯 차례 항해에 모든 관세를 면제했을 뿐 아니라, 얼마 안 가 희망봉과 마젤란해협 사이의 모든 무역과 운송을 포괄하여 막연하게 정의된 '동인도와의 무역'을 15년간 독점할 수 있으며 영토를 통치하고 군대를 일으킬 수 있는 반#주권적 특권들까지 부여했다. 미래 세대의 EIC 관리들이 아시아의 모든 잉글랜드 신민에 대한 관할권을 행사하고, 화폐를 주조하고, 요새를 축성하고, 입법을 하고, 전쟁을 벌이고, 독자적인 외교 정책을 수행하고, 법정을 열어 재판을 하고 형벌에 처하고, 잉글랜드 신민을 투옥하고, 잉글랜드인을 식민하여 정착지를 세우기 위해 이용할 수 있을 만큼, 문서의 자구와 표현은 충분히 애매모호했다. 동인도회사는 "세계의 거의 3분의 2"에 대한 독점을 부여받았다는 훗날 어느 소책자 작가 겸 비평가의 불만은 근거가 없지 않았다.²⁸ 사람들이 그 잠재력을 깨닫기까지는 두 세기 반이 걸리긴 하지만, EIC 칙허장의 자구와 표현은 회사가 주권을 행사하고 사람들과 영토를 지배하며 제국적 세력이 될 가능성을 처음부터 열어놓았다.²⁹

윤허를 기다리는 1년 동안 상인 모험가들이 하릴없이 놀고만 있지는 않았다. 그들은 뎃퍼드에 가서 '여러 척의 배를 살펴보았'는데, 그

가운데 한 척인 메이플라워May Flower 호는 나중에 정반대 방향으로 떠난 항해로 유명해졌다.[30] 네 척의 배가 매입되어 재의장을 위해 건선거에 들어갔다. 시간이 관건이었으므로 '작업자들이 일터에서 빠져나와 술을 마시러 가지 않게 붙잡아두도록' 하루에 맥주 한 통을 지급했다. 900톤짜리 회사의 기함으로 예정된 스커지오브맬리스Scourge of Malice 호는 특별히 카리브해의 에스파냐 선박을 습격하기 위해 건조되었던 왕년의 사략선으로, 해적 느낌이 덜 나도록 레드드래건Red Dragon 호로 재명명되었다.

얼마 지나지 않아 모험사업가들은 배뿐만 아니라 새로운 돛대와 닻, 삭구도 구입하기 시작했고, '케저kedgers'(작고 가벼운 닻—옮긴이) '드래블러drabblers'(돛의 이어 붙인 부분 밑에 다시 덧붙이는 작은 범포. 바람을 받는 면적을 늘려준다—옮긴이) '모든 표준적 삭구와 움직줄running rope(도르래용 밧줄을 비롯해 고정되지 않고 자유롭게 움직일 수 있는 밧줄—옮긴이)' '케이블 양호, 불량' '메인 코스 보닛mayne course bonnet(주돛대 가장 아래쪽 사각돛에 이어 붙인 작은 범포—옮긴이) 매우 양호' '뒤틀린 호스 큰 것 하나'와 같이 상세한 항해 장비 목록을 작성했다. 무장도 필요할 터였다. '머스킷병 40명, 장창병 24명 (…) 약탈병 13명, 새 사냥꾼 2명, 화약 25통'과 대포용 '스펀지, 국자, 꽂을대.'[31]

그들은 또한 '큰 통'을 주문해 '맥주 170톤, 돼지고기 40톤'을 채우기 위해 열성적으로 작업했고, '건조한 통에 저장된 오트밀 12톤, 건조한 통에 저장된 겨자씨 1톤 (…) 잘 건조한 비스킷 (…) 좋은 생선 (…) 아주 잘 건조된 것'과 '소 120두'와 '사과주 60톤' 등도 주문했다. 그사이 회사의 출자자들은 3만 파운드*의 정금과 목적지에 도착하면

---

*   현재 가치로 300만 파운드 이상.

교역할 다양한 품목들을 모으기 시작했다. 그들은 '투자 대상'이라고 부른 그 철과 주석, 잉글랜드산 브로드천(면이나 능직물, 고운 양털실로 짠 폭이 넓은 원단―옮긴이)이 인도네시아산 후추, 육두구, 정향, 육두구 껍질, 카다멈과 여타 향기로운 향신료 및 고국으로 갖고 오길 바라는 귀금속들과 교환하는 데 적합한 품목이길 바랐다.[32]

마지막으로 또 한 번 차질이 빚어졌다. 1601년 2월 신생 회사를 주도하던 스마이스 회계관이 성미가 불같은 에식스 백작의 반란에 공모했다는 혐의로 런던탑에 잠시 갇힌 것이다.[33] 그럼에도 불구하고 칙허장을 정식 하사받은 지 두 달 만인 1601년 2월 13일, 재의장한 레드 드래건호는 울위치의 정박지에서 닻을 올리고 차가운 2월 템스강의 안개 사이로 미끄러져 나갔다. 더 작은 세 척의 호송선단인 헥터Hector 호, 수전Susan호, 어센션Ascension호가 바짝 뒤를 따랐다. 이번에도 선단의 사령관은 엄하지만 이제는 겸허해진 제임스 랭커스터 경이었다. 랭커스터는 지난 모험으로부터 여러 가지 교훈을 얻었다. 괴혈병을 예방하기 위해 선원들에게 지급할 레몬주스를 챙겨왔고, 항해 중에 맞닥뜨릴지도 모를 상대에 맞설 수 있을 만큼 충분한 무장―무려 38문의 포―을 갖췄다.[34]

여정의 시작은 어이 없을 정도로 나빴다. 템스강 어귀를 빠져나가는 동안 바람이 그쳐버려, 선단은 여전히 도버가 보이는 영불해협에 두 달 동안 발이 묶이는 망신을 겪었다. 하지만 바람이 다시 불기 시작했고, 9월에 이르자 선단은 희망봉을 돌며 보급을 위해 잠시 그곳에 정박했다. 랭커스터는 자신들을 맞이하는 부족민들에게 고기를 사고 싶다는 의사를 표현하고 싶어서, 잉글랜드 제국주의를 특징짓게 될 언어적 소질을 과시하며 "그들에게 가축의 언어로 (…) 암소와 수소를 가리켜 무moo [음매]라고, 양을 가리켜 바아baah라고 말했다".

이어 모리셔스로 향하던 그들은 바닷가에서 바위에 새겨진 일련의 표지를 발견했다. 좋은 소식은 아니었는데, 네덜란드 배 다섯 척이 고작 다섯 달 전에 그곳을 찾았다는 기록이었다.[35]

1602년 6월에야 랭커스터의 선단은 (몰루카제도의) 아체에 도착해, 향신료를 구입하기 위해 술탄과 협상을 벌였다. 그 직후 선원들은 포르투갈 카라크선을 발견했다. 랭커스터는 부하들이 '상인같이 처신'하게 하라는 지시를 받았지만 '불이익이나 위험이 없을 경우 기회가 생긴다면' 에스파냐나 포르투갈 선박을 상대로 해적질을 벌여도 좋다는 허가도 받았다. 그는 주저하지 않았다.

1년 뒤인 1603년 6월 1일에 프랑스를 거쳐 런던으로, 회사의 첫 선단이 유럽 해역으로 무사히 귀환했다는 소문이 흘러들어오기 시작했다. 랭커스터가 "끝없는 위험과 위해로부터 우리를 구해주신 전능하신 하느님께 감사"드리며 마침내 남해안 다운스에 닻을 내린 것은 6월 6일이었다.[36] 이번에는 네 척의 배가 모두 화물을 가득 싣고 무사 귀환했다. 그는 무려 900톤의 후추와 계피, 정향을 싣고 왔고 그 중 상당량은 포르투갈 카라크선에서 빼앗은 것으로, 아체에서 가져온 다른 향신료와 함께 항해에 300퍼센트라는 인상적인 이윤을 안겼다.

이것이 다음 15년에 걸쳐 출발할 15차례 이상의 EIC의 항해 중 첫걸음이었다. 하지만 사실 이는 해협 건너편에서 네덜란드인들이 하고 있던 일에 비하면 미미하기 짝이 없었다. 1602년 3월에 랭커스터가 아직 몰루카제도에 있을 때 네덜란드의 다양한 동인도회사들은 합병하기로 했고, 새롭게 구성된 네덜란드 동인도회사Vereenigde Oostindische Compagnie, VOC는 동방 무역에 국가 독점권을 얻었다. 암스테르담의 회계사들이 모든 투자금을 합산한 결과에 따르면 VOC는 EIC의 기반 자본의 거의 열 배에 달하는 자금을 마련했다. VOC는 투

자자들에게 즉시 3,600퍼센트의 배당금을 줄 수 있었다.[37]

이와 비교해 영국 동인도회사의 사업은 여러 해 동안 극히 소박한, 비교적 제한적인 야심만 품은 수준이었다. 파운더스홀에서의 첫 모임 때의 열기는 대단했지만 잉글랜드 상인들은 상대적으로 소소한 6만 8,373파운드의 자본만 모을 수 있었던 데 반해, 그때쯤 네덜란드인들은 경쟁 사업에 55만 파운드*라는 엄청난 금액을 끌어모았다. 그 이후로 VOC로는 투자금이 더 몰려들었으나 EIC는 최초 출자자들이 약속했던 돈을 짜내는 것조차 힘들었다.

1599년 10월에 회사는 "이름을 적었지만 지금까지 돈을 가져오지 않은 투자자들 다수의 태만"에 대한 불만을 처음으로 기록했다. 몇 달 뒤에 이사들은 파운더스홀에서 한 약속을 이행하지 않은 사람들에 대해 더 심각한 제재 의사를 표명하기 시작했다. 1600년 1월 11일에 그들은 "이 단체에서 약속 준수를 위반한 형제 (…) 그런 사람은 감옥으로 보내 대다수가 바라는 동안만큼 가두어둘 것을 명령"했다. 그 뒤 나흘 안으로 돈을 지급하지 않을 시 (런던의) 마샬시 채무자 감옥에 네 사람을 투옥하라는 영장이 발부되었다

이렇게 자금 조달이 미흡했던 터라 EIC는 소형 선단만 갖추고, 자체 영구자본이 없이 오로지 개별 항해에 개별 투자자들만이 있는 소규모 회사에 그칠 수밖에 없었다. 한마디로 이 단계에서 잉글랜드인들은 네덜란드인들만큼 강력한 자금원이 없었다. 더욱이 버지니아와 신세계가 더 부유한 잉글랜드 귀족의 상상력을 점차 사로잡았는데 그것이 더 저렴하고 위험성이 덜한 선택지처럼 보였던 까닭이 컸다.

---

*　　현재 가치로 환산하면 6만 8,373파운드=717만 9,165파운드, 55만 파운드=5,700만 파운드 이상이다.

⟨1⟩　1599년

버지니아의 비옥한 땅 약 12만 평에 10실링이라는 호가呼價는 변동성이 큰 동인도회사 주식 10주에 120파운드*라는 호가보다 훨씬 더 매력적인 선택지였다. 당분간 동인도회사는 세계에서 가장 풍부하고 정교하며 경쟁적인 시장 가운데 하나에서 매우 소소한 행위자가 되는 정도나 기대할 수 있었다.[38]

게다가 적지 않은 위험 부담이 따랐기에, 회사는 어려운 사업을 성공시키기 위해 필요한 수준 높은 지원자를 끌어들이지 못하고 있었다. 회사의 초창기 한 서신은 "여러 사람이 토로한 것처럼 사람들을 뉴게이트[감옥]에서 데려온 경우가 드물지 않다"라며 신규 채용인들의 자질에 관한 불만을 드러낸다. "그래도 그들은 이럭저럭 규율을 유지할 수 있다. 하지만 최근에 우리는 베들럼[정신병원]에서도 일부를 데려왔다."[39] "창녀들과 음주로 인해 위험스러울 만큼 방종한" 회사의 고용인들에 대한 보고도 들려오고 있던 한편, 또 다른 서신은 이사들에게 "예의 바르고 맑은 정신의 사람들"을 모집하고 "태만하거나 방탕한 사람, 주정뱅이는 해고할 것"을 간청한다.[40]

17세기 초반에 걸쳐 동인도로 더 많은 항해가 이루어지면서 소소한 이익을 거둘 수 있었지만, 처음부터 EIC는 더 잘 무장하고 자금이 더 많고 항해술이 더 뛰어난 네덜란드 동인도회사 선단에 상대가 되지 않았다. 한 인디아맨Indiaman(동인도회사 소속 선박을 가리키는 표현—옮긴이) 선장은 "이 버터박스[네덜란드인]들이 아주 오만방자해져서 이대로 놔둔다면 동인도 전체를 차지하여 그들 말고는 누구도 이곳에서 무역을 할 수 없거나 그들의 허락을 받아야만 할 것이다. 하지만 나는 그들의 콧대가 꺾이는 꼴을 보고 싶다"라고 투덜거렸다.[41] 그

---

* 현재 가치로 1만 2,600파운드.

러나 자존심에 생채기가 날 쪽은 네덜란드인들이 아니었다. 1623년 몰루카제도 암본섬의 잉글랜드 상관商館(무역 기지)이 VOC 병사들에게 공격당해 잉글랜드인 열 명이 고문을 받고 살해되었다. 소위 암본 학살 사건은 잉글랜드와 네덜란드 간에 수십 년간 지속될 무력분쟁을 불러왔는데, 이 분쟁에서 잉글랜드는 이따금 승리를 거두기도 했지만 주로 지는 쪽이었다. 한번은 네덜란드 함대가 템스강을 거슬러 와 시어니스를 공격하고, 채텀과 로체스터 선거 시설 내 선박들을 파괴하기도 했다.[42]

여러 차례 험한 꼴을 더 당한 뒤에 EIC 이사진은 수익성 좋은 향신료 제도와 향신료 무역을 네덜란드인들에게 넘기고 그 대신 아시아에서 경쟁이 덜하지만 잠재적으로 더 유망한 무역 부문, 바로 고운 면직물과 인디고, 친츠에 초점을 맞추기로 했다.

이 세 사치품의 공급원은 모두 인도였다.

1608년 8월 28일, 세 번째 항해 선단을 이끌던, 화통한 성격의 선장 윌리엄 호킨스는 헥터호를 수라트 앞바다에 정박시켜 인도 땅에 진출한 EIC 선박의 첫 지휘관이 되었다.[43]

당시 인도는 인구가 1억 5000만―세계 인구의 약 5분의 1―이었고 전 세계 공산품의 대략 4분의 1을 생산했다. 정말이지 여러 측면에서 인도는 세계적 산업 강국이자 직물 제조업을 주도하는 곳이었다. 직조와 연관된 많은 영어 단어―친츠, 캘리코calico(옥양목이라고도 하며, 흰색이나 미색의 면직물―옮긴이), 숄shawl, 파자마pyjamas, 카키khaki, 덩거리dungarees(데님과 비슷한 거칠고 두꺼운 면직물. 마라타어 동그리에서 유래한 것으로 추정된다―옮긴이), 커머번드cummerbund(연미복을 착용할 때 허리에 두르는 폭이 넓은 검은 띠―옮긴이), 태피터taffetas(호박단이라고도 하며, 살짝 뻣뻣한 느낌의 견직물―옮긴이)―가 인도에서 유래한 데는 다 그만한 이유가 있었다.[44] 인도는 비슷한 규모의 어느 지역보다 세계 무역에서 훨씬 큰 비중을 차지했고 인도 경제력의 영향은 인도산 옷감 때문에 직물 제조업이 '탈산업화'의 위기를 겪은 멕시코에까지 미쳤다.[45] 그에 비해 당시 잉글랜드는 인구가 인도의 5퍼센트에 못 미쳤고 전 세계 공산품 가운데 3퍼센트 이하만 생산했다.[46] 여기서 나오는 이익의 상당 부분은 아그라의 무굴 국고로 흘러 들어갔고, 소득이 1억 파운드가량*인 무굴 황제는 세계에서 가장 부유한 군주였다.

무굴의 수도는 당대의 초거대도시였다. 예수회의 안토니오 몬세라트 수사Fra Antonio Monserrate는 "그곳은 크기와 인구, 부와 관련해 아시아나 유럽의 어느 수도보다 단연 최고"라고 생각했다. "무굴의 도시들은 아시아 전역에서 모여든 상인들로 북적거린다. 거기서 구사되지 않는 기술이나 기예는 없다." 1586년과 1605년 사이에 연간 18미터톤이라는 엄청난 양의 은이 유럽에서 무굴 심장부로 유입되었는데, 윌리엄 호킨스가 관찰한 대로 "모든 나라가 똑같은 이유로 주화를 가져오고 상품을 실어가기 때문"이었다.[47] 고간 주머니codpiece(15, 16세기 유럽 남자들이 바지 앞 살 부분에 찼던 주머니―옮긴이)를 차고 엉거주춤하게 돌아다니던 꾀죄죄한 동시대 서양인과 비교할 때 비단을 두르고 보석을 주렁주렁 단 무굴인은 부와 권력의 살아 있는 화신이었고, 그 의미는 지금까지 '모굴mogul'(거물, 실력자란 의미의 영어 단어―옮긴이)이라는 단어에 남아 있다.

―――
* 현재 가치로 1만 파운드 이상이다.

17세기 초에 이르자 유럽인은 세계의 다른 민족을 상대로 손쉬운 군사적 승리를 거두는 데 익숙해졌다. 1520년대에 에스파냐인들은 막강한 아즈텍 제국의 거대한 군대를 몇 달 만에 싹 쳐부쉈다. 근래에 네덜란드인들은 몰루카 향신료 제도에서 이전까지 교역 상대였던 현지 통치자들을 향해 대포를 겨누기 시작했다. 그들은 자신들을 맞이하러 카누를 타고 나온 섬 주민들을 학살하고 도시를 불태우고 항구를 손에 넣었다. 론토르섬 한 곳에서만 주민 800명이 노예가 되어 자바의 새로운 향신료 플랜테이션에서 일하도록 강제 이주되었고, 족장 47명이 고문을 받고 처형되었다.[48]

하지만 호킨스 선장이 곧 깨달은 것처럼 유럽 국가가 대무굴 제국을 상대로 이런 짓을 시도한다는 것은 생각도 할 수 없었다. 다른 것은 차치하고라도 무굴 왕조는 무려 400만의 병력을 보유하고 있었다.[49] 1632년, 포르투갈인들이 벵골 후글리에 허가받지 않은 시설과 '대단히 화려하고 튼튼한 거처'를 짓고 있으며, 기독교로 개종을 강요함으로써 무굴의 법규를 공공연히 어기고 있다는 것을 알게 된 황제는 포르투갈 정착지를 공격해 쫓아내라고 명령했다.

도시는 며칠 만에 무굴 군대에 함락되었고, 갠지스강을 따라 탈출하려던 포르투갈 주민들의 시도는 강을 가로질러 감쪽같이 설치한 붐(선박 등의 출입을 차단하기 위해 강이나 항구에 띄우는 방책. 흔히 긴 쇠사슬이나 통나무를 이용한다―옮긴이)으로 좌절되었다. "그 그릇된 이교도들의 우상과 더불어" 생포된 포르투갈 포로 400명은 아그라로 압송되어 자비를 구해야 했다. 《파드샤나마 Padshanama》에 따르면 목숨을 구걸하길 거부한 자는 "아미르 Amir에게 [노예로] 넘겨지거나 옥에 갇혀 고문을 받았다. 대다수는 목숨을 잃었다". 고아의 포르투갈 부왕副王은 아무것도 할 수 없었다.[50]

이를 유념한 영국 동인도회사는 무굴 제국과의 교역에 성공하려면 사업 파트너와 허가가 필요할 것임을 깨달았는데, 이는 다름 아닌 무굴 황제와 관계를 수립해야 한다는 뜻이었다. 호킨스는 아프간 귀족처럼 차려입고서 무려 1년이 걸려 아그라에 가까스로 닿을 수 있었다. 여기서 그는 황제로부터 잠깐 대접을 받았다. 두 사람은 튀르크어로 대화를 나누었고 반쯤 교육받은 뱃사람에게 이내 흥미를 잃은 자한기르는 아르메니아인 기독교도를 아내로 하사하여 고국으로 돌려보냈다. 사절단은 목표를 이룬 게 거의 없었고, 이내 또 다른 EIC 선단, 이번에는 헨리 미들턴 경Sir Henry Middleton이 이끄는 선단이 수라트의 수발리Suvali 정박지─또는 잉글랜드인들이 엉망으로 발음한 대로는 '스왈리 홀Swally Hole'─에서 그곳 항구의 포르투갈 거주민들로부터 협박을 받은 뒤 현지 관리들에 의해 쫓겨났다.[51]

더 화려한 위용의 새로운 사절단이 필요했고, 이번에 회사는 제임스 국왕을 설득하여 국왕 사절을 보내기로 했다. 이 임무에 선발된 사람은 궁정인, 하원의원, 외교관, 아마존 탐험가, 오스만튀르크 정부에 파견된 대사, 자칭 '지체 있는 남자'인 토머스 로 경이었다.[52] 1615년, 로는 '사냥개들'─잉글랜드산 매스티프와 아일랜드산 그레이하운드─과 잉글랜드산 성장 마차(의례나 제전용으로 크고 화려한 마차─옮긴이) 한 대, 마니에리스모 양식 회화 몇 점, 잉글랜드산 버지널(직사각형이고 다리가 없는 16, 17세기의 하프시코드─옮긴이) 한 대, 자한기르가 좋아한다는 적포도주 여러 상자를 선물로 들고서 마침내 아지메르에 도착했다. 하지만 이런 선물을 준비했음에도 황제와의 면담은 쉽지 않았다. 로는 즉시 요점으로 들어가 교역과 특혜 관세라는 주제를 제기하고 싶었지만, 탐미주의자인 황제는 그런 대화에 따분함을 감추지 않았다.

따지고 보면 자한기르는 엄청나게 감성이 예민하고 호기심이 많으며 지적인 사람이었다. 주변 세계를 주의 깊게 관찰하는 그는 베네치아 검과 지구본부터 사파비조(朝) 실크와 옥석, 심지어 일각돌고래 이빨까지 전 세계의 진기한 물품을 열심히 모으는 수집가였다. 인도-무굴의 미학 전통과 지식의 자부심 넘치는 상속자인 그는 제국을 유지하고 위대한 예술 작품을 의뢰함과 동시에, 염소와 치타 육종, 의학과 천문학에도 활발한 관심을 보였고, 한 세대 뒤 계몽주의 시대의 일부 지주들처럼 가축 사육에 물리지 않는 흥미를 품고 있었다.

교역이 아니라 그런 것들이 황제의 관심사였기에, 몇 달 동안 두 사람은 동문서답식 대화를 이어갔다. 로는 대화를 통상과 외교 쪽으로 이끌어가려 했고 수라트에 "잉글랜드 상관의 설치 허가"를 확인해주는 피르만(황제의 칙령)과 "동포들에게 확고하고 안전한 교역과 거주지를 수립"해줄 수 있기를 원했다. 하지만 자한기르는 그런 무미건조한 사안은 기다려도 된다고 안심시키며, 그 대신 로의 고향인 안개 낀 먼 섬나라와 그곳의 신기한 풍물과 예술에 관해 이것저것 물었다. 로는 자한기르가 "커다란 선물과 보배를 기대하며, 보석과 재부, 희귀한 예술품에 대한 그의 그칠 줄 모르는 관심을 채워주는 것 말고는 교역에 관심이 없다"고 봤다.[53]

"그는 우리가 무슨 선물을 가져올 것인지 물었다"고 로는 적었다.

> 나는 [잉글랜드와 무굴 인도 간의] 제휴는 이제 막 시작되었고 아주 미약하다고 대답했다. 또 명예로운 조건에 따라 평화로운 교역과 보호를 보장받을 수 있다면, 귀하고 값을 따질 수 없는 진품이 우리 나라에 많으니 국왕께서 보낼 것이며, 세계 방방곡곡의 상인들이 찾아올 것이라고 덧붙였다.

그는 내가 말한 진품이 무엇인지, 귀금속이나 보석을 말하는 것인지를 물었다. 나는 아니라고 대답했다. 우리는 귀금속이나 보석은 이곳에 보낼 적당한 선물이라고 생각하지 않았는데, 그것들은 원래 이 지역에서 나오며, 그가 이 지역의 최고 군주이기 때문이다. (…) 하지만 우리는 희귀하고 여기서 구경할 수 없는 것을 폐하께 찾아드리고자 한다고 말씀드렸다. (…) 그는 그것도 좋지만 자신은 잉글랜드산 말을 원한다고 대답했다. 무수한 농담과 웃음을 곁들여 자기 나라의 예술에 관해 실컷 자랑을 늘어놓은 뒤, 그는 내가 무엇을 하루에 얼마나 자주, 얼마나 많이 마시는지 물었다. 잉글랜드에서는 무엇을 마시는가? 맥주란 무엇인가? 어떻게 만드는가? 내가 여기서 그것을 만들 수 있는가? 그 모든 질문들마다 나는 그의 호사스러운 요구를 만족시켜주었다. (…)[54]

로는 무굴 왕조를 무시하는 듯 비판적인 시각을 보일 때도 있었지만—"종교는 무수히 많지만 법은 없다"— 자기도 모르는 사이에 홀딱 빠졌다. 1616년 중부 인도, 언덕 꼭대기에 위치한 반쯤 허물어진 아름다운 만두Mandu 요새에서 장래의 국왕 찰스 1세 앞으로 편지를 쓰면서, 로는 황제의 탄신을 축하하는 행사를 묘사하고 자신이 거의 상상도 할 수 없던 찬란한 세계를 목격했다고 보고했다.

행사는 멋지게 설계된 "매우 크고 아름다운 정원"에서 거행되었다. "네모난 정원 안쪽으로는 온통 물이 흐르고, 양옆으로는 꽃과 나무가 있으며 한가운데 꼭대기에는 금덩어리로 된 (…) 저울이 마련되어 있는데" 여기서 황제의 무게를 보석으로 잴 예정이었다.

참석한 귀족들은 왕(무굴 황제—옮긴이)이 올 때까지 모두 카펫 위에 앉아 있었습니다. 마침내 그가 예복을 걸치고, 아니 그보다는 다이아몬드와 루비, 진주, 여타 귀한 장신구를 달고 나타났는데 그 모습이 얼마나 위대하고도 찬란한지요! 그의 머리, 목, 가슴, 팔뚝과 손목, 각각 두세 개의 반지를 낀 손가락은 다이아몬드와 호두 크기만 한 루비―어떤 것은 호두보다 더 컸습니다―와 제 눈을 깜짝 놀라게 하는 진주를 엮은 사슬과 (…) 보석들로 장식되어 있었으니, 보석은 그의 행복 가운데 하나이며, 눈앞의 모든 보석을 사들이고, 보석을 걸친다기보다는 [그것들을] 쌓아올려 그 자신이 세계의 보물창고가 된 것 같았습니다.[55]

한편으로 무굴인들은 잉글랜드인들에 관해 분명히 호기심을 느꼈지만 딱히 압도당하지는 않았다. 자한기르는 로의 애인들 중 한 명―아마도 그가 '인디아Indya'에서 쓴 열정적 편지의 상대인 레이디 헌팅던Lady Huntingdon―의 것인 잉글랜드 소형 세밀화에 매우 감탄했다.[56] 하지만 자한기르는 무굴 화가들이 로가 원화와 복제화를 구분할 수 없을 정도로 모사를 매우 잘한다는 것을 입증해보였다. 영국산 성장마차도 찬사를 받았지만, 자한기르는 살짝 허름한 튜더풍 내부 장식을 즉시 무굴의 금란金襴으로 업그레이드시켰고, 그다음 사랑하는 황비 누르 자한Nur Jahan도 한 대 가질 수 있도록 불과 일주일만에 성장마차 전체를 완벽하게 복제함으로써 무굴 카르카나kar-khana의 실력을 다시금 과시했다.[57]

반면 로는 무굴 왕조가 잉글랜드와의 관계를 중요도가 매우 떨어지는 사안으로 간주하고 있음을 깨닫고서 부아가 치밀었다. 이곳에 도착하자마자 그는 수준 이하의 거처에 떠밀어졌다. 사절단 전체에 카라반 여인숙caravanserai의 방 네 개만이 배정되었는데, 방은 "오븐 크기만 하고 모양도 꼭대기가 둥근 오븐 모양이며, 문 말고는 빛이 들어오는 데가 없고 너무 작아서 수레 두 대 분량 물건으로 그 방들을 전부 채울 수 있을 정도다".[58] 한층 굴욕적이게도, 그의 살짝 빛바랜 선물들은 라이벌인 포르투갈 사절단에 의해 곧 완전히 무색해지고 말았는데, 포르투갈인들은 "우리 잉글랜드 상품의 체면에 먹칠을 하며" 자한기르에게 "보석과 발레스트[발라스 스피넬(붉은빛을 띠는 첨정석 — 옮긴이)]와 진주를 바쳤던" 것이다.[59]

무굴 궁정에서 소득 없이 3년을 보낸 뒤 마침내 잉글랜드로 귀환할 때, 로는 자한기르로부터 수라트에 상관을 지어도 된다는 허가와 "그의 영토에서 우리를 받아주고 존속"하게 해준다는 동의, 그리고 범위와 내용이 제한적이긴 해도 걸림돌이 되는 무굴 관리들에게 유용하게 내밀 수 있는 황제의 피르만 두어 가지를 받아냈다. 하지만 자한기르는 자신의 품위를 떨어트리는 일이라 여겨서였는지 의도적으로 주요 무역 특권을 전혀 부여하지 않았다.[60]

이 시기의 잉글랜드와 무굴 궁정의 지위는 당대의 가장 유명한 이미지 중 하나, 바로 자한기르의 명장 화가인 비치트르Bichitr의 세밀화로 가장 생생하게 예시될 수 있을 것 같다. 이 그림의 주제는 경건한 자한기르는 막강한 군주들보다 수피교도나 성인들과 함께 있는 것을 더 좋아한다는 것이다. 이는 실제로 생각만큼 그렇게 억지스러운 소리가 아니었다. 로는 매우 인상적인 일화 중 하나로서, 자한기르가 여행 중에 우연히 지나가는 성인과 한 시간 동안 담소를 주고받아 잉글랜드 사절단을 깜짝 놀라게 했다는 이야기를 들려준다.

재투성이에 여기저기 기운 누더기를 걸친 가련하고 우스꽝스러운 노인과 그를 보살피는 어린 부랑자. 누더기를 걸치고 머리에 깃털을 뒤집어쓴 이 비참한 인간과 황제 폐하는 매우 허물없고 다정한 태도로 한 시간가량 이야기를 나누었으니, 이는 왕들에게서 쉽게 찾아볼 수 없는 겸양이라고 불러야 할 것이다. (…) 폐하는 어느 깨끗한 신체도 손댈 엄두를 못 낸 그를 두 팔로 일으켜 세워 포옹하며, 그의 가슴에 세 차례 손을 얹고 아버지라 불렀다. 우리 모두와 나는 이교도 군주의 그런 미덕에 찬탄하지 않을 수 없었다.[61]

비치트르는 화면 중앙의 자한기르가 옥좌에 앉아 있고 자한기르 머리 뒤쪽 광륜에서 후광이 뻗어나와, 포르투갈의 어느 변용화(그리스도의 변용을 묘사한 그림—옮긴이)에서 빠져나온 듯한 날개 달린 통통한 아기 천사 하나가 그 눈부신 광휘에 눈을 가려야만 하는 것으로 묘사하여 이런 인상을 전달한다. 또 다른 한 쌍의 아기 천사는 '알라 아크바르! 오, 왕이시여, 천세를 누리소서!'라는 글귀를 적고 있다. 황제는 오스만 술탄이 내민 손을 외면하고, 대신 뭉게구름처럼 수염이 무성한 수피교도에게 쿠란을 건넨다. 보석과 해오라기 깃털로 치장한 모자를 쓰고 은빛이 도는 흰 재커비언(제임스 1세 시대 양식의—옮긴이) 더블릿을 입은 제임스 1세로 말하자면, 그는 화면 왼편 하단 자한기르의 발치 아래로 밀려나 고작 비치트르의 자화상보다 위에 있을 뿐이다. 제임스는 무굴의 위계 서열에서 자신의 낮은 위치가 언짢은 듯 부루퉁한 표정을 지은 채 몸을 살짝 돌린 비스듬한 자세—무굴 세밀 조상화에서 시위가 떨어지는 인물에게 부여되는 삭노—로 묘사되었다.[62] 로는 자한기르에 관해 수백 장의 글을 썼지만 자한기르는 두툼한 일기에 로를 언급조차 하지 않는다. 이 어색하고 세련미 없는 북방의 무역상과 탄원자 들에게 무굴인들이 황송하게도 진짜로 관심을 보일 때까지는 한 세기를 더 기다려야 했다.

어색한 시작이었지만 로의 파견은 파트너십 비슷한 것으로 발전할 무굴-동인도회사 관계의 출발점이었고 EIC는 점차 무굴 제국의 궤도 안으로 끌려들어가게 된다. 다음 200년에 걸쳐 회사는 무굴 제국의 시스템 안에서 작동하는 법을 서서히 터득해갔다. 회사의 간부들은 페르시아어와 올바른 궁중 예법을 배우고, 무굴 관리들에게 적절히 뇌물을 먹이고, 시간이 흐르면서 다른 경쟁 상대―포르투갈, 네덜란드, 프랑스 세력―를 따돌리고 무굴 왕조의 호의를 얻어냈다. 실제로 이 시기 회사의 성공은 무굴의 권위를 철저하게 존중했기에 상당 부분 가능했다.[63] 아닌 게 아니라 얼마 지나지 않아 회사는 역사가 산자이 수브라마니얌Sanjay Subramahnyam이 멋지게 묘사한 것처럼 "하나의 법인체corporate entity가 아니라 어떤 의인화된 존재, 즉 인도-페르시아 문화가 캄파니 바하두르Kampani Bahadur('바하두르'는 '각하'나 '나리'와 유사한 경칭. 몽골-튀르크계 단어 '바가투르'에서 유래한 인도-페르시아어 단어다―옮긴이)라고 부르던 것"으로 스스로를 무굴인들에게 내세우기 시작한다.[64]

런던으로 귀환하자마자 로는 회사의 이사진에게 무굴 제국을 상대할 때 무력은 선택지가 아니라는 점을 분명히 했다. 그는 "전쟁과 거래는 양립 불가능하다"며 실제로 요새화된 정착지를 건설하지 말 것을 건의했다. 또한 "포르투갈인들의 호화로운 거처와 영토"가 감당할 수 없는 비용으로 "무역을 거덜내고 [있다]"고 지적했다. 무굴 왕조가 EIC에 한두 개의 요새를 허락한다고 해도, 그는 "나는 받아들이지 않을 것이다. (…) 인도에 수비대를 배치하고 무굴 제국을 상대로

육전陸戰을 벌이려는 생각은 논쟁의 여지가 없는 오류이기 때문이다"라고 썼다. 그 대신 "이익은 바다와 평화로운 무역에서 추구하자"고 건의했다.⁶⁵

처음에 회사는 그의 건의를 받아들였다. 일찍이 EIC 간부들은 더 잘 흥분하는 포르투갈인들처럼 요충항을 공격하는 수법에 의존하기보다는 통상 특권을 교섭하는 것을 자랑스러워했고, 이는 꽤 유익한 전략으로 드러났다. 로가 자한기르를 열심히 구워삶는 사이, 회사의 또 다른 사절인 히폰 선장Captain Hippon은 인도와 직물 교역을 트게끔 글로브Globe호를 타고 동쪽 코로만델 해안으로 파견되었다. 그는 데칸 지방에서 무굴 제국의 강력한 경쟁 상대 중 하나인 골콘다 술탄국의 항구 마술리파트남에 두 번째 상관을 세웠다. 골콘다는 다이아몬드가 풍부했고, 이 항구에서는 인도 최고의 보석과 친츠를 구입할 수 있었다.⁶⁶ 화약의 활성 성분인 초석 무역을 주로 취급할 세 번째 상관이 그 직후 파트나에서 문을 열었다.

이 같은 보석·후추·직물·초석 무역은 곧 네덜란드의 향신료 무역보다 더 많은 수익을 가져왔다. 1630년대에 이르자 EIC는 100만 파운드어치 후추를 인도에서 수입했고, 심지어 수세기에 걸친 무역 패턴을 극적으로 역전시켜 그 후추를 자매 회사인 레반트회사를 통해 중동과 이탈리아에 수출했다. 30년 뒤에는 25만 필의 옷감을 수입했는데 그중 절반 가까이는 코로만델에서 온 것이었다.⁶⁷ 손실도 여전히 엄청났다. 1601년과 1640년 사이에 회사는 동방으로 총 168척의 선박을 보냈고 104척만이 돌아왔다.⁶⁸ 하지만 회사의 대차대조표는 점점 건실해졌고, 유럽 전역에서 투자자들이 EIC 주식을 사려고 처음으로 줄을 서기 시작했다. 1613년의 제1차 주식 공모는 41만 8,000파운드를 조달했다. 4년 뒤인 1617년 제2차 주식 공모는 회사에 무려 160만 파운드*를 가져와 EIC를 적어도 잉글랜드 기준에서는 처음으로 금융 대기업으로 탈바꿈시켰다.[69] EIC의 성공은 런던 부둣가뿐만 아니라 막 생겨난 런던 증권거래소에도 활기를 불어넣었다. 그 세기 중반에 이르자 시티 오브 런던의 엘리트 집단인 참사회의 절반은 레반트회사의 무역상이거나 EIC 이사 혹은 그 둘 다였다.[70] 회사 이사였던 초기 경제 이론가 토머스 먼Thomas Mun은 회사의 무역이 이제 "왕국 번영의 시금석 자체"라고 썼다.[71]

EIC가 코로만델 해안 중부, 풀리캣 북쪽의 아르마곤에 요새화된 첫 인도 기지를 수립한 때는 1626년이었다. 요새에는 곧 총안을 내고 대포 12문을 설치했다. 하지만 너무 급하게 대충 건설한 데다가 군사적으로 방어가 불가능한 것으로 드러나 6년 후인 1632년에 미련 없이 버렸다. 한 상관원factor(상관의 거래를 대리하는 중매인—옮긴이)은 "있는 것보다 없는 게 낫다"라고 말할 정도였다.[72]

2년 뒤 EIC는 요새 건설을 재시도했다. 아르마곤 상관의 수장인 프랜시스 데이Francis Day는 조각조각나고 쇠퇴 일로인 남인도의 비자야나가라 제국, 아니 전前제국에서 그나마 잔존한 영역의 현지 총독을 상대로 마드라스파트남이라는 어촌 위쪽에 새로운 EIC 항구를 건설할 권리를 협상했는데, 포르투갈인의 상투메 정착지 바로 위쪽이었다. 이번에도 부지 선정을 좌우한 것은 상업적이거나 군사적인 고려가 아니었다. 데이는 마드라스파트남에서 내륙으로 들어간 마을에 사는 어느 타밀 여성과 내연 관계였다고 한다. 당대의 한 문헌이 따르면 데이는 "그녀에게 푹 빠져 있었고" 두 사람의 "면담"을 "방해받지

---

* 현재 가치는 다음과 같다. 100만 파운드=오늘날 1억 500만 파운드, 41만 8,000파운드 =오늘날 대략 4,400만 파운드, 160만 파운드=오늘날 1억 6,800만 파운드.

않고 더 자주" 갖고 싶었기에 세인트조지 요새Fort St. George 부지가 그녀가 사는 마을 바로 옆으로 선정된 것은 빤한 결과였다.[73]

이번 정착지 — 얼마 지나지 않아 간단하게 마드라스로 알려지게 된 — 는 번창했다. 땅을 임대해준 나이크Naik(총독)는 그 지역이 "번창하고 부유해지길" 바라며, 데이에게 "요새와 성채"를 건설하고, 무관세로 교역하고, "화폐를 주조할 특권을 영구적으로 누릴" 권리를 주었다고 말했다. 이런 중대한 특권들을 북쪽의 더 강력한 무굴 왕조가 EIC에 부여하기까지는 거의 한 세기가 더 지나야 한다.

처음에는 "프랑스인 신부들과 어부 여섯 명 정도밖에 없어서 주민을 유인하고자 (…) 30년 기한으로 관세가 부과되지 않을 것이라는 포고문을 냈다". 곧 직조공과 여타 숙련공 및 장인들이 몰려들기 시작했다. 요새를 둘러싸는 성벽이 올라가자 더 많은 이들이 몰려들었는데 "세상이 거꾸로 뒤집히는 시절이라" 해안 지방 사람들은 회사가 제공할 수 있는 안전과 보호를 구했던 것이었다.[74]

얼마 지나지 않아 마드라스는 자체의 소규모 행정조직과 지방자치체라는 지위, 그리고 인구 4만 명을 거느린 인도 내 최초의 잉글랜드 식민 도시로 성장했다. 1670년대에 이르자 마드라스는 자체 주화 '파고다'를 찍어냈다. 금화 한 면에는 사원 이미지, 반대 면에는 원숭이신 하누만의 이미지가 새겨져 있어서 그런 이름이 붙었는데, 둘 다 옛 비자야나가라 주화에서 가져온 이미지다.[75]

인도 내 두 번째 잉글랜드 대형 정착지는 국왕을 통해서 회사 수중에 들어왔는데, 국왕이 포르투갈 군주로부터 결혼 선물로 받은 것이었다. 1661년 찰스 2세가 포르투갈 왕녀 브라간사의 캐서린Catherine of Briganza(포르투갈명: 브라간사의 카타리나)과 결혼했을 때 신부의 지참금 가운데 일부는 탕헤르항과 '뭄바이섬island of Bumbye'이었다. 처음에 런던에서는 그곳의 위치를 둘러싸고 적잖은 혼란이 있었는데 왕녀의 혼인 계약서와 함께 보낸 지도가 도중에 사라져버린 탓이었다. 궁정의 어느 누구도 '뭄바이'가 정확히 어디 있는지 몰랐다. 대법관Lord High Chancellor(대법관이자 귀족으로 구성된 영국 상원의 의장—옮긴이)은 그 섬이 '브라질 근처 어딘가'에 있다고 믿었지만 말이다.[76]

이 까다로운 문제를 정리하기까지 약간 시간이 걸렸고 섬의 실제 지배권을 얻기까지는 더 긴 시간이 걸렸다. 현지의 포르투갈 총독은 섬을 잉글랜드인들에게 넘기라는 지시를 받은 바 없었고, 따라서 당연히 넘겨주길 거부했다. 1662년 9월에 에이브러햄 십먼 경Sir Abraham Shipman이 봄베이를 차지하기 위해 450명의 부하를 이끌고 도착했을 때, 그는 총부리를 들이대는 포르투갈인들에게 저지당했다. 잉글랜드인들이 마침내 섬을 인수하기까지는 꼬박 3년이 걸렸고, 그때쯤이면 불운한 십먼과 부하 장교들은 남쪽의 황량한 섬에서 기다리다가 한 명만 빼고 열병과 열사병으로 이미 저세상으로 간 상태였다. 십먼의 비서가 1665년에 드디어 봄베이 섬에 상륙하는 것을 허락받았을 때, 기수旗手 한 명과 포수 두 명, 서발턴(대위 이하 군인—옮긴이) 111명만이 살아남아 새로 획득한 영토를 간신히 차지할 수 있었다.[77]

이런 순조롭지 못한 출발에도 불구하고 섬은 곧 진가를 드러냈다. 봄베이 군도는 남아시아 최상의 자연항을 갖고 있다는 사실이 드러났고, 우기 동안 선박을 안전하게 재의장할 수 있는 건선거를 유일하게 갖춰 금세 회사의 아시아 핵심 해군기지가 됐다. 얼마 지나지 않아 봄베이는 인도 서해안에서 EIC 활동의 중추로서 수라트를 능가하게 됐다. 더욱이 잉글랜드인들은 수라트에서 난동을 부려 점점 따가운 눈총을 받고 있었다. "난잡한 계집질과 주취, 난동 (…) 사창가와 라크하우스[아라크 술집] 난입 같은 행태로 인해 주민들은 우리 이름만 들어도 마음이 독해진다"라고 한 EIC 관리는 지긋지긋하다는 듯이 썼다. 영국인들이 수라트 거리에서 "나의 고상한 언어로는 절대 번역하지 않을 반추드Ban-chude*와 베티추드Betty-chude** 같은 이름"으로 불리며 욕을 들어먹고 있는 것도 당연한 일이었다.[78]

30년 사이에 봄베이는 6만 명이 거주하며, 상관, 법원, 영국 국교회 그리고 말라바르 힐부터 해안가의 총독 관저까지 비탈을 따라 요새 주변으로 들어선 흰 대저택들이 그물처럼 뻗어 있는 도시로 성장했다. 심지어 17세기 독실한 프로테스탄트 공동체에서는 결코 빠질 수 없는 설비인 교수대도 갖추고 있어서, "마녀들은" 여기서 처형당하기 전에 죄를 자백할 마지막 기회를 얻었다.[79] 또한 잉글랜드 병사 300명, "토파즈Topazes(《홉슨-좁슨 사전》의 정의에 따르면 피부색이 검은 보병. 포르투갈인과 원주민 간 혼혈이나 그 후손을 가리킨다—옮긴이) 400명, 원주민 민병대 500명, 코코넛나무를 보살피는 반다리Bhandaris[몽둥이를 휘두르는 수액 채취인] 300명"으로 구성된 소규모 자체 수비대도 있었다. 1680년대에 이르면 봄베이는 "동인도에서 잉글랜드 무역과 권력의 거점"으로서 마드라스를 잠시 능가하기도 했다.[80]

한편 런던의 회사 이사진은 자신들이 얼마나 막강한지를 처음으로 깨닫기 시작했다. 창립된 지 한 세기가 채 지나지 않은 1693년에

---

* 문자 그대로는 '누이와 씹하는 사람'.
** 문자 그대로는 '딸과 씹하는 사람'. 그런데 율Sir Henry Yule(1820~1889 스코틀랜드의 동양학자. 마르코폴로의《동방견문록》과 14세기 여행기인《미라빌리아》등을 영역하고 아서 코크 버널과 함께 영어에 유입된 인도 어원 어휘를 모은 사전인《홉슨-좁슨 사전》을 편찬했다—옮긴이)은 두 단어를《홉슨-좁슨 사전》에 포함시킨다. 그는 지금도 대중적인 이 힌두스타니 애칭을 직역하지는 않고 그저 "반추트Banchoot와 베티추트Beteechoot는 그 불쾌한 어의가 '일반 대중에게' 익히 알려져 있다면 인쇄를 망설여야 할 욕설이다. 간혹 이 단어들을 사용하는 영국인들이 본래의 의미를 알게 된다면 그런 야만적 표현을 꺼리지 않을 사람은 없을 것이다"라고만 설명한다.

회사는 저명한 의원들과 각료들에게 연간 1,200파운드를 뿌리며 회사 주식을 이용해 의원들을 매수한 것으로 밝혀졌다. 218파운드를 받은 법무차관과 545파운드를 받은 법무장관까지 최고위층도 예외가 아니었다.* 세계 최초의 기업 로비 스캔들인 이에 대한 의회 조사 결과 EIC는 뇌물 공여와 내부자 거래를 저지른 혐의가 인정되었으며, 추밀원장이 탄핵되고 회사 회장이 투옥되었다.

17세기 동안 회사는 무굴 제국을 상대로 딱 한 번 무력 사용을 시도했다가 처참한 결과를 맞았다. 1681년, 저돌적이고 공격적인 조사이어 차일드 경Sir Josiah Child이 회장직을 맡았는데, 포츠머스에서 해군에 맥주를 조달하는 일로 경력을 시작한 그를, 일기 작가 존 에벌린John Evelyn은 "지나치게 커지고 갑자기 돈이 많아진 사람 (…) 아주 추잡하게 탐욕스럽다"라고 묘사한 바 있다.[81] 스트레인셤 마스터Streynsham Master가 런던에 보낸 편지에 "이곳의 하급관리들은 하나같이 우리를 만만한 먹잇감으로 보고 마음대로 권한을 남용하면서 돈을 뜯어낸다"고 투덜거린 것처럼 벵골에서 상관원들은 불만을 제기하기 시작했다. 마스터는 그들이 무굴 관리들에게 "멸시받고 짓밟히고 있다"고 썼다. 이는 사실이었다. 벵골의 나와브인 샤이스타 칸Shaista Khan은 회사에 대한 혐오감을 굳이 감추려 하지 않았고, 친구이자 외조카인 아우랑제브 황제에게 보낸 편지에 "잉글랜드인들은 저열하고 싸우기 좋아하는 사람들이자 못된 상인 무리"라고 썼다.[82]

무굴 제국의 힘이 어느 정도인지 몰랐던 차일드는 무력으로 대응하여 한 수 가르쳐주겠다는 어리석은 결정을 내렸다. 그는 레든홀가

---

*　현재 가치로 환산하면 1,200파운드는 12만 6,000파운드, 218파운드는 2만 2,890파운드, 545파운드는 5만 7,225파운드다.

에 있는 이스트인디아하우스에서 "우리의 무역을 포기하거나, 인도에서 잉글랜드 국민의 권리와 명예를 지키기 위해 국왕 폐하께서 우리에게 위임한 칼(무력)을 빼드는 것 말고는 다른 방도가 없다"고 밝혔다.[83] 그 결과 1686년에 대포 200문을 탑재하고 병사 600명을 태운 전함 19척으로 구성된 상당한 규모의 함대가 런던에서 출정하여 벵골로 향했다. 차일드는 "차지할 수 있는 것을 차지하고 잉글랜드의 칼을 빼어드는 것이 우리다운 일일 것이다"라고 썼다.[84]

하지만 차일드는 지구상에서 가장 부유한 왕국의 황제에게 싸움을 걸기에 최악의 순간을 골랐다. 무굴 왕조는 데칸의 대ㅊ술탄국인 비자푸르와 골콘다 정복을 이제 막 마무리했고, 마라타인도 구릉지대로 다시 몰아내던 참이었다. 그러므로 그들은 경쟁 상대가 없는 역내 권력으로 부상했으며, 무굴 군대는 이제 이 새로운 위협에만 초점을 집중할 수 있었다. 무굴의 전쟁 기구는 파리를 때려잡듯이 잉글랜드 상륙 부대를 간단히 처리했다. 후글리, 파트나, 카심바자르, 마술리파트남과 비자가파탐의 EIC 상관들은 곧 점거·약탈당했고, 잉글랜드인들은 벵골에서 모조리 쫓겨났다. 수라트 상관은 폐쇄되고 봄베이는 봉쇄되었다.

EIC는 강화를 요청하고 상관과 힘겹게 얻은 무역 특권의 반환을 간청하는 수밖에 없었다. 회사는 붙잡힌 상관원들의 석방도 탄원해야 했는데, 그들 다수는 사슬에 묶여 거리로 끌려다니거나 족쇄를 찬 채 "도둑과 살인자처럼 (…) 비루하고 견딜 수 없는 상대로" 수라트성과 다카의 붉은 요새에 갇혀 있었다.[85] EIC가 '방종한 행동을 뉘우치고' 무굴의 권위에 복종한다는 말을 전해 들었을 때 아우랑제브 황제는 상관원들이 패배의 굴욕을 한동안 곱씹게 두었다가 1690년에 자비롭게 용서하기로 했다.

이 참사의 여파로 좁 차녹Job Charnock이라는 젊은 상관원은 얼마 전 파괴된 상관들을 대체할 새로운 무역 기지를 벵골에 수립하기로 했다. 1690년 8월 24일, '밤낮으로 비가 내리는' 가운데 차녹은 칼리카타와 수타누티 마을 사이 늪지대에 정착지를 세우기 시작했다. 강 바로 건너편으로는 포르투갈 교역소가, 옆에는 작은 아르메니아 교역소가 있었다.

스코틀랜드 작가 알렉산더 해밀턴Alexander Hamilton은 좁 차녹이 "커다란 그늘을 드리우는 나무 한 그루 때문에" 장래의 캘커타 부지를 사들였다고 말하며 "[갠지스] 강변을 통틀어 그보다 풍토가 나쁜 곳을 찾을 수도 없었을 것"이기에 이상한 부지라고 생각했다.[86] 해밀턴의 《새로운 동인도사New Account of the East Indies》에 따르면 "지금의 자리에 식민지 부지를 고른 차녹 씨는 라자Rajah(토착 군주—옮긴이)보다 더 절대적인 권력으로 다스렸다".

그 지방은 이교 신앙이 널리 퍼져 있는 곳이라 남편이 죽으면 아내를 산 채로 같이 화장하는 풍습도 있다. 하루는 차녹 씨가 호위대를 데리고 어느 젊은 과부에게 그 참극이 거행되려는 것을 보러 갔다가, 과부의 미모에 홀딱 반해 호위병들을 보내 그녀를 처형자들한테서 억지로 끌고 와 자기 거처로 데려갔다. 두 사람은 여러 해 동안 행복하게 살았고 자식도 여럿 낳았다. 그가 캘커타에 정착한 뒤 마침내 그녀가 죽었다. 하지만 아내를 기독교로 개종시키는 대신 아내가 그를 이교 신앙의 개종자로 만들었고, 그에게서 눈에 띄는 유일한 기독교 관습은 묘를 써서 아내를 제대로 묻어주는 것이었다. 아내가 죽은 뒤 기일이 돌아오면 그는 이교 풍습에 따라 무덤 앞에 수탉을 제물로 바쳐 일생토록 아내의 죽음을 기렸다.[87]

차녹 부인만이 유일한 사망자는 아니었다. 캘커타에 잉글랜드인 정착지를 건립한 지 1년 만에 그곳에는 1,000명이 살았지만, 해밀턴은 매장 명부에서 이미 460명의 이름을 확인할 수 있었다. 정말이지 사람들이 너무 많이 죽어서 "잉글랜드인처럼 살고 썩은 양처럼 죽는다"는 말이 있을 정도였다.[88]

딱 한 가지만이 정착지가 계속 돌아가게 만들었다. 프랑스 여행가 프랑수아 베르니에François Bernier에 따르면 벵골은 "세상에서 가장 비옥하고 아름다운 고장"이었다. 그곳은 "가장 풍요롭고, 인구가 많고, 잘 경작된 고장" 가운데 하나라고 스코틀랜드인 알렉산더 다우Alexander Dow도 동의했다. 무수한 직조공—다카 한 곳에만 2만 5,000명이 있었다—이 엄청나게 고운 모슬린과 실크 같은 독보적인 고급 직물을 생산한 덕분에 17세기 말에 이르자 벵골은 유럽에 가장 중요한 아시아 상품 공급원이자 무굴 제국에서 가장 부유한 지역으로서, 큰돈을 쉽게 벌 수 있는 곳이었다. 18세기 초에 네덜란드와 영국 동인도회사는 연간 약 415만 루피*의 벵골 화물을 실어날랐고, 그중 85퍼센트는 은이었다.[89]

회사는 돈을 벌기 위해 존재했고, 벵골이 그렇게 하기에 가장 좋은 곳이라는 사실을 금방 깨달았다.

모든 상황이 바뀌게 된 계기는 1707년 아우랑제브의 사망이었다. 아버지에게 사랑받지 못한 황제는 매섭고 편협한 청교도 같은 무

---

* 현재 가치로 5,400만 파운드.

슬림으로 성장했고 독단적인만큼이나 불관용적이었다. 그는 무자비하게 유능한 장군이자 계산적인 뛰어난 전략가였지만 사람의 마음을 얻어내는 선대 황제들의 매력을 전혀 타고나지 못했다. 나이가 들수록 그의 치세는 점점 더 가혹하고 억압적으로 흐르며 민심을 잃었다. 그는 증조부 아크바르가 선구적으로 실시한, 다수파인 힌두교 백성에 대한 자유주의적이고 포용적인 정책과 완전히 단절했고 울라마 Ulama가 더 엄격하게 해석한 샤리야 율법을 부과했다. 술을 금지하고 해시시(대마초의 일종—옮긴이)도 마찬가지였으며 황제는 음악가들에 대한 개인적 후원도 중단했다. 붉은 요새 중앙의 왕궁 발코니 창인 자로카 jharoka에 황제가 매일 나타나 백성에게 모습을 보이는 관습처럼 무굴 왕조가 채택했던 힌두 관습들도 중단시켰다. 제국 곳곳의 힌두교 사원 10여 군데가 파괴되었다. 1672년에는 힌두교도들에게 기증했던 모든 토지를 회수하는 칙령을 내렸고, 향후 모든 토지 증여는 무슬림에게 국한했다. 1679년에 황제는 과거에 아크바르가 폐지했던 지즈야세, 다시 말해 비무슬림에게 물리는 인두세를 재도입했다. 또한 시크교도의 제9대 구루인 테그 바하두르 Teg Bahadur도 처형했다.[90]

아우랑제브는 사실 일부 비판가들이 생각하는 것보다 더 복잡하고 실용적인 인물이지만, 그가 헤집어놓은 종교적 상처는 지금도 완전히 치유되지는 못했으며 당시에는 나라를 둘로 쪼개놨다.* 아무도

---

*   알라하바드 학파의 저명한 역사가 이슈와리 프라사드에 따르면 아우랑제브는 일체의 의견 차이를 용납하지 않는 완고한 수니파였다. I. Prasad, *The Mughal Empire* (Allahabad, 1974), p. 612를 보라. 자두나트 사르카르는 다섯 권의 책에 걸쳐 매우 유사한 초상을 그려보였다. Jadunath Sarkar, *History of Aurangzeb* (London, 1912~1924). 근래에는 편협한 독단가라는 아우랑제브의 평판을 개선하고 그를 나쁘게 묘사한 아주 극단적인 주장들의 사실 여부를 따져보는 시도가 있었다. 이런 경향에 기여한 가

믿지 못한 아우랑제브는 제국 여기저기로 진군하여 잇따른 반란을 잔혹하게 진압했다. 제국은 실용주의적 관용과 힌두교도와의 동맹을 기반으로 건설되었으며, 특히 전사 집단인 라지푸트인(군소 왕국의 연합체로서 북인도를 지배하다가 무굴 왕조 초기에 제국의 지배층으로 편입되었다. 17세기 말부터 수차례 일어난 라지푸트 반란은 제국의 쇠퇴를 초래한 주요 요인 중 하나다—옮긴이)은 무굴 군사력의 중핵을 형성했다. 그 동맹이 점차 압박을 받고 황제가 배타적인 종교적 입장으로 후퇴하면서 무굴 국가를 산산조각 내는 데 일조했고, 아우랑제브가 사망하자마자 제국은 결국 군대의 근간인 라지푸트인을 상실하고 말았다.

또한 아우랑제브가 데칸고원으로 제국의 무모한 팽창을 시도하면서 시아파 무슬림 국가인 비자푸르와 골콘다를 상대로 벌인 전쟁은 제국의 자원을 고갈시켰다. 데칸 전쟁은 무굴 왕조에 뜻밖이자 가공할 새로운 적도 불러왔다. 바로 과거에 비자푸르와 골콘다 군대에서

<small>장 흥미로운 연구는 캐서린 버틀러 브라운의 연구로서, 브라운은 아우랑제브가 무굴 제국에서 음악 제작을 중단시키기는커녕 사실 그의 치세 때 이전 100년보다 더 많은 음악이 작곡되었다고 지적했다. Katherine Butler Brown, "Did Aurangzeb ban Music?", *Modern Asian Studies*, vol. 41, no. 1 (2007), pp. 82~85를 보라. 더 논쟁적이지만 역시 흥미로운 연구는 오드리 트루시크의 《아우랑제브: 인물과 신화》(Audrey Truschke, *Aurangzeb: The Man and the Myth*, New Delhi, 2017)인데, 안타깝게도 이 저서로 인해 미국의 산스크리트어 학자는 힌두트바 극우 진영의 미움을 한 몸에 받는 인물이 되고 말았다. 무니스 D. 파루키가 현재 아우랑제브에 대한 새로운 연구서를 집필 중이니 당분간은 아우랑제브에 대한 이해를 도우며 통찰이 풍성한 그의 《무굴 제국의 군주들》(Munis D. Faruqui, *Princes of the Mughal Empire 1504-1719*, Cambridge, 2012)을 참고하는 것이 좋을 것이다. 나로서는 아우랑제브가 그를 깎아내리는 이들이 생각하는 것보다 분명히 더 복잡한 인물이고, 치세 초기에 브라만들을 보호하고 힌두교 기관과 힌두교 귀족을 후원한 것은 사실이며, 말년까지 힌두교 점성술사와 의사 들의 의견을 구한 것은 맞지만, 그래도 그는 여전히 대단히 차갑고 가차 없고 기분 나쁜 인물이었으며, 그의 공격성과 인간미 없는 성격이 그가 하나로 유지하고자 그토록 애쓴 제국을 약화시키는 데 크게 일조했다고 생각한다.</small>

복무했던 마라타 농민과 지주들이었다. 무굴 왕조가 두 술탄국을 정복한 뒤 1680년대에 카리스마적인 마라타 힌두교도 군벌인 시바지 본슬레가 이끄는 마라타 게릴라들은 데칸을 점령한 무굴 군대를 상대로 습격을 벌이기 시작했다. 한 무굴 연대기 작가가 못마땅한 듯이 쓴 것처럼 "마라타 군대의 병사 대다수는 명문가 출생이 아니며, 병사 중에는 농부와 목수, 장사꾼이 차고 넘친다".[91] 그들은 대체로 무장한 농민들이었다. 하지만 그들은 그 지방을 알았고 싸우는 법을 알았다.

초목이 드문드문한 서부 데칸의 고지대로부터 시바지는 무굴 왕조와 무굴의 징세관을 상대로 농민 반란을 이끌었고, 농민 반란은 장기화되며 널리 퍼져나갔다. 창으로 무장한 마라타 경기병은 고도의 기동성과 무굴 전선 후방까지 침투하는 능력이 두드러졌다. 하루에 80킬로미터를 이동할 수 있었는데 군장이나 식량을 소지하지 않고 현지에 의지해 살아갔기 때문이다. 시바지의 좌우명은 "약탈이 없으면 보수도 없다"였다.[92] 제임스 국왕 치세 때 여행가인 EIC의 존 프라이어 박사Dr John Fryer는 시바지의 군대를 구성하는 "헐벗고 굶주린 불한당들"이 "장창과 너비가 2인치(5센티미터)인 장검으로만" 무장하고 "정면 전투"에서는 아니지만 "기습과 약탈"에는 극히 뛰어나다고 적었다.[93]

프라이어에 따르면 시바지의 마라타 병사들은 무굴 군대와의 정면 전투를 현명하게 회피하고 대신 경제가 붕괴할 때까지 무굴 권력의 중심부를 유린하는 쪽을 택했다. 1663년 시바지는 푸네에 있는 궁전인 무굴 본부를 상대로 야간 기습을 손수 이끌어, 아우랑제브의 삼촌인 샤이스타 칸 데칸 총독의 가족을 살해했다. 그는 총독의 손가락을 하나 자르는 데도 성공했다.[94] 1664년에 시바지의 농민 군대는 무굴의 수라트항을 습격하여 화물이 가득 들어찬 창고들을 약탈하고 그곳의 많은 은행가들에게 돈을 뜯어냈다. 그는 1670년에도 수라트를 습격했고, 1677년에 마라타 군대가 그곳을 세 번째로 공격했을 때는 저항의 기미조차 없었다.

마지막 두 차례 수라트 습격 사이에 시바지는 라이가드에 있는 웅장한 산악 요새에서 바라나시 판디트Pandit(힌두교, 힌두 철학, 베다 경전 등에 정통한 전문가, 스승—옮긴이)인 가가바타Gagabhatta가 주재하는 베다식式 축성과 즉위식을 거행했는데, 그의 경력에서 가장 백미인 의례였다. 1674년 6월 6일에 거행된 이 즉위식은 그에게 **차트라파티** Chhatrapati, 즉 모든 군주를 아우르는 군주이자 **삼라지야파다** Samrajyapada, 즉 정통 힌두 황제라는 지위를 부여했다. 그 직후 탄트라식式 두 번째 즉위식이 거행되었는데 이로써 그는 콘칸 산악지대의 위대한 세 여신의 축복과 힘에 특별히 접근할 수 있는 능력을 얻게 되었다고 여겨졌다.

시바지는 칼을 차고 공식 알현실로 들어가 세상을 지키는 신들인 로카팔라들에게 희생 제물을 바쳤다. 의례에 참석한 궁정인들은 그 뒤 지시에 따라 자리를 뜨고 음악 반주와 사만saman(《홉슨-홉슨 사전》에 따르면 '샤먼'의 다른 표기)들의 독송에 맞춰 상서로운 주문이 국왕의 몸에 새겨졌다. 마지막으로 그는 청중이 외치는 '승리'의 환호성과 함께 사자 모양 제위에 올랐다. 그는 얼 가지 비디야 주문으로 제위에 권능을 불어넣었다. 그 권능을 통해 찬란한 광휘가 알현실을 채웠다. 삭티Sakti(샤크티 숭배자들. 샤크티는 힌두교에서 우주의 여성적 창조력을 가리키며 의인화되었을 때는 흔히 시바신의 아내로 그려진다—옮긴이)들이 램프를 손에 들고 왕을 정화하자 왕은 브라흐마Brahma(힌두교에서 창조신. 우주의 근본 원리와 지고의 정신이 의인화된 남성신—옮긴이)처럼 빛났다.[95]

아우랑제브는 시바지를 '산골 쥐'로 치부했다. 하지만 1680년에 죽을 때쯤이면 시바지는 500년간의 이슬람 지배 이후, 힌두교 부흥과 저항의 위대한 상징이라는 명성과 함께 아우랑제브의 최대 숙적으로 변신했다. 한 세대만에 마라타 작가들은 그를 반신半神으로 탈바꿈시켰다. 일례로 카비라자Kaviraja의 《시바바라타Sivabharata》에서 시바지는 다름 아닌 비슈누의 화신으로 등장한다.

나는 모든 신들의 정수
비슈누 신
지상에 현현하여
세상의 짐을 없애러 왔노라.
악귀의 화신 무슬림은
자신들의 종교로
지상을 뒤덮으려 하네.
그런고로 무슬림의 형상을 취한
이 악귀들을 멸하고
다르마의 길(법도)을 당당히 퍼트릴 것이다.[96]

오랫동안 무굴 제국의 군대는 꾸준하게 반격하며 데칸의 언덕 요새를 하나씩 접수했다. 동인도회사의 저항을 조직적으로 분쇄한 것처럼 한동안은 마라타의 저항을 진압하는 데에도 서서히 성공하는 듯이 보였다. 회사를 진압한 해인 1689년 3월 11일에 아우랑제브 황제의 군대는 시바지의 장남이자 후계자인 삼바지Sambhaji를 사로잡았다. 불운한 왕자는 우스꽝스러운 모자를 억지로 쓰는 수모를 당하고 낙타에 앉혀 두르바르durbar로 끌려갔다. 그는 일주일 동안 잔혹한 고문을 당했다. 눈알이 못에 찔려 뽑혔고, 혀가 잘리고 호랑이 발톱으로 피부가 벗겨진 다음 처참하게 죽임을 당했다. 시신은 개 떼에 던져졌고 잘린 머리는 짚을 쑤셔 넣은 다음 데칸 여러 도시로 보내졌다가 끝내 델리 성문Delhi Gate에 효시되었다.[97] 1700년에 이르자 황제의 공성대는 마라타 수도 사타라를 함락했다. 이처럼 아우랑제브가 마라타인을 상대로 마침내 승리를 거두는 듯 보였고, 무굴 역사가 굴람 후사인 칸이 쓴 대로 "가만있지 못하는 그 민족을 본거지에서 몰아내어 쥐구멍과 외진 요새로 도망치게 만든" 것 같았다.[98]

하지만 재위 만년의 아우랑제브는 승승장구의 기세를 이어가지 못했다. 약탈에 능한 마라타 기병은 정면 전투를 피하고 게릴라 전술을 채택하여 무굴 군대의 보급 행렬을 공격했고, 이에 따라 느리고 육중한 무굴 군대는 아사 위기에 처하거나 아우랑가바드의 기지로 귀환해야만 했다. 황제가 몸소 군대를 이끌고 요새를 하나씩 함락했지만 그가 떠난 후 곧 그 요새들은 다시 적의 수중에 떨어졌다. 그는 "이 승의 삶에서 마지막 숨을 내쉴 때까지 이 고역과 수고에서 풀려날 길은 없다"라고 썼다.[99]

무굴 제국은 카불부터 카르나티크 해안까지 가장 큰 영토를 확보했지만 갑자기 제국 전역에서 균열이 발생했다. 치세 말기에 이르자 문제는 더 이상 마라타만이 아니었다. 1680년대 들어 농민들이 이반하고 갠지스강 유역 도아브 지방 자트인과 펀자브 지방 시크교도의 반란이 일어나는 등 이제 제국의 심장부도 평온하지 못했다. 제국 전역에서 자민다르 지주층은 세금 및 이전까지 세습 현지 지배자의 손에 맡겨졌던 사안들을 규제하려는 무굴 국가의 시도에 공공연하게 반기를 들었다. 노상강도질도 횡행했다. 1690년대 중반 이탈리아 여행가 조반니 게멜리 카레리Giovanni Gemelli Careri는 무굴 인도가 여행자들에게 "도적으로부터 안전"을 제공하지 않는다고 투덜거렸다.[100] 심지어 아우랑제브의 아들 아크바르 왕자도 라지푸트인에게 넘어가 반란의 기치를 들어올렸다.

이런 다양한 저항 행위들은 지대, 관세, 각종 세입을 상당히 감소시켰고, 사상 처음으로 무굴 제국은 행정 비용을 지불하거나 관리들에게 봉급을 지급하는 데 애를 먹게 되었다. 군사 지출이 계속 증가함에 따라 처음에는 가는 틈새에 불과했던 무굴 국가 내 균열도 점차 더 크게 벌어졌다. 조금 더 이후의 문헌인 《아캄이 알람기리Akham-i Alamgiri》에 따르면, 황제 본인도 "이교도들이 반란을 일으키지 않은 고장이나 지방이 없으며 아무도 그들을 벌하지 못했다. 나라 대부분이 피폐해졌고, 사람이 살고 있는 곳이라면 어디든 농민들은 도적 떼를 점차 받아들이게 되었을 것"이라고 시인했다.[101]

임종 시에 아우랑제브는 아들인 아잠에게 쓴 실의에 빠진 서글픈 편지에서 실패를 인정했다.

나는 홀로 왔다가 이방인으로 가는구나. 권좌에서 찰나가 지나간 뒤 슬픔만 남았다. 나는 제국의 수호자이자 보호자가 아니었다. 그토록 귀중한 삶을 헛되이 낭비해버렸다. 신은 내 마음속에 계셨지만 나는 그분을 볼 수 없었다. 삶은 덧없다. 과거는 지나가버렸고 미래를 향한 희망은 없다. 제국의 군대 전체가 나와 같다. 어리둥절하고 당황하여 신으로부터 멀어져 수은처럼 벌벌 떨고 있다. 내가 받을 벌이 두렵구나. 신의 은총에 확고히 희망을 걸고 있으나 나의

행위들에 대한 근심은 여전히 떠나지 않는다.[102]

아우랑제브는 1707년 2월 20일에 마침내 세상을 떠났다. 그는 아그라나 델리가 아니라, 그가 발아래 굴복시키기 위해 애쓰면서 성년 인생의 대부분을 보냈으나 끝내 실패한 데칸고원 중부 쿨다바드의 소박한 무덤에 묻혔다.[103] 그가 죽은 뒤 무굴 국가의 권위는 데칸에서부터 와해되기 시작했고, 위대한 전쟁 지도자 바지 라오가 이끄는 마라타 군대가 북쪽으로 향하면서 인도 중부와 서부의 지역들에서도 점차 무너져내렸다.

승계 분쟁과 허약하고 무력한 황제들의 잇따른 즉위도 제국의 위기감을 가중시켰다. 황제 세 명이 살해당했다(게다가 한 명은 먼저 뜨거운 바늘로 눈을 찔려 실명당했다). 어느 황제의 모후는 목 졸려 죽었고, 또 다른 황제의 아버지는 코끼리에 탄 채 낭떠러지 아래로 떠밀렸다. 최악의 해인 1719년에는 무려 네 명의 황제가 잇따라 공작 왕좌Peacock Throne를 차지했다. 무굴 역사가 카이르 우드딘 일라하바디에 따르면 "황제는 마라타 세력의 토대를 파괴하려고 긴 세월과 많은 재산을 바쳤지만 이 가증스러운 나무는 도저히 뿌리 뽑을 수 없었다".

바부르부터 아우랑제브까지 힌두스탄의 무굴 군주정은 점차 강력해졌지만, 이제는 후손들 사이에 전쟁이 벌어져 서로를 끌어내리려 했다. 신료를 불신하는 군주의 태도와 자신의 소관을 벗어나 수시로 간섭하는 지휘관들의 근시안적 이기심과 부정까지 맞물려 사태는 더욱 악화했다. 무질서와 타락은 더는 드물지 않았고, 한때 평화로웠던 인도 땅은 무정부의 소굴이 되었다.[104]

현장에서 이는 마라타의 습격과 유린으로 무굴 관할의 촌락에 연기가 피어오르는 잿더미만 남았다는 것을 의미했다. 이러한 게릴라 습격의 무자비함과 잔인성은 전설적이었다. 아우랑가바드를 나와 지나가던 한 유럽인 여행자는 이런 마라타 공격의 잔해와 맞닥뜨렸다.

접경지에 도달했을 때 우리는 모두가 불에 타고 죽임을 당한 것을 발견했다. 잿더미로 변한 촌락에서 야영했는데, 불에 탄 사람과 가축이 여기저기 널브러져 있어서 형언할 수 없을 만큼 끔찍하고 괴로웠다. 죽음을 맞이하는 순간 여자들은 자식을 꼭 끌어안고 남자들은 몸부림쳤다. 어떤 이들은 손과 발이 새까맣게 탔고 어떤 이들의 시신은 몸통만 알아볼 수 있었다. 불에 그을리기도 하고, 까맣게 완전히 재가 되기도 한, 보기에도 끔찍한 시신들이 있었다. 한 번도 본 적 없는 참화의 현장이었다. 우리가 지나간 촌락 세 군데에서 그렇게 심하게 훼손된 시신이 600구 정도 있었을 것이다.[105]

마라타인은 전쟁에서는 난폭했어도 평화 시에는 온화한 통치자일 수도 있었다.[106] 또 다른 프랑스인 여행자는 "마라타인들은 참으로 가증스러운 야만성으로 적의 땅을 기꺼이 유린하나 동맹들과는 충실하게 평화를 유지하고 자기들의 영토에서는 농업과 상업이 번영하게 한다. 이 민족은 자연스레 산적질에 빠지기 쉬우므로 외부에서 볼 때 이런 통치 양식은 끔찍하나 내부에서 보면 온화하고 자애롭다. 인도에서 마라타인에 복속된 지역들은 가장 행복하고 번창하는 지역이다"라고 썼다.[107] 18세기 초에 이르자 마라타인은 널리 퍼져나가 서인도와 중인도 상당 부분을 지배했다. 그들은 마라타연맹Maratha Confederacy을 구성하는 다섯 족장 휘하에 조직되었다. 이들 다섯 족장은 다섯 지역을 각자 세습적으로 다스리는 가문을 세웠다. 페슈와—바흐마니 술탄국(14~16세기에 데칸 일대에 존속한 페르시아계 이슬람 국가—옮긴이)들이 14세기에 도입한 총리를 가리키는 페르시아어 단어—가문은 마하라슈트라를 다스렸고 다른 지역의 총독과 적극적으로 교신하는 연맹의 우두머리였다. 본슬레 가문은 오리사를, 가이크와드(가야카바다) 가문은 구자라트를, 홀카르 가문은 중인도를, 신디아 가문은 라자스탄과 북인도를 다스렸다. 마라타연맹은 무굴의 행정 절차와 관행을 이용했고, 마라타 통치로의 이행은 대부분 매우 매끄럽게 이루어져 거의 알아차리지 못할 정도였다.[108]

마라타 권력의 확대에 직면하여 무굴의 지방 총독들은 점차 스스로를 지켜야 했다. 이 가운데 적잖은 이들은 실제로 독자적인 통치자처럼 행세했다. 1724년, 아우랑제브가 총애한 장군이자 피후견인이었던 친 킬리치 칸Chin Qilich Khan, 니잠 울물크는 젊은 황제 무하마드 샤의 허락 없이 델리를 떠나 동부 데칸의 총독을 자임하고, 황제가 임명한 라이벌 총독을 무찌른 뒤 하이데라바드에 권력 근거지를 수립했다. 유사한 과정이 아와드—대략 현재의 우타르프라데시에 해당한다—에서도 진행되었는데 거기서 권력은 시아파 페르시아 이민자인 나와브 사아다트 칸Sa'adat Khan과 그의 조카이자 사위이며 결국에는 그의 뒤를 잇는 니샤푸르 출생 사프다르 중에게 점차 집중되었다. 삼촌과 조카는 갠지스 평원 심장부 파이자바드를 근거지로 삼아 인도 북부에서 핵심 권력 실세가 되었다.[109]

두 총독과 무굴 조정과의 제휴 그리고 황제에 대한 충성은 그들의 조건과 이해관계에 점점 더 영향을 받았다. 그들은 여전히 무굴 국가라는 외피 아래에서 활동했고, 황제의 이름으로 권위를 내세웠지만 현장에서 지방 총독이 다스리는 영역은 독립적인 통치자 가문 치하의 자치 속주로 점차 느껴지기 시작했다. 결국 두 사람은 인도의 넓은 지역을 100년 동안 지배하는 왕조를 창건하게 된다.

이런 패턴에서 한 가지 부분적 예외는 벵골로서, 과거 브라만 노예였다가 이슬람으로 개종한 총독 무르시드 쿨리 칸Mursid Quli Khan은 황제에게 계속 열렬히 충성했고 그 부유한 지방의 세입 가운데 50만 파운드를 매년 수도 델리로 보냈다. 1720년대에 이르자 벵골은 중앙 정부 세입의 대부분을 공급했고, 무르시드 쿨리 칸은 세수를 유지하기 위한 가혹한 징세 정책으로 악명을 떨쳤다. 현지 지주층 가운데 체납자들은 총독의 이름을 딴 신수도 무르시다바드로 불려와 먹을 것이나 마실 것도 없이 갇혔다. 겨울이면 총독은 그들을 발가벗기고 찬물을 뒤집어씌웠다. 그다음 그는 "자민다르들을 거꾸로 매달고 회초리로 발바닥을 때렸다". 이것도 통하지 않으면 체납자들은 "벌레가 우글거리고 심하게 부패한 인분으로 가득한" 구덩이에 내던져졌다. 구덩이에서 나오는 "냄새가 너무 지독하여 가까이 다가가기만 해도 질식할 정도였다. (…) 그는 또한 그들[체납자들]에게 살아 있는 고양이들을 넣은 긴 가죽 바지를 입히기도 했다".[110]

나라가 점점 더 무정부 상태에 빠져들면서 무르시드 쿨리 칸은 델리에 연공을 보낼 혁신적 방법을 찾아냈다. 그는 더 이상 금괴를 실은 카라반에 무장 호송대를 딸려 보내지 않았다. 그렇게 하기에 도로는 이제 너무 무법천지였다. 대신 그는 마르와리 오스왈Marwari Oswal('마르와리'는 라자스탄 마르와르 지방에서 유래한 종족 집단, '오스왈'은 라자스탄에서 유래하여, 자이나교를 믿으며 대대로 상업에 종사하는 혈족 공동체를 이른다—옮긴이) 은행가 가문의 신용망을 이용했다. 원래 조드푸르국國 나가르 출신인 이 가문에, 황제는 1772년에 자가트 세트Jagat Seths, 즉 세계의 은행가라는 세습 칭호를 수여했다. 무굴 제국에서 가장 부유한 지방의 세금 징수와 이전, 조폐를 담당한 자가트 세트 가家는 무르시다바드의 웅장한 대저택에서 총독 다음가는 권력과 영향력을 행사했고, 곧 19세기 유럽의 로스차일드가와 유사한 명성을 누렸다. 역사가 굴람 후사인 칸은 "그들의 부가 엄청났기에 그것을 언급할 때면 터무니없는 이야기를 지어내며 과장하는 것처럼 들릴 수 밖에 없었다"고 썼으며, 벵골의 한 시인은 "100개의 어귀를 거쳐 갠지스 강물이 바다로 쏟아지듯, 자가트 세트가의 금고로 부가 흘러들어갔다"고 썼다.[111] 동인도회사 관계자들도 똑같이 감탄을 금치 못했다. 벵골을 속속들이 안 역사가 로버트 옴Robert Orme은 당시의 자가트 세트가를 "우리가 아는 세계에서, 최대의 은행가이자 환전상"이라고 묘사했다.[112] 펜윅 대위Captain Fenwick는 '1747~1748년 벵골 정세'에 관해 쓰면서 마흐탑 라이 자가트 세트Mahtab Rai Jagat Seth를 "롬바드가(중세부터 유서 깊은 런던 금융 중심지. 이탈리아 롬바르디아 일대 출신 상인들이 정착했기 때문에 이런 이름이 붙었다—옮긴이)의 은행가 전부를 합친 것보다 더 대형 은행가이자 나와브가 총애하는 이"라고 언급했다.[113]

동인도회사 간부들은 자가트 세트 가문이 혼란스러운 인도 정치 무대에서 자연스러운 자기편이자 대다수의 사안에서 양자의 이해관계가 일치한다는 것을 일찌감치 깨달았다. 그들은 자가트 세트가의 신용 제도를 수시로 이용했다. 1718년과 1730년 사이에 동인도회사는 자가트 세트 은행으로부터 매년 평균 50만 루피를 빌렸다.* 시간이 흐르면서 '호혜성과 상호 이익에 기반한' 이 두 금융 거인 간 동맹과, 마르와리 은행가들이 EIC에 제공한 이 같은 인도 금융 흐름에 대한 접근권은 인도 역사의 경로를 급격하게 바꿔놓게 된다.[114]

---

*   현재 가치로 500만 파운드가 넘는다.

무굴 제국의 확고한 지배가 사라지자 이제 동인도회사는 한 세대 전에는 불가능했을 방식으로 자신들의 의사를 관철할 수 있다는 사실도 깨달았다. 심지어 지쳐가는 아우랑제브 치세 말기에도 회사가 예전보다 무굴의 권위를 점차 덜 존중하는 조짐이 엿보였다. 1701년, 갓 복속된 카르나티크의 총독 다우드 칸Da'ud Khan은 마드라스 집행위원회the Madras Council(5인 안팎으로 구성된 집행위원회는 총독이 주재하는 회의체로서 식민지 입법과 행정을 보좌한 자문 기관이다. 봄베이와 캘커타에도 역시 자체적인 집행위원회가 있었다—옮긴이) 쪽의 무례에 관해 불평했다. 그는 마드라스 집행위원회가 그를 '매우 무신경한 태도로' 취급했다고 말했다. "그들은 자신들이 이 나라에서 부를 엄청나게 쌓았다는 점을 생각하지 못했다. 그가 카르나티크주를 다스리는 총독이라는 사실을 망각한 게 틀림없고, 골콘다 왕국의 멸망 이후로 좋든 나쁘든 행정에 대한 보고를 전혀 하지 않았다. (…) 담배와 빈랑나무, 술 등등에서 나오는 세입에 관해서도 전혀 보고하지 않았는데 그것은 매년 상당한 액수에 달했다."[115]

회사의 사절인 베네치아의 모험가 니콜라오 마누치Niccolao Manucci는 이제 의사로서 마드라스에서 살고 있었는데, EIC가 모래 해변을 번창하는 항구로 탈바꿈시켰다고 대꾸했다. 다우드 칸이 가혹한 조처를 취하고 과중한 세금을 매긴다면 회사는 다른 곳으로 활동 영역을 이전해버릴 것이다. 그렇게 되면 외국인과의 무역을 통해 매년 왕국에 무수한 라크Lakh*의 파고다 주화를 벌어주는 현지 직조공과 상인만 손해일 것이다. 이 전술이 통해서 다우드 칸은 한발 물러섰다. 이런 식으로 EIC는 많은 현대 기업이 국민국가의 규제와 과세 요구

---

*   1라크는 10만과 같다.

에 직면할 때 보이는 반응을 300년 앞서 예시했다. 우리를 잘 대우해라. 안 그러면 다른 데로 사업을 이전할 것이라고 기업들은 말한다. 카르나티크 해안의 통치자가 다우드 칸처럼 "모자를 쓴 인간들이 오만에 취했다"라며 불평하는 일은 분명 그때가 마지막이 아니었다.

9년 뒤에 EIC는 한 발 더 나갔다. 진지Jinji의 무굴 킬라다르Qiladar(요새 관리자)가 잉글랜드인 두 명을 붙잡고 억류하자 마드라스에서 조금 남쪽에 있는 세인트데이비드 요새의 상관원들은 무기를 들었다. 1710년 그들은 쿠달로르 근처 요새에서 출발하여 무고한 마을 주민들을 죽이고 수확을 앞둔 수천 파고다어치의 벼를 비롯해 작물을 파괴하는 등 코로만델 해안을 따라 있는 소읍과 촌락 52곳을 쑥대밭으로 만들었다. 마드라스 총독은 이 습격이 "화해가 불가능할 정도로 적을 몹시 화나게 만들었다"라며 자랑스레 보고했다. 이는 인도 일반인을 상대로 한 잉글랜드인의 첫 대형 폭력 행위였을 것이다. 퐁디셰리 주재 프랑스 총독의 중재로 EIC가 현지 무굴 정부와 화해하기 2년 전이었다. 런던의 이사진은 마드라스 총독이 취한 조치를 승인했다. "그곳과 인도 여타 지역의 원주민은 이에 관해 듣거나 앞으로 듣게 되면 잉글랜드인다운 용기와 행위에 대해 적절한 인상을 받고 유념할 것이며, 우리가 그만큼 강력한 제후를 상대로도 전쟁을 수행할 수 있다는 것을 알게 될 것이다."[116]

벵골에서 무르시드 쿨리 칸도 캘커타 주재 회사 간부들의 무례하고 위압적인 태도에 넌더리가 났고, 델리에 자신의 감정을 숨김없이 드러냈다. "이 사람들의 가증스러운 짓거리는 일일이 설명하기 힘들 정도"라고 썼다.

이 나라에 처음 왔을 때 그들은 당시 정부에 상관을 건설할 수 있는 부지를 매입할 자유를 허락해달라고 공손한 태도로 간청했는데, 청을 들어주자마자 강력한 요새를 지어 올리고 강과 이어지는 도랑을 파서 주변을 에워쌌으며 성벽에 많은 대포를 설치했다. 여러 상인과 여타 사람들을 꾀어 자신들의 보호 아래 들어오게 하고 10만 루피*에 달하는 세수를 징수한다. (…) 그들은 약탈과 강탈을 일삼으며 무수한 남녀 백성을 노예로 끌고 간다.[117]

하지만 이때에 이르면 델리의 관리들은 더 심각한 걱정거리에 사로잡혀 있었다.

1737년 델리에는 대략 200만 주민이 살고 있었다. 런던과 파리를 합친 것보다 더 큰 그곳은 오스만 제국의 이스탄불과 일본의 에도(도쿄) 사이에서 여전히 가장 번창하고 웅장한 도시였다. 무굴 제국이 점차 약해져 감에 따라 그 도시는 과숙한 망고처럼, 커다랗고 먹음직스럽게 달려 있었지만 분명히 썩어가고 있었고 곧 땅으로 떨어져서 분해되기 직전이었다.

난무하는 암투와 다툼, 반란에도 불구하고 황제는 여전히 붉은 요새에서 광대한 영역을 다스리고 있었다. 그의 궁정은 전 지역에 예의범절을 가르치는 학교이자 인도-이슬람 문화의 주요 중심지였다. 그곳을 찾은 사람들은 하나같이 델리를 남아시아에서 가장 위대하고 세련된 도시라고 생각했다. "샤자하나바드는 더할 나위 없이 찬란하

---

* 현재 가치로 100만 파운드 이상.

고 인구가 밀집한" 곳이라고, 1731년에 그 도시를 구경한 여행가 무르타자 후사인Murtaza Husain은 썼다. "찬드니 차우크(찬드니 광장: 델리에서 가장 오래되고 번잡한 시장―옮긴이)나 사아둘라 칸의 차우크에서는 저녁이면 엄청난 인파 때문에 한 가즈[야드]도 움직일 수 없다." 궁정인이자 지식인인 아난드 람 묵흘리스Anand Ram Mukhlis는 델리를 "소란스러운 나이팅게일들이 갇혀 있는 새장" 같다고 묘사했다.[118] 무굴 시인 하팀Hatim은 이렇게 읊었다.

> 델리는 도시가 아니라 장미 정원,
> 그곳의 황무지조차도 과수원보다 보기 좋네.
> 수줍은 미녀들은 바자의 꽃,
> 구석마다 우아한 사이프러스나무와 녹음이 무성하네.[119]

이 풍요롭고 취약한 제국의 지배자는 유약한 무하마드 샤Muhammad Shah 황제로서, 랑길라Rangila, 즉 '다채로운'이라고 불린 그는 흥청망청 놀기를 좋아하는 사람이었다. 진주를 수놓은 여성용 페슈와즈peshwaz와 신발을 좋아하는 탐미가였고, 음악과 회화에 안목이 있는 후원자이기도 했다. 민간의 시타르와 타블라를 궁정으로 들여온 사람이 바로 무하마드 샤였다. 그는 붉은색과 오렌지색의 기막힌 향연이 펼쳐지는 왕궁의 홀리 축제, 야무나강을 따라 매사냥을 하러 가거나 담으로 둘러싸인 유람지를 찾은 황제, 아니면 그보다는 더 드문 일이지만 붉은 요새의 꽃밭과 화단 한복판에서 신료들을 접견 중인 황제 등등 무굴 궁정 생활을 담은 전원풍의 풍경화를 의뢰하여 아우랑제브와 그의 후계자들이 방치한 무굴 세밀화 화실에 아낌없는 후원을 베풀었다.[120]

무하마드 샤는 통치의 허울을 벗어버리는 아주 간단한 책략으로 용케도 권좌에서 살아남았다. 그는 아침이면 자고새와 코끼리 싸움을 구경했다. 오후에는 저글링 곡예사와 마술사들이 펼치는 공연과 우스꽝스러운 무언극을 즐겼다. 정치는 현명하게 자문과 섭정 들에게 맡겼다. 그의 치세가 이어지면서 권력은 조용히 델리로부터 정치와 경제, 국내 치안 및 방위와 관련한 모든 중요 사안을 자체적으로 결정하기 시작한 지방의 나와브들에게로 빠져나갔다.

프랑스 여행가이자 용병인 장바티스트 장티 Jean-Baptiste Gentil는 "이 군주는 살림가르 요새에 갇혀 유약하고 여자 같은 삶을 살다가 이제 혼란과 무질서가 활개 치고 있을 때 집권했다"라고 썼다.

그는 젊고 경험이 없었기에 자신이 쓰고 있는 제관이 다름 아닌 죽음을 예고하는 희생제물의 머리띠임을 알아차리지 못했다. 자연은 그에게 온화하고 상냥한 태도와 평화로운 기질을 아낌없이 베풀어주었으나 절대 군주에게 필요한 강인한 성품은 허락하지 않았으니, 그것이야말로 권세가들이 적자생존이라는 법칙과 무력이 곧 정의라는 규칙밖에 모르는 시대에 더욱 필요한 성품이다. 그러므로 이 불행한 군주는 그의 이름으로 권위를 행사하는 사람들, 다시 말해 부당한 권력 찬탈을 정당화하는 데 도움이 될 때만 이제는 공허한 그 칭호, 한때 존엄했던 그 이름의 자취를 인정하는 사람들에게 잇따라 노리개가 되었다. 그리하여 그의 치세에 그들은 황제의 잔존 권력을 파괴한 뒤, 자신들의 불운한 주인한테서 뺏은 전리품을 나눠 가지며 범죄적 찬탈을 자행했다.[121]

프랑스인 목격자인 바르르뒤크 출신 조제프 드 볼통 Joseph de Volton

은 퐁디셰리의 프랑스 동인도회사 본부에 델리에서 고조되는 위기에 대한 인상을 보고하는 서신을 썼다. 그의 보고서 요약본에 따르면,

 이 제국의 가련한 정부는 닥쳐오는 어떤 파국에 마음의 준비를 시키는 것 같았다. 사람들은 권세가들의 괴롭힘에 신음했다. (…) [무하마드 샤는] 오로지 자신의 쾌락에만 몰두하는 너무나도 나약한 영혼의 사람이라 거의 천치에 가깝다. (…) 대제국은 여러 반란으로 한동안 흔들려왔다. 예전에 속국이었던 데칸고원의 민족인 마라타인은 멍에를 벗어던졌고 심지어 힌두스탄 끝자락에서 군대를 이끌고 대담하게 쳐들어와 상당한 약탈을 감행했다. 그들이 별다른 저항을 맞닥뜨리지 않았다는 사실은 누구든 이 제국을 쉽게 장악할 수 있음을 예시한다.[122]

 볼통의 생각은 맞았다. 마라타 군대가 점점 더 북쪽을 휩쓸면서 수도도 더 이상 안전하지 않았다. 1737년 4월 8일 마라타연맹의 젊은 스타 지휘관 바지 라오가 이끄는 무리가 아그라 외곽을 습격하고 이틀 뒤에는 델리의 성문 앞에 나타났다. 그들은 델리 교외의 촌락 말카, 탈 카토라, 팔람, 메라울리를 약탈하고 불을 질렀고, 600년 전 인도를 정복한 최초의 이슬람 정복자의 도래를 기리는 승전 탑인 쿠트브 미나르Qu'tb Minar 바로 옆에 진을 쳤다. 나와브 사아다트 칸이 그들을 가로막기 위해 아와드에서 진군하고 있다는 소식이 들려오자 습격자들은 뿔뿔이 흩어졌다. 하지만 이 습격은 유례없는 모욕이자 무굴 왕조에 대한 신뢰도와 자신감에 큰 타격을 주었다.[123]
 상황이 얼마나 심각한지 깨달은 황제는 니잠 울물크에게 델리를 구하러 북쪽으로 오라고 요청했다. 굴람 후사인 칸은 "노장군은 아우

랑제브 아래서 혁혁한 공을 세웠고 험한 시절을 많이 겪은 늑대로 통했으며 세상 물정을 잘 알았다"고 썼다.[124] 니잠은 황제의 명을 받들어 북쪽으로 먼 길을 가기 위해 군대를 모았다. 하지만 그는 이제 마라타인을 굴복시키는 게 쉽지 않은 일임을 깨달았다. "아우랑제브 선황제께서 돌아가신 뒤로 마라타의 자원은 갑절이 되었습니다"라고 그는 황제에게 썼다. "반면 제국의 정세는 무질서에 빠졌습니다. 우리의 쇠락의 조짐은 어디서나 명백합니다."[125] 무굴 회계관들은 니잠의 이런 판단을 뒷받침했을 것이다. 1730년대에 이르자 마라타연맹은 풍요로운 인도 중부 말와 지방 한 곳에서만 100만 루피*를 거두어들이고 있었고, 무굴의 국고는 그만큼 고갈된 셈이었다.[126]

니잠이 걱정할 만도 했다. 1738년 1월 7일 바지 라오의 마라타 군대는 보팔 근처에서 니잠을 포위, 기습했다. 처음에 바지 라오는 요새화된 니잠의 위치에 겁을 먹고 정면 공격을 주저했지만 어쨌거나 공격에 나섰고, 양측 모두에 놀라운 일이었지만 무굴의 역전 노장을 격파했다. 생포된 니잠은 마라타 밀렵꾼들을 사냥터지기로 변신시켜 무굴 체제 내로 포섭할 수 있길 바라며 바지 라오가 말와의 총독으로 임명되게 하겠노라고 약속했다.[127] 하지만 톡톡히 망신을 당한 니잠이 델리로 가던 중에도 제국에 훨씬 더 심각한 위협이 북쪽에서 고개를 쳐들고 있었다.

페르시아 호라산에서 태어난 나데르 샤 아프샤르는 미천한 양치기이자 모피 장수의 아들이었다. 그는 놀라운 군사적 재능 덕분에 페르시아의 사파비 왕조 군대에서 빠르게 출세했다. 무하마드 샤가 엉망이고 예술적인 만큼 그는 억세고 가차 없고 유능한 인물이었다. 나

---

*   현재 가치로 1,300만 파운드.

데르에 대한 지금까지 남아 있는 가장 훌륭한 초상은 나데르의 주치의가 된 세련된 프랑스 예수회 신부 루이 바쟁Louis Bazin이 기록한 것이다. 바쟁은 건강을 돌봐주기로 동의한 인물의 당당함을 찬탄하면서도 그의 잔혹함에는 몸서리를 쳤다. "미천한 태생임에도 불구하고 그는 제위를 타고난 사람 같았다"고 그 예수회 사제는 썼다. "자연은 그에게 영웅이 될 수 있는 모든 위대한 자질과 심지어 위대한 왕이 될 수 있는 자질들까지 일부 베풀어주었다."

검게 염색한 그의 턱수염은 하얗게 센 머리칼과 극명히 대비되었다. 그는 힘세고 튼튼한 체질을 타고났고 키가 컸다. 풍상에 시달리고 그을린 거무스름한 얼굴은 기름하고, 코는 매부리코이며 입매는 가지런하지만 아랫입술이 튀어나왔다. 눈은 작지만 날카롭고 사람을 꿰뚫어보는 듯했다. 목소리는 크고 거칠지만 자기에게 유리할 때나 내킬 때면 간혹 부드러운 목소리로 말하기도 했다. (…)
그는 정해진 거처가 없었다. 그의 군영이 곧 궁정이고 그의 막사가 곧 궁이었다. 그의 제위는 무기들 한가운데 놓여 있었고, 가장 용감한 전사들이 곧 그의 최측근 심복이었다. (…) 용감무쌍한 그는 전투에서 용기를 무모함의 극한까지 밀어붙였고, 싸움이 이어지는 한 언제나 용자들과 함께 위험의 한복판에 있었다. (…) 하지만 추잡한 탐욕과 미증유의 잔인성에 백성도 곧 진저리를 쳤고, 그의 난폭하고 야만석인 성정이 초래한 도를 넘은 만행과 침상에 페르시아는 피눈물을 흘려야 했다. 그는 추앙받는 동시에 두려움과 저주의 대상이었다. (…)[128]

1732년 나데르는 쿠데타로 페르시아 정권을 장악했다. 얼마 지나지 않아 그는 아직 어린아이에 불과한 사파비조의 마지막 샤를 폐위시켜 200년간 이어진 사파비 왕조의 지배를 종식시켰다. 7년 뒤인 1739년 봄에 그는 아프가니스탄을 침공했다. 이스파한을 떠나기 전부터 그의 진짜 계획은 무굴 델리의 보고를 습격해 "무굴 공작의 황금 깃털들을 뽑는 것"이라는 소문이 돌았다.[129]

5월 21일, 나데르 샤는 8만 군사를 이끌고 국경을 넘어 무굴 제국을 침입하여 여름 수도인 카불로 향했다. 다음 두 세기 동안 되풀이될 인도 침공의 시작이었다. 카불의 위대한 발라 히사르Bala Hisar는 6월 말에 항복했다. 나데르 샤는 그다음 카이베르 고개(현재의 아프가니스탄과 파키스탄 국경지대에 위치한 고개. 고대 페르시아의 키루스와 다리우스 대왕부터 칭기즈 칸과 무굴 정복자들에 이르기까지 무수한 정복자들이 인도 아대륙을 침공할 때 이 고개를 거쳐갔다—옮긴이)로 내려왔다. 그로부터 석 달이 채 지나지 않아 그는 델리에서 북쪽으로 160킬로미터 떨어진 카르날에서 세 군대가 연합한 무굴 군대—대략 100만 군사로서, 그중 절반 정도가 병사였다—를 머스킷 총병과 당대 최신의 군사 테크놀로지인 자자이르Jazair, 다시 말해 말에 장착하고 갑옷을 꿰뚫을 수 있는 선회포로 무장한 키질바시Qizilbash 기병 15만 명으로 구성된 상대적으로 소수이지만 단단히 기강이 잡힌 병력으로 격파했다.

나데르 샤가 할 일은 무하마드 샤의 두 장군인 사아다트 칸과 니잠 울물크 사이의 갈등의 골이 깊어짐으로써 확실히 더 쉬워졌다. 사아다트 칸은 니잠이 진을 차리고 한참 뒤에 아와드에서 진군하여 무굴 진영에 늦게 도착했지만, 자신의 우월한 군사적 능력을 과시하고 싶어서 지친 병사들이 휴식할 여유를 주지 않고 전투에 곧장 뛰어들기로 결심했다. 2월 13일 정오 무렵에 그는 니잠이 병사들을 보호하기 위해 쌓은 토루에서 나와 니잠의 충고를 무시하고 "지휘관답지 않게 앞뒤 재지 않고 성급히" 진격한 반면, 니잠은 "성급함은 악마의 소행"이라고 말하며 뒤에 남았다.[130] 신중한 그가 옳았다. 사아다트 칸은 감쪽같이 놓인 덫으로 곧장 걸어 들어가고 있었던 것이다.

나데르 샤는 사아다트 칸의 구식 무굴 중기병―장검을 들고 싸우는 흉갑기병―이 대규모 정면 돌격을 하도록 유인했다. 그들이 페르시아 전선으로 다가오자 나데르의 경기병은 커튼이 열리듯 갈라졌고, 그들은 각자 선회포로 무장하고 길게 늘어선 기마 머스킷 총병을 맞닥뜨렸다. 나데르 샤의 병사들은 아주 가까운 거리에서 직격했고 몇 분 만에 무굴 최정예 기병이 전장에 우수수 쓰러졌다. 카슈미르의 어느 관찰자, 다시 말해 압둘 카림 샤리스타니Abdul Karim Sharistani가 표현한 대로 "힌두스탄 군대는 용감하게 싸웠다. 하지만 머스킷 총알에 화살로 맞설 수는 없다".[131]

최초 교전에서 무굴 군대를 격파한 나데르 샤는 황제를 만찬에 초대한 다음 떠나지 못하게 막는 간단한 수법으로 다름 아닌 황제를 생포했다.[132] "대담하고 잘 무장된 100만 기병 군대가 여기에 말하자면 포로로 잡혀 있었고, 황제와 대귀족들의 모든 자원은 페르시아인들이 마음대로 할 수 있었다"라고 아난드 람 묵흘리스는 썼다. "무굴 군주는 끝장난 듯했다."[133] 이는 확실히 마라타연맹 대사의 견해이기도 했는데, 대사는 야음을 틈타 무굴 진영에서 도망쳐 밀림을 관통해 먼 길을 돌아 가까스로 델리에 도착한 뒤 그날 곧바로 최대한 신속히 남쪽으로 향했다. 그는 푸네의 상판들에게 "신께서 내게 다가오는 위험을 막아주시고 명예롭게 도망칠 수 있게 도와주셨습니다. 무굴 제국은 끝장났고 페르시아 제국이 시작되었습니다"라고 썼다.[134]

3월 29일 나데르 샤의 군대가 무굴 수도에 입성한 지 일주일 뒤에 네덜란드 동인도회사의 통신원은 보고서를 보내 나데르 샤의 피비린

내 나는 델리 학살을 묘사했다. 그는 "이란인들은 금수같이 굴었다"라고 썼다. "적어도 10만 명이 죽임을 당했다. 나데르 샤는 스스로를 지키려고 하는 사람은 모두 죽이라는 명령을 내렸다. 그 결과, 도랑을 따라 핏물이 흘러 하늘에서 피의 비가 내리는 것 같았다."[135] 굴람 후 사인 칸은 "눈 깜짝할 사이에 집 꼭대기 위로 올라온 병사들이 사람들을 죽이며 학살과 약탈을 시작했고 부녀자를 끌고 갔다. 무수한 집이 불에 타고 폐허가 됐다"고 기록했다.[136]

사람들이 살해당한 것 말고도 많은 델리 여성이 노예가 됐다. 자마 마스지드 주변 지역 전체가 홀랑 탔다. 무장 저항은 거의 없었다. "여차하면 죽을힘을 다해 싸울 작정을 하고" 집 지붕에서 파괴를 지켜본 아난드 람 묵흘리스는 "페르시아인들은 사람과 물건을 가리지 않고 모든 것을 닥치는 대로 집어 갔다. 옷감, 보석, 금은 접시는 모두 괜찮은 약탈품이었다"라고 썼다. "시든 꽃과 잎사귀로 뒤덮인 정원의 산책로처럼 거리에는 오랫동안 시체들이 널브러져 있었다. 시내는 잿더미가 되었고, 불에 다 타버린 벌판 같았다. 아름다운 거리와 건물이 폐허가 되어, 여러 해에 걸친 노고만이 도시를 예전의 화려한 모습으로 복구할 수 있을 것이다."[137] 프랑스 예수회 선교사들은 도시 전역에서 불길이 여드레 동안 활활 타올랐고 예수회 교회도 두 채가 파괴되었다고 기록했다.

머리에 아무것도 쓰지 않은 니잠이 자기 터번으로 두 손이 묶인 채 나데르 앞에 나아가 복수는 자신에게 하는 대신 주민들은 살려달라고 무릎을 꿇고 간청할 때까지 학살은 계속되었다. 나데르 샤는 학살을 중단하라고 명령했고 병사들은 즉각 명령을 따랐다. 하지만 나데르는 100크로르*crore*(10억) 루피*를 갖다 바치면 델리를 떠나겠다는 조건을 니잠에게 내걸었다. "강도질과 고문, 약탈은 여전히 계속되고 있지만 다행스럽게도 살인은 중단되었다"라고 한 네덜란드인 관찰자는 기록했다.[138]

이후 며칠 동안 니잠은 약속한 배상금을 지불하기 위해 자기 도시를 탈탈 털어야 하는 불행한 처지에 놓였다. 도시는 다섯 구역으로 나뉘어 구역마다 막대한 액수를 내놓도록 요구받았다. "사람들이 눈물을 쏟는 가운데 약탈이 시작되었다"고 아난드 람 묵흘리스는 언급했다. "사람들은 돈만 빼앗긴 것이 아니라 집안 전체가 파멸을 면치 못했다. 많은 이들이 독약을 삼켰고, 어떤 이들은 칼로 자결했다. (…) 한마디로, 348년 동안 쌓아올린 재부의 주인이 한순간에 바뀌었다."[139]

페르시아인들은 눈앞에 대령된 재물이 믿기지가 않았다. 그야말로 난생처음 보는 수준이었다. 나데르의 궁정 역사가 미르자 마흐디 아스타라바디Mirza Mahdi Astarabadi는 눈이 휘둥그레졌다. 그는 "왕실 금고와 공방의 몰수 업무를 맡은 관리들은 단 며칠 만에 임무를 끝마쳤다"고 썼다. "진주와 산호가 바다를 이루고 각종 보석, 귀금속으로 장식된 금은 그릇과 컵, 여타 물품 및 사치품이 산더미처럼 쌓였으니, 목록과 장부를 작성할 회계관과 서기들이 꿈에도 상상하지 못할 만큼 엄청난 양이었다."

몰수된 공예품 가운데는 고대 왕들의 금은보화와도 견줄 수 없는 왕실의 보석이 박힌 공작 왕좌도 있었다. 앞선 인도 황제들 시대

---

*   현재 가치로 130억 파운드.

에 이 왕좌에 장식을 박아넣는 데 2크로르* 어치의 보석이 사용되었다. 극히 희귀한 스피넬과 루비, 과거나 현재의 어느 왕들의 보화와도 견줄 수 없는 찬란하게 빛나는 다이아몬드들이 나데르 샤의 국고로 이전되었다. 우리가 델리에 머무는 동안 왕실 금고는 수십억 루피를 토해냈다. 무굴의 군사 및 지주 귀족층, 제국 수도의 권세가, 독립적인 라자, 부유한 지방 총독 들이 전부 수십억 루피의 주화와 보석, 보석이 박힌 왕실 보기寶器(왕홀이나 왕관과 같이 왕권을 상징하는 물건들—옮긴이), 극히 진귀한 그릇을 나데르 샤의 궁정에 공물로 보내왔는데 그 양이 이루 헤아릴 수 없을 만큼 어마어마했다.140

나데르는 인도를 지배할 생각이 없었다. 그는 페르시아의 진짜 적인 러시아와 오스만 제국과 싸울 수 있게끔 그저 인도의 자원을 약탈하는 것만을 원했다. 57일 뒤에 그는 무굴 제국이 정복과 지배를 통해 지난 200년 동안 그러모았던 최고의 보물들을 챙겨서 페르시아로 돌아갔다. (후일 영국 왕실의 보석이 되는) 코이누르 다이아몬드와 거대한 티무르 루비가 박힌 자한기르의 찬란한 공작 왕좌를 비롯한 보화를 실은 카라반이었던 셈이다. 나데르 샤는 세계 최대의 다이아몬드라는 명성을 가진 대무굴 다이아몬드와 코이누르보다 살짝 더 크고 분홍빛을 띠는 자매 다이아몬드인 다리아이누르Daria-i-Noor도 가져갔고, 당대 가치로 8,750만 파운드**로 추산되는 '금은보화를 가득 실은 수레를 코끼리 700마리, 낙타 400마리, 말 1만 2,000마리'를 끌고 갔다.
    신속한 단 한 차례 일격으로 나데르 샤는 무굴의 마법을 깨트렸다.

---

*   현재 가치로 2억 6,000만 파운드.
** 현재 가치로 92억 파운드.

무하마드 샤 랑길라는 여전히 제위를 지켰지만 실권이나 권위는 거의 남아 있지 않았고, 델리를 떠나지 않은 채 공적 생활에서 물러났다. 무굴 역사가 와리드Warid는 다음과 같이 단언했다.

폐하께서는 슬픈 소식으로 인해 괴로운 마음을 달래고자 새로 심은 나무를 보러 정원을 방문하거나 말을 타고 평원으로 사냥을 나간 한편, 재상은 델리에서 4리그(1리그는 4.8킬로미터—옮긴이) 떨어진 연못의 연꽃을 바라보며 마음을 달래러 나갔고, 강에서 물고기를 잡거나 들판에서 사슴을 사냥하며 한 달 이상을 막사에서 지내곤 했다. 그럴 때면 황제와 재상은 정무와 세금 징수, 군대의 요구를 완전히 잊고 살았다. 하루하루 소요가 커져가는 동안 누구도 왕국을 지키고 백성을 보호할 생각을 하지 않았다.[141]

구 무굴 엘리트층은 자신들의 세계 전체에 종말이 가까이 왔음을 깨달았다. 시인 하팀은 이렇게 썼다.

귀족들은 풀 베는 사람의 지위로 전락하고
대궐집에 살던 이들에게는 비바람을 피할 잔해조차 남지 않았네.

델리에 심상치 않은 바람이 부는 듯하니
귀족들은 도시에서 달아났다.

부엉이들이 숲에서 샤자하나바드로 내려와
제후들의 안마당에 둥지를 틀었네.

귀족인 샤키르 칸Shakir Khan 같은 많은 관찰자는 이 모든 게 무하마드 샤 치하의 사회가 부패하고 타락한 탓이라 여겼고, 황제의 태평한 향락주의에 대한 반동으로서 더 엄격한 형태의 이슬람으로 눈길을 돌렸다. 샤키르 칸은 "이 시기 초에는 음주가무와 시끌벅적한 연희인演戱人, 매춘부 무리가 난무했으며, 장난과 바보짓, 여자 같은 유약함을 추구하며 여자 옷을 입고 다니는 남자들을 쫓아다니던 시대였다"라고 썼다.

금지된 것이든 허용된 것이든 간에 모든 쾌락을 누릴 수 있었고 와자지껄한 연회의 소음에 영적 권위자들의 목소리는 잠기고 말았다. 사람들은 악행에 익숙해지고 무엇이 점잖은 것을 장려하는 법인지 잊어버렸는데, 그들의 마음의 거울은 더 이상 유덕한 얼굴을 비추지 않았기 때문이다. 그리하여 파국이 닥치고 사회가 갈가리 찢겼을 때 더 이상 회복이 불가능했다.

얼마 안 있어 사저와 왕실의 거처 및 무기고, 왕실의 의복과 가구 보관 창고에서 나온 물건들, 심지어 왕실 주방에서 나온 냄비와 팬, 왕실 도서관에서 나온 서적과 왕실 나팔용 문루門樓와 고루鼓樓(누각 형태의 출입문으로서 북을 치는 곳. 용어 해설에서 '나우밧 카나Naubat Khana'와 '나카르 카나Naqqar Khana'를 참조할 것—옮긴이)에서 나온 악기들, 왕실 공방에서 나온 모든 것이 장사꾼에게 팔려나가는 지경에 이르렀다. 그 대부분은 병사들의 밀린 급여를 지불하는 데 들어갔다.[142]

무굴 제국에서 가장 큰 두 주州의 총독인 니잠 울물크와 사프다르 중이 세수를 더 이상 델리로 보내지 않게 된 것도 이 시기였다. 무굴 국가의 재정 위기는 한층 악화하여 나라는 이제 파산 직전이었다. 델리의 갑작스러운 궁핍은 행정 기구와 군대에 급여를 더 이상 지불할 수 없다는 뜻이었고, 연료가 바닥나자 무굴 보일러실의 불은 꺼졌다. 지방의 총독 가문은 이제 델리의 통제력에서 벗어나 저마다 권력을 다졌다. 150년에 걸쳐 건설된 무굴 제국은 2층 창문에서 내던진 거울처럼 단 몇 달 만에 산산이 부서져서, 반짝이는 파편 같은 잡다하고 더 취약한 군소 후계 국가들만 남았다.

 차고 넘치는 국고로 뒷받침되는 거대한 제국 군대가 활동하던 시절은 영영 끝났다. 그 대신 권위가 해체되면서 각자의 살 길을 찾았고, 인도는 분권화되고 뒤죽박죽이면서도 한편으로 극심하게 군사화된 사회가 되었다. 이제 거의 모든 사람이 무기를 소지했다. 거의 모든 사람이 잠재적인 군인이었다. 최고가를 부르는 사람에게 노동력을 팔려고 나온 군 노동력 시장─전 세계에서 가장 잘나가는 자유 용병 시장─이 힌두스탄 여기저기에 생겨났다. 전쟁은 일종의 사업으로 여겨지게 되었다.[143] 18세기 말에 이르자 상당수의 농민이 멀리 떨어진 지역에서 해마다 일정 기간 용병으로 복무했다. 때로 그들은 군사적 소득의 기회를 이용하기 위해 아예 가족과 농사 근거지를 옮기기도 했다. 한편, 그들을 고용한 지역 통치자들은 라이벌과 경쟁하기 위해 필요한 이 같은 농민 용병과 값비싼 새로운 군대에 급여를 줄 방도를 찾아야 했다. 이를 위해서 그들은 자신들이 대체한 무굴 정권보다 통상과 생산에 훨씬 더 깊숙이 통제력을 행사하고자 하면서, 관료제와 재정 평판을 관리하는 새로운 국가 기구를 발전시켰다.[144]

 18세기 인도의 통찰력 있는 역사가인 굴람 후사인 칸은 이러한 사태에서 참화와 무정부를 볼 뿐이었다. "이미 남중고도에서 벗어난 정의와 공정의 태양이 조금씩 아래로 내려오다가 마침내 무지와 무분별, 폭력과 내전의 서쪽 지평선으로 완전히 진 것은 바로 그때였다."

　　지대 폭락, 농작물 감소, 백성의 곤경과 통치자에 대한 그들의 증오는 틀림없이 그 시절에서 유래한다. 무슨 수를 쓰든 돈을 손에 넣을 방법 말고는 아무 생각도 하지 않았다. 오로지 그것만이 지위 고하를 막론하고 모든 사람이 가진 최고의 야심이 되었다. 제국이 그렇게 허약해진 상태에서, 경건과 미덕의 본을 보이기 보다는 빈자들의 생명과 재산을 아주 뻔뻔하게 낭비해버리는 새로운 종류의 인간들이 등장했다. 그들의 행태를 보고서 점차 대담해진 다른 이들은 두려움이나 뉘우침도 없이 최악의 추악한 행동을 저질렀다. 그런 사람들로부터 인도를 망가뜨리고, 그곳의 비참한 주민들의 얼굴을 짓이기는 무수한 악행자들이 생겨났다.(…)
　　이제 악이 극에 달해 구제할 길이 없다. 인도 전역이 파멸한 것은 그런 처참한 통치의 결과다. 그런즉 현시대를 과거와 비교할 때, 이 세계가 암흑으로 뒤덮였다고 생각하기 쉽다.[145]

　　한 세기 넘게 이어진 제국의 중앙집권화가 지역 정체성과 지역 통치의 부활로 대체되던 상황이 델리에서는 한 시대의 종식으로 비친 반면, 인도의 다른 지역들에서는 퍽 다르게 보였다. 1707년 이후 힌두스탄 심장부의 쇠퇴와 와해는 무굴 주변부의 성장 및 상대적 번영과 짝을 이뤘다. 전리품과 세수가 넘쳐나게 된 푸네와 마라타 구릉지대는 황금기에 접어들었다. 로힐라 아프간인, 펀자브의 시크인, 디그와 바랏푸르의 자트인은 모두 무굴 제국의 병든 몸 위에 각자 독립국가를 수립하고 왕권과 통치의 역할을 떠맡았다.
　　독립을 되찾은 자이푸르, 조드푸르, 우다이푸르와 여타 라지푸트 궁정들에게도 이 시기는 권력 강화와 부흥의 시대였다. 그들은 무굴의 최고 군주에게 굴복하는 데 따른 세금 부담에서 벗어나 잉여 세수를 이용해 웅장한 요새에 화려한 궁전을 신축하기 시작했다. 아와드에서는 파이자바드에 바로크풍 궁전들이 들어서서 남쪽 하이데라바드의 니잠이 지은 궁전들과 위용을 다퉜다. 이 도시들은 모두 놀라운 문화적 개화의 장소들로 발전하면서, 문학, 예술, 문화 후원의 중심지로 떠올랐다.

한편, 베나레스는 금융과 상업의 새로운 중심지이자 종교와 교육, 순례의 둘도 없는 중심지로 부상했다. 벵골에서는 나디아가 산스크리트어 학문의 중심이자, 뛰어난 지방 건축과 힌두스탄 음악의 세련된 중심지였다.

남쪽의 탄조르에서는 그보다 조금 뒤에 카르나티크 음악이, 타밀 문화의 그 유서 깊은 중심지를 장악한 마라타 궁정으로부터 후원을 받게 된다. 아대륙의 반대편 끝에서는 히말라야산맥 자락에 자리한 펀자브 산지 국가들이 놀라운 창조성의 시대에 접어들었다. 산간벽지의 소왕국들은 갑자기 예술가들로 활기를 띠었는데, 이제는 규모가 축소된 무굴 화실에서 도회적인 세련된 기술을 배운 그들 다수는 저마다 화가 가문을 이루어 르네상스 이탈리아의 라이벌 도시 국가들에서와 비슷한 방식으로 실력을 겨루며 서로에게 자극이 되었다. 이러한 상황에서 굴레르Guler와 자스로타Jasrota가 예술에 비상하게 관심이 많은 궁정이 다스리며 극히 뛰어난 일단의 예술가들에게 피난처와 후원을 제공했던 작지만 부유한 언덕도시들인 산지미냐노와 우르비노의 역할을 대신했다.

하지만 무굴 심장부가 무정부 상태에 빠져들면서 생겨난 기회들을 가장 잘 이용하게 될 두 세력은 인도 출신이 아니었다. 퐁디셰리와 마드라스에서는, 무굴의 허약함과 이제는 인도 내 권위가 파편화되고 깊이 분열되었음을 알아차린 두 라이벌 유럽 무역회사가 각자 사설 치안 병력을 모집하고, 현지에서 모집한 보병 부대를 훈련시키고 넉넉한 급여를 주기 시작했다.

EIC의 작가 윌리엄 볼츠William Bolts가 나중에 주목한 것처럼 몇 안 되는 페르시아인들이 델리를 그렇게 쉽게 함락시킨 것을 지켜본 유럽인들은 인도에서 정복과 제국을 꿈꾸게 되었다. 나데르 샤가 선례를 세웠던 것이다.

마드라스 남쪽 코로만델 해안의 따뜻한 모래 해변에 갓 자리를 잡은 프랑스 정착지 퐁디셰리에서는, 프랑스 동인도회사의 야심만만하고 눈부시게 유능한 신임 총독 조제프-프랑수아 뒤플렉스가 나데르 샤의 침공 소식을 면밀히 전해듣고 있었다. 나데르 샤가 카르날에 닿기도 전인 1739년 1월 5일에, 뒤플렉스는 "이 제국에서 거대한 혁명이 일어나기 일보 직전이다"라고 썼다

> 무굴 정부의 허약성을 고려할 때 나데르가 곧 이 제국의 주인이 될 것이라고 믿을 만한 근거는 충분하다. 만일 이 혁명이 일어난다면 틀림없이 무역에 **커다란 교란**을 초래할 것이다. 하지만 이는 유럽인들에게 유리할 뿐이다.[146]

뒤플렉스는 젊었을 때 인도에 왔고, 그의 고용주인 프랑스 동인도회사가 서서히 성장하고 번창함에 따라 승진을 거듭했다. 프랑스는

인도 무역에 내재한 가능성을 다른 유럽 세력보다 비교적 뒤늦게 알아차렸다. 프랑스인들이 EIC의 경쟁 상대가 되는 회사를 설립한 것은 1664년이 되어서였다. 8년 뒤 프랑스인들은 카르나티크 해안을 주기적으로 습격하던 마라타연맹을 프랑스 정착지는 건드리지 않는 조건으로 매수하는 데 성공해 퐁디셰리에 무역기지를 수립했다.

제1차 프랑스 동인도회사는 적잖은 손해를 봤고, 1719년에 로우랜드 스코틀랜드인인 명석한 은행가 존 로 드 로리스톤John Law de Lauriston이 재창립했다. 결투를 치르다가 런던에서 프랑스로 달아났던 로는 프랑스에서 출세하여 섭정 오를레앙 공작의 자문이 되었다. 로는 파산한 프랑스 동인도회사 두 곳을 합병했고 채산이 맞는 회사가 될 수 있게끔 충분한 자금을 끌어모았다. 하지만 프랑스 동인도회사는 이후로도 줄곧 자금 부족에 시달렸다. 주주들의 소유인 EIC와 달리 프랑스 동인도회사는 처음부터 부분적으로 국왕 소유였고, 귀족들이 운영했으며, 귀족들은 국왕처럼 무역보다는 정치에 더 관심이 많았다. 뒤플렉스는 무역과 정치 모두에 관심이 있었다는 점에서 비교적 특이했다.[147]

1742년, 오십에 가까운 나이에 뒤플렉스는 벵골에 위치한 프랑스 기지 찬데르나가르를 운영하다가 남쪽으로 내려가 퐁디셰리 총독 겸 인도 내 프랑스 동인도회사의 회장으로 취임했다. 퐁디셰리에 부임하자마자 그가 한 일은 무굴 궁정에서 프랑스 동인도회사를 대표하는 드 볼통을 시켜, 자신을 기병 5,000명 계급의 나와브로 임명하고 (용어 해설의 '만삽다르Mansabdar'를 참조하라—옮긴이) 퐁디셰리의 프랑스인들에게 화폐 주조권을 부여하도록 황제에게 청원한 것이었다. 황제가 두 가지 청을 금방 들어주자 뒤플렉스는 나데르 샤의 침공으로 무굴의 권위가 얼마나 약화되었는지를 실감했다.[148]

그는 즉시 프랑스 동인도회사의 군사력을 확대할 계획을 세웠고, 현지에서 모집한 타밀어, 말라얄람어, 텔루구어 사용 전사들을 근대 유럽의 보병 전술에 따라 훈련시켰다.[149] 1746년에 이르면 '시파이스'(세포이 Sepoy) 2개 연대가 프랑스식으로 편성되어 훈련을 받고, 제복과 무기를 착용하고 급료를 받았다. 뒤플렉스는 프랑스 동인도회사 소속 장교로서 일드프랑스—오늘날의 모리셔스—에서 퐁디셰리로 막 전속된 유능한 뷔시 후작 샤를-조제프 파티시에Charles-Joseph Patissier, Marquis de Bussy를 지휘관으로 임명했다. 두 사람은 유럽 무역 회사들을 포스트-무굴post-Mughal(권위 약화 이후의 무굴 제국) 역내 정치에 개입시키는 첫 조치를 취하게 된다.

뒤플렉스는 퐁디셰리에 도착했을 무렵에 무역으로 이미 큰 재산을 쌓았지만 이를 더 불리고 싶은 마음이 간절했다. 영국 동인도회사의 직원들과 마찬가지로 그도 인도 무역상과 대금업자 들과 손을 잡고 사적 거래를 해서 공식 봉급보다 더 많은 돈을 벌었다. 그러므로 유럽에서 영국과 프랑스가 경쟁하며 양국 간 전쟁 가능성이 커지고 있을 때 뒤플렉스는 양국 동인도회사가 계속 중립으로 남는 데 강한 이해 관계가 있었다.

1740년대에 프랑스는 영국보다 경제 규모가 두 배인 경제 대국이었다. 인구도 영국보다 세 배 많았고 유럽 최대의 육군을 보유했다. 하지만 영국은 프랑스보다 훨씬 큰 해군을 보유했고 해상에서 지배적인 세력이었다. 더욱이 1688년 명예혁명 이후로 네덜란드가 발전시킨 보다 선진적인 금융 제도를 갖추었고, 아주 신속하게 전비를 마련할 능력이 있었다. 그러므로 양국은 각자 전쟁에서 이길 수 있다고 믿을 만한 이유가 있었다. 뒤플렉스는 이 가운데 어느 것도 그의 고수익 영리 활동에 걸림돌이 되게 하고 싶지 않았다. 그래서 영국과 프랑스가 오스트리아 왕위 계승 전쟁에서 서로 반대편에 가담했다는 소식을 뒤늦게 접하자마자 뒤플렉스는 마드라스의 EIC 총독인 모스Morse에게 접근하여 퐁디셰리의 프랑스 세력이 먼저 공격하는 일은 없을 것이라고 확언했다.

모스는 그런 중립 협약에 개인적으로는 기꺼이 동의했겠지만, 뒤플렉스가 모르는 중요한 사실 한 가지를 알고 있었다. 영국 왕립해군(이하 왕립해군)의 전대가 이미 동방으로 출발했고 내일 당장이라도 도착할지 모른다는 사실이었다. 그는 어물거리며 뒤플렉스에게 자기는 그런 협약을 맺을 권한이 없다고 답변했다. 왕립해군 전대는 1745년 2월에 도착했고, 곧장 공격을 감행해 프랑스 선박 여러 척을 나포했는데 그중에는 뒤플렉스가 큰 지분을 보유한 배도 한 척 있었다.[150]

뒤플렉스는 마드라스로부터 보상을 받아내려고 했지만 거절당하자 무력으로 반격하기로 결심했다. 그는 일드프랑스의 프랑스 해군기지에 있는 전대를 호출했고, 휘하의 수석 공병인 파라디스라는 스위스 용병을 파견해 마드라스의 방어시설을 정찰했다. 한 달 뒤에 그는 모리셔스에 "마드라스 수비대와 방어시설, 총독은 모두 한심한 상태"라고 보고했다. 그다음 자비를 들여 퐁디셰리 성벽 보수 작업에 착수한 한편, 비서인 아난다 랑가 필라이Ananda Ranga Pillai에게 "그 영국 회사는 틀림없이 고사할 거네. 거기는 오래전부터 땡전 한 푼 없었어. (…) 내 말 명심하게. 머잖아 그들에 관한 진실이 밝혀지고 내 예언이 틀리지 않았다는 것을 알게 될 테니까"라고 큰소리쳤다.[151] 그의 증원군―대략 4,000명으로, 고도로 훈련된 아프리카 노예 병사 대대와 최신식 공성 기구를 갖추고 있었다―은 9월 초에 도착했다. 뒤플렉스는 즉각 선제적인 조치를 취했다. 그가 편성한 새 세포이 연대와 모리셔스에서 파견된 아프리카인과 프랑스인 증원 병력은 8척의 전함과 수송선단을 타고 하룻밤 만에 북쪽으로 이동했다. 마드라스 바로 남쪽, 세인트토머스 마운트 근처에 상륙한 병력은 신속하게 북쪽으로 행군했는데, 적이 예상하지 못한 방면에서 도시를 포위하려는 계획이었다. 이렇게 하여 그들은 영국군 전선과 EIC 방어시설의 뒤편에 별안간 모습을 드러냈다. 포위전은 9월 18일에 박격포 집중 포격으로 시작되었다. 기습에 놀란 EIC의 포술장 스미스 씨는 현장에서 심장마비로 사망했다.

마드라스에는 주둔군이 300명뿐이었고, 그중 절반은 영국인 고용주를 위해 싸우다 죽고 싶지 않은 인도-포르투갈계 경비병들이었다. 나머지 절반은 배가 나오고 혈색이 불그레한 영국 상인들로 구성된 제대로 훈련받지 않은 민병대였다. 사흘 만에 탈영으로 수비대 상당수를 잃은 모스 총독은 강화 협상에 나섰다. 9월 20일, EIC 쪽은 여섯 명의 인명 손실을 입고, 프랑스 쪽은 전사자를 전혀 내지 않은 가운데 마드라스는 프랑스인들에게 항복했다. 아난다 랑가 필라이는 영웅적인 면모는 별로 찾아볼 수 없는 교전을 실제보다 꽤 화려하게 일기에 기록했다. "프랑스군은 사자 한 마리가 코끼리 떼에 돌진하듯이 마드라스에 달려들었다. (…) 그들은 요새를 함락해 흉벽에 군기를 꽂았고, 마드라스에서 온 세상에 햇살을 퍼트리는 태양처럼 빛났다."[152]

하지만 이 전쟁에서 가장 의미심장한 사건은 한 달 뒤에 일어났다. 카르나티크의 무굴 나와브인 안와르 우드딘Anwar ud-Din은 뒤플렉스에게 격노했는데, 뒤플렉스가 허락 없이 마드라스를 공격함으로써 그의 명령을 무시했고, 그다음에는 함락된 도시를 나와브의 관할로 넘기길 거부하여 그를 모욕했기 때문이었다. 그는 일개 무역 회사가 이런 식으로 자신의 지배를 거역하게 놔둘 생각이 없었다. 그는 아들인 마푸즈 칸Mahfuz Khan에게 카르나티크에 있는 무굴 전군을 이끌고

가 프랑스인들을 응징하라고 명령했다.

1746년 10월 24일 아디야르강 어귀에서, 마푸즈 칸은 파라디스 휘하의 프랑스 세포이 증원군 700명의 앞길을 가로막았다. 프랑스군은 지속적인 머스킷 사격 덕택에 무굴 기병 1만 명의 공격을 격퇴했는데, 보병들이 대열을 이루어 연속적으로 사격하고, 아주 근거리에서 포도탄을 발사하는 것은 인도에서 전에 본 적 없던 방식이었다. 이번에도 아난다 랑가 필라이가 목격자였다. 그는 "무슈 파라디스는 바닷가의 가는 모래톱 위에 다라수多羅樹(인도를 비롯해 남아시아에서 흔한 잎이 부채꼴인 종려과 나무. 다라수라는 명칭은 산스크리트어 탈라를 음역한 불경에서 나온 것이다—옮긴이)로 흉벽을 쌓았다"라고 썼다.

그리고 병사들과 세포이들을 네 개 분대로 나눠 배치했다. 그는 분대마다 적과 따로따로 교전하라고 명령했다. 자신은 최전방 분대의 선두에 자리했다. 이에 무함마드교도들은 대포 4문과 로켓포 3문을 발포했다. 거기서 발사된 것들은 강으로 떨어져 전혀 피해를 입히지 못했다. 그다음 프랑스군이 적을 향해 머스킷을 일제히 발사해 적군을 다수 죽였다.

무함마드교도들은 부스스한 머리칼에 흐트러진 차림새로 무기를 버리고 달아났다. 일부는 도망치는 와중에 쓰러져 죽었다. 그들이 입은 피해는 막대했다. 마푸즈 칸도 두 발로 도망치다가 자기 코끼리를 붙들자 거기에 올라다 제빨리 달아났다. 그와 병사들은 쿠나투르에 닿을 때까지 계속 달아났다. 적이 사방에서 패주하여 밀라포르 전역에서 파리 한 마리, 참새 한 마리, 까마귀 한 마리도 보이지 않았다.[153]

카르나티크 나와브들의 궁정 역사가가 서술한 또 다른 기록은 프랑스 병사들이 야간에 공격했고 "나와브의 군대는 야간 공격의 낌새를 전혀 눈치채지 못했으므로 무방비 상태였고 어둠 속에서 혼란에 빠졌다"고 주장했다. 진실이 무엇이든 간에 프랑스 쪽은 세포이 두 명만 전사한 반면 무굴 전사자는 300명이 넘었다. 프로이센이 발전시키고 프랑스와 플랑드르 전장에서 검증된 18세기 유럽의 전법이 인도에서 처음으로 시도되었다. 무굴의 병기 가운데 어느 것도 유럽의 무력에 상대가 되지 않는다는 것이 곧장 분명해졌다.

유럽인들은 오래 전부터 전술적 능력에서 무굴인들보다 자신들이 더 뛰어날 것이라고 막연히 생각했었다. 하지만 조사이어 차일드 경 휘하에서 장창을 휘두르는 제임스 1세 시대의 병사들이 아우랑제브의 무굴 병사들에게 금방 제압된 1687년 이래로 반세기 동안의 군사적 발전 덕분에 이런 우위가 얼마나 커졌는지 제대로 인식하지 못했다. 17세기 후반 유럽은 특히 부싯돌 점화 머스킷과 장창을 대체한 소켓형 총검이 광범위하게 도입되며 군사 전술에서 급속한 발전을 이루었다. 또한 보병을 대대, 연대, 여단 단위로 조직해 지속적인 사격과 복잡한 야전 기동이 가능해졌다. 표준적인 보병 전술은 이제 기동성 있고 정확한 야전 포격으로 뒷받침되는 압도적인 일제 사격 이후 총검 돌격이었다. 대포의 발사각을 높이는 조절나사의 발명은 포격의 정확성을 높였고, 기병에 맞선 전투에서 보병의 화력을 증대시켜 보병에 우위를 부여했다. 이런 전술들이 인도에서 처음 시도된 아디야르강 전투는 신형 부싯돌 점화 머스킷과 총검으로 무장하고 기동성 있는 속사 포병대의 지원을 받는 소규모 보병이 유럽에서와 마찬가지로 대군을 쉽사리 흩어버릴 수 있음을 보여주었다. 이 교훈은 망각되지 않았다. 연속적인 머스킷 사격과 방진 형성 훈련을 받고, 포도탄과 산탄 속사 포격 지원을 받는 세포이 부대는 다음 한 세기 동안 인도의 전장에서 아무도 막을 수 없는 세력이 된다.[154] 아디야르강 전투를 목격하기 전에도 아난다 랑가 필라이는 뒤플렉스에게 그와 같은 프랑스 병사 1,000명이면 대포와 땅굴 굴착의 지원을 받아 남인도 전부를 정복할 수 있다고 말했었다. 뒤플렉스는 그 숫자의 절반과 대포 2문만으로도 충분할 것이라고 대꾸했다.

그 후 몇 년간 두 사람은 이런 생각을 검증해볼 기회를 충분히 얻게 된다.

1749년 오스트리아 왕위 계승 전쟁이 끝났고, 엑스라샤펠 조약으로 분쟁 당사자들이 마드라스를 EIC에게 반환하기로 합의했다는 소식이 유럽에서 들려왔다.

하지만 평화는 이제 달성하기 더 어려운 것으로 드러났다. 전쟁의 개들은 일단 풀려나면 다시 복종시키기가 쉽지 않았다. 신형 세포이 연대를 해체하는 대신 뒤플렉스는 인도의 동맹들에게 대여하고, 영토와 정치적 영향력을 얻는 데 그들을 이용하기로 마음먹었다.

마드라스의 신임 총독 찰스 플로이어Charles Floyer는 이듬해에 "영국인을 매우 증오하여 비열한 적대행위를 서슴지 않는 뒤플렉스의 농간 때문에 평화에도 불구하고 전시보다 정세가 더 어지럽다"고 썼다.[155] 런던의 이사진은 회사가 두 번 다시 경계를 늦추지 않아야 한다는 데 동의했다. "프랑스인들이 무굴 영토 내 중립을 전혀 존중하지 않으며",

이 나라[무굴] 정부가 우리를 보호해줄 의향이 있더라도 프랑스인들에 맞서 그럴 능력이 없다는 것은 경험으로 입증되었다. 프랑스인들은 잃을 게 별로 없고 약탈로 배를 불리기 위해 만국 공법 the Laws of Nations(국가들 간에 지키는 법. 국제법의 옛말―옮긴이)을 쉽게 어긴다. (…) 우리는 프랑스나 다른 유럽 적국에 맞서 가급적 스스로를 안전하게 지킬 것을 명한다. (…) 국왕 폐하께서는 향후 회사의 안전을 위해 적절하다고 생각하는 방식으로 지원하실 것이다. 프랑스와는 이제 화평을 맺었지만 얼마나 오래 갈지는 아무도 모르며, 전쟁이 터졌을 때 진취적인 적에 맞서 방어를 위해 요새를 강화하려고 하면 마드라스에서 벌어진 일처럼 언제나 만시지탄이다.[156]

곧 영국과 프랑스 세력은 영향력이나 영토 할양, 혹은 금전적 보답을 대가로 군사적 지원을 해주겠다고 은밀하게 제의하면서 인도 남부의 여러 국가에 공작을 벌였다. 1749년, 소형 교역항을 얻는 대가로 EIC는 마라타 탄조르 왕국의 왕위 계승 분쟁에 개입했다. 오늘날이라면 정권교체라고 불렀을 첫 시도였는데, 이 쿠데타는 처참한 실패로 끝났다.

하지만 군사적 모험 기업가로서 뒤플렉스는 훨씬 더 성공을 거뒀다. 그의 의뢰인들은 유럽식 무기와 병사를 지원받는 대가로 영토를 떼어주고 그곳의 징세권을 내어줘야 했다. 덕분에 프랑스 동인도회사는 유럽에서 정금을 수입하는 대신 인도에서 거둔 세수로 세포이 부대를 유지하고 무역 자금을 마련할 수 있게 되었다. 뒤플렉스는 처음에 카르나티크의 왕위 주장자 중 한 명에게 용병 서비스를 제공했다가 나중에는 훨씬 더 야심 찬 조치로서 뷔시 후작을 하이데라바드로 파견했다. 가장 강력한 무굴 군주인 니잠 울물크가 사망한 후 그

아들들이 반半분리 지역이나 다름없는 그 무굴 영토의 지배를 둘러싸고 다툼을 벌이면서 발생한 승계 위기에 개입한 것이었다. 뒤플렉스는 이 군사적 지원에 기병 7,000명짜리 만삽Mansab이라는 높은 지위―유럽에서 공작에 해당하는 지위―와 7만 7,500파운드어치의 선물, 부유한 항구 도시 마술리파트남, 그리고 2만 파운드*에 이르는 자기르jagir(영지)로 넉넉하게 보답을 받았다. 잘 훈련되고 기강이 잡힌 병사들의 서비스를 제공하는 것이 면직물을 거래하는 것보다 훨씬 더 이익이 크다는 것을 그는 금방 깨달았다.

뒤플렉스의 총사령관으로서 역시 큰 재산을 쌓은 뷔시 후작은 데칸을 거쳐 진군하면서 자신의 자그마한 용병 부대가 달성한 엄청난 결과들을 도저히 믿을 수 없었다. 1752년에 그는 뒤플렉스에게 "내 손으로 왕들을 왕좌에 앉혔고 왕위는 나의 부대로 유지되며, 한 줌에 불과한 내 부하들 앞에 군대가 도망치고 도시들이 함락되며, 나의 중재로 강화 조약이 체결되었습니다. (…) 조국의 명예가 영광의 절정에 달하여 유럽의 다른 모든 나라보다 우리나라가 선호되며 회사의 이해관계는 기대와 심지어 바라는 바를 능가하여 충족되었습니다"라고 썼다.[157]

실제로는 이 모두는 상호적인 거래였다. 파편화된 포스트무굴 국가의 허약한 군주들은 군사적 지원을 대가로 다양한 유럽 회사들에 커다란 땅덩어리나 토지 세입을 내줬다. 매우 소규모인 회사 군대들이 개입하는 전투는 지리멸렬하고 확실한 결판이 나지 않는 경우도 많았지만, 유럽인들이 이제 인도 기병에게 분명하고 일관되게 군사

---

*   현재 가치로 7만 7,500파운드는 800만 파운드 이상이며, 2만 파운드는 200만 파운드이다.

적 우위에 있다는 점과 소수 유럽 용병들이 무굴 제국의 몰락 이후 분열된 새로운 정치 지형에서 세력 균형을 바꿀 능력이 있다는 점을 확인시켜주었다.

다음 10년에 걸쳐 인도 남부를 뒤흔든 카르나티크 전쟁은 결정적이거나 항구적인 전략적 결과를 거의 가져오지 못했을지도 모른다. 그러나 이 전쟁은 무역 회사에서 갈수록 호전적이고 군사화된 존재로, 어느 정도는 직물 수출업체이자 어느 정도는 후추 무역상이며 또 어느 정도는 토지 보유 기업이자 이제는 무엇보다도 수익성이 큰 최첨단 용병 회사로, 영국과 프랑스 동인도회사의 성격이 변모해가는 과정이었다.

영국인들은 뒤플렉스의 성공을 탐욕스레 지켜봤다. "무굴인들의 정책은 형편없다"고 잉글랜드 출신 용병인 밀스 대령은 썼다. "그들의 육군은 더 형편없고 해군은 아예 없다. (…) 이 나라는 에스파냐인이 아메리카의 벌거벗은 인디언을 압도한 것처럼 쉽게 정복당하고 지배당할지도 모른다. (…)"[158] 마드라스의 신임 총독 토머스 손더스Thomas Saunders도 동의했다. "무어인(원래는 북아프리카와 지중해 일대 아랍인과 베르베르인 무슬림을 가리키는 말이었으나 점차 의미가 확대되어 무슬림 일반을 가리키게 되었다—옮긴이)들의 허약함은 기지의 사실이며 어느 유럽 국가든 어지간한 군사력으로 그들과 전쟁을 벌이기로 결심한다면 나라 전체를 정복할 수 있을지도 모른다."[159]

50년 뒤에 카르나티크 전쟁을 돌이켜보면서, 세련되고 도회적인 모다브 백작은 유럽의 앙숙 관계와 영국-프랑스 간 전쟁을 인도 땅으

로 가져왔고, 뒤플렉스와 뷔시의 자존심과 지나친 야심으로 인해 수익성 좋은 무역 기회를 날려버렸다며 동포들의 오만을 탓했다.

그는 이미 이익이 많이 나서 쉽사리 포기할 수 없게 된 사업을 보호하기 위해 군사 자원을 쏟아붓도록 프랑스인들이 영국 라이벌들을 몰아갔다고 지적했다. 인생 만년에 글을 쓰며 백작은 반세기 전 카르나티크에서 일이 어떻게 어긋나기 시작했는지를 반추했다. "아우랑제브가 재위하는 동안 무굴 제국은 하나로 유지되었고 이 세기 초에 그가 죽은 뒤에도 한동안은 버텼다."

일반적으로 유익한 법령은 한동안 무정부의 공격에 저항할 수 있는 어떤 내적인 힘을 갖고 있기 때문이다. 하지만 결국 대략 40년 전에 무시무시한 혼돈이 무굴 제국을 덮쳤다. 통상을 증진하기 위해 아우랑제브가 취한 유용한 조치도 끝장났다. 가차 없이 야심 찬 유럽인들도 이 지역들에서 치명적이었다. 서로를 잡아먹기에는 유럽과 아메리카도 너무 좁은 전쟁터라는 듯, 그들은 사리사욕이라는 키메라를 좇고 폭력적이고 부당한 해법을 동원하면서 끊임없이 불의를 연출하는 자신들의 무대를 아시아에도 강요했다.

무굴 제국의 무역은 당시 영국인과 프랑스인 두 국민 집단 간에 나뉘어 있었다. 네덜란드인들은 과거 포르투갈인의 제국을 차지하고 그들을 보잘것없는 존재로 전락시킨 것에 사과라도 하듯이 이제는 산더미 같은 황금과 향신료를 깔고 앉아 있는 저열하고 탐욕스러운 두꺼비로 타락한 상태였으니 말이다.

진짜 성공이라기보다는 겉보기에만 그럴듯한—왜냐면 이 승리들은 일련의 참패를 동반했기 때문이다—몇 차례의 일시적인 성공에 프랑스인들은 우쭐해졌다. 취한 듯이, 이제는 인도의 무역을 전부 장악할 수 있다고 어리석게 큰소리쳤다. 하지만 그들은 해군력에서 영국인들보다 열등했고 그들의 회사는 부패하고 회사의 지도부는 기괴할 만큼 무지했으며, 해상에서 그들의 주요 사업은 너무도 쉽게 짐작할 수 있는 (그리고 안타깝지만 이 군주정이 계속되는 한 사라지지 않을) 이유들로 피해를 입었으므로 언제나 실패했다. 하지만 이 가운데 어느 것도 인도에서 지배적 세력이 되겠다는 그들의 정신 나간 희망을 꺾을 수는 없었다. 그들은 승리는 당연하다는 듯 무사안일하게 작전을 펼쳤고, 그 결과 자신들이 원하는 것을 얻지 못했고 심지어 지킬 수 있었을 것마저도 잃었다.

당시 영국인들은 인도의 근거지들에서 안전하게 무역을 발전시키는 데에만 관심이 있었다. 그 회사의 운영자들은 회사 설립의 근본 목적에서 결코 벗어나지 않았다. (…) 프랑스인들의 무분별하고 교활한 야심이 영국인들의 시기심과 탐욕을 자극했다.

프랑스인들에게는 완전한 지배라는 이 프로젝트가 감당할 수 없게 값비싸고 달성하기 불가능한 것이었던 반면, 영국인들에게는 까다롭긴 하지만 커다란 이익을 약속하는 사업이었다. 프랑스인들은 정신 나간 과업에 갚을 수 없는 돈을 펑펑 써가며 성급하게 달려들었고, 확고하고 단호한 목적의식과 끊임없이 충원되는 자원을 보유한 영국인들과 맞닥뜨렸다. 우리가 영국인들에게 곤란을 야기하거나 그들이 확보한 강점들을 극복할 가능성은 전혀 없었고, 영국인들은 우리가 오랫동안 꿈꿔온 것을 달성하기 위해 애쓰며 우리가 활동하지 못하게 만들 기회를 노리고 있었다.[160]

그 기회는 카르나티크 전쟁이 1750년대 중반에 이도 저도 아닌 결말을 향해 서서히 다가가고 있던 바로 그 순간에 나타났다. 조그마한 불씨에도 다시 활활 타오를 기세로 영·프 경쟁 관계의 잉걸불이 타들어가고 있던 곳은 인도만이 아니었기 때문이다. 영·프 무력 충돌의 다음 라운드를 점화시킨 화약의 자취는 인도에서 멀리 떨어진 곳, 오대호와 오하이오강의 수원지 사이 아메리카와 누벨프랑스—오늘날 캐나다라고 부르는 곳—의 얼어붙은 접경지에서 시작되었다. 1752년 6월 21일에 휴런족 아내를 두었고 세네카, 이로쿼이, 믹맥 부족들 사이에서 영향력이 큰 프랑스 모험가 샤를 랑글라드Charles Langlade가 이끄는 240명의 프렌치 인디언들(프랑스와 동맹이나 조약을 맺은 아메리카 원주민 부족들—옮긴이)은 휴런호를 따라 이동해 이리호 너머 영국인들이 새로 정착한 오하이오 농경지를 습격했다. 토마호크 도끼로 무장한 그들은 피카윌라니 영국인 정착지를 덮쳐 완벽한 기습에 성공했다. 스무 명의 영국인 정착민들만이 가까스로 방책 안으로 피신할 수 있었다. 그 가운데 한 명은 나중에 머리 가죽이 벗겨졌고, 또 다른 한 명은 의례와 함께 끓는 물에 삶아져 가장 맛있는 신체 부위는 먹혔다.[161]

잔혹한 습격은 뉴욕과 버지니아의 영국인 정착민과 무역상 들에게까지 불안과 공포를 확산시켰다. 몇 달 안으로 프랑스 정규군이 원주민 안내인과 다수의 인디언 전사, 보조군의 지원을 받아 오하이오강 상류지로 대거 이동한다는 풍문이 돌았다. 11월 1일 버지니아주 총독은 스물한 살의 민병대 자원병을 북쪽으로 파견해 프랑스 진영의 동태를 살펴보게 했다. 그 자원병의 이름은 조지 워싱턴이었다. 그리하여 미국인들은 지금도 프렌치 인디언 전쟁이라고 부르고 나머지 세계에는 7년전쟁으로 알려진 전쟁의 서막이 올랐다.[162]

이번 싸움은 총력전이 될 것이었다. 여러 대륙에 걸쳐 전투가 벌어지고, 영국과 프랑스가 제국적 이해관계를 전 세계에 걸쳐 가차 없이 추구한 이 전쟁은 진정으로 지구적인 전쟁이었다. 그것은 유럽의 군대와 전투를 오하이오에서 필리핀까지, 쿠바에서 나이지리아 해안까지, 퀘벡 외곽 에이브러햄 언덕에서 플라시의 습지대와 망고나무 숲까지 가져가게 된다.

하지만 7년전쟁이 가장 항구적인 변화를 가져올 지구상의 일부는 인도였다.

‹2›

거절할 수 없는 제의

1755년 11월 초, 누군가 브르타뉴 지방 스코르프강의 황량한 하구를 가로질러 그 너머 로리앙항의 프랑스 조선소 쪽으로 단안경(한쪽 눈만 대고 보는 망원경—옮긴이)을 향했다. 동그란 렌즈의 방향은 선창船艙과 창고 너머, 건선거와 북적거리는 부둣가를 지나 마침내 돛대가 높이 솟은 열한 척의 선단으로 고정되었다. 전투 의장을 갖춘 전함 여섯 척과 프랑스 이스트인디아맨 다섯 척이, 다른 선박들과 살짝 떨어져 항만의 바깥쪽에 닻을 내린 채 물결에 가볍게 흔들리고 있었다.

선단은 벌집을 쑤셔놓은 듯 북적거렸다. 병사들이 건널판을 건너서 줄지어 프리깃함에 승신하는 동인 부둣기에 있는 목제 기중기들은 대포를 하나씩 천천히 배로 들어올렸다. 대포들은 뒷갑판에, 쇠테를 댄 포도주통과 물통, 바다에서 여러 달을 보내는 동안 필요한 보급품과 식량을 담은 포대들 사이에 놓였다. 단안경을 들여다보던 관찰자는 이어서 선박 수를 세고, 대포마다 상이한 구경과 승선 중인 병력

숫자를 정확히 언급해가며 배에 실리는 보급품과 무기를 적었고, 배들이 물속에 얼마나 깊이 잠겨 있는지를 주의 깊게 가늠했다.

동인도회사 이사들이 볼 수 있도록 첩보 결과를 정리한 이 깔끔한 보고서는 현재 인도 국립문서고 보관실에 있다.[1] 당연한 이유로 이 보고서는 정보 제공자의 신원을 밝히지 않았다. 그는 항구의 관리였을 수도 있고 바로 옆 부둣가에서 천연스레 화물을 내리던 제3국의 상인이었을 수도 있다. 하지만 보고서에 담긴 상세한 첩보 내용과 작성자가 선박들의 목적지와 출항 예상 날짜를 문의할 수 있었다는 사실을 고려해볼 때, 그가 해안을 따라 망원경으로 항구를 훑어보는 멀찍이 떨어진 관찰자이거나 브르타뉴 남해안을 지나가는 영국 사략선원이었을 가능성은 거의 없다. 그러자면 경비가 철저한 브레스트와 로슈포르의 프랑스 해군기지와 그 중간에 있는 키베롱만의 정박지를 통과하는 위험을 무릅써야 했을 테니까 말이다. 정보원은 분명히 항구 내에, 어쩌면 항구의 술집에서 브랜디 술잔을 주고받으며 선원과 부두 노동자, 창고 관리인 들로부터 슬쩍 정보를 뽑아내면서 북적이는 인파와 승선하는 해병들 사이에 있었을 것이다.

몇 주 뒤인 1756년 2월 13일, 동인도회사 이사들은 장식 판자를 댄 레든홀가의 회의실에 앉아 근심 어린 표정으로 보고서를 주의 깊게 읽고 그 함의에 관해 토론했다. 모두가 아메리카 접경지에서의 프랑스의 도발을 고려할 때 전쟁은 이제 거의 불가피하다는 점에 동의했다. 그러므로 문제의 선단은 프랑스 동인도회사의 어떤 산발적인 파견대가 아니라 프랑스가 인도에서 대규모 선제공격에 나설 것임을 일찍감치 보여주는 증거로 받아들여졌다. 이사들은 뒤플렉스가 처음 꿈꿨던 계획, 다시 말해 인도에서 영국 동인도회사를 타도하고 프랑스 동인도회사로 대체하려는 계획을 이제 베르사유가 추진하는 것은 아닌지 걱정했다. 그들로서는 이런 일이 일어나지 않게 해야 한다는 점도 분명했다.

자신들에게 열려 있는 다양한 선택지들을 따져본 뒤 이사들은 이 첩보를 캘커타 윌리엄 요새의 총독 로저 드레이크에게 전달하고, 전쟁이 임박했다고 경고하기로 했다. 10년 전 마드라스를 상실한 것과 같은 일이 재연되어서는 안 된다. 그들은 프랑스 선단이 틀림없이 캘커타나 마드라스를 향할 것이라고 전제했으므로 드레이크에게 경계 태세를 늦추면 안 된다고 경고했다. "영국과 프랑스 간 현 정세를 고려할 때 프랑스가 가장 효과적으로 타격할 수 있는 곳에 일격을 날릴 것이라고 추측하는 게 자연스럽기 때문이다."

우리 회사가 그 일격을 맞을 수도 있으며, 특히 벵골 정착지에서는 지난 몇 년 동안 신병을 모집하지 않았던 데다가 윌리엄 요새의 방어시설은 강력한 유럽 군대에 맞서 방어하기에는 미흡하기에 [이사회는] 벵골에서 회사의 재산과 권리, 특권들을 보호하고 보전하는 데 도움이 될 최상의 조치를 취하는 임무를 귀하에게 맡기는 것이 마땅하다고 여긴다.

그다음 그들은 방금 제시된 첩보의 세부 내용을 논의했다. "프랑스 회사 선박 열한 척으로 구성된 [선단이] 대략 3,000명을 승선시켜 로리앙항에서 11월 중순 무렵에 출항했다는 정보를 전달받았다."

화물을 절반만 적재하고 다양한 구경의 포를 약 60문 탑재한 큰 선박 여섯 척은 평소처럼 적재한 다른 다섯 척의 호위함 역할을 하고 있다. 여기에 얼마 앞서 출발한 네 척을 추가하면 이미 열다섯

‹2› 거절할 수 없는 제의

척이 출항한 셈이다. 보고에 따르면 그들은 몇 척을 더 파견할 계획이라고 한다. 이 가운데 어느 배도 중국을 향하고 있지 않으므로 이 선단의 목적지는 코로만델이나 벵골 해안일 가능성이 크다.

마지막으로 이사들은 이제 이에 대한 대응 조치로서 원하는 바를 정확한 지시 사항으로 전달했다. "귀하는 정착지가 가급적 최상의 방어 태세에 들어가게 하고, 한시도 경계를 늦추지 말고 안전을 위한 가장 적절한 조치를 취해야 하며, 또 이를 위해 위험이 예상된다면 언제든 다른 총독령의 지원과 협조를 요청해야 한다."

중요한 점은 완전한 전력을 갖출 수 있도록 유럽인을 많이 충원하여 수비대를 강화해야 한다는 것이며, 귀하가 이 문제에 각별한 주의와 관심, 노력을 기울일 것을 촉구한다. 이를 위해 귀하는 조지 요새[마드라스]의 선임위원회에 그곳과 봄베이에서 떼어줄 수 있는 [병력을] 최대한 보내달라고 요청해야 하며, 국왕 폐하의 육해군 사령관에게 수시로 상황을 알리고 필요할 경우 그들의 지원과 보호를 구해야 한다.

가능한 한 모든 신중한 조치를 취하고, 네이봅[벵골의 나와브 알리베르디 칸]에게 벵골에서 영국과 프랑스 신민 간 모든 적대 행위를 막고 그의 전全 정부에서 엄격한 중립을 유지할 수 있도록 적절히 주의해줄 것을 요청하기를 간곡히 권한다. 우리가 스스로 [보호하는] 것이 그의 이해관계에도 크게 도움이 되므로 귀하의 요청은 수락될 수밖에 없을 것이며, 따라서 그러한 평화로운 조치로부터 좋은 결과를 얻길 희망한다.

서신을 끝맺으면서 이사들은 엄격한 기밀 유지를 당부했다. "이 정보와 관련하여 어떤 식으로든 프랑스인들의 귀에 들어가지 않도록 극도의 기밀 엄수가 필수적이다. 정보가 새나갈 경우의 치명적 결과는 굳이 언급할 필요도 없을 것이다. 귀하의 모든 일 처리에서도 마찬가지로 기밀이 엄수되어야 한다."[2]

결국에는 예나 지금이나 극적인 첩보 보고가 흔히 그렇듯이, 첩보 내용에 근본적 결함이 있었던 것으로 드러났다. 인상적인 여러 디테일에도 불구하고 로리앙항의 선단은 사실 인도를 향하지 않았다. 실제로 1755년에 병력을 실은 프랑스 함대는 벵골로 출항한 적이 없었다. 어느 선단이 실제로 출항했을 때는 훨씬 나중인 1756년 12월이었고, 목적지는 캘커타가 아니라 퐁디셰리였다.[3] 하지만 맞았든 틀렸든 보고서는 상세하여 믿을 만해 보였고, 로리앙에서 재빨리 런던으로 갔다가 거기서 캘커타로 전달되었다. 보고서를 받자마자 드레이크 총독은 즉각 도시 성벽 재건과 강화 작업에 착수하라고 지시했는데, 이는 벵골의 나와브가 명시적으로 금지한 행위로서 벵골 주민들과 인도 내 프랑스 세력 둘 다에게 치명적인 연쇄반응을 일으키게 된다.

이사들이 로리앙항에서 캘커타로 첩보를 보내기 몇 달 전, 한 젊은 징치인이 동일한 이스트인디아하우스 회의실에서 열리는 모임에 불려 나왔다. 하루 전까지 이 사람은 콘월 선거구를 대표하는 하원의원이었는데, 선거 기간에 부정행위를 저질렀다고 하여 의원직을 막 박탈당했다. 이사들은 주저하지 않고 기회를 붙들었다. 그들은 바라진 몸매에 말수가 적지만 지독하게 야심만만하고 자기주장이 매우 확고

한 로버트 클라이브를 불러들인 다음, 정식 회의에서 그 젊은이에게 거절할 수 없는 자리를 제의했다.

회사 본사 건물은 근래에 당대의 조지언 양식으로 재건축되었지만, 행인들은 여전히 건물을 쉽게 놓치곤 했다. 밋밋한 외벽에 거리에서 살짝 떨어져 철제 울타리 뒤에 들어선 새 본사는 고작 3층이었고—양옆의 건물보다 상당히 낮았다—너비도 전면 창 다섯 개만 있는 규모였다. 이러니저러니 해도 세계 최대이자 가장 부유하고 복잡한 사업체의 본사이자 영국 정부에 버금가는 정치·금융 권력을 행사하는 이사진을 수용하는 건물치고는 수수했다.

굳이 드러내지 않으려는 이런 태도는 우연이 아니었다. 회사는 인도에서는 언제나 과시적으로 행동하는 게 유용하다고 여겼지만, 사업의 또 다른 종단인 런던에서는 자신의 막대한 부를 드러내지 않는 편이 이롭다고 여겼다. 창립하고 20년이 지난 1621년에도 회사는 여전히 회장인 토머스 스마이스 경의 자택에서 돌아가고 있었고 상근 직원은 대여섯 명에 불과했다.[4] 1648년이 되어서야 회사는 돛을 활짝 펼친 채 항해 중인 갤리언 선단 그림으로 2층 외벽을 장식한 폭이 좁고 소박한 레든홀가의 건물로 마침내 이전했다. 1698년, 무심히 지나가던 어느 행인은 이 건물 안에는 누가 있느냐고 물었을 때, "두툼한 지갑과 커다란 속셈이 있는 사람들"이 있다는 대답을 들었다.[5]

이스트인디아하우스가 팔라디오 양식으로 개조된 직후, 1731년에 한 포르투갈 여행객은 새 본사 건물이 "거리를 면하는 쪽에 석조 외벽을 둘러 최근에 멋지게 건축되었다. 하지만 전면부가 너무 좁아서 넓은 부지를 차지하고 있는 건물 안쪽의 웅장함과 전혀 어울리지 않는 모양새다. 사무실과 창고 들은 훌륭하게 설계되었고, 회관과 회의실은 런던 시내 유사한 성격의 어느 건물과 견줘도 뒤지지 않는다"라고 적었다.⁶ 동인도회사의 권력을 둘러싼 많은 것과 마찬가지로 이스트인디아하우스의 수수한 외관은 몹시 기만적이었다.

현관홀을 지나 안쪽으로 들어가면 본관이 있었다. 선반마다 각종 두루마리와 서류, 기록물, 장부가 높이 쌓인 사무실이 빼곡히 자리 잡은 구역이자 300명의 사무원과 공증인, 회계사가 커다란 가죽 장정 장부에 숫자를 기입하며 열심히 일하는 곳이었다. 다양한 크기의 회의실도 여러 개 있었는데 그중 가장 웅장한 곳은 회의실Council Chamber로 알려진 이사회실이었다. 바로 여기서 가장 중요한 모임이 열리고, 인도로 보낼 서신이 작성되고, 회사의 연 30차례 항해의 수출입 화물이 논의되고, 매출—당시 연간 125만 파운드에서 200만 파운드에 달했다—이 산정되었다.

바로 이 방들에서, 1750년대에 이르면 800만 파운드에 달한 영국의 총수입액 가운데 거의 100만 파운드를 차지한 유례 없는 규모의 사업이 운영되었다. 차 매출로만 50만 파운드의 수익을 올렸는데, 대략 130만 킬로그램 이상의 찻잎 수입량에 해당했다. 회계 장부의 나머지는 초석, 비단, 화려한 그림이 들어간 팔람포르palampores(침대보)와 연간 2,500만 제곱미터가 수입되던 사치스러운 인도산 면직물 등이 차지했다.⁷ 1708년에 EIC의 주식은 320만 파운드로 고정되었는데, 대략 3,000명의 주주가 청약한 액수로서, 이들은 연간 8퍼센트의 배당금을 받았다. 매년 대략 110만 파운드의 회사 주식이 사고 팔렸다.⁸ EIC는 최강의 자금력을 보유했고 이러한 신용을 이용해 채권으로 광범위하게 돈을 빌렸다. 1744년에 회사의 부채는 600만 파운드에 달했다.* 회사는 관세로 매년 정부에 33만 파운드가량을 냈다. 2년 전인

---

* 이상의 총액들을 현재 가치로 환산하면, 125만 파운드와 200만 파운드는 각각 1억

1754년에 정부에 100만 파운드를 융자해주는 대가로 EIC의 칙허장은 1783년까지로 갱신되었는데, 아시아와의 고수익 독점 무역이 최소 30년 더 보장된 셈이었다. 18세기 기준으로 영국 동인도회사는 세계에서 가장 선진적인 자본주의 조직이었다.[9]

이것이 1755년 3월 25일에 서른 살의 로버트 클라이브를 두 번째로 채용했을 때의 회사 현황이었다. 이번 채용은 당사자들 모두에게 급작스러운 일이었다. 불과 18개월 전에 클라이브는 스물여덟 살의 나이로 인도에서 이미 상당한 재산을 모은 뒤 퇴사했었다. 그는 정계에 진출할 생각으로 런던으로 돌아왔고 재산을 이용해 재빨리 부패 선거구를 사들였다. 하지만 웨스트민스터에서는 일이 잘 풀리지 않았다. 전날, 클라이브는 그의 선거구에서 선거 과정의 공정성에 관한 이의가 제기된 후 '대단히 이례적인 절차에 의해' 하원에서 퇴출당했다. 몇 주 동안 언쟁과 정치 흥정을 벌인 끝에, 휘그파 정부의 붕괴를 꾀하던 토리파 의원들은 일련의 협잡을 벌여 207표 대 183표로 클라이브를 쫓아냈다.[10] 클라이브는 재산을 쏟아부어 의석을 매수하려고 했다가 수모를 당하고 무직에 무일푼 신세가 됐다. 인도에서의 두 번째 직장 생활은 클라이브에게 재산을 되찾아주고, 그리하여 향후 두 번째 출마를 위한 자금을 마련할 수 있는 최상의 선택지였다.

이사들은 그렇게 발 빠르게 움직일 이유가 있었다. 처음에 보잘것없는 회계원으로 인도로 갔던 클라이브는 퍽 다른 분야에서 뜻밖의 재능을 드러냈다. 군인으로 훈련을 받은 적이 없고, 정식 임관 사령을 받은 적도 없으며 아직 20대 중반에 불과했던 퉁명스럽고 사교적이

3,000만 파운드와 2억 1,000만 파운드이며, 100만 파운드는 1억 500만 파운드, 800만 파운드는 8억 4,000만 파운드, 320만 파운드는 3억 3,600만 파운드, 110만 파운드는 1억 1,500만 파운드, 600만 파운드는 6억 3,000만 파운드다.

지 못한 젊은 회계원은 카르나티크 전쟁의 깜짝 스타이자 인도에서 EIC를 몰아내고 그 대신 프랑스 동인도회사를 자리매김시키려는 뒤플렉스의 꿈을 저지하는 데 누구보다 기여한 사람이었다. 이제 북아메리카에서 전쟁을 알리는 프랑스의 북소리가 들려오고 영국과 프랑스 모두 정신없이 재무장에 들어가 또 한 차례의 무력 분쟁을 준비하기 시작하자, 이사들은 클라이브 본인이 모집하고 훈련시키고, 전장으로 이끄는 데 일조한 회사 소속 세포이 군대의 우두머리로서 그를 다시 인도로 파견하고 싶어 했다.

로버트 클라이브는 1725년 9월 29일에, 슈롭셔의 모어턴 세이 마을에 있는 스티치홀의 하급 젠트리 집안에서 태어났다. 그는 아주 제멋대로이고 난폭한 아이로 금방 유명해졌다. 그를 걱정했던 삼촌에 따르면, 일곱 살이 되었을 때 그는 이미 "엄청나게 싸움에 중독된" 아이였고, "이 때문에 사납고 거칠어져서, 사소한 일마다 발끈 화를 낸다. (…) 온유와 자애, 인내 같은 더 소중한 자질을 함양할 수 있도록 내 나름대로 애를 다스리려고 애쓰고 있다".[11] 삼촌의 노력은 전혀 소용이 없었다. 온유, 자애, 인내는 일생토록 클라이브와 거리가 먼 품성이었다. 그 대신 사춘기가 되자마자 그는 "가게 창문의 안전을 걱정하며 벌벌 떠는 주인들에게 공갈 협박을 하기도 하고, 심기를 거스른 주인의 가게로 물이 넘치게 하려고 길가 시궁창에 자기 몸으로 일시적인 댐을 만들기도 하면서"[12] 마켓 드레이턴 근처에서 보호금을 뜯어내는 비행 청소년이 되었다.

클라이브가 열일곱 살이 되자 아버지 리처드는 아들이 성직자가 되기에는 너무 침울하고 까다롭고, 법조인이 되기에는 너무 성질이 급하고 참을성이 없음을 깨달았다. 리처드 클라이브는 마침 EIC의 이사 한 명을 알고 있었다. 로버트는 1742년 12월 15일에 이스트인디아하우스에 처음으로 나타났고, 가장 낮은 직급인 '서기writer'로 정식 채용되었다(동인도회사 직원의 직위는 '서기' '상관원' '하급 무역상junior merchant' 순서로 올라간다—옮긴이). 석 달 뒤인 1743년 3월 10일에 그는 인도로 향하는 배에 올랐다.

그다지 빛나는 인생의 출발은 아니었다. 가는 도중에 클라이브는 브라질 먼바다에서 짐을 상당 부분 잃었고, 그다음에는 뱃전 너머로 떨어졌는데 어느 선원이 우연히 그를 발견하고 건져준 덕분에 목숨을 구할 수 있었다. 마드라스에 도착한 그는 별다른 인상을 남기지 못했다. 무명에 평범하고, 출세에 필수적인 소개장도 없는 그는 이따금 동료 서기들과 다투고 싸움에 휘말리며 고독한 생활을 했다. '뚱하고, 냉담하고, 사람들과 통 어울리지 않는' 클라이브는 외롭고 향수병에 시달렸다. 한번은 세인트조지 요새의 총무에게 고약하게 처신했다가 총독이 나서서 그가 정식으로 사과하게 한 일도 있었다. 얼마 지나지 않아 그는 인도에 깊은 혐오를 품게 되었고, 이 혐오감은 평생 그를 떠나지 않았다. 점점 우울증이 심해지던 그는 인도에서의 첫해가 끝나갈 때 집에 보낸 편지에 "고국을 떠난 뒤 단 하루도 행복한 날이 없었다"고 썼다. 1년 만에, 더 나은 배출구가 없던 상황에서 그는 타고난 폭력성을 자신에게로 돌려 자살을 시도했다.

그가 마드라스에서 보낸 편지들에는 인도의 경이에 관한 이야기는 한 자도 없고, 그가 목격한 광경 역시 조금도 없었다. 그곳의 언어를 배우려고 시도한 적도 없는 듯했다. 그는 인도에 관심이 없었고, 그곳의 아름다움을 보는 눈이나 그곳의 역사와 종교, 고대 문명들에 대한 궁금증, 그가 싸잡아서 "게으르고, 사치스럽고, 무식하고, 겁쟁이 같다"고 일축해버린 그곳 사람들에 일말의 호기심도 없었다.[13] 1745년에 집에 보낸 편지에는 "사랑하는 고향 잉글랜드만을 생각한다"고 썼다. 처음부터 그가 갖고 있던 것은 상대를 판단할 줄 아는 거리 싸움꾼의 눈썰미, 우연히 찾아온 기회를 붙드는 재능, 커다란 위험을 감수하는 자세, 그리고 기막힌 배짱이었다. 그는 무모한 용기를 타고났으며, 마음만 먹는다면 사람들을 지배하는 마력이 있었다.

1746년 프랑스의 마드라스 공격과 함락 덕분에 클라이브의 재능은 분명하게 드러났다. 그는 뒤플렉스의 군사가 마드라스를 함락했을 때 그곳에 있었다. 프랑스를 상대로 무기를 들지 않겠다는 서약을 거부하고 밤에 변장하고 마드라스에서 빠져나와 프랑스 보초병들을 용케 피해, 걸어서 코로만델 해안에 있는 더 작은 영국 근거지인 세인트조지 요새에 도착했다. 여기서 그는 퉁명스럽고 살짝 배가 나온 전형적인 영국인 스트링어 로런스Stringer Lawrence로부터 싸우는 법을 배웠다. '대장the Old Cock'으로 통한 로런스는 퐁트누아에서는 프랑스군에 맞서, 컬로든 무어에서는 멋쟁이 왕자 찰리Bonnie Prince Charlie(명예혁명으로 쫓겨난 제임스 2세의 손자인 찰스 에드워드 스튜어트의 애칭—옮긴이)의 자코바이트 반란군에 맞서 전투에 참가한 경험이 있는 백전노장이었다. 무뚝뚝하고 꾸밈없이 말하는 두 남자는 죽이 잘 맞았고, 로런스는 클라이브의 잠재력을 처음 알아본 사람이었다. 뒤플렉스가 1740년대 후반에 세포이 연대들을 나와브 고객들에게 임대하기 시작할 무렵 클라이브는 꾸준하게 진급하여 보병 중대의 중위가 되었고, 평생 그의 특징이 될 공격적인 배짱과 위험을 두려워하지 않는 자세를 드러내며, 그가 '군사적 영역'이라고 부른 분야에서 장래성을 보여줬다.

바로 이 시점에 스트링어 로런스의 지도 아래 마드라스 당국자들은 프랑스의 조치를 모방하기 시작했다. 이들은 처음으로 자체 세포이 용병—처음에는 주로 텔루구어 사용자들이었다—을 기동성 있는 유럽 야포의 지원을 받아 보병 대형으로 싸울 수 있게 조련했다. 여러 해 동안 세포이는 몇 백 명에 불과했고 제대로 된 제복조차 없었다. 그들이 한 싸움이라는 것도 처음에는 아마추어적이었다. 1750년대 중반에 클라이브는 "그 시절에 우리는 전쟁 기술에 정말 무지했다"고 카르나티크 전쟁의 초창기 때 자신의 활약상을 회고했다.

1751년 8월 26일, 클라이브는 카르나티크 지방 나와브들의 수도인 아르코트의 포위를 풀기 위해 우기의 폭우를 뚫고 유럽인 병사 200명과 세포이 300명만 이끌고 진군하겠다고 자원하며 처음으로 이름을 알렸다. 클라이브는 벼락을 동반한 폭우가 내리고 있을 때 프랑스군과 동맹군을 공격하여 적의 허를 찔렀고 곧 나와브의 무굴 깃발을 성문에 올릴 수 있었다. 그의 승리는 그때까지 종종 회사 군대를 격파하기도 한 인도 병사들이나 불과 몇 년 전에 인도 기병 군대를 상대로 근대 보병과 야포 전술의 가능성을 처음으로 입증한 프랑스 세력 어느 쪽을 상대로든 회사가 인도에서 성공적인 군사 작전을 수행할 수 있다는 것을 보여주는 첫 신호였다. 인도에서 동인도회사의 자신감을 높인 결정적인 순간이었다.[14]

군사 전문가들은 이 아마추어 군인에게 "그의 행운은 부럽지만 그의 군사 기술과 지식은 찬사를 보내기 어렵다"라며 비아냥거렸다.[15] 하지만 클라이브의 승전 기록이 모든 것을 말해주었다. 속도와 기습은 군인으로서 그가 가장 애호하는 전략이 된다. 18세기 인도에서의 전쟁은 침략 행위인 만큼 정교한 체스게임처럼 종종 느리고 신사적이고 격식을 갖추었다. 뇌물과 협상이 보통은 정식 공격보다 더 중요한 역할을 했다. 군대를 매수하거나 장군들이 편을 바꾸고 고용주들과 관계를 끊는 일도 왕왕 일어났다. 클라이브는 마음에 맞을 때면 그런 게임들도 기꺼이 구사했다. 하지만 그런 관례를 깨고, 우기에 강행군을 무릅쓰고 뜻밖의 매복과 야간이나 짙은 안개 속 기습을 구사해가며 전혀 예상치 못한 순간에 최대한의 병력으로 아주 가차 없이 공격하는 방식을 즐겼다.

클라이브에게 최고의 성공은 1752년에 마드라스에 대한 공격 위협을 격퇴했을 때 찾아왔다. 그와 스트링어 로런스는 곧바로 공세로 전환하여 카르나티크 일대 소규모 교전에서 연달아 승리를 거둬, 영국과 영국의 고분고분한 동맹인 나와브 무함마드 알리Muhammad Ali를 위해 아르코트와 트리치노폴리를 손에 넣었다. 프랑스인들은 돈이 바닥났고 인도인 병사들에게 급여를 줄 수 없었다.[16] 1752년 6월 13일에 프랑스 지휘관이자 프랑스 동인도회사 창립자의 조카이기도 한 자크 로Jaeque Law는 타밀 비슈누교(비슈누신을 최고신으로 모시는 힌두교 종파—옮긴이)의 고대 중심지인 스리랑감의 하중도에 위치한 웅장한 사원에서 클라이브와 로런스에게 항복했다. 프랑스인 병사 785명과 프랑스 동인도회사 소속 세포이 2,000명이 포로가 되었다.

이 사건은 뒤플렉스의 야망에 통렬한 타격을 입혔다. 비서인 아난다 랑가 필라이에 따르면 항복 소식을 듣고서 뒤플렉스는 "미사에 참석할 수도, 식사를 할 수도 없었다"고 한다. 그 직후 뒤플렉스는 해고, 체포되어 불명예스럽게 프랑스로 소환되었다.[17] 반면 클라이브는 영웅이 되어 마드라스로 귀환했다. 클라이브의 아버지는 축하 편지를 보내 아들에게 인도에서 재빨리 재산을 최대한 모으라고 채근했다. "네 행위와 용기가 세간의 화제가 되고 있으니 이제 재산을 불리고 그 나라를 떠나기 전까지 눈앞의 기회를 활용할 때다."[18] 클라이브는 격려가 필요하지 않았다. 그는 성공에 대한 보상으로 큰돈을 벌 수 있는 병참부의 군수 장교로 임명되었고, 이 자리에서 단기간에 무려

4만 파운드*를 벌었다.

1753년 2월 18일, 클라이브는 세인트조지 요새의 세인트메리 교회에서 왕실천문관 네빌 매스컬린Nevil Maskelyne의 누이로 보통내기가 아닌 마거릿 매스컬린Margaret Maskelyne과 충동적으로 결혼했다.** 다음 달인 3월 23일에 부부는 봄베이캐슬Bombay Castle호를 타고 잉글랜드로 향했다. 그들은 인도에 다시 돌아올 생각이 없었다. 런던에 도착하자마자 클라이브는 재빨리 집안의 빚을 갚고—일설에 따르면 아버지 리처드는 "그래, 밥(로버트)이 결국 멍청이는 아니었네"라고 말했다고 한다— 정계에 진출하려고 거금을 썼다. 하지만 콘월의 부패 선거구를 사들이는 데 성공했음에도 그의 정치 경력은 당파 간 권모술수에 휘말려 순식간에 파탄이 났고, 고작 18개월 만에 그는 인도로 돌아가 다시 큰 재산을 마련해야 할 처지가 되었다.

프랑스의 대형 공세가 임박했다고 여겨지던 상황이라 그가 절실히 필요했다. 클라이브는 회사의 행정과 군사 업무 사이에 걸쳐 있는 그의 이력을 반영하여 마드라스 부총독이라는 고위직으로 회사에 다시 합류하고 군대 계급도 받았다. 그는 중장으로서 현지 임관 사령을 받았으며, 따라서 이 계급은 인도에서만 유효했다.[19] 회사의 닦달을 받은 정부 각료들은 이제 프랑스가 인도에서 구축하고 있는 군사력의 수준과 영국이 여기에 상대조차 되지 않는다는 사실에 경각심을

---

*   현재 가치로 400만 파운드 이상이다.
** 네빌 매스컬린 목사는 물론 데이바 소벨의 베스트셀러 《경도 이야기》(김진준 옮김, 웅진지식하우스, 2012)의 악당과 동일 인물이다. 여기서 매스컬린은 한 비평가가 표현한 대로 "케임브리지에서 공부한, 둔하지만 시기심이 많고 속물적인 성직자로서 기계공학적 창의성보다는 천문학을 특권시하는 태도와 엘리트주의 때문에 요크셔에서 태어나 링컨셔에서 자란 [책의 주인공 존] 해리슨에게 편견을 갖고 있는 것으로" 그려지며, "사심 없는 판단보다는 잠재적인 개인적 이득을 먼저 생각하는 시기심이 많고 꽉 막힌" 인물로 묘사된다.

느끼기 시작했다. 다수의 의원들이 동인도회사 주식에 투자했으므로 이는 그들 자신의 문제이기도 했다.*** 인도를 면밀히 주시하던 홀더네스 경은 동료인 앨버말 경에게 영국 정부는 "그 지역에서 프랑스의 무력이 결정적 우위를 점하는 것을 절대 용인해서는 안 된다"고 말했다. 회사 군대를 지원하기 위해 왓슨 제독 휘하에 왕립해군 전대와 프랑스가 파견했다고 여겨지는 연대에 대적하기 위한 영국 정규군 병력을 파견한다는 결정이 곧 내려졌다.[20] 클라이브는 한 달 뒤에 별도의 선단에 승선하여 뒤를 따랐다. 그의 호주머니에는 인도에 도착하자마자 그 병력을 맡도록 명한 국왕의 사령장이 있었다.

여러 정치적 상황이 뜻하지 않게 맞물리면서 정치인이 되려는 클라이브의 야심을 망치고 그의 재산을 거덜 내 회사의 품으로 돌아가게 강요했다. 그 우연한 일은 엄청나고 광범위한 파장을 낳았다. 다음 몇 달간 클라이브의 극도의 공격성과 저돌적인 배짱이 사태를 이끌었고, 이는 곧장 세계사에서 가장 이상한 사건 가운데 하나로 이어졌다. 바로 런던 시내 한 작은 건물을 근거지로 한 어느 무역 회사가 한때 막강했던 무굴 제국을 무찌르고 그 권력을 찬탈, 장악한 것이다.

몇 년 뒤에 클라이브는 "캘커타는 전 세계에서 가장 사악한 장소 중 하나이다. (…) 상상을 초월할 정도로 탐욕스럽고 사치스럽다"고 썼

*** 넉넉한 배당금 말고도 이사들과 인도의 회사 직원들이 제공해야 했던 귀중한 것은 물론 후원이었다. 정치인들과의 연줄을 유지하기 위해 인도에서 돈이 되는 자리에 사람을 꽂아주는 일 말이다. 이것이 의원들이 EIC를 지지하고 보호하기 위해 왕립해군의 함대와 육군 병력을 파견한 또 다른 주요 이유였다.

다.²¹ 1755년 9월 클라이브가 탄 스트리덤Stretham호가 인도에 도착할 즈음, 영국의 이 벵골 교두보는 불과 16년 전 좁 차녹이 진흙탕 물가에 설립한 무역 기지와는 몰라보게 달라졌다. 차녹의 며느리는 여전히 캘커타에 살았지만 이제 도시의 설립자가 알아볼 만한 것은 거의 남아 있지 않았다.²²

차녹이 죽은 뒤로 캘커타는 빠르게 성장하여 회사의 해외 무역 기지 가운데 최고의 거점이 되었다. 캘커타는 인도에서 EIC의 가장 중요한 교역소이자 영국 직물의 주요 수입처였다. 실제로 EIC가 아시아에서 수입하는 상품의 60퍼센트는 이제 캘커타를 거쳐갔다.²³ 이 수입품의 대금을 지불하기 위해 EIC는 벵골에 연간 18만 파운드를 보냈고,* 그 가운데 74퍼센트는 금·은괴 형태였다.²⁴

이렇게 거대한 현금 흐름의 결과로 캘커타시는 눈에 띄게 변신했다. 요새 시설, 부두와 벌집같이 밀집한 창고들이 토사가 쌓인 5킬로미터가량의 강둑을 따라 순다르반 정글을 향해 늘어서 있었고, 윌리엄 요새의 낮은 성벽과 웅장한 '고대 그리스풍' 신축 건물의 윤곽선이 평탄한 지평선을 장식했다. 로저 드레이크의 총독 관저와 학교, 극장, 세인트앤 프로테스탄트교회, 아르메니아인을 위한 세인트나사렛교회, 병원, 감옥, 식수 저장용 대형 탱크, 묻힌 사람이 갈수록 늘어가는 묘지가 들어섰다.

캘커타에는 이제 대략 20만 명이 거주했고—일부 터무니없는 추정치들은 이보다 거의 두 배로 잡기도 한다— 그 가운데 1,000명 정도가 유럽인이었다. 부두는 그곳의 시장만큼 분주하고 번잡했고 상류의 라이벌 도시인 후글리보다 이제 두 배나 많은 배들이 매년 그곳

---

* 현재 화폐가치로 거의 1,900만 파운드에 달한다.

을 찾았다. 캘커타의 펀치punch(물에 술, 설탕, 레몬이나 라임즙, 향신료를 넣어 만든 음료로 회사 직원들이 인도에서 영국으로 전파했다—옮긴이) 하우스는 악명 높은 매음굴로 가기 전 진탕 퍼마시며 인생의 괴로움을 잊는 선장과 갑판장, 갑판장 부관, 수로 안내인 들로 항상 북적거렸다.

강기슭에서 떨어져 있는 유럽식 주택들은 대개 크고 안락하고 탁트였으며 밝은 흰색으로 칠해진 대저택이었고, 너른 베란다와 길쭉한 마구간, 큰 정원을 갖추고 있었다. 전성기에도 캘커타는 도시 계획 면에서는 미흡했다. 제미마 킨더슬리 부인은 캘커타시가 "생각할 수 있는 가장 보기 흉한 장소이며, 아주 제멋대로여서 모든 집이 어쩌다 하늘로 솟아올랐다가 다시 곤두박질쳐서 지금 상태로 있게 된 것 같다. 사람들이 끊임없이 건물을 짓고 있다. 집 지을 부지를 구할 수 있는 사람은 도시의 미관이나 가지런한 배열보다는 하나같이 자기의 취향과 편의만 따진다"고 말했다.[25] 캘커타는 난잡해 보였을지 모르나 또한 급속히 번창하고 있었다.

캘커타가 무역으로 벌어들인 이익은 막대했고 계속 늘어났지만, 외국 회사 소유의 이 도시로 인도인을 끌어당긴 진짜 요인은 그곳이 안전하고 안정되어 있다는 인식이었다. 1740년대 내내 남부에서 카르나티크 전쟁이 격렬하게 진행되고 있는 동안 마라타인들은 벵골을 공격해, 벵골의 네덜란드 동인도회사 회장의 추정에 따르면 무려 민간인 40만 명의 목숨을 빼앗을 만큼 참혹한 폭력을 자행했다.[26] 1750년 마라타언맹의 리더 본슬레 일족의 장군 바스카르 판디트Bhaskar Pandit는 이번에는 기병 2만 명을 이끌고 벵골을 다시 침공했다. 그들은 야간 습격을 감행해 나와브의 진지를 약탈하고, 보급품을 갖고 오던 호송대를 몰살했다. 마라타인들은 초토화 정책에 따라 적이 곡물을 얻지 못하도록 주변 촌락을 불태웠다. 나와브의 군사는 식량과 수송 수단, 보급품을 얻지 못해 무력화되었고, 회사 상관원들은 본국에 보내는 편지에 이들의 처지를 적나라하게 묘사했다.[27] 바르드완 마하라자의 판디트인 바네슈와르 비디얄란카르Vaneshwar Vidyalankar는 마라타인이 "동정심이라고는 없고, 임신부와 아기, 브라만과 빈민을 가리지 않고 도륙하는 자들이며, 성정이 사납고, 재물을 빼앗고 악행이란 악행은 다 저지른다. 그들은 [불길한] 혜성처럼 국지적인 격변을 일으키고 벵골 촌락민의 몰살을 야기했다"고 썼다.[28]

벵골의 시인 강가 람Ganga Ram은 《마하라슈타 푸라나Maharashta Purana》에서 마라타인들이 불러일으킨 공포의 모습을 더 자세히 묘사했다. "지상의 사람들은 죄악으로 가득 찼고 아무도 라마와 크리슈나를 섬기지 않았다. 사람들은 타인의 아내들을 가지고 밤낮으로 쾌락만 취했다." 그는 결국 시바가 난디(시바신이 타는 황소—옮긴이)에게 마라타 왕 샤후의 몸에 들어가라고 명령했다고 쓴다. "그가 하수인들을 보내 죄인과 악행자를 벌하게 하라."[29] 그러자

바르지Bargis[마라타인]들이 마을을 약탈하기 시작했고 모든 사람이 공포에 질려 달아났다. 브라만 판디트들은 경전 사본을 잔뜩 짊어지고 달아났고 금세공인들은 저울과 추를 들고 달아났으며, 어부들은 그물과 낚싯줄을 들고 달아났다. 모두가 달아났다. 사람들은 사방으로 달아났다. 누가 그 수를 셀 수 있으랴?

마을에 사는 사람들은 바르지라는 말만 들으면 모두 달아났다. 문밖으로 한 걸음도 내디딘 적 없는 양갓집 규수들도 머리에 바구니를 지고 바르지들을 피해 달아났다. 칼로 재산을 쌓았던 라지푸트 지주들도 칼을 내던지고 달아났다. 사두sadhu(힌두교와 자이나교의 고행자나 탁발승, 성인—옮긴이)와 승려들도 가마에 올라타 달아

났고, 가마꾼들은 그들의 짐을 어깨에 짊어졌다. 농부들도 내년에 심을 종자를 황소에 싣고, 어깨에는 쟁기를 지고 달아났다. 걷기 힘든 임신부들은 길바닥에서 산통을 겪다가 출산했다.

거리에 서 있다가 지나가는 사람에게 바르지들이 어디 있느냐고 묻는 사람들도 있었다. 모두가 대답하기를, 내 눈으로 본 적은 없소. 하지만 모두가 달아나는 걸 보고 나도 달아났소.

그때 별안간 거대한 함성과 함께 바르지들이 휩쓸고 내려와 들판에서 사람들을 둘러쌌다. 그들은 금은을 채가고 다른 것들은 버렸다. 사람들의 손을 베는가 하면 코와 귀를 베기도 했다. 어떤 이들은 그 자리에서 죽였다. 그들은 아리따운 여인들이 도망치려고 하면 손가락과 목에 밧줄을 매어 끌고 갔다. 한 사람이 여자를 겁탈하고 나면 또 다른 사람이 그녀를 겁탈했고 겁탈당한 여자들은 살려달라고 외쳤다. 바르지들은 추잡하고 죄 많고 짐승 같은 온갖 행위를 자행한 뒤 이 여자들을 풀어주었다.

벌판에서 약탈을 끝내면 그들은 마을로 들어가 집에 불을 질렀다. 방갈로와 이엉을 얹은 오두막집, 사원, 크고 작은 모든 건물을 불태웠다. 온 마을을 파괴하고 사방을 돌아다니며 약탈했다. 사람들의 손을 등 뒤로 하여 묶고 땅바닥에 패대기치고는 벌렁 나자빠지면 발로 걷어차기도 했다. 그들은 "돈을 내놔라"라고 계속 소리쳤다. 돈을 받지 못하면 피해자들의 콧구멍에 물을 붓거나 커다란 물통에 빠트렸다. 돈을 요구했을 때 아무도 갖다 바치지 않으면 사람을 처형했다. (…) 방갈로, 이엉을 얹은 집, 비슈누-만다파*Vishnu-mandapas*, 크고 작은 모든 것을 불태웠다. (…) 브라만이나 바이슈나바(힌두교 비슈누파 신자— 옮긴이) 혹은 산야시*sanyasi*가 보이면 모조리 죽였고, 수백에 달하는 암소와 여자들을 도륙했다.[30]

‹2›　거절할 수 없는 제의

벵골에는 악몽 같은 상황이 회사에는 커다란 기회가 되었다. 마라타 기병은 유럽 열강의 훈련을 받은 머스킷 총병이 방어하는 도시와 대포를 상대로는 통하지 않았다.[31] 특히 캘커타는 마라타 기병을 저지하기 위해 회사가 특별히 깊이 판 방어용 해자를 갖추었고, 벵골의 다른 어느 곳보다 더 안전할 것이라고 믿고 몰려든 난민들로 10년 사이에 규모가 세 배로 늘어났다. 이 시기에 벵골을 방문한 압둘 카림이라는 카슈미르 병사에 따르면 마라타인들은 후글리강을 따라 들어선 유럽 요새들을 절대 공격하지 않았다고 한다. "유럽 병사들이 다른 어느 병사들보다 우수하다는 것을 잘 아는 마라타인들은 비록 캘커타에 온갖 유럽 상품들이 넘쳐나고 요새시설이 없으며 유럽 주민들의 수는 미미한 반면, 마라타인들은 개미나 메뚜기처럼 떼 지어 다니고 있음에도 공격하려 하지 않았다. 특히 유럽인들이 서로 방어에 도움을 주고자 군대를 연합할 것을 두려워했다. 유럽인들은 대포와 머스킷 운용에 탁월하다."[32]

난민들 중에는 나바크리슈나 뎁Nabakrishna Deb과 람둘라 데이Ramdulal Dey와 같이 캘커타 최고의 명문가를 수립하게 되는 이들도 있었다.[33] 요새시설의 보호만이 유인 요인은 아니었다. 캘커타는 벵골 직물 상인과 대부업자만이 아니라 캘커타가 재산을 모으기에 안전한 환경임을 알게 된 파르시(인도에 살고 조로아스터교를 믿는 이란계 민족—옮긴이), 구자라트인, 마르와리 기업가 가문을 끌어당기며 민간 기업들의 피난처가 됐다.[34] 이 대규모 인구에는 그저 나와브의 과세망이 닿지 않는 곳에 살고 싶어하는 부유한 상인도 다수 포함되었다. 페르시아와 페르시아만, 그리고 말라카 해협을 거쳐 동쪽의 중국까지 가는 무역 원정에 영국 함대의 보호를 이용하는 사람도 있었다.[35] 도시의 법률 체계 그리고 국가가 집행 가능한 영국의 상법과 정식 상업 계약이라는 구조의 이용 가능성까지 모든 것이 캘커타를 아시아 전역의 상인과 은행가들이 선택하는 목적지로 만드는 데 기여했다.[36]

그 결과 1756년에 이르자 캘커타에는 굉장히 다양하고 다언어적인 인구가 거주했다. 벵골인, 힌두교도와 자이나교도 마르와리 은행가 말고도 포르투갈인, 아르메니아인, 페르시아인, 독일인, 스웨덴인, 네덜란드인 들이 있었다. 이 가운데 일부는 회중시계 제조공과 탁상시계 제조공, 화가, 제빵사, 금세공인, 장의사와 가발 제조공 등 정교하고 때로는 괴상한 기술을 보유한 사람들이었다.

무수한 사원과 모스크, 번화한 채소 시장을 갖춘 캘커타의 인도인 구역인 블랙 타운은 화이트 타운보다 더 난잡하고 더럽고 늪지대였다. 그럼에도 아시아 다른 지역에서 온 방문객들은 그 정착지에 대한 감탄을 아끼지 않았다. 한 페르시아 여행객, 다시 말해 압둘 라티프 슈시타리 Abdul Lateef Shushtari라는 박식한 어느 사이이드 Sayyed에 따르면 "캘커타는 이제 네덜란드 선박들만이 찾는 후글리를 대체했다. [화이트 타운에는] 대리석 같은 색깔의 치장 벽토를 바른 2~3층짜리 석조 주택이나 벽돌집이 많다".

집들은 도로를 따라 서 있어서 행인들은 안에서 일어나는 일을 볼 수 있다. 밤이면 위층과 아래층 방에 촛불을 밝혀 아름다운 광경을 연출한다. 노상강도나 도적을 걱정할 필요가 없고, 아무도 당신에게 어디로 가는지 또는 어디서 왔는지 따지지 않는다. 항상 커다란 배들이 유럽과 중국, 신세계에서 귀중한 상품과 고급 직물을 싣고 와서 벨벳, 새틴, 도자기, 유리 제품이 아주 흔해졌다. 캘커타 항만에는 크고 작은 선박이 항상 1,000척 넘게 닻을 내리고 있으며 선장들은 출발이나 도착을 알리는 포를 쉴 새 없이 쏜다. (…)[37]

슈시타리는 영국인들의 악습이 무엇이든 간에 그들은 재능을 환영하고 보상한다고 썼다. "영국인들은 절대로 자의적으로 해고하지 않으며 유능한 사람은 은퇴나 사직을 요청하는 글을 쓸 때까지 계속 일자리를 유지할 수 있다. 더 놀라운 점은 무슬림과 힌두교도 축제와 행사 대다수에 참여하여 사람들과 어울린다는 것이다. 그들은 어떤 종파이든 뛰어난 학자에게 커다란 존경을 표한다."

그는 유럽인 배우자를 얻은 인도 여성들이 점잖은 경우는 좀처럼 없었다고 주장하긴 하지만 인종 간 통혼이 흔했다고 쓴다. "미래가 없는 사람들, 타락한 무슬림, 고약한 힌두교도 출신의 여성들이 영국인들과의 혼인 관계를 맺길 스스로 원하며, 영국인들은 그들의 종교에 간섭하지 않고 푸르다*purdah* 베일을 벗으라고 강요하지도 않는다. 이런 결합에서 태어난 아들이 네 살이 되면 어김없이 어머니 품에서 떼어내 교육을 받게 영국으로 보낸다."

영국인들은 턱수염과 콧수염을 밀며 머리카락을 꼬아서 땋은 머리를 한다. 남녀를 불문하고 머리가 하얗게 보이도록 분을 뿌려서 젊은이와 노인 간 나이 차이가 더 없어 보인다. 남자나 여자나 음모를 제거하지 않고 자연스러운 상태로 놔두는 것이 보기 좋다고 여긴다. 그리고 실제로 대다수의 유럽 여성은 몸에 털이 없고, 털이 난다고 해도 포도주 빛으로 대단히 곱고 부드러운 털이다.

여자들이 베일을 쓰고 다니지 않고 한 학교 건물에서 소년과 소녀가 섞여 교육받기 때문에 사랑에 빠질 수도 있으며, 남녀 모두 시를 매우 좋아해 연애 시를 쓴다. 나는 좋은 집안 처자들이 때로 신분이 낮은 젊은이와 사랑에 빠져 협박이나 처벌로도 막을 수 없는 추문을 낳아 아버지가 딸을 집에서 내쫓아야 한다는 얘길 들었다. 밖에 나가 보면 한때 좋은 집안에서 잘 자랐지만 지금은 거리에 나앉은 여자들이 셀 수 없이 많다.

 매음굴은 문간에 매춘부들의 그림을 내걸어 광고하며, 하룻밤 환락에 필요한 가구와 가격도 적혀 있다. (…) 많은 매춘부로 인해 아타샥_Atashak_ [임질]—음낭과 고환이 부어오르는 심각한 성병—이전 계층 사람들에게 영향을 미치고 있다. 건강한 사람과 감염된 사람이 서로 어울리면서, 누구도 막지 못한 채 이 사람한테서 저 사람으로 퍼진다. 심지어 이 지역의 무슬림들도 같은 처지다!³⁸

슈시타리만이 캘커타의 방탕한 영국인 거주민들을 미심쩍게 바라본 것은 아니다. 그들은 오로지 한 가지 생각만 품고 동방에 왔다. 그들의 목표는 바로 최대한 빨리 재산을 모으는 것이었고, 대다수 영국인들은 그들이 교역에 관여하는 나라의 관습이나, 사실은 그들이 떠나온 나라의 사회적 예법에도 거의 관심이 없었다. 매년 캘커타에 도착하는 회사의 직원과 병사 다수—전형적으로 지방 지주 집안의 땡전 한 푼 없는 차남과 1745년 자코바이트 봉기 때 영지나 가산(혹은 그 둘 다)을 잃은 스코틀랜드인, 이스트엔드 길거리에서 모집된 신병, 영락한 영국-아일랜드계 지주와 성직자의 아들 들—는 모두 목숨을 걸고 수천 킬로미터를 이동해 물이 안 빠진 벵골의 늪지대와 푹푹 찌는 밀림이라는 견디기 힘든 기후에서 십중팔구 죽을 수도 있는 위험을 무릅쓸 각오를 했는데, 살아남기만 한다면 한밑천을 잡기에 세상에서 그만한 곳은 없다는 바로 그 이유 때문이었다.

 캘커타는 커다란 부를 몇 달 만에 쌓았다가 노름이나 카드놀이로 단 몇 분 만에 다 날릴 수도 있는 도시였다. 질병이나 무절제한 생활습관으로 인한 사망은 다반사여서 인도로 왔던 회사 직원 가운데

3분의 2는 고국으로 돌아가지 못했고, 병사들의 사정은 더 나빠서 회사 군대 소속 유럽인 병사의 25퍼센트가 매년 사망했다.[39] 일상적인 죽음은 사람들을 무감하게 만들었다. 친구가 죽더라도 사람들은 잠시 애도한 다음 금방 얼큰하게 취한 채 친구의 유품을 경매에 부쳤다―말과 이륜 경마차, 상아 상감 비자가파탐 가구와 심지어 벵골 비비_bibi_들까지도 경매로 팔려나갔다.[40] 이는 캘커타시가 항상 젊은 남성들로 넘쳐났다는 뜻이다. 일례로 로저 드레이크는 총독으로 임명되었을 때 불과 서른 살이었다.

대다수의 사람들은 캘커타가 살기에 돈이 많이 드는 동네라고 여겼다. 이 당시 벵골에서 좀 괜찮은 집을 구하려면 1년에 1,000파운드가 들었고*, 캘커타에 거주하는 유럽인 거의 전부는 인도인 대금업자들에게 어느 정도 빚을 지고 있었다.[41] 1754년 1월 3일, 노스 버윅에서 갓 도착한 스코틀랜드 청년 스테어 달림플 Stair Dalrymple 은 의원인 아버지 휴 경(2대 달림플 준남작인 휴 달림플을 가리킨다. 저자는 11대 달림플 준남작의 차남이므로, 휴 경의 직계 후손이다―옮긴이)에게 보낸 편지에 "여기서는 모든 물가가 본국보다 두 배입니다. 이 세상에서 씀씀이를 가장 잘 관리한다 해도 [이곳에서] 사치스럽게 살기는 불가능합니다. 이곳에 도착하자마자 이야기를 나눠본 모든 신사분들로부터 이런 우울한 진실을 귀에 못이 박히도록 들었습니다. 제 상상과 전혀 다릅니다. (…) 제가 허황된 꿈만 실컷 꾸고 있었던 모양입니다"라고 썼다. '아껴서 잘 쓴다면' 그는 연봉으로 여섯 달 치 생활비를 충당할 수 있을 거라 생각했다. 그보다 앞서 그는 "이곳에 최소 15년이나 20년 머물 생각입니다. 그때쯤이면 총독이 될 수도 있겠죠. 총독이 안 된다면, 신

---

* 현재 가치로 10만 5,000파운드.

사답게 살 수 있는 재산을 모을 수도 있죠"라고 썼다.⁴²

너나 할 것 없이 돈벌이에 혈안이 된 와중에 드레이크의 캘커타 집행위원회는 한 가지 중요한 고려 사항을 망각했는데, 바로 도시 방어시설 유지의 중요성이었다. 요새 성벽은 곳곳이 무너져내렸고, 대포는 녹이 슬어가며, 신축 건물이 사방에서 총안 흉벽을 침범해서 몇몇 경우에는 그런 건물이 방어시설을 내려다보고 있는 지경이었다. 더욱이 공격을 받을 시 소집할 수 있는 민병대가 극히 제한적이었다. 민병대의 장교와 병사는 대략 260명뿐이었고 그중 실제 영국인은 4분의 1에 불과해 나머지는 포르투갈인, 이탈리아인, 스위스인, 스칸디나비아인 용병이었다. 카르나티크 전쟁 당시 현지 전사 계급을 세포이로 훈련시킨 마드라스 총독령의 실험은 벵골에 아직 도입되지 않은 상태였다. 데이비드 레니 대위Captain David Renny가 보고했듯이 "캘커타는 병사들과 마찬가지로 군수품도 부족하다".

우리는 좋은 포가砲架가 없다. 민병대에 지급할 탄약 상자나 소형 무기도 충분하지 않다. (…) 회사는 작년에 델라와르Delawar호를 통해 방비 시설을 개선하라는 지시를 보냈지만, 그런 공사를 할 만한 현금이 없고, 적절한 공병도 없으며, 원한다면 돈을 꿀 수 있지만 그것은 우리 회사가 극도로 싫어하는 일이다. 탄약은 상태가 매우 나쁘며, 어느 종류든 준비된 화약통이 전혀 없다. 소량의 포도[반]은 너무 오랫동안 방치되어서 벌레가 먹고 다 망가졌다. 포탄도 없고, 크든 작든 도화선도 준비된 게 없다. (…) 화약은 소량 있지만 대부분 눅눅하다.⁴³

프랑스인들은 이런 약점을 잘 알고 있었다. 자크 로의 형제로서,

카르나티크 전쟁에서 클라이브에게 패했던 장 로는 벵골 수도 무르시다바드의 남쪽 끄트머리에 위치한 상업 중심지 카심바자르에 있는 프랑스 상관의 관장이었다. 그는 캘커타의 "요새가 작고, 해자도 없이 열악하게 건설되었다. 많은 주택이 성벽을 내려다보고 있으며, 수비대는 (…) 그곳을 방어하기에는 너무 적다"고 썼다.[44]

런던의 이사들도 이런 명백한 취약성을 인식하며 전전긍긍했고, 프랑스와의 전쟁 전망이 대두되자 캘커타에 대포 59문을 추가로 보내고 방어시설 보강 공사에 즉시 착수하라고 캘커타 집행위원회에 다시금 주문했다. 1756년에 그들은 드레이크에게 서신을 보내 방어시설을 개선하는 작업이 완료되었는지를 물었고, 이상적으로는 현지 나와브 알리베르디 칸의 승낙을 받거나 "아니면 적어도 귀하가 실질적인 동의라고 판단하는 나와브의 부관들의 묵인 아래" 필요한 보수 작업을 빨리하라고 닦달했다. 그들의 관심사는 프랑스의 위협에만 국한되지 않았다. "고령임을 고려할 때 나와브는 내일이라도 당장 사망할 수 있으며, 그가 죽으면 후임자가 확실하게 자리 잡을 때까지 그 지방에 커다란 혼란과 분규가 뒤따를 가능성이 매우 높다. 그러므로 언제든 그런 일이 일어나는 데 대비하여 우리의 동산과 자산, 특권을 보전하기 위해 신중한 모든 조치를 취할 것을 권고한다."[45]

1756년에 보수와 재건 작업이 실제로 시작된 것은 이로부터 몇 주 뒤였다. 드레이크는 카심바자르에서 영국 상관을 운영하던 윌리엄 와츠William Watts의 조언을 받고서 본국 이사들의 지침을 무시하고 나와브의 허락을 구하지 않았다. 와츠는 다음과 같이 조언했다. "캘커타 방비 작업을 그[알리베르디]가 알아차릴 것 같지는 않습니다. (…) [보수 공사를 해도 좋다는] 그의 사전 허락은 상당한 돈을 바치지 않고는 받아낼 수 없을 것입니다. 그러므로 각하께서는 허가를 신청하지 마시고 강화 작업에 착수하도록 결정하시지요."[46]

하지만 나와브의 정보부는 드레이크와 와츠가 생각했던 것보다 유능했다. 연로한 나와브 알리베르디 칸은 며칠 내로 드레이크의 보수 공사에 관한 전말을 모두 보고받았고, 무굴의 권위를 무너트리려는 이 건방진 상인들의 시도에 적절한 대응 방안을 논의하고자 손자이자 후계자를 불렀으니 그 손자는 시라지 우드다울라였다.

후기 무굴 벵골의 수도인 무르시다바드시는 캘커타에서 배를 타고 갠지스강의 두 원류 가운데 하나인 바기라티강을 사흘 거슬러가면 나왔다. 직조업의 대중심지인 다카와 더불어 그곳은 1756년에 벵골에서 여전히 캘커타보다 상당히 큰 두 도시 가운데 하나였다. 실제로 일부 추정치에 따르면 무르시다바드의 인구는 런던 인구와 대략 비슷했다. 그곳에서 나와브 알리베르디 칸은 무굴 제국에서 가장 부유한 지방을 다스렸다. 물론 1756년에 그 제국이 어느 정도까지 제국으로서의 모습을 유지했는지는 논쟁거리였지만 말이다. 나와브는 1740년대에 마라타의 침공이 시작된 뒤로 델리에 더 이상 연공을 보내지 않았고, 이제 침공이 멈췄음에도 이를 재개하지 않았다.

아랍인과 아프샤르 튀르크멘인 피가 섞인 알리베르디 칸은 벵골의 금융을 지배하는 자가트 세트 은행가들이 기획하고 자금을 댄 군사 쿠데타로 1740년에 정권을 잡았다. 자가트 세트가는 그 통치자를 비롯해 벵골 어느 누구의 성공과 실패도 좌우할 수 있었고, 그들의 정치 감각은 일반적으로 그들의 금융 감각만큼 예리했다. 흔히 그렇듯이 이 경우에도 그들은 사람을 잘 골랐다. 알리베르디는 인기 있고 교양 있는 통치자로 드러났다. 게다가 매우 유능했다. 바로 그의 용기와 고집, 군사적 천재성 덕분에 벵골은 마라타 침공을 저지할 수 있었으니, 다른 무굴 장군들은 거의 해내지 못한 일이었다. 그는 이를 군사적 능력만이 아니라 어느 정도는 무자비한 간계로 해냈다. 1744년에 그는 바스카르 판디트와 그의 마라타 부관들을 협상 테이블로 유인한 다음 그때를 이용해, 아프간 장군 무스타파 칸을 시켜 강화 협상이 진행 중이던 막사에서 마라타 수뇌부 전체를 살해했다.

무르시다바드에서 알리베르디 칸은 강력하고 눈부신 시아파 궁정 문화를 빚어내고, 무굴 제국의 쇠락으로 인한 혼란에도 보기 드물게 평온과 번영을 구가하는 안정적인 정치, 경제, 문화 중심지를 탄생시켰다. 재능이 넘치는 많은 무굴 망명자들―군인, 행정가, 가수, 무희, 화가 들―이 갈수록 폭력이 난무해지던 샤자하나바드의 거리를 떠나 이곳으로 이주했다. 그 결과 알리베르디 치하에서 무르시다바드는 후기 무굴 예술의 위대한 중심지가 되었다.[47]

유명한 델리 화가들인 딥 찬드Dip Chand와 니다 말Nidah Mal이 망명 화가들의 화실을 이끌었고, 여기서 무르시다바드의 궁정 화가들은 매끄럽게 펼쳐진 갠지스 강변이 원경에 어김없이 등장하여 곧바로 알아볼 수 있는 이 지역만의 화풍을 발전시켰다. 이런 그림들 다수는 사원과 모스크가 늘어선 강가 마을의 분주한 풍광을 즐겨 묘사하면서 새롭고 멋진 자연주의를 선보였다. 이런 그림들에서는 망고와 카담바나무 그늘 아래로 쟁기를 진 농부들과 저울을 든 상인들이 여러 가닥으로 머리를 꼬고 호랑이 가죽을 걸친 성인들에게 인사를 하며 지나간다. 한쪽에서는 호화롭게 성장한 코끼리에 올라탄 귀족과 가마에 탄 제후 들의 행렬이 펼쳐진다. 그사이 키 큰 다라수의 부채꼴 잎이 점점이 박힌 강둑을 따라서 낚싯배와 영국 동인도회사의 슬루

프선들이 무르시다바드의 왕실 하렘 바지선들 옆으로 빠져나가는데, 금박으로 호화롭게 장식된 낫 모양의 바지선들은 바기라티강을 건너 쿠시바그의 무굴 정원으로 향하는 중이다.[48]

늦어도 1755년에는 제작된 이런 궁정 세밀화 가운데 하나에서 알리베르디의 사위인 샤하마트 장Shahamat Jang은 델리에서 온 칼라완트_kalawants_, 다시 말해 세습 악단의 공연을 느긋한 분위기에서 즐기고 있다. 이 악사들은 분명히 무르시다바드 궁정의 귀한 자랑거리로 여겨졌는데, 한 명 한 명이 다르게 묘사되어 있고 이름도 적혀 있기 때문이다. 홀 반대편에는 절세미인인 델리 코티전courtesan(귀족이나 고위층만 상대하는 여성이나 정부—옮긴이) 네 명이 노래 부를 차례를 기다리며 앉아 있고, 이들 역시 각자 이름이 표기되어 있다.[49]

이 시기에 퇴락한 델리에서 이주해온 많은 사람 중에는 나와브의 사촌으로 명석한 젊은 무굴 역사가 굴람 후사인 칸도 있었는데, 그에게 알리베르디 칸은 대단한 영웅이었다. 18세기 인도를 다룬 위대한 역사서로서 그 시대를 가장 잘 보여주는 《당대 비평》에서 굴람 후사인 칸은 저녁 시간을 좋은 음식과 책, 이야기로 보내길 좋아하며, 고양이를 사랑하는 미식가에 대한 매력적인 초상을 그려낸다. "그의 관심은 백성, 특히 농부들의 평화와 안전 유지에 집중되어 있기에 아버지의 슬하나 어머니의 무릎 위도 그만큼 편안하다고 말할 수 없다."

그는 예술을 이해했고, 뛰어난 공연을 좋아했으며, 기예에 탁월한 이에게 보상하는 법을 알고 언제나 예인들에게 존경심을 표했다. 재치 있는 대화로 시간을 보내길 좋아한 그는 본인이 훌륭한 동무여서, 당대인 가운데 그에 맞먹을 사람이 거의 없었다. 신중하고 예리한 장군이자 용맹한 군인인 그가 갖추지 않은 미덕이나 자질은 거의 없었다. (…)

 알리베르디는 담배를 피우지 않았지만 커피를 마셨고 좌중에 커피를 대접했다. (…) [아침 산책을 마친 뒤에는] 대화를 즐기고, 시 낭송을 듣거나 시를 읽고, 또 재미난 이야기를 들으며 꼬박 한 시간을 보냈다. 이따금 그는 이런저런 요리를 위한 [조리법]에 관해 명령을 내리기도 했는데, 요리는 언제나 그가 있는 자리에서 준비되었고, 이를 위해 페르시아나 훌륭한 요리로 명성이 높은 여타 고장에서 갓 건너온 사람이 그 임무에 임명되었다. 그는 맛있는 음식을 좋아하고 민감한 입맛을 지니고 있었다.

 때로는 요리사들에게 고기와 향신료, 여타 필요한 재료를 가져오라고 하여 새로운 조리법을 개발하기도 했다. (…) 정찬을 마친 뒤에는 낮잠을 자러 침실로 물러갔고, 그때는 이야기꾼과 침상을 살피는 이들이 자리를 지키며 할 일을 했다.[50]

 알리베르디의 다른 열렬한 관심사는 흰 페르시아고양이였다. 벵골의 프랑스인과 영국인 들은 세계 각지에서 아름다운 고양이를 구해 그에게 앞다퉈 바쳤는데 페르시아고양이는 언제나 그의 환심을 살 수 있는 확실한 선물이었다.[51] 알리베르디는 마라타연맹에 맞서 벵골을 방어하기 위해 적잖은 분담금을 내라고 유럽 회사들을 압박하곤 했기에 회사들은 불만을 품었다. 하지만 그들은 알리베르디의 강력한 통치가 지켜주는 평화와 번영의 가치를 잘 알았다. 그는 그대로 무역 회사들이 왕국에 가져다주는 부와 여타 혜택을 인식하고 있었다. "상인들은 왕국에 은혜를 베푸는 이들이며, 그들의 수출입은 모든 사람들에게 이득"이라고 믿었던 것이다.[52]

 한번은 알리베르디 칸이 연로한 장군 미르 자파르 칸에게 유럽인들은 벌집 같다고 말한 적이 있다. "벌집에서 꿀을 따서 이득을 거둘 수 있지만 벌집을 잘못 건드리면 벌에 쏘여 죽을 것이다."[53] 그는 장군들에게 유럽인들을 적대시하지 말라고 충고했다. "영국인들이 내게 무슨 나쁜 짓을 했다고 그들이 잘못되길 빌어야 하는가?" 한 무모한 아프간 장교에게는 다음과 같이 말하기도 했다. "초지로 뒤덮인 저기 평원을 보게. 거기에 불을 지르면 불길이 번지는 것을 막을 길이 없을 것이야. 그렇다면 바다에서 일어날 불과 거기서 땅으로 번질 불길을 끌 사람은 누구일까? 다시는 그런 제안에 귀 기울이지 않게 조심하게. 그런 제안들은 해악만 가져올 테니까." [54]

나중에 돌이켜봤을 때 벵골인들은 알리베르디 칸의 치세 말년을 이후의 모든 시대가 따라가지 못한 황금기로 기억하게 됐다. 나라는 부유하고 융성했으며—벵골의 세입은 1720년대 이래로 40퍼센트 증가했다— 무르시다바드 근처 어느 시장 한 곳에서만 무려 65만 톤의 쌀이 매년 거래되었다고 한다.[55] 지역의 수출 상품—설탕, 아편, 인디고와 100만 명의 직조공들이 만든 직물—은 전 세계에 걸쳐 수요가 많았고, 마라타를 격퇴한 이래로 국가가 평화를 누렸다. 1753년에 한 영국인 상인들이 벵골 이편에서 저편으로 "일꾼을 한 두 명이나 세 명만 딸려서 정금을 보낼 수 있다"고 썼다.[56] 많은 궁정인과 굴람 후사인 칸의 앞날에는 딱 한 가지 먹구름이 끼어 있었는데, 바로 알리베르디 칸의 손자이자 후계자인 시라지 우드다울라였다.

당대의 문헌—페르시아, 벵골, 무굴, 프랑스, 네덜란드, 영국 가릴 것 없이—어디에도 시라지에 관해 좋은 말이 없다. 그의 정치적 동맹이었던 장 로에 따르면 "그는 상상할 수 있는 최악의 평판을 누렸다".

보통 키에 스물너덧 살인 이 젊은이는 (…) 온갖 허랑방탕한 행각과 역겨운 잔인성으로 유명했다. 이교도[힌두교도] 여성은 갠지스강에서 목욕하는 습관이 있다. 시라지는 수하로부터 그런 여성들 가운데 미인들이 있다는 말을 들었다. 그는 수하들을 작은 보트에 보내서 여성들이 여전히 물속에 있을 때[목욕 중일 때] 납치해 오게 했다. 강물이 범람했을 때 일부러 나룻배를 들이받아 배가 크게 흔들리거나 물이 새게끔 만드는 것도 여러 번 목격됐는데, 다수는 헤엄치는 법을 몰라 물에 빠져 죽을 것이 확실한 사람—남녀 어른과 아이들—백여 명이 겁에 질린 모습을 구경하는 잔인한 즐거움을 누리기 위해서였다.

일부 신료나 귀족을 제거해야 할 필요가 있으면 시라지는 그 일을 해주겠다고 흔히 자원했다. 알리베르디 칸은 처형당하는 자들의 비명 소리를 참을 수 없어 그동안 도시 바깥의 어느 정원이나 집으로 물러가곤 했다. 사람들은 시라지의 이름만 들어도 떨었다. 그는 공포를 유발해 사람들을 다스렸지만 그와 동시에 누구보다 겁쟁이로 알려져 있었다.

그는 천성적으로 성급하나 용기가 없고, 고집스럽고 결단력이 없었다. 아주 사소한 잘못에도 금방 성을 냈고 때로는 뚜렷한 이유 없이 그랬다. 엇갈리는 정념들의 혼란이 나약한 기질에 낳을 수 있는 온갖 정신적 동요를 드러냈고, 어떤 의도나 생각 때문이라기보다는 본디 배신을 잘하고, 누군가에 대한 신뢰나 믿음이 없으며, 쉽게 맹세하고 그만큼 쉽게 어겨서 서약을 전혀 존중하지 않았다. 그를 위해 해줄 수 있는 유일한 변명이라면 갓난아기였을 때부터 언제나 그 젊은이에게는 주권자로서의 앞날이 예정되어 있었다는 것이다. 제대로 된 교육을 받지 못해 순종의 가치를 가르쳐줬을 교훈들을 배우지 못했다.[57]

시라지 우드다울라에 관한 가장 안 좋은 초상은 친척이자 그의 보좌진 중 한 명이었던 굴람 후사인 칸이 남긴 것으로, 굴람 후사인 칸은 남녀를 가리지 않는 연쇄 강간범이자 사이코패스로 묘사할 만큼 시라지의 행태에 심한 충격을 받았다. 그는 "그의 성품은 무지와 방종이 결합된 것이었다"라고 썼다. "유력가와 지휘관 들은 경박함과 거친 언어, 무정함 때문에 그를 매우 싫어했다."

이 군주는 (…) 남녀를 불문하고 마음에 드는 거의 모든 사람을 자신의 욕정에 희생시키는 것을 재미로 삼거나, 그렇지 않으면 그의 성정에 가득한 악의나 경박한 젊음의 장난의 대상으로 조금도 거리낌 없이 탈바꿈시켰다. (…) 그는 알리베르디 칸을 용감하고 충실하게 모셔온 노장들을 홀대하고 매일같이 욕보였고, 손자의 품성과 거친 언사에 주눅이 든 그들은 감히 입을 열거나 심지어 그 앞에서 숨도 쉬지 못했다. 노장들 대다수는 시라지가 그들에게 말할 때 사용하는 수치스러운 표현들에 충격을 받고, 그의 마음을 사로잡아 벼락출세한 인간들의 오만방자함에 분통이 터져서 시국에 관해 조언을 해주기는커녕 악의를 품고 그가 몰락하기를 바란 한편, 그 역시 누구의 의견도 구하려 하지 않았다.
시라지로 말하자면, 그는 세상에 무지했고, 사리와 통찰력이 전무하여 이성적인 행동을 취할 능력이 없었다. 무지의 연기로 흐릿해지고 젊음과 권력, 지배라는 매캐한 연기에 취해 혼미한 머리를 가지고 있어서 선악도, 미덕과 악덕도 구별하지 못했다. 그의 경거망동은 너무 심각하여 군사 원정 와중에도 거친 언사와 다혈질적 기질로 용감하고 유능한 지휘관들의 가슴에 비수를 꽂곤 했다. 그런 언동은 자연스레 지휘관들이 무관심하고 태만하게끔 만

들었으며 (…) 시간이 지나면서 그는 파라오만큼 미움을 받게되되었다. 사람들은 우연히 그를 만나면 "신이시여 그로부터 구해주소서!"라고 말하곤 했다.[58]

시라지의 가장 심각한 잘못은 벵골의 대은행가들인 자가트 세트가를 멀어지게 한 것이었다. 세트인(용어 해설 참조)들이 획책하여 알리베르디를 권좌에 앉혔고, 그 지역에서 활동하고 싶은 사람은 그들의 호의를 사는 것이 좋았다. 그러나 시라지는 그 은행 사업을 이끄는 가문의 두 사람, 다시 말해 자가트 세트 칭호의 보유자인 마흐 탑 라이와 라이의 사촌으로서 알리베르디 칸으로부터 '마하라자'의 칭호를 받은 스와룹 찬드Swaroop Chand에게 정확히 반대로 했다. 치세 초에 푸르네아의 친척과 맞붙기 위해 군대를 무장시키려 했을 때, 시라지는 은행가들에게 3,000만 루피*를 내놓으라고 요구했다. 그런 액수는 불가능하다고 대답을 듣자 시라지는 마흐탑 라이를 때렸다.[59] 굴람 후사인 칸에 따르면 "그가 흔히 무시하고 조롱했고, 때로는 할례를 시키겠다고 위협하며 심하게 모욕을 줬던 수도의 중요 시민 자가트 세트는 [시라지 정권에서] 완전히 멀어지고 마음이 떴다".[60] 쉽게 피할 수 있었던 실수이자 나중에 후회하게 될 잘못이었다.

하지만 이 모든 일에도 불구하고 묘하게도 할아버지는 시라지에게 꼼짝 못 했다. 노인에게는 딸만 셋이 있고 아들이 없었으며 시라지 말고 유일한 손자, 다시 말해 시라지의 형을 천연두로 잃은 뒤 모든 희망을 생존한 손자에게 걸었다. 두 사람은 이보다 더 다를 수도 없었다. 알리베르디 칸은 현명하고 절제력이 있었던 반면, 손자는 무식한

---

* 현재 가치로 3억 9,000만 파운드.

난봉꾼이었다. 그래도 알리베르디의 손자 사랑은 한이 없었다. 굴람 후사인 칸에 따르면 시라지가 1750년에 알리베르디에게 맞서 반란을 일으켜 파트나시를 장악했을 때도 손자를 아끼는 할아버지는 "늘 그막의 유일한 기쁨은 손자의 얼굴을 보는 것이니, 소원해진 노인에게 다시 한번 그 사랑스러운 얼굴을 보여주길 애원하는 열렬한 연인의 말로" 편지를 쓰면서 그를 용서하겠다고 고집을 피웠다.[61]

한동안 알리베르디 칸이 정신을 차리고 관대하고 인망 있는 사위인 나와지시 칸Nawazish Khan을 후계자로 임명할 것이라는 희망이 있었다. 나와지시 칸은 알리베르디 칸의 큰딸 가시티 베굼Ghasiti Begum과 결혼했고 궁중의 일치된 여론에 따르면 완벽한 선택지였다. 하지만 1754년에 시라지가 후계자로 정식 임명되었다.

1755년에 이르자 승계 문제는 진짜 걱정거리가 되었는데, 수종에 시달리는 여든의 나와브의 목숨이 다해가고 있다는 것이 누가 봐도 분명했기 때문이다. 영국 동인도회사는 시라지와 친분을 쌓는 데 실패하고, 그 대신 나와지시 칸과 이제 시라지가 미워하게 된 그의 아내와 친분을 쌓는 데 집중했기 때문에 특히나 우려가 컸다. 반면 프랑스인들은 일을 더 영리하게 진행했고, 장 로는 알리베르디 칸이 마침내 죽었을 때 이러한 상황이 벵골에서 프랑스 세력에게 분명한 이점을 안겨줄 수도 있겠다고 기대했다. 영국인들은 "시라지가 성격이 난폭하고 증오를 불러일으키므로 결코 수브다르[수바다르Subadhar]가 되지 못할 것이라고 확신했나".

그들은 그에게 접근하지 않았고 회사 일과 관련해 도움을 청한 적도 없었다. 오히려 그들은 그와의 모든 교류를 회피했다. 그들이 카심바자르의 상관과 주변 시골의 영국인 저택들에 그의 출입을 여러 차례 거절한 것은 잘 알려져 있었다. 난폭하고 무식한 시라지 우드다울라는 내킬 때면 가구를 때려 부수고 마음에 드는 물건은 뭐든 가져가곤 했다. 하지만 시라지는 그가 받은 상처나 모욕을 잊는 법이 없었다. 알리베르디 칸이 죽기 오래전부터 그가 영국인들에게 기분이 상했다는 사실은 잘 알려져 있었다.

반면에 그는 우리 편[프랑스인]에는 꽤 호의적이었다. 그의 비위를 맞춰주는 것이 유리하기에 우리는 그에게 마땅한 이상으로 언제나 크게 예를 차려 상관에 맞아들였고 중요한 문제마다 그의 개입을 구했다. 이는 가끔 그에게 선물을 보내는 것으로 이루어졌다. 선물은 그와 화기애애한 관계를 유지하는 데 보탬이 됐다.[62]

1756년 3월에 알리베르디 칸의 건강은 눈에 띄게 나빠졌고 심각한 수종 증상으로 반쯤 마비 상태가 되었다. 늙은 나와브가 무굴 남부에서 온 방문객들로부터 5년 전 카르나티크 전쟁에서 유럽인들의 행태가 어떠했는지 이야기를 들은 것은 이 무렵이었다. 그는 특히 유럽인들이 카르나티크 지방 무굴 나와브들에게 유용한 도구였다가, 이내 자기들 마음대로 통치자를 갈아치우는 막강한 배후 조종자로 변신했다는 말을 들었다. 이 소식은 "그의 마음에 커다란 인상을 남겼다"라고 굴람 후사인 칸은 썼다. "신의 섭리가 시라지 우드다울라에게 신중함과 지식을 아주 조금만 부여했다는 것을 알고 있었기 때문이다. 그가 앞으로 어떤 식으로 나라를 다스릴지, 이미 군 장교들과 얼마나 사이가 나쁜지 그리고 그가 캘커타의 영국인들과 툭하면 사이가 틀어지는 경향이 있음도 잘 알고 있었다. 그는 자신이 죽고 시라지 우드다울라가 승계하자마자 모자를 쓴 사람들이 인도의 모든 땅을 차지할 것이라고 여러 사람들 앞에서 장담하곤 했다."[63]

그 직후 EIC가 허가받지 않은 보수 공사를 하고 있다는 사실을 포함하여 캘커타 성벽을 완전히 새로 올렸다는 보고를 받은 알리베르디는 시라지를 불러들였고 영국과 프랑스 세력 양측에 서신을 보내 요새시설을 철거하라고 요구했다. 프랑스인들은 요령 있는 답신을 보내왔고 찬데르나가르의 무굴 관리들에게 뇌물을 뿌려서 신축 성벽 상당 부분을 해체하는 일을 피할 수 있었다.

그런데 프랑스인들보다 더 취약한 요새를 보유한 드레이크 총독은 나와브에게 무례하고 반항적으로 여겨지는 답신을 보내 사태를 악화시켰다. 그는 나와브가 자기 백성을 보호할 능력이 있는지 의문을 제기하고, 이미 카르나티크에서 큰 피해를 낳은 영국과 프랑스의 전쟁을 이제 벵골에서도 일으킬 수 있다는 식으로 암시하며 이렇게 썼다. "우리는 전례 없는 성격의 이런 요구에 순순히 응할 생각이 없습니다."

> 이 세기 동안 우리는 그[나와브]의 영토에서 무역을 해왔고 여러 수바흐$_{subahs}$[수바다르]에 의해 보호되고 장려받았으며, 언제나 그들의 명령에 따라왔기 때문에 일부 적들이 전하께 사실과 다르게 우리가 새로운 요새시설을 짓고 있다고 알린 것에 우려를 금할 수 없습니다. (…) 그는 프랑스인들에게 마드라스가 함락되어 우리 회사가 입은 막대한 손실과, 양국 간 전쟁 전망이 대두되어 우리가 [홍수로] 휩쓸려 갈 위험이 있는 성벽을 보수하고 있었을 뿐 그 외에는 신축 공사를 하지 않았다는 점도 틀림없이 아셨을 것입니다.[64]

이에 대해 알리베르디는 마지막으로 한 번만 외교에 의존해보기로 하고 그의 대리인으로 나라얀 싱 Narayan Singh을 파견했다. 나라얀 싱은 무굴 영토에서 상인의 자리와 위상을 설명하고 회사가 계속해서 그의 뜻을 거역한다면 뒤따를 결과를 보여줌으로써 드레이크를 설득해 복종하게끔 하는 임무를 맡았다.

늙은 나와브는 투계를 관람하고, 손자에게 가능하면 유화책을 따르라는 조언을 건네면서 생의 마지막 나날을 보내고 있었다. "나라의 번영은 통합과 협력에, 파멸은 다툼과 대립에 달려 있는 만큼 합의와 복종을 기반으로 통치하고자 한다면 나의 방식과 길을 흔들림 없이 따라야 하며, 그러면 너는 평생토록 적들의 지배로부터 안전할 것이다. 하지만 네가 다툼과 적대의 길을 택한다면 이 나라는 십중팔구 명성을 잃고 몰락할 것이고 오랫동안 비탄과 후회가 뒤따를 것이다." [65]

알리베르디 칸은 1756년 4월 9일 오전 5시에 세상을 떴다. 그는 그날 쿠시바그 묘지, 그의 어머니 곁에 묻혔다. 그날 저녁 시라지 우드다울라는 이모인 가시티 베굼의 궁전을 공격해 그곳을 지키던 근위대를 죽이거나 무장해제하고 이모의 돈과 보석을 모두 빼앗았다.

다음 달인 5월 22일에 시라지는 수천 명의 군사와 코끼리 500마리를 이끌고 또 다른 잠재적 경쟁 상대로 여긴 사촌을 치려고 푸르네아로 진군하던 중에 할아버지가 파견했던 대리인 나라얀 싱을 만났다. 나라얀 싱은 수모를 당하고 화가 나서 캘커타에서 돌아오던 길이었다. 그는 신임 나와브에게 드레이크가 자신을 붙잡아 접견도 하지 않고 도시에서 쫓아냈다고 말했다. "그는 '자기 궁둥이 씻는 법도 아직 배우지 못한 소수의 무역상이 군주의 명령에 그 사절을 쫓아내는 것으로 답한다면 우리에게 무슨 명예가 남아 있겠습니까?'라고 물었다. 시라지 우드다울라는 그 말을 듣자마자 대군과 함께 발길을 돌려 하룻밤 행군하여 카심바자르의 영국 상관 뒤편에 당도했다."[66]

EIC 상관은 대문들을 걸어 잠그고 총안에 설치된 대포에 포도탄을 장전했다. 상관이 처음에는 외부와 차단되었다가 이내 포위되며 여러 날 동안 대치 상태가 이어지자 상관원들은 소수의 병력과 수중에 있는 제한된 무기로 군사적으로 저항할 것인지, 아니면 시라지 우드다울라에게 순순히 굴복할 것인지를 둘러싸고 의견이 나뉘었다. 처음에는 상관을 에워싼 무굴 기병이 300명밖에 없었지만 하루가 다르게 수가 늘어났고, 6월 3일에는 시라지가 불안에 빠진 상관원들이 3만 명으로 추산한 병력을 이끌고 직접 모습을 드러냈다.[67] 그에 반해 상관원들은 200명에 불과했다. 결국 상관장인 윌리엄 와츠는 벵골 법원의 여러 친구들로부터 무조건 항복한다면 나와브가 아량을 보일 것이라는 의견을 청취한 뒤 후자의 노선을 취하기로 했다.

한 영국인의 목격담에 따르면 "와츠 씨가 두 손을 포개고 손목에는 흰 손수건을 묶어서 스스로 나와브의 노예이자 포로임을 알리며 앞으로 나가자 그[시라지]는 그를 실컷 모욕했다".[68] 와츠는 나와브의 발을 끌어안고 "토마르 굴람, 토마르 굴람 Tomar ghulam, tomar Ghulam"이라고 소리쳐야 했는데 '나는 당신의 노예, 당신의 노예'라는 뜻이었다.

상관의 대문들이 열리자마자 적이 우르르 쏟아져 들어와 공용과 개인 고다운 godown[창고]의 열쇠를 내놓으라고 요구했다. 그들은 지체 없이 무기와 탄약을 챙긴 다음 순순히 말을 듣지 않으면 귀를 자르고 코를 베고 채찍으로 때릴 것이라는 등 여러 처벌로 신사들을 위협하며 아주 무례하게 굴었다. (…) 그다음 그[시라지]는 상관에서 유럽인을 전부 끌어내 철저히 감시하라고 명령했다. 포로들은 전부 무르시다바드 쿠체리[감옥]로 보내져서 족쇄를 차고 감금되었다.[69]

카심바자르 상관에서 붙잡혀 약탈당하고 족쇄를 찬 사람들 중에는 스물네 살의 젊은 수습 상관원 워런 헤이스팅스도 있었다. 항복한 수비대의 지휘관 엘리엇 중위는 그런 모욕과 수치, 투옥을 견디느니 자기 머리를 날려버리는 쪽을 택했다.[70]

5월 28일, 포위전 도중에 시라지 우드다울라는 아르메니아인 중재자를 캘커타로 파견해 드레이크에게 마지막으로 일련의 요구 사항을 밝혔다. 그는 "영국인들이 내 나라에 계속 머물고자 한다면 요새를 전면 철거하고, 해자를 메우고 나와브 무르시드 쿨리 칸의 시대에 했던 것과 동일한 조건에서 교역하라는 명령을 따라야 한다. 그렇지 않으면 내가 수바흐[총독]인 주들에서 그들을 싹 몰아낼 것이다. (…) 나는 그 민족을 위에 언급한 조건으로 돌아가게 만들려고 단단히 결심했다. (…)"고 경고했다.[71] 시라지는 아르메니아인이 수세기 동안 해온 대로 영국인이 행동하기를 원했다. 다시 말해 자신들의 요새시설에 의존하지 말고 무굴 총독의 보호에 의지하면서 그 지방에 종속된 상인 공동체로서 교역하라는 것이었다.

드레이크는 답장조차 하지 않았다. 그러므로 카심바자르 상관이 항복한 이튿날 시라지 우드다울라는 이제 캘커타를 정복해 그곳의 막강한 무역상들을 굴복시키고자 7만 대군을 이끌고 진군했다.

시라지 우드다울라가 영국 동인도회사에 위력을 행사하기 위해 남쪽으로 진군하고 있을 때, 내륙으로 1,600킬로미터 안쪽에서는 또 다른 젊은 무굴 군주가 델리 서쪽으로 몇백 킬로미터 떨어진 자트인들의 보루인 한시Hansi에 위력을 행사하려고 애쓰는 중이었다. 그 역시 30대 초반이었고, 그의 운명 역시 클라이브 및 회사의 운명과 숙명적으로 엮이게 될 터였다. 서글서글하고 인정 있는 지식인이자 문인이며 모다브 백작에 따르면 '너무 선량해서 탈인' 그 군주는 토벌 작전에 딱히 적합한 인물이 아니었고, 그의 인생 경로는 무자비하고 살기등등한 시라지 우드다울라만큼 성공으로 점철되어 있지 않았다.[72]

알리 가우하르 왕자Prince Ali Gauhar, 이 키 크고 체격이 좋으며 잘생긴 샤 알람은 시라지 우드다울라에게 결여된 매력과 감수성, 학식의 재능을 타고난 사람이었다. 군인은 아니었지만 여러 언어에 뛰어난 비범한 시인이었다. 비록 전투에서도 용맹하고 훌륭한 검객으로서 명성이 높았으나 그의 관심사는 전쟁의 기술 아닌 바로 그 분야였다.

시라지 우드다울라에 관해서는 그토록 가차 없이 쓴 장 로도 젊은 샤 알람은 거의 완벽한 군주처럼 묘사했다. "그는 평균보다 키가 크고, 이목구비가 매력적이나 놀랍도록 피부색이 검다"라고 썼다.

> 샤자다Shahzada(왕세자—옮긴이)는 최상의 교육을 받았고 교육의 덕을 크게 봤다. 내가 관찰한 모든 것이 적합해 보였다. 그는 동양 언어와 역사에 정통하다. 아랍어, 페르시아어, 튀르크어, 힌두스타니어에 능통하다. 독서를 좋아해 몇 시간씩 독서를 하지 않고 지나가는 날이 없다. (…) 탐구심이 있고, 사사로운 자리에서는 천성적으로 쾌활하고 자유분방하며, 신임하는 주요 군 장교들을 그런 자리에 수시로 초대한다. 나도 종종 그런 영예를 얻었다.[73]

적나라한 공격성과 무력이 매력이나 유화적 태도보다 더 믿음직한 결과를 낳는 시대에 태어난 것이 샤 알람의 불운한 운명이었다. 그가 다음과 같이 표현한 대로,

> 귀족과 봉신들의 불충으로 이런 무정부 상태가 일어났고, 모두

가 어엿한 주권자임을 자처하며 서로 사이가 좋지 않으니 강자가 약자를 짓밟는다. (…) 가문과 제국의 명예를 회복하지 않으면, 겉 모습만을 추종하는 이들이 보기에는 황제 폐하의 위엄이 떨어질 것이라 생각하니 폐하의 성스러운 마음은 참으로 어지럽다. (…) 기만과 속임수가 횡행하는 이 시대에 폐하는 어느 누구의 봉직이나 충성 맹세에도 의지할 수 없다.[74]

20년 전 무하마드 샤 랑길라의 치세에 제국이 급격히 줄어든 이후로 샤자하나바드의 배후지는 만인의 만인에 대한 투쟁과 야생과 같은 무질서에 빠져들어, 이제 모든 촌락이 주변과 전쟁 상태인 자급자족적이고 요새화된 하나의 공화국이었다. 무굴 왕조가 환란과 침공의 시대에 이런 촌락 공화국에 거의 또는 아무런 지원도 해주지 않았으므로 촌락민들도 세금을 내야 할 이유를 알지 못했다. 《샤 알람 나마》에 따르면 알리 가우하르 왕자의 임무는 "순종의 한계를 벗어난 악랄한 저 라자들과 사악한 마음으로 반항적이 된 자민다르들을 응징하여 그들이 질책을 받고 순응하게 하는 것이었다".[75] 하지만 일은 그렇게 풀리지 않았다. 왕자가 한시를 굴복시켜 세금을 받으려고 하자, 주민들은 성문을 걸어 잠근 다음 야음을 틈타 그의 진지를 공격해 약탈했다.

샤 알람은 붉은 요새에서 황제 바하두르 샤 1세의 손자로 태어났다. 그는 왕자의 '우리cage', 즉 붉은 요새 내 살라틴Salatin 구역에서 자라고 교육 받았는데, 살라틴 구역은 왕자들이 어느 정도 안락하게 지낼 수 있지만 마음대로 떠날 자유가 없는 감옥과도 같았다. 그는 나데르 샤가 델리로 쳐들어와 왕실의 거의 모든 보물을 약탈해 갔을 때 열두 살에 불과했다. 그는 무굴 왕조가 페르시아인, 아프간인, 마라타인들에게 당한 치욕과 시급한 재건의 필요성을 끊임없이 의식하며 자라났다. 하지만 1753년에 다 같이 힘을 합쳐 반격에 나서기는커녕 무굴인들은 다시금 새로운 내전에 빠져 자멸했고, 가까운 장래에 제국이 재건될 희망도 사라졌다.

재상이자 아와드의 나와브 사프다르 중에 대한 궁중 암투가 벌어지자, 사프다르 중은 왕년에 그가 후견했던 열여섯 살의 이마드 울물크와 델리 시가지에서 끝장 대결을 벌였다. 거대 권력욕의 소유자인 이 젊은이는 니잠 울물크의 손자였다. 늙은 재상과 젊은 후임자 간의 내전은 3월부터 11월까지 델리 일대에 걸쳐 6개월간 격렬하게 진행되었다. 델리 구도시와 신도시는 양 파벌이 각각 차지했고, 내란으로 두 도심 사이에 낀 곳은 폐허가 되었다. 시인 사우다는 델리에서는 위험이 상존하여 샤자하나바드 한복판에서도 사람들이 저녁에 무샤이라[시 낭송회]에 갈 때에 전장에 나가듯 완전 무장을 하고 나갔다고 썼다. 그는 "이 시대의 비뚤어진 정의를 보라! 늑대들은 활보하고 목자들은 갇혀 있네"라고 썼다.[76]

신임 재상은 도덕 관념이 강한 아버지 가지 우드딘의 손에 아주 엄격하고 금욕적으로 양육되었다. 그는 가정교사와 물라mullah(이슬람 율법학자—옮긴이) 들의 보살핌을 받으며 자랐고, 무슬림의 안식일인 금요일에는 내시들만이 그의 곁을 지켰다. 그는 또래 아이들과 어울리거나 악사와 무희의 공연을 보는 것도 허락되지 않았다. 덕분에 이른 시저 성취를 이뤘지만 동시에 무한한 야심과 도덕 불감증을 지니게 되었고, 이는 이로 인해 후원자였던 사프다르 중부터 시작해 자신을 도와준 모든 사람에게 등을 돌리는 결과로 이어졌다.

사프다르 중은 전에 이마드의 부친이 죽었을 때 가산을 지켜주기 위해 개입했고 열여섯 살의 그를 왕실 경리관이라는 중요한 직위에 임명했었다.[77] "어느 모로 보나 어린 이마드 울물크는 매력적이고 상냥한 태도를 갖춘 잘생긴 젊은이였다"라고 장 로는 썼다. "사프다르 중은 그를 친아들처럼 여겼고 실은 자신이 품 안에 뱀을 키우고 있다고는 전혀 생각지 못했다."

그는 타고난 매력과 재능으로 황제의 마음을 완전히 사로잡았다. (…) 그리고 자기 목적을 달성하는 문제에서는 명예와 관련해 거리낌이 전혀 없었고 자신의 후원자도 희생시킬 태세였다. (…) 그의 처신에서는 극도의 교활함과 역겨운 잔인성만이 두드러졌다. 언제나 손에 미스바하(염주)를 든 모습이었지만 그의 외관상의 독실함은 아우랑제브의 독실함과 같았으니, 순전히 위선이었던 것이다. 독실함은 극단으로 치달을 때 가장 두려워해야 할 것이다. 재상으로 임명되기 무섭게 이제 그는 누구보다 그를 위해 힘써준 모든 이들을 상대로 음모를 꾸몄다.[78]

사프다르 중의 구舊델리 성채―푸라나 킬라 인근 지역―는 약탈당하고 파괴되어 옛 모습을 회복하지 못했다. 굴람 후사인 칸에 따르면 "신도시 샤자하나바드(무굴 황제가 1639년부터 새로 건설한 계획 도시로 오늘날의 올드델리에 해당―옮긴이)보다 더 부유하고 인구가 많았던 구델리는 철저하게 약탈당하여 무수한 이들이 배우자와 자식을 잃고 완전히 파멸한 데다가 수많은 이들이 학살당했다".[79] 결국 사프다르 중은 아와드로 물러갈 수밖에 없었다. 그는 재기하지 못했고 1년도 지나지 않아 "몰락에 대한 충격과 비탄으로 일찍 저세상으로 갔다".[80]

열여섯 살에 자신의 첫 번째 후원자 사프다르 중을 무너트리는 데 성공하자 열일곱 살이 된 이마드 울물크는 또 다른 후원자인 다름

168

아닌 황제를 폐위시키기로 결심했다. 무굴 황제 아흐마드 샤 구르가니Ahmad Shah Gurgani와 모후 쿠드시아 베굼Qudsia Begum은 붉은 요새의 랑 마할 앞 정원에 숨어 있다가 발각되었다. 이마드 울물크는 두 사람을 감옥에 처넣고 불에 달군 바늘로 눈을 째게 했다. 그리고 아흐마드 샤를 대신해 국정 경험이 없고 마음대로 좌지우지할 수 있는 55세의 알람기르 2세를 꼭두각시로 앉혔다. 알람기르는 처음부터 로의 말마따나 "왕이라기보다는 노예"였다.[81]

그리하여 알람기르 2세의 큰아들인 샤 알람이 별안간 살라틴 '우리'에서 풀려나와 무너져가는 제국의 후계자로 지명된 것은 스물여섯 살 때였다. 그는 알리 가우하르와 샤 알람, 고귀한 혈통이자 세계의 주인이라는 칭호를 받았고, 개인적으로 가장 좋아하는 것이자 첫째가는 관심사인 시와 더불어 정치에도 관심을 가져야 했다. 하지만 그의 세계의 중심을 차지하고 있는 것은 여전히 문학이었다. 왕자는 '아프탑Aftab'이라는 필명으로 우르두어와 페르시아어, 펀자브어, 그리고 특히 브라지 바샤어로 왕성하게 글을 쓰는 존경받는 작가가 되었는데, 마지막 언어로는 크리슈나신, 시바 그리고 칼리와 사라스와티 여신들에게 바치는 길고도 열정적인 송시를 짓기도 했다. 그의 작품 다수는 나중에 《나디라트이샤히Nadirat-i-Shahi》라는 제목의 디완(문집)으로 엮어 나왔다. 또 나중에는 《아자입 알카사스Aja'ib al-Qasas》라는 제목으로 다스탄dastan도 썼다.[82] 샤 알람은 성향상 수피교도였다. 철저한 엄격주의자인 아버지 알람기르 2세 황제와는 대조적으로 샤 알람은 모스크에서 거행되는 의례들만이 아니라 신이 창조한 우주의 모든 경이들 가운데에서도 신을 찾을수 있다고 믿었다.

모스크와 카바에서 시간을 낭비하지 마라, 오 물라여,

가서 어디서나 찾으라, 소중한 신성의 발자취를.

일생토록 샤 알람은 위대한 수피교도 쿠트브 우드딘 박티아르 카키Qu'tb un-Din Baktiar Khaki의 각별한 신봉자였는데, 쿠트브의 성소는 무굴 왕조의 우기 휴양지인 메라울리 한가운데 있었다. 수피 문학과 사상에 깊이 물든 그의 운문들은 종종 기쁨과 사랑, 갈망의 계절인 몬순 우기 때 지상의 다산성과 그가 가장 좋아하는 성인의 수피 영성을 연결시켰다. 그가 애창한 라그raag(음계)는 현재는 소실된 몬순 라그인 라그 가운드Raag Gaund인데, 이 음악은 비를 맞으며 부르면서 비의 여러 즐거움을 환기시키기 위한 것이었다.

오 님을 만날 계절이 돌아왔구나!
개구리, 공작, 뻐꾸기가 울고 코얄(두견과 새의 일종―옮긴이)이
지저귀네.
비와 강물, 천둥이 치고 구름이 몰려드니
눈으로 간절히 들이마시고 싶구나.
번개가 번쩍이며 내 삶을 뒤흔든다. 나의 님아 어찌 잠들까?[83]
푸른 대지의 아름다움이 기쁨을 주고 구름이 사방을 감싸며
가진 것 없는 이 몸은 쿠트브 우드딘 님의 은전을 구하러 순례를
떠나네.[84]

하지만 이런 수피즘의 명상에 빠져드는 와중에도 왕자는 그의 아버지를 권좌에 앉힌 바로 그 사람을 갈수록 두려워하게 되었다. 그보다 거의 열 살 어린 재상 이마드 울물크는 잘생긴 왕세자에 대한 질투를 굳이 감추지 않았다. 《샤 알람 나마》에 따르면 "마음에 악의와 기

만이 가득한" 이마드 울물크는 "다른 사람의 성공을 용납하지 못했다. 사실 왕자의 인기는 그를 매우 불쾌하게 만들었다. 그는 모략을 꾸미기 시작했다. 그의 사악한 행태가 왕국 전역에 불화를 야기했다. 그의 전횡이라는 가시가 왕국의 정원에 환란을 야기하고 그의 어두운 영혼이 왕국에 파멸을 가져왔다".[85]

그러므로 라마단 중간 4월의 더위가 한창일 때, 이마드 울물크는 붉은 요새에서 영예를 내리고 싶다고 감언이설을 늘어놓으며 샤 알람을 한시 원정에서 소환했고 왕자는 당연히 미심쩍어 했다. 사실 한시에서 거두고 있는 것이 세금만은 아니었기에 그는 특히 불안했다. 무굴 연대기 작가 카이르 우드딘에 따르면 "황제는 이마드 울물크의 권세와 위용에 분개했고, 자신이 그에게 의존하고 있는 현실에는 한층 분개했기에 궁정에서 이마드 울물크로부터 어떤 식으로든 멀어진 사람들과 친분을 쌓기 시작했다. 얼마 안 있어 두 사람의 관계는 눈에 띄게 험악해졌고 이는 정치체의 무질서와 타락으로 이어졌다".

> 황제는 표면상으로는 한시와 주변 지역에서 권위를 다시 세우고 세금을 거둘 수 있게 샤 알람에게 붉은 요새를 떠나도 좋다고 허락했지만 이마드 울물크 쪽의 적대적 의사에 맞설 수 있게 상당한 규모의 군대를 일으키고, 그를 따르는 용감한 전사들을 이용해 그 몹쓸 인간의 기선을 꺾어버리라고 은밀히 지시했다.[86]

왕자는 눈앞의 선택지를 걱정스레 따지면서 오는 길에 여러 무굴 정원에 들러 진을 치고, 기도를 올리기 위해 즐겨 찾는 메라울리의 성소로 순례를 가는 등 델리로 천천히 귀환했다. 궁정의 여러 친구들이 하리야나까지 달려 나와 그가 덫으로 걸어 들어가고 있다고 경고하며, 조심하라고 신신당부했다. 그들은 이마드 울물크가 영예를 내리고 싶어 하기는커녕 왕자가 붉은 요새에 발을 디디자마자 최근에야 빠져나온 살라틴 구역 '우리'에 다시 가둘 심산이라고 말했다. 그동안 내내 이마드 울물크는 붉은 요새에서 그를 맞이하길 기다리고 있다며 환영과 우정의 메시지와 함께 "진미가 차려진 커다란 쟁반, 화분, 판paan(빈랑씨와 각종 향신료를 구장나무 잎사귀로 싼 것. 독특한 향미를 즐기기 위해 씹었다가 뱉어내며 전통적으로 손님에게 대접하는 것이다—옮긴이)을 담은 함 들"을 보내며 매력 공세를 펼치고 있었다.[87]

하지만 점점 의심이 깊어진 왕자는 매복을 피해 도시 북쪽 변두리에 있는 알리 마르단 칸Ali Mardan Khan의 대저택에 거처를 잡았는데, 그곳의 일부는 과거 수피교도 왕자 다라 슈코Dara Shukoh가 도서관으로 이용했던 곳이었다.[88]

"이마드 울물크는 왕자와 친한 척하며 계속해서 감언이설을 늘어놓았다"라고 카이르 우드딘은 썼다. "결국 샤 알람은 이렇게 기만적인 아첨성 제안을 받아들이는 척하기로 했다."

이마드 울물크가 제안한 대로 그는 병사들의 질서를 잡고, 급여로 줄 세금을 걷도록 휘하 병사들 일부를 세입 영지로 보냈다. 하지만 가장 믿음직한 부하들은 계속 곁에 두었다. 그는 휘하에 보병과 기병 근위대를 두고 제자일jezail(중동과 남아시아에서 널리 이용된 수제 장총—옮긴이) 저격병과 머스킷 병사를 총안과 망루, 요새화된 입구에 배치했으며, 로켓 병사와 경비병도 배치했다.

이마드 울물크는 알리 왕자를 구슬려 안전하다는 착각에 빠지게 하려고 보름 동안 애쓰다가 하루는 수행원들과 함께 선지자의 발자국 유물을 모신 카담 샤리프 성소[왕자가 머무는 곳 바로 북쪽에 있었디]를 경건하게 찾아갈 것이라고 밝혔다. 야무나강이 거의 말랐으므로 그들은 얕은 여울을 건너 주요 관문 쪽에 있는 시장을 통과해 알리 마르단 칸의 저택에 접근했다. 반지가 손가락을 감싸듯이 그들은 사방에서 저택을 에워쌌다. 명목상으로는 의장대로서 알리 마르단 칸의 저택 주위에 병사를 배치한 뒤 이마드 울물크는 왕자를 잡아 가두라고 명령했다. 병사들은 담을 뚫고 들어오는가 하면 지붕으로 기어올라 안뜰로 머스킷을 발사하면서, 사방에서 저택을 공격했다. 왕자의 측근들은 필사적으로 저항하다 우수수 쓰러져나갔다.[89]

굴람 후사인 칸에 따르면 왕자 "곁에는 소수밖에 남아 있지 않았지만 이들은 완강하고 결연했다".

그들은 말에 올라타 저택 뒤편으로 갔고 거기 강을 내려다보는 담에 구멍이 나 있어서, 느닷없이 적을 덮쳐 순식간에 길을 내니 땅바닥에는 시신이 즐비했다. 왕자는 직접 두 사람을 처치했고, 싸움이 벌어지는 동안 줄곧 용감무쌍하고 영웅적인 모습을 보여서 옛시대의 영웅들이 그의 용맹을 지켜봤다면 놀라서 손가락을 깨물었을 것이다. 적들은 그들의 먹잇감이 빠져나가려 하자 뒤로 몰려들어 열심히 쫓아왔다. 이런 막다른 상황에 용감한 병사들이 몸을 놀려 마지 군기처럼 검을 치켜들고 추격자들에게 달려들어 맨 앞에 쫓아오던 자들을 다수 죽이고 달아나게 했다.[90]

저녁이 되자 왕자는 수적으로 불리해졌다. 그의 곁에 남은 사람들은 400명뿐인 반면, 이마드 울물크는 최신 머스킷으로 무장한 유럽인 용병 60명을 비롯해 1,500명이 넘는 병사를 거느리고 있었다. 왕자의 병사들은 주로 "창과 사브르(날이 휘어져 있는 무거운 칼―옮긴이), 화살"로 무장하고 있었다.[91]

"그러자 용자 중의 용자인 미르 자파르와 알리 아잠 칸Ali Azam Khan이 왕자의 용기를 북돋아 길을 뚫고 나갈 결심을 하고 말했다."

죽음을 각오하고 적을 급습합시다. 성공한다면 우리는 머리통과 목을 많이 부러트리고 이곳을 빠져나갈 것입니다. 실패한다면 영원한 명예와 함께 용자로 길이 기억되겠지요. 왕자는 앉아서 열심히 듣다가 동지들의 말에 기운을 차리고 일어서서 소수의 용감무쌍한 전사들과 함께 싸움에 뛰어들어 영웅적으로 싸우며 많은 적을 쓰러트렸다. 측근들의 용맹이 백병전의 와중에 구원이 되었다. 그들은 신속하고 교묘하게 혼전으로부터 빠져나오기 시작했다.

하지만 협곡을 빠져나오는 길에 적들이 주변을 에워쌌고, 왕자가 탄 말에 부상을 입히고 그를 붙들려고 안간힘을 썼다. 변함없이 용감한 알리 아잠 칸은 왕자에게 소리쳤다. "샤 알람이시여, 당신의 목숨은 오늘 우리의 목숨보다 귀합니다. 도망쳐서 거리를 버십시오. 당신이 적과 한참 떨어질 때까지 그들을 가로막겠습니다. 제가 죽는 한이 있어도 싸워서 당신이 도망칠 길을 낼 것입니다." 이렇게 말한 뒤 그는 포효하는 사자처럼 무수한 적과 용감하게 싸웠고, 여러 차례 부상을 당해 마침내 땅에 쓰러졌다.

이때에 이르자 왕자는 말을 달려 도시를 빠져나와 적의 손아귀에서 벗어났다. 그는 [마라타] 친구인 아틸 라오의 군영에 당도했고, 아틸 라오는 그의 용맹을 칭찬하며 왕자와 일행들을 위해 막사를 치라고 명령했다. 왕자와 일행들을 며칠간 대접한 뒤 그는 그들과 함께 동쪽의 파루크하바드로 가서 3라크 루피*의 조공을 받았다. 왕자는 로힐라인들의 영토로 건너갔고 로힐라인들은 서둘러 왕자 일행을 맞이하여 관례에 따라 환대를 베풀었다.[92]

왕자는 지지자들이 더 합류하길 바라며 파루크하바드에서 며칠간 기다렸다. 이마드 울물크가 수단과 방법을 가리지 않고 자신을 죽이려 하는 것을 이제 알았으므로 델리로 돌아가지 않고 그 대신 "동쪽으로 가서 번영하고 부유한 주인 벵골과 비하르[푸라브]주를 접수하기로 결심했다".[93] 그는 델리에 세금을 보내는 것을 중단한 나와브 총독들의 지배에서 두 지방을 되찾아올 생각이었다. "이 세상은 군데군데 잡초와 가시가 있는 꽃밭과 같으니, 백성 가운데 충직하고 착한 이들이 평온하게 쉴 수 있도록 나쁜 자들을 근절할 것이다."[94]

왕자는 망명 생활의 불확실성과 고난을 십분 예상했고 "오로지 신께 의지한 채 광야의 길로 향했다". 그는 앞날을 낙관하지 않았지만 자신의 유산을 되찾기 위해 전력을 다하기로 결심했다. 델리에서는 그의 용맹에 관한 이야기가 퍼져나갔다. 젊고 늠름하고 인망 있는 새로운 무굴 왕자가 제국을 재건하고 반세기에 걸친 무정부 상태를 끝내기 위해 동쪽으로 가려고 한다는 것이 알려지자 추종자들이 힌두스탄을 가로질러 와 이 새로운 아크바르에게 합류하기 시작했다.

처음에는 가는 물줄기였던 것이 점차 급류로 불어났다가 이내 홍수가 되었다. 얼마 안 있어 왕사는 반세기의 내진으로 파턴 닌 유서 깊은 다수 무굴 가문의 지지를 받게 되었다. 굴람 후사인 칸에 따르면, 델리를 떠난 지 몇 달 만에 거의 3만의 군사가 그의 기치 아래 결

---

*   현재 가치로 거의 400만 파운드에 달한다.

집했다. 이 가운데는 굴람 후사인 칸의 아버지도 있었는데 왕자의 자문관 역할을 하도록 샤 알람의 어머니이자 황후인 지나트 마할Zinat Mahal이 붉은 요새에서 몰래 파견한 인물이었다. "왕자 곁에는 인품이 있고 뛰어난 사람들이 여럿 있었는데, 모두 그와 한배를 탔고 그들의 주인만큼 심한 곤경에 처한 사람들이었다."

왕세자가 샤자하나바드에서 나왔을 때 처음에는 사정이 너무 어렵고 몹시 궁핍했으므로 그를 돕거나 따를 생각을 하는 사람이 거의 없었다. 게다가 모두가 재상 이마드 울물크의 원한을 살까봐 두려워했다. (…) 그러나 내 부친은 약간의 야전 장비와 여타 필수품을 마련하고, 이 원정의 명성과 그들의 처지를 개선할 희망에 기대어, 해산된 무굴 병사들을 설득해 원정에 합류하도록 최대한 많이 데려오는 일을 떠맡았다.

샤 알람이 비하르와 벵골주로 원정에 나설 계획이며, 그가 아지마바드[파트나]에 곧 당도할 것임이 확실해지자마자 이전에 왕자의 선조들 아래서 경험한 훌륭한 통치 덕분에 그의 승리와 만사형통을 기원하지 않는 주민이 없었다. 그들은 그 주제에 관해 한마음 한뜻인 듯했다. 그들 가운데 그로부터 어떤 은혜를 입거나 그의 관후한 식탁에서 떨어졌을 수도 있는 부스러기를 맛본 사람은 아무도 없었지만 말이다.[95]

하지만 사실 샤 알람의 시도는 이미 때늦은 상황이었다. 그가 향하고 있던 벵골은 인도 정치의 한 신진 세력에 의해서 돌이킬 수 없게 바뀌어가는 과정에 있었다. 바로 영국 동인도회사와 특히 로버트 클라이브의 책동으로 인해서 말이다.

‹3›

약탈의 빗자루질

시라지 우드다울라는 군사를 이끌고 누구의 예상보다도 빠른 속도로 캘커타에 들이닥쳤다. 무굴 군대는 하루에 5킬로미터 이상은 이동하지 않을 만큼 느리기로 악명이 높았다. 하지만 시라지는 군대의 발길을 재촉해 땀으로 흠뻑 젖는 벵골 6월의 열대 더위에도 불구하고 열흘 사이에 200킬로미터 이상을 진군했다.

 드레이크 총독은 카심바자르 상관이 함락된 뒤 여러 날 동안 신임 나와브가 그저 허세를 부리고 있을 뿐이며 감히 윌리엄 요새를 공격하지 못할 것이라고 믿었다. 첩보가 매우 열악해, 그는 시라지의 군대가 캘커타 외곽 방어선으로 다가오고 있을 때도 줄곧 그렇게 생각했다. 캘커타 집행위원회가 뭔가 일관된 방어 전략을 논의하기도 전인 6월 13일에 시라지의 선두 부대가 북쪽 둠둠 근교로 접근하여 마라타 해자 Maratha Ditch 를 향해 점점 다가가고 있는 모습이 목격되었다. 드레이크는 무능하기만 한 게 아니라 인기도 통 없었다. 시 민병대에 자원한 캘커타 민간인 중 한 명인 윌리엄 툭William Tooke에 따르면 드레이크는 분열을 조장하는 인물이어서 제대로 된 방어를 조직하는 게 사실상 불가능했다. "지난 몇 년 사이 드레이크 씨의 처신은 의심의 여지 없이 매우 책잡힐 만했다. (…) 누이와 신중치 못한(그보다 더 나쁜 것은 아니라 해도) 관계"를 갖는 것은 "도저히 용서가 안 되는 일이다. 범죄 자체만으로 나쁠뿐더러, 그 일 이후로 인품과 양식이 있는 사람은 모두 그를 외면하고 피해 그가 매우 좋지 않은 사람들을 쫓아다니며 어울리고, 총독은 고사하고 누구에게나 부적절한 졸렬하고 저열한 행위를 무수히 저질렀기 때문이다".[1]

드레이크의 군 지휘관인 민친 대령도 미덥지 않기는 마찬가지였다. 한 생존자는 나중에 이렇게 썼다. "우리 지휘관의 군사적 역량에 관해서 나는 알지 못한다. 다만 우리로서는 그에게 어떤 역량이 있었다 해도 그것을 혼자만 간직해서 불만스러웠을 뿐인데, 그가 군 지휘관으로서 행동하거나 지휘하는 모습을 나뿐만 아니라 누구도 본 적이 없었으니까 말이다".[2]

와츠는 시라지가 약 7만 대군을 이끌고 캘커타로 진군하고 있다고 추정했다. 여기에 맞서 드레이크는 회사 정규군 265명에다 무장했지만 훈련받지 않은 민간인으로 구성된 민병대 250명을 합쳐 총 515명의 병사만 배치할 수 있었다.[3] 이 가운데 "약 100명의 아르메니아인은 전혀 쓸모가 없었고, 민병대 중에는 머스킷을 들지도 못하는 소년과 노예가 다수 있었으므로 사실 우리 수비대에서 병사는 장교를 포함해 250명을 넘지 않았다".[4] 그런 상황에서는 납작 엎드린 사과와 협상이 가장 현명한 전략이었을 것이다. 하지만 드레이크는 협상하는 대신에 뒤늦게 마라타 해자 위로 주요 도하 지점들을 지키는 일련의 포대를 건설하기 시작했다.

요새 위를 침범하여 내려다보는 건물들 일부를 철거하는 방안도 제기되었지만 곧 거부되었다. 부관 참모인 그랜트 대위의 설명에 따르면 "당시의 안일한 분위기 탓에 엄혹한 조치가 필요하다고 여겨지지 않았다".

나와브의 이동과 숫자에 관한 첩보는 언제나 매우 불확실했고, 우리는 그가 우리 포대를 향해 진격할 것이라고 확신하지 못했다. 기껏해야 봉쇄선을 치고 우리가 협상에 나설 때까지 물자를 차단할 것이라고 짐작했다.
나와브가 우리를 공격할 것이라고는 막판까지도 좀처럼 믿어지지 않았으므로 [방어선 반경 외곽의] 유럽인 주택들에서 떠나라는 명령에 여기저기서 볼멘소리가 나왔다. 그리고 요새를 방어할 수 있도록 필요하다면 주택을 철거해야 한다고 누구든 제안했다면 그런 작업을 실행할 시간이나 폭파시킬 화약이 충분했다 하더라도 터무니없는 소리로 여겨졌을 것이다.[5]

'안일한 분위기'는 6월 16일에 시라지 우드다울라가 몸소 당도하여 캘커타 시내를 향해 발포하기 시작하자 금세 사라졌다. 무굴 군대는 도랑을 건너려고 두 차례 시도했지만 그때마다 많은 사상자와 함께 밀려났다. 하지만 저녁 무렵에 방어군은 스무 명이 사망했고 "어두워지기 직전 [무굴 전위 부대] 전제가 남쪽으로 향하여 블랙타운을 둘러싼 해자를 건너는 데 성공했으며, 돌파된 범위가 매우 넓고 전 지점에서 도하가 가능했으므로 그들이 쏟아져 들어오는 것을 막을 수 없었다".[6]
이튿날 블랙타운은 남김없이 약탈당했다. "많은 수가 우리 경계로 들어와 집집마다 약탈하고 불을 질렀으며, 저녁 무렵에 이르자 시내 전체가 포위되었다. (…) 오늘 밤 수천 명이 대형 상점가로 침입해 눈에 띄는 대로 사람들을 죽이고 약탈하고 모든 집에 불을 질렀다."[7] 수비대는 블랙타운을 보호하거나 겁에 질린 주민들에게 요새 안에 피난처를 제공하려는 노력을 전혀 하지 않았다. 그러니 공격 이틀째 날이 밝자 인도인 보조원들은 당연히 모두 떠나버려서, 수비대에는 포를 끌어줄 라스카lascar(말레이계 혹은 인도계 선원이나 포병—옮긴이)나 포탄과 화약을 날라줄 일꾼, 포대를 축조하고 포가를 수리할 목수가 없었고, 민병대에 요리를 해줄 요리사조차 없었다.

18일 아침에 무굴 전위대는 요새 북쪽에서 가가호호를 수색하는 격렬한 시가전에서 격퇴되었지만, 시라지의 병사들은 여전히 동쪽에서 꾸준히 진격하고 있었다. 동쪽 방면에서 회사 병사들은 오후 3시에 보루로 이용하던 감옥에서 커다란 인명 피해를 입고 후퇴해야만 했다. "소규모 무리는 대다수가 부상당할 때까지 여섯 시간 동안 용감하게 그곳을 방어하다가 퇴각할 수밖에 없었다." 저녁이 되자 무굴 병사들은 그레이트탱크 근처에서도 회사 병사들의 방어선을 돌파했다. 북쪽과 남서쪽 포대도 이제 둘 다 고립될 위험에 처해 곧 버려졌다. 모든 회사 병력은 이제 내부 방어선, 즉 요새 자체로 물러나야 했다. "다음으로 우리가 고민한 것은 우리에게 남은 전부인 요새를 방어하기 위한 작전 계획이었다"라고 그랜트 대위는 썼다.

포대들이 그렇게 급작스레 버려질 것이라고 예상한 사람은 거의 없었고, 대다수는 포대 함락에 치명적 결과가 따를 것이라고 내다봤다. 적이 요새 및 교회와 면한 집들을 손에 넣으면 보루와 흉벽이 한눈에 들어오는 위치를 점하게 될 테고, 그러면 그곳을 점령

할 적군의 무기와 같은 다수의 소형 무기에 노출된 채로 대포를 지키기는 불가능하기 때문이었다. 특히나 [윌리엄 요새의] 보루들은 매우 낮고, 총안이 너무 넓어서 엄호를 제공하지 못하므로 이런 결함을 어느 정도 보완해줄 수 있는 모래주머니가 있었지만, 일꾼들이 모두 떠나버려 모래주머니를 흉벽으로 가져올 방법이 없었다. 그리고 군인과 민병대는 체력을 회복시켜줄 음식과 휴식의 부족에 시달리고 있었기에 애초에 그들에게 아무 일도 시킬 수가 없었다.[8]

밤늦게 열린 긴급 대책회의에서는 탄약이 최대 사흘치 분량이 남아 있고 병사들이 이미 녹초가 되고 많은 경우 술에 취했다는 사실이 드러났다. "병사의 절반은 술에 절어 있고 음식물이 전달되지 않으며, 적이 성벽 아래 있으니 무기를 들라는 북소리가 세 차례나 울렸지만 흉벽으로 달려갈 수 있는 사람은 거의 없었다."[9]

"이제서야 처음으로 우리는 위험에 처해 있음을 인식하기 시작했다"고 민병대의 데이비드 레니는 썼다.

우리는 궁지에 몰려 있었다. (…) 최소 2,000명의 여자와 아이들이 있었으므로 요새에서 벌어지고 있던 혼란은 가히 짐작하기 힘들 정도였다. 그렇다고 이들이 오는 것을 막을 길도 없었는데 가족들이 상관으로 들어오도록 허락하지 않는다면 싸우지 않겠다고 군인과 민병대원들이 공언했기 때문이다. 적은 이제 사방에서 요새를 향해 사격을 가하기 시작했다. 원래는 음식을 준비하기 위해 요리사를 여러 명 배치했음에도 요새에 요리사가 한 명도 없었기 때문에 다들 보급 식량이 없다고 수군거리기 시작했다. 수비대 전원은 전날 밤 거의 내내 전투 대기 상태였기 때문에 무척 지쳐 있었다. 술을 마신 군인과 민병대 다수는 통제를 벗어나 여러 장교들에게 총검을 휘두르며 아주 반항적으로 나오기 시작했다.

이제는 여성들을 배에 태워 내보내야 한다고 생각되었고 그에 따라 소개가 이루어졌다. 대략 12시[자정]에 적이 남쪽 창고 부근 가까이에 사다리를 준비해 요새를 강습하려 한다는 소식이 들려왔다. 모두가 곧장 외벽으로 달려가니 적의 기척이 느껴졌다. 이제 무기를 들라는 명령이 내려왔지만 아르메니아인이나 포르투갈인은 요새 곳곳에 몸을 감추고 한 명도 나오지 않았다. 얼마 안 있어 우리는 적군을 향해 수류탄을 던져서 몰아냈다.[10]

이튿날인 19일, 항전은 전면적인 공황 상태로 바뀌기 시작했다. 나와브의 주장主將인 미르 자파르 알리 칸은 공격을 밀어붙였고, 정오에 이르러 탄약이 이틀 치 분량 밖에 남지 않았음이 드러났다. 집행위원회의 대다수는 전면 철수하여 강에 정박한 배로 후퇴하는 쪽으로 기울었다. 오후 2시, 집행위원회가 여전히 퇴각 방안을 논의하고 있을 때 포탄이 회의실을 강타해 회의는 "아우성과 소동, 혼란"이 빚어지며 중단되었다.[11] 이제 사기는 완전히 땅에 떨어졌고 자포자기하여 술을 퍼마시는 사람들이 여기저기서 눈에 띄었다. 점심시간 직후 혼란스러운 소개가 시작되었다.

불화살이 요새와 강가로 쏟아지자, 두댈리Dodally호라는 배 한 척이 이를 피하려고 명령도 받지 않은 채 상류 쪽으로 향했다. 다른 배들도 똑같이 하기 시작했다. 기다리고 있던 여성과 아이들은 배가 자신들을 태우지 않고 떠난다고 생각해 겁을 먹었고, 요새에서 뛰쳐나와 배를 타려고 강가로 우르르 몰려갔다. 모든 보트는 정원을 초과해 만원이었고, 여러 척이 뒤집어졌다.

그 시점에, "여타 사람들이 전부 떠나기 전에 상관을 떠나는 것은 꿈도 꾸지 않았을 물가에 있던 신사분들 다수는 곧장 상관에 있던 보트에 올라타 배를 향해 노를 저어갔다. 이런 이해할 수 없는 방식으로 상관을 떠난 사람 중에는 총독 드레이크 씨 (…) [와] 민친 사령관이 있었다. (…) 이 몰지각한 처신은 이후 일어난 온갖 불상사와 소란의 원인이었다".[12] 한 시간 내로 모든 선박이 닻을 올리고 순다르반 정글과 그 너머 해안을 향해 강물을 따라 천천히 떠내려가기 시작했다.

굴람 후사인 칸에 따르면 "상황이 어렵게 된 것을 깨닫자 드레이크 씨는 동포들에게 알리지도 않고 모든 것을 버리고 도망쳤다".

그는 배 위로 피신했고, 소수의 친구와 주요 인사 들과 함께 곧장 모습을 감췄다. 남은 이들은 우두머리에게 버림받은 것을 알고는 상황이 절망적인 게 틀림없다고 판단했지만 목숨보다 죽음을 택하여 화약과 총알이 떨어질 때까지 싸웠고 죽음의 쓴잔을 용감하게 마셨다. 일부는 운명의 갈고리발톱에 붙잡혀 포로가 되었다.[13]

남은 수비대는 아직 상류에 정박해 있던 프린스조지Prince George호로 탈출할 수 있기를 바랐다. 하지만 이튿날 아침 일찍 배는 썰물에 좌초해 꼼짝도 할 수 없었다. "모든 퇴로가 차단된 것을 깨달은 남은 방어자들은 요새 문을 걸어 잠그고 적에게 최대한 피해를 입히고 죽기로 결심한 채 미친 사람처럼 싸웠다."[14]

탈출하지 못하고 남은 대략 150명의 수비대는 더블린 출생 존 제퍼나이어 홀웰John Zephaniah Holwell 휘하에 이튿날 아침까지 항전을 이어갔다. 하지만 무굴 병사들이 사납게 공격했고, 그랜트 대위가 예상했던 대로 미르 자파르는 총신이 긴 제자일 총을 든 명사수들을 교회탑의 납작한 난간과 흉벽을 내려다보는 가옥들 위로 내보냈다. 그들은 "성벽보다 더 높고 모든 보루가 눈에 잘 들어오는 곳에서 사격하며 우리를 괴롭혔다. 시야에 들어오는 모든 사람을 죽이거나 부상을 입혔다. 우리 장교들은 거의 다 그런 식으로 총상을 입고 여러 명은 나중에 그 상처로 인해 죽었다. 살아남은 장교들은 손에 피스톨을 쥐고, 병사들이 위치를 사수하게끔 안간힘을 써야 했다".[15]

오후 늦게 더 많은 사람들이 죽고, 살아 있는 사람들도 "기력이 다했다". 흉벽에는 100명의 병사만이 남았는데 "대략 오후 4시에 적군은 사격 중지를 요청했고 그에 따라 홀웰은 휴전의 백기를 내건 다음 수비대에게 사격 중지를 명령했다".

그러자마자 어마어마한 수의 적군이 성벽 아래까지 와서 옷감과 면화 포대로 틀어막아둔 요새 성문과 창문에 불을 지르고, 사방에서 성벽을 기어오르며 요새 정문을 부숴 열어젖히기 시작했다. 우리는 극도의 혼란에 빠져, 뒷문을 열어 강으로 도망치는 사람도 있었고 일부는 반쯤은 물 위에 떠 있고 반쯤은 물가에 얹혀 있던 보트로 달려갔다. 보트는 순식간에 사람이 들어차 뜨지 않았다.[16]

요새에서는 이제 시라지의 병사들이 약탈을 하고 있었다. "상관은 순식간에 적군으로 가득찼다"고 존 쿡은 회고했다. "그들은 조금도 지체하지 않고 손에 잡히는 것은 뭐든 강탈하기 시작했다. 우리의 시계, 버클, 단추 등을 샅샅이 뒤져 가져갔지만 더 이상의 신체적 위해는 가하지 않았다. 무어인들은 상관에 거주하던 신사들의 방에 있던 광목 포대와 산호가 담긴 상자, 접시와 보물함을 열어젖히고 약탈에 몰두했다."[17]

그날 저녁, "약탈의 빗자루로 캘커타 시내를 쓸어낸" 뒤, 시라지 우드다울라는 가마를 탄 채 새로 차지한 곳을 찾았다.[18] 그는 요새 중앙에서 두르바르(조정)를 열어 캘커타는 이제부터 이맘 알리의 이름을 따서 알리나가르라고 불릴 것이라고 공표했는데, 시아파가 지배하는 지방 주요 도시에 알맞은 이름이었다. 그다음 그는 힌두교도 조신 중 한 명인 라자 마닉찬드Raja Manikchand를 알리나가르 요새 관리자로 임명하고 총독 관저 철거를 지시했다. 그는 그 건물의 아름다움에 감탄했지만, 꼴 보기 싫은 드레이크의 사유 재산으로 착각한 모양인지 "상인보다는 제후의 거처"로 마땅하다고 여겼다.[19] 한 포로는 시라지 우드다울라가 "수비대가 그렇게 적은 것을 알고서 깜짝 놀란 듯했다"고 기억했다. 그는 "즉각 드레이크 씨가 어디 있는지 물었는데 그에게 단단히 화가 난 듯했다. 홀웰 씨가 양손이 묶인 채 앞으로 끌려 나와 이런 취급에 불만을 표시하자 네이봅[나와브]은 묶인 손을 풀어주라고 지시하고, 우리의 머리카락 한 올도 다치지 않게 하겠다고 군인의 명예를 걸고 장담했다".[20] 그다음 승전 감사 기도를 올린 뒤 가마에 탄 채 자신의 막사로 돌아갔다.

그때까지 항복한 수비대는 무굴 기준에서 볼 때 유달리 좋은 취급을 받았다. 즉각 노예로 삼거나 약식 처형, 말뚝에 꿰기, 참수, 고문은 없었다. 그 모든 것은 무굴 제국의 방식에서는 반란을 일으킨 백성에게 매우 당연하고 일상적인 처벌이었다. 상황이 악화되기 시작한 것은 시라지가 떠난 다음이었다.

회사의 수비대 다수는 여전히 인사불성으로 취해 있었고, 이른 저녁, 만취한 한 병사가 소지품을 샅샅이 털리는 중에 격분하여 곧장 피스톨을 꺼내들고 자신을 약탈하던 무굴 병사를 쏴 죽였다. 그러자 분위기가 순식간에 바뀌었다. 생존자 전원은 길이 5.5미터, 폭 4미터 정도에 불과하고 창문이 하나밖에 없어 공기가 거의 안 통하고 물도 없는 자그마한 형벌방에 몰아넣어졌다. 이 감방은 블랙홀Black Hole로 알려져 있었다. 무굴 연대기 작가 유수프 알리 칸에 따르면, 장교들은 "그날 운명의 갈고리발톱에 희생자가 된 거의 100명의 피랑기Firangi(프랑크인Franks이 와전된 표현으로, 동양에서 서양 외국인을 이르는 말이다—옮긴이)를 작은 방에 가뒀다. 공교롭게도, 갇힌 그 방에서 피랑기들은 전부 질식해 죽었다".[21]

이 숫자는 불분명하며 커다란 논쟁거리다. 1758년의 블랙홀에 관해 매우 감정적이고 과장된 경험담을 남기고 그 사건의 신화화를 시작한 홀웰은 여성 한 명과 회사 사람 145명이 블랙홀에 처넣어져서 그 가운데 123명이 죽었다고 썼다.[22] 이것은 분명히 과장된 수치다. 가장 철저하게 관련 증거를 조사한 최근의 연구는 64명이 블랙홀에 들어가서 21명이 살아남았다고 결론짓는다. 들어갔다가 살아나오지 못한 젊은이 중에는 노스 버윅 출신으로, 불과 2년 전에 캘커타의 높은 생활비에 관해 투덜거리며 총독이 될 꿈을 꾸던 열아홉 살의 스테어 달림플도 있었다.

숫자가 정확히 얼마이든 간에 이 사건은 인도 내 영국인에게 대대로 공분의 아우성을 자아냈고, 150년이 지난 뒤에도 영국 학교에서는 인도인의 본질적 야만성을 입증하고 영국의 인도 지배가 왜 필요하고 정당한 일인지를 입증하는 사례로 가르쳤다. 하지만 블랙홀은 당시 문헌들에서 거의 언급되지 않으며 굴람 후사인 칸의 기록을 비롯해 여러 상세한 서술은 이 사건을 아예 언급조차 하지 않는다. 회사는 가장 이익이 많이 남는 교역 기지를 막 상실했고, 그곳의 무기력한 수비대의 운명이 아니라 바로 그 점이 회사 관계자들을 정말로 우려

에 빠트린 사안이었다.²³

캘커타 함락으로 대변되는 참사의 전모는 몇 주 뒤에 분명해졌다. 이 사건으로 거의 모든 것이 바뀌었다는 점을 모두가 금방 깨달았다. 윌리엄 린지William Lindsay는 장래 회사의 역사가인 로버트 옴Robert Orme에게 캘커타 함락이 "파괴와 파탄의 현장"이었으며, "그것이 인도에 있는 신사분들만이 아니라 영국민 일반에 가져올 결과들을 생각하면 몸이 떨립니다. 이제 우리는 흡사 이곳에 처음 정착했을 때처럼 모든 것이 부족한 상태이며, 인도에 있는 모든 병력도 우리가 안전한 기반에 재정착하기에 충분하지 않을 것 같습니다"라고 썼다.²⁴

캘커타 함락은 비단 인명과 위신의 상실, 회사 당국자들을 경악시킨 트라우마와 굴욕에 그치지 않았다. 그것은 무엇보다도 EIC에 대한 경제적 타격, 회사 주가를 치명적으로 떨어트릴 수도 있는 심각한 손실이었다. 레니 대위는 이렇게 썼다. "이 암담한 사태로 회사가 어떤 손해를 봤는지 말하고 싶다. 하지만 그건 불가능한 일인데, 현재 손실도 막대하지만 즉시 다시 자리를 잡지 못한다면 그에 따른 향후 손실은 훨씬 더 클 것이기 때문이다."

이제 영국으로부터 예정된 화물은 안 팔린 채 남게 될 것이고, 선박들은 거액의 초과 정박비를 물어가며 머물고 있으며, 똑같은 상황이 다음 시즌에도 재연될 것이다. 우리에게 없어선 안 될 초석과 생사生絲는 이제 큰 손실을 보며 (…) 네덜란드인과 프랑스인, 프로이센인, 덴마크인 들에게 고가에 구입해야 하며 다카산産 모슬린(면사로 촘촘하게 짠 희고 얇은 면직물—옮긴이)도 마찬가지다.

인도의 다른 지역들도 캘커타 상실을 심각하게 절감하게 될 것인데, 내가 잘못 안 것이 아니라면 코로만델 해안과 말라바르, 페르시아만과 홍해, 심지어 마닐라와 중국, 아프리카 해안도 면화와 후추, 약제, 과일, 성라聖螺(열대산으로서 껍데기가 무겁고 모양이 먹는 배처럼 생긴 고둥의 일종. 성물聖物로 취급되며 특히 힌두교 미술과 종교의식에 자주 쓰인다—옮긴이), 별보배고둥, 주석 등등의 수출을 벵골에 의지해왔기 때문이다. 다른 한편으로 그곳들은 생사와 생사를 가공한 다양한 제품, 아편, 다량의 면직물, 쌀, 생강, 강황, 필발華茇(후추과의 덩굴식물로서 긴 열매는 약재로 쓰인다—옮긴이) 및 여타 상품과 같이 필수적인 물자를 벵골로부터 공급받았다.[25]

카심바자르의 함락 소식과 최초의 군사 지원 요청은 7월 14일에 마드라스에 당도했다. 시라지 우드다울라가 윌리엄 요새를 공격해 함락했다는 소식이 마침내 당도한 것은 꼬박 한 달 뒤인 8월 16일이었다. 정상적 상황에서라면 마드라스는 무르시다바드에 대표단을 파견했을 테고, 협상이 진행되어 사과와 확약이 이루어지고, 배상금이 지급되고, 양측에 이익이 되도록 무역이 전처럼 계속되었을 것이다. 하지만 이번에는 계획을 잘 세워서라기보다는 우연히도 또 다른 선택지가 있었다.

공교롭게도, 완전 무장하고 전투태세를 갖춘 왓슨 제독의 선단을 타고서 로버트 클라이브와 휘하의 3개 왕립 포병 연대가 마드라스 남쪽 코로만델 해안의 데이비드 요새에 막 도착했던 것이다. 이 병력은 당초 벵골의 나와브가 아니라 프랑스 세력을 상대하기 위한 것이었다. 마드라스 집행위원회의 여러 위원들은 왓슨의 함대가 코로만델 해안에 머물며 로리앙항에서 파견되었다는 프랑스 선단을 계속 경계해야 한다고 주장했다. 프랑스 선단이 언제 도착할지 모르는 상황에서 위원들은 주요 무역 기지를 이미 한 곳 잃은 마당에 회사가 두 번째 기지를 잃을 위험을 무릅쓰는 것은 지극히 경솔한 행위라는 설득력 있는 논지를 폈다.

게다가 국왕의 충직한 신하인 왓슨 제독은 원래 자신의 임무는 프랑스에 맞서 영국의 국익을 수호하는 것이지 현지 세력으로부터 회사의 경제적 이해관계를 수호하는 것이 아니라고 봤다. 하지만 클라이브는 이 큰 기회를 놓치지 않으려 했는데, 벵골에 투자한 돈과 회사 주식 형태로 직간접적으로 벌어들였던 거금을 막 잃었기에 특히 그랬다. 그는 공세를 벌여야 한다는 주장을 강하게 펼쳐서 결국에는 다른 위원들을 자기편으로 끌어들이고, 네 척의 전함과 한 척의 프리깃함을 이끌고 자신과 함께 가도록 왓슨을 설득해냈다. 그래도 왓슨이 고집을 꺾지 않은 한 가지 사안은 10월 초 우기가 시작될 때까지 마드라스에서 기다린다는 것이었는데, 그 이후에는 프랑스 선단이 먼바다로 항해를 무릅쓸 가능성이 적으니 왓슨은 코로만델 해안을 무방비 상태로 방치하지 않으면서도 벵골에 영국의 이해관계를 재수립할 만한 여러 달의 여유를 얻을 수 있을 터였다.[26]

몇 주 만에, 의기양양한 클라이브는 아버지에게 보내는 편지에 다음과 같이 쓸 수 있었다. "이번 원정이 성공한다면 저는 여러 가지 큰 일을 이룰 수 있을 겁니다. 이것은 제가 지금까지 맡은 임무 가운데 가장 원대한 것입니다. 저는 큰 권한을 보유하고 대규모 병력을 이끌고 갑니다." 클라이브는 레든홀가의 상관들에게는 좀 더 신중하고 덜 자기중심적인 어조로 썼다. "명예로운 신사분들Honorable Gentlemen(동인도회사 이사들에 대한 관례적인 경칭—옮긴이), 여러분께서는 무어인들의 캘커타 함락 및 회사와 우리 국민 일반에 잇따라 일어난 불상사에 관해 여러 사람들로부터 소식을 들으실 것입니다."

모든 이의 가슴이 경악과 비분으로 가득한 듯합니다. (…) 이 음울한 사태가 발생하자마자 총독과 집행위원회는 저를 이곳으로 호출하는 것이 적절하다고 생각했습니다. 원정을 실시하기로 결의하자마자 저는 임무를 자처했고 마침내 제안이 수락되어, 그토록 많은 영국 신민에게 가해진 모욕과 만행에 분개하며 투지가 넘치는 훌륭한 유럽인 병사들과 함께 국왕 폐하의 전대에 바야흐로 승선하려고 합니다. 이번 원정은 캘커타의 수복으로만 끝나지 않을 것이며, 이 지역들에서 회사의 상황이 어느 때보다 더 항구적이고 좋은 조건으로 정리될 것이라고 자신합니다.[27]

마드라스의 선임위원회도 클라이브의 야심을 공유했다. 그들은 10월 초에 런던의 이사들에게 "단순히 캘커타의 수복만이 원정의 목적이 되어서는 안 된다고 생각한다"고 썼다. "[EIC의 벵골] 정착지와 상관 들을 수복해야 할 뿐만 아니라 모든 특권을 전적으로 회복하고, 근래에 입은 손실에 넉넉한 배상이 이루어져야 한다. 그렇지 않고 향후의 모욕과 부당한 요구로부터 회사의 식민지들과 무역을 안전하게 지키지 못한다면, 앞선 손실에 이렇게 무거운 군비 부담을 추가하느니 애초에 아무것도 시도하지 않는 편이 나으리라는 것이 우리의 견해다."[28]

상세한 계획 수립과 선박 재의장, 대포 탑재와 비축품을 마련하는 데 꼬박 두 달이 들어갔다. 유럽인 병사 785명과 세포이 940명, 해병 300명으로 구성되어, 그때까지 인도 내 영국 세력이 끌어모은 육해군 전력 가운데 최대였던 구원군은 10월 13일에 마침내 출항했다. 하지만 프랑스인들을 항구 밖으로 나오지 못하게 할 것이라고 왓슨이 예상했던 그 세찬 몬순 계절풍이 하마터면 원정대 전체를 침몰시킬 뻔했다. 실제로 함대는 출항하자마자 흩어졌다. 일부 배들은 남쪽 스리랑카까지 떠내려갔고 심지어 왓슨의 기함인 켄트Kent호도 벵골만의 바닷물이 갠지스강 특유의 황톳물 색깔을 띠는 것을 볼 수 있는 지점까지 도착하는 데 6주가 걸렸다.[29]

원정대의 첫 배들이 만조를 이용해 후글리강으로 진입한 것은 12월 9일이 되어서였다. 이때쯤 클라이브의 병사들 절반은 이미 괴혈병을 비롯해 다양한 질병에 쓰러졌다. 엿새 뒤에 켄트호는 풀타에 닻을 내렸는데, 캘커타 참사의 생존자들은 말라리아가 창궐하는 이곳 늪지대 가장자리에서 피난처를 찾았고, 누더기 차림의 피난민 중 절반 가량은 이미 열병으로 사망하여 순다르반 충적토사에 묻힌 터였다.[30]

얼마 안 있어 왓슨의 배 두 척이 더 나타났다. 원정대의 대포와 병력 태반을 싣고 있던 남은 두 척 말버러Malborough호와 컴벌랜드Cumberland호를 기다리는 동안 클라이브는 알리나가르-캘커타 요새의 신임 관리자인 라자 마닉찬드에게 서신을 보냈다. 그는 전례 없는 규모의 병력—"지금까지 벵골에 등장한 어느 것보다 더 큰 군대"—을 끌고 왔으며, "철저한 보상을 요구하러 왔다"고 밝혔다. 하지만 클라이브의 위협은 별로 효과가 없었다. 굴람 후사인 칸이 논평했듯이 "당시 벵골에서 영국인은 상인으로만 알려져 있었고" 궁정의 누구도 "전시에 그 국민의 능력이나 좌절의 시기에 그들이 발휘하는 역량에 관해 전혀 알지 못했다".[31]

아무런 답변도 오지 않고 질병으로 전력이 나날이 약해지자, 12월 27일 클라이브의 원정대는 여전히 배 두 척이 부족한 채로 닻을 올리고 천천히 상류로 거슬러갔다. 그들은 코코넛 수풀을 지나 빽빽한 연잎과 거대한 박쥐와 호랑이가 출몰하는 어지러운 맹그로브 습지를 가로질러 유유히 미끄러져 갔다. 첫 번째 마주한 적진은 버지버지 요새였다. 후글리강의 물굽이가 한눈에 들어오는 곳에 중포가 배치된 요새가 점차 가까워지자 원정대는 세포이 부대를 상륙시켰다. 세포이들은 때로는 가슴 높이까지 차는 강물을 헤치고 때로는 밀림이나 늪지대 무논을 철벅철벅 건너가며, 열여섯 시간 동안 힘겹게 행군했다.[32]

해 질 녘, 버지버지 요새에 가까워졌을 때 예기치 못한 곳에 라자 마닉찬드가 매복시킨 병사들이 별안간 밀림에서 튀어나와 공격을 감행했다. 완벽한 기습이었다. 뒤이어 벌어진 혼전은 양측에 많은 사상자를 내며 한 시간 동안 이어졌다. 클라이브는 동요했고 퇴각을 명령하기 직전이었다. 이때, 영국 육군의 신형 브라운베스 머스킷의 연속 사격이 야포의 지원을 받으며 흑마법 같은 효과를 냈다. 클라이브의 조카 에드워드 매스컬린Edward Maskelyne이 기록한 대로 무굴 병사들은 "쏟아지는 총탄과 대포의 출현에 깜짝 놀랐는데, 우리가 전날 밤 행군했던 지대로 대포를 이동시키기는 불가능하리라고 생각했기 때문이다. 그들의 병사 200명, 제미다르Jemidar(인도 원주민 부대 장교—옮긴이) 네 명과 코끼리 한 마리가 죽었고, 지휘관[라자 마닉찬드]의 터번에 총알이 관통한 것으로 추정되었다".[33]

마닉찬드가 퇴각할 때 왓슨의 배들은 요새를 향해 일제포격을 가해 무굴 대포를 빠르게 제압했다. 병사들이 하선하기 시작해 지상 공격을 할 때, "스트라한이라는 켄트호 소속 일반 선원이 럼주에 잔뜩 취해 강둑으로 비틀비틀 올라가 물에 잠긴 해자를 헤치고 걸어간 다음 함포 사격으로 균열이 난 외벽을 타 넘으려고 고개를 내밀었다".

여기서 그는 수비대와 맞닥뜨려 "선원용 단검을 휘두르고 피스톨을 쏴댔다". 그다음 만세를 세 차례 크게 부르고는 "여긴 내 거다"라고 외쳤다. 동료들이 그를 구하러 달려왔고 수비대는 재빨리 밤의 어둠 속으로 사라졌다.[34]

함대는 그 뒤 상류로 더 올라갔고, 시라지의 군대는 싸우지도 않고 추가로 요새 두 곳을 포기했다.

1757년 1월 2일, 동이 트자 윌리엄 요새가 함대의 시야에 들어왔다. 해병들이 상륙했고 요새를 향해 한 차례 현측 일제포격을 가했다. 짤막한 교전으로 아홉 명이 전사한 다음 마닉찬드는 다시금 퇴각했다. 굴람 후사인 칸이 쓰기를, "어리석은 그곳 총독은 대담한 공격에 겁을 먹었고 맞서서 교전을 벌일 용기가 없자, 적이 더 가까이 다가오지 못하게 하는 것이 현명하다고 생각하고는 온 힘을 다해 도망쳤다. 영국 장군[클라이브]은 적이 도망치는 것을 보고는 상관과 요새를 장악하고 곳곳에 승리의 깃발을 올렸으며 피난민 신사 모두를 원래의 거처와 각자 집으로 돌려보냈다".[35]

사람들은 손을 흔들었다. 한 사람은 유니언잭을 나무에 걸었다.[36] 하지만 태양이 뜨면서 파괴의 전모가 드러났다. 총독 관저, 세인트 앤 교회와 강가를 따라 늘어선 대저택들은 내부가 깡그리 타버리고 허물만 남아, 약탈품이 어지럽게 널려 있는 강변에 상한 잇몸에서 나온 검고 부서진 이빨처럼 삐죽삐죽 솟아 있었다. 부둣가는 황량했다. 저택 내부로 들어가지, 한때 응접실이었던 곳에는 화려한 조지 왕조 양식의 가구와 가족 초상화, 심지어 하프시코드까지 땔감으로 태운 자취만 남아 있었다. 요새의 동쪽 외벽에는 작은 모스크가 들어서 있었다.[37]

어쨌든 1757년 1월 2일 아침 8시에 이르자 산산이 부서지고 반쯤 폐허가 된 캘커타는 다시 회사의 수중에 들어왔다.

1월 3일, 클라이브는 회사의 이름으로 시라지 우드다울라에게 선전포고를 했다. 왓슨은 영국 국왕의 이름으로 똑같이 했다. EIC가 인도 군주에게 공식적으로 선전포고를 한 것은 그때가 처음이었다. "세월의 체스판이 새로운 게임을 내놓았다"라고 굴람 후사인 살림Ghulam Husain Salim 은 《리야주스살라틴Riyazu-s-salatin》에 썼다.³⁸

클라이브는 그답게 곧장 공세에 돌입했다. 1월 9일, 주민들이 집을 수리하고 공병들이 윌리엄요새의 방어시설 재건 작업에 착수해 성벽을 내려다보던 모든 건물을 드디어 철거하는 사이, 클라이브와 왓슨은 캘커타를 파괴한 책임을 묻기 위해 시라지 우드다울라의 주 항구인 후글리 반다르를 공격하러 켄트호를 타고 출발했다. 후글리반다르에 도착하자마자 그들은 후글리 강가의 가트ghats(계단식 선착장—옮긴이)를 포도탄으로 난사한 다음 오후 4시에 척탄병을 상륙시켜서 요새 주변 지역을 장악했다. 보름달이 뜬 오전 2시에 그들은 공성용 사다리를 이용해 성벽을 타 넘었다. 일단 내부로 진입하자 잠들어 있던 수비대를 "상대로 엄청난 학살을 벌이며 한 시간도 못 되어 그곳의 주인이 되었다". 그후 약탈과 함께 항구에 불을 지르기 시작했는데 "적을 괴롭히고, 그들을 두려움에 빠트리며, 시라지를 지배하는 정념인 공포를 자극하기 위함이었다". "가옥을 불태우고, 특히 강 양안에 있는 모든 탄약고를 파괴하라는 명령이 내려졌다."³⁹ 그다음 약탈대는 사방으로 퍼져서 무기를 압수하고 여러 곳의 촌락과 곡창을 불태웠다. 그들은 저녁에야 윌리엄 요새로 귀환했다.

2주 뒤인 23일, 시라지 우드다울라는 6만 명의 또 다른 대군을 끌어모아 다시금 캘커타로 진격했다. 그는 전처럼 신속히 움직였다. 2월 4일, 클라이브는 시라지가 이미 캘커타 북부 외곽, 요새 성벽 바로 북쪽에 있는 유람 정원에 진지를 차렸다는 소식을 듣고 깜짝 놀랐다. 클라이브의 요청으로 회사의 고위급 협상가 두 명이 시라지와 대화하기 위해 파견되었지만 시라지가 그들을 "아주 거만하게 대하고 업신여긴 만큼, 협상이 진전을 볼 희망은 별로 없었다".[40] 두 협상가는 이튿날 '협상하러' 다시 찾아오라는 초대를 받았지만 덫을 예상해 돌아가지 않았다. 그 대신 클라이브는 카르나티크 전쟁 시절부터 가장 선호했던 전술로 되돌아갔으니, 바로 야간 기습이었다.

평소처럼 과감하게 나선 클라이브는 "곧장 왓슨 제독의 배에 승선하여 지체 없이 나와브를 공격할 준비를 시작하고, 탄약을 나르고 포를 끌 선원 400~500명의 지원을 요청했으며, 그[왓슨]는 요청을 승낙했다. 선원들은 오전 1시에 상륙했다. 병사들은 오전 2시경 무장을 갖추고, 네이봅[나와브]의 진지를 공격하러 오전 4시경에 행군했다".[41]

1757년 2월 5일, 이른 아침의 겨울 안개가 강에서 서서히 피어오르는 가운데 새날이 밝아왔다. 소리 없이 "우리는 사병 470명, 세포이 800명, 야포 6문, 곡사포 1문과 탄약 수송대 70대 및 일단의 선원들과 함께 행군했다. 선원들 절반은 포를 끄는 데 동원되었고 나머지 절반은 무장했다"고 에드워드 매스컬린은 일기에 썼다.

동틀 무렵 아군이 나와브의 진지 근처에 도착하자 적진에서 누구냐고 외치며 무차별 사격을 가했고 선두에 있던 우리 세포이들도 응사했다. 적군은 후퇴했고 아군은 진지 중앙에 이를 때까지 방해받지 않고 계속 진군했다. 이때 아군 대대로부터 10야드(약 9미터)도 떨어지지 않은 곳에서 기병 300명이 안개 속에서 나타났다. 우리는 소대별로 두 차례 [일제] 사격을 가해 적을 아수라장에 빠트렸고, 누구의 말을 듣더라도 빠져나간 적군은 13명을 넘지 않았다. 그 뒤로 적군 전체가 엄청난 수로 우리를 에워싸기 시작해 우리는 끊임없는 머스킷 사격과 포격으로 적과의 거리를 유지해야 했다. 아군이 진지를 관통해 진군하는 데는 꼬박 두 시간이 걸렸고 우리 후위로 적의 기병이 여러 차례 돌격했지만 후속 돌격들은 첫 번째 돌격만큼 용감하게 이뤄지지 않았다.[42]

오전 11시에 이르자 클라이브의 군대는 클라이브의 부관과 비서를 비롯해 거의 150명을 잃고 의기소침하여 캘커타시로 귀환했는데, 부관과 비서 둘 다 그의 바로 곁에서 목숨을 잃었다. 클라이브는 아버지에게 "제가 지금까지 참가한 전투 가운데 가장 치열했고 공격 목표 달성에도 실패했습니다"라고 썼는데 그의 목표란 나와브를 생포하거나 죽이는 것이었다.[43] 클라이브는 이번 작전이 성공이었는지 실패였는지 확신이 서지 않았지만 후자 쪽이 아닌가 의심했다. 그들의 길 안내인은 안개 속에서 길을 잃었고, 병사들은 목표물에 명중하는지 알지 못한 채 어둠 속으로 난사를 하며 나와브의 막사가 있는 구역을 공격하는 데 아슬아슬하게 실패했다. 게다가 끌고 간 대포가 나와브 진지의 진흙탕에 빠져버려 두고 와야 했기 때문에 대포 2문도 잃었다. 다만 그들은 자신들이 시라지 우드다울라에게 공포를 불어넣었으며, 시라지가 구사일생으로 목숨을 건졌다는 사실을 전혀 알지 못했다. 무르시다바드 보병 약 1,500명은 그렇게 운이 좋지 못했고 기병 600명과 코끼리 네 마리도 마찬가지였다. 굴람 후사인 칸은 무굴 쪽 시각에서 그 공격이 어떻게 비쳤는지를 묘사했다. "그들은 오전 2시경에 보트를 물에 띄우고 적진을 향해 노를 저어 진지 끄트머리에 도착해 그곳에서 날이 새기를 기다렸다."

동틀 녘에 그들은 군대 뒤편에 상륙하여 진지에 진입한 뒤 유유히 열띤 사격을 개시했고, 사격은 보트에 타고 있던 병사들에 의해서도 되풀이되었으므로 머스킷 총알이 우박처럼 쏟아져서 사격에 노출된 다수의 병사와 말이 죽거나 다쳤다. 주요 지휘관일 뿐 아니라 대단히 용맹하며, 시라지 우드다울라와 매우 가까운 사람 중 한 명인 도스트 무함마드 칸은 부상을 당해 불구가 되었다. 다른 다수의 장교들도 똑같은 운명을 겪었다. 적의 목표는 다름 아닌 시라지 우드다울라를 생포하여 끌고 가는 것이었다고 한다. 그에게는 다행스럽게도 힌두스타니어로 코헤사cohessa라고 부르는 짙은 안개가 낀 데다 워낙 어두웠던 덕분에 두 사람[클라이브와 시라지]은 아주 가까이 있었음에도 서로 알아차리지 못했다. 이 어둠 탓에 그들은 길을 잘못 들어 시라지 우드다울라의 전용 구역을 놓쳤고 그래서 이 군주는 가까스로 목숨을 구했다. 영국인들은 질서정연하고 침착하게 마치 사열식을 하듯 사방으로 쉴 새 없이 사격하며 행진하다가 진지 앞쪽에 도달하자 단 한 명의 인명 손실도 없이 주둔지와 요새화된 집으로 유유히 돌아갔다.[44]

당시 클라이브는 모르고 있었지만 야간 공격은 사실 결정적 전환점이었다. 뜻밖의 공격에 겁에 질린 시라지는 그날 오전에 진지를 철수하고 15킬로미터 넘게 후퇴했다. 이튿날 그는 사절을 보내 강화를 제안했다. 야간 공격을 받기 전에도 그는 캘커타 파괴가 벵골 경제에 초래한 피해를 의식하고 있었고 약간은 관대하게 나갈 마음을 먹었었다. 2월 9일 그는 영국이 누리던 기존의 모든 특권을 회복시키고,

모든 영국산 상품에 관세를 면제하고 회사가 요새시설을 유지하고 화폐 주조소를 설립하는 것을 허용하는 알리나가르 조약에 서명함으로써 회사의 주요 요구사항을 거의 다 들어줬다. 그가 유일하게 강력히 요구한 것은 드레이크의 해임었는데—"로저 드레이크에게 우리 일을 건드리지" 말라고 "말하라"—이는 회사가 기꺼이 들어주고도 남을 일이었다.[45]

이튿날 시라지 우드다울라는 무르시다바드로 회군하기 시작했고 클라이브와 왓슨은 자신들이 거둔 성공에 어안이 벙벙했다. 클라이브는 최소한의 비용과 사상자로 전쟁의 모든 목표를 달성했으니 마드라스로 돌아갈 작정이었다. 2월 23일에 그는 아버지에게 "여기서 모든 일이 끝났으므로 곧 해안(코로만델 해안)으로 복귀할 예정입니다"라고 썼다.[46]

왓슨은 회사가 아니라 국왕에게 보고했는데, 그로서는 사태가 훨씬 더 복잡해진 참이었다.[47] 그는 며칠 전에, 이후 세대가 7년전쟁이라고 부르는 전쟁의 발발을 정식 통보 받았다. 퀘벡부터 세네갈강까지, 오하이오에서 하노버까지, 메노르카에서 쿠바까지 전세계에 걸쳐, 제국의 모든 전쟁 권역마다 영국과 프랑스 간 적대행위가 마침내 터져나오고 있었다. 런던에서 왓슨에게 내린 지시를 담은 우편물 꾸러미가 도착했고, 선전포고문 공식 사본 및 "국왕 폐하를 섬기는 모든 장교는 적을 최대한 괴롭힐 것"을 명령하는 해군성의 서신도 동봉되어 있었다.[48]

이제 왓슨이 해야 할 일은 명확했다. 그의 임무는 어디서든 프랑스군을 발견하는 대로 공격하는 것이었다. 그리고 벵골의 경우에 그것은 상류 방면으로 30킬로미터 넘게 떨어진 프랑스 식민지 찬데르나가르를 공격함으로써 시작된다는 의미였다.

찬데르나가르와 캘커타 당국 간 관계는 놀라울 정도로 줄곧 우호적이었다. 캘커타가 함락된 뒤 찬데르나가르의 프랑스인들은 시라지 우드다울라를 피해 도망쳐 온 회사 피난민들을 너그러이 맞아주었다. 그들의 분노는 오로지 드레이크와 그의 집행위원회를 향했을 뿐이었다. "그들의 이번 수치스러운 도주는 모든 유럽인의 체면에 지울 수 없는 먹칠을 했다"고 프랑스 총독 무슈 르노M. Renault는 썼다. "모두가 그들을 욕하고 싫어하고 질색한다. (…) 한마디로 누가 뭐라든 신사분들, 특히 드레이크 씨는 그런 오명에서 자유롭지 못할 것이며, 그와 모든 위원을 목매달 권리를 국민으로부터 빼앗지 못할 것이다." [49]

이러한 상황에서 캘커타가 수복되자 프랑스 측은 신속히 영국 측과 접촉해, [본국 정부 사이의] 전쟁이 발발할 경우를 대비한 현지 중립 협정을 제안했다. 캘커타 측도 이에 긍정적으로 반응했고, 양측 간의 협상이 시작되었다. 그러나 중립 조약이 체결되기 불과 몇 시간 전인 3월 6일, 왓슨이 협상을 일방적으로 중단시켰다. 장 로에 따르면, 제독은 '찬데르나가르 당국은 조약을 체결할 권한이 없기 때문에 자신은 조약안에 서명할 수 없다'는 입장을 취했다. "하지만 실제로는 조약 체결이 예정된 바로 그날, 오랫동안 기다려온 실종된 전함 두 척이 갠지스강 하구에 도착했다는 소식을 듣고 입장을 바꾼 것이었다. 이에 따라 영국군은 찬데르나가르를 향해 진격을 시작했고, 도착한 전함들도 갠지스강을 거슬러 올라갈 채비를 했다." [50]

3월 8일, 클라이브는 이제 2,700명으로 늘어난 소규모 군대를 이끌고 진군을 개시했다. 그는 서두르지 않아서 두 라이벌 무역 기지 사이에 놓인 32킬로미터를 행군하는 데 사흘이 걸렸다. 이틀 뒤 시라지는 클라이브에게 서신을 보냈는데, 클라이브는 이를 프랑스인들을 공격해도 좋다는 나와브의 동의로 받아들였다. 나와브의 동의는 아프간 군주 아흐마드 샤 두라니가 벵골을 공격할 경우 군사적으로 지원한다는 EIC의 약속에 대한 대가였다. 아흐마드 샤 두라니는 총 17차례에 걸쳐 북인도를 습격하는데, 그중 첫 번째 습격으로 델리를 막 함락한 터였고, 그가 동쪽 방면으로 약탈 원정을 계획 중이라는 이야기도 들려왔다. 12일에 이르러 클라이브는 찬데르나가르에서 3킬로미터쯤 떨어진 곳에 진을 치고 프랑스인들에게 항복하라고 요구했다. 프랑스인들은 항복을 거부했다.

찬데르나가르는 캘커타처럼 근래 다른 경쟁 정착지들보다 커져 인도 동부에서 프랑스의 핵심 무역 기지가 되었다. 또한 캘커타처럼 공격에 취약했지만, 세바스티앙 드 보방Sébastien de Vauban(1633~1707, 유럽 군사사에서 가장 위대한 공병으로, 그가 설계, 축조한 다수의 요새 그리고 포위전과 방어전에 관해 주창한 원칙들은 20세기 들어서까지도 유효했다—옮긴이)의 원칙을 기반으로 건설된 오를레앙 요새(포르도를레앙)는 윌리엄 요새보다 훨씬 더 웅장했기 때문에 육상 공격에는 빈틈이 없었다. 하지만 강가 쪽 공격을 막는 방어시설은 훨씬 더 빈약했다. 르노도 그 점을 알았기에 전쟁이 터지자마자 강에 배 네 척을 침몰시키고 그 주변으로 여러 겹의 사슬과 방재를 설치하여 영국 전함이 요새의 취약한 동쪽 방면에 가까이 접근하지 못하게 하고자 했다.

3월 23일 아침 일찍 클라이브는 강을 내려다보는 프랑스 주 포대를 공격해 함락했다. 그 시점부터는 왓슨 제독이 작전을 이어받았고, 대다수의 사상자를 낳은 것은 클라이브의 지상군이 아니라 해군이었다. 요새를 방어할 병사가 700명밖에 없었던 프랑스인들은 구출 가능성도 없이 불에 타고 무너지는 건물에서 용감하게 싸웠다.

찬데르나가르 함락에 관한 최상의 기록을 일기에 남긴 사람은 이번에도 클라이브의 조카였다. "켄트호와 타이거호는 그동안 내내 강을 거슬러 오고 있었는데, 프랑스인들이 수로에 배를 네 척 침몰시킨 탓에 두 배의 이동은 크게 지체되었다"고 에드워드 매스컬린은 적었다.

이 어려움이 마침내 제거되고 [쇠사슬과 방재를 걷어내고] 두 전함이 요새로 접근했지만 머스킷 사정거리 안으로 들어오기 전에 프랑스군의 대포 16문이 커다란 피해를 입혔다. 아군 전함이 현측 일제포격을 시작하자 적군은 곧 포대를 포기했다. 그들은 두 시간 사이에 장교를 포함해 150명을 잃었고, 그동안 두 보루의 외벽이 무너져 내려 프랑스 신사분들은 백기를 내걸고 무조건 항복했다. [그들이 그렇게 하기 전에] 켄트호의 후갑판에는 [왓슨] 제독과 수로 안내인만 빼고 아무도 없었는데 스피크 함장과 장교들이 다 죽거나 부상을 당한 탓이었다. 두 전함의 선원 약 150명도 마찬가지였다. 타이거호는 선원들의 피해가 컸고, 켄트호는 선원과 장교 모두 피해가 컸다. 스피크 함장은 안타깝게도 한쪽 다리를 심하게 다쳤고 그의 아들 빌리도 같은 포탄에 허벅지를 다쳐 한쪽 다리를 잃었다. 그 멋진 녀석 페로는 머리를 관통당했고, 헤이스 2등 대위는 한쪽 다리를 잃고 이후에 죽었다.

우리[지상군]는 가옥들로 엄폐되었으므로 별다른 피해를 입지 않았고 반대로 총알과 포탄으로 적을 크게 괴롭혔다. 전함이 나타난 뒤로 요새는 두 시간밖에 못 버텼지만 모든 점을 감안했을 때 프랑스인들이 선방했음을 인정해야 한다.

"전함 두 척이 이번 교전에서 켄트호와 타이거호가 입은 것보다 더 큰 피해를 입은 경우는 별로 못 들어봤을 것이다"라고 한 생존 선원은 썼다. "그렇게 비싼 대가를 치르고 승리를 얻은 적은 없었다."[51]

요새 내의 파괴는 갑판 위에서만큼 참혹했다. 해 질 녘에 이르자 프랑스의 24파운드포 5문 전부가 포가에서 떨어져나갔고 "도를레앙의 성벽은 돌무더기가 되었고, 포병들은 거의 다 죽었으며, 사람들은 주변 가옥의 지붕과 전함의 삭구와 돛대 꼭대기에서 날아오는 머스킷 총알에 쓰러졌다. 단 하루 동안의 교전으로 프랑스군은 두 명의 대위를 잃었고 200명이 죽거나 다쳤다".[52]

찬데르나가르 함락은 인도의 프랑스 세력 전체에 커다란 충격을 안겼다. 장 로가 주목했듯이 "찬데르나가르 함락으로 영국인들에게는 이 나라 전체로 통하는 문이 활짝 열렸다. 부와 영광의 길로 가는 문이 열린 것이다. 그 사건으로 인해 프랑스 동인도회사의 주요 통상 장소, 우리 배가 안전하게 머물 수 있는 유일한 항구가 이제 장기간 폐쇄되고 말았다. 식민지가 파괴되었고, 프랑스령 인도에서 정직하게 생업에 종사하는 많은 이들이 망했다. 실은 나 자신도 망했다".[53]

전투가 벌어지는 동안 시라지 우드다울라는 결단을 내리지 못한 채 고민만 거듭했다. 그는 영국인들에 맞서 프랑스인들을 돕고 싶었지만 영국인들과의 조약을 깰 만한 핑계를 댈 엄두도 못 냈다. 어느 시점에 그는 찬데르나가르 방면으로 구원군을 보냈지만 우물쭈물하다가 다시 불러들였다. 하루 뒤에는 기정사실을 나름 최대한 좋게 이용해보려고 클라이브에게 영국군의 승리에 '이루 말할 수 없는 기쁨'을 느낀다는 전갈을 보냈다. 이 전갈과 함께 선물도 보냈다.

《리야주스살라틴》에 따르면 젊은 나와브는 "이제 귀를 막고 있던 무모함이라는 솜을 뺐으니" "사슴을 잡는 데 매우 뛰어난" 표범 두 마리를 선물로 보내 클라이브의 호의를 사려고 애썼다. 하지만 때는 늦었다. "일단 신의 뜻이 이미 다른 길로 지나가면 운명의 화살을 노력의 방패로 막아낼 수는 없으니 말이다."[54]

4월도 끝나갈 무렵, 프랑스가 공격할 수도 있는 마드라스를 오랫동안 무방비 상태로 놔둔 것에 불안을 느낀 클라이브와 왓슨은 병사들을 이끌고 벵골을 떠나 코로만델로 향할 채비를 했다. 이제 궁정 전체, 그리고 특히 벵골의 막강한 금융 명문가 자가트 세트 가문이 시라지 우드다울라에게 느끼는 증오와 혐오만 없었다면 벵골 군사 작전은 그렇게 마무리되었을 것이다.

클라이브의 야간 공격 이후 시라지 우드다울라가 캘커타에서 도망치고 뒤이어 굴욕적인 알리나가르 조약을 체결하자 궁정을 벌벌 떨게 만들었던 공포의 마법이 깨졌다. 그는 할아버지의 오랜 지휘관들, 특히 현대 이라크에 있는 시아파 성소 나자프 출신의 아랍인 용병으로서 노련한 장군인 미르 자파르 알리 칸을 중용하지 않았다. 미르 자파르는 마라타를 상대로 한 알리베르디의 가장 결정적인 승전들 다수에서 활약했고 최근에는 캘커타 공격을 승리로 이끌었다. 하지만 전투에서 동인도회사를 무찌르고 캘커타를 함락한 다음 한쪽으로 밀려났고, 총독 자리는 힌두교도 라이벌인 라자 마닉찬드에게 돌아갔다. 그와 마라타 전쟁의 전우들, "모두 매우 존중받아 마땅한 실력과 연륜을 갖춘 지휘관들"은 "그러한 통치 아래 사는 것에 지쳤고, 시라지 우드다울라의 죽음으로 그 정부를 제거하기를 무엇보다 바랐다"라고 굴람 후사인 칸은 썼다.

그러므로 어디선가 불만의 모습이나 정부에 대한 증오가 감지되기만 하면 그들은 그 일파에 진심에서 우러나온 지지를 약속하며 모종의 대책을 마련할 것을 촉구하는 비밀 메시지를 보냈다. 미르 자파르 칸은 불만분자들 가운데 가장 저명하고 현 정부에 감정이 상한 사람으로서 이런 움직임에 앞장섰다. 자가트 세트는 그를 적극 지지하겠다고 은밀히 약속했고 함께 동맹을 구성했다. (…) 다른 반정부 세력가들도 흉악하고 몰지각한 성격으로 지속적으로 우려를 낳고, 무책임한 성정으로 불안에 떨게 만드는 시라지 우드 다울라를 타도할 계획에 합류했다.[55]

이들은 처음에 알리베르디 칸의 딸 가시티 베굼을 내세우려 했지만, 시라지가 승계하자마자 그녀를 발 빠르게 견제했기 때문에 그 계획은 추진되지 못했다. 두 번째 방안은 시라지의 사촌으로서 "자가트 세트, 주요 무어인과 라자 들의 구미에 맞는 수바다르"인 푸르네아의 샤우카트 중Shaukat Jung을 옹립하는 것이었으나, 알고 보니 그는 시라지보다도 믿음이 가지 않는 인물이었다.[56] 그는 사이코 같은 사촌과 함께 전투에 나갔지만 아편에 취해서 "고개도 제대로 가누지 못하거나 자기가 데려온 여자들의 노래나 듣는 게" 고작이었고 "그렇게 코끼리에서 내렸다가 (…) 머스킷 총알이 날아와 이마에 박혀 영혼이 저 세상으로 갔을 때도 완전히 정신이 나가 있었다".[57]

클라이브가 캘커타를 탈환하고 찬데르나가르를 함락해 군사적 능력을 입증하자 그제서야 모의자들은 동인도회사의 군사력을 자신들의 목적을 위해 이용하려 했다. 알리나가르 조약에 따라, 약탈당한 카심바자르의 영국 상관으로 막 돌아온 윌리엄 와츠는 이러한 불만의 목소리를 처음 들은 사람이었다. 무르시다바드 남단의 EIC 상관에서 그는 불만에 찬 궁정 귀족들의 투덜거림과 쿠데타 가능성의 낌새를 눈치챘고, 그래서 아르메니아인 대리인 흐와자 페트루스 아라툰Khwaja Petrus Aratoon을 보내 조사해보게 했다. 돌아온 답변은 회사가 나와브를 축출하는 것을 도와준다면 미르 자파르가 벵골 군대의 경리관 자격으로 회사에 2.5크로르* 루피를 지불할 용의가 있다는 것이었다. 더 자세히 조사해보니 이 음모는 귀족층 사이에 널리 지지를 받고 있으며, 배운 것이 없고 정치에는 재능이 없는 장군인 미르 자파르는 쿠데타 배후 실세들, 바로 자가트 세트 은행가들의 간판에 불과하다는 것이 드러났다. "그들이 혁명의 **기획자**들이라고 장담할 수 있다"고 여러 달 뒤에 장 로는 썼다. "그들이 없었다면 영국인들은 자신들이 한 일을 절대 실행할 수 없었을 것이다. 영국인들의 명분은 세트인들의 명분이 되었던 것이다."[58]

와츠는 여전히 찬데르나가르 바깥에 진을 치고 있던 클라이브에게 이 제안을 전달했는데, 와츠의 채널과는 별개로 궁정 혁명의 가능성을 점치는 풍문이 클라이브의 귀로도 들어오기 시작한 터였다. 1757년 4월 30일에 클라이브는 훗날 그의 이름과 영원히 떼려야 뗄 수 없게 될 계획을 처음 언급했다. 그는 마드라스 총독에게 보낸 서신에서 시라지 우드다울라가 평소보다 더 심하게 폭력적으로 행동하고 있다고 적었다. "그는 일주일 새 두 번이나 와츠 씨를 말뚝에 박겠다고 위협했습니다. (…) 한마디로 그는 온갖 나쁜 것이 합쳐진 인간이고, 하인들 말고는 아무도 그와 상종하지 않으며, 모두에게 미움과 멸시를 받고 있습니다."

---

*   1크로르는 1,000만이며, 오늘날 가치로 3억 2,500만 파운드이다.

⟨3⟩   약탈의 빗자루질

그래서 알려드립니다만, 여러 거물이 그에 맞설 음모를 꾸미고 있으며 이들의 꼭대기에는 다름 아닌 자가트 세트가 있습니다. 저는 지원을 의뢰받았으며, 회사가 바랄 수 있는 모든 이점을 약속받았습니다. 위원회는 (후임) 나와브가 정해지는 대로 곧장 지원해야 한다는 의견입니다. 저 또한 그런 괴물 같은 인간이 군림하는 한 평화나 안전은 있을 수 없다고 확신합니다.

와츠 씨는 현재 무르시다바드에 머물면서 거물들과 여러 만남을 갖고 있습니다. 그는 우리가 제안을 보내길 바라며, 그들은 모든 것을 실행에 옮길 순간만 기다리고 있습니다. 그러므로 이 나라에 다시 정착하려는 프랑스인들의 기대를 영영 끝장낼 혁명의 소식이 곧 들려올지도 모릅니다. (…)[59]

시라지 우드다울라 정권을 유지시켜온 벵골의 은행가와 상인들은 마침내 그에게서 등을 돌렸고 군대 내 불만 세력과 손을 잡았다. 이제 그들은 동인도회사의 용병들을 끌어들여 그를 폐위시키는 데 도움을 받고자 했다. 이것은 인도 역사에서 초유의 일, 다시 말해 일단의 인도 은행가들이 국제적 무역회사와 공모하여 회사 소유의 치안 병력을 이용해 자신들이 무역에서 벌어들이는 수입을 위협하는 정권을 타도하는 일이었다.[60] 이것은 어떤 제국주의적 마스터플랜의 일환이 아니었다. 사실 현지의 EIC 관계자들은 프랑스의 공격만 격퇴하고 잠재적으로 막대한 비용이 들어갈 수도 있는 무굴 군주들과의 전쟁은 피하라는 런던의 엄격한 지시를 받은 상태였다. 하지만 개인적 치부致富와 회사에 정치적·경제적 이득을 가져올 기회라고 본 그들은 이 모의를 런던의 상관들에게 호소력 있는 방식으로 윤색했고, 쿠데타가 주로 벵골에서 프랑스 세력을 영구히 축출하는 것을 겨냥한 일인 양 내세웠다.*

　5월 1일에 이르자 벵골의 회사 고위 관리들로 구성된 비밀 위원회는 모의에 가담하기로 공식적으로 결의했다. "위원회는 이 나와브의 언행과 명예, 우호에는 의지할 수 없으며 정부 내 혁명이 회사의 입장에 극히 유리할 것이라는 데 만장일치로 합의했다."[61]

　이어 비밀 위원회는 군사적 지원의 조건을 놓고 흥정을 벌이기 시작했는데, 이번에도 호와자 페트루스가 양측 간 암호 교신을 중개했다. 얼마 지나지 않아 미르 자파르와 자가트 세트가 제안 액수를 크게 올려서 이제 참여자들에게 시라지 타도를 도와주는 대가로 2,800만 루피, 즉 벵골의 1년 치 세입에 해당하는 300만 파운드를 약속했고, 회사 병사들에게 추가로 매달 11만 루피를 지급할 것을 약속했다. 게다가 EIC는 캘커타 인근에서의 자민다리(토지 보유) 권리와 캘커타 시내 화폐 주조소, 그리고 무관세 무역에 대한 확약도 얻어냈다. 5월 19일에 이르자 이런 제안에 더불어 미르 자파르는 캘커타 피해에 대한 보상으로 EIC에 추가로 막대한 액수—100만 파운드**—를 지급하

---

* 　이 점은 매우 중요하다. EIC가 이사와 관리, 대다수 주주의 형태로 단체의지란 것이 있었다고 한다면 그것은 무역이 최대의 이윤을 가져오고, 자신들과 투자자들에게 많은 배당금을 꾸준히 내놓는 것이었다. 필립 스턴Philip Stern이 보여주듯이 17세기 후반 이래로 그들은 인도의 세입으로 회사의 상업자본을 증대하는 것을 분명히 반겼고, 물론 나중에 클라이브가 가져다준 벵골 세수도 열렬히 반겼다. 하지만 이사들은 걷잡을 수 없게 확대되어 회사를 빚더미에 나앉게 할 수도 있다고 걱정해 야심 찬 정복 계획들을 초지일관 싫어했다. 그런 까닭에 EIC 인도 정복의 거창한 계획은 레든홀가에서 유래한 경우가 거의 없다. 그 대신 인도의 정복과 약탈은 거의 언제나 현장의 회사 고위 간부들로부터 시작되었다. 그들은 사실상 본국의 통제에서 벗어나 있었고, 탐욕과 적나라한 소유욕, 금방 부자가 되고 싶은 충동부터 전국적 명성에 대한 욕구와 프랑스를 따돌리고 인도에서 그들의 야심을 겨루고 싶다는 바람에 이르기까지 다양한 동기에서 움직였다. 이는 이 시기 내내 사실이었으며, 클라이브와 헤이스팅스만큼 콘윌리스와 웰즐리에게도 해당된다.

** 　이 액수들의 오늘날 가치는 다음과 같다. 300만 파운드=3억 1,500만 파운드, 11만

고, 캘커타의 유럽인 주민들에 대한 보상금으로 따로 50만 파운드를 내주기로 동의했다.[62]

6월 4일 최종적으로 거래가 합의되었다. 흐와자 페트루스는 와츠를 위해 "무어 여성들이 타고 다니는 것과 같은" 지붕이 덮인 하렘 가마를 구해왔다.[63] 여기에 "속임수가 있다는 것을 모른다면 아무도 감히 안을 들여다보지 못할 것이기 때문에 불가침"의 영역인 이 가마를 타고 영국인 와츠는 미르 자파르의 자택으로 들어가 노장군과 그의 아들 미란의 서명을 받은 뒤 쿠란에 손을 얹고 조약의 의무 사항을 완수하겠다고 공식 맹세를 하게 했다.[64] 6월 11일 두 사람이 서명한 문서가 캘커타에 전달되자 선임위원회가 부서했다. 이튿날 저녁 사냥 여행을 떠나는 척하면서 와츠와 그의 부하들은 카심바자르를 서둘러 떠나 야음에 찬데르나가르 방면 길을 따라 탈출했다.

시라지가 캘커타 공격을 개시한 날로부터 딱 1년 뒤인 1757년 6월 13일에 클라이브는 시라지 우드다울라가 알리나가르 조약을 위반했다고 비난하는 최후통첩을 보냈다. 그리고 같은 날 유럽인 병사 800명과 남인도 세포이 2,200명, 그리고 대포 8문만으로 구성된 소규모 군대를 이끌고 플라시를 향해 역사적 진군을 시작했다.

캘커타에서 무르시다바드로 가는 길은 푸른 범람원과 논으로 이루어진 거대한 평야지대를 관통한다. 기름진 땅과 드넓은 하늘이 순다르반 습지대와 갠지스강 삼각주, 남쪽의 벵골만을 향해 끝없이 펼

루피=143만 파운드, 100만 파운드=1억 500만 파운드

쳐진 이곳은 물과 초목밖에 없는 그야말로 거대한 푸른 에덴동산이다. 이러한 습지대에서 쟁기를 진 수소들은 비옥한 진흙 논을 갈고, 촌락민들은 높이 쌓은 강둑을 따라 염소와 오리를 몬다. 갈대 이엉을 얹은 벵골 오두막집들을 둘러싼 푸른 대나무 수풀과 거대한 반얀나무 숲 사이로 저녁 잉꼬 떼가 날카로운 울음소리와 함께 날개를 퍼덕이며 날아간다.

몬순 우기가 닥치기 전의 더위에 클라이브는 세포이 부대를 그늘진 제방을 따라 조각보처럼 이어진 이 광대한 습지대를 가로질러 행군시켰다. 벼가 반쯤 수확된 진흙 논은 어느샌가 막 심어놓은 어린 모가 물빛에 반사되는 네모반듯한 논이 펼쳐진 범람원으로 바뀌었다. 이러한 풍광을 가로질러 흐르는 바기라티강의 간선 수로에는 나무 보트와 대나무 보트로 이루어진 소형 선단—왓슨의 전함들이 항행하기에는 이제 물이 너무 얕았다—이 유럽인 부대의 일부 장교들 및 보급 식량과 탄약을 싣고 지상군과 나란히 이동했다.

지난 한 주 동안 정신없이 움직이고 연락을 주고받았던 클라이브는 북쪽으로 진군함에 따라 공모자들의 움직임이 없자 점차 불안해지기 시작했다. 6월 15일 클라이브는 합의 사항을 계속 지킬 작정임을 확인시켜주는 서신을 자가트 세트가에 보냈다.

나와브가 영국인들과의 조약 실행을 오랫동안 미뤘으므로 그 조항들이 이행되게 하려고 이렇게 가고 있습니다. 도시(무르시다바드)에 커다란 소요가 벌어지고 있다고 들었습니다. 저의 도착으로 소요가 행복하게 종식되면 좋겠군요. 우리는 한마음이니 저는 언제나 당신의 조언에 귀 기울일 것입니다. 현재 쿨나에 있으며 이틀 내로 아고아 디엡에 닿기를 바랍니다. 당신은 그곳에서 누구보다

안전할 것이며 내 군대는 지금까지 해왔던 대로 행동하며 일체 약탈하지 않을 것이니 안심하십시오.[65]

그는 아무런 답변도 받지 못했다.

이튿날 그는 다시, 이번에는 미르 자파르에게 서신을 보냈다. "팟틀리 근처 탄테솔에 도착했습니다. 소식을 받길 기대하고 있으며 당신이 바라는 대로 어떤 조치든 곧장 실행할 것입니다. 하루에 두 차례 연락을 주셨으면 합니다. 당신으로부터 소식이 올 때까지는 팟틀리에서 움직이지 않을 생각입니다."[66] 다시금 아무런 답변도 오지 않았다. 클라이브는 이제 의심스러워졌다. "군대를 전부 이끌고 팟틀리에 도착했는데 아무런 기별이 없어 깜짝 놀랐습니다. 이 편지를 받자마자 당신의 의사를 낱낱이 알려주길 바랍니다"라고 그는 17일에 썼다.[67]

묵묵부답에도 불구하고 그는 18일에 카트와 요새를 장악하라는 명령과 함께 1개 소대를 북쪽으로 보냈고 요새는 아무런 저항 없이 넘어왔다. 바로 여기서 미르 자파르가 회사 군대에 합류하기로 되어 있었지만 예정된 동맹군이 나타날 기미는 없었다. 그날 오후 클라이브는 보기 드물게 자신감을 잃고 있었다. "어떻게 행동해야 할지 정말 모르겠다"고 그는 캘커타의 선임위원회에 편지를 썼다.

특히나 자신은 중립에 서겠다는[즉, 다가오는 전투에 참여하지 않겠다는] 결심을 확인시켜주는 미르 자파르의 서신을 받게 된다면 말입니다. 나와브의 군대는 현재 8,000명을 넘지 않는다고 하지만 사람들이 그의 요구에 응한다면 금방 늘어날 수도 있습니다. 우리가 공격한다면 그쪽은 단단히 자리를 잡고 버틸 테고, 우리는 아무런 지원도 받지 못할 게 틀림없습니다. 여기서 우리가 격퇴될 경우 치명타가 될 수도 있습니다. 반대로 성공한다면 최대로 유리한 입지를 점하게 되겠지요. (…) 이 중차대한 시점에 어떻게 하면 좋을지 부디 여러분의 의향을 알려주십시오.⁶⁸

그날 밤 늦게 클라이브는 미르 자파르로부터 짧고 다소 모호한 기별을 받았다. "당신이 왔다는 소식에 나와브는 크게 겁을 먹었고 그런 시기에 내가 자신의 곁에 있어야 한다고 요구함. 나로서는 현 상황이 그런대로 괜찮으며, 그의 요구에 따르는 것이 바람직하다고 생각했으나 우리가 합의한 바는 실행되어야 함. 진군 날짜는 음력 초하루로 정했음. 하늘의 뜻이라면(별일 없으면), 도착할 것임."⁶⁹ 처음에 클라이브는 미르 자파르로부터 무슨 기별이라도 들은 것에 안도하여 그 짤막한 전갈에 과한 답장을 보냈다. "당신의 침묵으로 인해 크게 괴로워하던 중에 대단히 만족스러운 서신 잘 받았습니다."

카트와시와 요새를 장악하도록 일단의 부대를 보냈고 전군과 함께 내일 그곳으로 이동할 것입니다. 이튿날 거기서 진군할 예정이며 이틀 안으로 몬쿠라에 도착하길 기대합니다만 나의 움직임은 당신이 보내줄 조언에 크게 좌우될 것입니다. 당신은 어떻게 할 작정인지, 그리고 나는 어떻게 하는 게 적절할지 알려주십시오. 상호 연락에 거사의 성공 여부가 달려 있으니 매일 자세하게 서신을 보내주십시오. 내가 나와브의 군대와 맞닥뜨린다면 당신은 어떤 역할을 할 것인지, 나는 어떻게 행동해야 하는지를 말입니다. 다음에 대해서는 확신해도 되는데, 나는 나와브의 군대가 시야에 들어오면 24시간 이내로 공격할 것입니다. 무엇보다도 내가 도착하기 전에 배신이 발각되어 붙잡히지 않도록 조심하십시오.⁷⁰

하지만 이튿날 아침 미르 자파르의 서신을 곱씹어보자 클라이브는 다시금 자신이 덫으로 걸어 들어가고 있다고 점차 생각하게 되었고, 같은 편임을 자처하는 사람에게 화가 나서 편지를 썼다. "그렇게 중대한, 특히나 당신에게 중대한 일에 당신이 더 적극적으로 힘쓰지 않으니 매우 우려됩니다."

내가 진군하는 동안 당신은 어떤 조치를 취할지 최소한의 정보도 주지 않았고, 나는 무르시다바드에서 일이 어떻게 돌아가고 있는지도 알 수 없습니다. 분명 당신은 매일 소식을 보내줄 수 있습니다. 신뢰할 수 있는 전달자를 구하기는 당신보다는 틀림없이 내가 더 어렵겠죠. 하지만 이 서신을 전달하는 사람은 똑똑하고 영리하며 내가 매우 신뢰하는 사람입니다. 그에게 기탄없이 의향을 알려주십시오. 나는 일을 계속 진행할 만한 제대로 된 고무적인 소식을 들을 때까지 여기서 기다리겠습니다. 하루가 갈수록 나와브의 세력은 커질 것임을 명심하십시오. 플라시나 아니면 적당하다고 판단하는 장소로 군사를 이끌고 건너오십시오. 기병 1,000명 정도로도 충분할 것이며, 그러면 당신과 함께 곧장 무르시다바드로 진군을 개시할 것입니다. 나는 공공연한 무력으로 정복하는 것을 선호합니다.[71]

6월 21일 클라이브는 이 작전을 계속할 것인지를 결정하기 위해 긴급 대책회의를 소집했다. 이제 그들은 5만 명으로 불어난 시라지 우드다울라의 군대가 안전히 자리 잡고 있는 플라시의 망고 대농원으로부터 하루 행군 거리에 있었다. 클라이브가 대책회의에서 자신이 파악한 정보를 모두 제시하자 동료들은 모두 작전 실행에 강하게 반대했다. 클라이브는 밤새 고민에 시달렸지만 이튿날 눈을 뜨자 계속 밀고 나가기로 했다. 그 직후에 미르 자파르로부터 자신도 가담할 것임을 확약하는 듯한 짤막한 전갈이 왔다. "당신이 근처로 오면 나도 합류할 수 있을 것임."

여기에 클라이브는 "당신이 힘쓰지 않는다 해도 나는 당신에게 모든 것을 걸 작정"이라고 간단히 답했다.

> 오늘 저녁에 강 건너편에 도착할 것입니다. 당신이 플라시에서 합류한다면 내가 진군하여 중도에 만날 것이며 그러면 나와브의 군대 전체는 내가 당신을 위해 싸운다는 것을 알게 될 것입니다. 외람되오나, 당신 자신의 영광과 안위가 거기에 얼마나 달려 있는지를 생각해보십시오. 그렇게 한다면 당신은 분명히 이 지방들의 수바흐[총독]가 될 것입니다. 하지만 심지어 이만큼도 우리를 도와주지 않는다면 신에게 맹세코 일이 잘못되어도 내 책임이 아니며, 내가 나와브와 화평을 맺더라도 동의해야 합니다.[72]

그날 저녁 6시에 또 다른 짤막하고 모호한 편지를 받은 뒤 그는 다시금 이렇게 썼다. "당신의 편지를 받자마자 즉시 플라시로 가겠다고 결심함. 초초히 답변을 기다리고 있음."[73]

그리고 나서 클라이브는 진군을 명령했다. 세포이들은 점점 물이 흥건한 구역으로 진입했다. 그물처럼 뻗은 개울과 강, 물고기가 가득하고 연꽃으로 뒤덮인 푸쿠르*Pukhur* 못 사이로 땅이 군데군데 섬처럼 떠 있는 듯했다. 저녁 무렵 병사들이 물가에서 나오자 야자나무와 대나무 수풀, 키 큰 화초들로 이루어진 방풍림에 둘러싸인 여러 언덕이 눈에 들어왔다. 한쪽 언덕에는 소달구지와 낟가리, 줄기가 무성한 반얀나무가 눈에 띄는 초가집 마을이 있었다. 쇠뿔 모양으로 구불구불 흘러가는 후글리강에 둘러싸인 다른 쪽 언덕에는 무르시다바드 나와브 소유의 사냥용 작은 벽돌집이 서 있었는데, 특유의 오렌지색 꽃이 피는 팔라시나무 수풀이 별장을 내려다보고 있어서 그 이름(플라시)으로 불리는 곳이었다. 바로 여기 플라시의 어둠 속에서 오전 1시경에 클라이브는 우기 이전의 폭우로부터 몸을 피했다. 축축하게 젖은 그의 병사들은 그보다 운이 좋지 못해 별장 뒤편 울창한 망고 과수원을 피난처 삼아 진을 쳤다.

밤이 지나고 아침이 왔건만 미르 자파르로부터는 더 이상 아무 전언이 없었다. 오전 7시에 초조해진 클라이브는 미르 자파르가 계속해서 아무것도 하지 않고 침묵한다면 시라지 우드다울라와 화해할 것이라고 위협하는 전갈을 보냈다. "나는 할 만큼 했다"고 그는 썼다. "더 이상은 안 된다. 단드포르로 온다면 플라시에서 진군하여 당신과 만나겠다. 당신이 이제 응하지 않는다면 죄송하지만 나와브와 화해하겠다."[74] 하지만 시간이 흐를수록 그럴 가능성은 점점 사라지고 있었다. 수만 명의 위용을 자랑하는 나와브의 군대가 단단히 자리 잡은 위치에서 나와 최소 20배의 압도적인 규모로 회사의 소규모 군대를 포위하기 시작했기 때문이다.

전날 밤의 폭풍으로 대기가 맑아졌고 6월 22일 화창한 아침이 밝았다. 클라이브는 상대할 적군을 더 잘 파악하려고 사냥 별장의 평평한 지붕 위로 올라갔다. 눈앞의 광경에 그는 말문이 막혔다. "전부 자수로 화려하게 장식된 진홍색 천을 씌운 엄청난 수의 코끼리들, 햇빛에 반짝이는 칼을 빼어 든 기병들, 방대한 수소 행렬이 끄는 중포들, 그리고 휘날리는 군기들 덕분에 그들은 엄청나고 화려한 장관을 자아냈다."

클라이브는 나와브가 다해서 보병 3만 5,000명, 기병 1만 5,000명, 그리고 프랑스 전문가 팀이 감독하는 중포 53문을 끌어모았다고 추산했다. 8시에 이르자 후글리강의 굽이에 배수진을 친 클라이브의 병사들에게는 퇴로가 없었다. 미르 자파르가 약속을 지키거나 말거나 이제는 싸우는 것 말고 현실적인 방안이 없었다.

8시에 포격이 시작되어 세포이 30명을 잃은 뒤 클라이브는 망고 수풀과 접한 질퍽한 강둑 아래로 병사들을 대피시켰다. 이제 진짜로 포위될 위험이 있었다. 한 장교에 따르면 클라이브는 "우린 낮 동안 최선을 다해 싸워야 하고 밤이 되면 머스킷을 어깨에 둘러메고 캘커타로 귀환해야 한다"고 말했으며, "장교들 대다수는 클라이브만큼이나 성공을 의심하고 있었다".[75] "그들은 일정한 보조로 다가왔으며 8시에 이르자 전군의 지원과 함께 다수의 중포로 공격을 개시했다"고 클라이브는 공식 보고서에 썼다.

그들은 여러 시간 동안 매우 활발하게 포격을 가했고 그동안 우리는 훌륭한 진흙 제방에 둘러싸인 커다란 수풀에 자리 잡고 있었기 때문에 상황은 우리에게 극히 유리했다. 적의 대포는 아군 주위를 에워싸는 식으로 배치되었고 상당한 간격으로 서로 떨어져 있었으므로, 그것들을 〔장악하려는〕 시도가 성공하기는 거의 불가능했다. 그러므로 우리는 기껏해야 밤에 그들의 진지를 기습해 성공을 거두길 기대하며 가만히 그곳에 머물러 있었다.[76]

그다음 정오 무렵에 하늘이 어두워지기 시작했고, 천둥이 치면서 우기의 폭우가 쏟아져 병사들이 흠뻑 젖고 전장이 순식간에 진흙탕으로 탈바꿈했다. 회사 병사들은 방수포를 덮어서 화약과 도화선이

젖지 않게 했다. 하지만 무굴 병사들은 그런 주의를 기울이지 않았다. 집중 호우가 시작된 지 10분 만에, 그리고 클라이브가 마른 제복으로 갈아입은 다음 사냥 별장 지붕에 다시 나타났을 때 시라지의 모든 대포는 조용해졌다.

회사의 대포도 가동할 수 없으리라고 생각한 나와브의 기병 지휘관 미르 마단Mir Madan은 진격 명령을 내렸고, 그의 아프간 정예 기병 5,000명이 회사 군대의 우측으로 돌격했다. "그때까지 불잉걸 더미 아래 살아 있던 전투와 살육의 불은 이제 화염으로 활활 타올랐다"라고 굴람 후사인 칸은 썼다.

하지만 질서정연하고 신속한 포격과 머스킷 사격 기술에서 모자쓴 족속을 당할 사람은 없으니, 포환과 총알이 비 오듯 쏟아지기 시작했다. 그렇게 맹렬한 사격이 쉴 새 없이 이어지자 지켜보는 사람들도 깜짝 놀라 어리둥절했고, 전장에 있는 사람들은 끊임없이 들려오는 천둥 같은 포성에 귀가 먹먹하고 대포에서 번쩍이는 불꽃에 눈앞이 흐려졌다.[77]

전사자 중에는 "앞으로 밀고 나가려고 애썼지만 배에 포탄을 맞아 죽은" 미르 마단도 있었다.[78] "이 광경에 시라지 우드다울라 군대의 기세가 꺾였고 포병들은 미르 마단의 시신을 수습해 막사가 있는 곳으로 이동했다. 막사 안의 사람들이 도망친 것은 한낮이었고 병사들도 점차 달아나기 시작했다."[79] 이 시점에 클라이브의 부관인 킬패트릭 소령Major Kilpatrick이 무굴 군대의 여러 포대가 버려진 것을 보고 명령을 거역하고 허락 없이 전진하여 적이 버리고 간 곳을 차지했다. 클라이브는 화가 나서 킬패트릭을 명령 불복종으로 체포하겠다고 위협하는 메시지를 전방에 보냈지만 사실 이 불복종 행위가 전투를 승리로 이끌었다. 에드워드 매스컬린에 따르면 전세가 역전되기 시작한 것은 이 시점이었다. "다수의 적군이 자기 진영으로 돌아가는 것을 보고 우리는 오전에 우리를 크게 괴롭혔던 적의 포가 배치된 여러 고지대를 장악하기 좋은 기회라고 생각했다."

그에 따라 야포 2문의 지원을 받은 제1대대의 척탄병들과 제2대대의 4개 소대, 야포 2문의 지원을 받은 일단의 세포이들에게 그곳을 차지하라는 명령이 내려졌고 그들은 명령대로 했다. 그들의 성공에 고무된 우리는 적진 입구에서 300야드(약 275미터) 범위 내에 있는 전방의 또 다른 곳을 장악했다. (…)[80]

그다음 좌측의 대형 무굴 기병 분견대가 후글리강의 강둑 쪽으로 이동했다가 싸움에서 발을 뺐다. 이는 알고 보니 미르 자파르가 퇴각한 것으로, 그가 약속한 대로였다. 그가 앞장서자 무르시다바드 군대 전부가 퇴각하기 시작했다. 질서정연한 후퇴로 시작된 것은 금방 패주로 탈바꿈했다. 이제는 무굴 보병들이 떼로 달아나기 시작했다. "여기에 대대적인 패주가 뒤따랐다"라고 클라이브는 지금도 인도 국립문서고에 남아 있는 최초 보고서에 썼다. "우리는 적이 버리고 간 대포 40문 이상과 각종 짐과 보급 물자를 가득 실은 무수한 수송대와 수레를 지나 적을 6마일(약 10킬로미터) 추격했다."

시라지 우드다울라는 낙타를 타고 도망쳤고 이튿날 아침 무르시다바드에 도착하자 간단히 챙길 수 있는 보물과 보석을 먼저 보낸 다음 한밤중에 자신도 두세 명의 수행원만 데리고 뒤따랐다. 적군은 대략 500명이 전사한 것으로 추산된다. 아군의 손실은 전사 22명, 부상은 50명에 불과하다.[81]

이튿날 6월 24일 아침에 클라이브는 굉장히 가식적인 쪽지를 간단히 끼적였다. 그는 "축하드린다. 이 승리는 나의 것이 아니라 당신의 것이다"라고 썼다. "조속히 내게 합류해주시면 좋겠다. 신께서 우리에게 내려주신 정복을 완수할 수 있도록 이제 함께 진군하기를 제안하는 바이며, 당신을 나와브로 선언하는 영예를 누리길 기대하고 있다."[82]

그날 아침 늦게 피곤한 기색의 미르 자파르가 안절부절못하며 영국군 진영에 나타났다. 그를 예우하기 위해 근위대가 늘어서자 그는 겁이 나서 돌아가려고 했다. 그는 클라이브의 막사로 호위되어 대령의 포옹을 받았을 때에야 안심했고, 대령은 그를 벵골의 신임 총독으로서 맞이했다. 클라이브는 간계를 꾸미고 있는 것이 아니었다. 변함없는 실용주의자답게 그로서는 미르 자파르를 나와브로 앉혀 꼭두각시로 이용할 필요성이 지난주 내내 그에게 느낀 분노를 압도했다. 그러고 나서 그는 미르 자파르에게 와츠를 데리고 서둘러 무르시다바드로 가서 수도를 장악하라고 건의했는데, 와츠에게는 국고를 주시하라고 따로 지시해뒀다. 클라이브는 거리를 두고 본대와 함께 뒤를 따랐다. 그는 버려진 대포와 부서진 수레, 부패해 부풀어오른 사람과 동물의 사체로 뒤덮인 길을 따라 사흘에 걸쳐 무르시다바드까지 80킬로미터를 이동했다.

클라이브는 27일에 수도에 입성할 예정이었지만 자가트 세트가로부터 암살 음모가 있다는 경고를 받았다. 그래서 클라이브가 미르자 파르의 호위를 받아 무르시다바드에 마침내 입성한 것은 6월 29일 이었다. 군악대와 기수들이 앞장서고 500명의 근위대의 호위를 받은 그들은 정복자로서 나란히 입성했다. 미르 자파르는 클라이브의 손을 잡고 마스나드 *masnad*, 즉 즉위대에 올랐고 총독으로서 인사를 받았다. 그다음 클라이브는 공개적으로, 아마도 진심으로 회사는 미르자파르의 정부에 간섭하지 않고 "오로지 통상에만 종사할 것"이라고 밝혔다.[83] 연로한 장군은 "궁전과 보물을 조용히 접수했고 즉각 나와브로 인정되었다".

두 사람은 그다음 자신들을 이 자리에 있게 해준 장본인 마흐탑 라이 자가트 세트에게 곧장 인사하러 갔다. 그 대은행가와 "많은 대화를 나눴다"고 클라이브는 기록했다. "세 수바[주―벵골, 오리사, 비하르]에서 가장 영향력이 큰 갑부이자 무굴 궁정에서도 적지 않은 무게감이 있는 사람으로서 벵골 정부의 일을 처리하기에 가장 적합한 사람으로 그를 정한 것은 당연했다. 그에 따라 신임 나와브가 오늘 아침 답방했을 때 나는 그에게 모든 경우에 자가트 세트와 상의할 것을 건의했고 그는 기꺼이 동의했다."[84]

알고 보니 자가트 세트가의 지원이 당장 절실한 상황이었다. 국고에는 예상보다 훨씬 적은 1.5크로르 루피밖에 없었다. 클라이브와 회사가 약속받은 돈을 전액 지급받으려면 대은행가들이 융자를 해야할 판이었다. 포상금 가운데 클라이브의 몫은 23만 4,000파운드와 자기르, 즉 연간 2만 7,000파운드의 수입이 나오는 영지였다.* 서른

---

* 이 액수들을 현재 가치로 환산하면 1.5크로르 루피는 대략 2억 파운드이며 23만 4,000 파운드는 거의 2,500만 파운드에 달하고, 2만 7,000파운드는 300만 파운드와 같다

〈3〉   약탈의 빗자루질

세 살에 클라이브는 유럽 최고 갑부 중 한 명이 될 참이었다. 그 돈이 실제로 지급되기만 한다면 말이다. 긴장이 감도는 여러 날이 지나갔다. 클라이브는 미르 자파르가 약속을 어기지는 않을지, 자신이 다시금 노장군에게 배신당할 위험에 빠진 것은 아닌지 전전긍긍했다. 대형 강도질 한 건을 해낸 두 갱스터처럼 미르 자파르와 클라이브는 서로를 불안하게 주시했고, 그사이 자가트 세트는 열심히 돈을 구했다. 일주일 뒤에 클라이브는 "각하께 불만 사항을 밝히기 위해 글을 쓸 때마다 저도 마음이 한없이 괴롭습니다"라고 미르 자파르에게 썼다.

영국인의 이해관계가 침해당하는 문제라고 생각할 때는 더욱이 그렇습니다. 저는 일체의 부정한 짓은 각하의 원칙과 부합하지 않는다는 점과 각하의 선량함을 확신하고 있으며, 뭔가 잘못된 점이 있다면 틀림없이 신하들 탓이겠죠. 와츠 씨와 월시 씨가 각하와 영국인들 간의 합의 내용을 이행하기 위해 자가트 세트의 중개로 그가 배석한 자리에서 국고를 살펴본 지도 벌써 여러 날이 지났습니다. 하지만 그들은 아무런 목적을 달성하지 못했고, 각하께서 얼마를 접시로, 또 얼마를 옷감과 보석으로 지불할지에 관해 모종의 결정을 내리고 시종들에게 지급을 시작하라고 확실한 명령을 내리지 않으신다면 아무것도 이루어지지 않을 것입니다. 저는 돈 문제가 조속히 매듭지어지기를 간절히 바라고 있습니다. 이것이 매듭지어지지 않는 한 각하의 적과 저의 적 들은 사리사욕의 원칙에서 우리 사이에 불화와 의견 차이를 만들어내려고 애쓸 것이며, 이는 우리 적들에게 희망과 기쁨을 안겨줄 뿐입니다. 하지만 영국인의 이해관계와 각하의 이해관계는 동일하며 우리는 같이 망하고 같이 흥할 수밖에 없습니다.

클라이브는 그답게 은근한 협박처럼 읽힐 수 있는 말로 편지를 마무리했다. "그럴 일은 없겠지만 혹시 당신에게 무슨 변고가 생긴다면, 영국 동인도회사도 더는 없을 것입니다. 구두로만 논의하기에는 너무 민감한 사안이라 제 생각을 글로 써서 각하께 보냅니다."[85]

클라이브가 보수의 지급을 초조히 기다리는 동안 '자가트 세트의 강력한 주장에 따라' 미르 자파르의 아들이 수도에서 달아나 도망자 신세가 된 시라지 우드다울라를 찾아 벵골을 샅샅이 훑었다. 그는 "허름한 차림새를 하고 (…) 오로지 애첩과 환관만 데리고" 상류로 향하고 있는 첩보가 들어왔다. 굴람 후사인 칸은 플라시 전투 이후 시라지가 "속내를 털어놓을 친구 한 명, 이야기를 나눌 동반자 한 명도 없이 온종일 궁전에 혼자 있다가 필사의 결단을 내렸다"고 쓴다.

한밤중에 그는 배우자인 루트프 운니사와 다수의 애첩을 지붕을 씌운 가마와 수레에 태우고 금과 보석을 최대한 챙긴 다음 여러 마리의 코끼리에 가장 좋은 가구와 세간을 잔뜩 싣고 새벽 3시에 궁전을 떠나 도망쳤다. (…) 그는 바그방골라로 가서 줄곧 대기 중이던 배 여러 척에 즉시 승선했다. (…)

[이틀 뒤에] 이미 운명의 발톱에 붙들린 이 딱한 군주는 강 건너편 라지마할에 도착해 대략 한 시간을 머물렀는데, 그와 딸, 여자들이 키츠리[케저리—쌀과 렌틸콩으로 만든 것]로 간단히 요기를 하기 위해서였다. 이들은 모두 사흘 밤낮 동안 음식이라곤 구경도 못한 터였다. 마침 그 동네에는 한 탁발승이 살고 있었다. 그[시라지 우드다울라]가 권력자였던 시절에 박대하고 탄압했던 이 사람은 원한을 풀고 복수를 할 좋은 기회가 찾아왔다는 생각에 뛸 듯 기뻤다. 탁발승은 그의 도착에 반가움을 표시하고 양식을 마련해주며

부산을 떠는 동안 그 군주를 찾아 천지간을 뒤지고 있던 적들에게 정보를 알려주는 급전을 강 건너편으로 보냈다.

샤 다나―이것이 그 탁발승의 이름인데―의 조언에 따라 미르 카심[미르 자파르의 사위]은 즉시 강을 건너왔고, 무장한 부하들로 시라지 우드다울라를 포위하여 그는 물론 그의 가족과 보물의 주인이 되는 기쁨을 누렸다. (…) 이전 나와브는 이제 포로가 되어 비참한 몰골로 (…) 무르시다바드로 끌려왔다.

마흐메디 베그라는 사람이 [시라지를 죽이는] 임무를 수락하여 도망자가 도착한 지 두세 시간 뒤에 그를 처치하러 갔다. 시라지는 그 악한을 보자마자 자신을 죽이러 온 것이냐고 물었다. 그가 그렇다고 대답하자 딱한 군주는 절망에 빠졌다.

그는 자비의 신께 엎드려 지난날의 행동에 용서를 빌고 그의 살인자에게 고개를 돌려 "그들은 내가 기꺼이 어느 구석으로 물러나 연금을 받으며 여생을 마감하는 데 만족하지 않는단 말이냐"라고 물었다. 그는 더 말할 틈이 없었는데 이 말에 도살자가 검으로 그를 여러 차례 내리친 것이다. 이목구비가 단정하고 사랑스러워 벵골 전역에서 명성이 자자했던 그의 아름다운 얼굴로도 칼이 몇 차례 떨어졌다. 그 군주는 엎어져 땅에 쓰러졌고 그의 영혼은 조물주에게 돌아갔다. 그리고 자신이 흘린 피를 헤치고 이 비참의 골짜기에서 빠져나왔다. 그의 몸은 수 차례 휘두른 칼에 난자당했고, 망가진 시신은 코끼리 등에 얹혀져 무르시다바드 곳곳에서 전시되었다.[86]

시라지 우드다울라는 고작 스물다섯이었다. 그 직후 미란은 알리 베르디 칸 가문의 여성을 모조리 제거했다. "일흔 명가량의 무고한 베굼들이 인적 없는 후글리강 한가운데로 보트에 실려 갔고 그들이 탄 보트는 침몰했다." 나머지는 독살당했다. 그 시신들은 강가로 밀려온 시신들과 함께, 쿠시바그의 그늘진 정원에 묻힌 늙은 가부장 옆 무덤에 줄줄이 묻혔다. 거기서 후글리강 건너 바로 맞은편에는 장이 서는 읍이 있는데 오늘날 남아 있는 무르시다바드의 자취는 그게 전부다.

하지만 한 여인은 목숨을 건졌다. 미란과 그의 아버지는 미모로 명성이 자자한 루트프 운니사에게 청혼했다. "그러나 그녀는 거절하고 이런 답장을 보냈다. '전에 코끼리를 탔으므로 이제 당나귀를 타는 것을 승낙할 수는 없다.'"[87]

시라지 우드다울라의 유해가 길거리에서 구경거리가 되고 있던 7월 7일, 특수 임무 부대가 후글리강에서 풀타로 출발한 지 정확히 200일 지난 그날 클라이브는 마침내 보수를 받았다. 현재 가치로 대략 2억 3,200만 파운드에 달하는 돈은 역사상 기업이 건진 최대의 횡재 가운데 하나로 이 가운데 2,200만 파운드는 클라이브의 몫이었다. 그는 포상금을 즉각 후글리강을 따라 캘커타로 내려보냈다.

"우리 성공의 첫 과실은 수바가 지불한 거의 100만 파운드스털링에 달하는 75리크*였다. 이 돈은 우리와 함께 상류로 진군했던 한대의 일부인 보트 200척에 실렸고, 일단의 분견대가 호송했다"고 클라이브의 조수 가운데 한 명인 루크 스크래프턴Luke Scrafton은 썼다.

───
＊　현재 가치로 1억 파운드.

그것들(200척의 보트)이 큰 강에 진입하자마자 전대의 다른 보트들이 합류해 다 함께 300척의 함대를 이루었다. 함대는 요란하게 음악을 연주하고 북을 치고 깃발을 휘날리며, 강변의 프랑스인 정착지와 네덜란드인 정착지에 여봐란듯이 과시했다. 1년 전, 나와브의 함대와 군대가 영국인 포로와 캘커타에서 약탈한 온갖 재물을 싣고 그곳을 지나갈 때 프랑스인과 네덜란드인들이 본 광경과는 사뭇 달랐다. 어느 쪽 광경이 그들에게 더 큰 즐거움을 주었는지는 감히 판단하지 않겠다.

1757년 클라이브의 포상금은 157년 전 회사를 창립한 카리브해 사략선원들의 사연과 매우 비슷한 개인적 치부의 사연이었다. 장교들에게는 재산이, 회사에는 배당금이 무엇보다 중요했고, 본질은 영광보다는 재물, 권력보다는 약탈이었다. 이것은 시작일 뿐이었다. 미르 자파르는 다해서 약 123만 8,575파운드의 돈을 회사와 그 직원들에게 줬고 여기에는 클라이브 개인의 몫인 최소 17만 파운드도 포함되어 있었다. 1757년부터 1765년까지 8년간 무르시다바드의 나와브들은 대략 250만 파운드를 회사에 "정치적 선물"로 주었을 것이다. 클라이브 본인은 총지급액이 "300만 파운드"에 가깝다고 추산했다.*[88]

클라이브는 전리품을 바기라티강을 따라 호송하면서 아버지에게 "역사상 거의 유례가 없는 혁명"을 가져왔다고 알리는 편지를 썼다.[89] 특유의 주제넘는 주장이었지만 아주 틀린 말은 아니었다. 그가 가져온 변화는 영구적이고 심대했다. 이는 영리 기업이 유형의 실제적인

---

*   현재 가치로 123만 8,575파운드는 1억 3,000만 파운드, 17만 파운드는 1,800만 파운드, 250만 파운드는 2억 6,000만 파운드다. 300만 파운드는 3억 파운드가 넘는다.

정치권력을 처음으로 획득한 순간이었다.[90] 이 플라시 전투를 통해 회사는 무굴 제국에서 강력한 군사적 세력으로 스스로를 당당히 드러냈다. 1740년대에 벵골을 공포에 몰아넣고 약탈했던 마라타인은 잔인하고 폭력적인 세력으로 기억되었다. 10년 뒤 같은 지역을 약탈한 동인도회사는 더 질서정연하고 체계적이었지만 그 탐욕은 오히려 더 치명적이었다. 더 교묘하고 집요했으며 무엇보다도 더 영구적이었기 때문이다.[91]

플라시 전투는 회사에 의한 끝도 없는 약탈과 자산 수탈의 시대를 열었다. 영국인들은 이를 "파고다나무 흔들기"라고 묘사했다.[92] 이때부터 영국 무역의 성격이 바뀌었다. 그 세기 전반기에 600만 파운드**가 인도로 보내졌지만 1757년 이후로는 극히 적은 양의 은괴만 보내졌다. 1757년 이전에는 외국의 정금을 빨아들이는 수챗구멍이었던 벵골은 플라시 이후로 막대한 양의 부가 돌아올 기미 없이 빠져나가기만 하는 보물창고가 되었다.

벵골은 무굴 제국에서 언제나 가장 많고 가장 쉽게 징수할 수 있는 잉여 수익을 내놓았다. 플라시 전투 덕분에 EIC는 그 잉여의 상당량을 가져갈 수 있게 됐다. 1803년 마침내 무굴 제국의 수도 델리를 함락할 때까지 경쟁 상대들을 잇따라 격퇴하기 위해 필요한 자원을 회사에 제공해줄 재정적 횡재였다. 이제 회사는 더 이상 인도의 시장과 제품을 두고 경쟁하는 여러 유럽 무역 회사들 가운데 하나에 그치지 않았다. 그보다는 자신들이 킹메이커이자 독자적이고 자율적인 하나의 권력이 되었음을 깨달았다. 동인도회사는 궁정 쿠데타를 지원하고 그 대가로 그저 많은 보수를 받은 것뿐만이 아니었다. 그 승리로

**   현재 가치로 6억 3,000만 파운드.

이제 인도 내 세력 균형 전체가 바뀐 것이었다.

영국인들은 벵골에서 지배적인 군사력과 정치 세력이 되었다. 그들은 이제 군대를 충분히 키운다면 마음에 드는 지방을 장악해 직접적으로나 고분고분한 꼭두각시를 통해 지배할 수도 있겠다고 생각했다. 더욱이 많은 인도인들도 점차 이 점을 이해하고 있었으니, 다시 말해 회사가 폐위되고 쫓겨나고 불만에 찬 모든 통치자들의 관심의 초점이 되리란 뜻이었다. 이제부터 끊임없는 합종연횡의 요지경이 펼쳐지고, 이 지역에 평화나 안정이 찾아올 전망은 보이지 않을 터였다.

실제로 클라이브의 궁정 쿠데타가 낳은 가장 즉각적인 결과는 벵골의 불안정이었다. 석 달 뒤 9월에 클라이브는 커져가는 혼란을 수습하기 위해 무르시다바드로 돌아왔다. 회사의 가혹한 수탈, 미르 자파르 군대의 급료 체불과 마비된 군사력, 회사 세포이 용병을 이용한 토벌 작전은 폭력과 소요의 소용돌이를 불러왔다. 미르 자파르가 그 자리를 감당할 능력이 없으며, 그와 미란이 시라지 우드다울라 정권의 일원을 아무리 숙청한들 이전 나와브를 살해하고 이제는 회사의 어느 관찰자가 "자기 주군의 피로 따뜻한 왕위"라고 부른 자리에 앉아 있는 이 장군에게 딱히 정통성이 없다는 것은 누가 봐도 분명했다.[93]

이제부터 무굴 병사, 상인, 은행가, 문민 관리 들이 서서히 회사 쪽으로 넘어오면서 나와브들에게는 화려한 위용의 옛 자취만 남게 된다. 원래 클라이브와 동료들의 의도는 영국 무역을 유리한 발판에 다시 자리 잡게 하고, 더 우호적인 나와브를 즉위시키는 정도에 불과했다. 하지만 그들이 실제로 한 일은 나와브의 권위를 치명적이고 영구적으로 훼손하며 그때까지 구 무굴 제국에서 가장 평화롭고 수익성 좋은 지방에 혼란을 가져온 것이었다.[94]

‹ 4 ›

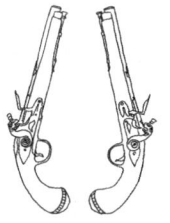

별 볼 일 없는 군주

12개월 뒤 플라시 혁명 1주년을 축하하기 위해 미르 자파르는 캘커타를 국빈 방문했다.

2년 전 그가 시라지 우드다울라의 장군으로서 캘커타 공격을 이끈 이래로 신임 나와브의 첫 방문이자 클라이브가 의원으로서의 야망을 추구하기 위해 런던으로 돌아가기 전 마지막 방문이었다. 그러므로 나와브의 국빈 방문은 여전히 상흔이 남아 있는 무역 정착지가 연출할 수 있는 최대의 화려한 행사였다. 극장 방문과 여러 차례의 음악회가 있었고, 약간 의외의 장소인 캘커타 법원 청사에서 무도회도 열려서 참석한 몇몇 여성들은 '말이 아플 때까지' 춤을 추었다.

더 놀라운 것은 경건한 시아파 무슬림 나와브를 접대할 청사를 아름답게 꾸미기 위해 선택한 청사 홀의 장식물이었다. '열두 점의 비너스 밀랍 입상'이 트럼펫과 호른, 케틀드럼 소리와 함께 제막되었다. 루크 스크래프턴은 "나와브를 예우하기 위한 무도회와 음악 공연, 방

문에 정신이 팔려서 다른 모든 공무가 등한시됐다"고 썼다.¹

하지만 두 동맹 간 우호의 외양 이면에는 어쩌면 필연적이게도 두 정부 간 불신과 상호 반감이 자라나고 있었다. 일주일 뒤 스크래프턴은 "아이구 기뻐라. 나와브 전하께서 드디어 떠났네"라고 썼다. "그와 그의 여인네들을 한시도 쉴 틈 없이 수행해야 해서 아주 생지옥이었다. 그는 집에서 20야드(18미터) 이상은 벗어나지 않았고 여인네들은 항상 그 옆에 붙어있었다."² 클라이브는 그답게 더 신랄했다. 플라시 전투 전에는 회사 이사들에게 흠잡을 데 없는 성품의 소유자라고 칭송했고 "아들이 아버지에게 보이는 공경심"으로 대한다고 주장한 그 "자비롭고, 관대하며, 정직한 군주"를 그는 이제 어김없이 "그 멍청한 노인네"라고 불렀고 아들 미란은 "쓸모없는 녀석"이라고 일축했다.³ 클라이브는 나태, 무능, 아편으로 미르 자파르가 변해버렸다고 런던에 썼다. 그가 즉위시킨 사람은 이제 "거만하고 탐욕스럽고, 안하무인이 되었고 (…) 이런 행동거지로 인해 민심이 멀어졌다".⁴

누군가가 변했다고 한다면 그건 사실 자기만족에 차 의기양양해하며 최고의 갑부가 된 클라이브였다. 실제로 이 시기에 어찌나 거들먹거렸는지 클라이브는 무굴인들과 권력을 공유하기로 한 것을 후회하는 기색을 보였다. 런던에 보내는 공문에는 점점 수가 늘고 기강이 단단히 잡혀 전력이 강화된 정예 세포이 부대로 벵골의 권력을 완전히 장악하는 계획을 슬쩍 떠보기도 했다. 1758년 말에 이르자 그는 EIC 이사회의 의장에게 거만하게 "부유하고 번영하는 이 왕국은 유럽인 병사 2,000명 정도의 아주 적은 병력으로 완전히 복속할 수도 있다고 어느 정도 자신 있게 주장할 수 있다"라고 쓰고 있었다

무어인들은 나태와 사치에 빠져 있고 무식하며 상상을 초월해

비겁합니다. (…) 군인이라고 이름 붙일 자격이 있는지조차 의문인 그들은 군주에게 최소한의 애착도 없고, 누가 급여를 잘 주는가에만 관심이 있으며, 자신들이 누구를 섬기는지에 관심이 전혀 없습니다. 저는 플라시 전투가 끝난 뒤 이 나라 (벵골) 전체를 회사가 차지하고, 현 수바흐[총독] 미르 자파르가 지금 하고 있는 것처럼 영국인의 무력이 불러일으키는 공포와 영향력을 통해서 쉽게 지킬 수도 있었을 것이라고 확신합니다.

[무굴] 제국의 힘은 내부의 동란으로 크게 약화되었고, 그 멸망은 [벵골에서] 델리로 보내는 돈 덕분에 저지되고 있는지도 모릅니다. (…) 이 무술만(무슬림)들의 성향과 본성은 잘 알고 계시겠죠. 그들은 감사하는 마음이 없고, 생각이 아주 편협한 가까스로 인간인 사람들이며 이 나라에만 특유한 정치 체제를 채택하고 있습니다. 다시 말해 모든 것을 무력이 아닌 배신을 통해 이루려고 한다는 것이죠. 이런 상황에서 미르 자파르처럼 허약한 군주는 쉽게 파멸하거나 우리를 파멸시키려는 다른 이들에게 쉽게 좌우되지 않겠습니까? 그렇다면 배신이나 배은망덕의 여지를 주지 않는 무력 말고 과연 무엇으로 현재 우리가 획득한 것을 안전히 지키거나 개선할 수 있겠습니까?[5]

이 시기의 서신들에서 불신과 경멸보다 한층 뚜렷이 드러나는 것은 이제 매우 가까워졌지만 편이한 두 세계는 서로를 제대로 이해하지 못한다는 느낌이었다. 일례로 미르 자파르는 회사를 분명히 한 명의 개인으로 상상하고 있었다. 클라이브가 영국으로 돌아간다는 것을 알았을 때, 존경하는 동맹인 회사에 보낸 미르 자파르의 선물 꾸러미에는 부유한 런던 상인들로 구성된 비인격적 기업 경영진 대신 그가 틀림없이 한 명의 군주라고 생각한 사람 앞으로 보낸 정중한 페르시아풍 서신이 딸려 있었다. 워런 헤이스팅스가 페르시아어에서 번역한 서신에서 미르 자파르는 "글이나 말로 나타낼 수 있는 것을 뛰어넘어 (…) 귀하를 만나고 싶은 진심 어린 소망"을 피력한다. "우정을 담고 있는 당신의 가슴에 대고 말합니다. (…) 내 눈의 빛이며 내 목숨보다 소중한 나와브 사부트 중 바하두르[클라이브]가 이제 조국으로 떠납니다. 그와의 이별은 매우 괴로운 일입니다. 속히 그를 이곳으로 보내주시어 조만간 그를 다시 볼 수 있는 행복을 허락해주시길."[6]

이해가 부족한 건 서로 마찬가지였다. 런던에서 이사들은 시라지 우드다울라가 타도당하고 살해되었다는 소식을 여전히 어렴풋하게만 이해하고 있었다. 걱정이 많지만 주의력이 떨어지는 어느 이사는 옆 사람에게 최근에 암살된 로저 다울라트 경(시라지 우드다울라 이름을 잘못 들은 것)이 준남작인 게 사실이냐고 물을 지경이었다.[7]

하지만 잉글랜드 사람들이 분명하게 이해하고 있던 것은 클라이브가 가지고 오고 있는 유례없는 액수의 돈, 혹은 근래에 영어화된 단어를 사용하자면 루트loot(전리품)였다. 유럽이 머나먼 정복지에서 그렇게 많은 보물을 갖고 귀환하는 모험가를 구경하기는 코르테스(아즈텍 제국을 정복한 인물—옮긴이)이래로 처음이었다.

1760년 2월 5일 클라이브와 그의 아내 마거릿은 로열조지Royal George호를 타고 고국으로 출발했고, 그들이 도착하기도 전에 이미 런던은 클라이브가 고국으로 부쳤다는 전대미문의 재물에 관한 풍문으로 들썩였다. 에드먼드 버크는 〈애뉴얼 레지스터Annual Register〉에서 "장군은 현금과 증권, 보석으로 총 120만 파운드를 현금화할 수 있으며 부인의 보석함에는 최소 20만 파운드로 추산되는 보석이 들어있다고 한다.* 그러므로 그는 세 왕국〔잉글랜드, 스코틀랜드, 아일랜드〕에서 가장 부유한 신민이라 해도 될 것이다"라고 추측했다.

실제 총액은 이보다 다소 적었다. 그럼에도 불구하고 도착하자마자 35세의 전 벵골 총독은 슈롭셔 월컷에 대저택과 영지를 사들이고 런던 메이페어에 있는 최고급 주택가인 버클리스퀘어의 타운하우스를 임대했다. 1년 뒤에 클라이브 부부는 2만 5,000파운드에 뉴캐슬 공작부인으로부터 클레어몬트 영지와 에셔의 주말 별장 및 주변 땅들을 사들였고, 추가로 4만 3,000파운드를 들여 그곳들을 개량하고 하나의 영지로 합쳤다. 그들은 클레어 카운티에서도 넓은 땅을 사들였고 클라이브는 그곳의 이름을 재빨리 볼리킬티에서 플라시로 바꿨다. "이 크로이소스(전설적인 부로 유명한 고대 리디아의 왕—옮긴이)가 온 뒤로 생활비가 즉시 뛰었다"라고 심술궂은 휘그인 호러스 월폴Horace Walpole은 일기에 툴툴거렸다. "그는 영지와 다이아몬드로 도배되어 있었다. (…) 거지가 적선을 구하면, '이보게 지금은 나한테 보석 쪼가리가 없구먼'이라고 대꾸한다." 이 무렵이면 풍문이 과열되어서 〈솔즈베리 저널Salisbury Journal〉은 클라이브 부인의 애완용 긴털족제비도 2,500파운드짜리 다이아몬드 목걸이를 걸고 있다고 보도했다.**8

그사이 클라이브가 떠난 벵골은 급속히 혼돈으로 빠져들었다.

이제 무르시다바드 주재 회사 상주관(실질적으로 대사)인 젊은 워런

---

* 　현재 가치로 120만 파운드는 1억 2,600만 파운드, 20만 파운드는 2,100만 파운드다.
** 　현재 가치로 2만 5,000파운드는 262만 5,000파운드, 4만 3,000파운드는 451만 5,000 파운드, 2,500파운드는 26만 2,500파운드다.

헤이스팅스는 클라이브에게 그가 야기한 무질서를 정리하라고 촉구하며 경종을 울린 첫 번째 사람이었다. 특히 그는 무르시다바드 궁정에서 심화하는 불안정을 거론했다. 클라이브가 떠나기 직전에 미르 자파르는 군대의 열세 달 치 체불 급여 가운데 3분의 1만 지급할 수 있었다. 그 결과 급여를 받지 못한 병사들은 공공연하게 반란의 기미를 보였고 일부는 굶주리고 있었다. 헤이스팅스는 "그들[기병들]의 말은 뼈만 남았고, 말을 타는 사람들의 처지도 별로 나을 게 없다. 심지어 자마다르[장교]들도 누더기만 걸치고 있는 경우가 많다"고 썼다.[9] 최근까지 인도에서 가장 부유했던 도시가 그렇게 쪼들리기까지는 플라시 전투로부터 3년밖에 걸리지 않았다.

미르 자파르는 이런 난장판에 확실히 일부 책임이 있었다. 클라이브의 경우와 마찬가지로 그는 플라시 전투 덕분에 막대한 재물을 얻었지만 자기 병사들이 굶주리는데도 이를 과시하는 데 거리낌이 없었다. 굴람 후사인 칸에 따르면 그는 언제나 고급 보석을 좋아했는데 이제 "실제로 그 반짝이는 것들을 넘치도록 얻었다. 손목에 예닐곱 개의 팔찌를 찼고 팔찌마다 보석의 종류가 달랐다. 목에도 진주목걸이 서너 줄을 걸어 가슴까지 길게 늘어뜨렸는데 한 알 한 알이 값을 매길 수 없는 것이었다. (…) 그와 동시에 여러 가수들의 노래를 듣고 춤을 구경하며 즐거운 시간을 보내고, 어딜 가나 그들을 코끼리에 태워 데려갔다".[10]

미르 자파르가 벵골을 통치할 능력이 안 된다는 것은 이제 모두에게 분명했다. 거의 일자무식인 아랍 군인으로서 그는 정치적 능력이 전혀 없었고, 국가를 어떻게 운영하고 재정을 관리해야 할지 개념이 거의 없었다. 클라이브가 재산을 챙겨 배에 오르기 전에 태연하게 지적한 대로 미르 자파르는 "주요 장교들의 충성과 신뢰를 얻어내는 재능을 전혀 타고나지 않은 별 볼 일 없는 군주"로 드러났다. "그의 실정은 나라를 큰 혼란에 빠트렸다."[11] 1760년에 이르자 그가 지배하는 영토인 푸르네아, 미드나푸르, 파트나 세 군데에서 동시에 반란이 일어났다. 무굴 귀족과 군 장교들은 시라지 우드다울라 타도를 회사가 지원한 대가로 미르 자파르가 막대한 조공을 바치기로 생각 없이 동의한 데 불만이 커져갔다. 그 조공으로 인해 국가의 엔진을 지탱하는 보수와 급여가 매일같이 새나갔다.

변함없이 기민하고 빈틈없는 자가트 세트가는 이번만큼은 자신들이 부적격자를 밀었다는 사실을 가장 일찍 깨달은 이들 가운데 하나였고, 사방에서 들불처럼 번져나가는 반란을 진압할 군사 원정에 돈을 꿔주길 거부하기 시작했다. 더 이상의 난감한 상황을 피하기 위해 그 은행가들은 가족과 함께 자르칸드 산간지방에 있는, 파라스나트 신을 모시는 사원으로 장기 순례를 떠난다고 밝혔다. 나와브가 그들의 앞길을 막으라고 병사들에게 명령했지만 세트인들은 엄포를 놓으며 병사들을 밀치고 나아갔다.

국고는 텅텅 비고 무르시다바드 궁정에서 암투가 횡행하며 군대는 마비 상태에 빠진 가운데, 미르 자파르는 휘청거리고 혈기 왕성하나 폭력적인 아들 미란은 점점 더 포악해졌다. "그는 사람들을 억압하고 괴롭히는 성향이 있었다"고 그를 잘 알았던 굴람 후사인 칸은 썼다. "그런 일에 특별한 재주가 있어 신속하고 기민하게 사람들을 도륙하고 살인을 저질렀으며, 악랄하거나 극악무도한 행위를 신중함과 선견지명의 발로로 여겼다. 그에게 연민과 동정은 아무 쓸모 없는 것이었다."[12]

미란의 첫 번째 관심사는 역쿠데타를 방지하기 위해 남아 있는 알리베르디 칸 가문 사람들을 체계적으로 제거하는 것이었다. 그는 이

‹4› 별 볼 일 없는 군주

미 수하들을 보내서 알리베르디 칸과 시라지 우드다울라의 아내와 첩 전체를 물에 빠트려 죽였다. 다음 차례는 시라지 우드다울라와 가장 가까운 친족 다섯 명의 차례였다. 시라지의 10대 동생인 미르자 메흐디Mirza Mehdi는 특히 잔혹하게 처리했다. 미란은 "불운하고 무고한 그 젊은이를 숄과 여타 귀중품을 보관하는, 탁타takhtah라는 나무 틀[널판지] 두 개 사이에 밀어넣게 했다". 그는 양쪽에서 밧줄이 동시에 팽팽해지면서 압사당했고, 그 죄 없는 영혼은 그 형틀에서 영원한 순수와 안식의 땅으로 날아갔다."[13] 미란은 나중에 사디Sa'di의 경구를 인용하여 그 행위를 정당화했다. "뱀을 죽이고 그 새끼를 살려두는 것은 현자의 행위가 아니다."

구 정권의 여러 총신과 자신의 궁정의 두 고위 신료를 비롯해 다른 잠재적 라이벌들은 궁정이나 궁전의 대문에서 찔러 죽이거나 '맹독'으로 처치했다. 미란의 피해망상증은 혼란과 나란히 커져갔다. 그가 특별한 수첩에 적어둔 잠재적 희생자 목록은 곧 300명을 넘어섰다.[14] 워런 헤이스팅스는 시라지 일가의 대량 살해에 관해 듣고서 "어떤 논거로도 그렇게 잔인무도한 악당이나 (외람되게 덧붙이자면) 우리가 그런 폭군을 지지하는 행위를 변명하거나 정상을 참작해줄 수 없다"고 캘커타에 보고했다.[15]

그러나 회사는 미르 자파르를 도와주기는커녕 그를 지탱하는 경제 기반을 적극적으로 무너트렸고, 그리하여 그토록 놀라운 황금알을 낳아온 벵골이라는 거위의 목을 조르는 데 일조하고 있었다. 플라시 전투 이후로 (회사 직원을 포함해) 규제받지 않는 영국 상인들이 곳곳으로 퍼져나가 전에는 불가능했던 방식으로 시장을 탈취하고 권위를 주장하기 시작했다. 1762년에 이르자 이런 사업체 최소 33개가 벵골주 주변에 400개 이상의 신규 영국 교역소를 세웠다. 여기서 그들은 여전히 내야 하는 몇몇 세금이나 통행료, 관세를 납부하길 거부하고 토지를 무단 점유함으로써 현지 관리들의 권력에 공공연하게 반항했다. 이런 식으로 그들은 겉보기에는 튼튼한 목재 구조물 안쪽을 점차 갉아먹는 흰개미처럼 벵골 경제를 침식해갔다.[16]

"그들은 금지된 품목을 거래하고, 나라의 사안에 간섭하기 시작했다"고 명석하지만 의지가 약한 젊은이이자 헤이스팅스의 친구인 헨리 밴시터트Henry Vansittart는 썼다. 클라이브로부터 막 총독직을 물려받은 밴시터트는 그런 폐단을 억제하려고 애썼지만 대체로 소용이 없었다. "나와브는 빈번히 불만을 호소했다."[17] 이런 무역상 중 일부는 대규모로 활동했다. 1762~1763년경 아치볼드 키어Archibald Keir는 1만 2,000톤의 소금을 제조하는 데 1만 3,000명을 고용했는데, 물론 공식적으로는 나와브 말고 누구에게도 소금 무역 권한이 없었다.[18]

회사 직원들만이 무력을 써서 재산을 모으려 한 것도 아니었다. 회사에 충분한 돈을 지불한 누구나 통행증, 허가, 세포이 용병을 얻을 수 있었다. 미르 자파르는 특히 동인도회사의 다스타크dastak(통행증)와 세포이 1개 대대를 이용해 아삼 주민들에게 '매우 폭력적인 방식'으로 거래를 강요한 한 프랑스 상인에 대해 강력히 불만을 제기했다.[19] 그의 동포인 모다브 백작에 따르면 무슈 슈발리에M. Chevalier는 "영국 당국이 발행한 통행증과 그의 상품을 지켜줄 세포이 호송대의 보호를 받으며 부유한 아삼주에 대량의 소금과 여타 품목들을 팔아치우러 갔다. 그는 화물 처분이 용이하도록 이 무장 호송대를 이용했고 그 지방에 자리를 잡자마자 가장 부유한 주민들에게 병사들을 보내서 그가 정한 가격에 소금을 강매했다. 또한 동일한 폭력을 동원해 다른 상품도 모두 처분했다.[20]

모다브는 캘커타에서 멀어질수록 상황이 악화일로라고 썼다. "갠지스강 상류 지방을 방문하는 유럽인은 극악무도한 전횡을 자행할 생각밖에 안 하는 날강도들이나 영국 국민의 이름에 먹칠을 하며 야비한 악행을 저지르는 비천한 도둑놈들이 회사 업무를 맡고 있음을 발견하게 된다. 이들은 영국 국민으로서의 명예와 인도人道의 원칙들을 전적으로 거부하는 듯하다."

다른 경우에는 매우 존경할 만한 이 국민의 도덕성은 여기만 오면 지독히도 타락하여 생각이 있고 점잖은 사람이라면 이를 지켜보며 괴로움을 느끼지 않을 수 없다. 영국 병사들과 무역상들은 사적인 이익을 추구하거나 벌을 받지 않을 거라 생각하며 온갖 방자한 행동을 자행한다. 나는 자신의 의무를 망각하고, 빚이 아닌 돈을 뜯어내려고 인도 사람들을 두들겨 패 죽이는 것도 봤다.

법은 효력이 없고, 도덕은 극도로 타락하고, 정통성 있는 군주들은 신임과 권위를 잃은 가운데 한때 위대했던 이 제국이 부패와 혼란에 빠져들면서 사실상의 무정부 아래 사람들은 무수한 고통으로 신음한다. 이 풍요롭고 비옥한 땅은 사막으로 바뀌고 있다. 어떤 갑작스러운 대대적 혁명이 옛 영화를 회복시키지 않는다면 끝장이다.[21]

이런 불법적 행위를 고발하고 이제 벵골 어디에서나 벌어지고 있는 착취를 고발하는 일은 다시금 무르시다바드에 주재하는 젊은 워런 헤이스팅스에게 떨어졌다. 그는 친구이자 동지인 밴시터트에게 썼다. "이 불만이 해소되지 않는다면 나와브와 회사 간 확고하고 항구적인 화합을 이루려는 모든 시도는 헛수고가 될 거야. 영국인의 이름 아래 자행되는 압제 말일세."

단언하건대 이 해악은 영국인에게 국한되지 않고 가짜로 우리 세포이인 척하는 사람들, 즉 우리 고마스타gomastas[대리인/관리인]를 자처하는 사람들에 의해 이 나라 전역에서 자행되고 있네. 그런 경우에 사람들은 영국인의 커다란 위세에 주눅 들어 저항하지 못하고, 또 다른 한편으로는 그들을 공정하게 대우해줄 이들에게 접근하기 어려운 탓에 우리는 이런 압제를 제대로 파악할 수 없으니 이런 일이 지속되어 우리 정부에 커다란 오명을 씌웠지. 나는 [후글리강을 따라] 지나가면서 곳곳에서 영국 깃발을 달고 있는 배들을 발견하고 깜짝 놀랐네. 강에 우리 깃발을 달지 않는 배가 없는 것 같아. 하지만 어떤 자격을 내걸고 있든지 간에 그 깃발들이 눈에 자주 띨수록 나와브의 세입이나 우리 국민의 명예에 좋은 징조가 될 수 없으며 오히려 그 둘 다를 분명히 깎아먹을 것이라고 확신하네.[22]

그는 "나와브의 권위와 우리가 가진 특권 사이에 모종의 경계가 정해질 때까지는 이런 해악의 근원을 파헤치지 못할 것"이라고 덧붙였다.[23]

헤이스팅스는 이제 동인도회사 벵골 행정부의 샛별이었다. 그는 양친을 알지 못했다. 어머니는 출산하다가 죽었고 아버지는 그 직후 바베이도스로 사라졌다가 거기서 재혼한 뒤 금방 죽었다. 할아버지의 손에서 자란 그는 글로스터셔의 마을 데일스퍼드에서 극빈층 아이들과 함께 지선 학교에서 공부했다. 어느 시점엔가 한 친척 아저씨의 도움으로 런던으로 가 웨스트민스터에서 공부했고, 거기서 장래 《로마제국 쇠망사》를 쓸 역사가 에드워드 기번Edward Gibbon과 함께 크리켓을 했다고 한다.* 웨스트민스터에서 헤이스팅스는 이내 최우수 장학생으로서 출중한 학업 능력을 보였지만, 친척 아저씨가 죽으면서 고작 열여섯 살에 학교를 떠나야 했다. 그의 후견인은 헤이스팅스에게 동인도회사의 서기 자리를 마련해주어 곧장 벵골로 보냈고, 1756년 카심바자르 상관이 함락되었을 때 시라지 우드다울라의 포로 신세가 됐다.[24]

그때쯤이면 무르시다바드 주변 촌락들에서 실크 구매자로 일하며 우르두어와 벵골어에 유창하고 페르시아어도 열심히 공부하고 있던 헤이스팅스는 항상 모국보다 '좀 더 사랑한다'고 말한 제2의 모국에 이미 푹 빠진 상태였다. 이 시기의 한 초상화에는 수수한 갈색 퍼스티언 옷을 걸친 마르고 머리가 벗겨진 젊은이가 그려져 있다. 총명해 보이는 훤한 얼굴은 살짝 애틋한 표정을 짓고 있지만 입가에는 유머러스한 기운이 풍긴다. 초상화의 이런 인상과 일치하는 그의 편지들은 새벽에 기상하여 찬물 목욕을 한 다음, 한 시간 동안 때로는 팔에 매 한 마리를 얹고 말을 타며, 수줍고 검소하고 감성이 예민하고 대단히 내향적인 젊은이를 드러낸다. 그는 '포도주만 조금' 마셨고, 저녁 시간을 독서와 기타 연주, 페르시아어 공부에 보내며 혼자 지내는 편이었던 것 같다. 그가 집으로 보낸 편지에는 책을 보내 달라는 요청이 가득했다.[25] 처음부터 그는 플라시 전투 이후로 회사 대리인들의 약탈과 착취에 직면하여 무방비 상태인 벵골인의 권리를 옹호하는 데 열성적이었다. 이 회사 대리인들의 전횡은 흔히 너무도 "수치스러워서 이를 더 용납한다면 내 자신의 명예를 해치게 될 것이다 (…) 나는 정

---

*   물론 1737년에 태어난 기번은 1732년에 태어난 헤이스팅스보다 다섯 살이나 어리기 때문에 이 일화는 출처가 불분명한 이야기일 가능성이 크다.

의나 양심의 가책, 수치를 모르는 사람들에게 불만을 제기하는 데 지 쳤다".[26] 명석하고 근면하고 뛰어난 언어학자인 그는 곧 승진하여 미르 자파르의 궁정에서 회사 상주관이 되었고, 불운한 나와브 정권의 붕괴를 막는 임무를 맡았다.

하지만 날이 갈수록 정권 붕괴의 가능성은 커지고 있었다. 세금과 관세 수입이 부족해 재정적 압박이 가중되었고, 그에 따라 나와브의 굶주린 세포이들이 문제를 자체적으로 처리하기 시작하면서 무르시다바드의 거리에서는 폭력 사태가 늘어났다. 게다가 상황이 달랐다면 회사가 미는 정권과 한배를 탈 용의가 있었을 유력자들도 정권으로부터 멀어지고 있었다. 벵골의 새로운 권력 함수의 첫 번째 희생양 중 한 명은 미르 아슈라프Mir Ashraf라는 영향력 있는 무역상이었다. 미르 아슈라프는 파트나를 근거지로 한 교양 있는 상인 명문가의 일원이었는데, 이들은 이 비하르의 토양에서 나는 천연 광물질인 질산염으로부터 초석을 제조, 거래하여 부유해졌다. 초석은 화약의 주요 성분일뿐더러 무굴인들이 음료를 식힐 때도 이용했다.

미르 아슈라프의 가문은 무르시다바드 궁정에 믿을 만한 정치적 연줄이 있었고 플라시 전투 때까지 나와브의 지지를 받아 초석 무역을 쉽게 지배해왔다. 이런 현실은 아슈라프의 효율적인 조달 조직과 경쟁할 수 없었던 영국 무역상들의 속을 긁었고, 이들은 아슈라프가 모든 초석 비축량을 독점해 자신들을 시장에서 차단하고 있다고 수년 전부터 불만을 토로해왔다.

플라시 전투 이전에는 미르 아슈라프에 관한 이 같은 불평이 나와브 알리베르디 칸에 의해 무시되었다. 나와브는 영국인 무허가 상인들이 자기 친구를 비난하며 제기한 청원들이 터무니없다며 일축했다. 하지만 시라지가 패주한 지 두 달 만에 파트나의 회사 상인들은 미르 아슈라프의 영업권을 침범했을 뿐만 아니라 무력으로 그의 초석 비축물 전량을 압수하기까지 했다. 1757년 8월, 미르 자파르의 여러 건의 항의 서한에도 이름이 등장하는, 특히 공격적인 성향의 폴 퍼크스Paul Pearkes라는 회사 상관원이 파트나 대상관의 세포이 170명을 동원해 미르 아슈라프의 창고를 습격한 것이다. 그는 경쟁자인 미르 아슈라프가 프랑스 상품을 은닉하고 있다는 누가 봐도 빤히 지어낸 혐의를 내세웠다. 파트나의 영국 관리 여러 명이 개입하여 반환을 요구했지만 그는 완강히 거부했다. 미르 아슈라프가 클라이브에게 개인적으로 호소했을 때에야 그의 자산은 반환되었다.[27]

이런 전횡의 결과로 1760년에 이르면 미르 아슈라프와 유력한 자가트 세트 모두 신정권에 등을 돌렸고, 벵골을 회사의 횡포에서 해방시켜줄 수도 있다고 믿은 한 세력에게 활발히 서신을 띄우고 있었다. 바로 새로운 무굴 황제 샤 알람으로서, 그는 델리에서 도망친 이래로 옛 무굴 질서의 회복을 바라는 추종자들을 끌어들이며 그가 다스릴 왕국을 찾아 갠지스 평원을 떠돌고 있었다.[28]

클라이브가 인도를 떠난 지 고작 나흘 뒤인 1760년 2월 9일에 샤 알람은 미르 자파르 영토의 경계선인 카르마나사강을 건넜고, 추종자들에게 무굴 제국을 위해 "풍요롭고 번영하는 벵골주"를 되찾을 때가 왔다고 밝혔다. 그의 궁극적 목표는 "이마드 울물크[델리의 사이코 같은 십 대 재상]와 자신의 통치에 거역하는 모든 이들을 진압하는 데 필요한 돈과 세입을 얻는" 것이었다.[29]

하지만 힌두 수행자들을 이용해 샤 알람과 비밀 메시지를 주고받은 미르 아슈라프의 부추김을 받아, 황제는 우선 미르 자파르의 영토에서 커져가는 무정부 상태를 틈타 서부 거점인 파트나를 공격하기로 결정했다. 며칠 내로 벵골의 구 무굴 귀족층 다수가 미르 자파르에 대한 충성을 버리고 공허해진 무굴 지배권을 재건하기 위한 젊은 황제의 돈키호테풍 모험에 지원을 약속했다.[30]

무르시다바드가 무너지고 있는 동안, 무굴 수도 델리의 상황은 더 나빠졌다. 승냥이 떼들이 앞다퉈 물고 뜯는 썩은 고깃덩이처럼 남쪽의 마라타 약탈자들과 북쪽의 아프간 침공자들이 번갈아 도시를 약탈하고 점령하는 가운데, 델리에 아직 남아 있는 재물은 지나가는 군대에 간헐적인 먹잇감이 되었다.

이 연속적인 점령 기간 내내 이마드 울물크는 마라타인을 등에 업고 무력한 꼭두각시 군주인 샤 알람의 아버지 알람기르 2세를 이따금 을러메며 폐허가 된 델리에서 어떻게든 권력을 유지했다. 이제는 알람기르의 딸과 혼인했으며 따라서 당연히 장인과 손을 잡을 것인 아프간의 군주 아흐마드 샤 두라니의 또 다른 침공 전야에, 결국 재상은 황제가 선수를 치기 전에 무굴 왕실의 그 거추장스러운 짐을 없애 버리기로 했다.[31]

카이르 우드딘 일라하바디의 《이브라트 나마》에 따르면 이마드 울물크는 붉은 요새 남쪽 야무나강을 내려다 보는 14세기 페로즈 샤의 코틀라에서 1759년 11월 29일 이른 오후에 마침내 행동을 개시했다. "이마드 올 물그는 왕(알람기르 2세)을 불신했고, 왕의 비밀 자문 중 한 명임을 알고 있었던 칸이카난Khan-i-Khanan도 똑같이 불신했다.

그러므로 그는 먼저 칸이카난이 기도를 드리는 동안 그를 살해한 다음 왕(황제)에게 "칸다하르에서 한 떠돌이 데르비시(무슬림 탁발 고행자)가 와서 다 쓰러져가는 페로즈 샤의 코틀라에 머물고 있는데, 반드시 찾아가볼 만한 이적을 행하는 자다!"라고 거짓 전갈을 보냈다. 그는 경건한 왕이 파키르Fakir들을 방문하길 좋아하며 아흐마드 샤 두라니의 고향에서 온 파키르를 만나보라는 초대를 거절 못할 것임을 알고 있었다.

왕은 열의를 참지 못하고 즉시 출발했다. 방에 도착하자 그는 문간에 잠시 멈춰 섰고 정중하게 칼을 건넨 다음 커튼을 걷었다. 그가 안으로 들어가자마자 커튼이 다시 내려져서 꽉 닫혔다. 황제를 동행한 미르자 바부르는 황제가 위험에 처한 것을 보고 칼을 빼들고 공격자들에게 달려들었다. 하지만 이마드 울물크의 부하들에게 제압당해 지붕을 씌운 가마에 처넣어졌고, 그다음 붉은 요새 내 살라틴 감옥으로 호송되었다.

그사이, 왕의 도착을 기다리고 있던 악귀 같은 무굴 병사들이 어둠 속에서 튀어나와 비무장한 왕을 단검으로 수차례 찔렀다. 그다음 그의 다리를 잡아끌고 나와 모래 강둑 아래로 시신을 내던졌다. 그들은 시신에서 겉옷과 속옷을 모두 벗겨 6경(18시간) 동안 방치했다가 후마윤 황제의 영묘로 가져가 묻었다.[32]

아버지가 암살당했다는 소식은 3주 뒤에 마침내 샤 알람에게 도착했다. 왕자는 여전히 동부를 떠돌고 있었다. 그의 공식 궁정 연대기인 《샤 알람 나마》는 갠지스 평야지대를 순회하며 각종 칭호를 하사하고 영지를 약속하며, 현대 인도 정치인이 선거 유세를 하는 것과 다소 비슷하게 지지를 끌어모으려 애쓰는 젊은 왕자의 모습을 그린다. 그는 성소를 방문하고 성인과 성자의 축복을 구하며, 지지자와 신병을 받아들이고 방문객을 접견했다.[33]

샤 알람은 땅도 돈도 없었지만 넘치는 매력과 수려한 용모, 시적인 기질과 세련된 매너로 이를 능력껏 만회했다. 우주의 지배자Lord of the Universe는 자기 수도에조차 들어갈 수 없었지만 그 칭호에는 여전히 마법이 깃들어 있었고, 이 무일푼 방랑자는 이제 황제의 이름으로 작위를 수여할 수 있는, 인도의 거의 전부를 아우르는 적법한 통치자로 널리 간주되었다.[34] 젊은 샤 알람은 황제의 인신人身에 깃든 신성한 신비감과 과거 평화로웠던 무굴 치세에 대한 향수를 끌어내는 데 능숙했다. 이런 식으로 그는 주변에 2만 명가량의 추종자와 무직 용병을 끌어모을 수 있었는데, 그들 대부분은 젊은 황제와 마찬가지로 무일푼에 무장이 변변치 않았다. 황실의 지갑이 비어갈수록 황제의 카리스마의 가치는 점점 더 중요해지는 듯했다.

돈 말고도 샤 알람에게 정말 부족했던 것은 근대적 유럽 스타일 보병 연대와 성벽으로 둘러싸인 도시를 포위할 수 있는 대포였다. 하지만 아버지의 부고를 듣기 바로 전에 마침 그는 스코틀랜드 혈통의 늠름한 프랑스 지휘관이자 지금은 도망자 신세인 장 로 드 로리스통Jean Law de Lauriston이라는 인물을 통해 이 두 가지 문제에 부분적 해법을 얻을 수 있었다. 찬데르나가르 함락과 플라시 전투라는 이중의 참사가 인도 동부와 북부에서 프랑스의 야심을 일시적으로 종식시킨 직후에 로는 벵골에서 가까스로 도망칠 수 있었다. 무굴 황제 진영과 우연히 마주쳤을 때도 그는 여전히 영국 동인도회사를 피해 도망 다니던 중이었다. 로는 야심 차고 매력적인 젊은 왕자의 모습에 빈색했다.

그답게 샤 알람은 자신의 처지가 어렵다는 것을 로에게 애써 감추려 하지 않았다. "어딜 가나 나는 참칭자들만 만난다네"라고 그는 말했다. "나와브나 라자나 다들 독립에 익숙해지고 독립이 구미에 맞으니 나를 위해서 손 하나 까딱할 생각이 없지. 그들이 갖고 있는 것을 제외하면 나는 아무런 자원이 없네. 어떤 비상한 타격으로 하늘이 내 편임이 드러나지 않는다면 말이야. 여기 벵골 전체가 혼란에 빠지면서 하늘이 내 편으로 개입해주는 것이 가능할 것도 같네. 물론 반대로 내가 끝장날 수도 있지. 두고 보는 수밖에 없어."[35]

황제가 자신을 접견해주어 기분이 으쓱하긴 했지만 엄혹한 경험, 특히 샤 알람이 의지하고 있는 무굴 귀족층과 관련해 과거의 경험을 고려할 때 로는 새 황제의 성공 가능성에 회의적이었다. 그는 역사가 굴람 후사인 칸에게 "벵골부터 델리까지 모든 곳을 다녀봤지만 어디서나 가난한 이들을 짓밟고 여행자들을 약탈하는 것밖에 보지 못했다"고 속내를 털어놨다.

> 슈자 우드다울라[아와드의 재상]나 이마드 울물크와 같은 이름난 권력자들이 명예를 생각하고 정부의 법규를 존중하는 마음에서 벵골에 질서를 가져오고 영국인을 제지하는 임무를 떠맡아주길 바랄 때마다 그들 중 단 한 명도 그 과업을 맡을 생각이 없었다. 그들은 자신의 행동이 얼마나 수치스러운지 마음속 깊이 생각해본 적이 한 번도 없다. 인도의 귀족들은 엉망진창이고 줏대없는 돌대가리들, 오로지 민중의 세상을 망치려고 존재하는 이들이다.[36]

로는 행색은 초라하나 북인도에 마지막으로 남은 결연한 프랑스 병사 100명과 산전수전 다 겪고 기강이 잘 잡혔으며 고도로 훈련된 세포이 200명을 함께 데려왔다. 이 군사를 이제 샤 알람에게 제공했고 황제는 기꺼이 수용했다. 1759년 12월 23일 알라하바드 근처 고타울리에서 젊은 황제는 사흘간 칩거한 채 아버지에 대한 애도 시간을 가진 뒤 국왕 막사에서 나왔다.

무굴 역사가 샤키르 칸에 따르면 "제위에 오른 영광스러운 날에 신성한 폐하이자 신의 그림자, 자비로운 신의 부섭정이자 온세상의 피난처이신 황제는 만인의 지지와 환호 속에, 고대 페르시아 왕들의 왕권이라는 찬란한 광휘로 둘러싸인, 세계의 왕, 전사, 황제, 고귀한 후손 샤 알람의 이름으로 주화를 찍고 쿠트바_khutba_ (설교—옮긴이)를 행할 것을 명하셨다. 그분의 치세가 영원토록 이어지길!"[37]

그 직후 궁정 화가인 미히르 찬드_Mihir Chand_가 샤의 기품 있는 즉위 초상화를 그렸고, 지휘관과 군 장교들이 황제에게 예를 올리러 오는 사이 샤 알람의 이름으로 갓 주조된 루피가 진지 곳곳에 배급되었다. "나는 영예롭게도 미르 아티시, 즉 실제로는 중포가 하나도 없었지만 무굴 포병장이라는 직책을 하사받았다"고 로는 썼다. "하기야 명목상으로는 제국 내 모든 대포와 화승총이 이제 내 휘하였다."

그 뒤로 다른 많은 장교들에게 각종 직위가 하사되었다. 의전 행사는 예포 발사와 나우바트[트럼펫] 음악 연주와 함께 흠잡을 데 없이 진행되었다. (…)

당시 이 제국 전역은 무수한 분파로 갈가리 찢겨 불타오르고 있었다. 더욱이 샤의 장교들도 내분에 시달렸다. 단일한 지휘 체계가 없었고 몇 달째 급여를 받지 못했다. 돈과 군수품이 전혀 없었다. (…) 나는 긴 장대에 꽂아서 총검을 제작하게 했고 우리를 따르던 콜리_Koli_ 부족민 약 300명을 그렇게 무장시켰다. 그들을 내 세포이 정규군 뒤쪽에 대형을 갖춰 행군하게 시켰고 그들은 우리 전력을 크게 강화해주었다. 좋은 군마를 보유한 대략 15명의 무굴 기병 대대도 추가했다. (…) 그리 대단한 군대는 아니지만, 샤 알람이 황제가 된 것처럼 나는 이제 미르 아티시였다. 그렇다는 생각

이 중요했다.³⁸

　벵골을 수복하기 위한 샤 알람의 전역戰役은 순조롭게 시작되었다. 황제는 카르마나사강을 순조롭게 건넜고 두르바르를 열어 황제에게 충성을 맹세할 것을 벵골 백성과 지주, 그곳의 통치자들에게 정식으로 요구했다. 그는 그들에게 "귀를 막고 있는 태만의 솜을 제거"하라고 명했다. 며칠 만에 후글리강 서쪽의 중요 자민다르인 세 사람이 지지를 선언했고 미르 자파르의 최고위 군 지휘관 두 사람도 마찬가지였다. 황제와 병사들에게 합류하기 위해 모두 서둘러 서쪽으로 왔다.³⁹

　샤 알람은 미란과 회사 지휘관 존 케이어드John Caillaud 소령이 무르시다바드에서 증원군을 데리고 도착하기 전에 즉시 공격에 나서기로 했다. 그래서 2월 9일 황제의 군대는 진군했고 파트나 외곽에서 조금 떨어진 마숨푸르에서 파트나 총독 라자 람 나라인Raja Ram Narain 휘하의 회사 세포이 부대와 맞붙었다. 전투는 데바강 강둑에서 벌어졌다. "영국군 전선에서 머스킷 총알이 우박처럼 쏟아졌다"고 굴람 후사인 칸은 썼다. 하지만 젊은 황제의 병사들은 선공에 나서서 "적의 전열을 무너트리고 그들이 등을 보이게 만들었다".(…)

　영국군의 사격을 잠재우자마자 적은 달아나기 시작했고, [샤 알람의 지휘관] 캄가르 칸Kamgar Khan이 여러 부하들과 함께 [코끼리 위에서] 아직 버티고 있던 람 나라인에게 달려들었다. (…) 람 나라인의 군대는 패주했고 라자 본인도 목숨을 건지기 위해 도망쳐야 했다. 캄가르 칸이 창으로 찔러 그에게 중상을 입혔다. (…) 그는 꺽

소리도 못하고 하우다(코끼리나 낙타 등에 얹는 가마. 지붕이나 우양산을 씌우기도 하며 2인 이상이 앉을 수 있다—옮긴이) 안쪽으로 쓰러졌고, 그로서는 다행스럽게도 판자가 그의 몸을 가려주었다. (…) 람 나라인이 의식을 잃은 듯하자 그의 몰이꾼은 코끼리를 돌려 달아났다. (…) 황제는 승리에 만족하여 기쁨의 표시로 음악을 연주하라고 명했지만 패잔병을 추격하는 것은 금했다.[40]

패배한 군대가 부상자들을 보살피게 허락한 것은 고결한 행위였을지 몰라도 굴람 후사인 칸은 치명적 실수라고 생각했다. "승리를 거둔 군대가 타격을 이어가 패배한 군대를 추격했다면 파트나 시내에는 병사가 한 명도 남아 있지 않았으므로 곧장 그곳의 주인이 되었을 것이다. 그들은 그곳을 약탈하고, 몸을 움직일 수 없는 람 나라인을 끝장냈을 것이다. 하지만 그 도시를 건드리지 말라는 것이 운명이 명한 바였으므로 캄가르 칸은 성벽 바깥의 평지를 약탈하고, 부담금을 뜯어내는 데 만족했다."[41]

파트나에 거주하는 영국인 공동체 일부는 보트를 타고 하류로 도망쳤다. 하지만 람 나라인의 군대는 도시 안에 안전하게 있었는데, 일단 성문이 닫히자 황제에게는 성벽 공격 시도에 필요한 공성 장비나 대포가 전혀 없었기 때문이다.

황제의 승리에 대한 과장된 풍문이 곧 무르시다바드에 도달하여 궁정은 공황에 빠졌고, 정권이 극도로 불안함을 알고 있던 미르 자파르는 깊은 절망에 빠졌다.[42] 하지만 그 승리는 오래가지 못했다. 일주일도 지나지 않아 케이어드 소령과 미란은 파트나에 입성하여 수비대를 구원한 다음, 황제의 군사에 맞서 싸우기 위해 나갔다. 케이어드가 한쪽 날개를 맡았고 미란이 다른 쪽 날개를 맡았는데, 황제의 병사들이 먼저 공격한 쪽은 미란의 기병이었다.

"적은 매우 씩씩하게 덤볐다"라고 나중에 케이어드는 썼다. "동방의 싸움 방식에 따라 약간 무질서하게, 띄엄띄엄 작게 무리 지어 오긴 했지만 말이다."[43]

미란의 군대는 돌격의 기세 앞에 산산이 무너졌다. 굴람 후사인 칸은 "미란은 자신의 높은 신분과 지위를 아랑곳하지 않고 공포에 사로잡혀 달아났다. 지휘관들은 돌아오라고 소리치다 마지못해 그의 뒤를 따랐다"라고 썼다. 황제의 궁수들이 뒤쫓아와 그가 탄 코끼리를 에워싸고 하우다 안으로 활을 쏘았다. "화살 하나가 미란을 맞혀서 그의 이가 부러졌다. 그가 손을 그쪽으로 가져가는데 또 다른 화살 하나가 날아와 그의 목에 박혔다." 하지만 기강이 아주 잘 잡힌 케이어드의 회사 세포이들은 위치를 지키고 방진을 형성했으며, 머스킷 화력을 총동원해 무굴 군대의 측면과 배후를 공격했다. 효과는 어마어마했다. 수백 명이 목숨을 잃었다. 이제 황제의 군사가 도망칠 차례였다.

하지만 샤 알람은 이제 와서 포기하려고 델리에서 그 먼 곳까지 오지 않았다. 그는 군대의 짐과 포를 로에게 맡겨 후방의 진지로 보낸 뒤, 캄가르 칸 휘하 소규모 무굴 정예 경기병을 불러모으는 대담한 조치를 취했다. 후퇴하는 대신 그는 동쪽을 향해 벌판을 가로질러 계속 밀고 나갈 작정이었다. 굴람 후사인 칸은 "그는 적을 뒤로 한 채 산과 언덕을 넘어 무방비 상태의 도시 무르시다바드를 공격하기로 결심했고, 미르 자파르를 사로잡아 부유한 수도의 재부를 손에 넣기를 희망했다"고 썼다.[44]

　샤 알람의 소규모 병력이 보여준 속도와 용기는 회사의 허를 찔렀다. 황제가 무슨 일을 했으며 어디를 향하고 있는지를 케이어드가 깨닫고 정예 기병대를 끌어모아 추격을 시작할 수 있게 된 것은 며칠이 지나서였다.

　그사이 사흘 일찍 출발한 황제와 캄가르 칸은 《타리크이 무자파리》의 표현에 따르면 "가장 빠른 길로 이동하는 것이 관건이라고 생각해 신속하고 은밀하게 높은 고개들을 넘었고, 가파른 산과 좁고 어두운 골짜기로 통과해 강행군을 이어가다 남쪽으로 방향을 틀어 벵골의 평야를 가로질러 비르붐을 지나 마침내 부르드완 지역에 도달했다". 거기서 캄가르 칸의 삼촌인 라자는 이미 샤 알람에 대한 지지를 선언하고 미르 자파르에게 맞서 봉기한 터였다.[45]

　무르시다바드와 캘커타의 중간인 바로 여기서 황제군은 휴식을 취하며 현 지배 세력에 반감을 품은 벵골 귀족들로부터 군사와 돈, 장비를 더 모으며 사흘간 머무르는 실수를 저질렀다. 한숨 돌린 케이어드 본인이 나중에 쓴 대로 "우유부단 탓인지 지휘관들 사이에서 어떤 이견이 있었는지 그[샤 알람]는 두 군대(케이어드와 미란이 이끄는 군사와 무르시다바드에 남은 군사를 말한다—옮긴이)가 여전히 분리되어 있을 때 늙은 니외브를 즉각 공격하기를 망설임으로써 돌이킬 수 없는 큰 실수를 저질렀다. 이렇게 지체함으로써 치밀하게 구상하여 그때까지 아주 흔들림 없이 실행된 계획을 완전히 망치고 말았다".[46]

　파트나 외곽에서 승리의 기세를 이어가지 못했던 것과 마찬가지로 이 실수도 샤 알람의 적들에게 전열을 재정비하고 따라잡을 시간을 줬다. 황제가 이제는 약간 더 불어난 군사에게 부르드완에서 북쪽으로 향하라고 명령을 내렸을 즈음, 미란과 케이어드는 그들을 따라잡았고 4월 4일에 미르 자파르의 소규모 부대와 마침내 접선했다. 그들은 이제 다 함께 무르시다바드로 가는 길목을 차단했다.

기습의 효과는 이제 완전히 사라졌다. 미르 자파르의 합동 군대는 몽갈코트의 다모다르 강둑 위에 전열을 형성했다. 도하 지점을 장악한 그들은 황제가 도시를 향해 마지막 몇 킬로미터를 이동하는 것을 저지했다. 샤 알람이 남쪽 부르드완으로 우회하지 않고 곧장 무르시다바드로 향했다면 거의 무방비 상태의 도시를 쉽게 장악했을 것이다. 하지만 시간을 지체하는 사이 증원군이 속속 합류했다. "이 병사들은 모두 영국군 분견대와 함께 몸을 돌려 반대편 강둑에 진을 친 황제군에 맞섰다."

그렇게 압도적인 적군이 다모다르 강둑에 늘어선 것을 보고 강을 건너 그들과 대적해 승리할 가망이 없음을 깨달은 황제는 파트나로 돌아가는 수밖에 없다고 판단했다. 갑자기 승자가 된 미르 자파르는 군사를 보내 후퇴하는 황제를 추격하게 했다. 그러나 캄가르 칸과 다른 이들이 싸우다가 도망치기를 반복하며 시간을 끌었고, 그 덕에 군사와 물자를 안전하게 파트나로 되돌려 보낼 수 있었다. 그들은 거기서 무슈 로의 세포이 부대와 재회했다.[47]

샤 알람의 기습은 대담하고 창의적이었으며 거의 성공할 뻔했다. 하지만 승부는 끝난 것이나 다름없었다. 몇 달 전만 해도 샤 알람을 열광적으로 환영한 비하르 주민들은 기강이 문란하고 패배만 거듭하는 대군을 거둬들이는 데 지쳤다. 굴람 후사인 칸에 따르면 사람들은 처음에는 무굴 통치 체제와 질서가 되돌아온다는 생각을 반겼지만, 그 대신 "통제 불능 병사와 제멋대로인 장군 들로부터 상상할 수 있는 온갖 갈취와 전횡을 겪었다. 다른 한편으로 영국군 장교들이 얼마나 규율에 엄격했는지, 그리고 행군 시에 풀 하나 건드리지 않을 만큼 병사들을 얼마나 엄격하게 단속했는지 매일같이 목격했다. 그러자 사람들의 생각이 바뀌었다. 군주[샤 알람]가 그 지역으로 두 번째 원정을 시작했을 때 사람들은 그에게 욕을 퍼부으며 영국군의 승리를 기원했다고 한다".[48]

이후 몇 달간 황제의 군대는 병사들이 이탈하고 형편이 어려워지다가 결국 1761년 1월 15일, 부처가 깨달음을 얻은 곳인 부다가야 근처 헬사에서 벌어진 전투에서 최종적 패배를 당했다. 여기서 황제군은 붉은 제복을 입은 세포이 수 개 연대에 의해 끝내 구석에 몰렸다.

헬사 전투 전날 밤 로는 황제와 마지막으로 식사를 했다. "매우 사적인 자리였다. 분위기는 매우 편안했고, 통상적인 의전이나 예법에 구애받지 않았다. 나는 그에게 상황이 매우 나쁘다고 솔직하게 말했다. 그러자 황제는 줄곧 그를 괴롭혀온 불운에 관해 허심탄회하게 이야기했고 나는 그 자신의 안위와 평화를 위해 벵골이 아닌 다른 방면으로 눈길을 돌리는 것이 나을 수도 있다고 설득하려고 애썼다. '오호라! 그렇게 퇴각하면 사람들이 뭐라고 하겠는가? 백성은 이미 나를 냉담하게 바라보는데 이제 멸시하기까지 하겠지.'"[49]

이튿날 아침 일찍 회사 병력은 보루에서 나와 신속히 "진격하고 포격을 퍼부으며" 주도권을 쥐었다. 잘 조준된 12파운드포의 포탄이 황제의 코끼리 몰이꾼을 죽였다. 또 다른 유탄은 코끼리에게 부상을 입혔고, 코끼리는 황제를 태운 채 전장 밖으로 질주했다.[50] 한편, 미르 자파르는 평소대로 부정한 전술에 의지해 거액의 뇌물로 샤 알람의 지휘관 캄가르 칸과 황제를 수행하는 여러 조신들을 매수하는 데 성공했고 "그들은 곧 반대편으로 넘어와 나와브의 군대에 합류했다"고 프랑스 용병 장바티스트 장티는 전한다. "그 뒤로 전투의 승패에 대해선 의심의 여지가 없었다. 장군과 조신들은 무굴 군대의 태반을 데리고 달아났다. 황제의 대포를 맡은 로는 용기와 실력, 혼신의 노력에도 불구하고 그들을 막기 위해 아무것도 할 수 없었고, 그 프랑스 장교는 포로로 붙잡혔다."[51]

굴람 후사인 칸은 황제가 모두에게 버림받고 심지어 총사령관에게도 배신당한 것을 지켜보고도 최후까지 싸우려는 로의 결연함과 용감한 항전을 감동적으로 전한다. "무슈 로는 소수의 병사들과 그가 구할 수 있었던 많지 않은 대포로 영국군과 용감하게 싸웠고 수적 열세에도 한동안은 버텼다. 하지만 로를 따르던 몇 안 되는 병사들은 황제의 도주에 낙담한 데다 그간의 방랑 생활에 지쳐서 등을 돌려 달아났다. 버림받고 혼자가 된 무슈 로는 도망치지 않기로 결심했다. 그는 대포 위에 걸터앉아 그 자세로 꿈쩍도 하지 않고 죽음의 순간을 기다렸다."[52]

로의 용맹에 감동한 지휘관 존 카낙John Carnac은 말에서 내려 호위병 없이 최고위급 참모 장교들과 함께 걸어가서 "인사를 건네듯 모자를 들어올려 흔들고는" 로에게 항복을 간곡히 권유했다. "당신은 용감한 사람한테서 기대할 수 있는 모든 일을 했고, 당신의 이름은 역사의 펜을 통해 틀림없이 후대에 전해질 것이다. 이제 허리춤에서 검을 풀고 우리에게 넘어오고, 영국인과 싸울 생각을 모두 버려라."

로는 "자신이 지금 이 상태로 항복하는 것을 받아들인다면 항복하는 데 이의가 없다"고 대답했다. "하지만 검을 버린 채 불명예스럽게 항복하는 것은 절대 받아들일 수 없는 수치이며, 이 조건을 수락하지 않는다면 그의 목숨을 가져가야 할 것"이라고 대답했다. "영국군 지휘관들은 그의 확고함을 찬탄하며 그가 원하는 방식대로 항복하는 데 동의했다. 그리하여 로가 항복하자 소령은 유럽인의 방식대로 로와 악수했고 양측 간 모든 적의는 순식간에 자취를 감췄다."[53]

이 일을 기록한 역사가는 나중에 회사 진영에서 미르 자파르의 무르시다바드 병사들이 보인 상스러운 언동에 경악했다. 그들은 "비비[애인] 로는 지금 어디 있지?"라고 물으며 포로가 된 로를 조롱했다.

카낙은 그 부적절한 발언에 격노했다. "이 사람은 용감하게 싸웠고 모든 용자들이 받는 주목을 받아 마땅하다. 당신이 그에게 던진 무례한 말은 당신의 민족과 친구들 사이에서는 관례인지 몰라도 우리 쪽에서는 도저히 용인될 수 없다. 패배한 적을 절대 모욕하지 않는다는 것이 우리의 규칙이다." 로를 조롱한 자는 이 같은 질책에 입을 다물고 아무 대꾸도 하지 않았다. 그는 매우 부끄러워하며 가버렸고 비록 꽤 지위가 높은 지휘관이었지만 (…) 아무도 그가 나갈 때 자리에서 일어서려는 시늉도 하지 않았다.

이 일화는 굴람 후사인 칸이 영국인을, 다시 말해 그의 모국을 망친 장본인으로 여기는 국민을 드물게 칭찬하는 계기를 제공했다.

이 질책은 영국인들의 명예를 크게 높여주었다. 그리고 이 이방인들에게 명예롭게도, 전쟁과 전투에서 그들의 처신이 존경할 만하다는 것은 인정해야 한다. 그러한 만큼 다른 한편으로 치열한 전투의 와중이나 당당한 성공과 승리의 순간에 적을 대하는 그들의 행동보다 더 적절한 행동도 없는 듯하다.[54]

1761년 7월 2일, '밉살맞고' 방탕하고 사람 잡는 미르 자파르의 아들 미란이 죽었다. 전해지는 이야기에 따르면 샤 알람에 맞선 원정에서 귀환하는 중에 우연히 벼락을 맞았다고 한다. 당시 진지에 있었던 존 케이어드에 따르면 "젊은 나와브는 한밤중에 막사에 누워 잠들어 있었다. 사건 자체는 이례적이긴 하지만 아주 비상한 상황이 동반되지는 않았다. 그는 맹렬한 폭풍우가 한창 몰아칠 때 벼락에 맞아 즉사했다. 번갯불이 막사 꼭대기를 뚫고 들어가 그의 왼쪽 가슴을 때렸고 그는 불길에 휩싸여 죽었다".[55]

하지만 이 사고는 미란이 시라지 우드다울라의 여성들을 몰살한 바로 그 기일에 일어났고, 처음부터 그의 죽음은 신의 개입 때문이라는 소문이 돌았다. 그와 반대로 사고가 아니라 미란이 살해당했다는 소문도 돌았다. 가장 가능성 있는 용의자는 미란의 살인으로 언니를 잃은 어느 첩이며, 그녀가 미란을 살해한 다음 복수를 은폐하기 위해 막사에 불을 지른 것이라고들 했다.[56]

많은 이들이 피에 굶주리고 도덕관념이 없는 이 왕자의 죽음에 기뻐했다. 하지만 그의 아버지 미르 자파르에게는 마지막 치명타였다. 회사는 모든 부채를 신속히 갚으라고 요구하고, 백성과 병사들은 반란을 일으키는 가운데, 노인은 결연하고 배짱 두둑한 아들에게 점점 더 의지했었다. 그가 사라지자 미르 자파르는 완전히 무너졌다. "그는 정신이 멀쩡했던 적이 없지만 이제 조금이나마 남아 있던 이성도 완전히 상실하고 말았다"고 굴람 후사인 칸은 지적했다. "정부와 군대는 형언할 수 없는 혼란에 빠져들었다."[57]

하지만 미르 자파르에게는 미르 카심이라는, 엉망진창이고 일자무식인 장인과는 전혀 딴판인 사위가 있었다. 파트나 근처 아버지의 영지에서 태어났지만 페르시아 귀족의 피가 흐르는 미르 카심은 몸집이 작고 군사적 경험은 별로 없었지만 젊고 유능하고 영리하고 무엇보다도 단호했다.[58]

워런 헤이스팅스는 미르 카심의 비범한 자질을 가장 먼저 알아본 사람이었다. 또한 그는 회사가 벵골을 계속 통치하려면 무르시다바드에 시급히 새로운 정권을 들여야 한다는 의견을 가장 먼저 캘커타에 제기한 사람이었다. "미르 카심은 고귀한 출생에 걸맞은 교육을 받았으며, 최고의 지위에 필수적인 소양들 가운데 그가 현저하게 갖추지 않은 것은 거의 없습니다. 그는 올곧은 성품과 업무 능력, 약속을 엄격히 지키는 사람임을 수차례 입증했습니다. 그는 이 지방의 저명인사와 자마다르[장교]들로부터 대체로 존경받고 있으며, 저는 비하르주의 주요 자민다르들이 그의 성품을 극히 칭송하고 그의 치하에 있고 싶다는 소망을 진심으로 표하며 그 앞으로 보낸 서신들을 보았습니다."[59]

이에 따라 미르 카심은 신임 총독 헨리 밴시터트를 만나기 위해 캘커타로 보내졌다. 총독과 면담하는 동안 그는 회사에 부르드완, 미드나푸르, 치타공—회사와 나와브 두 군대의 유지비를 대기에 충분한 영토—을 할양함으로써 회사의 재정 문제를 해소하고 무르시다바드의 부채를 상쇄할 정교한 방안을 들고나왔다. 밴시터트는 깊은 인상을 받고, 장인을 대신해 미르 카심을 권좌에 앉힐 쿠데타 또는 2차 혁명을 지원하기로 결심했다. 여기에 더해 밴시터트 개인에게 현금 5만 파운드를 지급하고 캘커타 집행위원회에 뿌리기로 한 15만 파운

드*의 뇌물이 거래를 성사시켰다.⁶⁰

그사이 1761년 7월 10일에 무르시다바드의 상황은 회사에 제2의 쿠데타를 위한 완벽한 구실을 제공했다. "몇 년 치 밀린 급여를 요구하는 군대가 마침내 반란을 일으켰다"고 《리야주스살라틴》은 기록했다. "반란군은 왕궁을 에워싸고, 장교들을 말과 가마에서 끌어내리고, 왕궁 담을 기어올라 궁내 하인들에게 돌덩이를 던졌다. 그다음 칠힐 수툰 궁전에 있는 나와브를 포위하고 식량과 물 공급을 차단했다."

> 자가트 세트와 한패인 미르 카심은 영국 지휘관들과 손을 잡고 (…) 미르 자파르를 요새에서 데리고 나와 [그를 구조하는 척 그의 안전을 위해서라고 말하며] 보트에 태워 캘커타로 보냈다. 미르 자파르가 떠나자마자 그는 요새로 들어가 무스누드[옥좌]에 올랐고 자신의 이름으로 평화와 안전을 약속하는 포고령을 내렸다.⁶¹

미르 자파르는 "주민들의 모욕으로부터 신변을 보호"한다는 명목 아래 어디나 빠지지 않는 케이어드 소령과 병사들의 호위를 받았고, "여자와 보석, 보물 및 여타 적절하다고 생각하는 것은 뭐든 가지고 갈 수 있었다".⁶² 보트를 타고 하류로 내려가다 자신이 구조된 게 아니라 폐위되었음을 깨닫고 당황한 미르 자파르는 후원자인 클라이브에게 호소할 수 있게 해달라고 간청했다. "영국인들이 나를 무스누드에 앉혔다"고 그는 말했다. "그래, 날 폐위시켜도 좋다. 당신들은 약속을

---

* 이 액수를 현재 가치로 환산하면 5만 파운드는 500만 파운드 이상이며, 15만 파운드는 거의 1,600만 파운드에 달한다.

깨도 좋다고 생각하지만 나는 내가 한 약속을 깨지 않을 것이다. 나를 사부트 중[클라이브]에게 보내달라. 그는 나를 정당하게 대우해줄 테니까. 아니면 메카로 가게 해달라."⁶³

이제는 회사에 더는 쓸모가 없으며 노쇠해가는 전직 나와브에게는 그가 원하는 어느 쪽 선택지도 허락되지 않았다. 그 대신 그는 캘커타 북부의 소박한 저택과 역시나 소박한 연금을 받았고 여러 달 동안 철저한 가택 연금에 처해졌다. 이번에는 자신들이 세운 꼭두각시를 상대로 회사가 기획한 2차 혁명은 1차보다 더 매끄럽게 진행됐고 완벽한 무혈 쿠데타로 실행되었다.

하지만 그들이 방금 벵골을 맡긴 사람은 미르 자파르처럼 쉽게 겁박할 수 있는 사람이 아니었다. 《타리크이 무자파리》에 간명하게 서술된 것처럼 "미르 카심은 영국인들로부터 이제는 상상하기 힘들 정도의 독립성을 빠르게 달성해냈다."⁶⁴

미르 카심의 능력을 크게 칭송한 워런 헤이스팅스조차 그가 상황을 수습하는 속도에 깜짝 놀랐다.

신임 나와브는 우선 사재를 털어 무르시다바드의 반란 세포이들을 바로 해산시켰다. 그다음 재정 문제를 타개하는 일에 뛰어들어 뛰어난 행정 능력으로 모두를 놀라게 했다. "미르 카심은 정보를 뽑아내고 보고서와 장부를 분석하는 데 매우 뛰어났다"고 역사가인 파니파트의 무하마드 알리 칸 안사리는 썼다. "그는 벵골 땅에 모종의 질서를 가져오는 계획에 즉시 착수했다."

국가 회계관과 징세관들을 불러, 이전 정권의 관리들이 횡령을 저지르지 않았는지 장부를 면밀히 조사했다. 그는 라자 람 나라인 [샤 알람을 무쩌르는 것을 도운 파트나 총독]을 심문하기 위해 소환하여, 비하르주의 세입 장부를 제출하라고 요구했다. 군대의 봉급으로 지불되었다고 하는 액수는, 현재 복무 중인 병사들의 실제 숫자를 점검하고 그에 따라 서류를 바로잡도록 파견한 징세관들이 감사했다. 감사가 끝난 뒤 라자 람 나라인은 여러 죄목으로 투옥되었다. 라자의 개인 재산 가운데 15라크 루피가량*이 그의 보석과 함께 몰수되었다.65

처음에 미르 카심은 이런 조치에도 불구하고 영국인들에게 진 빚을 갚는 데 애를 먹었다. 그는 알리베르디 칸 치하에서보다 거의 두 배나 세금을 인상해 연간 3,000만 루피**를 걷었는데, 플라시 이전 정권이 걷은 1,800만 루피의 두 배였다.66 한편, 신임 나와브는 영국인들을 상대하는 일관된 전략을 발전시키기 시작했다. 회사에 벵골의 갠지스강 하류 지역을 실질적으로 넘기기로 했지만, 그 외 지역들에서는 회사의 영향력을 최소화하려고 애썼다. 또한 고도로 중앙집권적 군사 정부를 수립하고 부패가 의심 가는 모든 관리의 자산과 재물을 몰수함으로써 이를 재정에 보탰다. "그는 축재가 의심되는 사람과 자신에게 조금이라도 적의를 품고 있는 사람은 누구든 핍박하고 그들의 은닉 재산을 즉시 압수했다. 이런 식으로 미르 카심 칸의 금고로 황금이 대량으로 흘러 들어왔다."67

---
*   현재 가치로 거의 2,000만 파운드.
** 현재 가치로 3억 9,000만 파운드.

구조조정 계획과 발맞춰, 미르 카심은 캘커타의 간섭으로부터 너무 취약해 보이는 무르시다바드를 삼촌에게 맡기고 대신 회사 본부에서 최대한 멀리 떨어진 비하르에서 통치하기로 결심했다. 먼저 파트나로 옮겨가서 이제는 투옥된 라자 람 나라인이 두고 간 요새형 대저택을 차지했다. 그는 이곳에 잠시 궁정을 차렸다가 파트나의 공격적인 상관장 윌리엄 엘리스William Ellis의 적대와 간섭이 잦아지자 좀 더 하류에 위치하여 회사의 염탐을 피할 수 있을 옛 무굴 요새 몽기르로 옮겨갔다.

그는 몽기르에서 재정 개혁을 이어갔다. 자가트 세트가에게 자신에게 합류할 것을 명했고, 그들을 감시 아래 무르시다바드에서 데려와 요새에 가뒀다. 거기서 회사에 진 나와브의 미상환 채무와 무르시다바드 병사들의 체불 급여를 지불하도록 강요했다.

그다음으로 자신의 의사를 더 쉽게 관철하고 또한 암암리에 회사로부터 자신을 더 잘 보호하기 위해 군대를 개혁했다. 미르 카심이 서류상으로 보유한 9만 병력은 실제로는 그 절반에도 미치지 못하는 것으로 드러났다. 그는 무능하고 부패한 장군들을 해임했고, 신병을 모집해 무굴 정예 기병 1만 6,000명과 2만 5,000명가량의 유럽식 세포이 보병 3개 대대로 이루어진 신군을 편성했다.

그다음 이들을 새롭게 유럽식으로 훈련시키기 위해 기독교도 용병 두 명을 임명했다. 첫 번째 지휘관은 숨루Sumru 나 솜버Sombre('침울한'이라는 뜻—옮긴이)라는 별명으로 불린, 음울하고 차갑고 감정을 드러내지 않는 발터 라인하르트Walter Reinhardt였다. 그는 라인팔츠 지역 모젤 강변에 소규모 농지를 보유한 가난한 농부의 아들로 태어나, 프랑스 군대에 입대하여 근위 흉갑기병이 되었고 이팅겐 전투에서 용맹하게 싸웠다. 네덜란드에 머물다 충동적으로 인도로 가는 배에 승선한 그를 동료인 모다브 백작은 이렇게 평했다. "이 나라의 관습과 성향이 몸에 배어 심지어 무굴인들도 그가 힌두스탄에서 태어났다고 믿을 정도였다. 그는 거의 모든 현지 언어를 말할 줄 알지만 읽거나 쓸 줄은 모른다. 그럼에도 불구하고 참모들을 통해서 널리 서신을 주고받는다".[68]

미르 카심의 두 번째 기독교도 지휘관은 이프사한 출신 아르메니아인인 호자 그레고리Khoja Gregory로서, 미르 카심은 그에게 '늑대'라는 뜻의 구르긴 칸Gurghin Khan이란 칭호를 내렸다. 굴람 후사인 칸은 그를 만나고 난 뒤 굉장한 사람이라고 생각했다. "보통 키보다 크고, 다부진 체격에 안색이 매우 희며, 매부리코에 불같이 이글거리는 듯한 크고 검은 눈동자를 가졌다."[69] 두 사람의 임무는 미르 카심의 병사들을 회사의 병사들에 필적하도록 훈련시키는 것이었다. 그들은 성능이 뛰어난 근대적 머스킷과 대포를 제공할 병기창도 설립하기 시작했다. 곧 미르 카심은 "전쟁에 필요한 모든 장비와 더불어 가능한 많은 포와 화승머스킷을 제작하고 축적했다".[70]

신임 나와브는 각자 수백 명의 정보원을 거느린 세 명의 우두머리 밀정으로 강력한 첩보 네트워크도 새로이 구축했다. 얼마 지나지 않아 그의 정보부 수장 세 사람은 모의를 꾸몄다는 의심을 사서 처형되었다. 미르 카심의 통치는 효과적이면서도 섬뜩하다는 사실이 드러났다. "정부가 모든 것을 의심했으므로 사회적 교류가 중단되었다"라고 신임 나와브를 두려워 한 굴람 후사인 칸은 썼다. "그는 툭하면 재산을 몰수했고 사람들을 가두고 피바람을 일으켰다. (…) 일단의 지인들과 사교적 방문에 익숙한 사람은 이제 집에 가만히 머물러 있어야 했다."[71]

그러나 그는 나와브의 비범한 행정 능력을 여전히 크게 예찬했다.

"그는 좋지 않은 면을 상쇄하는 훌륭한 자질을 갖추고 있었다."

얽히고설킨 정부의 현안을 풀어가는 데 있어, 특히 까다로운 재정적 난제에서, 병사와 가솔에게 정기적으로 급여를 지급함에 있어, 실력이 뛰어난 자와 학자 들에게 명예와 보상을 내림에 있어, 인색함과 낭비 양극단 사이에 정확히 중용을 지켜 지출함에 있어, 어디서는 아낌없이 쓰고 어디서는 절제해야 하는지 직관적으로 아는 일에서, 이런 모든 능력에서 그는 정말이지 비할 바가 없는 사람이었고 당대 가장 비범한 군주였다.[72]

하지만 통치의 효율성을 넘어서, 신임 나와브의 치세에 더 어두운 면모가 드러나기 시작했다. 많은 사람의 종적이 묘연해졌다. 부유한 지주와 관료들이 부패 여부와 상관없이 몽기르로 소환되어 투옥되고 고문을 받고 재산을 빼앗겼다. "많은 이들이 순전히 혐의만으로 처형되었다"고 안사리는 썼다. "이러한 공포 정치는 사람들에게 커다란 두려움을 주입하여 그나 그의 정책에 감히 반대 의사를 표명하지 못했고 누구도 자기 집에서도 안전하다고 느끼지 못했다."[73]

1761년 1월 초 헬시 전투 이후 무굴 황제는 한때는 보잘것없던 무역 회사의 용병 군대로부터 도망쳐야 하는 입장에 처했다. 붉은제복들redcoats(영국군을 가리키는 관례적 표현—옮긴이)은 그를 끈질기게 추격했다. 1월 24일에 존 카낙 소령은 캘커타의 상관들에게 다음과 같은 편지를 썼다. "우리는 전투 이후로 줄곧 그 군주를 쫓고 있으며, 아주

⟨4⟩ 별 볼 일 없는 군주

가까이 압박하여 그의 진지에서 피운 불이 여전히 타고 있는 것을 발견하기도 했습니다. (…) 그의 군대는 뿔뿔이 흩어진 게 틀림없고 (…) 그는 영락하여 두려움보다는 동정의 대상에 불과합니다."[74]

하지만 회사가 샤 알람을 무찌르고 그의 군대가 거의 흩어진 뒤에야 영국인들은 황제가 여전히 휘두르고 있는 정신적 권력을 이해하기 시작했다. 샤 알람은 모든 것을 잃었고―심지어 개인 물품과 책상, 문구함까지 잃었는데, 코끼리가 전장 밖으로 폭주할 때 그의 하우다에서 떨어졌다― 이제 추종자들에게 실제적 가치가 있는 것을 거의 내놓을 수 없었다. 하지만 그들은 여전히 그를 떠받들었다. "순전히 왕이라는 이름만으로 모두의 마음을 그렇게 강하게 사로잡다니 도저히 생각할 수 없는 일입니다. 하지만 지금과 같은 괴로운 처지에도 그는 무술만과 젠투[무슬림과 힌두교도] 들에게 일종의 추앙을 받고 있습니다"라고 카낙은 썼다.

카낙은 군인임과 동시에 유능한 정치인으로서 이 문제를 예리하게 인식했다. "〔황제에 대한〕 이 같은 편애를 장차 우리에게 유리하게 이용할 수도 있을 것입니다. 그사이 이 지방을 그토록 오랫동안 괴롭혀온 문제들의 근원에 도끼를 갖다 대야 합니다."[75]

패배의 여파로 샤 알람도 자신의 처지를 재평가할 시간이 생겼고 양측이 서로에게 줄 것이 많다는 사실을 깨달았다. 이러니저러니 해도 그는 벵골을 직접 다스릴 생각은 없었다. 아크바르가 과거의 적 라자 자이 싱을 무굴 군대의 사령관으로 임명한 이래로 무굴 왕조는 언제나 이전의 적들을 유용한 동맹으로 전환하는 적절한 재주가 있었다. 아크바르가 자신의 목적을 위해 라지푸트인을 이용한 것과 똑같은 방식으로 이제 영국인을 이용할 수 있지 않을까? 샤 알람은 그렇게 생각했던 듯했다. 대다수의 인도인이 보기에 회사는 이곳을 통치할 합법적 권리가 전혀 없었다. 샤 알람에게는 회사가 필요로 하는 합법성을 부여해줄 힘이 있었다. 어쩌면 동맹을 맺을 수 있지 않을까? 그러면 영국의 무력이 그를 델리로 다시 데려가, 찬탈자 이마드 울물크를 제거하고 그를 적법한 제위에 복귀시켜줄 수 있지 않을까?

1월 29일, 황제의 사절이 양자 간 합의를 위한 제안을 들고 카낙의 진지에 도착했다. 대사들이 오고 갔고 캘커타로 전언이 보내졌으며, 결국에 2월 3일 가야 근처 망고 숲에서 만남이 이루어졌다. 아버지가 영국인들과의 접촉에서 샤 알람의 중개자로 자원했기 때문에 굴람 후사인 칸도 그 자리에 있었다. "황제가 전투 대형으로 군사를 이끌고 영국군 진영으로 전진하고 있을 때 정오쯤 소령이 장교들과 함께 나타났다."

그는 모자를 벗어서 옆구리에 낀 다음 그 자세로 걸어서 황제의 코끼리로 가까이 다가왔다. 하지만 군주는 그에게 말에 오르라고 명령했다. 카낙은 말에 올라 혼자 자리를 잡고, 화살 한 발 거리만큼 황제의 코끼리에 앞장섰다. 코끼리에 올라탄 나의 부친은 조금 떨어진 거리에서 황제를 뒤따랐다. 두 사람 뒤로 무장하고 전투태세를 갖춘 황제의 군사가 뒤따랐다.

병사들이 진을 칠 장소에 다다르자 황제는 카낙 소령의 청에 따라 수풀로 둘러싸인 정원 한가운데 친 막사로 들어갔다. 거기서 판과 이타르(향유), 장미수를 동반한 통상적인 [환영] 의례가 거행되는 동안 무희와 악사 들이 저녁 여흥을 제공했다.[76]

이튿날 두 군대는 함께 파트나로 출발했다. 회사 사람들 가운데 무굴 황제를 실제로 본 적이 있는 사람은 거의 없었고, 샤 알람이 온다는 소식이 퍼지자 비하르주의 영국인 공동체에서는 거리로 나와서 황제의 모습을 먼발치에서라도 구경하려는 인파가 장사진을 이뤘다. 아이러니한 광경이었다. 승자들이 다소간 놀란 패자를, 다시 말해 지난해 거의 내내 그들을 인도에서 몰아내려고 고군분투한 사람에게 예를 갖추려고 들떠서 애를 쓰고 있었다. 심지어 그날의 통역관은 헬사 전장에서 샤 알람의 코끼리를 추격했고, 나중에 황제의 개인 짐을 챙긴 아치볼드 스윈턴Archibald Swinton이었다.[77]

양측은 이런 상황이 모두에게 이롭다는 점을 인식했고 이 위장극에서 각자 역할을 연기했다. "영국인들은 식탁으로 쓰는 두세 개의 [긴] 테이블을 힌두스탄식 옥좌처럼 배치하여, 상관을 허겁지겁 황제의 알현실로 변신시켰다"고 굴람 후사인 칸은 기록했다.

[얼마 지나지 않아] 화려한 천을 깔고 늘어트린 홀은 매우 호화롭게 변신했다. (…) 많은 영국인이 모여 있었다. 이들은 황제가 군대를 이끌고 행차한다는 말을 듣자마자 소령을 앞장세우고 걸어 나와 황제를 영접한 뒤 옥좌에 앉아 이동하는 황제 옆에서 나란히 계속 행진했다. 황제는 상관의 문 앞에서 내려 홀로 들어가 그곳의 옥좌에 앉았다. 영국인들은 양옆으로 늘어섰다. 소령이 아주 낮게 허리를 굽혀 절한 뒤 착석했다.[78]

이런 사태 전환이 못마땅한 유일한 사람은 신임 나와브 미르 카심이었다. 그는 이제 회사가 황제를 수중에 넣었으니 자신의 쓸모가 줄어들었고, 회사가 자신을 대신해 그들을 나와브로 임명해달라고 요청할지도 모른다고 걱정했다. 이는 공연한 걱정이 아니었는데, 실제로 캘커타 집행위원회는 이 방안을 저울질했다가 당분간은 추진하지

않기로 결정했다.[79]

그리하여 미르 카심은 동인도회사의 아편 상관에서 급조한 제위에 앉아 있던 황제, 세상의 피난처 The Refuge of the World(무굴 황제를 부르던 전통 호칭—옮긴이)를 만나게 되었다. 궁중 예법을 둘러싸고 막후에서 실랑이를 벌인 끝에 합의가 이루어졌다. 미르 카심은 그에 따라 세 번 절하여 황제에게 충성을 표하고, 금화 1,001개와 "진귀한 옷감을 담은 다수의 쟁반 및 다량의 보석과 여타 값비싼 물품들"로 정식 나자르 Nazar[공물]를 바쳤다. "황제는 그의 조공과 충성을 받아들이고 진주 염주, 검독수리 깃털과 보석으로 장식된 백로 깃털 장식을 내렸다."

무굴 궁정 언어에서 이는 미르 카심을 벵골, 비하르, 오리사주의 수바다리[총독]로 확인한다는 의미로서 공식 서임에 해당했고, 따라서 회사의 연속적 궁정 혁명을 승인하고 합법화하는 셈이었다. 그 대가로 미르 카심은 벵골이 무굴 황제에게 매년 바치는 연공을 재개할 것이라며 무려 연간 250만 루피라는 막대한 금액을 약속했는데, 이는 당시 32만 5,000파운드에 해당했다. 한편 영국인들은 황제에게 일일 1,800루피의 유지비를 지급하기로 했다.*[80]

양측은 사태가 이렇게 뜻밖의 방식으로 해소된 데 흡족할 이유가 충분했다. 특히나 샤 알람은 고작 몇 주 전만 해도 꿈만 꿀 수 있었던 고정적 수입을 보장받아 어느 때보다 풍족해졌다. 그는 딱 한 가지 사안에서만 실망했다. 샤 알람은 유용한 새 동맹인 회사가 즉각 세포이 연대를 파견하여 자신을 델리의 제위에 다시 앉혀주었으면 했다. 군

---

* 현재 가치로 환산하면 32만 5,000파운드는 3,400만 파운드이며, 1,800루피는 2만 3,400파운드다.

대 내 다수와 캘커타의 회사 관계자들 일부도 델리 원정 계획에 마음이 혹했다. 하지만 당시 수도는 살벌한 아프간 군주 아흐마드 샤 두라니가 또 한 차례 달갑지 않은 방문을 하고 있을 정도로 혼란스러웠기 때문에 밴시터트는 결국 샤를 복귀시키는 문제에 관한 결정을 "우기 이후로" 미루기로 했다.[81]

석 달 뒤, 붉은 요새로의 귀환 계획에 아무런 진전이 없자 조바심이 난 샤 알람은 떠나겠다고 밝혔다. 기착 예정지는 아와드였다. 그는 부유하고 막강한 나와브 슈자 우드다울라가 더 나긋나긋하길 바랐다. 미르 카심은 황제를 치워버릴 수 있게 되어 기뻤고, 그의 출발을 재촉하기 위해 약속한 연공의 절반을 현금 선불로 지급했다. 동인도회사도 황제로부터 필요한 것을 모두 얻었기 때문에 붙잡아둘 이유가 없었다. 북인도의 모든 주요 군벌들로부터 공식 복종 서한을 받자마자 1761년 6월 5일 샤 알람은 마침내 아와드와의 접경지대인 서쪽을 향해 떠났다.[82]

카낙 소령이 카르마나사 강둑까지 모든 예를 갖춰 호위했다. 황제는 6월 21일에 아와드로 건너가 슈자 우드다울라의 영접을 받고 그를 무굴 제국의 재상으로 공식 임명했다. 하지만 슈자는 영국인들처럼, 아프간인이 여전히 점령 중일 때 델리로 귀환하지 말라고 경고했다. 그때쯤 슈자를 위해 일하고 있던 프랑스 용병 장바티스트 장티에 따르면 "재상은 황제에게 두라니의 진정한 의도를 경고했다".

두라니의 의도는 티무르 혈통의 모든 군주를 일단 손에 넣은 후 티무르 왕가를 완전히 파멸시키는 것이었다. 그런데 여전히 자유로운 티무르 혈통의 군주는 샤 알람뿐이다. 두라니의 계획은 힌두스탄을 정복하는 것이고 무굴 군주는 그 야심에 귀찮고 성가신 골첫거리일 뿐이다. 그러므로 황제 본인과 힌두스탄을 위해서 자신을 적에게 넘기지 말아야 한다. 샤 알람은 슈자 우드다울라의 충고를 새겨듣고 델리로 돌아오라는 두라니의 초청을 정중히 거절했다.[83]

한편 벵골을 공동 통치하는 미르 카심과 회사의 관계는 점점 불편해지고 있었다.

1761~1762년에 걸친 다음 2년간 벵골의 두 라이벌 정부 간 관계는 공공연하게 적대적으로 변해갔다. 관계가 꾸준히 악화된 원인은 회사의 민간 무역상들이 특권을 악용해 폭력적이고 탐욕스러운 방식으로 벵골 경제에 침투하고 미르 카심의 지배 기반을 약화시킨 탓이었다.

이들은 나와브의 관리들을 수시로 억류하고 함부로 대해서 그의 통치를 거의 불가능하게 만들었다. 나와브는 나와브대로 파트나 영국 상관의 상관장 윌리엄 엘리스가 자신에 맞선 반란을 적극적으로 조장하고 있다는 편집증적 사고에 점점 사로잡혔다. 엘리스는 1756년 캘커타 포위전에서 한쪽 다리를 잃었고, 이후 인도와 관련한 모든 것을 증오하며 미르 카심의 주권을 무시하고 그의 명목상 독립성마저 부정하기 위해 가능한 모든 일을 하는 데 변태적이고 거의 가학적인 즐거움을 느꼈다.

헨리 밴시터트는 미르 카심이 잘못한 이상으로 비난을 받는다고 믿었고, 캘커타 집행위원회에서 가장 가까운 한편인 워런 헤이스팅스도 이런 생각에 동의했다. 헤이스팅스는 무르시다바드 상주관으로 재직하는 동안 승승장구한 뒤 초고속 승진하여 밴시터트의 대리가 되었다. 그는 이제 유망한 총독 후보자로 거론되고 있었다. 미르 카심의 정무 능력을 처음 알아본 사람이었고, 벵골에서 무굴-회사 공동 통치를 성공시키길 간절히 바라던 헤이스팅스는 재빨리 자신의 피후견인을 옹호하고 나섰다. "나와브보다 더 솔직하거나 온건한 사람을 만난 적이 없다. 그가 우리 쪽에 보여주는 평화적 의향의 절반만이라도 우리 쪽에서 보여준다면 양자 간 의견 차이는 절대 발생하지 않을 것이다. (…) 벌레도 밟히면 꿈틀한다는데 그는 그보다 더 심한 모욕에 하루가 멀다 하고 직면해왔다. (…) 나와브의 권위가 공공연하게 모욕당하고, 그의 관리들이 투옥되고, 그의 요새들에 맞서 세포이들이 파견되는 것을 온 세상이 보고 있다."[84] 그는 "우리 국민이 이 나라의 압제자와 지배자로 군림하는 대신 정직하고 공정한 무역에만 전념한다면 어디서나 구애와 존경을 받을 것이다"라고 덧붙였다.[85]

그러다가 1762년 2월 초에 엘리스가 독단으로 미르 카심의 아르메니아인 고위 관리 호자 안툰Khoja Antoon을 체포하여 영국 상관에 투옥하는 일이 벌어졌다. 미르 카심은 엘리스에게 편지를 써서 "내 관리들이 그런 모욕을 받고 있는데 내 글이 무슨 소용이 있는가. 내 권위가 이로 인해 얼마나 약화됐는지 말로 할 수 없다"라고 불만을 제기했다. 그 뒤로 미르 카심은 엘리스와 더 이상 서신을 교환하지 않겠다고 다짐했다.[86]

이후로 한 주가 지날 때마다 미르 카심은 점점 필사적인 어조로 장문의 페르시아어 서신을 캘커타의 밴시터트에게 보내 속내를 쏟아냈지만, 젊은 총독은 클라이브가 아니었고 회사 동료들, 특히 파트나 상관의 엘리스와 그 부하들을 제압할 힘이 없어 보였다. 1762년 5월, 미르 카심은 엘리스와 그의 부하들이 "나의 통치를 방해하기로 작정했다. 그들은 백성을 모욕하고 능멸하며 힌두스탄 변경지대부터 캘커타까지 나를 비방하고 깎아내린다"라고 썼다.

당신의 신사들은 바로 이런 식으로 행동하고 있습니다. 그들은 나라 전역을 어지럽히고, 백성을 약탈하며, 나의 정부를 무시하려고 작심하고 나의 관리들을 해치고 망신을 주며, 나를 능멸하는 짓을 일삼고 있습니다. 깃발을 내걸고 회사의 통행증을 보여주면서 이 나라의 농민*과 상인, 여타 사람들을 짓밟는 데 전력을 다합니다. 원래 가격의 4분의 1만을 지불하고 상인들한테서 상품과 화물을 강탈하다시피 하며 폭력과 전횡으로 1루피밖에 나가지 않는 상품에 5루피를 내도록 농민들에게 강요합니다.

전에 고맙게도 당신이 발행해준 보트 수색용 출입증**을 초키[검문소]마다 보냈지만 영국인들은 이를 전혀 존중하지 않으며, 그들이 나의 백성, 특히 가난한 이들을 얼마나 괴롭히는지는 이루 다 말할 수 없습니다. (…) 그리고 회사 직원들은 세 명 가운데 한 명꼴로 엄청난 권력을 갖고 있어서 현지 징세인[나와브의 주요 관리]을 투옥하고 내킬 때면 그의 모든 권한을 박탈해버립니다.

거의 400~500개에 가까운 [민간 영국인] 상관이 나의 영토에 신설되었습니다. 나의 관리들은 전 구역에서 직무 수행을 그만두었습니다. 그리하여 이러한 횡포로 인해 [관세] 수입을 빼앗긴 탓에 나는 연간 25라크 루피의 손실을 보고 있습니다.*** 그렇다면 내가 무슨 수로 부채를 갚을 수 있겠습니까? 군대와 하인들에게는

---

*   원문은 리요트Ryot이다. 나는 본문 전체에 걸쳐 '농민farmer'으로 교체했다.
**   원문의 단어는 다스타크이다. 본문에서는 '출입증pass'으로 교체했다.
*** 현재 가치로 3,250만 파운드.

어찌 급여를 줄 수 있겠습니까? 이런 경우에는 어찌 내 의무를 다하고 뱅골이 바쳐야 할 연공을 황제에게 보낼 수 있겠습니까?[87]

4월에 밴시터트는 심화하는 갈등을 진정시키고 관계를 회복하기 위한 시도로서 헤이스팅스를 상류에 있는 몽기르와 파트나로 파견했다. 강을 거슬러가는 길에 쓴 일련의 편지에서 헤이스팅스는 한편으로는 뱅골의 아름다움을 예찬하고 다른 한편으로는 그곳을 유린하고 약탈하는 데 회사가 이런저런 식으로 책임이 있음에 경악을 금치 못했다. "아름다운 풍광" 한가운데 오리들이 습지에 삼삼오오 무리지어 떠 있는 몽기르에 도착하자마자 그는 오는 길에 목격한 "영국인의 이름 아래 자행되는" 압제에 관해 유려하고도 열정적으로 썼다. "이러한 해악은 우리 직원들에게만 국한된 것이 아니라 회사 소속 세포이 행세를 하거나 우리 대리인이라고 자처하는 사람들에 의해 전역에서 자행되고 있다고 장담한다." (…)

우리 앞에 행군 중이던 일단의 세포이는, 재량에 맡길 경우 그들이 얼마나 탐욕스럽고 안하무인으로 나올지를 보여주기에 충분했다. 이곳으로 오는 도중에 나는 그들에 대한 많은 불평을 들었다. 우리가 접근하자 대다수의 소읍과 세라이serai(카라반 숙소)는 버려진 상태였고, 상점들은 우리도 똑같은 행패를 부릴까 두려워서 문을 닫았다. (…) 모자를 쓴 사람은 캘커타로부터 자유로워지자마자 저마다 절대 군주가 된다. (…) 내가 나와브라고 해도 백성이나 신하들을 모욕으로부터 어떻게 보호해야 할지 모를 것이다.[88]

헤이스팅스는 특히 엘리스에게 비판적이었는데 그의 행위는 "매우 오만방자하고 나와브에 대한 그의 반감은 명백히 고질적인데, 실상을 제대로 밝힌다면 회사의 극심한 노여움을 사지 않을 수 없을 것"이라고 생각했다.[89]

10월에 헤이스팅스는 다시금 몽기르에 있는 미르 카심을 방문했는데, 무슨 일이 벌어지고 있는지 직접 눈으로 확인할 수 있도록 이번에는 밴시터트 총독도 데려갔다. 두 사람은 실상을 목격하고 경악했으며 권력 오남용과 횡포를 끝장낼 결심을 하고 캘커타로 돌아왔다. 하지만 두 젊은이는 동료 위원들을 설득하는 데 실패했다. 오히려 위원들의 다수는 가장 호전적인 일원이자 엘리스의 친구인 제임스 애미어트James Amyatt를 파견해 상황을 보고하게 하고, 미르 카심에게 본때를 보여주고, 회사 소속 대리인과 직원 전원을 나와브 정부의 통제에서 완전히 제외할 것을 요구하기로 결정했다.

헤이스팅스는 이에 결사반대했다. "이제 우리 회사 사람 전원을 [나와브] 정부의 관할에서 제외시키자는 제안이 나왔다. 그들에게 다른 사람들을 억압할 완전한 면허를 부여하는 꼴이다. (…) 그런 통치 체제는 비참한 주민들의 마음에 영국인의 이름과 권위에 대한 혐오를 낳을 수밖에 없으며, 도처에서 백성의 원성이 자자한데 이를 바로잡을 수 없다면 나와브가 자신을 그런 수모에 빠트리는 동맹에서 벗어나기를 어찌 바라지 않겠는가?"[90]

세련된 장티가 올바르게 주목한 것처럼 "헤이스팅스 씨의 현명한 조언을 따르기만 했다면 영국인들은 나와브와 관계를 단절했을 때 커다란 불상사를 피할 수 있었을 것이다. 하지만 파산하고 재산을 탕진한 소수의 위원들, 빚을 졌고 어떤 공적 대가를 치르고라도 개인 재산을 다시 모으려고 작정한 그 사람들이 자신들의 야망을 추구하여 전쟁을 초래했다".[91]

‹4› 별 볼 일 없는 군주

    1762년 12월, 애미어트가 막 캘커타를 떠나려고 할 때 미르 카심은 교묘한 정치적 수를 구사했다. 엘리스의 전횡과 폭력을 2년간 참고 견딘 끝에 나와브는 마침내 반격에 나서 회사의 침해에 저항해야 한다고 결론 내렸다. 그는 더 이상 물러서지 않기로 했다.

    자신의 관리들이 회사의 무장 무역 기지들로부터 세금과 관세를 강제 징수하는 데 성공하는 경우가 아주 드물다는 것을 깨달은 그는 "부자들한테서 세금을 걷지 못하는 한 빈자들에게 세금을 걷는 것을 자제하겠다고 선언하며"[92] 영토 전역에서 관세를 모조리 폐지했다. 이런 식으로 그는 영국인이 누리던 불공정한 우위(영국인들만 면세 특권을 누렸다―옮긴이)를 박탈했다. 이 조치가 자신의 막대한 손실과 벵골 정부의 상환 능력에 엄청난 타격을 의미했을지라도 말이다.

    얼마 안 있어 1763년 3월 11일에 미르 카심의 부하들과 회사 사람들 사이에 무장 충돌이 발생했다. 다카와 자파르간지에서 몸싸움이 벌어졌는데, 미르 카심의 관리들이 신형 군대의 지원을 받아 회사의 세포이 호위대와 대치하면서 회사 대리인들의 약탈에 저항하기 시작한 것이다. 미르 카심의 관리 중 한 명은 EIC의 보호를 받는다고 주장하는 사람은 처형하라는 명령을 내리기까지 했다. 악명을 떨친 회사 대리인 두 명은 자택에서 습격당했고, 뒷문으로 나와 담을 넘어 피신했다. 그와 동시에 미르 카심의 부하들은 벵골 전역에서 영국 보트를 가로막고, 회사 민간 무역상들의 화물 통과를 차단하고, 그들의 초석과 아편, 빈랑나무 열매를 압수하기 시작했다. 한번은 몇몇 세포이들이 압수된 보트들을 되찾으러 갔을 때 몸싸움이 벌어졌고, 몸싸움이

일제사격으로 비화하여 결국 여러 명이 숨졌다. 전쟁이 나는 것 아니냐는 말이 오가기 시작했다.[93]

그러다 5월 23일, 미르 카심에게 관세 폐지 조치를 철회하도록 강요하려고 애미어트가 몽기르에 도착했을 때, 그와 함께 온 배 한 척이 가트에 닿자마자 미르 카심의 치안대에게 나포되었다. 굴람 후사인 칸에 따르면 "배는 다량의 화물을 싣고 있었는데, 화물 아래 파트나 상관에 보낼 수발총 500정이 [감춰져] 있었음이 드러났다. 구르긴 칸 [늑대라는 별명으로 통한 미르 카심의 아르메니아인 지휘관]은 이를 압수하길 원했으나 애미어트 씨는 정선하거나 심지어 수색도 하지 않고 배를 그냥 보내줄 것을 요구했다".[94]

대치 상태는 한동안 계속되었고 미르 카심은 애미어트를 체포할까 고려했다. 그는 애미어트에게 자신은 현재 회사와 전쟁 상태라고 보며, 애미어트의 임무는 다른 적대적 움직임을 가리기 위한 눈속임에 불과한 것으로 판단한다고 말했다. 하지만 "한참 대화한 끝에" 그는 "사절단이 떠나게 허락했으며 (…) 애미어트 씨는 더 머물러봐야 소용이 없을 거라 생각하고 [캘커타로] 떠났다.[95]

바로 이때 엘리스는 파트나를 무력으로 장악하는 계획을 꾸미기로 했다. 그가 보기에 미르 카심의 "허세스러운 주장들" 앞에서 헤이스팅스와 밴시터트는 나약하고 무기력했다. 이제 그는 이 문제를 직접 해결하기로 결심했다. 하지만 미르 카심의 비밀 정보부는 파트나 상관에 첩지를 용케 심어두었고, 니외브는 엘리스가 무슨 일을 꾸미고 있는지 곧 소상히 알게 되었다. 이에 그는 마지막으로 이전 후원자인 헤이스팅스와 밴시터트에게 편지를 썼다. "엘리스 씨는 파트나의 요새를 함락하려고 사다리와 발판까지 준비했다. 이제 회사와 당신들의 이해관계에 최선이라고 생각하는 조치를 취하길 바란다."[96] 그다음 그는 늑대(구르긴 칸)를 보내 병력을 동원하라고 지시했다.

이즈음 엘리스는 휘하에 유럽인 병사 300명과 세포이 2,500명을 끌어모은 상태였다. 6월 23일 플라시 전투 기념일에 파트나 상관의 의사 앤더슨은 일기에 "회사의 신사분들은 늑대의 기병과 세포이[보병]들로 구성된 강력한 분견대가 파트나로 진군 중이라는 소식을 들었으며, 전쟁이 불가피한 듯하다. 그들은 파트나시를 손에 넣음으로써 선제공격에 나서는 것이 최선이라고 생각했다"고 적었다. 파트나 상관 사람들이 무굴 지배에 맞서 반란을 꾀한 곳은 18개월 전 그들이 샤 알람에게 신하로서 충성 서약을 한 바로 그곳이었다.

24일 하루 종일 정신없는 준비 작업이 이루어졌다. 사람들은 대나무 사다리를 밧줄로 단단히 묶고, 무기를 깨끗이 청소해 차곡차곡 쌓고, 화약과 포탄을 준비했다. 대포를 마구에 연결시키고 말도 준비를 갖췄다. 자정 직후, 세포이 부대와 회사 소속 무역상들은 머스킷을 집어들고 상관 본관 바깥에서 전투태세를 갖춰 사열을 했다.[97]

25일 오전 1시에 상관 출입구들이 열렸고 엘리스는 세포이 부대를 출정시켜 잠든 파트나시에 대한 공격을 개시했다. 영국 동인도회사와 무굴 제국은 다시금 전쟁에 돌입했다.

‹5›

유혈과 혼란

회사 세포이들은 두 무리로 나뉘어 파트나시 전역으로 퍼졌다. 첫 번째 무리는 성벽으로 향했다. 성벽에 도달해 공성용 사다리를 걸친 다음 소리 없이 기어올라 성벽보도(성곽 위에 흉벽으로 보호되어 걸어 다닐 수 있는 공간—옮긴이) 위로 올라갔다. 그들은 차트리 Chattri를 씌운 작은 망루마다 무기 위에 쓰러져 잠자고 있던 일단의 경비병들을 총검으로 재빠르게 해치운 다음 소리 없이 모든 보루를 함락했다.

엘리스가 이끄는 두 번째 무리는 파트나 시장의 대로를 따라 포를 끌고 이동했다. 1.5킬로미터가량을 가자 하벨리 haveli(집이나 전통 주택—옮긴이)의 지붕 꼭대기와 문루에서 처음에는 긴헐적이다가 점차 집중적으로 날아오는 머스킷 사격에 맞닥뜨렸다. 하지만 그들은 신속하게 밀고 나갔고 해가 뜨기 직전 관문을 날려버리고 옛 무굴 요새로 쳐들어갔다. "요새로 진입한 그들은 병사들을 덮쳤는데, 절반 정도는 잠들어 있었고 일부는 급조한 저격 구덩이에서 깨어 있었다"라고 역사가 무하마드 알리 칸 안사리는 썼다. "그들은 많은 병사들을 죽였고, 소수만이 안전한 구석으로 기어서 도망칠 수 있었다."

그 뒤 세포이들이 성채의 서문을 열어젖혀 바깥에서 기다리고 있던 남은 병력을 안으로 들였다. 다시금 그들은 두 대열로 나뉘어 길을 따라 디완 구역과 시장으로 전진했다. 파트나시 총독은 성채 안에 있었고 눈앞에서 벌어지는 참사를 깨닫자마자 영국인들과 맞서기 위해 병력을 이끌고 달려 나와 그들과 시장 근처에서 맞닥뜨렸다. 여기서 양측에 심각한 인명 피해가 났다.

처음에는 총독의 지휘관 중 한 명이 용감히 밀고 나오다가 격렬한 포도탄 일제 포격에 부상을 당했다. 나머지 병사들은 이를 지켜보다 우르르 도망쳤다. 총독은 몽기르의 미르 카심에게 불시의 습격 소식을 전할 수 있기를 바라며 동문으로 탈출할 수밖에 없었다. 부상당한 지휘관은 그사이 [요새 내부에 있는 무굴] 칠힐 수툰 궁전에 가까스로 도달해 문을 걸어 잠그고 농성에 들어가 다음 싸움을 기약했다.

영국인들은 이제 도시를 장악했다. 밑바닥 인간들로 구성된 그들의 군대—텔렝가나에서 온 어두운 피부색의 카스트 하층민 세포이들—는 뿔뿔이 흩어져 상점에서 물건을 약탈하고 무고한 시민들의 집을 유린하기 시작했다.[1]

이제는 완전히 포위된 성채를 제외하면 모든 저항이 사라지자, 엘리스는 부하들에게 도시를 철저히 약탈해도 된다고 허락했다. "이에 그들의 용기는 탐욕으로 바뀌어 모두가 뭐든 집어 들고 내뺄 생각밖에 하지 않았다".[2] 그사이 회사의 상관원들은 아침을 먹으러 상관으로 다시 돌아갔다. "끈적한 피를 헤치고 행군했더니 모두가 아주 지쳐 있었다"고 의사인 앤더슨은 썼다.[3]

회사 상관원들은 모르고 있었지만 도망치던 파트나시 총독은 파트나 너머로 5킬로미터밖에 가지 않았을 때 미르 카심의 신군 4개 소대로 이루어진 대규모 증원군과 마주쳤다. 이들은 나와브가 첩자들로부터 공격이 임박했다는 경고를 받자마자 아르메니아인 지휘관 중 한 명인 마르카르 장군이 몽기르에서 강행군을 시켜 이끌고 온 병력이었다. 굴람 후사인 칸은 이렇게 썼다. "그들은 최대한 빠르게 행군했고, 물가로 난 길로 이동하여 도시의 동문에 도달해 곧장 공격할 태세였다."

영국인들은 당황하지 않고 문을 열었다. 그들은 해자를 가로지르는 다리 위에 대포 2문을 배치했고 한 줄로 늘어서서 적에 맞설 준비를 했다. 지휘관을 앞지른 마르카르의 부하 중 한 명이 앞장서서 로켓포를 발사하고 머스킷 일제사격과 함께 영국인들을 공격했다. 그는 즉각 회사 군대의 전열을 무너트렸다. 인명 손실을 입고 기가 꺾인 영국인들은 상관 쪽으로 후퇴했다. 성공에 고무된 총독은 지휘관들에게 적을 맹렬히 추격하라고 독려했다. 망루와 흉벽에 배치되었던 회사의 다른 병사들은 이 참사를 전해 듣고 당황하여 평소와 같은 용기를 잃고 사방으로 달아났다. 미르 카심은 승리를 선언했고, 흉벽과 망루도 적을 몰아내고 탈환했다.[4]

회사 병사들은 곧 수적으로 크게 열세에 몰렸고, 군기가 무너지고 상관은 완전히 포위되었다. 도시 성벽에서 상관이 내려다보였으므로 방어가 불가능하다는 것이 금방 드러났다. 엘리스는 곧 그곳을 포기하고 수문으로 부하들을 이끌고 나갔다. 그는 "대략 3개 소대와 함께 가까스로 바지선에 올라타" 중립 지역으로 도망칠 수 있기를 바라며 "서쪽 아와드와의 접경지대로 향했다".

하지만 그들은 멀리 가지 못했다. 차프라에 도착했을 때 그들의 배는 사란의 파우지다르*faujdar*(수비대 지휘관—옮긴이)의 공격을 받았다. 얼마 안 있어 [미르 카심의 독일인 지휘관] 숨루[발터 라인하르트]도 북사르의 병영에서 몇 천 명의 세포이를 이끌고 강행군을 하여 막 도착해 그들을 따라잡았다. 포위되고 수적으로 열세인 그들은 무기를 버리는 수밖에 없었다. 전부 포로로 붙잡혔다. 숨루는 족쇄를 찬 영국인 포로들을 몽기르 요새 내 감옥으로 끌고 갔다. 미르 카심은 그 다음 모든 관리와 군 관계자들에게 영국인은 발견하는 즉시 체포하라는 공문을 보냈다.[5]

그 주 주말까지 비하르주의 회사 병사 5,000명 가운데 3,000명이 죽거나 붙잡히거나, 미르 카심의 군대로 넘어갔다. 죽은 사람 중에는 캘커타 집행위원회가 파견한 사절 제임스 애미어트도 있었다. 그는 무르시다바드에 무사히 도착했을 때 보트에서 공격을 받았고 무르시다바드 군정 장관의 체포에 저항하다 죽임을 당했다. "미르 카심이 내리는 무슨 벌이든 달게 받겠으니 살려보내달라고 간청했으나, 신호가 떨어지자 그와 그의 동료들은 난자당해 죽었다."[6]

미르 카심은 캘커타에 서신을 보내 엘리스가 "야적夜賊처럼 파트나의 킬라를 공격해 시장은 물론 모든 상인과 주민들을 약탈하며 (…) 아침부터 오후까지 살인과 유린을 자행했다. (…) 회사가 입은 피해는 당신들이 책임져야 할 것이다. 그리고 당신들이 잔인하고 부당하게 도시를 파괴하고 주민들을 죽이고, 수십만 루피에 달하는 재산을 약탈했으므로 [시라지 우드다울라가 약탈한 뒤] 전에 캘커타에 그랬던 것처럼 회사가 빈민들에게 보상하는 것이 마땅하다"고 불만을 제기했다.[7]

하지만 그러기에는 너무 늦었다. 이제는 돌이킬 수 없었다. 비하르와 벵골 전역에서 무굴 지방 엘리트층이 외국 무역 회사의 이질적이고 착취적인 지배로부터 붕괴하는 자신들의 세계를 지키기 위한 최후의 필사적 시도로서 나와브 미르 카심을 지지하며 다 함께 들고 일어났다. 미르 카심이 깨달았든 깨닫지 못했든 간에 이제 전면전은 불가피했다.

일주일 뒤인 1763년 7월 4일에 캘커타 집행위원회는 미르 카심을 상대로 공식적으로 전쟁을 선언했다. 그들의 냉소주의를 보여주는 조치로서, 집행위원회는 미르 카심의 연로한 장인인 이전 나와브 미르 자파르를 복귀시키기로 결의했다. 미르 자파르는 은퇴 생활 동안 아편 중독자가 되어 전보다 더욱더 흐리멍덩했다. 변함없이 국가 재정을 신경 쓰지 않는 늙은 나와브는 야심만만한 사위와 싸워주는 대가로 회사에 500만 루피*를 변상하겠다고 약속했다.

미르 자파르는 3주 뒤에 캘커타에서 출발한 회사의 대형 원정군의 호위를 받아 이전 수도로 복귀했다. 원정군은 벵골의 후텁지근한 몬순 더위가 최고조에 달한 7월 28일에 출정했다. 원정군은 유럽인 병사 대략 850명과 세포이 1,500명으로 구성되어 있었다. "다소간 대

＊　현재 가치로 6,500만 파운드.

비가 안 된 상태로 당한 영국인들은 프랑스 포로들에게 애덤스 소령이 지휘하는 군대에서 복무하도록 강요했다"고 장바티스트 장티는 썼다. "이 장교는 지체 없이 무르시다바드로 행군하여 [7월 9일에] 플라시 근처에서 카트와의 지휘관과 전투를 치른 뒤 무르시다바드를 장악했다. 소령은 우기가 한창일 때 라지마할 바깥에 당도했고 군대는 큰 피해를 입었다. 하지만 그는 나와브의 대포와 탄약은 물론 그의 병영의 보급 식량을 노획했고 그다음 재빨리 라지마할을 급습했다."[8]

자신들이 고작 5년 전에 직접 앉힌 나와브와 전쟁을 벌이는 것은 회사에 정치적으로 난감한 일 정도에 그치지 않았다. 그것은 재정적으로도 참사였다. 루크 스크래프턴은 "회사는 전쟁의 부담에 허덕이고 있어서 8퍼센트의 금리로 직원들에게 거금을 빌려야 했고, 그러고도 [런던으로 보낼 인도산 상품을 구입할 정금이 부족했기 때문에] 유럽으로 출항하는 배에 화물을 절반밖에 실을 수 없었다"고 썼다.[9] 하지만 미르 카심을 상대로 한 군사 작전은 더뎠지만 꾸준한 성과를 냈다.

미르 카심의 신군이 회사의 베테랑 세포이들에 맞서기에는 아직도 무장이나 훈련이 충분치 않다는 것은 금방 분명해졌다. 회사는 구식 무굴 기병 군대와 맞붙을 때 확실히 전보다 훨씬 더 많은 사상자를 냈지만, 두 보병 군대가 맞붙을 때마다 결국 도망치는 쪽은 미르 카심의 병사들이었다. 애덤스 소령이 매복했다가 미르 카심의 가장 용감한 장군인 무함마드 타키Mohammad Taki를 죽인 카트와에서 회사는 승리를 거뒀고, 3주 뒤 게리아에서는 두 번째 승리를 거두었다. "격렬하게, 영웅적으로 용감히 싸운 끝에 미르 카심의 군대는 다시금 무너져 흩어졌다"고 무하마드 알리 칸 안사리는 썼다. "그리고 회사의 깃발들은 승리의 미풍에 펄럭였다."

패배한 병사들은 날 듯이 황급히 도망쳐서 비하르주로 물러가, 언덕 꼭대기 우두아 눌라 요새로 후퇴했다. 미르 카심은 그런 날을 내다보고 여기에 강력한 방어용 포좌를 설치해두었다. 이 외진 요새로는 산에서 내려온 급류가 갠지스강으로 세차게 흘러가며 수심도 깊다. 강둑 양쪽으로는 야생의 초목이 우거져 있다. 그곳의 유일한 다리를 거쳐가는 길 말고 다른 길은 없다. 이 다리는 미르 카심이 건설한 것으로서, 그는 깊은 해자도 파고 그 위로 알렉산드로스의 방벽에 버금가는, 산과 연결된 강력한 방벽을 쌓았다. 방벽을 마주하는 것은 산에서 갠지스강 근처까지 뻗은 긴 호수다. 미르 카심은 해자 위로 흙다리를 놓게 했다. 방벽 꼭대기에는 신부의 곱슬머리처럼 구불구불 이어지는 길도 있었고 그것이 유일한 접근로였다. 이런 이유에서 미르 카심은 우두아 눌라가 난공불락이라 믿으며 크게 의지했고, 영국인들이 그곳을 함락하지 못하거나 함락하더라도 오로지 긴 싸움 끝에만 성공할 수 있을 것이라고 확신했다. 하지만 행운의 여신은 그를 외면했다.[10]

미르 카심의 남은 신군 병력 2만 명이 최후의 항전을 벌인 장소는 이곳이었다. 포위전 첫 달 동안 애덤스 소령의 중포는 요새에 별다른 타격을 주지 못했다. 하지만 어마어마한 방어시설을 믿고 무사안일에 빠진 미르 카심의 장군들은 경계를 소홀히 했다. 굴람 후사인 칸의 말마따나 "그들은 요새의 자연적 강점을 너무 과신했고 적이 뚫고 들어오지 못할 거라고 안심하며 의무를 태만히 했다. 돈이 있는 장교들 대다수는 밤이 오면 술을 진탕 마시고 무희들의 춤을 구경하거나 그들을 잠자리로 데려가 밤을 보내는 게 일이었다".[11]

미르 카심의 장군 중 단 한 사람만이 언덕 아래 있는 포위군을 괴롭히려 시도했다. 그는 근래에 이스파한에서 인도로 온 정력적이고 영리한 젊은 페르시아 기병 지휘관 미르자 나자프 칸으로서 무굴 역사에서 길이 기려질 이름이었다. 나자프 칸은 현지의 길 안내인들을 찾아내 언덕 아래에 있는 늪지를 가로질러 부하들을 이끌게 했다. "그들은 조용히 떠나서 호수에서 흘러나오는 개울을 건넜다. 그다음 동틀 녘에 영국군 진영을 급습했는데 연로한 나와브 미르 자파르도 그곳의 막사에 머물고 있었다. 그들이 매우 활발히 공격하여 자파르의 병사들은 지진이라도 난 줄 알고 동요했다."[12]

요새를 방어하는 미르 카심의 군대에게는 안타깝게도 안내인 중 한 명이 생포되었고, 일주일 뒤인 9월 4일 그는 애덤스 소령의 병사들을 늪지대를 가로지르는 똑같은 길로 안내해 우두아 눌라 후방으로 데려갔다. "영국인들은 미르자 나자프 칸이 새벽 기습 공격을 하려고 이용한 길을 찾아냈고 이제 그들이 그 길을 이용했다"고 안사리는 썼다. "그들은 이 임무를 수행하기 위해 키 큰 젊은이들로 이루어진 1개 소대를 보냈다."

칠흑같이 컴컴한 한밤중에 그들은 머스킷과 탄약을 담은 배낭을 높이 들어올리고 턱까지 차오르는 호수에서 흘러나오는 개울을 힘겹게 건넜다. 이런 식으로 그들은 방어용 포좌까지 도달했고 거기서 사다리를 타고 성벽을 기어올랐다. 방어군은 눌라와 호수를 건널 수 없다고 믿고 경계를 소홀히 한 채 짚자리 위에 깊이 잠들어 있었다. 영국군은 사격하며 그들을 덮쳤고, 많은 사상자를 냈다.

어둠 속에서 아래 성문 앞에 집결해 있던 회사 병사들은 문이 열리자마자 안으로 쏟아져 들어왔고 심판의 날인 듯 학살이 벌어졌다. 죽음의 운명을 맞은 자들의 비명이 사방에서 터져나왔다. 많은 이들―잠에서 깨어 학살당하지 않은 사람들―이 당황하여 우기의 비로 불어난 강으로 도망쳤다가 얼음 같이 차가운 세찬 급류에 익사했다. 그날 밤 거의 1만 5,000명이 죽음을 맞이했고 대포 100문이 노획되었다.

나자프 칸은 영국군의 손아귀에서 용케 탈출하여 산악지대로 향했다. 하지만 더 많은 병사들이 강을 건너는 도중에 익사하거나 총에 맞았다. 숨루가 이끄는 한 무리도 한참을 넘어지고 비틀비틀 산길을 걸어 몽기르에 있는 미르 카심의 잔존 군대에 재합류할 수 있었다. 영국군은 승리의 북소리를 울리고 정복한 진지에 자신들의 군기를 올렸다. 전투는 동이 트고 한 시간 반 뒤에 끝났다.[13]

미르 카심은 그날 밤 요새에 있지 않았다. 그는 막 몽기르를 향해 출발한 참이었고 따라서 살아남아 다음을 기약할 수 있었다. 하지만 그는 우두아 눌라를 잃은 충격에서 완전히 회복하지는 못했다. "그는 두동강이 난 것 같았다. 비통하고 괴로운 기색이 역력했고 하루 종일 극도의 실의에 빠져 있었다. (…) 침대에 몸을 내던지고 괴로움에 몸부림치며 구르긴 칸의 충고에 더는 귀를 기울이지 않았다."[14] 다른 선택지가 별로 없던 그는 포로들을 데리고 파트나로 퇴각했다.

미르 카심은 이제 자신이 배반당했으며 지휘관들이 반역을 꾸미고 있다는 생각에 사로잡혔다. "그는 원래도 포악하고 잔인한 경향이 있었는데 이제 그의 행운의 별빛이 희미해지자 통치에 균열이 드러나기 시작했고 그는 더한 잔혹성의 나락으로 떨어졌다."

⟨5⟩ 유혈과 혼란

잇따른 패배에 침울해지고 수심에 잠긴 그는 보석과 재물, 가장 아끼는 아내를 몇몇 믿음직한 수행원들에게 맡겨 로타스의 대요새로 보냈다. 하렘의 나머지 여자들은 그냥 거리로 내쫓았다. 두 차례의 널리 알려진 패전과 충격적인 부녀자 추방에 수행원 중 일부는 복종의 마음을 거뒀다. 하지만 미르 카심의 흉포한 잔인성은 누구도 언행에서 독자적 판단을 내릴 여지를 남기지 않았으므로 그의 권위는 변함없이 그대로였다. 날이 갈수록 그의 마음은 의심으로 가득 찼고 마침내 그는 많은 포로들을 다 죽이라고 명령했다.[15]

편집증에 사로잡힌 미르 카심은 먼저 가장 충성스러운 아르메니아인 지휘관 '늑대' 구르긴 칸을 암살하라는 명령을 내렸다. 장바티스트 장티는 이 극단적으로 어리석은 자해 행위의 목격자였다. "파트나로 가는 길에 미르 카심의 적들은 구르긴 칸이 주군을 배신했다고 미르 카심을 설득했는데, 그가 영국군 진영에 붙잡힌 그의 형제의 영향을 받았다는 것이었다. 나와브는 반역자로 중상모략을 당한 충직한 신하를 없애버리겠다고 다짐했다. 구르긴 칸은 이러한 가증스러운 모략을 잘 알고 있었다"고 장티는 쓴다. "나는 항상 그 대신의 막사 옆에 막사를 쳤고 우리는 같이 식사를 했다."

하루는 그가 저녁 식사에 늦길래 나는 나와브의 주방에서 보낸 다양한 요리 앞에 앉아서 먼저 먹기 시작했다. 그때 대신이 들어와 "무슨 짓을 하고 있는 거요?"라고 말하며 나를 제지했다. "이 음식들에 독이 들어 있을 수 있다는 것을 모르시오? 나와 내 형제에 관한 온갖 중상이 퍼져나가고 있는 것을 알면서도 어찌 그리 조심하지 않으시오? 나한테는 적이 많소. 조심해야 합니다!" 그는 이 음식들을 당장 치우라고 지시한 다음 의심이 덜 가는 사람들이 마련한 다른 요리들을 내오게 했다.

몽기르와 파트나 사이 중간쯤에서 그를 암살하려는 시도가 있었다. 마침 그때 너무 더워서 나는 그의 막사 앞에 침상을 펼쳤는데 자객들은 이를 보고 음모가 발각된 줄 알고 이튿날로 거사를 미뤘다. 이튿날은 행군을 하는 날이었고, 길이 나쁜 탓에 평소보다 늦게 도착한 대신은 즉시 저녁을 내오라고 했다. 그가 기병 진지를 지나가고 있는데 기병 무리 사이에서 한 무굴 기병이 다가와 방금 급여를 받았음에도 돈이 부족하며 식량이 감당할 수 없을 만큼 비싸졌다고 불만을 늘어놓았다.

돈을 더 달라는 그 병사의 요구에 화가 난 구르긴 칸이 수행원들 가운데 한 명을 부르자 기병들은 물러갔다. 나는 더위를 참기 힘들었고, 대신은 이제 다른 문제들을 이야기하고 있었으므로 더 서늘한 데를 찾으려고 자리를 떴다. 내가 서른 걸음도 가기 전에 대신 곁을 지키던 수행원들이 도와달라고 외치는 소리가 들렸다. 고개를 돌리니 그 기병이 구르긴 칸에게 칼을 휘두르고 있는 것이 보였다.

수행원들은 무장하지 않았고, 대신처럼 가벼운 모슬린 외투만 걸치고 있었다. 그가 번개처럼 빠른 일격을 세 차례나 당했으므로 구하러 가기엔 너무 늦어버렸다. 첫 번째 일격은 그의 목을 절반쯤 벴고 두 번째는 어깨뼈를 벴으며 세 번째는 그의 콩팥을 도려냈다. 자객은 다시금 그의 얼굴을 가격했고 그는 막사로 도망치려고 하다가 말을 매는 긴 줄에 걸려 땅바닥에 쓰러졌다. 그는 가볍고 얇은 모슬린 옷만 입고 있었으므로 칼날이 곧장 파고들었다. 그가 쓰러지자마자 기병은 곧장 사라졌다.

나는 달려가서 그를 부축해 가마에 태우고 가마꾼들에게 막사로 옮기라고 지시했다. 막사에서 그는 손짓으로 마실 것을 달라고 청했다. 우리는 그에게 물을 줬지만 그가 마신 물은 목에 난 상처로 흘러나왔다. 내가 곁에 있는 것을 보고 구르긴 칸은 나를 뚫어지게 바라보다가 자신은 결국 중상모략의 희생양이 되었으니 나는 몸조심해야 한다고 말하기라도 하듯 자기 허벅지를 세 번 쳤다.[16]

그다음은 파트나의 전 총독으로서 샤 알람에 맞서 용감히 싸운 라자 람 나라인 차례였다. 라자 람 나라인은 무굴 왕조에서 행정가로 일하며, 흔히 자식들을 페르시아식 마드라사에 보내 교육을 시키는 힌두교도 공동체 출신인 카야스트Kayasth였다. 람 나라인은 페르시아 시를 좋아하며 자랐고, 18세기 페르시아의 가장 위대한 시인일 것이며, 베나레스로 망명을 온 이스파한의 샤이크 무함마드 알리 하진Muhammad Ali Hazin을 따르는 학도 중 한 명이었다. 자신의 처형이 임박했음을 깨달은 람 나라인은 그의 우스타드ustad(시의 거장)의 문체로 최후의 이행시를 몇 편 남겼다. 슬픔과 체념이 담긴 이 운문은 한때 그 지역에서 유명했다.

그만! 나의 삶이 꺼져가네. 외로운 초 하나,
불꽃은 깜빡거리고 촛농은 방울방울 흘러내리네.

추파를 던지는 아름다운 그대, 내 어두운 나날들, 모두 지나가리..
왕의 새벽도 가난뱅이의 저녁도 모두 지나가리.

정원을 찾는 사람, 웃는 장미 꽃봉오리, 둘 다 덧없네.

슬픔도 기쁨도 모두 지나가리.[17]

이렇게 최후의 시를 지은 직후 라자 람 나라인은 미르 카심의 명령에 따라 여전히 감옥에서 족쇄를 찬 채로 숨루에게 총살당했다.

다음은 자가트 세트가 차례였다. 엘리스와 그의 동료들이 붙잡혔을 때 미르 카심은 상관에서 입수한 영국인들의 개인 문서를 세심히 살펴봤다. 이 가운데 자가트 세트 마흐탑 라이와 그의 사촌 마하라지 스와룹 찬드가 엘리스에게 보낸 편지 한 통이 발견되었다. 나와브를 공격하라고 부추기며 군사 작전의 비용을 대겠다고 약속하는 내용이었다. 두 사람은 무르시다바드의 자택에서 나와 나와브의 명령에 따라 멋진 정원에 인접한 몽기르의 대형 하벨리에 새로운 거처를 얻었으며 이곳에서 온갖 사치를 누리고 있었다. "두 형제는 엄청난 갑부이자 힌두스탄을 통틀어 가장 부유한 은행가였다."

그들이 델리로 돈을 이전할 때마다 벵골주 총독이 임명되거나 해임되었다. 그들은 모든 것과 모든 사람이 그들의 황금의 무게를 버티지 못하고 굴복하게 만드는 데 익숙해졌다. 그러므로 전에 몇 번이나 그랬던 것처럼 엘리스와 애미어트 및 여타 사람들과 은밀히 작당했다. 하지만 이번에는 들통나고 말았다.

그 서신을 보자마자 나와브는 그들을 붙잡아 가뒀다. 하지만 구르긴 간과 람 니리인을 암살한 뒤에야 미르 카심은 자가트 세트 형제에게 벌을 내릴 결심을 했다. 내가 해 질 녘에 궁정에 도착하니 나와브와 청원관 단둘만 있었는데, 청원관은 불운한 그 두 사람의 이름으로 탄원서를 막 제출한 참이었다. 그들은 사면을 구하면서 목숨의 자유가 허락된다면 4크로르[4,000만] 루피*를 바치겠다고 제의했다.

이 말에 미르 카심은 내게 몸을 돌려 외쳤다. "이 사람이 무슨 제안을 하고 있는지 들었는가? 두 형제를 대신해서? 4크로르라니! 내 지휘관들이 이 말을 들었으면 당장 달려가 그들을 풀어주고 조금도 주저하지 않고 나를 그들에게 넘겼을 거네!"

그는 청원관에게 "꼼짝 말고 있게!"라고 말한 다음 즉시 숨루를 불렀다. 독일인 암살자가 도착하자 나와브는 자가트 세트가의 제안을 다시 들려준 뒤 두 사람을 당장 죽이라고 지시했다. 그와 동시에, 숨루가 돌아와서 처형이 실행되었다고 알릴 때까지 막사에 있던 사람들이 자리를 떠나지 못하게 했다. 그는 여전히 쇠사슬에 묶여 있던 두 사람을 피스톨로 쏴서 죽였다고 말했다.[18]

8월 29일, 절망에 빠져 제정신이 아니었던 미르 카심은 마지막으로 워런 헤이스팅스에게 "성소들로 순례를 떠날 생각이니 따뜻한 집과 가정으로 돌아갈 수 있게[다시 말해 이 자리에서 물러나 메카로 성지순례를 떠날 수 있게]" 허락해달라는 편지를 썼다.[19]

헤이스팅스는 그의 피후견인을 그토록 잔혹하게 몰아간 상황에 연민을 느꼈지만, "그가 지금껏 겪은 상처와 모욕으로 쌓인 원한이 그의 타고난 소심한 성격과 어차피 파멸을 피할 수 없다는 공포와 뒤섞이며 더욱 커졌다. 그때부터 그 생각은 그의 마음을 완전히 지배해

---

*   현재 가치로 5억 2,000만 파운드.

어떤 원칙도 이를 대체할 수 없었다. 자신을 불행에 빠뜨린 이들 그리고 적과 얽혀 있는 이들 모두의 피를 볼 때까지 그의 원한은 달래지지 않았다."[20]

이전의 친구조차도 자신을 구할 수 없다는 것을 깨달았을 때 미르 카심은 마지막 으뜸패를 구사했다. 그는 애덤스 소령에게 편지를 써서 회사가 저지른 행위들의 합법성을 문제 삼고 마지막으로 한 번 더 위협했다. "지난 석 달 동안 당신은 군대로 이 왕국을 유린해왔다. 당신이 무슨 권한을 갖고 있는가? 당신 마음대로 계속 이렇게 나올 작정이라면, 엘리스 씨와 나머지 회사 사람들의 목을 쳐서 그 머리를 당신에게 보낼 것임을 분명히 알아두라."[21]

10월 6일 몽기르를 공격하기 직전 애덤스는 이 최후통첩에 짤막한 답변을 보냈다. "포로들이 털끝 하나라도 다친다면 당신은 영국인들로부터 자비를 구할 자격이 없으며, 장담컨대 극도의 원한을 사고, 그들은 지구 끝까지 당신을 쫓을 것이다. 그리고 우리가 불행히도 당신을 붙잡지 못한다 해도, 당신이 갇힌 신사들을 살해하는 끔찍한 행위를 자행한다면 전능하신 신의 복수가 반드시 닥칠 것이다."[22]

애덤스의 답장이 미르 카심에게 닿은 그날 저녁 장티는 파트나에 친 나와브의 천막 알현실로 호출되었다. 그는 이렇게 썼다. "나와브는 혼자 있었다. 그는 내게 옥좌 옆에 작은 받침대에 앉으라고 하고는 다음과 같이 말했다."

"나는 애덤스 소령에게 라지마할 너머로 온다면 수중의 영국인 포로를 모조리 죽일 것이라고 경고하는 글을 보냈고, 그와 같은 내용으로 쿠란에 대고 엄숙히 맹세했네. 이제 몽기르를 함락하고 그 너머까지 왔으니 그는 나의 위협을 완전히 무시했네. 아무렴

⟨5⟩   유혈과 혼란

나는 맹세한 대로 해야겠지? 나를 포로로 사로잡는다면 그들도 똑같은 식으로 할 거야. 그렇다면 내가 먼저 쳐야지! 자네 의견은 어떤가? 자네도 나처럼 생각하지 않는가?"

말이 막힌 나는 논리정연한 말보다 침묵이 내가 느끼는 혐오를 더 잘 웅변할 것이라고 믿으며 아무 대답도 하지 않았다. 하지만 미르 카심이 그 문제에 관해 솔직하게 의견을 밝히라고 채근하여 이렇게 대답했다. "그런 맹세를 실행하는 것은 모든 민족의 눈에 범죄일 것이라고, 평화의 가능성을 일체 배제해버리는 무의미한 범죄일 것이라고 답해야겠습니다. 당신이 군사 행위의 와중에 이 영국인들을 죽였다면 누구도 항의하지 않겠지요. 그것은 전투에서 싸우는 사람은 누구나 무릅쓰는 위험이니까요. 하지만 포로들, 다시 말해 당신을 해칠 수 없다는 의미에서 적이 아닌 사람들, 당신의 이름으로 당신의 장교들이 생명과 신체의 안전을 보장한 바에 따라 무기를 내려놓은 사람들을 살해하는 것은 인도의 역사에서 미증유의 끔찍한 만행이 될 것입니다. 그들을 어떤 식으로도 해치지 말아야 할 뿐만 아니라 오히려 보호하고 그들이 필요로 하는 모든 것에 도움을 줘야 합니다. 게다가 영국인에 대한 증오를 그들에게 분풀이하지 말아야 합니다. 그들은 당신에게 쓸모 있을 수도 있으니까요!"

나와브는 이렇게 대답했다. "하지만 내가 영국인의 수중에 떨어진다면 그들은 나를 살려주지 않고 분명 죽일 텐데."

"절대 그렇지 않습니다! 그런 말은 믿지 마십시오. 오히려 그들은 당신의 장인을 당신으로 교체했을 때 장인에게 한 것처럼 대우할 것입니다. 당신을 벵골 총독에서 축출한다면 지위에 걸맞게 살아갈 수 있는 수입을 제공할 것입니다."

"그러면 그들은 내게 어떤 쓸모가 있겠는가?"

"그들 가운데 가장 존경받는 두 사람을 골라서 강화 협상을 하러 보내십시오. 그들은 협상을 성사시키기 위해 최선을 다할 것이며, 각자 명예를 걸고 약속할 것이므로 협상 결과를 보고하러 다시 돌아올 것이라 장담합니다."

그때 숨루가 도착하여 멀리서 나와브에게 인사한 다음 자기 자리로 갔다. 미르 카심은 그를 불러 옆에 앉으라고 한 뒤 그의 자문회의에 내가 더 이상 필요하지 않을 것이라는 듯 짜증스런 어조로 물러가게 했다.

내가 나와브의 막사에서 나오기가 무섭게 숨루도 일어서서 나와브에게 인사한 다음 영국인들을 학살할 준비를 하러 갔다. 세포이 부대의 샤토라는 한 프랑스인 상사가 "나는 프랑스인으로서 영국인의 적일지도 모르지만 그들의 처형인은 아니다. 이런 만행에는 관여하지 않겠다!"라고 말하며 영국인들을 죽이라는 숨루의 명령을 이행하길 거부했다. 숨루는 그 사람을 감시하라고 한 뒤 주인의 야만적인 명령을 이행하러 갔다.[23]

숨루와 그의 무장한 세포이 소대가 영국인 포로들이 갇혀 있는 하벨리에 도착했을 때는 저녁 7시였다. 그는 먼저 엘리스와 그의 부관 러싱턴을 밖으로 불렀고, "그가 그들과 개인적인 볼 일이 있다는 말을 들은 두 사람은 그에게 갔다가 즉시 죽임을 당했다."[24] 숨루는 그다음 포로들의 숙소 안마당을 내려다보는 테라스에 부하들을 배치했다. 포로들은 야외에 있는 긴 테이블에서 저녁을 다 먹어가던 참이었다. 나중에 숨루에게 그때 어떤 일이 있었는지 물어봤던 모다브 백작에 따르면, 그 암살자는 사람들을 최대한 살릴 생각으로 "이 중에 프랑스인이나 이탈리아인, 독일인, 포르투갈인이 있는지 묻고 그들은 떠나도 좋다고 여러 차례 소리쳤다"고 주장했다. "하지만 포로들은 그 질문의 의미를 깨닫지 못했고 다들 저녁을 먹으면서 자신들은 모두 영국인이라고 유쾌하게 소리치며 대답했다."[25]

저녁 식사가 끝나고 접시들이 치워지고 하인들이 물러가자마자 숨루는 병사들에게 조준하라고 지시했다. 그다음 그는 사격 개시를 명했다. 그는 사수들에게 머스킷 총알로 처치한 다음, 도망치려고 하는 사람들은 테라스 아래로 내려가 총검으로 끝장내도록 지시했다. 변소용 구덩이에 숨어 있던 한 사람은 사흘 뒤에 처형되었다. "영국인 포로들은 목숨이 붙어 있는 한 기개를 잃지 않았고, 식사가 끝난 뒤 나이프와 포크가 치워졌기 때문에 심지어 포도주병과 돌멩이로라도 처형자들을 물리치려고 했다고 한다."[26] '베이고 난자당한' 그들의 시신은 그 뒤 안마당의 우물에 내던져졌다. 다른 어디든 갇혀 있던 회사 직원들도 전부 죽임을 당했다. 인기 많은 스코틀랜드인 의사이자 심미가인 윌리엄 풀러턴William Fullarton 같은 아주 극소수만이 살아남았는데, 풀러턴은 무굴 세밀화를 좋아해 이에 관해 대화를 주고받곤 한 오랜 친구 역사가 굴람 후사인 칸이 도와준 덕분에 목숨을 건졌다.

영국인들에 의해 파트나 학살이라고 알려지게 된 이 사건으로 회사 직원 45명이 목숨을 잃었다. 또한 비록 영국 역사서에서는 좀처럼 언급되지 않지만 미르 카심의 군대에 합류하길 거부했다가 죽임을 당하고, 현지 족장들의 감시를 받으며 여러 장소에 갇혔던 회사 소속 세포이 200명도 있었다.[27]

이튿날 아침, 미르 카심은 진지를 해체하고 아와드와의 접경인 카르마나사강으로 향했다. 그는 상처투성이의 잔존 병력 3만 명과 더

불어 가져갈 수 있는 재산을 모두 챙겨 갔다. 1억 루피*에 달하는 재물은 보물 운반용 코끼리 300마리에 실었고, 푸르다 수레ㅡ"나와브가 아끼는 여인들이 타고 있다고 했으나 실제로는 금화와 값비싼 보석이 가득한 하얀 자루만 들어 있는 다수의 지붕 덮인 수레와 가마들"ㅡ에 더 감춰져 있었다.[28] 그는 장티의 말마따나 "벵골에 축적된 모든 재부"를 가지고 갔다. "그가 지주들한테 뜯어낸 것이었고, 그들은 그들대로 까마득한 옛날부터 이 부유한 지방을 약탈해온 자들이었다."[29]

미르 카심은 이에 앞서 아와드의 나와브인 슈자 우드다울라와 손님으로 여전히 그곳에 머물고 있던 샤 알람에게 회사에 맞서 무굴 대동맹을 제안하는 전언을 보냈다. 마침 미르 카심의 군대가 접경지에 가까워지고 있을 때 이러한 접근에 긍정적으로 반응하는 사자들이 쿠란을 들고 도착했다. "그 영광스러운 책의 안쪽에는 무사 통행을 약속하는 말이 그 군주의 인장과 함께 그가 손수 쓴 글씨로 적혀 있었다."[30]

미르 카심은 기뻤다. 진군 중에 그는 장티를 한쪽으로 데리고 가서 자신은 부하들을 더 이상 믿지 못하며 이제 새로운 동맹이 절실하다고 털어놨다. "행군하다 잠시 그늘에서 쉬는 동안 이 군주는 나에게 말했다. '자네도 이 사람들을 모두 봤지? 나의 병사들을? 지휘관들은 모두 나를 욕하고 있어. 내가 후퇴하고 있고 그들을 영국인들에 맞서 이끌지 않는다고 말이야. 하지만 그들은 전부 다 반역자야! 내가 전투에 이끌고 나가면 싸우지 않고 나를 적에게 팔아넘길 인간들이야! 난 그들을 잘 알지. 지조 없는 겁쟁이들 같으니! 더는 믿을 수 없어! 게다

---

* 현재 가치로 100만 파운드 이상이다.

가 이제 그들은 돈이 너무 많아. 파트나를 떠나온 뒤로 그들에게 줘야 할 돈 2,500만 루피*를 모두 지급했으니까.'"³¹

단 한 사람만이 동맹 제안에 반대 의견을 표명했는데 미르 카심의 지휘관 중에 유일하게 명예롭게 처신한 젊은 페르시아 기병 장교 미르자 나자프 칸이었다. 그는 슈자 우드다울라가 배반을 일삼기로 유명하며 지난 수년간 동맹을 맺은 거의 모든 사람들을 배신했다고 지적했다. 그는 "절대로 그에게 의탁해서는 안 됩니다. 가족과 보물을 챙겨 로타스 요새로 물러가고 전쟁은 제게 맡기십시오."라고 말했다.³²

하지만 미르 카심은 그의 경고를 무시하고 로타스의 물이 몸에 맞지 않다고 대꾸했다. 로타스로 가는 대신 11월 19일에 그는 카르마나 사강을 건너 아와드로 넘어갔다.

무굴의 위대한 재상 사프다르 중의 아들이자 아버지의 뒤를 이어 아와드의 나와브가 된 슈자 우드다울라는 거인이었다. 키가 2미터가 넘고 기름을 바른 콧수염은 활짝 펼친 독수리 날개처럼 쭉 뻗어 있었으며 힘이 장사였다. 1763년에 이르면 한창때만큼은 못했지만 여전히 단칼에 물소의 머리를 쳐내거나 한 손에 한 명씩 부하 두 사람을 번쩍 들어올릴 수 있을 만큼 힘이 셌다고 한다. 한 적대적인 마라타 문헌은 그를 "보통 사람이 아니다. 그는 천성이 악귀다. (…) 코끼리 뒷발에 발을 올려놓고 꼬리를 잡으면 코끼리가 도망칠 수 없는 그

---

*   현재 가치로 3억 2,500만 파운드.

런 사람이다"³³**라고, 장 로는 그가 "내가 인도에서 본 사람 중에 가장 잘생긴 사람이다. 체격으로 이마드 울물크를 압도하며 마음과 성정으로도 그럴 것이다. 그는 쾌락과 사냥 및 매우 난폭한 활동에만 몰두한다"³⁴고 묘사했다.

슈자는 상남자였다. 충동적이고 솔직담백한 그는 추종자들한테 충성심을 불러일으키는—18세기 인도에서는 특히 보기 드문— 능력을 가졌다. 가장 눈에 띄는 결점은 지나친 야심과 거만한 자존심, 자신의 능력에 대한 과대평가였다. 이런 특징은 세련되고 지적인 굴람 후사인 칸에게 강한 인상을 남겼고, 굴람 후사인 칸은 그를 대담한 만큼 살짝 멍청하기도 한 골칫거리로 여겼다. 그는 슈자가 "당당하고 무지했다"고 쓴다.

그는 적들이 무엇을 해낼 수 있는지에 무관심한 만큼 자신의 능력에 대해서는 높게 평가했다. 그리고 자신이 3개 주[벵골, 비하르, 오리사]를 전부 정복할 능력이 충분하다고 생각했다. 실제로는 크고 작은 많은 포와 무수한 군사, 전쟁에 필요한 모든 것을 갖고 있었지만 자신에게 많은 권력을 가져다줄 수단에 관해서는 진짜로 아는 게 없었다. (…) 하지만 자신이 모든 탁월함을 갖췄다고 생각했고 (…) 남에게 조언을 구하면 위엄이 떨어질 것이라고 믿었다. 그 조언자가 아리스토텔레스라고 하더라도 말이다. (…) 그는 자

** 《바우사헤반치 바카르Bhausahebanci Bhakar》는 심지어 슈자의 어머니가 불임이었는데 어느 파키르가 준 열매를 먹고 그를 낳았다는 기적과도 같은 이야기를 전한다. 그녀는 즉시 "아이를 많이 낳을 수 있게 되었고 쿠마라 라마와 폴리카 라마처럼 아이는 엄청난 힘을 타고났다". Velcheru Narayana Rao, David Shulman and Sanjay Subrahmanyam, *Textures of Time: Writing History in South India 1600-1800* (New York, 2003), pp. 232~233에서 인용.

만심이 대단했고, 본보기로 여긴 아흐마드 샤 두라니 곁에서 싸운 것을 너무도 자랑스러워해서 누군가 전쟁을 어떤 식으로 이끌어야 하는지 넌지시 조언하려고 하면 말을 자르면서 "그건 걱정 말게. 그냥 내가 하라는 대로 싸우기만 해!"라고 대꾸했다.[35]

슈자는 영국 동인도회사에 맞선 미르 카심의 무굴 대동맹 제안에 기뻐했다. 자신과 쫓겨난 벵골 나와브, 그리고 샤 알람 황제가 동원 가능한 모든 군사와 자원, 권위를 합친다면, 얼마 후에 회사에서 파견한 강화 사절단의 놀란 대표들에게 말한 것처럼 "벵골을 쉽게 재정복하고 영국인들을 몰아낼 것이며, 영국인들이 겸허한 탄원자로 찾아온다면 황제 폐하께서는 무역을 해도 되는 적당한 전초기지를 정해주실 것"임을 믿어 의심치 않았다. "그렇지 않으면 나의 칼이 당신들의 제안에 답할 것이다."[36]

슈자의 손님인 샤 알람 황제는 그만큼 확신이 들지 않았다. 회사는 그에게 정식으로 충성 서약을 했으므로 그가 보기에 미르 카심과 슈자만큼 제국의 한 동맹이었다. 카이르 우드딘 일라하바디에 따르면 황제는 슈자의 야심이 초래할 결과를 두고 극히 우려했고, 딱 잘라서 "그는 전에 벵골에 있을 때 영국인들이 어떻게 싸우는지를 봤으며 그러므로 이제 나와브 재상(슈자)의 계획을 막으려고 한다"고 말하고는 다음과 같이 덧붙였다.

"사그라진 불을 다시 불꽃으로 일으켜서는 절대 안 된다. 영국인들과 틀어진 벵골의 통치자는 다들 홍역을 치렀다. 그들을 감히 공격한 자는 누구든 그들 보병의 맹위를 피하지 못했다. 힌두스탄 기병 5만 명이 영국인들의 최신식 세포이 보병 1,000명과 전투에서 맞붙는다면 기병들은 제 목숨도 지키지 못한다! 그러므로 이 사람들을 상대할 때는 신중하게 처신하며, 서신을 보내 우리의 강화 제안을 받아들이도록 겁박하는 편이 더 현명할 것이다. 게다가 짐에 대한 그들의 존경심과 충심은 이미 시험을 거쳐 검증되었으므로 틀림없이 짐의 명령을 따를 것이다."

나와브 재상은 생각이 달랐고 "영국인들은 우리의 영웅적인 지휘관들의 기량과 용맹을 본 적이 없다. 황제의 기병대가 한 대 치기만 하면 이 사람들을 싹 쓸어버릴 것이다!"라고 반박했다. 황제 폐하는 자신에 대한 영국인들의 충성을 기억하며 그들 편을 들고 싶었지만 독립적으로 행동할 수 없었기 때문에 주인장인 나와브 재상의 뜻을 따를 수밖에 없다고 여겼다.[37]

패배한 미르 카심이 비하르에서 카르마나사강을 건너왔다는 소식이 도착했을 때 샤 알람과 슈자는 아와드의 반대편 끝, 분델칸드의 오르차 근처에 원정을 떠나 있었다. 그러므로 이듬해인 1764년 2월에야 미르 카심은 새로운 주인장에게 당도했고 세 무굴 군대가 마침내 모였다.

"나와브 재상[슈자]이 그를 맞으러 오고 있다는 말을 듣자마자 벵골의 [미르 카심] 전하는 진홍색 높은 막사를 치게 하고 안에 나와브 옥좌를 두 개 놨다."

기병과 보병이 약 10킬로미터에 걸쳐 길에 늘어섰고 장교들은 가장 좋은 진홍색 브로드천 재킷을 착용하고 반짝반짝 빛나는 새 화승총을 들었다. 나와브 재상은 코끼리에서 내려 막사 입구에서 화려한 의례를 갖춰 전하의 인사를 받았다. 두 사람은 인사를 주고받고 손을 맞잡은 다음 함께 옥좌에 올랐다. 벵골의 나와브 전하는 황제 폐하께 귀한 보석과 예복이 담긴 쟁반 21개와 산더미만 한 위풍당당한 코끼리를 보냈다. 나와브 재상은 미르 카심이 얼마나 호화롭게 하고 다니는지를 보고 깊은 인상을 받았고, 터무니없이 거대한 욕망에 사로잡혀 영국인들로부터 막대한 액수의 금과 벵골의 모든 재물을 받아낼 꿈에 젖었다. 그는 그를 찾아온 손님에게 다정히 말을 걸며 패배를 위로했고, 영국인들에게 몰수된 주들의 반환 요구를 지지하고 도움을 약속했다. 그다음 미르 카심과 슈자 우드다울라는 황제 폐하를 모시러 갔고 마치 상서로운 두 별자리의 만남처럼 한 코끼리에 올라타 황제의 진지로 이동했다.[38]

다음 몇 주에 걸쳐 무굴 지도자들은 계획을 가다듬는 한편, 분델칸드 궁정으로부터 분담금을 거두고 벵골에서 회사를 몰아내기 위한 최종 연합 작전에 자금을 마련했다. 3월 초에 이르자 연합군은 다시금 동쪽으로 향했고 그들의 수는 프랑스 포로 1개 연대의 합류로 늘어났다. 이들은 브르타뉴 출신 용병 르네 마데크René Madec의 주도 아래, 포로들을 억지로 회사 군대에 입대시킨 영국인 장교들에게 반란을 일으킨 병사들이었다. 연합군은 "개미나 메뚜기처럼 대지를 뒤덮으면서 느릿느릿 이동했다". 하지만 3월 17일, 슈자가 갠지스강에 부교를 놓으라고 명령한 장소 근처인 베나레스 바깥에서 전군이 다 함께 진을 쳤을 때에야 얼마나 많은 군사가 집결했는지가 분명해졌다.

관찰자들은 15만이 넘는 전례 없는 군사가 무굴 제국 전역에서 모였다고 추정했다. 한쪽에는 슘루 휘하에 미르 카심의 잔존 신군이 있었는데, 냉혈하고 가차 없다는 슘루의 명성은 파트나 학살로 매우 높아져 있었다. 이들 옆으로는 강둑을 따라서 샤 알람의 투라니 무굴 기병의 휘황찬란한 진홍색 막사가 늘어서 있었다. 빨간 펠트 모자를 쓴 페르시아 키질바시 기병 분견대와 과거 아흐마드 샤 두라니와 함께 싸운 바 있는, 비둘기색 외투와 장화를 착용한 아프간 로힐라인 3,000명도 있었다. 로힐라인들은 말과 낙타를 탔고 갑옷을 관통하는 대구경 선회포로 무장했다. 다음으로는 다소간 아이러니하게도 여전히 회사 제복을 입고 있는 마데크의 프랑스 탈주병 연대가 있었다. 하지만 가장 큰 공포의 대상인 슈자의 최정예 부대는 여러 가닥으로 머리를 땋은 나가 사두Naga sadhu (나체 고행자―옮긴이) 병력이었을 것이다. 대체로 말을 타지 않고 곤봉과 칼, 화살로 싸우며 몸에 재를 바른 것만 빼면 벌거벗은 이 병사들은 고사인Gossain (힌두교 고행자―옮긴이) 지도자로 커다란 공포의 대상인 아눕기리Anupgiri와 움라오기리Umraogiri 형제가 이끌었다.[39]

연합군의 거대한 규모는 지도자들에게 자신감을 불어넣었고 강 건너편 회사 군대에서는 동요와 반란이 끊이지 않는다는 소식도 들려왔다. 대승이 눈앞에 있다고 확신한 슈자는 황제의 재상으로서 캘커타에 회사에 대한 최후통첩을 보냈다. 이 서신에서 그는 회사를 배은망덕한 이방인들, 즉 제멋대로이고 정당한 무굴 질서를 거역하는 반란자들이자 "황제의 영토 여러 군데를 멋대로 차지한 자들"로 묘사했다. 그는 "수중의 영토를 모두 넘기고 더 이상 이 나라의 통치에 간섭하지 마라. [미천한 상인으로서] 본분으로 돌아가 원래의 무역 일에만 종사하라"고 요구했다. "그렇지 않으면 전쟁의 결과를 감수해야 할 것이다."[40]

하지만 슈자가 샤 알람의 이름으로 쓴 내용에도 불구하고 전에 회사의 전력을 직접 대면했던 황제 본인은 여전히 이 원정을 확신하지 못했다. 그리고 의구심을 품은 사람은 황제만이 아니었다. 4월 초에 슈자는 황제와 미르 카심을 데리고 베나레스에 있는 당대 가장 이름 난 시인 샤이크 무하마드 알리 하진을 만나러 갔다. 하진은 그 시대 최대의 두 차례 참사에서 살아남은 뒤 베나레스에 정착했는데 첫 번째 참사는 1722년 아프간인들의 끔찍한 이스파한 약탈이었고, 두 번째 참사는 1739년 나데르 샤의 델리 약탈이었다. 그는 이제 모두가 우러러보는 일흔두 살 노인이 되었다.

시인-성인이 슈자에게 방문의 목적을 물었을 때 나와브 재상은 쩌렁쩌렁한 목소리로 대답했다. "나는 불신자 기독교도들과 전쟁을 하기로 단단히 결심했고, 하느님이 보우하사 그들을 힌두스탄에서 싹 몰아낼 것이오!"

슈자는 시인의 칭찬을 받을 거라 기대했다. 하지만 반백의 수염이 무성한 샤이크는 그저 빙그레 웃고는 말했다. "대다수가 칼집에서 칼을 빼는 법이나 방패를 제대로 드는 법도 모르며, 요즘의 전장에서 전쟁을 가까이 대면한 적 없는, 당신의 병사들 같은 훈련받지 못한 군사로 이제까지 이 나라에서 가장 노련하고 기강이 잡힌 군대와 대적하려는 것이오? 내 조언을 원한다고? 그렇다면 장담하건대 이건 망신스러운 바보짓이며, 승리를 기대하는 것은 부질없는 일이라고 말하겠소. 피랑기들은 전략의 명수요. (…) 그들 사이에서 단합과 기강이 완전히 무너질 때만 승리의 가능성이 있을 것이오."

이 훌륭한 조언은 나와브 재상의 마음에 들지 않았지만, 연로한 수피교도 학자를 존경하는 마음에서 그는 반박을 자제했다. 그들이 자리를 뜨려고 하자 샤이크는 한숨을 내쉬고 말했다. "신께서 이 낙타 카라반을 도우시길! 이 카라반의 지도자들은 자기들에게

뭐가 좋고 나쁜지 모릅니다."⁴¹

그로부터 일주일이 채 지나지 않은 3월 26일에 이르러 전군은 배다리로 갠지스강을 건너 이제 서로 앞다투어 차지하려고 한 파트나시 방면으로 향하고 있었다. "군사가 어찌나 많던지 눈길이 미치는 곳까지 홍수처럼 들판과 평원을 뒤덮었고, 파도가 치듯 움직였다"라고 굴람 후사인 칸은 썼다. "군대가 아니라 도시 전체가 움직였고, 샤자하나바드가 전 힌두스탄의 중심이자 수도였을 때 그 아름다운 도시에서 구할 수 있던 것은 뭐든 그 안에서 찾을 수 있었을 것이다."⁴²

거대한 무굴 군대가 동쪽으로 진격하는 사이, 아와드 접경지를 지키는 회사의 책임자 존 카낙 소령은 카르마나사강 도하를 저지하거나 반격할 기미를 보이지 않은 채 적잖은 군용 물자를 포기하고 파트나 방면으로 최대한 퇴각했다. 그에게는 병력이 1만 9,000명밖에 없었다. 이때까지 회사가 배치한 것 가운데 최대의 군사였지만 이제 그를 향해 빠르게 다가오고 있는 15만 군사 앞에서는 보잘것없는 규모였다. 자신을 포위하려는 군대에 맞서 도랑과 참호, 최첨단의 포대 방어시설을 구축하려면 이제 2주일밖에 없었다.⁴³

카낙은 반신한 세포이들의 잇따른 항명 사태에 직면했었다. 하지만 파트나에 점차 가까워지면서 무굴 군대 내에서도 균열이 드러나기 시작했다. 벌거벗은 나가 사두와 파탄인 들 사이에서 싸움이 벌어져 소대 전체에 유혈사태가 벌어질 뻔했다. 한편으로 지휘관들 사이에서는 샤 알람이 은밀히 회사와 연락을 주고받고 있다는 소문이 퍼지기 시작했다. "폐하께서는 영국인들과 싸우는 것을 전적으로 반대해서 이 전역 내내 전략을 논의하거나 계획을 짜는 과정에 전혀 참여하지 않았고 전투 중에는 자신의 봉신들이 싸우는 것을 멀찍이서 지켜보기만 했다."[44]

굴람 후사인 칸은 "이 병사들에게는 군기와 질서가 거의 없고, 통솔에 능숙한 사람도 거의 없어서 진지 한복판에서 서로 싸우고 죽이고 살해하고, 거리낌 없이 제멋대로 약탈과 습격을 하러 다녔다. 누구도 이런 문제를 들여다보려 하지 않았고 그 통제 불능의 인간들은 아군 병사들이 본진에서 뒤처지거나 외딴곳에서 발견되기라도 하면 거리낌 없이 죽이거나 약탈했다. 눈에 띄는 가축은 한 마리도 남김없이 가져가버리는 (…) 노상강도 떼나 다름없었다"라고 썼다.[45] 안사리는 이렇게 덧붙였다. "병사들의 약탈이 너무 파괴적이어서 그들의 반경 16킬로미터 이내로는 경작이나 거주, 번영의 흔적조차 남지 않았다. 서민들은 절망적 처지로 전락했다."[46]

1764년 5월 3일 무굴 연합군은 드디어 파트나 성벽 앞에 도착했다. 슈자의 강력한 주장에 따라 그들은 곧장 전투에 돌입했다. 가장 노련한 참모들은 "나와브 재상이 멀찍이 황제 폐하 곁에서, 모두가 자애롭고 찬란한 태양 같은 그의 모습을 볼 수 있도록 커다란 코끼리 위에서 전투를 관장할 것"을 간청했다. "용감하고 침착하게 전투를 지휘하는 나와브 재상의 모습을 보면 병사들도 기운을 얻고 흔들림 없이 용기를 잃지 않을 것이다."

하지만 슈자는 그답게 이런 말에 전혀 귀를 기울이지 않았다.

그는 "나는 전쟁 경험이 가장 풍부하다"고 말했다. "한곳에서 가만히 있을 수 없다. 충직한 병사들이 나를 필요로 하는 어디로든 즉시 갈 수 있게 가장 날랜 말을 대령하라!" 그리하여 그는 자신과 정예 병사들을 전방과 중앙에 배치하고, 부하들을 정렬시켰다. 그다음 가장 용감한 병사들과 함께 엄폐용 외곽 건물 뒤편에서 나와 서서히 영국군 전열을 향해 전진했다. 전열에서 함성이 솟아오르고 돌격하는 말발굽에서 이는 흙먼지가 천지를 뒤덮었다. 영국군의 전열은 저 멀리 검붉은 구름처럼 보였고, 나와브 재상의 병사들을 향해 총알이 가을 낙엽처럼 쏟아져 내렸다. 그들은 몇 번이고 피범벅이 되어 우수수 쓰러져 흙먼지 속에 나뒹굴었다. [47]

일제사격을 정면으로 받은 이들은 다름 아닌 "앞뒤로 모두 벌거벗은" 나가 사두들이었다. 그들은 수백 명씩 쓰러졌지만 방*bhang*(대마초)에 취해 있어 위험에도 아랑곳하지 않고 영국군 참호를 향해 파도처럼 계속 달려들었다. 그사이 미르 카심과 그의 군사는 "슈자 군사의 전열 뒤에 멀리 떨어져" 후방을 지키며 전투를 멀리서 지켜보기만 했다.

　　나와브 재상은 미르 카심에게 전갈을 보냈다. "나와 당신의 동료들은 한창 전투 중이오. 매 순간, 바로 내 눈앞에서 내 부하들은 촛불에 날아드는 나방처럼 목숨을 던지고 있는데 당신은 멀리서 지켜보기만 하는구려! 와서 영국군에 맞선 싸움에 합류하시오! 그렇게 할 수 없다면 적어도 숨루와 그의 신식 대포를 보내주시오!" 하지만 벵골 나와브 전하는 그 자리에 뿌리박히기라도 한듯 꿈쩍도 하지 않았고 아군을 도우려고 숨루를 보내지도 않았다.
　　날이 저물도록 고사인과 나가 들은 공격을 이어갔다. 그다음은 나와브 재상의 명령으로 그들을 도우러 온 로힐라인들 차례였다.

전투는 치열했고, 영국군의 대포는 눈을 뜰 수 없을 만큼 무시무시하게 불을 뿜었다. 머리통이 쪼개지고 목이 부러져, 붉은 야생양귀비와 튤립 꽃밭처럼 피에 젖은 전장에 널려 있었다. 사방에서 귀가 먹먹한 포성이 그치지 않았고 마치 운명의 손이 시간의 뺨을 갈기고 있는 것처럼 칼날이 번득였다. 하지만 카낙 소령은 겁내지 않고 하늘의 천벌처럼 그 무정한 병사들을 공격하여 전장에서 몸부림치게 만들거나 비존재非存在의 골짜기로 보냈다.

나와브 재상은 이 전투에서 총알에 두 차례 부상을 입었지만 전혀 신경 쓰지 않았다. 전투가 한창일 때 그는 벵골 나와브 전하를 욕하는 또 다른 전갈을 보냈고 벵골 나와브 전하는 이렇게 답했다. "오늘 하루는 끝났소. 막사로 돌아갈 때요. 우린 내일 언제든 싸움을 재개할 수 있소!"

이 대답보다 더 이상한 것은 바람이었다. 하루 종일 슈자의 병사들 뒤쪽에서 불어와 영국군의 눈으로 흙먼지와 지푸라기를 날리던 서풍이 갑자기 방향을 바꿔 동쪽에서 불기 시작해 전장의 화약과 연기, 가시와 쓰레기가 날아와 나와브 재상의 병사들이 눈을 뜰 수 없었다. 그러자 슈자는 마침내 북을 울리게 하고 상처를 치료하기 위해 물러갔고, 더 이상 싸울 생각을 하지 않았다.[48]

파트나 포위전은 5월의 맹렬한 더위를 거치며 3주 동안 더 지속되었다. 전투의 잔혹성과 유혈의 규모에 놀란 양측은 처음에는 각자 전선을 지켰다. 정면 전투에서 결판이 나지 않았다고 한다면 이제 포위전도 마찬가지였다.

그럼에도 슈자는 회사 세포이들을 강하게 압박하며 끊임없이 위험을 자초하여 한번은 호위병 두 명만 데리고 전방에 정찰을 나갔다가 그를 알아본 회사 정찰대로부터 추격을 당해 하마터면 붙잡힐 뻔했다. "나와브 재상은 적의 수중에 포로로 붙잡힐 수도 있었지만 침착함을 잃지 않고 말고삐를 단단히 쥐고 신속하게 후퇴하여 이 죽음의 덫을 빠져나왔다."[49] 하지만 슈자의 용맹에도 불구하고 카나의 부하들은 "꼭 불과 화염을 뿜는 담처럼 보이는" 정교하고 방어하기에 좋은 참호를 구축할 시간이 있었다.[50] 아무리 애써봤자 슈자는 자신의 파트너, 특히 미르 카심이 아무것도 하지 않는 데에 짜증과 넌더리만 났다. 슈자는 지금은 자신의 손님과 대립하는 행동을 할 때가 아니라는 것을 알고 있었지만, 기회가 생기면 그렇게 할 작정이었다.

슈자의 우군 가운데 프랑스 모험가 르네 마데크만이 정말로 싸우려고 시도했다. "이제 나는 영국군에 맞서 싸우며 그들이 나와 동포들에게 저지른 나쁜 짓에 복수할 기회를 얻었다."

우리는 적이 거의 예상하지 못한 기세로 참호를 공격했지만, 그들은 단단하게 방비를 갖추고 있어서 공격이 지속된 20일간 급습은 불가능했다. 나와브는 그런 위험에 뛰어들지 말라고 종종 타일렀지만, 나는 우리 민족을 파괴한 이 민족을 파괴하고 싶다는 내 열의만을 따랐다. 그들의 완전한 파멸을 위해 안간힘을 썼지만 다른 이늘의 지원을 받지 못했고 그래서 이 전역에서 모든 일이 내 계획대로 흘러가지는 않았다. 마침내 우기가 다가오면서 우리는 다음 시즌 전역이 개시될 때까지 작전을 중단하고 동계 숙영지를 찾아야 했다.[51]

1764년 6월 14일, 슈자의 병사들은 모르고 있었지만 도시 내 보급품이 바닥나기 시작했고 거듭된 공격에 시달리고 낙심한 카낙은 항복을 적극 고려하고 있던 바로 그때, 3주 동안 인명 손실이 쌓여가도 뚜렷한 성과가 없자 슈자는 별안간 공성전에 지쳐 퇴각을 알리는 북소리를 울렸다. 그는 막 시작된 몬순 폭우 속에 군대를 서쪽으로 물려 아와드와의 접경지에 가까운 갠지스 강변에 위치한 북사르 요새에 자리를 잡았다. 여기에 눌러앉아 병영을 세우고 두세라 축제가 끝난 뒤 가을에 전역 시즌이 재개되면 벵골 침공을 이어갈 작정이었다. 기진맥진한 회사 병사들은 아사 직전의 비참한 항복을 아슬아슬하게 피했다는 것을 잘 알고서 슈자의 군대를 추격하지 않았다.

하지만 병사들을 훈련시키고 다가올 전투에 적극적으로 대비하는 대신, 슈자는 "앞으로 필요한 [탄]알이나 화약의 양과 성능에 대해서는 한 번도 생각해보지 않고, 또한 적과 싸울 방법에 관해 누구와도 논의하지 않은 채 끝없이 이어지는 유흥과 즐거움, 오락에 다시금 빠져들었다. 심지어 직무에 필요한 물품을 원하는 포병 장교들 가운데 단 한 명의 요구 사항을 듣는 것도 거절했다. 이런 사안들에 관해 그는 아주 무관심했고 그 대신 주사위 놀이를 하고, 그가 기르는 비둘기들의 비행을 지켜보고, 무희들의 공연을 구경하는 등 온갖 오락에 시간을 보냈다".[52]

딱 한 가지 측면에서만 그는 결정적인 조치를 취했는데, 적인 회사가 아니라 같은 편인 미르 카심을 향해서였다. 그는 이제 파트나 공격의 실패를 공공연하게 미르 카심의 수수방관 탓으로 돌렸다. 미르 카심의 지휘관인 숨루를 불러 부와 영지를 약속해 그 독일인 암살자를 회유했다. 그러고는 미르 카심의 자산을 빼앗아 오라고 지시했다. "숨루와 그의 병사들은 나와브 전하의 막사를 둘러싼 다음 그의 보물

상자를 강제로 빼앗아 왔다. 그 뒤로 숨루의 병사들은 나와브 재상의 병사들과 함께 진지를 차렸다."

이 일로 미르 카심은 공개적 알현 동안 다소 어리석게도 나와브 재상에 관해 매우 거슬리는 발언을 했고, 이러한 발언 내용은 당연히 밀정들에 의해 나와브 재상의 귀에도 들어갔다. 나와브 재상은 부하들에게 즉시 미르 카심 전하의 진지로 가서 그를 붙잡아 무장한 병사들의 호위하에 끌고 오라고 명령했다.

아침에 나와브 재상의 군사는 벵골 나와브 전하의 막사를 에워싸고 여자들의 거처나 창고를 탈탈 털었다. 자포자기에 빠진 미르 카심은 갑자기 정신 나간 수행자 행세를 하며 목숨을 구하려고 했다. 그는 새빨간 셔츠를 입고 모자를 쓴 다음 옥좌에서 내려와 몇몇 친구들에 둘러싸여 진지 한가운데 거적에 쪼그리고 앉았는데, 그 친구들도 다들 제정신이 아니었고 데르비시 스타일로 역시 알록달록한 색깔의 광대 옷을 입고 있었다. 진지의 병사들은 손가락질하며 야유를 보냈다. 얼마 지나지 않아 장교가 미르 카심을 이끌고 나와 그를 태우기 위해 대령된 코끼리 위에 앉히고 자기도 하우다 뒤쪽에 앉았다. 야유하는 군중이 나와브 재상의 진영까지 따라왔고 벵골 나와브 전하는 거기서 그를 위해 마련된 옥에 갇혔다.[53]

미르 카심은 인도에서 가장 부유하고 막강한 통치자 중 한 명에서 단 몇 달 만에 빈털터리에 옥에 갇힌 슈자의 포로로 둔갑했다.

넉 달 뒤인 10월 22일 회사의 선두 세포이 대대들이 연대별 북소리에 맞춰 갠지스 강변을 따라 줄줄이 늘어선 망고 수풀을 지나 북사르를 향해 행군하는 모습이 보였다. 회사 세포이 부대와 영국군 1개 연대로 이루어진 증원군이 캘커타에서 막 도착했다. 인도 주둔 영국군 장교 가운데 가장 유능한 장교 중 한 명으로서, 늠름하고 냉철하지만 인정사정없는 서른여덟 살의 스코틀랜드 하이랜드 출신 헥터 먼로Hector Monroe 소령이 지휘하는 군대였다.

    슈자의 보병을 맡고 있던 장바티스트 장티는 곧장 말을 달려 슈자에게 가 즉각적인 군사 행동을 강력 건의했다. "나는 영국인들과 그들의 전투 방식을 잘 알고 있습니다. 그들을 과소평가해서는 안 됩니다. 도취적인 쾌락에 탐닉하는 것을 집어치우고 당장 정신을 차리고, 병사들이 전투태세를 갖추게 하십시오!"

    "영국군은 아직 전투 대형으로 늘어서지 않았고, 바지선들도 강둑으로 바짝 다가와 무기와 군사 장비를 내려놓지 않았으며, 모두 진을 치느라 정신이 없으므로 바로 지금이 공격할 기회입니다! 전능하신 신께서는 이제 우리가 그들을 무찔러 뿔뿔이 흩어지게 하도록 허락하실 것입니다. 그들이 자리를 잡을 때까지 기다리면 우리가 이기기 매우 어려울 것입니다!" 하지만 나와브 재상은 그저 껄껄 웃으며 "이놈들을 다룰 전술과 전략은 내게, 나의 판단에 맡기라!"라고 큰소리쳤다.[54]

그날 밤, 병사들이 이제 예의 두려움의 대상이 된 회사 군대의 야간 공격을 경계하여 전투태세를 갖춘 채 잠든 사이 슈자는 자신의 여자들과 보물을 호위대와 함께 수도인 파이자바드로 돌려보냈다. 하지만 걱정했던 야습은 없었다. 슈자의 원래 계획은 파트나 앞에서 회사 군대가 그랬던 것처럼 참호 뒤편에 단단히 자리를 잡고 방어전을 펼치는 것이었던 듯하다. 하지만 그날 오전 사이에 자신이 회사 병력에 수적으로 얼마나 우세한지를 알고서, 마음을 바꿔 공세전을 펼치기로 했다. 안사리는 이렇게 썼다. "먼로는 새벽에 병사들을 전투 대형으로 배치하고 포격을 개시해 적에게 많은 피해를 입혔다. 이에 나와브는 토루 뒤에서 나와서 탁 트인 전장에서 기병으로 싸우는 것이 더 낫다고 여기고 전투 계획을 바꿨다." [55]

그리하여 먼로에게는 뜻밖에도 슈자는 강력한 방어 위치에서 나와 진격을 명령했고, 먼로는 처음에 연락병의 보고를 믿지 않으려 했다. 그는 슈자가 왜 그렇게 엄청난 방어상 이점을 내버리려 하는지 이해할 수 없었다. 그 직후에 마데크의 중포가 포문을 열었고, 더 가볍고 기동성이 높으며 발사 속도가 빠른 회사의 대포도 응수했다. 안사리에 따르면 "영국 병사들과 프랑스 병사들은, 번득이는 칼과 불을 뿜는 대포로 호랑이나 표범처럼 맹렬히 싸움을 시작했다". [56]

9시에 이르자 양군은 늪지를 사이에 둔 채 서로를 마주 보고 늘어섰고, 넓게 펼쳐진 갠지스강이 무굴 군대의 좌익을 감쌌다. 무굴 전선의 우익에 배치된 슈자의 아프간 기병과 나기 시두들이 늪지를 돌아 척탄병 부대가 배치된 회사 진영의 후위를 공격하기 시작했다.

이내 회사 군대의 측면이 무너졌고, 슈자의 기병이 칼을 좌우로 휘두르며 척탄병 대열과 뒤편의 예비 병력을 돌파했다. 게이브리얼 하퍼Gabriel Harper 대위가 나중에 쓴 대로였다. "적 기병 1,000~2,000명과 척탄병을 공격한 적군이 제대로 싸우기만 했어도 우리는 그날 졌을 것이다. (…) 전세는 한두 차례 우리에게 불리했고, 난 그때 포격이 5분만 더 끌었으면 세포이들이 버티지 못했을 거라 생각한다."[57] 하지만 무굴 기병들은 일단 전선을 돌파하자 계속 회사 진지로 가서 물자와 재물, 탄약을 지키던 비정규 기병들을 패주시켰다. 그다음 곧장 말에서 내려 약탈하기 시작했다. 이후로 그들은 슈자의 통제를 벗어났고 전투에서 더 이상 아무 역할도 하지 않았다.

결국 변함없이 더 뛰어난 군기로 무장한 회사 병사들이 그날의 승리를 가져갔다. 먼로는 병사들에게 "질서정연한 규율과 명령에 대한 엄격한 복종이 이 나라에서 유럽인들이 누리는 유일한 우위"임을 수시로 상기시켰고 그날의 전투는 그가 옳았음을 입증했다.[58] 탄약과 물자를 잃은 먼로의 세포이 부대는 자신들을 겨냥한 마데크와 숨루의 중포 집중포화로 전에 없이 많은 사상자가 발생하는 와중에도 꿋꿋하게 방진 대형을 유지했다.

가장 먼저 붙잡힌 영국군 포로들이 끌려오기 시작하자 슈자는 자신이 이미 승리했다고 여겼다. 그는 승전 나팔을 울리도록 지시했고 이 소리에 여러 지휘관들이 자리를 떠나 축하 인사를 올리러 왔다. 철렁하는 마음으로 그다음 무슨 일이 벌어졌는지를 깨달은 사람은 무굴 전선 중앙에서 슈자와 함께 있던 장티였다. 그는 이렇게 썼다. "영국군은 완전히 진 것 같았다. 그들은 탄약과 식량, 물자, 군자금을 모두 잃었다."

패배를 깨달은 먼로는 강 말고는 다른 퇴로가 없었으므로 보급 바지선들에 전장으로 최대한 빨리 접근하라는 명령을 보냈다. 하지만 이 명령의 실행은 오랫동안 지체되었고, 그사이 무굴 기병은 적을 괴롭히고 영국군에 쉴 틈을 주지 않는 대신 영국군 진영을 약탈하느라 여념이 없었다. 모든 것을 잃은 먼로는 이를 보자 우리의 좌익을 상대로 이판사판 돌격을 감행했다.[59]

　자신의 순간이 왔음을 깨달은 먼로는 그를 향해 총탄이 날아오는데도 일렬로 늘어선 병사들 앞으로 말을 달리며 모자를 흔들어 일제 돌격을 명령했다. 장티는 "이 대담무쌍한 필사의 행동으로 먼로는 불과 얼마 전까지 버리고 달아나야 했던 전장의 주인이 되었다"라고 썼다.[60] 회사 세포이들은 "졌다고 생각하고 이미 후퇴하고 있었다"라고 마데크는 썼다. "달아날 수 있었다면 모두 달아났을 것이다. 하지만 달아날 방법이 없다는 바로 그 이유 때문에 그들은 용기를 냈고 갠지스강 방면 우리 좌익이 지휘관이 부족하고 지원이 없는 것을 알고 유례를 찾기 힘들 만큼 무모하고도 용맹하게 그쪽을 향해 돌격했다."[61]

　갑작스러운 반전을 믿을 수 없던 슈자는 전열을 재정비하며 물러서지 않으려 했다. "그는 아름다운 승리의 여신을 이미 품에 안았다고 상상했다가 마치 거울을 보듯 갑자기 저 패배의 몽마夢魔의 품에서 숨이 막히고 있는 자신의 모습을 보았다. 그는 이 끔찍하고 급작스러운 반전을 믿을 수 없다는 듯 뚫어지게 바라보며 꼼짝 않고 있었다." 주변의 무굴 전선이 와해되는 가운데 슈자 우드다울라에게 달아나야 한다고 설득한 사람은 허벅지에 심한 부상을 입은 나가 족장 아눕기리였다. 그는 "지금은 헛되이 죽을 때가 아니오! 우리는 다음 기회에 손쉽게 이기고 복수를 달성할 거요"라고 말했다.[62] 살아남기로 마음먹은 슈자는 강을 가로질러 놓은 배다리로 말을 돌렸고, 그 사이 벌거벗은 나가들은 그의 후퇴를 엄호하는 치열한 싸움을 벌였다. 슈자와 숨루, 아눕기리가 모두 다리를 건너자마자 나가 지도자는 배다리

〈5〉　유혈과 혼란　　　　　　　　　　　　　　　　　　　　311

를 파괴하라고 명령했다.

이는 회사 군대의 진격을 막아 세웠지만 아직 다리를 건너지 못한 그의 병사들, 특히 용감한 나가 병사들을 죽음으로 몰아넣었다. 그들은 개펄을 헤치고 가려고 했지만 이제 강둑에 늘어선 회사 세포이들의 제물이 되었다. "엄청난 수의 병사들이 진지 뒤쪽의 깊은 흙탕물 강을 건너려고 애썼다"라고 굴람 후사인 칸은 썼다. "하지만 수렁에 빠진 그들은 텔링가[세포이]들이 쉴새 없이 쏟아내는 사격과 포격에 목숨을 잃었다.(…)"[63]

이제는 회사 병사들이 배를 불릴 차례였다. "막사와 가구, 여타 물건 등 재상이나 그의 장교들 소유인 모든 것이 승자의 먹잇감이 됐다"고 굴람 후사인 칸은 썼다. "금화와 은화가 가득한 무수한 은행가들의 점포와 귀한 물건이 넘쳐나는 상인들의 막사가 순식간에 털렸다. 포 200문을 노획한 영국군은 막대한 전리품을 거둬들였다. (…) 그 군대에 얼마나 많은 재물이 있었을지 그 누가 알랴? 다름 아닌 힌두스탄의 수도와 겨룰 만한 막대한 부가 그 진지에 있었다."[64]

북사르에서의 전투는 짧았지만 혼전을 거듭했고 희생자가 많았다. 회사는 전장에 배치한 7,000명 가운데 850명을 전사나 부상, 실종으로 잃었으니 총 전력의 8분의 1이 넘는 셈이었다. 무굴 쪽 손실은 그보다 몇 배나 컸는데 아마 5,000명 정도 전사했을 것이다. 그날의 승패는 오랫동안 불확실했다. 하지만 그 모든 것에도 불구하고 북사르 전투는 여전히 궁극적으로 인도 역사에서 가장 결정적 전투 가운데 하나, 심지어 7년 전의 더 유명한 플라시 전투보다 더 결정적인 전투였다.

무굴 세계의 3개 대군이 회사를 무찌르고 인도에서 몰아내기 위해 힘을 합쳤다. 하지만 패배한 쪽은 무굴인들이었고, 회사는 인도 북동부에서 지배적인 세력으로 자리 잡았다. 북사르 전투는 벵골과 해안 지방에 대한 회사의 지배를 공고히 하고 그들이 서쪽 내륙 깊숙이 영향력을 확대할 길을 열었다. 사략선원과 전직 카리브해 해적 들이 주도하는 사업으로 출발한 회사는 한 차례 변신하여 주식 가격이 아주 믿음직해서 일종의 국제 통화로 간주될 만큼 비교적 점잖은 국제 무역 기업이 되었다. 이제 회사는 두 번째로 변신했다. 인도 해안 여기저기에 흩어져 있는 거점들에서 활동하는 무역 회사일뿐만 아니라 남아시아에 걸친 부유하고 광대한 영토 제국을 지배하는 통치자로 거듭난 것이다.

이 때야말로 무엇보다도 동인도회사가 인도의 영토 정복을 위한 토대를 놓는 데 성공한 순간이었다. 일개 회사가 이제 고치에서나와 이미 영국 국왕의 군대보다 규모가 더 큰 군대를 등에 업고 자율적인 제국적 세력으로 탈바꿈하여 이제 2,000만 인도인들(직접 지배하는 지역의 인구만 가리킨다. 당시 인도 아대륙 전체의 인구는 1.6억 명 정도로 추정된다—옮긴이)에 대한 행정적 지배력을 행사할 태세였다. 이 상인들의 조직은 북인도 상당 부분의 사실상 주권 통치자로 변신했다. 당대의 한 관찰자의 말마따나 "예기치 못한 여러 우발적 사건을 통해 민간 무역상들의 법인 조직은 아시아 제후들로 구성된 내각[이 되었다]".[65] 그 결과는 애덤 스미스가 "기이한 부조리"라고 부르게 되는 것, 바로 회사 국가Company State의 탄생이었다.[66]

20년 뒤 차※ 상인이자 여행가인 토머스 트와이닝Thomas Twining은 갠지스강을 거슬러 가는 보트 여행 중 이제는 버려진 북사르 전투 현장을 찾고 나서 일기에 썼다. "쪼들리는 모험가들로 인도 해안에 처음 나타났던 영국 상인들이 아시아에서 가장 번성한 지역을 자신들의 지배 아래 두게 만든 일련의 놀라운 군사적 위업이 여기서 마침표

〈5〉　유혈과 혼란　　　　　　　　　　　　　　　　　　313

를 찍었다고 해도 무방할 것이다. 역사상 이보다 더 주목할 만한 사건도 드물 것이다. 그것을 낳은 수단에 비해 그 결과가 너무나도 엄청나서, 거의 설명이 불가능해 보일 정도다."[67]

트와이닝은 정곡을 찔렀다. 회사는 모든 것을 건 도박을 했고 결국 이겼다. 완패를 당한 무굴 제국은 이제 회사의 발치에 놓였고 역사상 가장 엄청난 기업 인수를 위한 무대가 마련되었다.[68]

북사르에서 회사가 승리한 뒤 며칠 사이에, 힘을 합쳤던 무굴의 세 동맹은 매우 다른 운명을 맞았다.

투옥되었던 미르 카심은 북사르에서 정신없이 도망치던 와중에 슈자한테서 풀려났다. 하지만 권력과 재산을 모두 잃은 채 파트나 학살에서 그가 한 역할을 용서할 수 없는 회사에 쫓기게 된 이 유능한 통치자는 18세기 무굴 정치의 요지경에서 다시 제자리를 찾을 수 없었다. 그는 힌두스탄을 떠돌다가 결국 아그라 근처 소_小영지에서 가난하게 죽었다. 장례를 치를 때 자식들은 아버지의 시신을 쌀 수의를 마련할 형편도 못 됐다고 한다.[69]

슈자 우드다울라는 그답게 군사적 저항의 길을 택했다. 먼로의 회사 군대가 아와드로 깊숙이 진격하자 그는 추격자들을 상대로 게릴라 습격을 벌였지만, 추종자들이 떨어져 나가며 점점 더 변두리로 밀려났다. 회사는 추나르 대요새에서 슈자를 마침내 구석으로 몰았고, 슈자는 그곳을 빠져나왔지만 1765년 5월 3일에 마지막으로 회사에 맞서 싸우다 졌다. 이후로 자신의 옛 영토에서 여러 달 동안 계속 도망 다니다가 마침내 도아브의 로힐라 아프간인들 사이에서 피난처를 얻었다.

결국 그해 7월에 슈자 우드다울라의 항복을 협상한 사람은 세련되고 우아한 그의 프랑스인 용병 장바티스트 장티였다. 장티는 패배한 슈자를 영국의 비호 아래 다시 권좌에 앉히면 풍요로운 벵골 지방과 델리 주변의 분쟁 지역 사이에 유용한 완충지대를 만들 수 있다고 제안했다. 서로 앙숙인 아프간 군대와 마라타 군대 사이에 끼어 유혈과 혼란에 시달리며 계속 주인이 바뀌는 델리 주변 지역은 무법천지였던 것이다.

생명과 자유를 보장받은 슈자는 결국 투항했다. 그는 거대한 가마에 앉아 고작 기병 200명의 호위대만 대동한 채 느닷없이 먼로의 진지에 나타났다.[70] 장티는 이렇게 적었다. "때는 대략 오후 4시였다. 장군은 여전히 정찬을 들고 있었고 영국식 관습대로 후식을 먹은 뒤에 포트와인을 돌리던 중이었다. 나와브 재상의 기병 호위대가 일으킨 흙먼지에 경보가 울리고 모두가 각자 위치로 뛰어갔다. 하지만 그 순간에 두 연락병이 도착하여 나와브 재상의 도착을 알렸다."[71]

슈자로서는 놀랍게도 "영국 신사들은 모자를 벗고 자기 나라의 관습에 따른 모든 존경의 예를 표하며 매우 상냥하게 행동했다. 그들은 그 앞에 서서 각자 손을 맞잡았다[즉 박수를 쳤다]".[72] 그는 영국 상주관의 감시의 눈초리 아래, 이전 왕국의 축소된 버전에 다시 나와브로 앉혀졌고 회사 세포이 연대의 호위를 받았는데, 이들의 주둔에 막대한 보조금을 지불해야 했을 뿐 아니라 500만 루피*의 전쟁 배상금도 물어야 했다.[73]

한편 샤 알람 황제는 북사르 전투 내내 비밀리에 교신했던 회사와

---

*   현재 가치로 6,500만 파운드.

의 관계를 복구하기 위해 최선을 다했다. 그의 관점에서 보자면 북사르 전투는 무굴 제위에 충성을 맹세한 세 신하들 사이에서 벌어진 전투였고, 따라서 그로서는 중립을 지켜야 했다. 그는 슈자의 어리석은 정면 대치 전략에 반감을 표시하고자 전투 내내 막사를 떠나지 않았다.[74]

북사르 전투 직후에 슈자와 그의 군대가 아와드로 도망쳐 싸움을 이어가자, 샤 알람과 그의 무굴 호위대는 전장 근처에서 계속 머물다가 화해를 구하는 전언을 먼로에게 보냈다. 열여덟 달 전 헬사에서 패전한 뒤 그랬듯이 샤 알람은 자신이 적보다는 동맹으로서 회사에 훨씬 더 유용하다는 점을 잘 인식하고서 능란한 수를 구사했다.

전투가 끝난 직후 "나와브 재상이 강 건너편을 따라 달아나는 모습을 보자마자 이로써 운신이 자유로워진 황제는 먼로와 미르 자파르, 밴시터트에게 예복을 하사하며 영국인들에게 건너오도록 청하여 협상의 물꼬를 텄다. 그들은 자신들의 이해관계를 증진할 안성맞춤의 구실을 발견하고 발길을 재촉하여 몇 시간 만에 그와 만났다".[75]

황제는 슈자가 자신의 친구가 아니라는 점을 알아주길 바랐고 심지어 재상과 영국인들이 타협하게 된다면 "나는 그렇게 박대한 인간에게 다시 돌아간다는 것은 생각도 할 수 없으니 델리로 가겠다"고 으름장을 놓기까지 했다.[76] 한편 먼로는 회사의 팽창주의적 야심에 합법성을 부여하는 무굴의 인장을 확보할 수 있다는 측면에서 샤 알람이 좋은 꼭두각시임을 잘 알고 있었다. 그는 캘커타에 "제국의 다른 왕이나 귀족들로부터 우리 권력에 대한 노여움이나 질투를 사지 않으려면 모든 것을 그의 권위를 빌려 처리해야 한다. 그래야 우리가 얻은 모든 것은 그에게서 부여받은 것이고, 전쟁도 그의 권위 아래 수행한 것으로 보이게 될 것이다"라고 썼다.[77]

회사의 비호와 한때 적이었던 카낙 장군의 호위를 받아 샤 알람은 먼저 베나레스로 향했다가 알라하바드로 갔다. 알라하바드에서 회사는 그를 야무나강과 갠지스강이 합류하는 상서로운 위치에 선조인 아크바르가 지은 웅장한 옛 무굴 요새에 머물게 했다. 거기서 황제는 최고의 사냥터지기는 이전의 밀렵꾼이라는 논리에 따라, 제멋대로 구는 회사 직원들의 탐욕이 불러온 난장판을 정리할 사람으로 런던의 이사들이 캘커타로 파견한 사람을 기다렸다. 그는 최근 작위를 하사받고 체형이 점점 오동통해지고 있던 플라시 남작 로버트 클라이브였다.

미르 카심을 상대로 한 전쟁과 벵골이 다시 한번 '유혈과 혼란의 무대'가 되었다는 소식은 1764년 2월에 레든홀가의 회사 런던 본부에 닿았다. 파트나 학살의 비보도 곧 뒤따랐다. 패전과 불어나는 군비 지출 및 취약한 재정 상태에 대한 말들이 떠돌았고, 이는 투자자들의 공황과 주식 매도 쇄도 사태로 이어졌다. 회사의 주가는 14퍼센트 급락했다.[78] 주주 모임에서 불안에 빠진 한 투자자가 클라이브가 총독이자 총사령관으로 벵골로 즉시 돌아가야 한다고 제안했다.[79] 주주들은 이 결의안을 만장일치로 통과시켰다.

잉글랜드로 돌아온 뒤로 클라이브는 최대의 야망 두 가지를 금방 달성했다. 의석과 작위를 얻은 것이다. 비록 당시에는 잉글랜드 귀족 작위보다 지위가 떨어진다고 여겨진 아일랜드 귀족 작위를 받긴 했지만, 이 작위 보유자는 웨스트민스터 귀족원(상원)의 의석을 얻을 수 있었다. 그는 토지를 사들이고 영지를 수집했으며, 회사의 이사들과 티격태격하다가 금방 지루해졌다. "우리는 당신이 상상하는 것만큼 잉글랜드에서 그렇게 행복하지 않다"고 그는 1762년 5월에 카낙에게 썼다. "우리 중 많은 이들이 인도에서의 당신 삶을 부러워한다."[80] 그러므로 [벵골의] 회사 통치 체계를 개혁하고 아시아의 거대한 땅덩어리에 회사의 지배권을 확립할 전례 없는 권한을 가진 벵골 총독직을 제의받았을 때 그는 주저하지 않았다. 1764년 6월 4일 해 질 녘에 그는 세 번째 인도 부임을 위해 켄트호를 타고 포츠머스에서 출항했다. 아내와 자식들은 부둣가에 남겨둔 대신 이번에는 프랑스 요리사와 네 명의 음악가로 구성된 악단이 동행했고 샴페인 열두 상자도 챙겨 갔다.[81]

클라이브의 타이밍 감각—어쩌면 그의 운—은 어김없이 기가 막혔다. 켄트호가 1765년 4월 마드라스에 입항했을 때 북사르에서 먼로의 승전과 아와드 점령, 그리고 최근에 나와브로 복귀한 미르 자파르의 사망 소식이 즉시 전해졌다. 이것이 회사 주가에 가져올 긍정적 효과를 안 클라이브의 첫 번째 행동은 암호로 편지를 써서 런던에 있는 대리인에게 자신의 전 재산을 담보 삼아 회사의 주식을 최대한 사들이라고 지시하는 것이었다.[82] 다음으로 그는 이사들에게 편지를 썼다. 변함없이 냉철하고 기민한 그는 이 뉴스가 정치 지형 전체를 얼마나 급격하게 바꿀 것인지를 간파했다. "내가 오랫동안 예상해온 결정적 국면에 마침내 도달했습니다"라고 그는 EIC의 회장에게 썼다. "[무굴 제국] 전체를 우리가 차지할 수 있는지 혹은 차지해야 하는지를 반드시 결정해야 하는 국면입니다."

미르 자파르는 죽었고, 그의 친아들은 미성년입니다. 슈자 다울라는 싸움에서 지고 자기 영토에서 쫓겨났습니다. 우리는 그 영토를 점령했고 제국 전체가 우리 수중에 들어왔다고 해도 과언이 아닙니다. (…) 유럽인들로 구성된 대군이 있다면, 일체의 토착 군주의 야심을 견제하고, 프랑스든 네덜란드든 그 어떤 적도 감히 우리를 건드리지 못할 만큼 우리가 진정으로 두려운 존재가 될 것이므로, 말하자면 우리의 주권을 확고히 지킬 수 있음은 의심할 여지가 없습니다.

우리는 정말이지 명목상으로는 아니라 해도 사실상의 나와브가 되어야 하며 어쩌면 아예 위장하지 않고 그렇게 할 수도 있을 겁니다. (…) 뒷걸음질 치는 것은 불가능하므로 앞으로 나아가야 합니다. (…) 부와 안정이 회사의 목표라면 이것이 부와 안정을 획득하고 지키기 위해 우리가 보유한 방법, 유일한 방법입니다.[83]

신임 총독은 거의 1년이 걸린 여정에 탈진한 상태로 1765년 5월 3일에 캘커타에 도착했다. 그는 불안정하고 잠재적으로 폭발적인 권력 공백 상태를 정리하기 위해 곧장 힌두스탄으로 가야 한다는 것을 알고 있었다. 그곳의 권력 공백과 불안정은 북사르 전투 이래로 여전히 해소되지 않은 상태였다. 그는 카낙에게 이렇게 썼다. "가능하다면 확고하고 항구적인 기반 위에 평화가 수립되어야 한다. 그 목표를 달성하기 위해 곧장 당신이 있는 진지로 가야 할 것 같은데, 거기서 오래 머물 생각이 아니라 국왕[샤 알람]과 모종의 조약을 체결하기 위해서다."[84] 그는 6월 25일 캘커타를 떠나 알라하바드로 향했다.

그가 처음 만날 사람은 슈자 우드다울라였다. 클라이브는 장티가 처음 제안한 해법의 논리를 잘 인식했다. 아와드 전체를 회사가 직접 관할하기보다는 고마워하는 슈자를 꼭두각시로 다시 앉히고 회사의 비호 아래 그의 자원을 뽑아내는 것이 훨씬 더 현명한 노선이리라.

8월 2일 클라이브는 회개하는 슈자 우드다울라를 베나레스에서 만나 이런 방안을 설명했다. 석 달 전만 해도 완전히 파멸했다고 좌절했던 슈자는 자신의 행운을 믿을 수 없었고 클라이브에게 감사와 충성의 표시를 넘치도록 했다. 곧이어 클라이브는 기쁜 마음으로 캘커타 집행위원회에 "적당한 호의의 감정을 베푼다면 무술만들에게서 신뢰와 여러 귀한 덕목들을 발견할 수 있으며, 슈자 우드다울라는 그 모든 덕목을 이 나라에서 우리가 본 누구보다도 더 많이 지니고 있다"고 썼다.[85]

다음으로 클라이브는 최종적으로 자신만의 화려한 정치적 제스처를 덧붙이기로 했다. 그는 알라하바드와 코라 주변 슈자의 이전 영토 가운데 일부분을 샤 알람을 부양하기 위한 황제 영지로 전환하기로 했다. 황제가 오랫동안 꿈꿔온 델리 귀환을 지원한다는 막연한 약속도 해줄 예정이었고, 그에 대한 대가로 황제의 영토 가운데 부유한 동부의 3개 주, 즉 벵골, 비하르, 오리사를 재정적으로 관리하는 권한이 회사에 주어졌다. 이것은 무굴의 법적 용어로는 디와니, 즉 무굴 속주들을 경제적으로 운영하는 권리를 부여받는 것이었다.

이것은 회사의 정복에 무굴의 합법성이라는 허울을 씌워줄 뿐만 아니라 잠재적으로 2,000만 주민에게 과세하여 연간 200만에서 300만 파운드*로 추정되는 세입을 확보할 권리도 준 것으로, 18세기 기준으로 엄청난 횡재였다. 비옥한 논과 잉여 쌀 생산량, 근면한 직조공과 풍성한 광물 자원을 갖춘 벵골을 장악함으로써 회사에는 거대한 기회가 열렸고 아시아에서 가장 강력한 군대를 육성할 재원을 얻게 된다. 오랫동안 무굴의 재정에 크게 기여했던 벵골의 막대한 세입은 과거 무굴 왕조처럼 회사를 아무도 넘볼 수 없게 만들어줄 수 있다

---

* 현재 가치로 3억 1,500만 파운드.

는 것을 클라이브는 알고 있었다. 어쩌면 언젠가 인도의 나머지 지역을 정복하기 위한 자금도 공급해줄 수 있으리라.

샤 알람과 클라이브 양측의 보좌진 간 협상이 8월 1일에 시작되었다. 9일, 총독용 공식 바지선이 알라하바드 요새에 정박했고 이곳에서 클라이브는 "벌레와 파리에 시달리고 있다"고 투덜거렸다. 또 여기서 처음으로 "그 장중한 거동에 비애가 느껴질 정도인" 젊은 황제를 만났다.[86]

거래의 주요 골자는 이미 합의되었지만 샤 알람이 회사에 더 많은 돈을 요구하며 합의를 지연시킨 탓에 협상은 사흘 더 이어졌다. 이번만큼은 클라이브가 양보했다. 그는 "200만 루피[현재 가치로 2,600만 파운드]는 [황제의 연금으로] 충분하고도 남는다고 생각한다"고 썼다. "하지만 우리는 이 지방의 모든 세입에 다름 아닌 사나드sanad[정식 법적 명령]를 얻어내는 데 아주 비상한 방식으로 그를 이용할 생각이므로 국왕이 이를 고집한다면 60만 루피를 아끼자고 그의 뜻을 거스를 필요는 없을 것이다."[87] 최종 조건은 8월 11일 저녁에 합의되었다.

이튿날인 12일 아침, 황제는 클라이브의 식탁 위에 위태롭게 놓인, 비단을 드리운 안락의자에 앉혀졌다. 클라이브의 막사에서 거행된 의례는 오래 걸리지 않았다. 굴람 후사인 칸은 이렇게 표현했다. "겉치레나 협잡이 끼어들 여지가 없는 그런 막중한 사안, 다른 때라면 현명한 대사와 유능한 협상가 들을 파견하고, 동인도회사, 영국 국왕과 많은 회담과 교섭, 신료들과 오랜 토론과 논쟁이 필요했을 사안이 수탕나귀나 역축, 소 한 마리를 팔 때 일반적으로 걸렸을 시간보다 더 짧은 시간 안에 매듭지어졌다."[88]

그것은 매우 의미심장한 순간이었다. 그저 일필로 서명함으로써 황제는 비교적 소소한 액수인 260만 루피와, 회사를 대표하여 "무함

⟨5⟩　　유혈과 혼란　　　　　　　　　　　　　　　　　　321

마드의 율법과 제국의 법에 부합하게" 다스리겠다는 클라이브의 계산적인 약속을 받는 대가로 회사의 모든 정복을 인정하고 인도 북동부 전역의 재정 통제권을 회사에 넘겼다. 이제부터 인도인 세포이 2만 명의 군사력을 등에 업은 동인도회사 직원 250명은 200년 동안 이어진 벵골의 독립 정부를 실질적으로 종식시키면서 인도에서 가장 부유한 3개 주의 재정을 장악하게 된다. 이윤을 주된 존재 이유로 삼는 주식회사에 이것은 전환적이자 혁명적 순간이었다.

비록 회사의 군사력은 이제 의례화된 무굴의 틀 안에 들어간 형태가 되었지만 회사가 알라하바드 조약이라고 부른 이 합의는 즉각 현장에 급격한 변화를 불러왔다. 《리야주스살라틴》이 직후에 주목한 대로 "영국인들이 이제 세 수바흐[주]에 지배권을 획득했고 자체적인 지방관을 임명했다. 그들은 세금을 사정·징수하고 법을 집행하고 징세인을 임명·해임하고, 여타 통치 기능을 수행했다. 영국인들의 권위와 영향력이 통용된다. (…) 그리고 그들의 병사들이 영토 어디에나 주둔하며 표면상으로는 나와브의 신하로서이긴 하나 모든 사안에서 영향력을 행사하고 있다. 이런 사태의 궁극적 결과가 무엇일지는 아무도 모른다".[89]

사실 결과는 매우 빨리 분명해졌다. 벵골은 이제 그 어느 때보다 더 철저하게 가차 없이 약탈당했고 어린 벵골 나와브는 의례상의 무력한 허수아비에 불과했다. "그에게는 이름과 권위의 그림자 말고는 남아 있는 게 없다"는 것이 클라이브의 표현이었다.[90] 그와 그의 후손들은 무르시다바드 강변에 위치한 드넓은 궁전에서 명목상 주인으로서 한동안은 살아남을 수도 있겠지만 이제 벵골을 공공연하게 다스리고 착취하는 주체는 동인도회사였다. 클라이브는 회사가 단조로운 일상 행정 업무와는 거리를 두게 하는 데 신경 썼다. 심지어 기존 징세 방식도 유지하여 징세 업무는 전적으로 무굴 관리들로 채워진 무르시다바드 관청에서 운영했다. 하지만 프록코트와 가발을 착용한 영국 관리들이 이제 어디서나 행정 피라미드의 꼭대기를 차지하고 중요한 결정을 내리면서 모든 세입을 가져갔다. 이 무역 회사는 식민 소유주임과 동시에 사상 최초로 정부가 하는 모든 일을 합법적으로 자유롭게 할 수 있는 기업 국가가 되었다. 법을 통제하고 재판을 하고 조세를 사정하고 주화를 찍어내고 보호를 제공하고 처벌을 부과하고 강화를 맺고 전쟁을 벌일 수 있었다.

이제부터 인도에서 동인도회사의 지배를 받는 지역들의 토지 세입은 회사에 단순히 총수익으로 여겨지게 되었고, 이 수익으로 회사는 클라이브가 말한 대로 "모든 투자[런던으로 수출하기 위해 구입한 상품] 비용을 지불하고, 중국 자금[중국에서 차를 구매하는 데 들어가는 돈] 전부를 충당하고, 인도의 여타 모든 정착지의 부담을 감당하고도 상당한 잔고가 남을 것이었다".

이때까지 지금地金은 EIC의 대對벵골 수출의 75퍼센트를 차지했고 "예로부터 내려온 그 지방의 막대한 부"의 적잖은 원천이었다. 하지만 이제 회사는 벵골의 직물과 향신료, 초석을 구매해 수출하기 위해 영국에서 아무것도 실어 올 필요가 없었다. 인도의 세입이 그런 구매 대금을 지불하는 데 쓰일 예정이었다. 이제부터 인도는 모든 이익이 바다 건너 런던으로 유출되면서 쥐어짜내고 착취할 수 있는 광대한 플랜테이션으로 취급될 터였다.[91]

그 결과 무르시다바드 주재 회사의 신임 상주관인 리처드 베처Richard Becher의 말마따나 "우선적 고려 사항은 이 나라에서 최대한 거금을 조달하는 것인 듯했다". 다시 말해 토지세를 거둬 최대한 세입을 확보한 다음 그 잉여를 런던 은행 계좌로 보내는 것이었다.[92]

클라이브와 회사 주주들에게 그것은 또 하나의 승리였다. "행운의 여신은 마지막까지 나와 함께하기로 한 것 같다"고 클라이브는 친구이자 자신의 전기 작가 로버트 옴에게 썼다. "모든 목표와 낙관적 소망이 완전히 실현되기 직전이며, 온갖 시기와 악의, 다툼과 원한에도 불구하고 세계에서 가장 부유한 회사가 되었음을 회사가 인정할 것임을 확인함으로써 내가 갈망하는 모든 것의 정점에 도달했다."[93] 클라이브가 얻은 막대한 개인적 이익은 물론, 동인도회사 주가도 가파르게 올라서 여덟 달 만에 거의 두 배가 되었다.

하지만 벵골 주민들에게 디와니 수여는 말할 수 없는 비극이었다. 나와브는 주민들에게 더 이상 일말의 보호도 제공할 수 없었다. 징세관과 도급 징세인들은 토지에서 자금을 마련하려고 농민층을 약탈했고, 누구도 평범한 경작자의 복지에 최소한의 책임감도 느끼지 않았다. 상인과 직조공 들은 훨씬 낮은 시세로 회사를 위해 일해야만 했다. 회사는 또한 경쟁 상대인 프랑스와 네덜란드 상인들을 위해 제조된 직물을 압수했다. 회사의 가혹한 조건에 동의하는 문서에 서명하지 않은 상인들은 매질이나 투옥을 당하거나 땅바닥에 억지로 코를 비비는 공개적 수모를 당했다.[94] 몇 년 뒤인 1769년에 베처는 다음과 같이 기록했다. "회사가 디와니를 얻은 뒤로 이 나라 사람들의 생활 여건이 전보다 더 나빠졌다고 생각하면 영국인으로서 틀림없이 괴로울 것이다. 하지만 안타깝게도 그 사실은 의심의 여지가 없다. 가장 전제적이고 자의적인 정부 아래서 번창했던 이 훌륭한 나라가 이제는 파멸 직전에 이르렀다."[95] 그는 경제 지표가 모두 나쁘고 하루가 다르게 악화하고 있다고 썼다. 토지 세입은 디와니가 수여된 이래로 계속 감소 중이며 통화는 부족하고 벵골의 국내 무역은 축소되고 있었다.[96]

당대 가장 예리한 관찰자인 굴람 후사인 칸은 이것이 현실에서 무엇을 의미할지 금방 깨달았다. 첫째로 이는 그가 속한 사회 계층 전체의 실질적 소멸을 뜻했다. 권력의 기반이 기병 운용의 전문성에 있던 무굴 귀족층은 회사가 농촌의 힌두 라지푸트인과 브라만 계급에서 모집한 보병으로 기병을 대체하면서 사실상 실업자가 됐다. 다른 누군가가 이 새로운 기업 식민주의와 보병전의 온전한 효과를 충분히 고찰하기 오래전에 굴람 후사인 칸은 "유서 깊은 귀족층의 잔존 후예들 (…) 이 힘든 시기에 힌두스탄 하늘의 천장 아래 단 하나의 자원도 남지 않은 이들"의 운명을 한탄하고 있었다. "그리하여 무수한 사람들이 이미 집과 나라를 버렸고, 터전을 떠날 생각이 없는 사람들은 굶주림과 곤경과 맹약을 맺었고, 가난 속에 시골집 한구석에서 삶을 마감했다."

그는 이러한 변화가 벵골과 비하르에서 4만 명에서 5만 명가량의 기병을 실업에 빠트리고 "그 무수한 기병"을 따라다니던 "수천 명의 상인"을 뿔뿔이 흩어지게 할 것이라고 내다봤다. 이는 중요한 경제적·문명적 결과를 초래했다. "귀족들이 때로는 자택에 두면서 항상 일감을 제공했던 훨씬 더 많은 장인들"은 후원자들이 더는 자신들을 부양하거나 가내 카르카나(공방)를 유지할 수 없다는 것을 깨달았다. 대체 일자리를 찾기는 힘들었다. "이제는 영국인들이 나라의 지배자이자 주인"이며 "그들의 기예와 직업은 영국인들에게 쓸모가 없었기 때문에" 장인들은 훔치거나 구걸하는 신세로 전락할 수밖에 없었다.

> 이 지배자들은 필요한 것들을 자기 나라에서 모두 구하므로 이 땅의 장인과 수공업자들은 끊임없이 고통받고 도탄에 빠져 살아가며 충분한 생계 수단을 구할 길이 없다. 영국인들이 이제 이 나라의 지배자이자 주인이며 유일한 부유층인데 과연 누구에게 그 가난한 사람들이 기예의 소산을 바쳐 수고의 대가를 받기를 기대

할 수 있겠는가? 영국인들한테서 생계를 구할 수 있는 수공업자들은 목수, 은세공인, 대장장이 등과 같은 일부에 불과하다.[97]

굴람 후사인 칸은 더 나아가 회사의 정복이 인도가 이전에 경험한 무엇과도 완전히 다른 형태의 제국주의적 착취를 대변한다고 썼다. 그는 다른 어느 인도인보다 훨씬 전에 식민 지배가 무엇을 의미하는지, 그리고 이 낯설고 아주 생소한 기업 식민주의가 무굴 지배와 어떻게 다른지를 설명했다. 그는 "벵골에서 돈이 희소해지기 시작한 것이 금방 관찰되었다"라고 썼다. 처음에는 "이러한 희소성이 지배자들이 자행한 압제와 수탈 탓인지 아니면 공공 지출이 빈약한 탓인지 그도 아니면 매년 영국으로 실려가는 막대한 양의 주화 수출 탓인지" 아무도 몰랐다. 하지만 부의 유출이 진짜로 일어나고 있다는 점은 금방 분명해졌다. "해마다 대여섯 명이나 그보다 더 많은 영국인들이 거금을 챙겨 고향으로 돌아가는 것을 흔히 볼 수 있었다. 수십, 수백 라크가 이 나라에서 빠져나가고 있는 셈이었다."[98]

그는 이것이 무굴 왕조의 시스템과 퍽 다르다고 썼는데, 무굴 왕조도 원래는 이방인이었지만 그들은 "정복한 땅을 세습 재산으로 탈바꿈시키고, 부동산과 유산으로 만들 생각으로 [인도에] 영구히 정착해, 이 나라에 영구성과 거주의 뿌리를 내리기"로 작정했기 때문이다.

이들은 새로운 백성의 행복을 보장하는 데 천재적인 전력을 기울였다. 원주민과 통혼하고 그들로부터 자식과 가족을 얻고 귀화할 때까지 노력을 아끼지 않았다. 그들의 자식과 손자 세대는 이 나라의 언어를 배워서 주민들을 상대할 때 한 어머니에게서 나고 한 언어를 쓰는 형제처럼 행동했다. (…) [힌두교도와 무슬림은] 뭉근

하게 끓인 우유와 설탕처럼 하나로 합쳐졌다.[99]

반대로 영국인들은 이 나라에, 심지어는 그들과 가장 가까운 협력자와 고용인들에게도 완전히 무심했다고 굴람 후사인 칸은 지적했다. 처음에는 영국인을 환영했던 인도인들이 재빨리 마음을 바꾼 것은 그래서였다. "이 새로운 지배자들은 힌두스탄 사람들의 관심사에 전혀 주의를 기울이지 않으며, 그들이 임명한 관리들에게 힌두스탄 사람들이 무자비하게 약탈당하고, 사기당하고, 억압당하고, 고통받게 내버려두었다."

이곳에 와서 여러 해를 머물다가 본국을 방문하려고 떠나는 게 영국인들의 관행이며, 누구도 이 땅에 정착할 의향을 보이지 않는다. 게다가 여기에 모두가 신성한 의무처럼 여기는 그들의 또 다른 관행을 결합시키는데, 이 나라에서 최대한 돈을 긁어모아 이 막대한 거금을 잉글랜드 왕국으로 들고 가는 관행이다. 그러니 이 두 관행이 합쳐져 이 나라를 줄곧 허물어뜨리고 망치고 있으며, 이 나라가 다시금 번창하는 데 영구적인 장애물이 되고 있음은 전혀 놀랍지 않을 것이다.[100]

매콜리가 나중에 표현한 대로 회사는 "버커니어가 갤리언선을 바리보듯" 벵골을 바라봤다.[101] (버커니어는 카리브해 일대에서 활약한 해적과 사략선원이고, 갤리언선은 16세기와 17세기에 화물선과 전함으로 이용된 대형 범선으로서, 이 맥락에서는 특히 은을 비롯한 남아메리카산 화물을 실은 에스파냐 선박을 가리킨다―옮긴이) 이같이 규제받지 않는 약탈 체제의 온전한 영향이 분명해지기까지는 5년이 걸렸지만, 그때가 되었을 때 결과는 전대미문의 참상이었다. 이제 1770년 벵골 대기근을 위한 무대가 마련된 것이다.

틸리 케틀이 그린 청년 워런 헤이스팅스, 1772년경. 훤한 얼굴에 살짝 애틋한 표정을 짓고 있지만 입가에는 유머러스한 기운이 서려 있고, 단순한 갈색 퍼스티언천 옷으로 평범하게 차려입은 마르고 머리가 벗겨진 젊은이다. 이 시기 그의 편지들은 새벽에 기상하여 냉수욕을 한 다음 한 시간 동안 때로는 팔에 매 한 마리를 얹고 말을 타며, 수줍고 소박하고 감성이 예민하고 대단히 내향적인 젊은이의 느낌을 드러낸다. 그는 '포도주만 조금' 마셨고, 저녁 시간을 독서와 기타 연주, 페르시아어 공부에 보내며 혼자 지내는 편이었던 것 같다.

〈클라이브 경에게 디와니를 하사하는 샤 알람〉, 벤저민 웨스트 작.

오늘날이라면 우리는 이를 강제 민영화라고 부를 것이다. 두루마리는 벵골과 비하르, 오리사의 무굴 징세관을 해임하고 그들을 로버트 클라이브—벵골의 신임 총독—와, 그 문서가 "드높고 강대하며, 지체

높은 귀족 중에서도 가장 고귀하며, 빛나는 전사들의 우두머리요, 짐의 충성스러운 종복인 영국회사"라고 묘사한 회사의 이사들이 임명한 일단의 영국인 무역상으로 교체하라는 명령서였다. 이때부터 무굴의 징세는 다국적 기업체에 하도급되었고 그 기업의 징세 활동은 자체적인 사설 군대로 보호되었다.

〈바커 장군과 함께 알라하바드에서 동인도회사 부대를 사열 중인 무굴 황제 샤 알람〉, 틸리 케틀 작. 1771년 바커는 샤 알람이 델리로 귀환하는 것을 막아보고자 알라하바드로 파견되었지만 그가 '소귀에 경 읽기' 상태임을 발견했다. 황제는 알라하바드에서 회사의 꼭두각시로 지내는 삶을 진작부터 견딜 수 없어 했고 이제 어떤 위험을 무릅쓰고라도 귀향하기를 갈망했다.

〈네 아들과 바커 장군, 군 장교들과 함께한 아와드의 나와브 슈자 우드다울라〉, 틸리 케틀 작. 슈자 우드다울라는 거구였다. 키가 210센티미터에 달했고, 기름을 바르고 눈길을 끄는 콧수염을 자랑하는 엄청난 장사였다. 장년기에도 한 손에 한 명씩 부하 두 명을 들어올릴 만큼 힘이 셌다고 한다. 그는 1765년 북사르 전투에서 회사에 패했고 클라이브에 의해 아와드의 권좌에 다시 앉혀져서 회사의 충실한 동맹으로서 죽을 때까지 그곳을 다스렸다.

1771년 샤 알람 황제의 델리 귀환 행렬. 비옥한 풍광을 가로질러 병사들의 긴 행렬이 구불구불한 야무나 강둑을 따라 꼬리에 꼬리를 물고 이어진다. 선두에는 악사들이 있다. 그다음 권표와 무굴의 문장을 받든 사람들이 뒤따른다. 그다음 창으로 무장한 호위대에 빽빽하게 둘러싸여 코끼리 위에 높이 올라탄

황제가 온다. 다음은 왕자들 차례이고, 그들 뒤로는 덮개를 씌운 가마를 탄 왕실 하렘의 많은 여성들이 따라온다. 다음은 코끼리 네 마리가 1조로 끄는 중공성포의 행렬이다. 그 뒤로 눈길이 닿는 곳까지 군대의 본진이 길게 뻗어 있다.

푸네를 기반으로 한 정치가이자 페슈와들의 대신으로서 '마라타 마키아벨리'로 알려졌던 나나 파드나비스. 동인도회사가 인도에 실존적 위협을 제기한다는 것을 가장 먼저 깨달은 이들 중 한 명으로 회사를 몰아내기 위해 하이데라바드, 마이소르 왕국과 손잡고 삼자동맹을 결성하려 했으나 계획을 완수하지 못했다.

〈마드라스 보병대 세포이〉, 벨로르의 옐라파 작

다음 페이지 ▶

〈폴릴루르 전투〉. 티푸 술탄이 1780년 자신의 최대 승전을 기념하기 위해 정원 궁전인 다리아 다울라트 바그 벽에 그린 벽화 복제화. 중앙에는 가마에 탄 채 놀라서 손가락을 입에 갖다 댄 윌리엄 베일리 대령이 보이고, 티푸가 영국군의 탄약 수레를 날려버리는 가운데 마이소르 기병이 사방에서 회사 군대의 방진을 공격 중이다.

조슈아 레이널즈 화실에서 그린 에드먼드 버크. 버크는 영국-아일랜드계 휘그파 정치가이자 정치 이론가였다. 인도에 가본 적이 없었지만 그의 집안사람 중 일부는 동인도회사 주식에 현명치 못하게 투자했다가 파산했다. 버크와 프랜시스는 인도에서 회사의 비행을 폭로하는 일련의 특별위원회 보고서를 함께 마련했다. 프랜시스를 만나기 전에 버크는 헤이스팅스의 재능에 대한 '엄청난 흠모자'를 자처했었다. 프랜시스는 그런 생각을 바꾸기 위해 신속히 작업에 들어갔다. 1782년 4월에 이르러 그는 헤이스팅스에 대한 22가지 기소 이유를 담은 목록을 작성했고 버크가 이를 의회로 가져갔다. 헤이스팅스의 이름과 평판을 더럽히려는 강박적인 캠페인을 5년 동안 이어간 끝에 버크와 프랜시스는 그를 탄핵 소추할 증거가 충분하다고 의회를 설득해냈다.

제임스 론스데일이 그린 필립 프랜시스, 1806년경. 프랜시스는 헤이스팅스가 벵골에서 모든 부패의 근원이라는 그릇된 확신과 그를 대신해 인도 총독이 되려는 야심을 품고서 1774년부터 죽을 때까지 헤이스팅스를 괴롭혔다. 결투에서 헤이스팅스를 죽이는 데 실패하고 오히려 갈비뼈에 총알을 맞은 뒤 런던으로 돌아와 비난을 이어가다 헤이스팅스와 대법관 일라이자 임피의 탄핵을 주도했다. 두 사람은 결국 무죄 판결을 받았다.

1796년 레뮤얼 프랜시스 애벗이 그린 노년의 워런 헤이스팅스 초상화. 과시적이고 큰소리를 쳐대는 신흥 갑부 '네이봅'이기는커녕 헤이스팅스는 위엄 있고, 이지적이며 다소간 금욕적인 인물이었다. 수수한 검은 프록코트와 흰 스타킹 차림으로 재판정에 선, 비쩍 마르고 머리가 희끗한 그는 배불뚝이 약탈꾼이라기보다는 설교를 늘어놓을 참인 청교도 목사처럼 보였다. 대략 180센티미터인 그는 50킬로그램도 나가지 않았다. "마른 체격에, 심한 대머리이고, 차분하고 생각에 잠긴 표정이지만, 활기를 띨 때면 지성으로 가득한" 외모였다.

다음 페이지 ▶

〈웨스트민스터홀에서 워런 헤이스팅스 탄핵 재판〉, 1788년. 이 탄핵 심판은 조지 3세 시대 최대의 정치적 스펙터클일 뿐만 아니라 영국인들이 동인도회사의 인도 제국을 법정에 세우는 데 가장 가까이 다가간 경우였다. 방청객에게 배정된 몇 안 되는 좌석표는 무려 50파운드에 거래되었고, 그러고도 너무 많은 사람들이 방청하고 싶어 해서 탄핵 책임자 중 한 명이 주목한 대로 청중은 "회의장의 문이 열리는 9시까지 문 앞에 몰려 있다가, 개릭이 리어 왕을 연기할 때 플레이하우스의 1층 객석을 차지하려던 사람들처럼 문이 열리자마자 달려가야" 했다.

〈무희들의 춤으로 영국 해군 장교와 젊은 육군 장교를 대접하는 마하지 신디아〉, 1790년경.

굴람 카디르가 샤 알람의 궁정에서 자랐던 시절에 기거한 쿠드시아 바그 궁전.

목조 복제품 공작 왕좌에 앉아 있는 눈먼 샤 알람 2세, 1790년경, 카이룰라 작. 이제 70대인 늙은 왕은 이름만 남은 제국의 앞 못 보는 통치자에 불과했다.

코끼리에 앉아 폴릴루르 전투에서 군대를 지휘하고 있는 티푸 술탄.

1792년 마이소르를 침공한 뒤 티푸 술탄의 두 아들을 맞이하는 콘월리스 경. 매더 브라운 작.

티푸는 1782년 아버지의 뒤를 이어, 평시에는 엄청난 효율성과 상상력을 발휘해 나라를 다스렸지만 전시에는 대단히 잔혹했다. 1792년에 콘월리스 경이 마라타연맹, 하이데라바드와 맺은 삼자동맹에 왕국의 절반을 내줘야했고 1799년 웰즐리 경의 손에 끝내 패배하여 죽었다.

〈동인도회사 부두 풍경〉, 1808년경 윌리엄 대니얼 작. 런던의 현 이스트인디아독 방면에서 바라본 풍경이다.

1750년대에서 불과 50년도 지나지 않아 회사는 한때 무굴 인도였던 곳의 거의 전부를 지배하고 전 지구를 에워쌌다. 또한 정교한 행정과 공무원 조직을 만들어내고, 런던 항만 구역의 상당 부분을 건설했으며, 영국 무역의 거의 절반을 담당하게 됐다. 회사의 연간 지출은 영국 내에서만 ─대략 850만 파운드 ─ 영국 정부의 연간 총지출의 대략 4분의 1에 맞먹었다. 회사가 이제 스스로를 '세계에서 가장 원대한 상인회'라고 부르는 것도 당연했다.

마하지 신디아는 1771년부터 샤 알람의 후견인이 되어 무굴 왕조를 마라타의 꼭두각시로 만든 기민한 마라타 정치가였다. 사부아 출신 장군 브누아 드 부아뉴가 이끄는 강력한 근대적 군대를 만들어냈지만, 말년에 투코지 홀카르와 대립하고 살바이 조약을 체결해 동인도회사와 일방적으로 강화하며 마라타연맹의 단합을 크게 해쳤다.

1794년 마하지 신디아가 죽었을 때 후계자인 다울라트 라오는 열다섯 살에 불과했다. 소년은 부아뉴가 선임자를 위해 훈련시킨 훌륭한 군대를 물려받았지만, 그것을 이용할 때는 이렇다 할 비전이나 재능을 보여주지 못했다. 홀카르 가문과 대립하고 동인도회사에 맞서 공동전선을 수립하지 못한 것은 1803년 제2차 영국-마라타 전쟁의 참사로 이어졌다. 이로써 동인도회사는 인도에서 제1의 권력이 되었고 영국의 인도 지배로 가는 길을 닦았다.

리처드 웰즐리는 나폴레옹이 유럽을 정복한 것보다 더 많은 인도 땅을 정복했다. 동인도회사의 장삿속을 멸시한 그는 회사의 군대와 자원을 성공적으로 이용해 제4차 영국-마이소르 전쟁을 치렀고, 전쟁은 1799년 티푸 술탄이 죽고 그의 수도가 파괴되면서 막을 내렸다. 그다음 1803년에 치른 제2차 영국-마라타 전쟁에서는 신디아와 홀카르의 군대를 모두 물리쳤다. 이때에 이르자 그는 인도에 마지막까지 남아 있던 프랑스 부대를 모조리 축출하고 동인도회사에 펀자브 이남 인도 아대륙 대부분에 대한 지배권을 가져다주었다.

아서 웰즐리는 형 덕분에 빠르게 진급하여 마이소르 총독 겸 '데칸과 남부 마라타 지방 수석 정치군사 장교'가 되었다. 그는 1799년 티푸의 군대와, 특히 아사예 전투에서 1803년에 마라타 군대를 무찌르는 데 일조했다. 나중에 웰링턴 공작으로 유명해졌다.

〈데칸에서 전역 중인 웰링턴 공작〉, 1803년. 아사예 전투가 끝난 뒤 웰즐리의 고위 장교 중 한 명은 "그렇게 큰 대가를 치르고 승리를 사는 일이 더는 없길 바란다"라고 썼다.

전방에는 대포를, 양익에는 기병을, 후방에는 코끼리를 배치하고 전투 대형으로 늘어선 두 군대.

‹6›

기근에 시달리다

1768년 몬순은 인도 북동부에 극히 미미한 비만 가져왔다. 그다음 이듬해인 1769년 여름에는 아예 비가 내리지 않았다. 비 대신 폭염이 누그러질 기미가 없이 이어졌다. 강물이 줄어들고 저수조는 말라가며 푸쿠르(벵골 촌락마다 한가운데 자리한 양어장)는 처음에는 질퍽질퍽한 진흙탕으로 바뀌었다가 마른 땅으로 변했고, 끝내는 흙먼지만 날리게 됐다.

벵골의 시골에 산재한 회사 관리들은 가뭄이 세입에 미칠 영향을 깨닫고서 깊어지는 가뭄을 걱정스레 지켜봤다. 어느 관리는 "물이 부족해 논이 떡딱히게 굳어버려 리요트[농부]들이 다음 농사를 위해 땅을 갈고 준비하기가 매우 어렵다. 논이 태양의 열기에 바짝 말라버려 꼭 밀짚 들판같이 되었다"고 썼다.[1]

쌀 가격이 주마다 꾸준히 상승하여 다섯 배로 뛰었다. 10월이 되자 가뭄이 기근으로 바뀌며 무르시다바드에서는 농작물의 "대규모 부족과 품귀" 현상이 보고되었다.² 11월에 이르자 농부들은 "일반적으로 벼를 풍성히 수확한 뒤 심는 (…) 값나가는 목화와 오디를 전혀 재배할 수 없게 되었다".³ 한 달 뒤, 이제는 무르시다바드 행정을 이끌던 무함마드 레자 칸Mohammad Reza Khan은 사정이 너무 절박하여 배고픈 일꾼들이 "돈을 구하려고 자식을 팔기 시작했고 세간이나 소는 말할 필요도 없다. 쟁기질이 멈췄고 다수가 집을 버리고 떠난다"고 캘커타에 보고했다.⁴

가장 먼저 굶주리게 된 사람들은 땅이 없는 "일꾼, 직공, 제조업자들과 강에서 고용된 사람들[뱃사공]"이었는데 그들은 "농부처럼 곡식을 비축해둘 수단이 없었기" 때문이다.⁵ 아무런 보호나 안전망이 없는 이들 시골 장인과 도시 빈민층은 가장 먼저 영양실조를 겪다가 차츰차츰 병사하거나 아사하기 시작했다. 평소 쌀 수확량의 70퍼센트가량이 줄고 쌀 가격이 정상가의 열 배까지 치솟은 1770년 2월에 이르러 기아는 널리 확산되었다.

라지마할 근처 벽지에 부임했던 제임스 그랜트James Grant는 관할 지역의 궁핍한 상황을 보고했다. 그는 "시골에서는 큰길과 들판에 죽어가는 사람과 이미 죽은 사람들이 여기저기 널브러져 있고 읍내에서는 죽어가는 사람과 시신들이 거리와 골목을 막고 있다"고 썼다. "많은 사람들이 무르시다바드로 몰려와 [그곳에서] 여러 달 동안 7,000명이 매일 식량을 배급받았고 동일한 일이 다른 지역들에서도 벌어졌다. 하지만 전반적으로 궁핍하다 보니 구호의 효과는 거의 눈에 띄지 않는다. (…) 밖으로 나갈 때마다 불쾌한 공기를 들이 마시지 않고, 다급한 비명을 듣지 않고, 남녀노소를 불문한 많은 이들이 천차만별의 죽음과 고통을 겪고 있는 것을 목격하지 않기란 불가능했다. (…) 마침내 암울한 고요가 찾아왔다."⁶

"1770년 숨 막히는 여름 내내 사람들이 죽어갔다"고 윌리엄 헌터 경 Sir William Hunter 은 썼다. "농부들은 소를 팔고 농기구를 팔았다. 그들은 곡식의 종자를 먹어치웠다. 아들과 딸을 팔았고 결국에는 그 아이들을 살 사람도 더 이상 나타나지 않았다. 그들은 벌판의 풀과 잎사귀로 연명했다. 6월에 두르바르의 상주관은 사람들이 죽은 사람들의 인육을 먹고 있다고 단언했다. 굶주리고 질병에 시달리는 가엾은 인간들이 밤낮으로 대도시로 봇물처럼 쏟아져 들어왔다. (…) [그리하여 이내] 죽어가는 사람들과 시신이 산더미처럼 쌓여 거리를 막았다."[7]

1770년 6월에 이르자 참상은 벵골 지방 전역으로 확산되었다. 무르시다바드 거리에서는 이제 매일 500명이 아사했다.[8] 심지어 캘커타에서도 쌀을 구경하기 힘들었고 7월과 9월 사이에 7만 6,000명이 길거리에서 죽었다. "주 전체가 납골당처럼 보였다"라고 한 관리는 보고했다. 아사자 수치는 논란이 분분하지만 어쩌면 120만 명 — 벵골에서 다섯 명당 한 명꼴 — 이 벵골 역사상 최대의 비극 가운데 하나가 된 기근으로 그해 아사한 것으로 추정된다.[9]

벵골주 일부와 동부 비하르주에서는 사정이 조금 더 나았다. 하지만 가장 심한 타격을 받은 지역들에서는 전체 농민 가운데 무려 3분의 1이 죽었고, 구 무굴 귀족층의 3분의 2가 파산했다. 전체 농촌 장인 가운데 절반이 목숨을 잃었다. 후글리강은 강물을 따라 천천히 바다로 떠내려가는 퉁퉁 부풀어오른 시체로 가득했고 강둑에도 시체가 즐비하여 "들개, 자칼, 독수리 및 온갖 맹금과 맹수가 시신의 살점을 뜯어먹고 살이 쪄서 움직임이 둔해졌다."[10] "가장 나이가 많은 주민들은 이런 일은 여태 본 적이 없다고 입을 모은다"라고 클라이브의 후임 총독이 된 헨리 베렐스트 Henry Verelst 는 보고했다.[11]

1770년 7월, 3년째 비가 내리지 않자 무함마드 레자 칸은 캘커타의 상관들에게 엄청난 수의 사람들이 이미 죽고 또 죽어가고 있으며, 텅 빈 곡간이 불쏘시개가 되어 일어난 불길이 시골을 휩쓸고 있다고 썼다. 젊은 나와브 사이프 우드다울라saif ud-daula를 데려간 천연두를 비롯해 질병도 많은 이들의 목숨을 앗아갔다. "극심한 가뭄과 곡식 부족으로 고통받는 사람들의 참상을 어찌 형언할 수 있으랴? 수라크(수십만) 사람들이 매일 죽어가고 있다. (…) 온 나라가 기근에 빠져 있을 때 유일한 치유책은 신의 자비다."[12]

실제로는 신이 개입할 필요 없이 구할 수 있는 다른 치유책들이 있었다. 아득한 옛날부터 기근은 비가 내리지 않을 때마다 어김없이 고개를 내미는 인도의 고질적인 문제였다. 하지만 수세기에 걸쳐 그리고 확실히 무굴 왕조 시대에 이르러서는 곡식 비축과 공공사업, 기근 구호 대책으로 이루어진 정교한 시스템이 발전하여 가뭄이 가져오는 최악의 결과를 완화해왔다. 심지어 당시에도 기지가 더 뛰어나고 창의적인 무굴 행정관들은 쌀을 수입하고 무료 급식소를 세우는 주도적인 조치를 취했다.[13]

굴람 후사인 칸은 파트나의 신임 총독 시타브 라이Shitab Rai가 한 일에 특히 감명받았다. 시타브 라이는 라자 람 나라인 밑에서 부총독이었고 상관이 미르 카심에게 처형당했을 때 가까스로 죽음을 모면했다. 이제 그는 자신이 그 지역에서 가장 유능한 행정가임을 과시했다. 그 역사가는 이렇게 썼다. "주민들의 고통에 측은함을 느낀 시타브라이는 빈자와 노약자, 궁핍한 사람들에게 필요한 것을 넉넉히 제공했다. 기근과 필멸이 나란히 손잡고 어디서나 떠돌며 사람들의 목숨을 수천 명씩 거두어가던 그 끔찍했던 해에 시타브 라이는 베나레스에서는 곡식이 좀 더 저렴하고 훨씬 풍부하다는 말을 듣고 3만 루피*를 떼어서 집안의 나룻배와 노잡이들을 동원해 곡식을 베나레스로부터 파트나로 한 달에 세 번 실어 오게 했다."

　파트나에 하역된 이 곡식이 베나레스의 가격으로 팔려 나가는 사이에 나룻배들은 다음 물량을 실으러 또 떠났다. 하역 중인 나룻배와 선적 중인 나룻배가 항상 있었다. 기근이 지속되던 내내 이런 식으로 그의 나룻배는 세 개 선단으로 나뉘어 끊임없이 곡식을 실어날랐고, 그의 집안 사람들은 이 곡식을 경비와 운임, 손실비를 덧붙이지 않고 원가에 팔았으며, 굶주린 사람들은 사방에서 그의 곡간으로 몰려와 곡식을 사갔다.
　그렇게 귀한 곡식을 구입할 여력이 없는 사람이 여전히 많았기 때문에, 그는 그런 사람들을 네 집단으로 나누어 담장으로 둘러싸인 네 군데의 정원에 묵게 했다. 거기서 그들은 거의 죄수처럼 감시당했지만 그들을 장부에 기록하는 여러 서기들이 다수의 하인들의 도움을 받아 환자를 보살피듯 날마다 그들을 보살폈다. 하인들은 정해진 시간에 무살만[무슬림]을 위해 마련된 양식을 싣고 왔고 젠투[힌두인]를 위해서는 다양한 곡식과 콩, 그리고 충분한 질그릇과 땔감을 싣고 왔다. 그와 동시에 노새 여러 마리가 나를 양의 푼돈과 얼마간의 아편, 방[대마초], 담배와 같은 물건을 가져와 평소에 애용해온 사람들에게 골고루 나눠주었다. 이런 일이 날마다 어김없이 이루어졌다.
　그런 니그리운 행위에 관해 보고받자 [파트나의] 영국인과 네덜란드인 들도 눈치를 채고 그의 예를 따라서 여러 구내에 빈자들을 묵게 해 정기적으로 먹이고 입혔다. 이런 식으로 엄청난 수의 사

＊　현재 가치로 39만 파운드.

람들이 눈앞에 닥친 죽음의 문턱에서 구조되었다. 하지만 [벵골의 여타 지역에서는] 그런 활동이 누구의 머릿속에도 떠오르지 않았다. 실제로 빈민 감독관으로 임명된 일부 사람들은 제 잇속을 차리는 데 혈안이 되어 대량의 곡물을 조달하기는커녕 폭력적 방법을 써서 곡물을 매점하는 데 앞장섰다. 곡물을 실은 거룻배가 마침 장으로 올 때마다 강제로 다른 곳으로 치워졌다.[14]

몇몇 회사 관리들은 굶어 죽어가는 사람들을 돕기 위해 최선을 다했다. 여러 곳에서 쌀 비축과 수출을 막는 데에 성공했다.[15] 무르시다바드에서는 상주관 리처드 베처가 "쌀과 여타 비축 식량을 무료로 나눠주는 시설을 여섯 군데에 열었다". 그는 캘커타 집행위원회에도 아사자들을 구호하지 않을 경우 발생할 끔찍한 결과들을 경고하며, 보통은 평화로웠던 대로가 위험해졌고, 궁핍하고 절박한 사람들이 살 길을 찾으려고 안간힘을 쓰면서 전에 본 적 없는 노상강도 행각이 이제 하루가 다르게 일어나고 있다고 지적했다.[16] 캘커타 총독 존 카티어John Cartier도 회사의 수도에서 곤경을 완화하기 위해 노력했다. 그는 "곡식 저장고를 운영해, 몇 달간 매일 1만 5,000명을 먹였는데, 이런 조치로도 수천 명이 식량 부족으로 죽는 일을 막을 수 없었다. 길거리는 말할 수 없이 비참한 사람들로 넘쳐났고 날마다 150구의 시신이 수거되어 강에 버려졌다".[17]

하지만 가장 심각한 타격을 입은 지역 여러 곳에서 기근을 완화하려는 회사의 노력은 미미했다. 1770년 6월에 이르자 "일꾼과 노동자들 절반"이 죽었고 그 지역 전체가 "묘지의 정적"에 잠기고 있을 때 랑푸르에서 회사 고위 관리인 존 그로스John Grose는 빈민들에게 매일

5루피어치* 쌀을 배급했을 뿐이다.[18] 더욱이 회사 행정부 전반은 기근 구호 활동에 나서지 않았다. 현금 보유고가 충분했음에도 취약 계층에 종자나 신용을 제공하거나 경작자들에게 다음에 수확할 작물을 심는 데 필요한 장비를 지원하지도 않았다. 그 대신 생산이 저하되고 군비 지출이 많은 시기에 수입을 유지하려 했던 회사는 세금을 엄격하게 징수했고 일부 경우에는 심지어 과세 산정액을 10퍼센트 높였다.

징세를 강제하기 위해 세포이 부대들이 병영에서 불려 나와 시골로 들어가 눈에 확 띄는 곳에 교수대를 세우고 세금 징수에 저항하는 사람들을 목매달았다.[19] 심지어 다 굶어 죽어가는 가구들도 세금을 전액 바쳐야 했다. 인도주의적 근거에서 감면을 허용하는 경우는 없었다. 무르시다바드에 있던 리처드 베처는 눈앞의 광경에 경악하여 캘커타에 지침을 요청하는 편지를 썼다. 그는 "그 사람들이 최악의 악랄한 압제 행위를 자행하는 것을 보고도 피해자들에게 시정 조치를 취하지 못하고 그저 수수방관해야 하는가?"라고 물었다. "우리 회사 소속 작자들이 주민을 희생시켜, 아니 심지어 파멸시켜 배를 불리고 있다."[20] 그렇게 매정한 방식으로 세금을 징수한 결과, 기근은 처음에는 회사 장부에 아무런 영향을 미치지 않았으니, 워런 헤이스팅스의 말마따나 세금 징수를 "이전 수준에 맞춰 악착같이 유지했기" 때문이었다.[21] 1771년 2월에 캘커타 집행위원회는 런던의 이사들에게 "근래 기근이 매우 혹독하고 그에 따라 주민 수가 크게 줄어들었음에도 [세입]이 일부 증가했다"고 쓸 수 있었다.[22]

집행위원회는 벵골의 방어 시설을 유지하고 군사적으로 획득한 땅을 보호할 책임이 있다고 주장했다. 그러므로 연간 예산 2,200만

---

*   현재 가치로 65파운드.

‹6›   기근에 시달리다

파운드* 가운데 44퍼센트를 군대와 요새 시설 축성에 지출하는 것을 승인했고, 그에 따라 세포이 연대의 규모는 총 2만 6,000명으로 크게 증가했다.²³ 그들이 비축한 쌀은 회사 군대의 세포이를 먹일 것뿐이었다. 벵골 인구의 5분의 1이 아사하고 있을 때에도 군 예산을 깎는 일은 있을 수 없었다.²⁴

게다가 회사 소속 상인들이 곡식을 비축하여 폭리를 취하고 투기를 한다는 보고가 지속적으로 들어왔다. 기근이 절정일 때 무함마드 레자 칸은 캘커타에 회사의 관리자들이 "쌀을 독점한다"고 보고했다.²⁵ 어쩌면 존 데브릿John Debrit 일 수도 있는 반정부 인사가 영국으로 보내 〈젠틀맨스 매거진Gentleman's Magazine〉에 실린 어느 익명의 보고서에 따르면 "그 계절의 가뭄이 쌀 품귀를 예고하기가 무섭게 회사 소속의 우리 신사분들, 특히 최상의 기회를 제공하는 지역에 부임한 신사분들은 구할 수 있는 쌀을 최대한 발 빠르게 싹 사들였다".

품귀 현상이 점차 감지될 때 원주민들은 무르시다바드의 나와브에게 영국인들이 모든 쌀을 매점했다고 불만을 호소했다. 캘커타에 주재하는 나와브의 신하가 이러한 불만 사항을 의장(집행위원회 의장, 즉 캘커타 총독―옮긴이)과 집행위원회에 제출했으나 관련 신사분들의 이해관계가 캘커타 회사 경영진 사이에서 매우 강력하여 제기된 불만은 비웃음을 사거나 무시당했다.

많은 곳에서 우리 신사분들은 120시어seer(인도 무게 단위. 1시어는 대략 2파운드로, 1킬로그램에 조금 못 미친다―옮긴이)에서 140시어의 쌀을 1루피에 사들여서 나중에 흑인[인도인] 상인들에게 15시

---

*   현재 가치로 23억 1,000만 파운드.

어 당 1루피에 팔았다. 주요 관련자들은 이를 통해 엄청난 돈을 벌었다. 두르바르에 주재하는 우리 서기(동인도회사의 하급 직원—옮긴이) 가운데 한 명은 이런 투기에 관여하여, 지난해에는 수입이 1,000루피에도 미치지 못한 것으로 추정되는데 올해에는 본국으로 6만 파운드**를 송금했다고 한다.[26]

이 익명의 투기자는 혼자가 아니었다. 1770~1771년, 벵골 기근이 절정일 때 회사 경영진은 무려 108만 6,255파운드를 런던으로 이전시켰는데, 현재 통화 가치로는 1억 파운드에 달할 것이다.[27]

1770년 여름이 끝날 때쯤 회사 정책이 초래한 결과는 너무 처참해서 성벽으로 둘러싸인 캘커타 대저택에 틀어박혀 사는 가장 부유하고 둔한 회사 관리들조차도 회피할 수 없게 되었다. 데브릿이 런던 독자에게 말한 대로 "나와브와 무르시다바드에 있는 여러 위인들은 비축량이 바닥나기 시작할 때까지 빈민들에게 쌀을 무상으로 나눠주었고, 그것이 중단되자 수천 명의 사람들이 우리한테서 구호를 받을 희망을 품고 캘커타로 몰려왔다".

이 무렵에는 캘커타에 있는 우리도 [기근에] 크게 영향을 받았다. 수천 명이 매일같이 길거리와 들판에서 쓰러지고, 사정이 좋을 때에도 공기로 전염되기 쉬운 그 무더운 계절에 썩어가는 시신들 때문에 역병이 돌까봐 두려워했다. 우리는 쿠체리Cutchery(인도 관청)에 회사 경비로 들것과 썰매, 나르는 것을 구매하고 인부 100명을

** 현재 가치로 환산하면 1,000루피는 1만 3,000파운드이고 6만 파운드는 600만 파운드가 넘는다.

〈6〉 기근에 시달리다

고용하여 시신을 날라 갠지스강에 내버리게 했다.

　내가 아침에 침실 창문으로 내다보니 성벽에서 20야드(18미터) 반경에 시신 40구가 널려 있었고, 시신 말고도 뱃가죽이 등에 찰싹 달라붙은 사람 수백 명이 단말마의 고통에 사로잡혀 몸부림치고 있었다. 아직 기운이 남아 있는 사람들을 다른 데로 더 멀리 옮기려고 하인을 보낸 사이, 그 불쌍한 인간들은 팔을 내밀고 소리쳤다. "바바! 바바! 아버지! 아버지! 이 고통은 당신 동포들의 소행이니, 이것이 신을 기쁘게 하는 일이라면 여기 당신들 면전에 죽으러 왔소. 나는 움직일 수가 없으니 마음대로 하시오."

　6월에 우리의 상황은 한층 나빠져서 장에서 쌀을 3시어밖에 구할 수 없을 정도였고 그것도 상태가 나쁜 쌀이었다. 그나마라도 구입하면 길가에서 굶주린 무리에게 빼앗기지 않도록 집까지 몰래 가져와야 했다. 단말마의 고통에 사로잡힌 무수한 사람들을 마주치지 않고 거리를 다닐 수는 없었다. 거리를 지날 때면 한쪽에서는 "신이시여! 제발 자비를 베풀어주시오. 굶어 죽겠소!"라고 외치고 있었고 다른 쪽에서는 개와 자칼, 멧돼지, 독수리 그리고 여타 맹금과 맹수가 죽은 이들의 사체를 뜯어먹고 있는 것이 보였다.

　원주민들은 짐승들이 이렇게 많이 마을로 내려온 적은 여태 보지 못했는데 이런 암담한 경우에는 그놈들이 크게 도움이 된다고 말했다. 독수리를 비롯한 새들이 시신의 눈과 내장을 파먹고 다른 동물들은 손발을 뜯어먹어서 쿠체리 인부들이 강으로 나를 유해가 별로 남지 않기 때문이었다. 그럼에도 사람들은 시신 처리에 아주 고생했다. 주민 두 사람이 맹금이 뜯어먹고 남은 사체 20구를 가마에 실어 한꺼번에 강으로 나르는 것을 본 적도 있다.

　강이 시체로 가득해서 이 시기에 우리는 생선을 입에 대지도 않았고 생선을 먹은 이들은 상당수가 급사했다. 돼지, 오리와 거위도 주로 시체를 먹고 살아서 우리가 먹은 유일한 고기는 양고기였는데 그나마도 아주 귀해서 구하기 힘들었고, 가뭄이 너무 심하여 양 한 마리의 4분의 1 무게가 1파운드 반(약 700그램)도 나가지 않았다.

이 양고기를 가지고 나는 묽은 수프를 끓이곤 했다. 내가 식사를 마친 다음에 남은 것을 얻어먹으려고 기다리는 사람이 문간에 100명쯤은 있었을 것이다. 최대한 많은 사람이 먹을 수 있도록 나는 수프를 끓이고 남은 것을 작게 썰어서 내줬다. 한 사람이 뼈다귀를 쪽쪽 빨아먹고 내던지면 다른 사람이 또 그걸 집어들고 남은 것을 깨끗이 빨아먹고 내던졌고 그러면 또 세 번째 사람이 그렇게 하는 것을 봤다.[28]

벵골이 기근에 시달리면서 "주민들이 자취를 감춘 탓에 (…) 이제 그 지역의 너른 땅이 완전히 황무지가 되어가는 사이" 런던에서는 세수가 정상 수준으로 유지되는 것을 보고 안도했다. 주가가 디와니 이전 가격보다 두 배 이상으로 오른 점을 의식한 회사 주주들은 12.5퍼센트라는 초유의 배당금을 지급하도록 표결하여 자축했다.[29]

다만 그들은 이때의 회사 주가가 사상 최고가가 되리라는 사실을 알지 못했다. 이후 오랜 시간 전례 없는 (재정적·정치적·군사적) 불운이 국내외에서 이어지며 회사를 파산과 폐업 직전까지 몰고갈 것이라는 사실도 마찬가지였다.

1771년 말에 이르러 런던의 분위기는 이미 바뀌기 시작했다. 벵골에서 회사가 취한 비인간적 태도에 관한 이야기가 돌고 있었다. 사망자 수와 지금도 죽어가는 사람들의 숫자가 너무 커서 도저히 숨길 수 없었다. 당시 호러스 월폴의 편지는 막대한 이익의 이면으로 회사의 인도 경영에 뭔가 심각하게 안 좋은 일이 벌어지고 있다는 인식이 점점 커져가고 있었음을 드러냈다. 그는 이렇게 썼다. "인도의 신음 소리가 하늘나라까지 도달했으니 천부의 재능을 타고난 장군[클라이브]은 틀림없이 거기서 거부당할 것입니다."

우리는 페루의 에스파냐인들을 능가했습니다! 그들의 열성이 극악무도하다 해도 적어도 그들은 종교적 원칙에 입각한 도살자이기라도 했죠. 우리는 살인하고 폐위하고 약탈하고 찬탈했습니다. 300만 명이 숨진 벵골 기근이 동인도회사 직원들의 식량 독점으로 야기되었다는 걸 어떻게 생각하십니까? 이 모든 것이 드러났고 또 드러나고 있습니다. 이러한 참상을 야기한 황금이 그것을 불식시키지 못하는 한은 말이죠.[30]

전직 총리도 상원에서 월폴의 발언에 맞장구를 쳤다. 채텀 경 윌리엄 피트William Pitt, Lord Chatham는 인도에서 가산을 쌓은 명문가 출신이었다. 그의 할아버지 '다이아몬드 피트'는 마드라스 총독으로 재직하면서 나중에 손자의 경력을 가능케 한 큰 재산을 벌어 돌아왔다. 하지만 피트는 그러한 과거는 모른 척하며 이제는 회사가 자신의 부패한 관행을 인도에서 의회들의 어머니, 다시 말해 웨스트민스터 의회 한가운데로 들여오고 있다며 경종을 울렸다. 그는 의사당에서 이렇게 말했다. "아시아의 부가 우리에게로 쏟아져 들어오면서 그와 함께 아시아식 사치만이 아니라 안타깝게도 아시아식 정부 원칙들까지 들어왔다. 이 땅에 인맥도, 자연스러운 이해관계도 없는, 낯선 황금의 수입업자들이 세습 개인 재산은 도저히 대항할 수 없을 만큼 어마어마한 부패를 저지르며 의회로 들어오고 있다."[31]

1772년 초에 〈런던포스트London Post〉는 회사가 인도에서 저질렀다고 하는 범죄와 살인을 폭로하는 연재 기사를 실었다.[32] 4월에는 벵골 기근에 관한 데브릿의 글을 실었던 〈젠틀맨스 매거진〉이 "인류를 수치에 빠트리고 원주민의 무고한 피로 인도 들판을 뒤덮은 범죄를 EIC가 이 나라에서 되풀이할 수 있다"고 경고했다. "저 반헌정적 권력의 잔당, 동인도회사, 동인도 상인들의 전제적 단체는 물러가라!"[33]

그해가 갈수록 벵골에서 파국적인 사망자 수를 폭로하는 기사와 소책자, 책이 더 많이 출간되자 인도는 런던 "신문이 하루가 멀다 하고 다루는 기삿감"이 되었고, 여론은 갈수록 회사와 인도에서 귀국한 회사의 일반적인 네이봅들, 특히 그중에서 가장 저명한 인사인 클라이브에게 불리하게 변했다.[34] 한 소책자는 "보물이 있는 곳을 실토하라고 고문을 당한 인도인들, 약탈당한 읍락과 도시들, 도둑맞은 주와 자기르"를 이야기하며 "이것들은 회사 이사와 직원 들의 '기쁨'이자 '종교'"라고 말했다.[35] 월폴은 이제 그의 이야기를 들어주는 편지 친구 누구에게나 "우리 동인도회사와 그곳 괴물 직원들의 부정행위 (…) 그리고 그 괴물들의 자식 네이봅들"에 관해 큰소리로 성토하고 있었다.[36]

그해 여름에 회사는 런던의 추문과 험담의 초점이 되었다. EIC 이사들을 공격하는 재치 넘치는 풍자《아시아식 의회에서의 토론Debates in the Asiatic Assembly》이 이미 출간되었다 이 풍자의 등장인물로는 제이너스 블러버 경(야누스 멍청이), 샤일록(냉혹한 고리 대금업자) 버펄로, 존디스(황달) 브레이웰, 주다스 베놈 경(독사 같은 유다), 도널드 맥해기스(양의 내장으로 만든 스코틀랜드식 순대), 캘리번 클로드페이트(금수 같은 얼간이), 스켈레턴 스케어크로(해골 허수아비), 악랄한 벌처 경(청소동물인 독수리처럼 남의 불행을 등쳐먹는 사람—옮긴이) 등이 있었는데 마지막 인물의 모델은 분명히 클라이브였다. 회사의 괴수 같은 인간들이 줄줄이 벌처 경을 칭찬하는 가운데 단 한 명—조지 맨리—만이 용감하게 다른 이들을 "난폭한 강도 무리 (…) 약탈하고 벗겨 먹는 망신스러운 도당"이라고 규탄한다.

맨리는 "[벌처 경의] 탐욕과 압제, 전제적인 운영, 비인간성과 질서문란을 (…) 더 깊이 조사"할 것을 요구하고 "그의 모든 도구가 약속과 협박, 부패와 타락의 온갖 어두운 관행에 동원되는 것을 얌전히 지켜볼 것인가?"라고 묻는다. 그는 벌처 경이 "정의와 인간성이 담긴 모든 의견에 완전히 귀를 닫았다"고 말하며 "비길 데 없는 야심과 한계를 모르는 탐욕에 사로잡힌 이 만족할 줄 모르는 하피harpy(그리스 신화에 등장하는 반인반조. 탐욕스러운 사람이나 착취하는 사람을 가리킨다—옮긴이)의 방종과 난봉"으로부터 회사를 구해내야 한다고 주장한다.[37]

당시 1772년 6월에 피커딜리서커스에서 조금 떨어진 헤이마켓 극장에서 극장 소유주 새뮤얼 푸트Samuel Foote가 집필한 신작 〈네이봅The Nabob〉이라는 작품이 무대에 올랐다. 외설적인 이 풍자극의 주인공 매튜 마이트 경은 인도에서 돌아온 꼴불견 벼락부자 '네이봅'으로서, 벵골의 전리품을 가지고 유서 깊은 가문과 혼인을 맺고 브라이브엠Bribe 'em('매수해'라는 의미—옮긴이) 선거구를 매수하여 부정하게 의회에 진출하려고 한다. 극중에서 마이트의 조수 터치잇은 마이트와 그의 패거리가 재산을 모은 방법을 이렇게 설명한다.

터치잇: 우리는 교묘하게 야금야금 잠식하고 요새를 쌓다가 마침내 원주민이 당해낼 수 없을 만큼 힘이 커지면 그들을 자기 땅에서 쫓아내고 돈과 보석을 차지하지요.

시장: 터치잇 씨, 그건 좀 야만적인 일 아닌가?

터치잇: 오, 전혀 아닙니다. 원주민들은 타타르인이나 튀르크인과 진배없는 인간들입니다.

시장: 아니죠, 아니죠, 터치잇 씨. 정반대입니다. 그들이 우리 안의 타타르인들에게 고통받은 거죠.[38]

그해 여름, 회사에 대한 공격은 여러 형태를 띠었다. 어떤 이들은 회사가 인도에서 인종 학살에 가까운 만행을 저질렀다는 혐의를 제기했다. 의회를 부패시키고 있다고 비난하는 이들도 있었다. 혹자들은 귀국한 네이봅들이 인도산 다이아몬드를 주렁주렁 매달고, 토지와 부패 선거구를 사들이며 출세의 사다리에 오르려는 행태에 다시금 초점을 맞췄다. 많은 이들이 국가 독점 무역을 누리는 민간 기업이 해외 제국을 경영해서는 안 된다는 타당한 주장을 제기했다. "교역과 무력을 동일한 사람들이 관리해서는 안 된다"라고 아서 영Arthur Young은 널리 배포된 소책자에서 썼다. "상인이 할 일은 교환과 거래이지 전투에서 싸우고 군주들을 폐위하는 것이 아니다."[39]

회사의 전력前歷에 관한 특히 강력한 공격은 귀국한 회사 관리에 의해 출판되었다. 스코틀랜드 철학자이자 역사가, 중상주의자인 알렉산더 다우Alexander Dow가 페르시아어로 쓰인 페리슈타의 《힌두스탄의 역사History of Hindostan》에 대한 학구적인 번역서에서 회사의 벵골지배를 신랄하게 비판한 것이다. 인도적이고 식견과 설득력이 넘치는 다우의 비판은 회사의 벵골 통치가 보여준 무능과 야만성에 경악한 한 개인의 분노의 산물이자 이지적인 내부자가 제공하는 귀중한 목격담이다. 그는 "벵골은 온화한 기후와 비옥한 토양, 힌두교도들의 타고난 근면성 덕분에 언제나 통상으로 유명했다"고 썼다. "모든 나라를 상대로 벵골의 무역 수지는 흑자였고, 그곳은 한번 들어가면 다시 나올 기미가 없이 금은을 빨아들이는 곳이었다. (…) [하지만 회사가 인수한 이래로] 그 나라는 빈곤과 각종 곤경으로 인구가 격감했다."

6년 사이에 부유한 왕국의 대도시들 절반이 피폐해졌고, 세계에서 가장 비옥한 들판이 황폐해졌으며, 순박하고 근면한 사람 500만 명이 내쫓기거나 목숨을 잃었다. 선견지명의 부재는 선천적 야만성보다 더 치명적인 결과를 낳았다. [회사의 관리들은] 약탈만을 목표로 삼았지만 어느덧 피와 폐허를 헤쳐 나가고 있었다.

야만적인 적은 쓰러진 적을 죽일지도 모르나 문명화된 정복자는 칼 없이도 여러 민족을 파멸시킬 수 있다. 독점과 배타적 무역이 추가적 과세와 맞물렸다. (…) 불운한 자들은 생계를 박탈당한 반면, 기이한 불합리성으로 인해 그들에게 부과된 부담은 커졌다. (…) 몰락의 시작은 벵골이 외국인들의 지배 아래 들어간 날부터라고 잡아도 될 것인데, 그들은 그 민족에게 항구적인 이점을 보장하기보다는 현재 자신들의 수입을 늘리는 데 더 혈안이 되어 있었다. 선견지명이 특히 부재하여 그들은 고갈되지 않도록 물줄기를 들이지 않은 채 저수지를 비우기 시작했다.(…)

"벵골이라는 사체는 이제 바람에 하얗게 바래고 있으며 살점이 뜯겨 거의 뼈만 남았다"고 다우는 글을 맺었다.[40]

1772년에 출간된 EIC에 대한 무수한 논설 가운데 가장 영향력 있고 회사의 평판을 가장 심하게 훼손한 것은 윌리엄 볼츠의 《인도 문제에 관한 고찰Considerations on Indian Affairs》[41]이었다. 영국-네덜란드 혈통인 볼츠는 실제로는 회사의 가장 비양심적인 업자 중 한 명이자, 미르 카심 치세 당시 회사의 무자비한 사업들에 연루된 파트나의 윌리엄 엘리스의 동료였다. 하지만 클라이브와 사이가 틀어져서 불법 무역으로 벵골에서 강제 추방된 뒤 전 총독을 타도하겠다고 맹세했다. 그는 런던으로 돌아와 재빨리 내부고발자로 나섰다.《인도 문제에 관한 고찰》은 벵골에서 가장 악명이 자자한 회사의 사업을 폭로함으로써 클라이브를 파멸시키려는 시도였으며, 그중 많은 사업은 볼츠 본인이 실제로 직접 관여한 것이었다.[42]

볼츠는 회사 간부들이 "원주민과 흑인[인도인] 상인들을 부당하게 투옥하고 폭력을 써서 그들로부터 엄청난 금액을 뜯어냈다"고 썼다. 또한 감옥 같은 상관 수용소에 끌려와 억지로 비단을 짜지 않으려고 "제 엄지손가락을 자르는" 직조공들의 자해 행위를 언급한다.[43] 가해자들을 상대로 정의를 구할 길은 없었다. "우리는 인도에서 비행을 저지른 범법자 단 한 명도 유럽에서 재판에 회부하지 못하는 대양의 이편(영국—옮긴이)에서의 권력의 무력함을 목도한다."

가장 도발적인 볼트의 견해는 알라하바드 조약으로 디와니를 얻었다는 회사의 주장이 실은 군사적 정복의 현실을 가리기 위해 클라이브가 지어낸 법적인 난센스라는 주장이었다. 그는 회사가 "6만 명 이상의 상비군을 거느리고, 강대하고 부유하며 인구가 많은 왕국들의 주권자가 되었다"고 썼다. 벵골 나와브와 샤 알람은 EIC의 변덕에 휘둘리는 "명목상의 나와브 (…) 꼭두각시"에 불과했고, 그 땅은 법이나 조약으로 보장된 것이 아니라 "실제로는 폭력이나 찬탈로 획득하고 유지되는 소유물"이었다. 이는 "[무굴] 법률[이나 제국]이 더 이상 존재하지 않기" 때문이었다. 회사는 벵골을 빈곤에 빠트리고 영국의 장기적 이익에 반하여 활동하는 "독점업자들의 절대 정부"가 되었다. 이에 비해, 볼츠는 회사 지배 Company Raj 이전의 무굴 정부는 상

인과 장인들을 꾸준히 장려하며 공정 무역 원칙을 실현한 모범이었다고 썼다.[44]

볼츠의 해법은 국왕이 벵골을 정부 식민지로 인수하여, 영리가 목적인 회사에 의한 수탈을 끝내는 것이었다. 볼츠는 글 전체에 걸쳐 국왕에게 호소하면서 국왕이 합법적 지위를 차지하고, "아시아의 신민들"을 보호하기 위한 자애로운 손길을 뻗어야 한다고 주장했다.

그 책은 반쪽짜리 진실과 허위 고발로 가득했고, 열거된 전횡 사례 중 다수는 사실 그가 친구인 엘리스와 함께 저지른 일이었다. 하지만 《인도 문제에 관한 고찰》은 그럼에도 엄청난 영향력을 발휘했다. 훗날 영제국에 제기될 여러 비판을 앞서 제시했고, 당시에는 새로운 문제들이었지만 나중에는 훨씬 더 흔해질 쟁점들을 처음으로 정면에서 다뤘다. 일례로 사상 최초로 국경을 훌쩍 뛰어넘어 촉수를 뻗는 다국적 기업을 어떻게 다룰지의 문제를 처음으로 제기한 것이다. 또한 이 책자는 지나치게 막강하고 전례 없이 부유한 소유주를 견제하는 문제에 관해서도 중요한 질문을 던졌다. 볼츠는 아주 부자인 유력자 한 명이 너무 부유하고 막강해져서 국민국가가 통제할 수 없을 정도라면 어떻게 될 것인지 물었다. 누군가가 사업상 목적을 위해 입법부를 매수하고 재산을 이용해 의원들을 타락시킬 수 있다면 어떻게 될까?

장문의 발췌문이 〈런던 매거진〉에 실렸고, 한 통신원이 워런 헤이스팅스에게 경고한 대로, 과장과 명백한 편견에도 불구하고 "의회가 개입해 이러한 전횡을 바로잡길 바라는 대중이 그것(볼츠의 글)을 여과 없이 받아들이고 있었다".[45] 호러스 월폴에게 그 글은 오랫동안 의심해온 회사의 악행을 입증해주었다. 볼츠는 "클라이브 경을 통렬히 고발했고 (…) 회사의 명령을 공공연히 거역하고 독점했다는 엄중한 고발과 함께 그를 암살, 찬탈, 강탈, 갈취의 괴물로 묘사했다. (…) 벵골에서 근래에 일어난 기근과 300만 인명 피해의 책임은 그러한 독점들에 돌려졌다. 이 같은 범죄들의 10분의 1만으로도 경악을 불러일으키기에 충분했다".[46]

볼츠는 회사의 재정 안정성에 관한 경고로 열변을 끝맺었다. "회사는 먼저 잘 살펴보거나 단단하게 고정되지 않은 토대 위에 갑자기 세워지고, 일시적인 소유주와 관리자들이 거주하고, 서로 대립하는 상이한 이익집단으로 나뉜 거대한 건물에 비교될 수 있을 것인데, 이 가운데 한 집단은 상부구조를 너무 많이 쌓아올리고 있는 반면 또 다른 집단은 토대를 허물고 있다."[47]

알고 보니 예언적인 문단이었다. 불과 다섯 달 뒤에 EIC의 재정적 기반은 가장 요란한 방식으로 무너지게 되니 말이다.

1772년 6월 8일에 알렉산더 포다이스Alexander Fordyce라는 한 스코틀랜드 은행가가 55만 파운드*의 부채를 남기고 회사에서 종적을 감췄다. 그의 은행인 닐, 제임스, 포다이스 앤드 다운Neal, James, Fordyce and Down은 그 직후 무너져서 파산을 선언했다. 회사 주식에 대규모 투자를 한 또 다른 회사로서 에어 은행Ayr Bank으로 더 잘 알려진 더글러스, 헤론 앤드 컴퍼니Douglas, Heron & Company는 다음 주에 문을 닫았고, 영국을 가로질러 유럽까지 신속히 퍼져나가 금융 위기를 촉발했다.

그다음 주 사이에 북해 너머 동인도회사에 투기 주식을 보유하고 있던 네덜란드 은행 여러 곳이 도산했다. 2주 사이에 유럽 전역에서

---

* 현재 가치로 거의 5,800만 파운드에 달한다.

은행 열 곳이 망하고, 한 달 안으로 스무 군데가 더 문을 닫았다. 3주도 채 못 되어 은행 서른 곳이 도미노처럼 무너진 것이다.⁴⁸

이것은 버지니아에서 속출한 자살부터 더 가깝게는 동인도회사 회장 조지 콜브룩 경Sir George Colebrooke의 파산에 이르기까지 전 지구적인 파장을 일으켰는데, 그의 회사 운영에 대한 신뢰 회복에 거의 도움이 되지 않았다. 영란은행이 개입해야 했지만 은행도 위협받고 있었다. "이곳에서 우리는 매우 우울한 상황에 처해 있습니다. 끊임없는 파산, 보편적인 신용 상실 그리고 끝없는 의심들"이라고 데이비드 흄David Hume은 6월에 에든버러에서 애덤 스미스에게 썼다. "이러한 사건들이 당신의 이론에 어떤 식으로든 영향을 줍니까? 혹은 [《국부론》의] 어느 장을 수정해야 할까요?"⁴⁹

한 달 뒤인 1772년 7월 10일, 무려 74만 7,195파운드에 달하는 엄청난 액수의 청구서 뭉치가 레든홀가의 인디아하우스에 도착했다. 귀국하는 회사 직원들이 인도에서 보낸 송금환어음이었다. 이로 인해 1771년과 1772년 사이에 런던에서 현금으로 지급해야 할 돈이 150만 파운드에 이를 것으로 보이자 회사 재정 상태에 관해 심각한 우려가 제기되었다.⁵⁰ 회사가 이런 어음을 지급해야 하는지에 관한 질문이 제기되었지만 회계위원회는 "지급을 거부함으로써 회사의 신용이 매우 심각한 방식으로 손상될 수 있으므로" 환어음을 지급할 것을 고집했다.

그와 동시에 기근이 마침내 벵골의 토지 세입 감소로 이어졌다. 그 사이 지나치게 고가인 EIC의 차는 막대한 물량이 팔리지 않은 채 런던 창고에서 잠자고 있었다. 재고는 1762년 대략 100만 파운드어치에서 1772년 300만 파운드어치 이상으로 증가했다. 이는 1764년부터 1770년까지 군비 지출이 두 배로 증가한 때와 겹쳤고, 12.5퍼센트의 배당 비용은(당시에는 수익과 상관없이 배당률을 미리 설정하고 정기적으로 지급했다—옮긴이) EIC 경비에 연간 거의 100만 파운드*를 추가했다. 장부는 이제 완전한 적자 상태였다.[51] 그해 하반기에 회사는 당해 년도 관세를 처음으로 미납했고, 그 뒤에는 영란은행에 대출을 상환하지 못했다. 이러한 소식이 돌기 시작하자 EIC 주가는 단 한 달만에 60포인트 폭락했다. EIC가 영란은행에 납작 엎드려 막대한 대출을 요청한 것은 그 직후였다.[52]

1772년 7월 15일 회사 이사진은 영란은행에 40만 파운드의 대출을 신청했다. 2주 뒤에는 다시 찾아와 30만 파운드의 추가 대출을 요청했다. 영란은행은 20만 파운드만 마련할 수 있었다. 160만 파운드의 미지불 어음과 900만 파운드가 넘는 부채가 있었던 반면, 회사의 자산은 500만 파운드에 못 미쳤다.[53] 8월에 이르자 이사들은 정부에 사실은 무려 100만 파운드의 구제금융이 더 필요하다고 실토했다.**

EIC는 이미 빚을 잔뜩 지고 있었다. 1769년과 1772년 사이에 회사는 영란은행에서만 550만 파운드***를 빌렸다. 회장이 캘커타의 워런 헤이스팅스에게 쓴 것처럼, "내부적 곤경이 순식간에 우리를 덮쳤다. 이 엄청난 적자는 갑자기 암울한 전망과 함께 신용을 경색시켰고, 우리의 매출에 심각할 정도로 영향을 미쳤으며, 영란은행(우리의 하나뿐인 자금원)을 대단히 신중해지게 만들었다".[54] 그 직후에 에드먼드 버크가 작성한 보고서는 회사 직원들이 "그들을 파견한 나라와 현

---

*　　현재 가치로 환산하면 74만 7,195파운드=7,845만 5,475파운드, 150만 파운드=1억 5,700만 파운드, 100만 파운드=1억 파운드, 300만 파운드=3억 파운드이다.

**　　40만 파운드=4,200만 파운드, 30만 파운드=3,100만 파운드, 20만 파운드=2,100만 파운드, 160만 파운드=1억 6,800만 파운드, 900만 파운드=9억 4,500만 파운드, 500만 파운드=5억 2,500만 파운드, 100만 파운드=1억 500만 파운드.

***　　현재 가치로 5억 7,700만 파운드.

재 그들이 있는 나라 양쪽으로부터 분리된" 양상을 묘사하고, EIC의 적자가 잠재적으로 "(목에 걸린) 맷돌처럼 [정부를] 헤아릴 수 없는 나락으로 끌어내릴 수 있다. (…) 이 가증스러운 회사는 결국 독사처럼 회사를 품 안에서 키워준 조국의 멸망의 원인이 될 것이다"라고 내다봤다.[55]

그와 동시에 영국 경제의 성장을 돕고 있는 것은 인도의 재부이며, EIC 도산의 "첫 번째이자 가장 즉각적인 결과"는 "국가 부도"나 그에 버금가는 것, 즉 "국채에 대한 이자 지급의 중단"일 것이라는 인식이 널리 퍼졌다.[56]

경제·정치 이론가 토머스 파우널Thomas Pownall은 "사람들이 이제서야 인도 문제를 단순히 제국과 결부된 재정적 부속물로만이 아니라, 인도에서 얻은 수입의 배분이 우리 재정의 뼈대를 구성하고 있다는 측면에서 바라보기 시작했다. (…) 사람들은 이제 인도라는 이 체계의 한 부분이 무너질지 모른다는 상상만으로도 공포에 떠는데, 영국 제국 전체의 구조도 필연적으로 함께 붕괴할 수밖에 없다는 것을 알기 때문"이라고 썼다.[57] 이는 확실히 국왕의 견해였다. 조지 3세는 "이 나라의 진정한 영광"은 "빚더미에 깔려 신음하는 개탄스러운 상황에서 이 나라를 건져낼 유일하고 안전한 방도"를 제공하는 인도의 부에 달려 있음을 믿는다고 썼다.[58]

11월 26일, 동인도회사의 재정 위기와 더불어 EIC 직원들의 부패와 비리를 둘러싼 광범위한 혐의를 논의하기 위해 의회가 소집되었다. 회사의 파산과 직원들의 엄청난 축재가 너무 극명하게 대비되어 조사하지 않을 수 없었던 것이다. 여기에는 개인적 요인도 작용했다. 의원들의 40퍼센트는 EIC 주식을 보유했기에 그들도 주식 가격의 폭락으로 심각한 피해를 봤다.

의회가 실제로 거금 140만 파운드를 들여 회사를 구제하기로 표결한다면 그러한 막대한 대출을 승인하는 대가로 회사에 대한 의회의 감독 조치가 있어야 한다는 점이 점점 더 분명해졌다. 회사가 스스로 개혁할 수 없으며, 의회가 개입하지 않는다면 벵골과 그곳의 막대한 세입을 잃게 될 것이라는 사실이 처음으로 널리 인식되었다.

윌리엄 버렐William Burrell 의원이 단언한 대로였다. "의원 여러분, 이것이 내각이나 야당의 사소한 문제라고 생각해서는 안 됩니다. 아니, 이것은 제국의 사안이며, 영국이 세계 제일의 국가가 될지 파멸하거나 망할지는 어쩌면 거기에 달려있을 것입니다."⁵⁹

1772년 12월 18일에 동인도회사 이사들이 의회로 소환되었다. 그들은 인도에서 회사의 권력 오남용 및 특히 횡령과 뇌물수수 혐의를 조사하기 위해 설치된 존 버고인John Burgoyne 장군의 의회 특별위원회에서 혹독한 조사를 받았다. 클라이브를 비롯해 여러 회사 직원들에게 부패 혐의가 제기되었고, 버고인은 클라이브를 "주요 범죄인은 아니라 해도 가장 오래된 범죄인"이라고 묘사했다. 특별위원회는 최종 보고서에서 1757년과 1765년 사이에 200만 파운드*가 넘는 "선물"이 벵골에 뿌려졌다고 추산했고, "국가에 불명예와 손해를 끼치며 클라이브와 그의 부하들이 유용한 막대한 금액"을 정부에 배상해야 한다고 말했다.⁶⁰

클라이브는 1773년 5월 21일에 "천한 양 도둑"처럼 취급받는 데

---

* 　현재가치로 2억 1,000만 파운드.

강력히 반발한다고 말하며, 그의 가장 유명한 연설로 응수했다. 플라시 전투 이후로 "대大군주가 내 의향에 달려 있었고, 찬란한 도시가 내 자비 아래 놓였으며, 그곳의 최대 은행가들이 너도나도 내 미소를 구했습니다. 나는 양손에 금은보화를 잔뜩 든 채 오로지 내 앞에만 열어젖혀진 금고를 거닐었습니다. 의장님, 이 순간 저는 제 자신의 절제에 놀랍기 그지없습니다."

클라이브는 자신을 변호하며 두 시간 동안 힘차게 발언했다. "내 재산은 가져가되 명예는 남겨달라"고 마지막으로 항변한 뒤 "옳소! 옳소!"라는 커다란 외침이 거듭되는 가운데 그는 눈물을 글썽이며 의사당을 나왔다. 마차에 올라타, "오늘 아침 내 것이라고 할 수 있는 것이 땡전 한 푼이라도 남았을지" 알지 못한 채 집으로 돌아갔다.[61] 점점 더 많은 의원들이 버고인의 발의안을 공격하기 위해 발언하면서 토론이 밤늦도록 이어졌다. 결의안은 결국 일련의 수정과 "이 나라에 대한 클라이브의 훌륭하고 커다란 공로"를 칭찬하는 내용으로 맹탕이 되고 말았다. 밤샘 토론 끝에 마침내 클라이브는 그의 징계를 지지하는 95표와 결백을 지지하는 155표로 혐의를 벗었다.[62]

총리인 노스 경은 한 차례 전투에서 졌을지 모르지만 여전히 회사를 굴복시키려고 작심했다. 징계안이 부결된 직후 버고인은 "의장님, 의회가 동인도회사에 권리를 가져야 한다고 생각합니다. (…) 지속적인 월권행위, 본국에서의 사기 행각, 해외에서의 압제가 너무 심각하여 온 세계가 회사를 국왕에게 넘기라고 큰 소리로 외칠지도 모릅니다"라고 단언했다.[63] 그의 목표는 EIC의 모든 인도 영토와 그곳에 사는 2,000만 인도인을 국가 권한 아래 두는 것이었다. 한 하원의원이 표현한 대로 의회는 "그 나라의 불행하고 근면한 무수한 원주민을 이 정부(동인도회사 행정부)의 치하에서 구해내려" 해야 한다.[64]

하지만 노스는 이러한 시도에서도 결국 실패했다. 회사는 국왕이 칙허장으로 보장한 특권들을 누렸고, 주주들은 그 특권들을 지키는 데 집요했다. 더욱이 너무도 많은 의원이 회사 주식을 소유했고, 회사가 내는 세금은 경제에 너무 큰 비중을 차지하고 있어서—관세만 해도 연간 88만 6,922파운드*였다— 어느 정부도 회사가 망하게 놔두는 것을 생각조차 할 수 없었다. 궁극적으로 회사는 그 규모 때문에 구제되었다. 회사는 이제 영국 무역의 거의 절반을 창출하고 있었기에 말 그대로 대마불사였던 것이다.

이런 상황에서 회사와 의회 간 타협안의 윤곽이 곧 분명해졌고, 그에 따른 국가와의 새로운 파트너십도 마찬가지였다. 파산 위협을 모면하기 위해 회사에 필요한 140만 파운드**라는 엄청난 융자가 추인되었다. 하지만 그 대가로 회사는 1773년 6월 노스 경의 인도 법안에 규정된 규제법 Regulating Act을 따르기로 했는데, 이에 따라 회사는 더 철저한 의회 감독을 받게 되었다. 의회는 또한 이제부터 벵골 총독령만이 아니라 마드라스와 봄베이 총독령도 관장할 총독도 임명하게 되었다(벵골 총독이 인도 총독도 겸하면서 마드라스와 봄베이 총독령이 벵골 총독령에 종속되었다—옮긴이).

1773년 6월 19일에, 노스 경의 법안이 최종 심의를 47표 대 15표로 통과했다. 세계 최초의 침략적인 다국적 기업이 역사상 최초의 거대 구제금융 가운데 하나로 구제되었다. 국민국가가 부도날 회사를 구하는 대가로 규제하고 통제할 권리를 얻어낸 초기 사례였다. 하지만 의회에서 많은 수사가 오갔음에도 회사는 하노버 왕조의 국가 기

---

* 현재 가치로 9,300만 파운드.
** 현재 가치로 1억 4,700만 파운드.

구에 부분적으로 편입되었을 뿐, 여전히 어엿한 반자율적인 제국 세력이었다. 규제법 그 자체는 EIC의 도를 넘는 최악의 행위에 재갈을 물리지는 못했지만 실제로 선례를 만들었고, 회사에 대한 국가의 개입은 이를 출발점 삼아 꾸준히 진행되어 80년 뒤인 1858년에 궁극적인 국유화로 이어진다.

의회가 처음으로 인도 총독직에 앉힌 사람은 인도에 생소한 정치적인 임명자가 아니라 마흔한 살의 회사 베테랑이었다. 워런 헤이스팅스는 회사의 모든 간부 중 가장 총명하고 노련하며, 검소하고 학구적이고 성실하고 금욕적인 일 중독자였다. 규제법은 또한 의회를 대신해 헤이스팅스의 업무를 감독하기 위해 정부가 집행위원회 위원 세 명을 임명하도록 규정했다. 세 위원 중에는 명석하고 박식하지만, 묘하게 악의적이고 앙심이 많은 데다가 야심이 끝이 없는 젊은 정무 차관도 포함되어 있었다. 필립 프랜시스는 더블린에서 태어났지만 런던에서 자란 아일랜드 개신교 성직자의 아들로, 그가 쓴 대로 "출생이나 재산상에서 조금의 이점도 없이 인생을 출발한" 사람이었다. 출세 지향의 외부자라는 자신의 처지를 민감하게 의식하며 "스스로에게 항상 경계를 늦추지 않는" 그는 속임수와 기만, 모략을 좋아하는 유능한 정치적 웅변가였다. 그는 조지 3세와 그의 신료들을 공격하는 선동적인 논설인 《유니우스 서한》의 유력한 저자로도 거론되는데, 이 글은 1768년과 1772년 사이에 발표되어 아메리카 식민지와 유럽 대륙에서 널리 재판을 찍었다.[65] 프랜시스와 헤이스팅스는 협력하지 못했다. 게다가 프랜시스는 헤이스팅스가 소환되게 만들어 그를 대신해 벵골의 통치자가 되려는 야심—"나는 이 찬란한 제국을 구해내고 다스리기 위해 보내졌다"—을 품었다. 그 두 가지 사실이 앞으로 수년간 회사에 더 많은 문제를 야기하고 인도에서 회사의 통치

를 실질적으로 마비시키는 결과를 낳게 된다.[66]

규제법과 규제법을 둘러싼 의회 토론의 또 다른 희생자는 어쩌면 놀랍게도 클라이브였다. 의회에 의해 궁극적으로는 결백이 입증되긴 했지만 그는 버고인과 특별위원회에게 험한 꼴을 당하며 입은 상처에서 결코 회복하지 못했다. 징계는 피했지만 이제는 악명 높고 평판이 극도로 나쁜 인물로, 전국적으로 벌처 경, 즉 동인도회사의 부패하고 파렴치한 면모를 대표하는 추악한 인물로 여겨졌다.

규제법이 통과된 직후 클라이브는 해외로 그랜드투어(유럽, 특히 영국의 귀족과 상류층 자제들이 문화적 교양을 쌓고 견문을 넓히기 위해 떠난 장기 유럽 대륙 여행으로서, 비공식 문화 수도인 파리와 고전 고대의 유산이 살아 있는 이탈리아 로마가 단골 행선지였다—옮긴이)를 떠나 프랑스를 지나가는 길에 과거 프랑스 동인도회사의 적수들과 함께 식사를 하기도 했다. 예술품을 수집하고, 유럽에서 가장 막강한 사교계 인사들을 만나며 1년간 이탈리아의 고대 유적지를 여행했지만 마음의 평화를 되찾지는 못했다. 그는 항상 우울증에 시달렸고 젊었을 적에 두 차례 총으로 자살을 시도하기도 했었다. 그때 이후로 줄곧 흐트러짐 없이 자신만만한 외양을 유지하긴 했어도 적어도 한 번은 정신적으로 크게 무너진 적이 있었다. 이러한 마음의 짐에 이제는 고통스러운 복통과 통풍이 더해졌다. 잉글랜드로 돌아온 지 얼마 지나지 않아, 1774년 11월 22일에 불과 49세의 나이로 로버트 클라이브는 버클리스퀘어의 자택에서 자살했다.

그의 숙적인 호러스 월폴은 런던에서 떠돌던 최초의 풍문에 관해 썼다. "그가 병을 앓았던 것은 확실하지만 세상은 그 이상의 이유가 있다고 생각한다. 그의 건강은 심하게 망가지고 병들었고, 점점 더 격심한 고통과 경련에 시달렸다. 그는 지난 월요일에 매우 아파서 런던으로 왔다. 화요일에 주치의가 로드넘(아편을 희석한 마약성 진통제로, 20세기 초반까지 만병통치약처럼 애용되었다—옮긴이)을 투약했지만, 효과가 없었다. 나머지로 말하자면 두 가지 설이 존재하는데, 하나는 의사가 로드넘을 한 번 더 투약했다는 것이고 다른 하나는 본인이 의사의 충고에 반해 복용량을 두 배로 늘렸다는 것이다. 요컨대 그는 쉰 살의 나이에 그토록 엄청난 영광과 비난, 미술품, 부 그리고 허식으로 가득한 생을 마감한 것이다!"[67]

진실은 그보다 더 불미스러웠는데, 클라이브는 실은 뭉툭한 펜나이프로 자기 경동맥을 잘랐다. 그는 아내 마거릿과 비서인 리처드 스트레이치Richard Strachey 그리고 스트레이치의 아내 제인과 함께 집에 있었다. 나중에 제인 스트레이치는, 휘스트 게임을 하다가 클라이브가 심한 복통을 느껴 "화장실에 가려고" 중간에 거실에서 나갔다고 기록했다. 시간이 지난 뒤에도 그가 돌아오지 않자 스트레이치가 마거릿 클라이브에게 "부인께서 가서 경이 어디 계시는지 알아보는 게 좋겠다"고 말했다. 마거릿은 "그를 찾으러 갔고 마침내 어느 문을 열고 목을 그은 클라이브 경을 발견했다. 부인은 실신했고 하인들이 왔다. 패티 듀캐럴Patty Ducarel은 손에 피가 조금 묻어서 핥아냈다."[68]

클라이브의 시신은 한밤중에 버클리스퀘어에서 그가 태어난 모어턴 세이의 동네 교회로 옮겨졌다. 그곳에서 자살한 망자는 은밀한 야간 장례식과 함께, 명판도 없고 아무 표시도 없는 묘에, 반세기 전에 그가 세례를 받았던 교회에 묻혔다.

클라이브는 자살하면서 유서를 남기지 않았지만 새뮤얼 존슨은 그의 동기에 관해 널리 퍼진 견해를 언급했다. 존슨은 클라이브가 "여러 범죄로 재산을 쌓았고 그것들을 의식하고 있었기 때문에 스스로 목을 그을 수 밖에 없었던 것이다"라고 썼다.[69]

1774년 10월 19일, 규제법의 규정에 따라 임명된 세 명의 정부 위원 필립 프랜시스, 클래버링 장군과 몬슨 대령이 드디어 캘커타에 도착했다. 예포가 21차례가 아니라 17차례 발사되고, "의전도 초라하고 무성의하여" 그들은 곧바로 기분이 상했다. "근위대도, 우리를 맞이하거나 길을 안내할 사람도, 공식 의례도 없었다." [70]

워런 헤이스팅스는 그 뒤 오찬을 위해 자택을 찾아온 세 사람을 평상복 차림으로 맞이하여 불만을 더욱 키웠다. "헤이스팅스 씨는 분명히 구겨진 셔츠를 입고 있었을 것"이라고 필립 프랜시스의 처남이자 비서는 썼다. 클래버링 장군은 런던에 곧장 항의 서한을 썼다. 언짢은 오찬이 끝날 무렵 워런 헤이스팅스는 이미 사임을 고민하고 있었다. 새로운 정치 체제는 이보다 더 불운하게 출발할 수도 없었을 것이다.

더 심각한 일은 그다음이었다. 이튿날인 10월 20일 첫 공식 업무회의에서 신임 위원들은 먼저 최근의 로힐라 전쟁에 관해 질의하고 헤이스팅스가 왜 회사 병력을 회사의 동맹인 아와드의 슈자 우드다울라에게 빌려주었는지 따져물었다. 헤이스팅스의 목적은 통제 불능의 로힐라 아프간인의 침입을 막아 슈자가 서부 변경지를 안정화하도록 돕는 것이었지만, 프랜시스는 회사 병력이 실질적으로 용병으로 임대되었고 슈자 휘하에서 패배한 아프간인을 상대로 한 끔찍한 만행에 동참했다고 올바르게 지적했다.

언제나 비판에 민감했던 헤이스팅스는 이 극도로 악의적인 분위기에서 숨을 쉴 수 없을 지경이었다. 얼마 안 있어 그는 "음흉한 암시와 수수께끼 같은 말, 지독한 악담 그리고 비난조의 빈정대는 표현이라는 흥기에 난 익숙해졌다"라고 썼다.[71] 의기양양해진 프랜시스에 따르면 "헤이스팅스는 얼굴에 진땀이 흐르고, 눈물을 쏟아내고, 머리를 쥐어뜯고, 정신을 잃은 채 방안에서 우왕좌왕했다".[72] 얼마 안 있어 프랜시스는 총리인 노스 경에게 헤이스팅스를 낮잡아보는 편지를 썼다. "그에게 3류나 4류의 재능이 조금 있음을 부인하지 않지만 우리 모두는 다른 자질들만큼이나 그의 능력과 판단력에 관해서도 기만당했습니다. 이전에 그에게 품었던 호의적인 선입견은 돌이켜보면 일시적인 정신착란이었고, 본인이 저를 정신착란 상태에서 벗어나게 해주었지요. (…)"[73]

인도를 아끼는 헤이스팅스의 성향을 언제나 불신했던 클라이브에게 악영향을 받아, 프랜시스는 헤이스팅스가 벵골의 모든 해악과 부패의 원흉이라고 이미 확신하고서 인도에 도착했다. 당시 그랜드투어의 마지막 일정을 마치고 귀환 중이던 그의 후원자에게 쓴 대로 "헤이스팅스는 악당들 가운데 누구보다 부패한 악당"이었다. 집행위원회에서 헤이스팅스의 유일한 우군인 리처드 바웰Richard Barwell로 말하자면 "그는 무식하고, 신뢰할 수 없고, 주제넘은 멍청이입니다".[74]

필립 프랜시스는 죽을 때까지 이런 견해를 견지했다. 캘커타에 도착한 날부터 그는 헤이스팅스를 끌어내리고, 그의 모든 주도적 계획을 가로막고, 그가 이미 한 모든 일을 뒤집으려고 애썼다. "벵골은 파탄났고 H 씨 혼자서 그렇게 했다"고 그는 도착한 지 몇 주 만에 썼다. "다음 배로 영국의 모든 사람들을 불안에 떨게 만들 내부 사정에 관한 보고서가 갈 것입니다."[75] 동료 위원 두 사람은 모두 성마른 군인으로 그다지 똑똑하지 않았고, 배를 타고 1년에 걸쳐 벵골로 오는 길에 이미 프랜시스의 견해에 설득되어 그가 하자는 대로 모두 따랐다.

헤이스팅스는 충분히 억울할 만했다. 그는 회사의 부패의 화신이

기는커녕, 프랜시스가 도착할 때까지 명성에 오점 하나 없는 사람으로 여겨졌다. 키가 크고 비쩍 말랐으며, 행실이 도덕적으로 나무랄 데 없고, 조용하게 말하고, 학구적인 헤이스팅스는 회사의 지배에서 자행되는 도를 넘은 행위들에 언제나 맞선 몇 안 되는 회사 직원 중 하나였다. 그는 뛰어난 행정 능력과 성실함으로 널리 찬탄을 받았다. 워런 헤이스팅스와 함께 갠지스강을 거슬러 여행한 미술가 윌리엄 호지스William Hodges는 화려하게 차려 입은 동료들 사이에서 그의 수수한 차림새와 수행원들이 인도 일반인을 함부로 대할 때 이를 단호히 제지하는 데 주목했다. 그는 곤경에 처한 친구들에게 계속 돈을 빌려줬고, 배려심을 갖고 식솔을 너그럽게 보살폈다. 그의 연금 지급 목록에는 카심바자르에서 맨 처음 하인이었던 사람의 과부와 캘커타 길가에서 그를 위해 노래를 부르곤 했던 맹인의 이름까지도 적혀 있었다.[76] 굴람 후사인 칸이 영국 관리를 좋게 말하는 경우는 거의 없지만, 역사서에서 드물게 긴 문단을 할애해 회사 치하에서 평범한 사람들의 권익을 위한 헤이스팅스의 분투와 더불어 그의 관대함을 칭찬했다. "은총과 은혜를 내리시는 전능하신 신께서 고통받는 수많은 가족을 서둘러 지원하고 (…) 고통받는 데는 능숙하지만 말은 못하는, 그 수많은 억압받는 이들의 신음과 흐느낌에 귀를 기울인 것에 대한 보답으로 총독에게 상을 내려주시길."[77]

동시대인들 어느 누구보다도 회사 통치 체제에 내재한 많은 결함을 지각하고 있던 헤이스팅스는 이를 날카로운 글로 표현했다. "광대한 영토를 보유하고도 한낱 상인의 수준에서 눈앞의 이익을 최우선 원칙으로 삼고 행동하는 것, 막대한 세수를 거두면서도 그 세금을 내는 주민들을 보호할 능력을 보유하지 못한 것 (…) [이것들은] 우리 국민의 명성을 크게 훼손하며 (…) 비인간성에 근접할 만큼 (…) 해소될 수 없는 역설이다."[78] 그는 회사의 지배를 더 공정하고 효과적이며 더 책임감 있게 만들기 위해 필요한 변화를 이루어내겠다고 결심했다. 그는 회사 직원들이 현지 언어와 관습에 무지한 반면 인도인 청원자들은 직원들의 권력 오남용과 압제에 여전히 속수무책이라고 썼다. 또 이것이 "우리 정부의 모든 부문에 퍼져 있는 악의 근원"이라고 믿었다.[79] 그는 총독으로 취임하기 위해 떠나면서 "제발 이 아름다운 나라의 정부가 3년마다 부임하는 가난한 투기꾼들이 눌러 앉아 사재를 쌓는 자리로 계속 남지 않기를"이라고 썼다.[80]

1772년 2월에 총독으로 임명되고 2년 반 뒤에 프랜시스와 다른 위원들이 올 때까지 헤이스팅스는 벵골에서 회사 지배의 가장 큰 문제들을 철저히 들여다보고 개혁하기 위해 많은 일을 했다. 캘커타에 도착하자마자 그는 자신이 물려받은 상황이 엉망진창인 것을 보고 경악했다. "회사의 새 정부는 정리되지 않은 산더미 같은 자료로 이루어져 있어 혼돈 그 자체다"라고 썼다. "정부의 권한이 규정되어 있지 않고, 징세, 투자 제공, 사법 행정(이라는 게 존재한다면), 치안 유지가 전부 뭉뚱그려져서 동일한 사람들이 수행하고 있는데, 뒤쪽 두 가지 기능은 어디에 의지해야 할지 몰라 거의 완전히 방치되어 있다."[81]

그는 회사를 행정 서비스로 전환하는 과정부터 시작해 곧바로 업무에 뛰어들었다. 첫 번째 주요 변화는 정부 기능 전체를 무르시다바드에서 캘커타로 이전하는 것이었다. 벵골이 여전히 나와브의 지배 아래 있다는 허상을 치우고 이제는 회사가 명백한 통치자로 부상했다. 그는 "캘커타는 이제 벵골의 수도이며 벵골주의 모든 업무와 책임은 그곳에서 비롯된다. (…) 회사 권한의 한계를 설정하고, 주민과 나와브가 회사 주권에 익숙해지도록 만들 때였다"라고 썼다.[82] 하지만 헤이스팅스는 오로지 나와브의 직무만 총독과 그의 위원회가 대체하는 방식으로, 다시 말해 기존 무굴 시스템을 간직하고 되살려 인도인 관리들을 통해 운영하고 싶었다. 심지어 회사의 무역과 연계된 몇몇 지정 상관을 제외하고는 유럽인이 캘커타 밖에서 사는 것을 금지하자고 제안하기까지 했다.

1773년 내내 헤이스팅스는 엄청난 에너지로 일에 매진했다. 통화 체계를 통일하고, 힌두 법과 무슬림 율법 요람을 성문화하고, 조세와 관세 체계를 개혁하고, 토지세를 정하고, 민간 무역상을 위해 현지 대리인들이 자행했던 최악의 전횡을 중단시켰다. 효율적인 우편 서비스를 수립하고, 제대로 된 인도 지도를 그리기 위한 제임스 레널James Rennell의 측량 사업을 후원했고, 1770~1771년의 기근이 다시는 반복되지 않도록 파트나의 대大골라the Great Gola를 비롯해 공공 곡물 창고를 잇따라 건설했다.[83]

티베트 모험가이자 외교관인 조지 보글George Bogle은 이 무렵에 헤이스팅스를 만난 후 그를 "모든 면에서 그가 맡은 직책에 적합한 사람"이라고 묘사했다. "그는 끈기가 있는 동시에 온건했다. 일 처리가 빠르고 부지런하고, 말솜씨가 뛰어나며, 원주민의 관습과 성향을 잘 알고 그들의 언어를 이해하며, 사근사근하지는 않지만 모든 사람에게 선뜻 다가간다. 그의 재임 동안 많은 권력 오남용이 시정되었고, 유용한 규정들이 정부의 모든 부문마다 제정되었다."[84]

헤이스팅스의 모든 작업의 밑바탕에는 10대 이후로 줄곧 살아온 땅에 대한 깊은 존중이 자리 잡고 있었다. 헤이스팅스는 클라이브와 달리 인도를 진심으로 좋아했기에 총독이 되었을 무렵에는 벵골어와 우르두어를 훌륭하게 구사했을 뿐 아니라 궁정 페르시아어와 페르시아어 문어에도 유창했다. 심지어 '힌두스타니 노랫가락'도 부를 줄 알았다. 친구인 새뮤얼 존슨에게 쓴 일부를 비롯해 그의 편지들은 공공연하게 인종주의적인 클라이브의 편지에서는 보이지 않는 인도와 인도인들에 대한 깊은 애정을 드러낸다. 헤이스팅스는 "우리의 인도 신민들은 우리 자신도 예외가 아닌 인간 본성의 최악의 성향들에서 지구상의 어느 민족 못지않게 자유롭다. 그들은 온화하고, 자애롭고, 부당한 처사에 금방 앙갚음하기보다는 그들에게 베풀어진 친절에 더 쉽게 감사하고 폭력을 싫어하고 근무에 충실하고 애정이 넘치며 법적 권위에 순종적이다"라고 썼다.[85] 헤이스팅스는 회사 직원들이 인도인들을 대할 때 보이는 거만한 태도와 말투를 특히 싫어했다. "유럽인, 특히 하층민에게서 드러나는 거친 태도는 벵골인의 온화한 기질과는 공존할 수 없다. 이런 태도에 권위까지 더해지면 그 위세는 감당하기 어려운 정도가 된다."[86]

긴 세월 공부할수록 헤이스팅스는 인도 문화에 점점 더 존경심을 느꼈다. 헤이스팅스의 후원과, 페르시아어 연구자이자 선구적인 동양학자로서 새로운 법률 체계를 감독하기 위해 데려온 윌리엄 존스 경Sir William Jones 의 지도 아래 1784년에 '아시아 학회Asiatick Society'가 창립되었다. 학회는 다른 여러 프로젝트를 비롯해 《바가바드 기타Bhagavad Gita》의 첫 영어 번역을 후원했고 헤이스팅스는 이 번역본에 유명한 서문을 썼다. "인도의 주민들이 많은 이들에게 미개인의 수준을 간신히 뛰어넘은 존재로 여겨진 지는 얼마 되지 않으며, 비록 그런 편견이 확실히 줄긴 했어도 완전히 근절되지 않았다. 그들의 본성을 여실히 깨닫게 해주는 모든 사례는 그들의 타고난 권리에 대해 더 관대한 감정을 심어주고, 그들을 우리와 같은 기준으로 평가하도록 가르쳐줄 것이다. 하지만 그러한 사례들을 오로지 그들이 남긴 글에서만 얻을 수 있으며, 그것들은 인도에서 영국의 지배가 막을 내리고 한때 부와 권력의 원천들이 기억에서 잊힐 때도 살아남을 것이다.

(…) 정녕 나는 인도를 조국보다 조금 더 사랑한다."[87]

존스와 헤이스팅스 휘하에서 아시아 학회는, 존스가 "이 멋진 나라"라고 부른 곳의 문명에 관한 연구가 대거 쏟아져나오는 기폭제가 되었다. 벵골 지식인 집단과 오래 이어질 관계를 수립하고, 인도의 역사와 문명의 가장 깊은 근원을 파헤치는 데 앞장섰다. 인도에서 존스는 아르카디아(이상향)를 찾았다고 썼다. 제국의 역사에서 보기 드문, 진정한 문화 교차적인 이해의 순간이었다.[88]

더욱이 《바가바드 기타》에 대한 헤이스팅스의 관심은 단순히 호고好古 취향에 그치지 않았다. 바가바드 기타 철학의 여러 측면들은 그의 삶의 길잡이가 되었고, 그는 다음과 같은 슬로카 sloka[운문]를 좌우명으로 삼았다. "너의 권리는 행위 자체에만 있지, 그 결과에는 없노라. 행위의 결과를 동기로 삼지 말라. 무행위에 몸을 맡기지 말라. 행위에서 오는 보답을 버림으로써, 판단력이 있는 현자들은 태어남의 속박으로부터 풀려나 영원한 행복의 영역으로 가네."[89]

반면에 필립 프랜시스는 인도에 대해 클라이브의 관점을 취했다. 그는 "무식하고 개화되지 않은 벵골 원주민들"이라고 멸시하는 어조로 글을 썼으며, 인도에서 영어가 행정 언어가 되어야 한다고 고집하여 매콜리(19세기 영국의 사상가 토머스 배빙턴 매콜리Thomas Babington Macaulay는 인도 관공서와 교육 기관에서 영어를 공식 언어로 채택해야 한다고 주장했다—옮긴이)를 앞섰다.[90] 그는 "벵골인의 저열함은 유명"하고 이보다 "더 세련된 퇴폐"는 상상도 못 할 거라고 투덜거렸다. 이렇게 판이한 시각은 양자 간 중립적인 중간지대를 남겨두지 않았다. 프랜시스가 그를 미워하는 만큼 헤이스팅스도 숙적을 극히 혐오하게—"관대하거나 남자다운 원칙이 하나도 없는 (…) 이 경박한 사람, 험담을 전하고 퍼트리는 누구보다 야비한 인간"— 되었다. 하지만 씩씩거리고 속을 태워봤자 헤이스팅스는 캘커타 집행위원회에서 적대적 다수의 의견을 뒤집을 수 없었고(원래 집행위는 총독을 보좌하는 자문기구에 가까웠고 총독은 집행위가 의결한 사안에 거부권을 행사할 수 있었다. 그러나 1773년의 규제법에 따라 이제 총독은 위원 4명의 의견이 2 대 2로 갈릴 때는 결정권을 행사할 수 있지만 거부권은 없었다―옮긴이)―"우리 셋이 왕이다"라며 프랜시스는 우쭐거렸다― 마드라스와 봄베이에서도 갈수록 헤이스팅스의 명령을 그냥 무시해버렸다.[91]

그리하여 격렬한 정치적 대립이 시작되며 국정이 마비되었다. 회사의 의사결정 방식을 이해할 수 없었던 굴람 후사인 칸이 "정부의 수레바퀴를 시도 때도 없이 가로막는 한없는 소란과 혼란"이라고 부른 사태가 벌어졌다. "전권과 권위를 지닌, 그들 모두보다 높은 우두머리"가 없었다. 그 대신 권한은 "영국인들이 위원회라고 부르는 집행위원회, 다시 말해 끊임없이 대립하고, 자신들이 계속 자리를 지킬지 아니면 다른 이에 의해 밀려날지 마음을 졸이는 (…) 너덧 명의 사내들"에게 있었다. 그 결과는 이제 회사의 "모든 시도"를 괴롭히는 "지속적인 실패"였다. (…) "이 나라에는 주인이 없는 것 같다"라고 그 역사가는 결론 내렸다.[92] 헤이스팅스도 동의했을 것이다. 그 자신이 쓴대로 "모든 업무가 멈춰섰다. 이사회가 내 결점과 내 정적들의 미덕의 증거를 수집하는 데만 골몰하고 있기 때문이다."[93]

벵골의 정치적 마비 사태는 인도 내 회사의 많은 적들에게 금세 분명해졌고, 머지않아 그들 중 두 세력이 분열되고 약화된 적수의 힘을 가늠해보기로 했다. 두 세력 모두 남부에 수도를 두고 있었다. 회사가 인도 반도의 북부와 동부는 확실히 장악한 상태였지만 남부와 서부는 사정이 전혀 달랐기 때문이다.

첫 번째 세력은, 아우랑제브가 죽은 이후로 거의 70년 동안 인도에서 가장 강력한 군사적 세력이자 무굴 제국이 서서히 해체되는 데 큰 역할을 한 마라타인이었다. 1761년, 마라타인들은 파니파트 전투에서 큰 패배를 경험했다. 당시 허를 찔리고 보급이 끊긴 채 사방에서 고립되어 영양실조와 질병에 시달리던 끝에 그들은 인도를 침공한 아흐마드 샤 두라니 휘하의 아프간인들에게 파니파트 바깥 평원에서 완전히 포위되었다. 결국 전멸할 때까지 몇 주에 걸쳐 마라타 지휘관들은 아프간 군대의 집중 포격에 하나둘씩 서서히 죽어갔다. 처음에는 라오 메헨달레가 죽었고, 그다음은 고빈드판트 분델레 차례였다. "땅이 흔들리자 사람들이 불길한 말을 하기 시작했는데, 벼락이 땅에 떨어졌다고들 한다."[94] 그러다가 1761년 1월 7일 운명적인 날에, 다 굶어 죽어가던 절박한 마라타인들은 봉쇄된 진지를 뚫고 나오려고 했다. 그들은 마라타연맹의 샛노란 깃발 아래서, 낙타 위에 얹은 회전포와 식량을 잘 보급받은 아프간 기병의 밀집 돌격에 몰살당했다. 그날 마라타의 청년 지도층 다수와 가슴에 관통상을 입은 페슈와의 유일한 후계자를 비롯해 마라타인 2만 8,000명이 전사했다. 이튿날에는 투항하여 아프간인의 자비에 몸을 내맡긴, 무장해제된 마라타인 포로 4만 명이 두라니의 명령에 따라 남김없이 처형되었다. 페슈와 발라지 라오는 직후에 상심하여 세상을 떴다. "그는 정신이 혼란스러워져서 백성을 욕하고 저주하기 시작했다."[95] 10년이 지나 두라니는 죽었고 마라타연맹은 힘을 회복하기 시작했다. 그들은 이제 인도 중부와 서부 상당 부분을 수복했고, 카베리강에서 인더스강까지 영향력을 확대할 야심에 차 있었다.

두 번째 세력은 바로 1770년대에 막 등장한 하이다르 알리와 그의 만만찮은 전사 아들인 티푸 술탄이 이끄는 마이소르 술탄국이었다. 펀자브 출신인 하이다르는 마이소르 군대에서 출세했고, 카르나티크 전쟁에서 프랑스 군대를 관찰하며 배운 많은 혁신적 기법을 도입했다. 1760년대 초반에 그는 오늘날 군사 쿠데타라고 할 방식으로 당시 마이소르를 다스리던 우디야르 라자를 몰아내고 국가를 장악했으며, 마이소르 군대를 빠르게 키우고 이웃 군소 군주들의 영토를 잇따라 점령했다.

그는 병사들을 훈련시키고, 스리랑가파트남 섬 요새의 방어시설을 재건하기 위해 프랑스 장교와 기술자들을 불러들였다. 하이다르와 티푸는 심지어 해군 창설도 시도하여 1766년에 이르면 전함 2척과 그보다 작은 배 7척 및 갤리벗gallivat(삼각돛과 노로 추진하는 소형 무장 보트—옮긴이) 40척을 보유했는데, 모두 스태닛Stannett이라는 유럽인 선원이 통솔했다.[96]

마라타연맹과 티푸의 마이소르 술탄국은 곧 회사가 맞닥뜨리게 될 가장 만만찮은 군사적 적수이자, 인도 반도를 장악하는 데 최종 걸림돌로 발전하게 된다.

한동안 이사들은 인도인의 군사적 역량이 급속히 향상되는 데 갈수록 경각심을 느꼈다. 10년 전 플라시 전투 시절의 손쉬운 승리는 힘들어졌다. 회사의 초창기 성공을 이끌었던 군사기술, 전술, 규율 분야에서 인도의 각 세력이 유럽의 혁신을 따라잡는 데는 30년 정도가 걸렸는데, 1760년대 중반에 이르자 격차가 급속히 줄어들고 있다는 증거가 쌓여갔다. 이사들은 "원주민들이 전쟁 기술에서 이룬 지식의 진보는 벵골과 코로만델 해안 양쪽에서 매우 우려스러운 상황을 만들어내고 있었다"라며 벵골 집행위원회에 "유럽인 장교나 병사들이 그

나라 정부에서 복무하지 못하게" 막고, "힘닿는 데까지 그들의 모든 군사적 향상을 저지"하라고 촉구했다.[97]

이사들의 불안감은 1767년 8월, 하이다르 알리가 회사에 선전포고하고 약 5만 대군을 이끌고 방갈로르 동쪽을 덮치자 현실화되었다. 이 대군 가운데 2만 3,000명은 기병이었지만 2만 8,000명―대대 20개 정도―은 고도로 훈련된 세포이 보병 부대였다. 회사는 하이다르가 그러한 규모와 군기를 갖춘 현대적인 병력을 보유하고 있다는 사실을 몰랐는데, 충격은 여기서 그치지 않았다. 마이소르 세포이가 사용하는 라이플과 대포는 알고 보니 프랑스의 최신 설계를 기반으로 한 것이었고, 마이소르의 대포는 회사 군대가 보유한 어느 것보다 구경이 더 크고 사정거리가 더 길었다.

다른 여러 측면에서도 마이소르 군대는 회사의 군대보다 더 혁신적이고 전술적으로 앞섰다. 일례로 그들은 윌리엄 콩그리브William Congreave의 로켓포 시스템이 영국군에 채택되기 오래전에 적의 기병 대형을 흐트러트리기 위해 낙타 기병에서 발사하는 로켓 기술을 숙달했다.[98] 하이다르와 티푸는 보병과 보급 물자를 왕국 전역에 신속하게 배치할 수 있도록 데칸산産 흰 소를 모아두는 대형 '집결지'를 고안했는데, 나중에 회사도 차용한 병참에서의 혁신이었다.

1767년 9월에 하이다르가 트리노말리 근처에서 마드라스 군대 본진과 교전 중일 때 열일곱 살의 티푸는 회사 군대의 후방에서 마드라스 교외 전원 지역으로 대담한 습격을 이끌었다. 그는 정예 기병대와 함께 카르나티크 지방의 벌판을 빠르게 내달리다가 아무런 저항이 없자 세인트토머스 마운트의 산비탈을 뒤덮은 조지 왕조 양식의 웅장한 주말 별장들을 불태우고 약탈하기 시작했다. 또한 부하 기병들이 약탈에 정신이 팔리지만 않았어도 마드라스 총독을 사로잡았을 것이다. "하이다르의 병사들만큼 용감하게 행동하는 흑인(원주민) 병사들을 본 적이 없다"고 교전을 목격한 회사의 어느 대위는 썼다.[99]

결국 회사는 강화를 청했다. 거액의 배상금에 하이다르는 선뜻 조약을 체결했고 마이소르 군대는 돌아갔다. 하지만 회사가 이제는 그토록 쉽게 허를 찔리고 패할 수 있다는 사실을 인도의 많은 세력들, 특히 마이소르의 하이다르 궁정과 푸네에 있는 마라타 궁정이 흡족하게 주목하고 있었다.

12년 뒤인 1779년에 회사가 플라시 전투 이래로 첫 대패를 당한 곳은 푸네 근처였다. (1778년) 2월, 봄베이 집행위원회는 캘커타의 헤이스팅스와 의논하지 않은 채 마라타 내부 정치에 휘말려들었고, 축출된 마라타 지도자 중 하나인 라구나트 라오Raghunath Rao를 젊은 마라타 페슈와의 섭정으로서 푸네의 권좌에 다시 앉혀주겠다고 제의해 그와 협정을 체결했다. 11월 24일에 캘커타의 허락을 받지 않은 이 불량 원정대는 세포이 2,000명과 몇 백 명의 유럽인 기병대와 포병대 그리고 라구나트 라오의 마라타 기병 7,000명만 데리고 봄베이 항을 떠나 푸네를 향해 출정했다. 원정대의 사령관은 나이 든 에저튼 대령Colonel Egerton이었다. 부사령관은 샤 알람의 오랜 적수인 존 카낙으로서 최근에 봄베이 총독령에서 고위직을 맡은 터였다.

에저튼의 원정대는 오르막길로 느리게 진군했다. 가파른 급커브 산길로 대포와 보급품 수레를 이끄는 수소 1만 9,000마리를 데리고 하루에 대략 1.5킬로미터씩만 행군하여, 12월 30일에 마침내 고갯길 정상부에 다다랐다. 그 뒤에 원정대는 유명한 불교 석굴 사원 유적지인 카를레에 닿으려고 애쓰며 열하루를 보냈는데, 고작 13킬로미터 떨어진 곳이었다. 이 무렵 원정대는 마라타인에게 방어 태세를 갖출 충분할 시간을 준 데다가 보급품도 거의 바닥났다. 카를레에 도착하자마자 에저튼은 젊은 마라타 지도자 마하지 신디아 휘하에 무려 5만 군사가 집결해 있음을 깨닫고서 경악했다*.

카낙은 원정대의 처지가 가망이 없음을 가장 먼저 깨달은 사람이었고, 절망에 빠져 봄베이에 "에저튼 대령의 군사적 발상은 전적으로 그가 독일에서 머문 짧은 기간에 체득한 관행으로부터 기인한 것 같다. 이 나라에서 성공을 담보할 유일한 방법은 진격하고 앞으로 나가는 것인데 반해 그는 유럽인 적을 상대하고 있기라도 한 듯 조심스럽게 움직인다"라고 써 보냈다.

한 지점에서 다음 지점으로 천천히 이동하면서 지금까지 해온 대로 계속한다면 전역이 언제 끝날지 알기 힘든데, 지형이 여러 골짜기로 갈라져 있고 덤불과 잔나무로 덮여 있어 은신처가 많아 적군이 모든 이점을 누릴 것이기 때문이다. (…) 마라타 병사들은 포와 로켓포를 쏘면서 11시부터 오후 3시까지 우리 주변을 맴돈다. (…) 에저튼 대령이 오래 버틸 수 있을 것 같지 않다.[100]

1779년 1월 9일에 이르자 회사 군대는 푸네에서 대략 30킬로미

---

* 제임스 스튜어트 대위는 1779년 1월 4일에 카를레 인근에서 죽은 전사자 중 한 명인데, 마라타 군대가 어디 있는지 보기 위해 나무 위에 올라갔다가 곧장 마라타 저격수의 총에 맞고 말았다. 200년 뒤 이제는 카를레 일대에서 이슈투르 파크다Ishutur Phakda로 알려지게 된 그는 현지 주민들에게 탄트라 신성으로 섬겨지고 있으며—그중에서도 특히—현지 경찰은 매주 산 제물을 잡아 바친다. 어느 시점엔가 몸에서 분리된 모양인지, 그의 머리를 모신 사당이 현지 경찰서 내 유치장 바로 뒤쪽에 있다. 당직 경찰관에 따르면, 경찰서장이 그를 못 본 척할 때 이슈투르 파크다가 '그를 한 대 때린다'고 한다. 이 이야기를 들려주었을 뿐 아니라 그가 죽은 장소를 표시한 오벨리스크이자 시신이 있는 두 번째 사당—염소 피로 뒤덮여 있다—과 현지 와드가온 경찰서 유치장의 그의 머리를 모신 사당에 나를 안내해준 위대한 마라타 역사가 우다이 S. 쿨카르니에게 매우 감사하다.

터밖에 떨어지지 않은 탈레가온까지 진격했다. 탈레가온은 샅샅이 약탈당해 물자가 남아 있지 않았다. 이튿날 새벽에 군대는 이제 포위되었으며, 보급로가 차단되었다는 것을 깨달았다. 마라타 기병은 낙오병들을 하나씩 총으로 쏘고, 회사 수소를 훔쳐 가고, 반자라banjara(행상인) 무리가 가축 떼를 위태롭게 할 위험을 무릅 쓰고 회사 군대에 보급하려는 것을 막았다.[101] 설상가상으로 에저튼은 이제 중태에 빠져 있었다. 라구나트 라오는 계속 진군해줄 것을 간청하며 몇 킬로미터만 더 가서 푸네 외곽에 닿으면 자신의 지지자들이 봉기하여 도울 것이라고 했다. 하지만 회사 지휘관들은 기가 꺾였다. 이틀 뒤 보급품이 바닥나자, 그들은 중포를 한 사원의 저수지에 내버리고, 그나마 남아 있던 군수품을 불태운 뒤 굶주린 상태에서 한밤중에 정신없이 후퇴하기 시작했다. 마라타 병사들이 곧 움직임을 감지했고, 회사 병력을 에워싸서 동이 트자마자 행렬을 덮쳤다. 정오가 되기 전에 350명이 목숨을 잃었다. 에저튼은 항복하는 것 말고는 도리가 없었고, 엿새 뒤에 굴욕적인 와드가온 조약을 체결했다. 이 조약으로 그는 라구나트 라오와 회사의 여러 고위 인사를 인질로 넘겼고 회사 영토의 일부를 내주기로 동의했다.[102]

회사 군대의 명성은 절대 예전과 같지 않을 터였다. 하지만 실패한 푸네 원정은 회사 군사력의 한계를 노출함과 동시에 이제 회사가 어디까지 남아시아 지역 전체의 정치를 개조하고 간섭할 야심을 품고 있는지도 드러냈다. '마라타 마키아벨리', 즉 뛰어난 마라타 수상 나나 파드나비스로서는 다양한 인도 세력들이 외부 침입자들에 맞서 함께 힘을 합쳐 동맹을 구성해야 할 절박한 필요성을 깨달은 순간이었다. 그는 회사 지도부가 아직 허약하고 분열되어 있을 때 통일된 전선을 펼쳐 그들을 공격해야 한다고 판단했다.[103]

1780년 2월 7일, 와드가온 조약을 맺은 지 1년 뒤에 나나 파드나비스는 펜을 들어 숙적인 하이다르 알리에게 편지를 써서, 마이소르 술탄이 합세하여 회사를 상대로 함께 전쟁을 벌인다면 화해하겠다고 제의했다. "영국인들은 용납할 수 없을 정도로 호전적이 되었다. 지난 5년 동안 맹목적 침략을 자행하여 중요한 조약들을 위반해왔다."

그들은 이 세상에서 진정한 신의와 정직은 오로지 그들 사이에서 찾을 수 있다고 믿게끔 대단히 유혹적인 말투로 먼저 달콤한 약속을 합니다. 하지만 착각에서 빠져나오기까지는 오래 걸리지 않습니다. 사람들은 그들의 사악한 천재성을 금방 깨닫습니다.

그들은 국가에서 연이 끊어진 사람의 환심을 사서 그를 통해 그곳의 파멸을 꾀합니다. 분할시켜 차지하는 것이 그들의 주요 원칙이지요. 그들은 야욕에 눈이 멀어 문서로 된 합의를 절대 준수하지 않습니다. 오로지 신만이 그들의 비열한 모략을 헤아릴 수 있습니다. 그들은 푸네, 나그푸르, 마이소르, 하이데라바드 가운데 한쪽의 환심을 얻어서 나머지 국가들을 찍어누르는 방식으로 하나씩 복속하려고 혈안이 되어 있습니다. 그들은 인도의 단결을 파괴할 방법을 누구보다 잘 알지요. 아무도 눈치채지 못하게 어느 나라나 불화를 조장하고 조화를 파괴하는 데 도가 텄습니다.[104]

하이다르와 티푸는 "영국인의 패권이 신의 모든 피조물에게 악의 근원이었다"라며 긍정적으로 반응했다.[105] 한 달 만에 하이데라바드의 니잠도 그 두 세력에게 합세했다. 5월 여름의 더위가 찾아올 즈음 '인도에서 영국 국민의 축출'을 책임질 삼자동맹의 구체적인 계획이 수립되고 있었다. 한 달 뒤인 6월에 하이다르 알리가 프랑스에서 선적한 다량의 무기와 군수품을 받았다는 소식이 마드라스에 닿았다. 벨로르에서 나온 다른 보고들은 하이다르 알리가 방갈로르 주변 들판에 대군을 집결시키고 있다는 소식을 가지고 왔다.

마침내 7월 17일에 하이다르 알리는 다시 한번 카르나티크 평원으로 진군했다. 이번에 그는 13년 전 마지막 침공 때보다 두 배 큰 군대를 거느렸는데, 기병 6만 명과 유럽식 보병 3만 5,000명 및 포 100문을 비롯해 10만 대군에 조금 못 미쳤다. 놀랍게도 그는 이번에도 회사가 아무런 방비도 하지 않았음을 알게 되었다. 카르나티크의 회사 병력은 소규모로 여기저기에 흩어져 있었고, 수송용 수소를 끌고 오거나 식량을 비축하기 위한 대비조차 되어 있지 않았다. 더욱이 서류상으로는 마드라스 총독령을 지킬 회사의 무장 인원이 3만명이어야 했지만, 실제로는 한 달 안으로 8,000명에 못 미치는 병력만 소집 가능하다는 것이 곧 드러났다. 하이다르의 신속한 기동으로 그 숫자는 더 줄어들었다. 많은 세포이 가족들은 아르코트에 살고 있었는데 그곳이 하이다르 군대의 수중에 떨어지자 병사 다수가 아내와 자식을 지키러 가려고 군무에서 이탈했던 것이다. 카르나티크에서 방어를 조직하려는 회사의 시도는 효과가 전혀 없었다. 수비대는 뇌물을 받고 하이다르의 군대에 선뜻 항복하거나 문을 열어주었다.[106]

벵골에 군사적 지원을 요청하기 위해 캘커타로 배를 급파하였지만 그곳의 상황은 마드라스보다 한층 더 혼란스러웠다. 티푸가 세인트토머스 마운트와 산토메의 부유한 전원 별장들을 다시 한번 약탈하러 돌아오고, 하이다르가 마을에 불을 지르고 회사의 비축 식량을 파괴하면서 마드라스와 벨로르, 아르코트 일대를 괴롭히고 있을 때 회사 행정을 6년 동안 마비시켜온 헤이스팅스와 프랜시스 간의 반목은 악감정이 쌓일 대로 쌓인 클라이맥스에 다다르고 있었다.

8월 14일, 헤이스팅스는 프랜시스를 거짓말쟁이이자 허풍선이라고 성토하는 공개 글을 작성했다. "나는 그의 솔직한 약속을 기대하지 않는데, 그는 그런 것을 할 사람이 아니고, 그의 유일한 소망은 내가 취하는 모든 조치를 방해하고 좌절시키는 것임을 확신해서"라고 썼다.

그의 모든 행동은 처음부터 그런 경향을 보였고 그런 의도가 명백했다. (…) 그의 공적인 처신에 대한 판단은 그의 사적인 처신에 대한 내 경험에 의거하며, 나는 그의 사적인 처신에 진실함과 명예가 없다고 여긴다. 이는 심각한 비난이지만, 내가 줄곧 그 피해자였고 공중의 이익을 불명예와 파멸에 빠트리려고 위협하는 술수들을 바로잡을 유일한 길로서 내 자신과 공중에게 이러한 정의가 마땅하다는 확신으로부터 절제하고 심사숙고하여 나온 것이다. 법이 대비하지 못한 협잡을 시정할 유일한 수단은 폭로뿐이다.[107]

이튿날인 1780년 8월 15일에 필립 프랜시스는 워런 헤이스팅스에게 결투를 신청했다

두 결투자는 각자 입회인을 대동하고 8월 17일 오전 5시 30분에 과거 미르 자파르의 여름별장이었고 이후에 워런 헤이스팅스가 사들

인 벨베데레 서쪽 끄트머리에 있는 수풀에서 만났다.*

헤이스팅스는 간밤에 거의 눈을 붙이지 못했다. 그는 자신이 죽을 경우 전달하도록, 사랑하는 아내 메리언에게 작별 편지를 쓰면서 밤을 보냈다. 편지는 이렇게 시작했다. "혹여 이 편지가 당신 손에 건네진다면 당신이 받을 고통과 심정이 어떨지 생각만 해도 가슴이 찢어지는군요. (…) 당신을 잃는다는 것만 빼면 나는 아무 후회 없이 떠날 것입니다. 내가 얼마나 당신을 사랑했는지, 그리고 인생이 가져다줄 수 있는 그 모든 것 이상으로 지금도 얼마나 사랑하는지는 하느님만이 아시겠지요. 나의 메리언, 부디 나를 잊지 말아요. 안녕, 누구보다 사랑스런 여인이여. 나의 마지막까지 당신을 생각할 것입니다. 나를 기억하고 사랑해요. 다시금 안녕."[108] 그다음 소파에서 선잠에 들었던 헤이스팅스를 오전 4시에 입회인인 토머스 딘 피어스Thomas Deane Pearse 대령이 마차로 데리러 왔다.

"우리가 약속 시각인 5시 30분에 정확히 벨베데레에 도착해보니 F[프랜시스] 씨와 왓슨 대령은 길을 걸어오고 있었다"라고 나중에 헤이스팅스는 썼다. "조용한 장소를 찾는 데 시간이 좀 걸렸다. 입회인들은 우리 두 사람이 (근래 잉글랜드에서의 예를 따라) 서로 열네 걸음 떨어진 거리에 서야 한다고 했고, 왓슨 대령이 걸어서 일곱 걸음 거리를 표시했다. 나는 남쪽으로 섰다. 내 기억으로는 바람은 불지 않았다. 우리의 입회인들(내 생각에는 왓슨 대령)은 어느 쪽도 유리하지 않아야 하지만 각자 발사할 때를 선택하는 게 좋겠다고 제안했다."

피어스가 쓴 대로 "두 신사가 이런 경우에 일반적으로 준수되는 방

---

*   이 건물은 알리포르, 타지 벵골 호텔에서 걸어서 몇 분 거리에 지금도 있고 현재는 인도 국립도서관이다.

식에 익숙하지 않다는 점이" 분명해진 것은 이때였다. 아닌 게 아니라 벵골에서 가장 막강한 영국인 지식인 두 사람 모두 피스톨을 작동시키는 법을 정확히는 몰랐던 것 같다. 프랜시스는 평생 총을 쏴본 적이 없다고 했고 헤이스팅스는 딱 한 번 쏴본 기억이 난다고 했다. 그래서 군인이라 화기를 다룰 줄 아는 입회인들이 두 사람을 위해 무기를 장전해줘야 했다.

변함없이 신사인 헤이스팅스는 프랜시스가 먼저 쏘게 하기로 했다. 프랜시스는 겨냥해 방아쇠를 당겼다. 공이치기가 딸깍했지만 총은 불발됐다. 다시 한번 프랜시스의 입회인이 개입해서, 피스톨에 새 화약을 채워주고 부싯돌을 쳐줘야 했다. "우리는 각자 자리로 돌아갔다"라고 헤이스팅스는 썼다. "나는 여전히 내가 첫 발을 받겠다고 제안했지만 F 씨는 두 번이나 겨냥했다가 피스톨을 거뒀다." 프랜시스는 다시금 "방아쇠를 당겼지만 화약이 눅눅해서 이번에도 발사되지 않았다"라고 피어스는 썼다. "헤이스팅스 씨는 제자리에서 잠시 물러나 프랜시스 씨에게 점화 장치를 손볼 시간을 주었다. 나는 그들에게 여분의 화약이 없는 것을 발견하고서 내가 가진 화약을 주었다. 다시금 두 신사는 제자리에 가서 섰고 나란히 피스톨을 들어올렸다."[109]

"나는 이제 그를 향해 진지하게 겨냥해도 되겠다고 판단했다"라고 헤이스팅스는 썼다. "그렇게 했고 정확하게 겨누었다고 생각한 순간 발사했다."

같은 순간 그의 피스톨도 발사되었고, 거의 동시라 어느 쪽이 먼저였는지 확실치 않지만 내 쪽이 먼저였으며 그의 피스톨이 곧장 뒤따라 발사되었다고 생각한다. 그는 즉시 휘청거리며 총에 맞았다는 표정을 지었고, 팔다리가 금방, 하지만 점차 축 늘어지면서

"죽었네"라고 낮게 말하며 쓰러졌다.

나는 그 사실에 충격을 받아 그에게 달려갔고, 내가 이긴 것에 기쁘다는 감흥은 들지 않았다고 확실히 말할 수 있다. 입회인들도 그를 도우러 달려왔다. 그의 코트 오른쪽이 뚫린 것이 보였고, 총알이 몸을 관통하지 않았을까 걱정이 들었지만 그는 큰 어려움 없이 여러 차례 일어나 앉았고 한번은 우리의 부축을 받아 일어서려고 했지만 팔다리가 말을 듣지 않아서 다시 땅바닥에 쓰러졌다.

그 뒤 W[왓슨] 대령이, 우리가 개인적인 원한이 아니라 명예의 문제로 만난 것이므로 서로 손을 맞잡거나 F 씨가 내게 손을 내밀 것을 제안했다. 우리는 그렇게 했다. F 씨가 쾌활하게 손을 잡자 나는 그가 그런 상태에 처하게 된 데에 유감을 표했다. 그는 누워 있는 자세가 가장 편했다. 가마가 없었으므로, 톨리 소령의 가마에서 간이침대를 가져와 그 위에 눕혀 벨베데레로 옮겼다. P[피어스] 대령과 나는 시내의 우리 집으로 돌아왔다. 우리는 캠벨 박사를 찾으러 갔고 프랜시스 박사[헤이스팅스의 주치의]도 뒤따르길 원했다. 두 사람은 즉시 갔다. 그들은 총알이 어깨에서 조금 아래 조끼의 솔기 앞쪽 측면으로 들어가서 양쪽 근육과 등뼈를 덮는 피부 안쪽을 관통한 다음 반대편 피부 안쪽 눈에 보이는 곳에 박혀 있어서 부상이 위험하지 않다는 것을 발견했다.

나는 집으로 돌아오자마자 마컴 씨를 보내 E 경[일라이자 임피 경, 벵골 대법원장]에게 상황을 알렸고, 만약 치명적인 사태가 발생한다면 나를 상대로 법적 절차가 진행될 수 있게끔 그에게 즉시 자수하겠다고 밝혔다.[110]

하지만 헤이스팅스가 체포될 필요는 없었다. 의사는 나중에 헤이스팅스가 쏜 총알이 "프랜시스 씨의 오른쪽 옆구리를 꿰뚫었지만 갈비뼈가 총알의 방향을 틀어서, 흉곽으로 들어가지는 않았다"라고 보고했다. "그것은 비스듬하게 위로 향하여 등뼈를 손상시키지 않고 지나갔고 등뼈 왼쪽 대략 1인치(2.5센티미터) 떨어진 부위에서 제거되었다. 상처는 중하지 않으며, 그는 위험하지 않다."[111]

열흘 뒤인 1780년 8월 25일에 남인도에서 회사 최대의 병력이 집결하여 하이다르와 대적하기 위해 마침내 마드라스에서 나와 해안도로를 따라 남쪽의 칸치푸람으로 향했다. 행렬의 선두에는 15년 전 북사르에서 슈자 우드다울라의 전열을 무너트리면서 패배의 문턱에서 승리를 거머쥔 하이랜드 출신 장군 헥터 먼로 경이 있었다. 하지만 이번에 그는 세포이 5,000명—봉급을 받지 못했고 반쯤은 항명 중인—만 용케 끌어모을 수 있었던 반면 그가 마주한 적은 10만 명이었다.

북쪽으로 40킬로미터 떨어진 곳에서는 또 다른 스코틀랜드인 윌리엄 베일리William Baillie 대령이 2,800명의 두 번째 병력을 이끌고 칸치푸람에서 먼로와 접선하라는 지시를 받았다. 병사 대부분은 현지 세포이였고 갓 도착한 하이랜더 부대원 몇 백 명이 딸려 있었다. 만일 이 두 작은 군대가 만났다면 10 대 1로 열세였어도 마이소르 군대를 상대할 가망이 약간 있었을 수도 있다. 하지만 회사 군대는 둘로 나뉘어 있었으니 어느 쪽도 하이다르가 모은 잘 훈련받고 기강이 잡힌 군대를 상대로 이길 가능성은 거의 없었다. 굴람 후사인 칸에 따르면 "성난 바다의 파도처럼 평원을 뒤덮고, 대포가 끝없이 뒤따라오는" 군대였다.[112] 먼로는 베일리가 합류하길 기다려야 했지만 늘 그렇듯

조급했다. 그는 군수품과 식량이 풍부한 칸치푸람을 하이다르가 차지할 수도 있다는 말을 듣고 자신의 병력만 이끌고 출발했는데, 하루만 발길을 늦췄어도 두 군대는 뭉칠 수 있었을 것이다.

8월 25일 저녁에 베일리는 마드라스 북서쪽의 코르탈라이야르 강둑에 진을 쳤다. 그날 저녁 우기가 시작되어 열두 시간 동안 폭우가 계속됐다. 먼동이 틀 무렵 강은 급류가 되어 도강이 불가능해졌다. 베일리가 건너편으로 병력을 이동시킬 수 있게 된 것은 열하루 뒤였고 그때까지 티푸는 베일리와 먼로 사이에 최정예 기병 1만 1,000명을 배치했다.[113] 이제 그는 베일리의 허술한 행군 대열을 느긋하게 요리할 수 있는 상황이 되었다.

9월 6일, 두 군대 사이에 장거리 포격 대결이 벌어지며 첫 교전이 이루어졌다. "세찬 가랑비를 맞으며, 무릎 깊이의 논에서 헤매던" 베일리의 소규모 병력이 훨씬 더 노출되어 있어서 많은 사상자가 나왔다. 하지만 어느 쪽도 근접전을 시도하지 않고 각각 증원을 요청했다.[114] 하이다르는 아들에게 대규모 병력을 보냈고, 먼로는 칸치푸람의 대형 사원에서 나올 생각이 없었는데, 이제는 포위전에 버틸 만큼 충분하게 요새화했기 때문이었다.

그가 취할 유일한 조치는 베일리의 병력과 합류해 사원으로 데려오도록 탄약을 실은 낙타 아홉 마리와 함께 1,000명의 세포이 병력을 파견한 것이었다. 구원군은 어둠 속에서 마이소르 기병의 추격을 뿌리치고 야간에 신속히 이동했고, 티푸의 본대와 맞닥뜨리지 않기 위해 크게 우회하여 베일리와 합류하는 데 성공했다. 이로써 베일리의 병력은 3,800명에 야포 10문이 되었다. 구원군을 이끌고 온 장교는 이제 단 15킬로미터 떨어진 안전한 칸치푸람 사원에서 먼로의 병력과 다시 합류하도록 야음을 틈타 즉시 이동하자고 청했다. 하지만 베일리는 이를 무시했고 동이 틀 때까지 움직이지 않았다. 그렇게 머뭇거린 결과는 치명적이었다.

베일리는 동이 틀 때 행군을 시작하여 반 시간 뒤인 오전 5시 30분경에 아래쪽 들판으로 내려가던 중 폴릴루르라는 요새화된 작은 마을로 앞길이 막힌 것을 발견했다. 마을은 티푸의 병사와 대포로 넘쳐났고, 많은 대포가 그들 왼편, 참호에 자리 잡고 있었다. 간밤에 티푸는 첩자들로부터 베일리의 이동 시기와 정확한 경로를 전달받았기 때문에 양쪽(마을과 그 왼쪽 참호에 있는 대포-옮긴이)은 여러 시간째 매복 중이었다. 양쪽 포대는 베일리의 노출된 행렬에 일제히 포격을 개시했다. 베일리의 병사들은 높은 제방 위에 노출된 큰길을 따라 길게 늘어서 있었고, 그들 양옆으로는 질퍽한 논이, 오른편 좀 떨어진 곳에는 강이 있었다. 전진할 수 없고 후퇴도 사실상 불가능한 상황에서 베일리는 탄약과 짐을 가운데 두고, "다닥다닥 붙어서, 세 줄 깊이로" 방진을 형성하라고 명령했다. 반 시간 만에 티푸의 병사들은 참호에서 나와 넓게 퍼져서 칸치푸람으로 가는 모든 경로를 차단했다.

포격은 점점 격렬해지며 계속되었고, 베일리의 방진 맨 앞줄의 병사들은 대략 대포 30문의 포격을 받고 있었다. 베일리도 포탄에 다리를 맞아 다친 부상자 중 한 명이었지만 가마에서 계속 명령을 내렸다. 그 뒤, 모든 사격이 중단되고 으스스한 적막과 함께 반 시간 소강상태가 이어졌다.

30분 뒤에 앞줄의 병사들이 멀리서 케틀드럼 소리와 요란한 나게슈와람*Nageshwaram*(긴 타밀 오보에) 소리가 들린다고 보고했다. 회사 병사들이 지켜보는 가운데 멀리서 거대한 흙먼지가 일었다. 흙먼지 구름은 곧 흔들림 없이 그들을 향해 다가오는 여러 다홍색 행렬로 바뀌었다. 스코틀랜드 병사들은 그들을 구하러 먼로가 온 것이라고 여기고 커다란 함성을 질렀다. 행렬이 더 가까워졌을 때에야 그들은 그것이 실은 그들의 운명을 결정하려고 좁혀오는 하이다르의 본대-2만 5,000명가량의 기병과 뒤따르는 세포이 30개 대대-임을 깨달았다. "우리는 하이다르의 기병에게 곧 포위되었다"라고 한 하이랜드 장교는 썼다. "그들 뒤로는 대포가 따라와 반원형으로 우리를 에워쌌는데, 최소 50문의 포가 우리를 향해 차차 발포했다." [115]

다음 한 시간에 걸쳐, 베일리의 지휘 아래 스코틀랜드 방진은 마이소르 기병의 연속적인 열세 차례 돌격을 물리쳤다. 전열을 무너트릴 수 없자 하이다르는 돌격을 일시중지시키고 가장 무거운 대포를 전방으로 가져오게 했다. 오전 8시경에 근거리에서 포격이 개시되어, 빽빽이 늘어선 붉은 군복들의 대열이 포도탄에 우수수 쓰러졌다. 베일리의 동생 존은 이렇게 썼다. "우리는 인도에서 그때까지 알려진 가장 치열한 집중포화에 한 시간 넘게 노출될 팔자였다. 우리는 수십 명씩 쓰러져나갔다."[116] 그러다가 탄약 수송 수레 두 대가 포격에 맞아 동시에 폭파하면서 "양쪽 전열에 커다란 틈"이 생겼고, "그곳으로 그들의 기병이 먼저 돌격을 시도했다. 그들 뒤로는 코끼리가 따라와 진형을 완전히 무너뜨렸다."[117]

남아 있는 화약을 소진한 뒤 베일리는 항복할 생각으로 칼에 손수건을 묶어서 높이 치켜들었다. 그와 부사령관인 데이비드 베어드David Baird는 무기를 땅에 내려놓으라고 명령했지만 명령을 듣지 못한 일부 세포이한테서 띄엄띄엄 총알이 날아오자 마이소르 기병은 항복을 무시하고 목숨을 살려주기를 거부했다. 자비를 베푸는 대신 기병들은 말을 달려와 무장을 해제한 무방비 상태의 병사들을 베어 쓰러트리기 시작했다. "가장 충격적인 학살이 벌어졌다. 목숨을 빌어봐야 소용이 없었으니, 그들은 선뜻 자비를 베풀겠다고 하고는 우리가 무기를 내려놓자마자 쓰러트렸다."[118]

제73하이랜드 연대 소속 한 중위에 따르면 "최후의 격전은 무기와 방패가 맞부딪히고, 말이 콧김을 내뿜으며 발길질을 해대고, 창이 부러지고, 피 묻은 칼이 번뜩이고, 저주와 욕설이 난무하다가 이내 팔다리가 잘리고 난자당한 이들의 신음과 비명, 죽어가는 병사들 사이로 땅바닥에 넘어지며 부상당한 말들, 적과 아군을 가리지 않고 사방으로 폭주하며 무시무시한 쇠사슬을 휘두르는 코끼리들이 내는 소름끼치는 포효로 끝이 났다".

즉사를 모면한 이들은 한곳에 몰려 있던 탓에 간신히 서 있을 수 있었다. 여러 명은 질식 상태였던 한편 일부는 자신들 위로 쓰러진 시신의 무게에 꼼짝도 할 수 없었다. (…) 일부는 코끼리와 낙타, 말에 짓밟혔고, 옷이 벗겨진 이들은 마실 물도 없이 타는 듯한 태양에 노출되어 서서히 비참한 죽음을 맞았다가 굶주린 야생동물의 먹잇감이 되었다.[119]

86명의 장교 가운데 36명은 전사하고 34명은 부상당해 포로가 되었으며, 생포된 16명만이 부상을 입지 않았다. 베일리는 한쪽 다리를 잃은 데다가 등과 머리에도 부상을 입었다. 베어드는 머리 두 군데를 칼에 베이고, 허벅지는 총에 맞았으며 팔에는 창으로 상처를 입었다. 그의 부관이자 젊은 사촌인 제임스 달림플James Dalrymple은 등에 중상을 입었고, "머리 두 군데에 자상"을 입었다.* 대략 200명이 포로

---

*   데이비드 베어드 경의 스코틀랜드인 어머니가 아들이 티푸에게 붙잡혔고, 포로들이 두 사람씩 수갑을 찬 채 끌려갔다는 이야기를 들었을 때 그녀는 "딱한 데이비와 같이 묶인 사람이 안 됐군"이라고 말했다. Denys Forrest, *Tiger of Mysore: The Life and*

〈6〉　　기근에 시달리다　　　　　　　　　　　　　　　　381

로 붙잡혔다. 3,800명의 병력 가운데 나머지 대다수는 몰살됐다.[120]

마이소르 병사들은 시신과 죽어가는 사람들의 옷을 벗기고 시신에서 가져갈 만한 것을 약탈했다. "그들은 은으로 착각하고 내 제복의 단추를 잡아당겼다"고 부상당한 존 베일리는 썼다. "그다음 내 반바지에서 바짓단 고정쇠를 떼어내고, 코트를 벗겨갔다. 그들 중 한 명이 수석총 개머리판으로 뒷목을 눌러 나를 땅바닥에 꼼짝 못 하게 하는 사이 또 다른 사람이 장화를 벗기려했다."

그는 어렵사리 한 짝을 벗겼고, 내 생각엔 다른 한 짝을 벗기지 못해서 화가 났는지 내 오른쪽 허벅지를 깊이 베어서 뼈가 드러났다. 그 직후에 또 다른 사람이 지나가다가 반대편 허벅지에 칼을 마구 쑤셨다. (…) 그들이 간 뒤에 하이다르의 세포이 한 명이 내게 아직 목숨이 붙어 있는 것을 알고서 나를 일으켜 나무에 기대게 하고 마실 물을 좀 주었다.

나는 거기서 머리가 날아간 포병 옆에, 얼굴을 땅에 박은 채 있었다. 이때쯤 상처 입은 부위가 경직되기 시작해서 자세를 고치거나 날아드는 파리 떼를 멀리 쫓을 수 없었는데, 상처에 달려드는 파리 떼는 조금이나마 남아 있는 내 피를 다 빨아먹으려고 작정한 것 같았다. 나는 머리부터 발끝까지 파리 떼로 뒤덮였다. 그것은

Death of Tipu Sultan(London, 1970), p. 48에서 인용. 세링가파탐 감옥에서 몰래 빼돌려져, 제임스 달림플이 아버지 윌리엄 달림플 경에게 보낸 편지 한 통은 지금도 인도성에 남아 있다. 제임스의 영국-인도계 손자인 G. 웨미스 달림플이 쓴 주석에 따르면 "종이는 돌돌 말려서 깃대 안에 넣어진 다음 어느 원주민에게 건네져 감옥으로 밀반입되었다. 그는 종이를 담아온 그 깃대로 편지를 썼고, 잉크는 고형 인도산 잉크로 역시 깃대 안에 들어 있었으며, 편지는 동일한 방식으로 동일한 원주민이 감옥에서 밀반출했다". BL, OIOC, Eur Mss, E 330.

지속적으로 나의 무력함을 상기시키면서, 신체뿐만 아니라 정신도 괴롭히는 일종의 고문이었다.

  도움을 받을 모든 희망을 포기하려는 찰나, 아직 살아 있는 이들을 찾고 있던 프랑스인 두 사람이 큰길에 나타났다. 나는 한 사람에게 기대어 밤 8시에 그들 영내에 있는 프랑스인 외과의의 막사로 옮겨졌다. 의사는 나이프와 가위, 쇠주걱 말고는 다른 도구가 없었고, 약이라고 해봐야 먼지가 가득하고 색깔과 농도가 머릿기름 같은, 커다란 연고 한 통밖에 없었다. 하지만 그들은 상처를 씻어내도록 우리에게 매일 아락주_Arrack_ 반 병을 주었고, 그렇게 많은 부상자들에게는 턱없이 적은 양이긴 했어도 무척 도움이 되었다. 우리의 상처는 매우 고약해졌다. 귀에 심한 상처를 입은 한 장교는 상처에 아락주를 조금 붓자 구더기가 스물여섯 마리나 기어 나왔다.[121]

  결국에 베일리는 포가에 묶여 하이다르 앞으로 끌려나와 다른 생존자들과 함께 그의 발치에 둥그렇게 앉혀졌고, 그사이 술탄은 부하 장교들이 내놓는 유럽인 병사들의 시신이나 머리 숫자에 따라 보상을 내렸다. "어떤 이들은 너무 심한 상처로 엉망이 되고, 피와 흙먼지를 뒤집어쓴 채 끌려나와 얼굴을 알아볼 수 없을 정도였고, 어떤 이들은 말없이 길에 쓰러졌지만 감시병들은 그들에게 물을 주려고 하지 않았다."

  포로들은 감시병에게 라이플로 두들겨 맞았다. 그 극심한 고문에서 풀려난 포로들도 있었는데, 계속 실신하며 고문을 견디다가 완전히 의식을 잃으면 마침내 감시병의 박해에서 벗어났던 것이다. 주위 사람들의 처참한 운명, 시신과 죽어가는 이들의 일그러진 얼굴을 지켜보며 나도 곧 죽겠구나 생각했다. 어둠이 내리면 참상도 찾아왔다. 죽어가는 이들의 신음과 시체를 유린하는 자칼이 울부짖는 소리에 멀리서 들려오는 천둥과 폭우가 합쳐졌다.[122]

상황이 역전되었다. 패배하고 포로로 붙잡히고 학대당한다는 것이 무엇인지 알게 된 쪽은 이제 회사 병사들이었다. 베일리를 구조하지 못해 이 참사의 주요 원인을 제공했고, 공황 상태에 빠진 남은 군대를 이끌고 마드라스로 귀환하자마자 길거리에서 야유를 받은 먼로는 폴릴루르 전투를 "인도에서 영국인이 겪은 역대 가장 심각한 타격"이라고 했다.[123]

설상가상이었다. 회사 병사들 사이에 절단 부상자들이 너무 많아서 최전방에서 그들을 데려올 인도인 의무병이 모자랐다. 외과의인 토머스 데이비스Thomas Davis는 "팔다리를 가능한 한 남겨두려고 했다"라고 썼지만 적절한 의약품이 없어서 많이 절단할 수 밖에 없었다.[124] 회사를 상대로 한 다음 몇 달간의 전역 동안 티푸가 사로잡은 포로 7,000명 가운데 대략 300명은 억지로 할례를 받아 이슬람으로 개종을 강요당하고, 무슬림식 이름과 의복을 받았다. 그해 말까지 인도 주둔 영국군 병사는 다섯 명 가운데 한 명꼴로 티푸의 포로가 되어 세링가파탐의 요새에 갇혔다. 그보다 더 모멸스럽게도 영국군 연대 소속의 북 치는 소년들은 드레스-가그라 촐리Gagra Choli-를 입고 노치nautch(춤추는) 여성들처럼 궁정에 유흥을 제공해야 했다.[125]

10년 간의 감금 생활 끝에, 이런 포로들 가운데 한 명인 제임스 스커리James Scurry는 의자에 앉는 법이나 포크와 나이프를 사용하는 법을 잊어버렸다. 그의 영어는 "관용어구를 모두 잊어버려, 서툴고 엉망진창"이었고, 피부는 "흑인의 까무잡잡한 안색"처럼 어두워졌으며, 유럽식 복장을 착용하는 것을 매우 싫어하게 되었다.[126]

이것은 궁극의 식민주의적 악몽이자 그 가장 불쾌한 형태였다. 포로가 자신의 억류자들의 방식을 더 좋아하게 되고 식민 지배자가 피식민자의 방식을 따르게 된 셈이었으니까.

폴릴루르 전투 이틀 뒤에 윌리엄 요새에 참사를 알리기 위해 마드라스에서 캘커타로 배 한 척이 특파되었다. 소식은 9월 20일에 도착했다. 워런 헤이스팅스는 참사를 전해 듣고 이 패배가 무엇을 의미하는지 곧장 깨달았다. 그는 런던에 "그토록 오랫동안 정복 습관에 길들여진 우리 군대는 이 끔찍한 반전의 영향에서 쉽게 회복하지 못할 것이며 무능한 지휘관들 휘하에서는 과거와 같이 자신감 있게 싸우지 못할 것"이라고 썼다.[127] 마드라스에서 매카트니 경도 유사한 요지로 본국에 썼다. "인도인들은 우리 병사들을 전보다 덜 두려워하고 우리는 그들의 저항을 덜 얕잡아본다. 그러므로 과거의 전적으로 향후 우리의 우위를 자신할 수는 없다."[128]

이제 회사—1,000만 파운드* 넘게 빚을 지고 있고 봉급도 주지 못하는—는 프랑스의 지원을 받는, 인도 내 가장 강력한 세력들의 연합에 직면했다.[129] 헤이스팅스는 "위태로운 해안으로 밀려가고 있으며 기적이 아니고는 난파를 피할 수 없을, 물이 많이 새는 배에 타고 있다"고 여겼다.[130]

＊　　현재 가치로 10억 파운드.

여기에 동의하지 않는 사람은 거의 없었을 것이다. 인도 내 회사의 입지가 이렇게 흔들린 적은 없었다. 폴릴루르 패배에 관한 초창기 한 분석은 회사의 여러 인도 라이벌이 폴릴루르 전투가 제시한 결정적 기회를 더 이용하지 않는 데 놀라움을 드러냈다. "그렇게 예상할 만한 이유가 충분했듯이 프랑스인들이 때맞춰 적을 지원했다면, 그리고 마라타 국가들이 조용한 방관자로 남는 대신 (…) 힘을 합치고 일치단결해 행동했다면 영국은 반도의 거의 모든 정착지를 빼앗겼을 것이라는 데 의심의 여지가 없다. 사기가 꺾이고 무너진 나머지 군대의 상태를 고려할 때, 하이다르가 베일리의 패배 이후에 여세를 이어 갔다면 세인트조지 요새와 더불어 그 부대 전체가 무방비의 먹잇감으로 적의 수중에 떨어지는 것을 막을 희망은 거의 없었을 것이다."[131] 회사에는 다행스럽게도, 하이다르는 자신의 병력을 보존하기로 결심했다. 그는 더 이상의 결정적인 교전을 피하고 기병을 이용해 치고 빠지는 습격 작전을 전개함으로써 회사의 보급로를 괴롭히는 데 집중했다. 회사는 오로지 적들이 자신감이 부족하고 소극적이었던 덕분에, 그리고 캘커타로부터 재빨리 증원군이 온 덕분에 남부의 거점을 유지할 수 있었다. 이후 몇 달에 걸쳐 헤이스팅스는 광범위한 군사 활동과 능숙한 외교를 창의적으로 결합해 삼자동맹과 마라타연맹의 단합을 모두 깨트릴 수 있었는데, 1782년 5월 17일에 마라타 지휘관 마하지 신디아와 단독 강화인 살바이 조약을 체결한 것이다. 마하지 신디아는 그 뒤 영국 편이 되었다. 회사의 적들로서는 큰 기회를 놓친 셈이었다. 1780년에 마지막으로 한 번만 더 살짝 압박했다면 회사를 영원히 몰아낼 수도 있었으리라. 그런 기회는 두 번 다시 찾아오지 않을 테고, 공세를 즉시 더 취하지 않은 것은 푸네와 마이소르 두르바르 모두 나중에 뼈아프게 후회할 일이었다.

세계 다른 지역에서도 1780년은 영국이 중요한 패배를 당한 해였다. 미국에서는 애국파가 국왕에게 반기를 들었는데, 부분적으로는 정부가 동인도회사의 차 재고를 판매하려고 하면서 여기에 영국의 세금까지 부과했기 때문이었다. 9,659파운드어치(현재 가치로 100만 파운드 이상) EIC의 차 4만 킬로그램 이상을 바다에 쏟아버린 보스턴 차 사건Boston Tea Party은 미국독립전쟁으로 이어졌는데, 그 배경에는 벵골에서 그랬던 것처럼 회사가 이제 13개 식민지에서도 활개를 칠 것이라는 두려움이 일부 작용했다.

애국파 작가인 존 디킨슨John Dickinson은 EIC가 인도를 실컷 약탈한 뒤 이제는 "강탈과 압제, 잔인성의 재능을 발휘할 무대로 아메리카에 눈길을 던지고" 있다고 두려워했다.[132] 디킨슨은 차를 "저주받을 쓰레기"라고 묘사하고 아메리카가 부패한 동인도회사의 압제에 시달릴 전망을 "쥐 떼에게 먹히는" 일에 비유했다. 그는 이 "거의 파산한 회사"가 "조국을 부패시키는 데" 몰두하고, 벵골에서는 "전대미문의 야만성과 착취, 독점"을 자행하더니 이제는 아메리카에서 똑같은 짓을 하고 싶어 한다고 썼다. "하지만 천만다행으로 우리는 세포이도 마라타도 아니다." 그는 아메리카의 야경꾼들이 동네를 순찰할 때 "밤마다 12시가 지나면 '동인도회사를 조심하라'라고 외치게끔" 해야 한다고 말했다.[133]

끔찍한 전쟁 끝에, 애국파는 일련의 교착 상태를 거친 뒤 정부가 질서를 회복하기 위해 파견한 군대를 쫓아냈다. 하이다르가 겁에 질린 먼로를 마드라스까지 추격하고 있던 순간에, 아메리카의 영국군은 요크타운에서 워싱턴에게 최종적으로 패배(1781년 10월—옮긴이)할 미래로 이미 다가가고 있었고 결국 이듬해 10월에 아메리카 주둔 영국군 전체가 항복하게 된다. 영제국이 어디서나 무너지고 있다는 인식이 점점 번져갔다. 의회에서는 1년 뒤에 한 의원이 "유럽에서 우리는 메노르카를 잃고, 아메리카에서는 13개 주와 두 펜서콜라two Pensacola(미국독립전쟁을 종결한 파리조약에 따라 에스파냐에 넘겨진 이스트플로리다와 웨스트플로리다를 가리킨다-옮긴이), 서인도에서는 토바고, 아프리카에서는 몇몇 정착지를 상실했다"고 발언했다.[134] 에드먼드 버크는 "영제국이 토대까지 흔들리고 있다"라고 썼다.[135]

얼마 안 있어 의회는 이 같은 패퇴에 관한 여섯 권짜리 보고서를 출간했다. 회사의 어느 선임 장교는 의회에서, "인도에서 영국이 획득한 것은 실제라기보다는 상상에 가깝다. 그 방대한 영토를 그렇게 격차가 큰 숫자로 복속시키다니! 우리도 그들과 같은 사람에 불과하다는 사실을 인도인들이 곧 알게 될 것 같다"라고 발언했다.[136]

호러스 월폴은 늘 그렇듯 더 간결하게 표현했다. "인도와 아메리카 모두 탈출하고 있다."[137]

‹ 7 ›

황폐한 델리

1771년 4월 12일 아침, 길쭉한 나팔에서 울리는 귀청이 터질 듯한 소리와 낙타에 얹은 나가라*Nagara* 드럼의 한결같은 박자에 맞춰 샤 알람은 화려하게 장식한 코끼리에 올라타고 알라하바드 요새의 아치형 사암 관문을 나와 길을 떠났다.

12년 넘게 망명 생활을 한 끝에 황제는 고향으로 향했다. 쉽지 않은 여정이 될 것이었다. 샤 알람은 오래전에 무굴 왕조의 권위에서 벗어난 지방들을 거쳐 갈 예정이었고, 적들이 그를 생포하거나 포섭하거나 심지어 암살을 시도할 수도 있다고 염려할 만한 이유가 충분했다. 더욱이 그의 궁극적 목적지인 훌랑 타버린 무굴의 수도 델리는 라이벌인 아프간과 마라타 군대에 의해 한층 더 폐허로 전락한 터였다.

하지만 황제도 아무 대비가 없지는 않았다. 새로 일으킨 군사와 추종자 1만 6,000명이 그를 따르고 있었다. 이때의 긴 행진을 보여주는 무굴 회화가 남아 있다. 비옥한 풍광을 가로질러 병사들의 넓고 긴 행렬이 구불구불한 야무나 강둑을 따라 꼬리에 꼬리를 물고 이어진다. 선두에는 악사들이 있다. 그다음 권표權標와 무굴의 문장을 받든 사람들이 뒤따른다. 황제의 양산들, 황금 마히 마라팁*mahi maratib*(휘장—옮긴이) 물고기 깃발, 햇살이 퍼져나오는 태양의 얼굴과 파티마의 손, 모든 것이 붉은 비단술이 나풀거리는 금박 장대에 걸려 높이 쳐들렸다. 그다음 창으로 무장한 호위대에 빽빽하게 둘러싸여 코끼리 위에 높이 올라탄 황제가 온다.

다음은 왕자들 차례인데, 황제의 문장을 수놓은 사프란 색 천으로 머리를 장식한 코끼리를 타고 있다. 그들 뒤로는 왕실 하렘의 많은 여성들이 덮개를 씌운 가마를 타고 따라온다. 다음은 코끼리 네 마리가 한 조로 끄는 중重공성포의 행렬이다. 그 뒤로 눈길이 닿는 곳까지 군대의 본진이 길게 뻗어 있다. 상이한 병사 집단은 별개의 세포이 보병, 기병, 포병 대대들과 회전포를 얹은 낙타 군단으로 나뉘었고, 반구형의 하우다에 앉아 코끼리에 올라탄 장교들이 각각 이끌고 있다. 원정대는 금박으로 장식된 왕실 바지선의 호위를 받아 강둑을 따라 행진하며, 간간이 미너렛이 솟아 있는 소읍과 사원이 산재한 섬들을 지나 숲과 풀밭을 통과해 나아간다.[1]

그 순간이 이렇게 기록으로 남은 것은 당시에도 18세기 인도 정치의 결정적 전환점으로 인식되었기 때문이다. 수도를 재정복할 수 있게 회사가 군대를 내주거나 아니면 무장 호위라도 해주겠다는 약속을 지킬 것이라는 생각을 샤 알람이 드디어 단념한 것이다. 회사가 돕지 않겠다면 그는 새로운 동맹을 찾아야 했다. 그리고 이는 당연히, 대대로 적이었던 마라타인들을 의미했다. 하지만 어떤 위험에든 황제는 자신의 정당한 자리인 선조들의 공작 왕좌를 되찾겠다는 희망에 모든 것을 걸기로 결심했다.[2]

뒤늦게 황제의 계획을 알았을 때 걱정이 된 캘커타의 회사 관리들은 샤 알람에게 "폐하의 현명치 못한 모험을 어떤 식으로든 지지할 수 없"으며, "제국 전역이 널리 어지러운 작금은 그렇게 위험한 거사에 나설 적절한 때라고 생각하지 않는다"고 경고하는 편지를 잇따라 보냈다.[3] "폐하께서는 스스로 만만찮은 과업에 나섰음을 알고 계실 것입니다. 마라타인을 친구로 여긴다면 크게 착각한 것인데, 그들은 금방 변심하기로 악명이 높고 신뢰할 수 없기 때문입니다." "그들은 폐하의 곤경에 기뻐할 것이고, 그들이 말하는 충성은 폐하의 이름을 이용해 자신들의 목적을 달성하고자 폐하를 손아귀에 넣으려는 의도일 뿐입니다."[4]

이렇게 자애로워 보이는 황제에 대한 염려 이면에는 회사 쪽의 깊은 불안감이 깔려 있었다. 출발이 임박했다는 샤 알람의 발표는 전혀 예상치 못한 것이었다. 황제의 후견인들은 그들이 내리는 결정을 합법화하고 정당하게 만들기 위해 황제를 수중에 두길 원했을 뿐만 아니라 다른 이들이 동일한 속셈에서 그를 붙잡으면 일어날 결과를 두려워했다. 마라타연맹은 인도에서 회사의 가장 강력한 라이벌이었다. 그들은 아대륙의 서부 해안 거의 전역을 지배했고, 중부 내륙 상당 부분도 마찬가지였다. 회사는 "황제의 신변을 확보할 경우 마라타인들의 영향력이 틀림없이 커지고, 황제의 이름이 향후 그들의 약탈행위를 승인하는 수단이 될 것"임을 뒤늦게 깨닫기 시작했다.[5]

황제의 마음을 바꿀 요량으로 회사 최고위급 장교인 바커General Barker 장군이 알라하바드로 급파되었다. 샤 알람의 고위 자문들마저도 황제에게 "허깨비를 붙잡으려고 실체를 내버리고 있으며 (…) 왕궁에 기거한다는 허황된 만족감에 자신의 이익을 희생하고 있다"고 말했다. 마라타인들, 즉 "믿을 수 없는 처신과 만족을 모르는 야망으로 당신의 존귀한 가문의 많은 이들에게 그토록 치명적이었던 바로 그 사람들"을 믿는 위험성에 관해서도 경고했다.[6]

하지만 샤 알람은 마음을 정했다. 바커는 그가 '소귀에 경 읽기' 상태임을 발견했다.[7] 황제는 회사가 그를 가로막으려 한다면 자살하겠다고 위협하기까지 했다. 그는 알라하바드에서 회사의 꼭두각시로 사는 삶을 더는 견딜 수 없었고, 어떤 위험이 따르든 귀환하기를 열망했다. "그는 수도의 즐거움을 그리워했다"고 그를 잘 알았던 회사 관리이자 결국에는 그의 첫 전기를 쓰는 윌리엄 프랭클린William Franklin은 썼다.[8]

결국 집행위원회는 황제의 결정을 최대한 선선히 받아들이는 것 말고는 도리가 없음을 깨달았다. 그들은 1771년 1월, "인신에 절대적인 구속을 가하지 않고는 황제의 이런 행보를 막을 힘이 없는데, 그런 조치는 우리 자신의 인정人情에 맞지 않는 만큼 명예로운 주인들Honorable masters(회사 이사들에 대한 관례적 경칭—옮긴이)도 찬성하지 않을 것이라고 판단했다"라고 런던의 이사들에게 보고했다.[9] 바커는 황제에게 편지를 썼다. "폐하께서 마라타인과 이 모든 것에 은밀히 합의를 보셨으므로 본인은 국왕의 결심을 방해하지도 지지하지도 말라는 지시를 받았습니다."[10]

실상, 회사는 황제의 극적인 결정에 누굴 탓하고 원망할 것도 없다. 6년 전에 알라하바드에 도착한 이후로 회사 장교들로부터 받은 무례한 대우가 그가 델리 원정이라는 도박에 모든 것을 걸기로 결심한 주요 이유였으니 말이다. "영국인들은 샤 알람 2세를 대할 때 모욕적일 만큼 공경심을 보이지 않아 그의 불행을 가중시켰다"라고 알라하바드 요새에서 황제를 방문했던 장바티스트 장티는 썼다. "그들은 티무르 왕가의 과거 영광과 권력을 지속적으로 상기시키는 배경—그의 선조인 아크바르의 왕궁 —에서 이런 짓을 거듭했다."

이런 모욕들이 쌓여서 결국 그는 한때 찬란했던 이 유산 가운데 조금이나마 남은 것을 버리고 그의 귀환을 위해 급조된 누추한 오두막에 살고자 델리로 돌아갈 수밖에 없었다.

설상가상으로 그들[회사]은 1765년 알라하바드 조약으로 합의되었던 26라크 루피* 전액을 지급하기를 거절함으로써 그를 더욱 비참하게 만들었다.

일개 대대 장교가 가장 지위가 높은 샤 알람의 제복 하인 중 한 명을 제멋대로 체포해 투옥했다. 비록 하인이 그런 처우를 받을 만할 범법 행위를 저지르지 않았지만 황제는 앞으로 그가 더 조심할 것이라고 약속하며 장교에게 풀어달라고 당연히 요청했다. 그런데 믿기는가? 이 장교가 당장 문제의 하인을 불러내어 황제의 사자가 보는 앞에서 채찍으로 때리면서 "내게 마땅한 존경을 표시하지 않은 사람은 누구나 이렇게 처벌한다!"라고 말한 것이다.

그 뒤로 얼마 지나지 않아 왕궁에 머물고 있던 스미스 준장이 시끄러워서 아침에 너무 일찍 잠에서 깬다며 왕궁의 관문 위에 있는 방에서 항상 연주되는 전통 나우밧 나팔을 황제의 악사들이 불지 못하게 금지했다. 악사들이 준장의 명령에도 불구하고 연주를 하자 스미스는 경비병들을 보내 악사들과 악기를 2층 방에서 내던졌다. 다행스럽게도 악사들은 마침 도망쳐서 떨어진 것은 악기뿐이었다.

걸핏하면 시비를 걸고 무례한 이 장교의 성질 탓에 불운한 황제

---

* 현재 가치로 3,380만 파운드.

〈7〉 황폐한 델리

가 알라하바드에서 누릴 수도 있었을 마음의 평화는 사라져버렸고, 결국 매일같이 겪는 수모에 황제는 말했다시피 풍요롭고 비옥한 지방과 폐허의 도시를 맞바꿔 알라하바드의 궁전을 버리고 야무나 강둑의 델리에서 살려고 떠날 수밖에 없었다.[11]

하급 장교들의 이러한 몰지각한 모욕은 샤 알람이 그들의 상관들에게 이미 느끼고 있던 울분을 더할 뿐이었다. 그는 배신당했다고 느낄 만했다. 회사로 하여금 약속을 지키게 하려는 그의 많은 시도 가운데서도 특히 클라이브와 주고받은 것이 마음에 맺혔다.

1766년, 샤 알람은 "영국에 있는 내 형제의 고귀한 마음과 진실한 우정을 생각하여" 동료 군주인 조지 3세에게 군주 대 군주로서, 도움을 요청하기 위해 특사를 보내기까지 했다. 샤 알람은 편지에서 회사의 병력으로 델리에 다시 앉혀지는 대가로 하노버 왕조의 국왕을 상위 군주로 인정하겠다고 제의했다. 하지만 황제가 국왕에게 보내는 서신을 클라이브가 10만 루피*가 나가는 희귀한 보석 나즈르_nazr_(예물)와 더불어 가로채 서신과 보석 모두 전달되지 못했다. 그래 놓고 클라이브는 런던으로 돌아왔을 때 샤 알람이 국왕에게 보내는 선물을 자기가 바치는 것인 양 황제는 전혀 언급하지 않고 국왕에게 바쳤다. 그래도 영국에 도착하기는 한 샤 알람의 특사는 자신의 여행에 관해 놀라운 책을 썼는데 그의 여행기 《빌라옛의 경이 The Wonders of Vilayet》는 최초로 인도 독자들에게 영국 겨울의 황량함과 위스키가 부채질한 스코틀랜드인들의 다투기 좋아하는 성미를 소개했다. 하지만 회사는 황제의 특사가 국왕을 알현하거나 정부 인사 누구에게도

---

*   현재 가치로 100만 파운드 이상이다.

접근하지 못하게 막았다.[12]

1769년 12월, 이번에는 "시기가 부적절하다"는 이유로 캘커타가 다시금 황제를 델리로 호위하기를 거부하자 샤 알람은 마침내 회사에 기대해봤자 가망이 없다고 결론 내렸다. 그가 델리에 도달하려면 자신의 병사들에게 호위를 받아야 하며, 그가 가고 싶은 곳으로 데려다 줄 새로운 동맹을 찾아야 할 것이었다.[13]

힌두스탄 정치에서의 극적인 변화가 황제가 행동에 나서도록 자극했다. 1761년 파니파트에서 마라타의 패배와 3만 5,000명─마라타 전사와 지도자 한 세대 전부─이 죽은 이후 10년 사이에 아프간인들이 대략 1761년부터 1770년까지 힌두스탄에서 우위를 점했다.[14] 1762년 아흐마드 샤 두라니가 샤 알람의 십 대 앙숙인 이마드 울물크를 붉은 요새에서 쫓아내고 총독으로 아프간 출생 로힐라인 나지브 우드다울라를 앉혔다. 나지브는 인도에서 미천한 유수프자이(파슈툰 부족 중 하나─옮긴이) 말 장수로 출발했지만 전사이자 정치적 전략가로서의 능력을 발판으로 착실히 출세했다.

나지브는 "9년 동안 패배한 적 없지만 도전이 없지도 않은 델리의 주인"으로서 여러 세력이 다투는 도적 떼의 소굴 같은 곳에서 "침착하게 균형을 잡는 탁월한 재주로 자리를 지키는" 데 성공했다.[15] 하지만 1770년 10월에 나지브가 죽자 제멋대로인 그의 아들이자 후계자인 자비타 칸이 "감히 왕실 후궁에 들어가, 그 안에 갇힌 일부 여성들과 관계를 맺었는데 왕(샤 알람)의 누이도 그중 한 명이었다"는 풍문이 알라하바드에 들려왔다.[16] 이렇게 무굴 왕실의 명예가 위태로워지자, 모후인 지나트 마할은 아들에게 편지를 써서 당장 가서 사태를 수습하라고 했다.

아프간의 북인도 침입의 핵심 장본인인 아흐마드 샤 두라니는 이제 죽음을 맞기 위해 본향인 산악지대로 귀환했다. 그는 오랫동안 심신을 약화시켜온 질환의 말기 증상을 앓고 있었다. 아프간 문헌들이 '괴저성 궤양'이라고 부른 병인데, 얼굴이 문드러지고 있었으니 나병〔한센병〕이나 모종의 종양이었을 것이다. 파니파트에서 큰 승리를 거둔 직후에 그 병은 코로 번져서 아흐마드 샤는 다이아몬드를 박은 보형물을 착용했다. 1772년에 이르자 음식을 먹을 때, 썩어가는 코 위쪽에서 구더기가 나와 입안과 음식으로 떨어지는 지경이 되었다. 치료법을 찾을 수 없다고 절망한 그는 칸다하르의 여름 더위를 피해 찾던 토바 구릉지대에서 몸져누웠다.[17] 인도로 처들어가 로힐라 친족들을 지원할 처지가 아니었다. 인도에 정착한 아프간인들은 이제 혼자였다.[18]

1766년 5월 참발강 북쪽에서, 마라타는 5년 전 파니파트 이후로 처음이자 비교적 소박한 원정을 감행했다. 1770년에 이르러 그들은 다시 돌아왔고, 이번에는 7만 5,000명이라는 "하해 같은 군대"를 이끌고 와서 디그의 자트 라자를 격파하고, 아그라 동쪽 로힐라 영역을 습격했다.[19] 다시 한번 미래는 마라타에 있으며 아프간 지배의 시절은 이제 끝났다는 것이 점점 분명해지고 있었다.

쇠퇴하는 두라니 군주정과 대조적으로 마라타연맹은 북부에서 세력을 회복하고 확대할 의지와 군사적 능력을 갖춘 두 청년 지도자를 배출했다. 서로 적수인 이 둘 가운데 첫 번째는 젊은 마하지 신디아였다. 변변찮은 출신인 신디아는 파니파트 전장에서 아프간 기병에게 쫓기다 말에 짓밟히고 전투용 도끼로 무릎 아래쪽에 부상을 입은 채 피를 흘리며 죽을 위기에 처했다. 하지만 신디아는 안전한 곳까지 기어 와서 앞날을 기약할 수 있었는데, 그때의 부상으로 여생 동안 심하게 발을 절게 된다. 운동을 할 수 없었으니 신디아는 몸집이 아주 비

대해졌다. 하지만 탁월한 정치가였고, 유능하고 빈틈없으며 대단히 영리했다.[20]

그의 정적인 투코지 홀카르도 파니파트 평원에서 간신히 목숨을 건졌지만 성격은 아주 딴판이었다. 그는 여자와 술을 좋아했고, 늠름하고 인생을 즐기는 사람이었으나, 지성은 신디아에 크게 못미쳤다. 그와 신디아는 거의 사사건건 대립했고, 명목상으로는 그들보다 지위가 높은 마라타 페슈와가 몇 번이고 두 라이벌 군벌 사이에 끼어들어 다툼을 그만두고 서로 협력하라고 경고해야만 했다. 그럼에도 두 사람 모두 지금이 힌두스탄에서 마라타 권력을 부활시킬 적기이며, 이를 확고히 할 최상의 방법은 그들의 공동 비호 아래 샤 알람을 델리에 다시 앉히고, 그를 좌지우지하는 것이라는 데 뜻이 일치했다.[21] 델리의 지배자가 언제나 힌두스탄의 지배자라는 사실을 알았던 것이다.

1770년 후반에 신디아가 보낸 비밀 전갈이 알라하바드에 도착했다. 샤 알람이 델리로 귀환한다면 마라타가 보호하겠다는 내용이었다. 이에 황제는 동맹 가능성을 타진하기 위해 마라타의 두 지도자에게 조심스레 특사를 파견했다. 두 경쟁 진영은 긍정적으로 반응했다. 1771년 2월 15일, 섭정으로 델리에 머물던 샤 알람의 아들이자 왕세자와 마라타인들 간 협정이 타결되었다. 마라타인들이 자비타 칸과 아프간인들을 몰아낸 다음 신디아가 샤 알람을 델리로 호위하여 왕궁을 그에게 넘긴다는 내용이었다. 이 모든 것의 대가로 샤 알람은 40라크 루피를 지불하기로 했다.* 이 합의는 1771년 3월 22일에 황제에 의해 비밀리에 재가되었다.

---

*   현재 가치로 5,200만 파운드.

한여름에 마라타인들은 대규모 병력을 이끌고 야무나강을 건너 델리를 함락하고 자비타 칸의 수비대를 몰아내는 데 성공했다. 그다음 갠지스강 상류를 건너, 약탈하고 불을 질러가며 로힐칸드 내륙으로 진격했다. 자비타 칸은 그들을 피해 메루트 북동쪽 황무지에 있는 난공불락의 요새 파타르가르로 후퇴했다. 모든 것이 계획대로 착착 들어맞았다.[22]

마지막 한 가지 사안만이 결정을 기다리고 있었는데, 바로 샤 알람의 새 군대를 이끌 지휘관이었다. 이 문제에서 황제는 드물게 뜻밖의 행운을 얻었다. 그가 자신에게 가장 유용한 자산이자 가장 충성스러운 신하가 되는 사람을 낙점한 것이다. 미르자 나자프 칸은 최근에야 샤 알람의 휘하에 들어올 인물로, 전에 미르 카심 아래서 복무하며 회사에 맞서 뛰어난 전과를 올린 바 있는 젊은 페르시아 기병 장교였다.

아직 30대 중반으로, 잘생기고 세련되며 매력적인 나자프 칸의 혈관에는 페르시아 사파비 왕가의 피가 흘렀고, 아와드의 나와브 슈자 우드다울라와는 혼인으로 결연한 사이였다. 그는 우아한 외교가이자 유능한 경영자였으며, 군인으로서는 더 유능했다. 미르 카심과 함께 싸우는 동안 회사의 전술과 전략을 유심히 관찰해, 연속 사격 기술과 근대적인 유럽식 보병 기동, 대포 탄도학의 전문적 지식을 터득했다. 나자프 칸을 만난 회사 장교들은 깊은 인상을 받았다. 윌리엄 프랭클린은 그를 만난 뒤 "활기차고 능동적인 용맹한 지휘관이며, 정중하고 친절한 매너를 갖췄다"고 썼다. "업무에 부단히 주의를 기울임으로써 그는 모든 부문에 규율을 유지시키고 질서를 회복했다." 당시로서는 유별나게도 그는 "인도적이고 자애로운 사람"이었다.[23]

샤 알람이 무사히 델리로 귀환하리라고 믿는 사람은 거의 없었다. 그가 그곳에 무굴 제국의 지배를 재확립하거나, 회사가 그랬던 것처럼 자신들의 목적을 위해 그를 도구로 삼으려는 마라타인들로부터 유의미한 독립을 달성할 희망이 있다고 믿는 사람은 더 없었다. 하지만 샤 알람이 이 모든 과제에서 성공하도록 도울 사람이 있다면 그건 나자프 칸이었다.

역사가 샤키르 칸이 논평한 대로 "전략을 영리하게 파악하고 용감하고 결단력 있는 단 한 사람이 머무적거리는 사람 1,000명보다 나은" 법이었다.[24]

황제는 알라하바드에서 30여 킬로미터를 가서 아와드로 넘어갔고 그날 밤 세라이 알람찬드에 도착했다. 거기서 4월 30일에 나와브 슈자 우드다울라가 합류했다.

두 사람은 7년 전 북사르의 전장에서 달아난 뒤로 대면한 적이 없었다. 북사르 전투의 또 다른 역전의 용사이자, 이제는 페르시아식 무굴 칭호로 '용기가 대단한'이란 뜻의 '히마트 바하두르Himmat Bahadur'로 지위가 상승한 무시무시한 나가 지휘관 아눕기리 고사인도 슈자와 함께 왔다. 다른 사람들과 마찬가지로 슈자도 샤 알람이 델리로 가는 것을 만류하려 했지만 "폐하의 결심이 확고한 것을 보고" 아눕기리가 따라가게 하고, 고사인 기병과 보병 1만 명은 물론 대포 5문, 수소가 끄는 보급품을 산뜩 실은 무수한 수레, 막사 및 12라크 루피*를 내어주기로 동의했는데, "폐하가 충분한 병력도 없이 마라타인에 합류하면 완전히 그들 수중에 떨어지게 될 것이라 믿어서"였다.[25] 하지

---

* 현재 가치로 거의 1,600만 파운드.

만 황제와 함께 가는 것은 거절하고 원정이 좋지 않게 끝날 것이라고 경고했다.[26]

슈자의 경고에 바커 장군도 계속해서 맞장구를 쳤다. 장군이 황제에게 편지를 쓰길, "우기가 시작되었으니, 국왕의 행차가 계속된다면 참사로 끝나게 될 것입니다. 폐하께서 [아와드 서쪽 끄트머리에 있는] 코라에서 멈추시는 한 영국군은 언제나 폐하의 뜻을 따를 것입니다. 천만의 일이지만, 폐하께서 코라의 경계를 넘어가서 패배를 겪으신다면 우리는 책임지지 않을 것입니다."[27]

하지만 황제는 겁내지 않았다. 그는 세라이 알람찬드에서 3주 가까이 머물며 미르자 나자프 칸과 함께 막사에 틀어박혀 행군의 세부 사항까지 계획하고, 다양한 장애를 극복할 방법을 논의했다. 그들은 마라타 귀족들을 매수하도록 믿음직한 내시에게 2.5라크 루피*를 들려 은밀히 먼저 보냈다. 그의 임무는 젊은 마라타 지도자 가운데 누가 더 샤 알람의 지배에 마음이 열려 있는지 알아보고, 붉은 요새를 황제의 수중에 넘겨주는 문제에 관한 협상을 개시하는 것이었다.[28]

5월 2일에 황제는 천막을 거두고 서쪽으로 향했고, 그의 군대는 줄곧 느리게 행진한 끝에 칸푸르 바깥, 비투르에 있는 회사 군대의 마지막 주둔지에 도달했다. 여기서 바커 장군이 와서 직접 황제를 전송했다. 바커는 샤 알람의 군대에 배속되어 있던 영국군 장교를 모두 데려갔지만 호의의 표시로서 회사 세포이 대대 2개와 야포 4문은 남겨두었다.[29]

다음 주에 샤 알람의 군대는 더위 속에서 힘겹게 카나우지를 지나 경계를 넘어 로힐라 영토로 진입했다. 7월 17일에 우기가 본격적으

---

*   현재 가치로 300만 파운드.

로 시작되어, 대포가 진창에 빠지고 코끼리들이 통행로라기보다는 운하에 더 가까워 보이는 길을 느릿느릿 헤쳐나가는 등 엄청난 폭우가 전진을 방해했다.[30] 8월 말에 이르러, 황제의 군대는 쉴 새 없이 내리는 비에 쫄딱 젖은 채 마침내 파루크하바드에 도달했다. 여기서 황제는 첫 번째 중대한 도전에 맞닥뜨렸다.

파루크하바드의 로힐라인 나와브 아흐마드 칸 반가시Ahmad Khan Bangash는 막 세상을 떴다. 샤 알람은 무굴의 전통 방식에 따라 나와브의 모든 재산과 영지가 이제 황제에게 귀속되어야 한다고 요구함으로써 자신의 결의를 보여주기로 했다. 그의 요구에 나와브의 손자이자 후계자는 반발하며 로힐라 군대를 끌어모아 황제의 행렬을 에워싸고 차단했고, 진지를 공격할 태세였다. 샤 알람은 마하지 신디아에게 즉각적인 군사적 지원을 요청하는 전갈을 다급히 보냈다. 진실이 드러날 순간이었다. 마라타는 약속을 지켜서 황제의 보호자가 될 것인가, 아니면 그들의 새로운 피후견인이 아프간 적들에게 공격받는 것을 수수방관할 것인가?

이틀 뒤 로힐라인들이 전투를 준비하고 있을 때, 신디아의 마라타 병사 수천 명이 지평선 너머에 나타났다. 젊은 나와브 반가시는 이제 자신이 수적 열세에 놓였음을 알고서 화평을 호소해 자신의 상속권을 인정해주는 대가로 샤 알람에게 7라크 루피**의 페슈카시peshkash(조공)를 바치는 데 동의했다. 샤 알람은 젊은이의 상속을 승인한 후, 조공을 챙겨 파루크하바드에서 30여 킬로미터 떨어진 나비간지로 이동해 남은 우기를 보냈다.[31]

11월 18일, 마하지 신디아가 마침내 황제의 진지로 직접 찾아왔다.

** 현재 가치로 900만 파운드.

마라타 족장이 무굴 궁정의 예법을 따라서 황제에게 과연 신종을 바칠 것인지 모두가 지켜보는 가운데, 신디아는 아크바르 왕자에게 이끌려 황제의 두르바르로 다리를 절며 들어왔다. 무굴인들로서는 다행스럽게도, 그는 잠깐 주춤하다가 황제 앞에 납작 엎드려 "황제의 두 발에 머리를 갖다 댔고, 황제는 그를 일으켜 세우고는 꼭 끌어안고 칭찬했다. 다리가 불편한 것을 고려해 그는 황제의 황금 의자 앞에 앉으라는 명령을 받았다".[32] 신디아는 그다음 황제에게 복종을 의미하는 나자르(예물)를 바쳤고, 그 뒤 황제는 "황송하게도 그의 등에 은혜로운 손을 얹었다. 두 시간 뒤에 그는 물러가도 좋다는 허락을 받고 진지로 돌아왔다".[33]

이틀 뒤에 신디아는 두 번째로 황제를 찾아왔고, 무굴과 마라타의 두 지도자는 계획과 전략을 짰다. 11월 29일에 갓 연합한 군대는 진지를 철수하고 함께 델리로 출발했다.[34]

샤 알람은 1772년 새해 첫날 시칸드라 근처의 야영지를 떠나 행군을 시작했다. 그날 저녁 야무나 동안(東岸)의 샤다라에서 강 건너편에 솟아 있는 수도의 성벽과 둥근 지붕들이 마침내 그의 눈에 들어왔다. 마라타 수비대가 모후인 지나트 마할과 왕세자 자완 바크트 그리고 "최소 스물일곱 명의 [황제의 다른] 자식들을 데리고" 그를 맞이하러 말을 달려 나왔다.[35] 샤 알람은 그들 모두를 정식 두르바르에서 맞이했다.

며칠 뒤, 오전 8시 15분에 깃발이 휘날리고 북소리가 울리는 가운데 샤 알람이 말을 타고 델리 대문을 통과해 샤자하나바드의 폐허로 입성했다. 성스러운 라마단 금식월의 종료를 기리는 상서로운 이드 울피트르의 축제일인 그날은 황제의 바즈가슈트*bazgasht*, 즉 귀환의 날로 기억되었다.

이날 그는 12년간의 망명 생활을 끝내고 선조들의 왕궁에서 제자

리를 찾았다. 무굴 왕조가 공작 왕좌로 돌아왔다.[36]

1772년 1월 샤 알람 앞에 놓인 임무는 이제 델리 주변 지역부터 시작해 잃어버린 제국을 재정복하는 것이었다.

그와 미르자 나자프 칸 앞에는 두 가지 시급한 목표가 있었다. 디그의 자트 라자는 수도 바로 남쪽, 델리와 아그라 사이의 영토 상당 부분을 찬탈했다. 하지만 그보다 더 시급한 것은 황제의 부름을 거부하고 누이의 명예를 더럽혔다는 혐의를 받고 있는 불한당 로힐라 지도자 자비타 칸을 굴복시키는 일이었다. 이것은 더 미룰 수 없는 문제였다. 군대는 델리 바깥 강 건너편에 머물게 한 채, 샤 알람은 이드 가흐에서 이드 기도자들을 이끌고, 후마윤의 영묘를 찾아 아버지의 무덤에 참배하고, 예전에 그가 즐겨 찾던 곳들을 둘러보고, 오랫동안 못 본 친척들을 방문하며 수도에서 일주일을 조금 넘게 보냈다. 그러다 1월 16일에 샤다라의 진지로 돌아갔다. 이튿날 17일 아침에 황제는 미르자 나자프 칸과 마하지 신디아와 함께 자비타 칸의 요새를 공격하러 출발했다.

군대는 처음에 북쪽 히말라야 산자락 방면으로 향했다가 사하란푸르에서 동쪽으로 방향을 틀었다. 거기서 갠지스강을 걸어서 건널 만한 얕은 여울을 찾다가 하리드와르에서 하류 쪽으로 하루 행군 거리만큼 떨어진 찬디가트에서 도강을 시도했다. 자비타 칸의 포대가 모든 도강 지점을 지키고 있었고, 반대편 강둑에 진을 친 채 건너편으로 산탄을 발사하고 있었다. 때는 겨울이었고 우기의 홍수는 오래전에 물러간 반면, 히말라야의 봄 융설은 아직 시작되지 않았다. 샤 알람과 함께 이동한 마라타 소식지 작가newswriter에 따르면, 2월 23일 일출 한 시간 전 "갠지스 강변에 도달한 황제는 이렇게 외쳤다. '통치권이 나의 운명이라면 길을 터라'라고 말했다. 그 즉시 물이 무릎과 다리의 절반 높이밖에 차지 않아서 강은 걸어서 건널 수 있게 되었다." 황제의 군대는 강을 건넜고 동이 트자 칼을 쥐고 근접전에 뛰어들었다. "오른쪽으로 5킬로미터 떨어져 마하지 신디아와 그의 지휘관들도 강을 건넌 다음 상류 쪽으로 말을 달려와 예고 없이 아프간 군대의 후위를 덮쳤다."[37]

전투의 전환점은 미르자 나자프 칸이 낙타 기병대를 강 중간에 있는 섬으로 이끌고 오는 데 성공하여 거기서 건너편 강둑에 밀집한 아프간 전열에 근거리에서 중회전포를 발사했을 때 찾아왔다. 일출 한 시간 뒤에 자비타 칸은 싸움을 포기하고 히말라야 산지의 피난처를 향해 달아났다. 그의 최고위 지휘관들 여러 명은 갈대와 골풀 사이에 숨어 있다가 붙잡혔다.[38]

마라타와 무굴 두 군대는 그다음 파타르가르에 있는 자비타 칸의 대형 석조 요새로 접근하여 포위했다. 자비타 칸이 가족과 보물을 안전하게 대피시켜둔 곳이었다. 신축 요새였고 식량을 잘 비축해두어 한동안 포위전을 버틸 수 있었을 것이다. 하지만 나자프 칸은 능수능란했다. "나자프 칸은 강에서 이 요새로 흘러오는 물길을 막았다"고 마라타 소식지 작가는 보도했다. "나흘 동안 양측에서 포탄이 비구름처럼 발사되었다. 마침내 요새의 대형 보루 하나에 균열이 생겼다. 수비대는 곧장 자비를 외쳤다."[39] 킬라다르Qiladar(요새 관리자)는 나자프 칸에게 사절을 보내 수비대의 목숨과 명예가 보장된다면 항복하겠다고 제의했다. 나자프 칸은 제의를 수용했다.

3월 16일 파타르가르의 성문이 활짝 열렸다. "마라타인들은 요새 성문에 버티고 섰다. 처음에는 가난한 사람들이 나왔는데 샅샅이 몸수색을 당한 뒤 거의 벌거벗겨 풀려났다. 이를 본 부자들은 돈과 보석이 가득 든 바구니를 감추려고 흉벽에서 물이 있는 해자로 내던졌다. 어떤 이들은 금화를 삼키기도 했다."[40]

그 뒤로 마라타인들이 달려들어 자비타 칸의 가족을 포함해 겁에 질린 로힐라 여성과 아이들을 자기 막사로 끌고 가기 시작했다. 많은 이들이 강간을 당하고 치욕을 당했다. 혼란과 유혈 속에서 자비타 칸의 아버지 나지브 우드다울라의 무덤이 파헤쳐져 약탈당하고 유해가 흩어졌다. 황제와 나자프 칸은 능력껏 개입하여 적의 직계가족을 구해내 무장 경비병의 감시하에 델리로 보냈다. 산악지대로 귀환하길 원하는 다른 아프간인 가족들은 호송을 받아 잘랄라바드로 돌려보냈다.[41] 그렇게 풀려난 이들 가운데는 10년도 더 전 파니파트 전투 이후 줄곧 붙잡혀 있었던 마라타 여성들도 다수 있었다.[42]

승자들은 땅에 묻힌 보물을 파내고 해자에 내던져진 보석을 찾기 위해 물을 빼면서 파타르가르를 2주 동안 약탈했다. 델리의 총독으로 지내며 30년 넘게 나지브 우르다울라가 끌어모은 전리품은 전하는 말에 따르면 무려 250라크 루피*어치에 달했다고 한다. 전리품에는 말과 코끼리, 대포, 금과 보석도 포함되었다.

자비타 칸의 어린 아들 굴람 카디르도 샤자하나바드로 다시 데리고 간 볼모와 인질 중 한 명이었다. 거기서 그는 황제에게 사실상 입양되어, 샤자하나바드 북쪽 쿠드시아 바그의 궁전과 정원에서 무굴 왕실의 방식대로 양육되었다. 나중에 샤 알람이 두고두고 후회하게 될 행위였다. 그의 아버지가 계속해서 황제에게 저항하고 샤 알람의

---
*　현재 가치로 1억 9,500만 파운드.

⟨7⟩　황폐한 델리　　　　　　　　　　　　　　　　　　　　405

통치에 맞선 반란을 잇따라 꾀하고 있을 때도 굴람 카디르는 무굴 왕실의 왕자로서 호사스러운 삶을 누렸고, 한 무굴 왕자의 표현으로는 "다름 아닌 파라오만큼" 거만하게 자랐다.[43] 자기 형제가 자비타 칸에게 목숨을 잃은 한 고위 귀족은 그 대가로 황제에게 굴람 카디르의 머리를 요구했지만 샤 알람은 소년을 보호하면서 아들이 아버지의 비행에 책임을 져서는 안 된다고 주장했다. "아버지가 그런 범죄를 저질렀다고 왜 이 무고한 아이가 죽어야 하는가? 복수를 작정했다면 자비타 칸을 붙잡아서 죽이라."[44]

아무래도 이것이 소년과 황제 간의 이상한 유대에 대한 수군거림을 낳았던 것 같다. 얼마 지나지 않아 왕궁에는 어린 로힐라 피후견인에 대한 황제의 애정이 어떤 선을 넘었다는 풍문이 퍼졌다. 뒷담화를 늘어놓는 당대 한 무굴 왕자의 회상록인《와키아트이 아즈파리 Waqi'at-i Azfari》에 따르면 "이 배은망덕한 작자에게 황송한 눈길을 보낼 때 폐하께서는 놀라운 연민을 보이셨다".

그를 샤자하나바드로 평화롭고 다정하게 데려와 쿠드시아 바그에 넣은 다음 호위대를 붙여주고 갖가지 음식을 담은 큰 쟁반을 하루에 세 번씩 보냈다. 샤는 수시로 그를 가까이 불러서, 가엽게 여기며 성스러운 손으로 소년의 등을 쓰다듬고 읽고 쓰는 법을 배우라고 하는 등 그의 처지에 동정심을 나타내곤 했다. 그는 소년에게 라우샨 우드다울라라는 왕실의 칭호를 내리고, 소년이 부모를 그리며 눈물을 흘리면 곧 집으로 돌려보내겠다고 약속했다. 하지만 당시의 정치적 사정 때문에 궁정의 일부 고위 귀족들은 굴람 카디르가 풀려나서 아버지 곁으로 보내지는 것을 원치 않았다. 그들은 폐하가 그 몹쓸 인간을 석방하지 못하게 막았다.

당시 폐하는 그에게 친밀한 접근을 허락하면서 굴람 카디르의 기분을 크게 맞춰주었는데 인질을 '사랑하는 아들'이라고 불렀던 것이다. 필자는 폐하가 굴람 카디르를 축하하기 위해 정원에서 열린 연회에서 읊은 레크타rekhta[우르두] 여러 연이 떠오른다. 이 가운데 하나는 [샤 알람의 필명 아프탑으로 언어유희를 구사한] 다음과 같았다.

그는 나의 특별한 아들이며 다른 아들들은 한낱 노예일 뿐
신이시여! 내게 헌신하는 이의 가문이 대대로 이어지게 하소서.
그의 소망의 정원이 계속 만발하고
가을은 정원의 경계를 침범하지 못하길.
신의 그림자의 그늘에서 자라나길
아프탑(태양)이 빛나고
천상의 별들이 반짝이는 한.[45]

이 이야기나 굴람 카디르가 우브나ubnah, 다시 말해 엉덩이 가려움에 시달렸다는 아즈파리의 동성애 혐오적 조롱에 확실한 근거는 없어 보인다. 동성 간 관계는 당시에 윗사람과 아랫사람 간에 충분히 용인되었고 그 자체로는 이상하다거나 외설적인 농담거리로 여겨지지 않았다. 아즈파리의 조롱의 요점은 굴람 카디르가 '위쪽'이 아니라 '아래쪽'(그가 열등한 지위라는 뜻이다)이라는 데 있으며, 이는 당대에 중요한 구분이었던 듯하다. 하지만 나중의 일부 문헌들은 더 나간다. 100년 뒤인 1865년에 편찬된《나지브울타와리크Najib-ul-Tawarikh》에 따르면 굴람 카디르는 매우 잘 생겼고 황제 샤 알람 2세는 왕실 하렘의 여성들이 그에게 관심을 갖고 있음을 감지했거나 의심했다. 그

래서 하루는 황제가 총애하는 젊은이에게 약을 먹어 의식을 잃게 한 뒤 거세했다. 이런 주장을 뒷받침하는 널리 퍼진 전통이 있긴 하나 당대의 많은 문헌들은 이를 언급하지 않으며 약간 더 나중에 그 로힐라 군주에게 턱수염이 있었다는 이야기도 전해지는데, 그가 실제로 고자였다면 아무래도 불가능한 일이었을 것이다.*

그렇기는 해도 어린 인질인 굴람 카디르가 호화롭지만 자유가 박탈된 무굴 궁정 생활에서 원치 않는 황제의 애정에 실제로 시달렸다면―그런 일은 충분히 있을 수 있었다―몇 년 뒤에 상황이 역전되었을 때 그가 자신의 억류자들에게 가한 극단적이고 사이코패스 같은 폭력은 그 경험으로 어느 정도 설명될 수 있을 것이다.[46]

샤 알람이 자비타 칸을 상대로 한 전역을 마치고 귀환한 델리는 그가 자랐던 위풍당당한 수도와는 닮은 구석이 거의 없었다. 1739년 이래로 30년간 전쟁과 정복, 약탈이 끊이지 않아 도시는 폐허가 되었고 인구는 감소했다.

이 시기에 델리를 찾은 한 여행객은 다음과 같이 묘사했다. "눈길이 닿는 곳까지 온통 폐허가 된 건물과 긴 담, 거대한 아치형 문과 부서진 돔 조각들뿐이다. (…) 이 장엄하고 고색창연한 도시의 폐허를 응시하면서 극심한 우울감을 느끼지 않기는 불가능하다. (…) 폐허는

---

* Syed Mustafa Bareilwi, *Ghulam Qadir Ruhela* (Lahore, n.d)., p. 55를 보라. 《와키아트 이 아즈파리》와 《이브라트 나마》 둘 다에서 굴람 카디르가 무굴 하렘의 여성들을 강간하겠다―"그들을 첩으로 삼고 마음껏 섭하겠다"―고 위협한 것으로 나오는데, 당시 굴람 카디르가 고자로 여겨지지 않았다는 추가적인 증거다.

강둑을 따라 무려 22킬로미터 펼쳐져 있다. (…) 적암으로 건설된 거대한 마스지드는 몹시 퇴락했다. 그 옆에는 이제 폐허가 된 [찬드니] 차우크가 있고, 요새 그 자체도 지난 70년에 걸쳐 수시로 주인이 바뀌면서 급속히 황폐해졌다. (…)"[47]

스위스 모험가인 앙투안 폴리에르Antoine Polier도 마찬가지로 황량한 풍광을 전했다. 그는 델리가 이제 "잔해와 쓰레기 더미"라고 썼다. 대저택들은 다 쓰러져가고, 화려하게 조각된 발코니들은 로힐라인들이 땔감으로 쓰려고 베어 가버렸으며, 파이즈 바자와 찬드니 차우크의 수로들은 막히고 말랐다. "유일하게 유지가 잘 된 집들은 상인이나 은행가의 것이었다"고 모다브 백작은 썼다.[48] 도시의 3분의 1은 완전히 부서졌다. 폴리에르는 자비타 칸의 아버지 나지브 우드다울라를 탓하며, 그가 "도시에서 갖가지 만행을 저질렀다. (…) 나데르 샤와 아흐마드 샤 두라니의 약탈과 파괴는 눈앞의 모든 것을 휩쓸고 가지만 곧 잦아드는 격렬한 폭풍우와 같았던 반면, 로힐라인들이 10년에 걸쳐 입힌 엄청난 피해는 끊임없이 휘저으며 나라를 파괴하는 아주 성가신 돌풍을 닮았다"고 말했다.[49]

위대한 우르두 시인 미르는 불행으로 점철된 그 긴 세월 끝에 델리의 쇠락이 멈췄을지도 모른다는 희망에 가득 차 망명 생활을 접고 이 무렵에 델리로 귀환했다. 도착하기 무섭게 그는 자신이 발견한 엄청난 파괴의 규모를 믿을 수 없었다. 그는 자주 갔던 곳을 찾아가고 뭔가 낯익은 것을 찾으며, 절망에 빠져 버려지고 약탈당한 길거리를 배회했다. "시장 자체가 없는데 시장의 불량배 소년들에 관해 무슨 말을 할 수 있을까?"라고 그는 썼다. "잘생긴 청년들은 세상을 떠났고 경건한 노인들도 세상을 떠났다. 대저택들은 폐허가 되었고 거리는 돌무더기 사이로 자취를 감췄다. (…)"

〈7〉 황폐한 델리

어느샌가 나는 전에 내가 살았던 동네에 와 있었다. 친구들을 모아놓고 자작시를 낭송하던 곳, 사랑의 인생을 살며 여러 밤을 울던 곳, 호리호리하고 키 큰 애인들과 사랑에 빠지고 그들을 찬양하던 곳. 하지만 함께 행복한 시간을 보낼 수 있는 낯익은 얼굴은 이제 보이지 않았다. 말을 걸 만한 누군가도 찾을 수 없었다. 시장은 쑥대밭이었다. 걸어갈수록 점점 더 혼란스러워졌다. 내가 살던 동네나 집을 알아볼 수 없었다. (…) 나는 우두커니 그곳에 서 있었다.[50]

흙먼지 더미와 폐허 위로 퍼져나가며 가시가 자란 이곳에
한때 나의 두 눈은 봄에 꽃이 만발한 정원을 보았네.

여기, 버려진 골목길에 먼지가 흩날리는 이 도시에
지난날에는 와서 황금을 한 아름 얻을 수도 있었지.

어제까지만 해도 이 눈은 끝없이 늘어선 집을 보았건만
이제는 망가진 담과 문간만 서 있구나.

시크인, 마라타인, 도둑, 소매치기, 거지, 왕 모두가 우리를 노리니
재산이 없는 자는 행복하여라. 그것이 오늘날 단 하나의 재산이노라.
시대는 전과 같지 않네, 미르,
시대는 변했고 땅과 하늘도 변했도다.

눈물이 강물처럼 흘러내리네.
내 가슴은 델리처럼 이제 폐허로다.[51]

어떤 식으로든 최종적인 평화가 마침내 도시에 찾아왔는지도 분명치 않았다. 파타르가르 함락의 여파로, 무굴 왕조와 마라타연맹 간 불안정한 새로운 동맹은 양측이 전리품 분할을 둘러싸고 다투면서 벌써 갈등을 드러냈다. "신의 없는 마라타인들은 자비타 칸의 대포와 보물은 물론 그의 코끼리와 말, 여타 재산을 차지하고 하찮은 일부만을 황제에게 내놓았다"고 궁정 소식지 작가는 전했다.[52]

마라타인들은 제위에 복귀시켜주는 대가로 황제가 조약에서 약속한 40라크 루피를 아직 주지 않았다고 반박했다. 이에 황제는 신의 없다고 동맹자들을 꾸짖는 것 이상은 할 수 없었다. "그와 마라타 사절들 사이에 험악한 언쟁이 벌어졌고 사절들은 화가 나서 가버렸다." 결국에 신디아는 자비타의 요새에서 가져왔다고 하는 150라크 가운데 고작 2라크 루피*만을 황제에게 넘겼다. 샤 알람은 당연히 분개하며 이렇게 말했다. "여섯 달 동안 병사들에게 봉급이 단 한 푼도 지급되지 않았다." "내 병사들은 사나흘을 굶은 뒤에야 양식을 얻는다."[53]

두 군대가 델리로 귀환했을 때에도 갈등은 여전히 해소되지 않았다. 1772년 12월에 이르자 양측 간에는 적대행위까지 벌어졌다. 17일 금요일에 샤 알람의 소규모 군대를 마라타 군대가 전면 공격했고, 샤 알람의 병사들은 푸리니 킨라이 옛 요새의 폐허 한복판에서 항전했다. 친구인 나자프 칸에게 이끌려 막 델리로 왔다가 입대한 브르타뉴 출신 모험가 르네 마데크는 이 교전 당시 허벅지에 총을 맞았다.

---

* 현재 가치로 환산하면 40라크 루피=5,200만 파운드, 2라크 루피=260만 파운드.

마데크는 《회상록Memoire》에서 "황제는 타협을 제안했지만 마라타인들은 최근 전투에서 거둔 승리에서 최대한 이득을 뽑아내려고 했고, 따라서 이제는 이 불운한 군주가 그들의 장단에 맞춰 춤추도록 강요했다"고 썼다.

> 그들은 그가 군사력을 증대하지 못하게 하려고 작정했는데, [그렇지 않았다면] 황제의 군사는 그들의 군사와 금방 대등해졌을 것이다. 그들은 샤 알람이 계속 그들에게 의존하게 하는 것만을 원했다. 그들의 조건은 황제가 개인적 호위대로 필요한 병력만 보유하는 것이었다. 이 사건 이후로 황제는 측은한 처지로 전락했다. 그는 전투를 벌이기 전에도 병사들에게 봉급을 주지 못했지만 이후로는 봉급을 줄 처지가 더더욱 아니었다. 내 부하들이 반란을 일으키기 일보 직전인 게 보였다.[54]

상황은 샤 알람에게 대단히 나쁘게 돌아갈 수도 있었지만 그는 마지막 순간에 간신히 곤경에서 벗어났다. 1773년 9월 초에, 젊은 마라타 페슈와 나라얀 라오Narayan Rao가 결핵으로 요절했음을 알리는 뜻밖의 급보가 도착했다. 곧바로 마라타연맹 내 수많은 파벌이 서로 대립하며, 폭력적인 후계 분쟁이 시작될 것으로 보였다. 신디아와 홀카르는 유리한 위치를 점하기 위해서는 최대한 빨리 남쪽 푸네로 귀환하는 게 급선무임을 깨달았다. 서둘러 푸네에 닿으려고 두 사람 모두 일주일 만에 떠나면서 샤 알람과 미르자 나자프 칸은 델리를 완전히, 직접적으로 지배하게 되었다.

그리하여 샤 알람의 델리 원정은 아무도 예상하지 못한 결론으로 마무리되었다. 마라타는 샤 알람이 델리의 권좌에 복귀하도록 도운 뒤 물러나 여러 해 동안 자기들끼리 다툼을 벌였다. 1773년 우기 무렵 샤 알람은 더는 무력한 꼭두각시가 아니라 18세기 가장 뛰어난 장군 중 하나를 지휘관으로 둔, 자기 영토의 뜻밖의 주권자가 되었다.

샤 알람은 이제 마흔다섯 살, 무굴 기준으로는 장년이었다. 전장에서 여러 부침을 겪었음에도 그는 여전히 고마움을 느끼며 지난 인생을 되돌아볼 수 있었다. 이마드 울물크의 손아귀에서 피살을 모면했고, 회사 세포이 용병들과의 네 차례 정면 전투에서 살아남았으며 전장의 승자들은 그에게 충성을 맹세하기까지 했다. 델리로 귀환했고 이제 공작 왕좌를 차지했으며, 자신의 왕국에서 자주적이며 누구에게도 신세 지지 않는 처지가 되었다. 이는 샤 알람에게 거의 기적적인 결과였으니 그는 서슴없이 신이 개입한 덕분이라고 여겼다.

《나디라트이샤히》《디완에아프탑 Diwan-e-Aftab》은 가잘 ghazals (서정시)부터 1797년에 그의 명에 따라 편찬된 운문집인《나이카 베다 Nayika bheda》에 이르기까지 샤 알람의 가장 뛰어난 시가 詩歌 700수를 모은 선집이다. 이 선집은 이 시기에 쓰인 창조주에 대한 간원의 가잘로 시작하는데, 그가 왕으로서의 임무를 진지하게 짊어졌으며 자신의 역할이 하늘이 정한 것이자 신이 지켜주는 것임을 굳게 믿고 있었음을 보여준다.

> 주여! 당신께서 은혜로이 제국을 내려주셨으니
> 마음과 정신의 영역이 내 말에 복종케 하소서
>
> 이 세상[알람]에서 당신은 저를 세상의 왕[샤 알람]으로 정하셨으니
> 이 세상과 다음 세상이 이롭게 나의 이름으로 주화를 찍으소서

당신이 저를 왕권의 하늘에 빛나는 태양[아프탑]으로 만드셨으니
나의 정의의 빛으로 세계를 밝게 비추소서

당신의 성스러운 궁정에서는 왕의 지위인 저도 한갓 가난뱅이일 뿐
이 가련한 간원자를 품 안에 받아주소서

당신은 진정한 최고의 판관이시니, 오 신이시여 당신께 기도하나이다!
나의 치세의 정의가 돌과 사막에 숨을 불어넣게 하소서

당신의 도움으로 모세는 폭군 파라오를 이겼으며
당신의 신성한 손길로 알렉산드로스는 다리우스 왕국의 왕이 되었나이다

당신은 이 세상에서 제 이름을 태양처럼 밝게 빛나게 하셨으니
나의 자애로운 태양으로부터 적과 친구의 마음을 빛으로 채우게 하소서

 조만간 제국을 수복하기 위한 전역을 시작해야 했지만, 우선은 몬순 우기를 누리며 감사를 바쳐야 할 시간이었다. 마라타 지휘관들이 떠나기 직전에 황제는 "내 영혼의 안내자의 아들들이 혼인하고, 내 피르*pir*의 우르스*urs*[축제]를 위해 델리"에 있어야 하기 때문에 마라타인들과 함께 전투에 나갈 수 없다고 말했다. 피르는 바로 위대한 수피

성인인 메라울리의 쿠트브 우드딘 박티아르 카키였다.⁵⁵ 샤 알람은 12년 전 델리에서 도망치기 전에 축복과 보호를 구하러 갔을 때 마지막으로 피르의 성소에 다녀갔다. 이제 그는 자신을 무사히 귀환하게 한 그 성인께 감사드리고 싶었다.

그는 먼저 미르자 나자프 칸을 불렀고, 그의 헌신에 대한 보답으로 정식 조정을 열어 경리총감직과 수도 서쪽의 한시와 히사르 영지를 공식 하사했다.⁵⁶ 그다음 대리석 파빌리온과 그네, 망고나무 동산과 폭포가 있는 우기 유람지인 메라울리로 떠났다. 무굴 전통 방식대로 자신의 귀환을 축하하기 위해서였다. 메라울리에 있는 담장을 두른 무굴 정원에 차린 막사와 야영지에서의 축연과 사랑의 결합, 음악과 노래, 시 낭송, 분수, 그리고 수피 성소로의 순례가 함께할 터였다.

샤 알람은 바로 이 무렵에 그의 가장 유명한 가사들 중 일부를 지었다고 여겨지는데, "구름과 땅, 연인 간 기쁨에 찬 결합의 순간이 임박했음을 축하하는" 비의 기운을 품은 운문이자 지금은 소실된 라그 가운드라는 음계에 따라 지은 일련의 몬순 라그이다.⁵⁷ 이 가사들은 메라울리의 수호성인에게 감사를 드리고 앞날을 축복해줄 것을 빌며 다산의 계절의 아름다움을 찬양하기 위해 부르는 노래였다.

> 공작이 언덕 꼭대기에서 소곤거리고 개구리들이 모여들며 시끄럽게 운다
> 아름다운 폭포로 눈길을 돌려 덮개 천을 넓게 펼쳐라!
>
> 쿠트브 우드딘 주님께 비오니 삶에 바라는 모든 것을 이루어주소서
> 끊임없이 당신의 발 앞에 엎드려 경배하오니 부디 들어주소서

⟨7⟩   황폐한 델리

아름다운 이날에 오소서. 정원의 공기와 기쁨을 들이마시고,
갈증을 풀고, 라그 가운드의 아름다움을 감상하며 즐기라

샤 알람에게 부와 나라를 주고, 그의 보물 창고를 채우소서
그가 폭포를 바라보며 망고나무 아래를 거니는 사이.[58]

샤 알람이 메라울리에서 느긋하게 쉬며 축하하는 동안 나자프 칸은 열심히 일하고 있었다. 그는 먼저 한시의 영지를 확보한 다음, 거기서 나온 세입으로 병사들에게 봉급을 줬다. 또한 병사들을 더 모집해 훈련시켰는데 여기에는 파타르가르의 함락 이후 무일푼이 된 궁핍한 로힐라인들로 구성된 대대도 포함되었다. 로힐라인들은 이제 가난 때문에 이전에는 적이었던 군대에 가담할 수밖에 없었다. 선조들의 제국을 수복하려는 샤 알람의 야심이 알려지자 미르자의 새로운 군대에서 일자리를 찾으러 인도 전역에서 역전의 용사들이 델리로 몰려들었다.

미르자 나자프는 인도 동부와 남부에서는 이미 잘 알려진 새로운 유럽식 전술이 힌두스탄에서는 아직 거의 알려지지 않았다는 것을 잘 알고 있었다. 힌두스탄에서는 낡은 비정규 기병전 방식이 여전히 보편적이었고 자트인들만이 반쯤 훈련된 세포이 대대를 약간 보유하고 있었다. 그러므로 그는 병사들을 훈련시키기 위해서 유럽인 용병을 최대한 모집했다. 1770년대 초반에 이는 벵골에서 회사가 잇따라 승리하고 새로운 동맹인 아와드의 영토에 머물지 못하게 됨으로써 일자리를 잃고 서쪽으로 밀려난 프랑스인 프리랜스Free Lances(무소속

416

용병)들을 끌어들이는 것을 의미했다.[59]

그는 꾸준하게 하나둘씩 그들을 영입했다. 먼저 브르타뉴 용병인 르네 마데크가 가담했고 그 뒤에는 미르 카심이 고용한 암살자였던 알자스 출신 발터 라인하르트도 들어왔다. 이제는 숨루로 널리 알려진 라인하르트는 비범하고 단호한 카슈미르 출신 무희인 파르자나와 결혼도 했다. 나중에 베굼 숨루Begum Sumru로 유명해진 파르자나는 숨루의 아들을 낳았고 용병인 남편과 함께 북인도 곳곳을 돌아다니며, 남편만큼 생명력이 끈질기며 무자비한 사람임을 금방 입증하게 된다. 숨루가 나자프 칸과 함께 진군하는 동안 베굼은 부부가 샤 알람에게 막 하사받은 메루트 인근 사르다나의 영지를 평정하고 정착했다.

얼마 안 있어 부부는 도아브 지방에 그들만의 작은 왕국을 건설했다. 모다브 백작은 그곳을 방문했다가 그 부유함에 입이 떡 벌어졌다. 하지만 숨루는 행복하지 않았고 자신이 살해한 사람들의 혼령에 시달리는 눈치였다고 한다. 그는 "착한 독일인처럼 신실하고 미신적이고 잘 믿는" 사람이 되었다. "[가톨릭 축일로] 정해진 모든 날마다 금식한다. 구호금을 기부하고 최대한 미사에 참석해 헌금을 낸다. 영국인만큼 악마를 두려워하며 (…) 때로는 그가 영위하는 삶에 정나미가 떨어진 것처럼 보인다. 물론 그 점이 그가 필요한 것보다 훨씬 많이, 무수한 첩을 거느리는 것을 막지는 않았다."[60] 그 같은 사실은 악마적인 상대만이 아니라 인간 적을 상대로 무장하는 것을 막지도 않아서 백작은 모든 용병대장 가운데 숨루가 "군수품을 가장 잘 갖추고 있었다. (…) 그의 병영은 흠잡을 데 없이 질서정연하고 (…) 그의 대포는 상태가 매우 좋으며, 대정원에 [포를 끌] 구자라트산 소 대략 1,200마리를 보유하고 있었다"라고 전한다.[61]

그다음으로는 스위스 출신 모험가인 앙투안 폴리에르가 있었는데, 뛰어난 공병으로서 과거에 시라지 우드다울라가 옛 요새를 망가트린 뒤 회사를 도와 캘커타의 윌리엄 요새를 재건했었다. 하지만 그는 더 거친 변경지대를 갈망했고 결국에는 델리로 와서 포위전에서 전문 지식과 군사공학 기술을 나자프 칸에게 제공했다. 마지막으로 우아하고 재기 넘치는 모다브 백작도 있었는데, 파산하여 동방으로 내몰리기 전에는 그르노블에서 볼테르의 귀족 이웃이자 친구였으며 프랑스 외무대신 슈아죌 공작의 측근이었다. 모다브는 매우 우아한 프랑스어로 다수의 책을 집필하고 번역했으며, 이 시대를 다룬 그의 재치 있고 관찰력이 뛰어난 회상록은 이하에 나오는 전역들에 대한 가장 세련된 목격담이다.

조금 뒤에 나자프의 군대에는 매우 다른 부류의 병사들이 합류했는데, 아눕기리 고사인이 이끄는 땋은 머리의 나가들이었다. 아눕기리는 슈자 우드다울라의 휘하를 막 떠나서 벌거벗은 전사 6,000명과 대포 40문을 이끌고 도착했다. 이 나가들은 항상 훌륭한 돌격부대였지만 힌두교도들을 상대로 할 때 특히 효과적이었다. 모다브 백작은 한번은 나가들이 "약탈하고 강도질과 학살을 자행하며 아수라장을 만드는 것"을 막기 위해 회사가〔세포이〕대대를 보냈지만 "나가들을 향해 돌격하는 대신 힌두 세포이들은 곧장 무기를 내려놓고 이 성스러운 고행자들의 발치에 납작 엎드렸다. 이들은 지체 없이 세포이들의 총을 집어들고, 약탈하고 습격하면서 계속 하던 대로 했다"라고 전했다.[62]

8월까지 이런 베테랑 지휘관들 휘하로, 미르자 나자프는 로켓포와 대포로 무장한 세포이 대대 6개와 더불어 대형 무굴 기병대를 끌어모았고, 병력은 다 해서 3만 명 정도 되었던 것으로 보인다. 이 군사들로 무굴인들은 제국을 되찾을 준비를 갖추었다.

나자프 칸은 본거지와 가까운 곳에서 재정복 전역을 시작했다. 1773년 8월 27일 그는 디그의 자트인 라자 나왈 싱Nawal Singh 의 북단 전초지를 기습해 함락했다. 이곳은 메라울리 바로 남쪽, 쿠트브 미나르가 보이는 곳에 황제의 권위를 고의로 거역하며 자트인 통치자 수라지말Surajmal 이 흙으로 축조한 마이단가리Maidangarhi라는 이름의 대형 요새였다. "시골뜨기 방어자들은 오랫동안 싸웠지만 결국 더 이상 저항할 수 없었다. 나자프 칸은 요새를 함락하고, 그곳의 사람들을 모조리 처형했다." 그다음 나자프 칸은 자트 라자가 델리 남쪽 땅을 에워싸서 건설한 소형 진흙 요새 여러 개를 함락했다.⁶³

　나왈 싱은 화평을 요청하는 동시에 적극적으로 전쟁을 준비했다. 그는 황폐해진 자기 영토로 최근에 돌아와서 이제 복수를 노리던 자비타 칸 로힐라와 동맹을 추구했다. 하지만 나자프 칸은 양자 간 협정이 맺어질 틈을 주지 않고 재빨리 움직였다. 9월 24일 자트 영토 안쪽으로 신속히 진격하여 10월 30일 저녁, 디그 바로 북쪽 바르사나의 높이 자란 수수밭에서 석양이 진 직후, 적장을 죽여 그의 목을 베고 자트 군대를 무찔렀다. 전장에는 자트 병사들의 시신 3,000구가 널브러졌다. 자트 세포이들은 일제사격을 하려고 했지만 연속적인 일렬 사격법을 이해하지 못했다. 직군의 장전과 사격의 리듬을 찾아낸 나자프 칸의 병사들은 일제사격 동안 땅바닥에 엎드렸다가 일어나서 적군이 미처 재장전하기 전에 "칼을 빼들고" 자트 군대의 전열로 돌진했다. 나자프 본인은 전투에서 부상을 당했지만 자트 진지에서 약탈한 어마어마한 전리품으로 나머지 기간 전역의 비용을 감당했다.⁶⁴

나자프 칸의 무용담이 퍼져나가자 적들은 그가 도착하기도 전에 줄행랑을 놓았고, 덕분에 나자프는 아그라로 가는 중간에 위치한 발랍가르 요새와 더불어 코트반과 파루크나가르의 더 작은 자트 요새들을 연달아 함락할 수 있었다.[65] 12월 중순에 이르러 나자프 칸은 아그라에서 아크바르 대제의 요새에 공성전을 벌였다. 그는 폴리에르에게 공성용 보루의 지휘를 맡긴 다음 군대의 절반을 이끌고 더 남쪽으로 향하여 웅장한 람가르 요새를 기습 공격으로 함락한 뒤 알리가르라고 새로운 이름을 붙였다.

1774년 2월 8일, 아그라 요새 성벽에 5,000발 넘게 포탄을 발사한 뒤에 폴리에르는 마침내 구멍을 내는 데 성공했다. 그 직후 요새는 항복했고 숨루와 그의 여단이 그곳에 주둔했다.[66] 마침내 1776년 4월 29일, 5개월간 공성전을 벌인 끝에 라자가 도망치고 수비대가 굶주려 약해지자 철옹성 같던 디그의 자트 요새는 나자프 칸에게 함락되었다. 마데크는 도시가 함락된 뒤 나왈 싱의 세 아내가 궁중 내시에게 죽여 달라고 빌었다고 기록한다. "그들은 양탄자 위에 누웠고 그는 세 사람의 머리를 차례대로 벤 다음 자신도 자결하여 그들의 시신 위로 쓰러졌다."[67] 성채는 약탈당하고 방어자들은 학살되었다. "많은 피가 흘렀고 여자와 아이들도 목이 잘렸다"라고 모다브 백작은 썼다. "여자들은 강간당했고 이전 라자의 세 아내는 그런 운명을 겪기 전에 자결했다. 그다음 약탈자들은 시내에 불을 질렀다. 불길은 화약 창고로 번져서 사흘 동안 연속으로 끔찍한 폭발이 일어났다. 나자프는 약탈을 중단시키려고 애썼지만 병사들을 통제하는 데 사흘이 걸렸다."[68]

샤 알람은 나중에 약탈을 두고 나자프 칸을 질책했다. 그는 "왕국의 질서를 바로잡으라고 그대를 보냈지 약탈하라고 보내지 않았다. 다시는 그러지 말고 붙잡은 남녀를 풀어주라"고 말했다.[69]

그럼에도 불구하고 4년이 못 되어 나자프 칸은 무굴 심장부의 가장 중요한 요새를 모두 재정복하고 말 안 듣는 황제의 봉신들을 복속시켰다. 로힐라인들은 1772년, 다시금 1774년 그리고 마지막으로 1777년에 제압되었고, 자트인의 요새는 모두 함락되었다. 1778년에 이르면 시크인은 펀자브로 밀려났고 자이푸르는 황제에게 복종하겠다는 의사를 밝혔다. 아와드와 라지푸타나의 일부 지역에 걸쳐 형식적인 종주권이 재확립되었다.

끊임없는 패배와 상실로 얼룩진 40년이 흐른 뒤 무굴이 지배했던 곳들이 혼수 상태에서 다시 깨어나고 있었다. 40년 만에 처음으로 델리는 다시 한번 작은 제국의 수도가 되었다.

미르자 나자프 칸이 군대로 바쁜 동안 샤 알람은 델리에 머물면서 궁정을 재수립하고 죽은 수도에 다시 생명을 불어넣으려고 애썼다. 왕실의 후원이 들어오기 시작했고 미술가와 작가들도 돌아왔다. 시인인 미르와 사우다 말고도 당대 가장 위대한 3대 화가 니다 말, 카이룰라, 미히르 찬드 모두 러크나우에서의 자발적 망명 생활에서 귀환했다.[70]

궁정이 다시 자리를 잡자 당연하게도 예의 궁중 암투가 펼쳐지기 시작했다. 그 상당 부분은 나자프 칸을 향한 것이었는데, 그는 이민자로서 외부인일 뿐 아니라 페르시아 시아파이기도 했던 것이다. 샤 알람의 신임 수니파 신하인 압둘 아하드 칸Abdul Ahad Khan은 나자프 칸의 커져가는 권력과 인기를 시샘하여 그가 황제를 몰아내려고 모의를 꾸미고 있다고 모함했다. 그는 황제에게 나자프 칸이 인척인 슈자 우드다울라와 힘을 합쳐 무굴을 대체할 새로운 시아파 왕조를 열기 위해 음모를 꾸미고 있다고 고했다. 모다브 백작은 이렇게 썼다. "압둘 아하드는 카슈미르 사람으로 예순 살이 넘었지만 한창때의 사람처럼 민첩하고 정력적이었다. 그의 아버지가 무하마드 샤 랑길라 밑에서 유사한 직위를 맡았기 때문에 아주 젊었을 적부터 궁중 암투에 단련되어 있었다."

겉만 봐서는 이 압둘 아하드 칸보다 더 예의 바르고 점잖은 사람도 없겠지만 그의 모든 정치적 야심은 오로지 돈을 뜯어내고 심기를 거스른 사람은 누구든 몰아내려는 권모술수에 다름 아니었다. 그는 특히 나자프 칸을 미워했는데, 나자프 칸은 황제의 군사를 지휘했고 군사는 오로지 그에게 의존하고 있었으므로 실권을 꽉 쥐고 있었던 것이다. 이는 나자프 칸이 황제에게도 두려움의 대상이자, 묘하게도 황제의 사랑을 받지 못한다는 것을 의미했다.[71]

나자프 칸은 풍문을 대수롭지 않게 여기며, 주변 관찰자들의 탄복을 자아낼 만큼 평정심을 유지하고 정복을 계속했다. 폴리에르는 "그의 인내심은 따라올 사람이 없다"고 썼다. "궁중 어중이떠중이의 주제넘는 무례와 모함을 참아내는 그의 참을성과 의연함은 감탄스럽다."[72] 모다브도 맞장구를 쳤다. "자신을 향해 중상모략이 난무하는 동안 나자프 칸이 줄곧 유지한 속내를 알 수 없는 침착한 표정을 묘사할 적절한 말을 찾지 못하겠다. 그는 자신에 대한 중상을 아주 세세한 내용까지 잘 알고 있었고, 소인배만이 그런 옹졸한 수단에 의존한다고 흔히 꼬집으면서 친구들과 그에 관한 이야기를 주고받곤 했다."

그는 불편한 기색을 전혀 보이지 않았고, 아랑곳 않고 자트인을 상대로 한 군사 활동을 이어갔다. (…) 델리에서 자신이 어떤 힘을 행사할 수 있는지 알았으며, 원하기만 하면 순식간에 상황을 바꿀 수 있고, 파드샤를 왕자들의 감옥으로 돌려보내고 또 다른 왕족을 제위에 앉힐 수 있다고 지인들에게 속내를 털어놓곤 했다. 하지만 미움과 증오를 한 몸에 받을까 두려워 그런 폭력적 수단에 의존하는 것을 자제하고 있다고 했다. 그는 강한 군대를 보유하는 한 무력한 앙숙들로부터 두려워할 것은 별로 없다는 것을 잘 알고서 자기에게 던져지는 쩨쩨한 불만과 수모를 참을성 있게 감내하는 편을 택했다.[73]

그런 상황에서 황제와 그의 가장 뛰어난 지휘관 사이에는 미묘한 방식으로 드러나는 정중하고도 냉랭한 관계가 발전할 수밖에 없었고, 모다브는 이를 신이 나서 기록한다. "델리에서는 미리 조리된 음식을 황제에게 선물로 보내면 황제가 영예를 하사하고 싶은 사람에게 답례로 비슷한 음식을 보내는 것이 관례로 잘 자리 잡혀 있다."

황제에게 바치도록 엄선된 음식들은 커다란 쟁반에 놓은 다음 보내는 사람의 문장으로 봉인된 자루에 덮여서 왕실 후궁으로 보내진다. 파드샤는 나자프 칸의 주방에서 온 음식은 모두 야무나강에 몰래 버렸다. 답례 음식이 돌아오면 나자프 칸은 예를 차려 크게 절을 올리고 하사품을 받았지만, 음식을 들고 온 왕의 시종들이 물러가기 무섭게 조리된 음식을 할랄-콰르_halal-khwar_들에게 줬고 이들은 기꺼이 실컷 먹었다. 이 친구들로 말하자면 민가의 변소 청소를 담당하는 이들이니 그들의 신분과 기능이 짐작이 갈 것이다.[74]

그럼에도 불구하고 모다브와 폴리에르는 샤 알람에게 훌륭한 점이 여전히 많다고 여겼다. 1773년 3월 18일, 황제를 섬기게 된 직후에 폴리에르는 디완이카스$_{Diwan-i-khas}$ 알현실에서 황제를 정식 알현했다. 그는 카슈미르 성문 근처 사프다르 중의 하벨리에 훌륭한 거처를 하사받았으며 코끼리 한 마리와 검 한 자루, 말 한 마리도 받았다. 황제는 그의 터번에 보석을 직접 달아주었고 그는 왕실의 식탁에서 보낸 음식을 받았다. "샤 알룸(알람)은 이제 쉰 살로서, 체격이 건장하고 튼튼하며, 평균보다 큰 편이고 생김새는 전반적으로 우울한 기운을 풍기지만 상냥하고 인자하여 보는 이로 하여금 호의적인 관심을 불러일으킨다"고 폴리에르는 그 직후에 일기에 썼다.

공개 석상에서 그의 거동은 진중하고 조심스럽지만, 이따금 자애로움과 겸양이 넘친다. 하인들에게 너그럽고 그들의 봉사에 쉽게 만족하여, 하인들을 책잡거나 소홀한 점이 있다 하더라도 알아차리는 경우가 별로 없다. 다정한 아버지로서 자식들에게 커다란 애정을 품고 있지만 궁중 관례에 따라 철저하게 다스리고 제약한다.

그는 언제나 엄격하게 독실하고, 미신의 기미를 강하게 풍긴다는 점은 인정해야겠지만 종교 의례를 철저하게 준수하는 사람이다. 페르시아어와 아랍어에 능통하고, 그중에서도 특히 페르시아어에 유창하며, 인도 방언도 일부 알고 있어 때로는 재미 삼아 인도 방언으로 시가를 짓기도 한다.

그에게 용기나 기백이 부족하지 않다는 점은 자주 시험을 거쳤고, 그는 지조와 꿋꿋함을 시험하는 혹독한 시련을 한두 차례 겪었는데 그때마다 그에게 무한한 명예가 되는 성품으로 견뎌냈다.

하지만 처음부터 그는 신하들을 너무 무조건적으로 신뢰했고 더 나은 자신의 의견을 굽히고 대체로 신하의 의견을 따랐는데, 흔히 그러한 신뢰가 이끌어냈어야 할 동기와는 매우 다른 동기들에서 나온 의견이었다.

이것이 항상 샤 알룸의 약점으로서, 어느 정도는 나태와 어느 정도는 의심하지 않는 마음 탓이며 이 때문에 그는 아첨꾼의 속셈을 알아차리지 못하고, 그를 이용하고 환심을 사려는 속셈에 불과한 언행을 자신에 대한 애정으로 착각한다. 아닌 게 아니라 왕의 두 가지 최대 결점은 아첨을 매우 좋아하는 것과 신하들을 너무 스스럼없이 신뢰한다는 것이다. 위대한 국왕이라고 할 수는 없으나 사생활에서는 선하고 자애로운 사람이라고 불러 마땅할 많은 자질을 틀림없이 갖추고 있다. (…)[75]

보통은 신랄한 모다브 백작도 황제에 관해서는 견해가 비슷했다. 모다브는 그가 선의를 품고 있고 상냥하고 정중하며 재치나 지혜가 부족하지 않다고 생각했다. "그는 너무 선량해서 탈이며, 그의 신체적 외양과 행동거지는 지성과 친절함을 풍긴다. 나는 황제 가까이에 있는 영예를 종종 누렸고, 깊은 생각에 빠진 군주로서 드러내는 초조함의 표정들을 그의 얼굴에서 관찰할 수 있었다."

파드샤는 공개석상에서 어린 지식들을 안아주는 상냥하고 다정한 아버지인 듯하다. 나는 델리에서 그에게 사내자식이 27명 있으며, 다들 팔팔하고 건강하다고 들었다. 황제는 공개 석상에 모습을 드러낼 때 흔히 아들 서너 명을 대동한다. 그가 왕궁-요새에서 말을 타고 나와 주변 시골에서 전속력으로 말달리는 모습을 본

적이 있는데 이 젊은 왕자들도 마찬가지로 말을 타고 나와 아버지 앞에서 다양한 스포츠와 놀이로 솜씨와 기량을 뽐내고 있었다. 또 어떨 때는 왕궁-요새 안에서 그가 이 방 저 방을 옮겨다니는 동안 세 살에서 여섯 살에 이르는 가장 어린 아들들이 사람 품에 안겨 그의 뒤를 졸졸 따르는 것을 보기도 했는데 내시들이 그 고귀한 짐을 안고 다녔다.

여행과 모험이 이 군주의 도량을 넓혀주었고, 프랑스인과 영국인들을 상대함으로써 세상이 돌아가는 것에 관한 일반 지식에도 노출되었으므로 이런 견문은 그의 야심을 추구하는 데 길잡이가 되었을지도 모른다. 하지만 일단 델리로 돌아오자, 그의 주변 사정은 아주 난장판이었고, 느긋하게 여유를 부리고 싶은 유혹은 적어도 지금까지는 이 군주의 좋은 자질을 모두 쓸모없게 만들 정도로 너무 강했다. (…)

이 군주는 여러 좋은 자질―지성과 상냥함, 예리한 이해력―을 갖췄지만 이따금 보이는 옹졸함은 모든 것을 망치기도 한다. 그는 하렘의 여자들 틈에서 애지중지 떠받들여져 유약하고 축 늘어진 삶을 살아간다. 그의 소일거리 가운데 하나는 가운뎃손가락 길이만 한 길쭉한 주사위로 애첩들과 보드게임[차우파르]을 하는 것이다. 파드샤가 그 여성들과 게임을 한 판 할 때마다 3 내지 4파이사$_{paisa}$(인도의 소액 화폐 단위. 19세기에는 1루피의 64분의 1 가치였다―옮긴이)가 들어가는데, 규칙에 따라서 그가 게임에 지면 돈을 내고 이기면 돈을 달라고 한다.

그는 모든 허약한 통치자들에게서 보이는 결점을 갖고 있는데, 바로 그가 어쩔 수 없이 진급시켜야 하는 자들을 미워하는 행태이며 나자프 칸 장군이 그런 경우다. 두 사람은 서로 불신하며 지속적으로 사이가 틀어지고 있다. (…) 샤 알람은 전쟁에 참가해봤지만 군무軍務에 흥미를 붙이지는 못했다. 물론 그의 처지를 고려한다면 싸움이 그의 주된 업무가 되어야 할 테지만 말이다. 전역에 나서야 한다고 그를 설득하려고 해봐야 시간 낭비일 뿐이다. 델리로 돌아온 이후로 그는 그 주제에 관해 나온 모든 제안을 회피하거나 거부했다.

그의 대신[압둘 아하드 칸]은 권력과 재물을 매우 탐하여, 오로지 샤 알람을 진정한 충신들과 멀어지게 한 뒤 그 자리를 자기 사람들로 대체하려는 속셈으로 그 군주의 생각에 영향력을 행사한다. 이런 행태는 궁정의 모든 사람들, 특히 그 가운데 가장 중요한 인물인 나자프 칸에게 거슬렸고, 파벌과 궁중 암투를 야기했다. (…) 그의 장군[나자프]을 시기하고 신망이 없는 신료들에게도 별로 믿음이 가지 않아서 샤 알람은 사소한 궁정 혁명을 항상 두려워하는데, 그런 사건은 그를 그가 태어난 감옥으로 돌려보낼 것이기 때문이다.[76]

하지만 궁정에 가장 심각한 문제는 내분이나 궁중 암투라기보다는 샤 알람의 만성적인 자금 부족이었다. 1773년 9월 9일 샤 알람은 워런 헤이스팅스에게 벵골의 조공을 요청하는 서신을 썼다. 그는 회사로부터 "지난 2년 동안" 돈을 받지 못했고 "그러므로 지금 짐은 대단히 곤란하다"고 밀했다. 그는 회사에 조약상의 의무 사항―세입을 송금하는 것과 그에게 수여된 코라와 알라하바드의 땅을 줄 것―을 상기시켰다.[77]

호소는 효과가 없었다. 헤이스팅스는 대기근으로 인한 벵골인들의 고통에 경악하여 "빈털터리 거지 신세인 이 진저리 나는 국왕"에 대한 모든 지급을 중단하기로 결심했다.[78] 그는 "나는 이 지방들의 주민을 보호하고 보살필 임무가 있으며, 현재 비참한 상태로 전락하기 직전인 이들의 상황은 이 지방에 조금이나마 남아 있는 부를 유출시킨다면 도저히 손을 쓸 수 없게 망가질 것입니다"라고 썼다.[79] 하지만 이런 결심에도 불구하고 헤이스팅스는 회사 동료들이 그보다 훨씬 많은 금액을 본국으로 송금하는 것은 막지 않았다.

헤이스팅스는 1년 뒤에 회사 이사들에게 "그가 마라타인의 수중에 있는 동안은 더 이상 돈을 지급하지 않을 것이며 제가 막을 수만 있다면 앞으로 **영영** 지급하지 않을 것임을 약속할 수 있을 것 같습니다"라고 썼다. "이 지방의 부가 가짜 국왕, 다름 아닌 우리 손으로 빚어낸 우상의 화려한 겉치레를 위해서 유출되어야 한다니 (…) 얼마나 이상한 일입니까? 하지만 우리가 그에게 여전히 신하로서 위험한 충성을 바쳐야 한다는 것은 더욱 믿기지 않는 일입니다. 그는 지금 인도에서 우리에게 남은 유일한 적들의 수중에 있으며, 그들은 그러한 보조금(벵골의 조공)만 있다면 자신들의 계획을 밀어붙여 우리를 파멸시키기까지 할 자들인데 말입니다."[80] 집행위원회의 동료들이 회사는 오로지 황제의 특허장을 통해서 영토를 보유하고 있다고 지적하자, 헤이스팅스는 회사는 무력이라는 "자연적 특허장"을 통해 벵골을 영유하는 것이라 믿는다고 대답했다. 1774년에 헤이스팅스는 마침내 샤 알람에 대한 모든 지급을 중단하는 공식 결정을 내렸다.[81]

샤 알람의 재정 상태는 심각했고 이는 그가 병사들에게 봉급 전액을 좀처럼 지급할 수 없다는 뜻이었다. 회사의 한 보고서가 언급한 대로 "그의 군대의 경비는 그의 수입을 크게 초과해서 그중 상당수는 외상 거래나 약탈을 제외하면 아무런 생계 수단 없이 몇 달을 지낸다. 그 결과, 무수한 병사들이 황제의 군대를 끊임없이 떠나고 있지만 그

가 온갖 모험꾼들을 무차별적으로 받아들이고 있는 만큼 똑같이 많은 병사들이 입대하고 있다".[82]

나자프 칸이 델리 주변의 제국 직속 영토를 탈환하고 자트인으로부터 약탈한 전리품과 힌두스탄의 세입을 왕궁으로 가져오는 동안은 이 모든 게 어떻게든 감당 가능했다. 진짜 문제는 나자프 칸이 몸이 망가지고 기력이 바닥나 델리의 병상으로 물러나면서 시작되었다.

나자프 칸은 1775년 겨울에 처음으로 병이 났고 여러 달 앓아누웠다. 그가 몸이 좋지 않은 동안 자트인들이 반란을 일으켰고, 4월에 회복되고 나서야 그는 하리아나에서 제국의 권위를 재확립하는 두 번째 전역을 이끌 수 있었다.

1779년 11월에 계략을 일삼던 카슈미르 대신 압둘 아하드 칸은 파티알라의 시크인을 상대로 벌인 참담한 원정 끝에 마침내 황제의 신임을 잃었다. 이 대참사의 여파로 샤 알람은 마침내 미르자 나자프 칸을 섭정으로, 즉 그의 라이벌을 대체해 바킬이무탈라크Vakil-i-Mutalaq로 삼았다. 나자프 칸은 마흔둘이었고, 황제는 그를 진즉에 승진시켰어야 했다. 모두가 나자프가 무굴 관리들 가운데 가장 유능하다고 입을 모았다. 하지만 정권을 잡자마자 나자프 칸은 고열과 병에 고질적으로 시달리기 시작했다. "이 시대의 사람들에게 지복의 문이 열리는가 했다"라고 한 관찰자는 썼다. "시민들은 약속된 행복이 거울에 비친다고 느꼈다. 그러나 [나자프 칸이 병상에 누운 뒤로] 다가오는 행군 병사들의 나팔 소리와 북소리는 생각을 흩어지게 하는 독약 같았다."[83]

많은 사람들이 이 시아파 이민자의 급부상을 여전히 시샘하던 상황에서 공직을 맡은 그가 나타나지 않는 경우가 많아지자 미르자 나자프 칸이 쾌락의 노예가 되어 델리의 무희들과 침대에서 허송세월하고 있다는 풍문이 퍼졌다. 카이르 우드딘 일라하바디는 《이브라트 나마》에서 그 위대한 지휘관이 못된 내시 탓에 잘못된 길로 빠졌다고 주장한다. "라타팟 알리 칸Latafat Ali Khan이라는 자가 교묘하게 미르자 나자프의 신뢰를 얻었고 그에게 커다란 영향력을 획득했다."

나자프가 잘되기를 바라는 사람인 척하면서 그는 파렴치하게도 그때까지 나라의 적들과 싸워서 무찌르는 데 전념해온 나자프가 여태 알려지지 않은 관능적 쾌락을 맛보게 부추겼다. 라타팟 알리 칸은 나자프의 사저에 1,000명의 남자들과 밤낮으로 동침한 노련한 매춘부를 들여보냈다. 친밀한 모임마다 그 매춘부가 뻔뻔스럽게 나타나자 결국 그녀에게 홀딱 빠진 나자프는 서서히 그녀의 성적인 노예가 되었다. 이런 경로를 통해 라타팟 알리는 막대한 금품을 받았지만 술과 여자는 나자프의 기력을 금방 쇠하게 만들었다.

나자프는 이 여자와 함께 모든 시간을 보내면서 그녀의 미모를 떠받들고 과음하다가 눈이 충혈되고 나빠지고 몸에 열이 끓고 탈이 나서 결국 중병으로 쓰러졌다. 하지만 그는 생활을 절제해야 한다는 의사의 충고를 무시한 채 건강에는 전혀 신경 쓰지 않고서 버틸 수 있는 한 계속 흥청망청 주연에 빠졌다. 결국 그의 병세는 고치거나 치료할 수 없는 단계에 이르렀다. 쓰라린 절망의 눈물이 그의 얼굴을 뒤덮었으니 하늘은 그가 남자로서 한창때에 급사하도록 정했던 것이다.[84]

나자프 칸의 애정사가 구체적으로 어떠했든지 간에 그의 병을 둘러싼 진실은 훨씬 더 잔인했다. 실상 그는 침대에서 성적 희열이 아니라 피를 토하며 고통과 괴로움 속에서 시간을 보냈다. 결핵에 걸렸던 것이다. 1781년 8월에 이르자 그는 몸져누웠다. 송장처럼 수척해져서 살아 있지만 거의 죽은 것 같이 1782년 첫 석 달을 연명했다. "황제부터 델리의 가장 미천한 사람에 이르기까지 힌두교도와 무살만을 가리지 않고 모두가 사랑하는 영웅의 생사를 염려했다"고 카이르 우드딘은 썼다. "인간의 노력이 더 이상 소용이 닿지 않자 그들은 하늘의 힘에 의지하여 그의 회복을 빌었다. 일곱 번째 라비의 밤에 [오클라 근처] 칼카 데비 여신의 사당에 나자프를 위하여 커다란 공양(베트*bhet*)을 바쳤으며 그의 회복을 위해 신의 축복을 기원했다. 어떤 나와브는 브라만과 어린 소년들에게 단것을 나눠주었고 도축업자들에게 현금으로 값을 지불한 뒤 누구도 이 동물들을 괴롭혀서는 안 된다는 요지로 강력한 경고와 함께 도살용 암소들을 풀어주었다. 하지만 모두 허사였다."[85] 자책하는 황제가 4월 초에 작별 인사를 하러 왔을 때 나자프 칸은 "너무 힘이 없어 일어나 의례적인 인사도 할 수 없었다".

나자프의 상태를 보자마자 폐하는 눈물을 떨구며 그를 위로하기 위해 다정하게 어깨에 손을 얹었다. (…) 그의 죽음이 임박했다는 소문이 도시 전역으로 퍼져나갔다. 그의 여자들은 규방에서 나와 울고 통곡하면서 병상 주변으로 몰려들었고, 이에 그의 얼굴에는 마지막으로 잠깐 의식이 돌아왔다. 그다음 그는 누이를 불러서 회한이 서린 한숨을 내쉬며, "잠시 머리맡에 앉아서 내게 자비로운 그림자를 드리우고 잠깐만 네 손님이 되게 해다오"라고 했고, 이 말을 속삭이다가 눈을 감았다. 아침까지 아직 일경이 남았을 때 그

의 육신이라는 흙에서 생명의 숨결이 떠났다고 한다.[86]

미르자 나자프 칸은 1782년 4월 6일, 고작 마흔여섯에 죽었다. 샤 알람에게 선조들의 제국을 회복시키기 위해 10년 동안 그는 모든 역경을 이겨내며 마땅한 칭송도 받지 못한 채 일해왔다. 그가 죽은 뒤 한 역사가가 표현한 대로 "무굴의 영광의 회복을 향해 비치기 시작한 희망의 빛은 뭉게뭉게 피어오르는 무질서의 구름 속에 흩어져버렸다".[87] 나자프 칸은 무굴 최후의 진정으로 막강한 귀족으로 기억되며, 줄피카루드다울라Zul-Fiqaru'd-Daula(왕국의 궁극적 판별자)라는 존칭이 붙었다.[88] 그는 사프다르 중의 무덤에서 조금 떨어진 어느 정원 안 수수한 무덤에 묻혔다.* 그의 필생의 과업 대부분과 마찬가지로 무덤은 결코 완공되지 않았다.

그가 죽기 무섭게 나자프 칸의 부관들이 너도나도 권력을 차지하려고 하면서 궁정은 여러 파벌로 분열되었다. 나자프 칸의 가장 유능한 장교이자 그가 직접 후계자로 점찍었던 아프라시야브 칸Afrasiyab Khan은 힌두교도 장인의 아들로 태어나 개종한 무슬림으로서 아눕기리 고사인과 그의 전사-고행자 부대의 지지를 받았지만 미천한 출신 배경 탓에 궁정에서는 지지가 거의 없었다.

그는 나자프 칸의 종손으로 도회적이고 귀족적인 미르자 무함마드 샤피Mirza Muhammad Shafi의 거센 반발에 부닥쳤다. 1782년 9월 10일, 미르자 무함마드 샤피는 자마 마스지드의 계단 꼭대기에서 군사 작전을 지휘하며 역쿠데타를 일으켰다. 두 경쟁 파벌은 델리 시가에

---

*   델리 남서쪽 소읍인 나자프가르Najafgarh는 그의 이름을 딴 곳이다. 조르 바그 남쪽 그의 묘 옆을 지나는 도로 역시 그의 이름을 땄다.

서 싸운 한편, 도시 바깥에서는 시크인, 자트인, 로힐라인이 하나로 뭉쳐 반란을 일으킬 기회를 노렸다. 혼인 동맹으로 두 파벌을 화해시키려는 샤 알람의 시도는 허사였다.[89] 권력을 차지하려 한 두 사람 모두 2년 만에 암살당했고 미르자 나자프 칸이 획득한 거의 모든 영토는 다시 빼앗겼다. 샤 알람의 제국은 15킬로미터가 될까 말까 한 델리부터 팔람까지 —Sultanat-i Shah Alam az Dilli ta Palam—라는 우스갯소리가 처음으로 회자되기 시작했다.

마라타 소식지 작가는 푸네에 "도시는 다시 아주 참담한 상태이다. 구자르Gujar(주로 아프가니스탄과 인도 북부에 거주하는 유목민 집단—옮긴이)들이 밤낮으로 다코이트Dacoit[무장 강도 행각]를 저지르며 나그네들을 턴다. 밤에는 도둑들이 집에 침입하여 몸값을 뜯으려고 상점 주인들과 여타 부유한 사람들을 볼모로 데려간다. 누구도 이런 짓을 저지하려 하지 않는다"고 썼다.[90] 호전적인 시크인 분파들은 다시금 북부 교외를 습격하기 시작했다. 폴리에르가 주목한 대로 시크인들은 "이제 비가 내리고 난 뒤에 출발하여 1만 명 이상의 기병으로 주변 지역을 습격한다. 그들은 손에 잡히는 것은 전부 약탈하고 읍락을 불태운다".[91]

세 차례 연속적인 몬순 실패(우기에 평균 강수량에 못 미치는 비가 내리는 것—옮긴이)로 힌두스탄 전역에 심각한 기근으로 농촌 인구의 5분의 1이 굶주리게 되자 혼란이 극심해졌다.[92] 같은 시기에 러크나우에서는 나와브 아시프 우드다울라Asaf ud-Daula가 기근 구호 사업으로서 4만 명의 사람들에게 일자리를 제공하기 위해 거대한 이맘바라 추모홀을 건설했다. 하지만 샤 알람은 그와 같은 사업을 할 만한 자원이 없었다.[93] 시인 사우다는 편지에서 커져가는 절망감을 표현했다. "국고는 텅 비었다. 왕령지에서는 아무것도 나오지 않으며 급여관리부의 상태는 표현할 길이 없다."

　병사와 서기 모두 일자리가 없다. 지급을 명하는 문서들은 휴지 조각이나 다름없어서 약종상들은 그걸 찢어서 약을 싼다. 한때는 자기르나 국고에서 돈이 나오는 직책을 가졌던 사람들은 촌락의 파수꾼 일자리를 구하고 있다. 그들의 칼과 방패는 진작에 전당포로 갔으며 그들이 다음에 나올 때는 거지의 지팡이와 밥그릇을 들고 있을 것이다. 한때 대단했던 이 사람들 가운데 일부가 어떻게 사는지는 도저히 말로 표현할 수 없다. 그들의 옷가지는 끝내 넝마 장수에게 갔다. (…)
　한편, 델리의 황폐함은 어떻게 묘사할 수 있을까? 자칼의 울음소리가 들려오지 않는 집이 없다. 모스크는 저녁이 되어도 불을 밝히지 않고 버려졌으며 백 집 가운데 한 집꼴로 불을 밝히고 있는 것이 보인다. 한때는 굶주린 사람이 배고픔을 잊게 만들었던 아름다운 건물들은 이제 폐허다. 나이팅게일이 장미에게 사랑 노래를 부르던 아름다운 정원들에서는 무너진 기둥과 폐허가 된 아치 주변으로 풀이 허리 높이까지 자란다.
　인근 촌락들에서는 우물에 물을 길으러 와 우거진 나무 그늘 아래 서서 수다를 떠는 젊은 처자들이 더는 없다. 수도 주변 촌락들은 버려졌으며 나무들도 사라졌고 우물에는 시신만 가득하다. 샤자하나바드, 너는 이런 끔찍한 운명을 맞을 만하지 않았노라. 너는 한때 젊은 연인의 가슴처럼 삶과 사랑, 희망으로 활기 넘쳤지. 전 세계 바다에 떠 있는 사람들이 한때는 약속의 바닷가로서 너를 향해 침로를 정하고, 너의 먼지에서 진주를 주워가려고 왔지. 한때는 가지 촛대가 환하게 빛나던 곳에 이제는 등잔불 하나 빛나지 않는다.

한때는 궁전에 살았던 저들은 이제 폐허에서 연명한다. 한때 희망으로 가득 찼던 수천의 가슴은 절망으로 내려앉았다. 할 말이 없다, 우리는 가장 어두운 시대를 살고 있다는 말밖에는.[94]

샤 알람은 궁정의 질서를 회복하는 데 실패하고 되살아난 적들에게 사방에서 위협을 받게 되자 11년 만에 데칸에서 힌두스탄으로 마침내 복귀한 마하지 신디아에게 다시금 손을 뻗는 수밖에 없었다. 샤 알람은 "그대는 내 왕가의 섭정을 맡고 제국을 다스려야 한다"고 말했다.[95] 이렇게 사정하는 편지와 함께 우르두어 2행 연구를 덧붙였다.

왕국과 부를 잃고 이제 나는 당신의 손에 달려 있으니
마하지는 뜻대로 하라.[96]

두 번째로 마하지 신디아의 보호를 구하기로 결심했을 때 샤 알람은 여러 측면에서 약삭빠른 결정을 내렸다. 데칸의 상황을 정리하기 위해 1772년 델리를 떠나 남쪽으로 향한 이래로 신디아의 권력은 엄청나게 커졌다. 그는 이제 티푸와 더불어 인도에서 가장 강력한 두 사령관 중 한 명이었다. 더욱이 그의 병사들은 18세기 인도에서 가장 위대한 군인 가운데 한 명인 브누아 드 부아뉴 백작에게 최신식 프랑스 군사기법으로 막 훈련받기 시작했으며, 백작은 그들을 환골탈태시키게 된다. 얼마 지나지 않아 그들은 가장 잘 훈련받은 인도 군대에게도 막심한 피해를 입힐 "불과 철의 벽"으로 명성을 얻게 된다.[97]

드 부아뉴는 신디아의 마라타 군대에 높이와 발사 각도 조절이 가능한 나사로 최신식 시사試射(시험 삼아 쏘아보는 일—옮긴이)와 조준 시스템을 갖춘 대포와 정교한 유럽식 군사 과학기술을 전수하고, 고도로 훈련된 병사들이 분당 세 발을 발사할 수 있도록 마라타 머스킷에 쇠막대를 도입한 장본인이었다. 세 줄 대형으로 늘어선 보병이 구사할 경우, 마라타 세포이들은 전례 없는 살상력을 과시하며 적에게 지속적인 사격을 가할 수 있었다. 어느 계산에 따르면 300미터 거리에서 부아뉴의 대대에 전속력으로 달려드는 기병 대대는 세포이들의 총검에 도달할 때까지 대략 3,000발의 총알에 직면해야 했다.

10년 뒤 신디아의 병사들이 철저히 훈련을 받고 전력을 끌어올렸을 때 많은 이들은 그들을 인도에서 가장 막강한 군대로, 또한 확실히 회사 군대와 대등한 군대로 간주하게 된다.[98] 신디아의 적수인 라지푸트인들은 부아뉴의 신식 대대에 맞서기보다는 항복하는 데에 이미 익숙해졌고, 아지메르, 파탄, 메르타는 짤막한 포격 이후에 부아뉴가 선보일 말과 인간에 대한 체계적인 살육에 직면하느니 모두 싸움을 포기했다. 한 지휘관은 임종 시 아내에게 "부아뉴가 오지 않으면 [신디아에] 저항하라. 하지만 그가 온다면 항복하라"고 충고하기까지 했다.[99]

1784년 11월, 신디아는 파테푸르 시크리 인근 카누아에서 샤 알람을 만났다. 신디아는 다시 한번 납작 엎드려 황제의 발에 머리를 대고 모후르 금화 101개를 바쳤고, 그리하여 미르자 나자프가 죽은 뒤 공석이었던 바킬이무탈라크 직위를 차지했다. 하지만 한 영국인 관찰자가 주목했듯이 "신디아는 [이제] 불운한 샤 알람의 명목상 노예이지만 [실제로는] 주인이었다".[100]

그 마라타 장군에게는 여러 우선적 관심사들이 있었으나 황제를 보호하는 일은 그 가운데 있지 않았다. 방문객들은 식량이 제대로 공급되지 않아 왕실이 굶을 때도 있다고 보고했다.[101] 왕실을 방문했을 때 신디아는 "일반적으로 노예가 말에게 주는 깨사탕" 같이 모욕적일 만큼 값싼 선물을 내놓았다. 또 황제와 상의하지도 않고 델리의 도축업자들에게 소를 잡는 것을 중단하라고 지시했다.[102] 마지막으로, 1786년 1월에는 자금을 마련하고 마라타의 지배를 라자스탄으로 확대하기 위해 붉은 요새를 보호할 병력으로 아눕가리 고사인 휘하의 단 1개 대대만을 남겨둔 채 모든 군사를 이끌고 자이푸르 방면으로 떠나버렸다.

이제 스무 살이 된 굴람 카디르가 붉은 요새와 그곳의 보화가 무방비 상태나 다름없다는 사실을 깨달은 것은 신디아가 라자스탄에 가 있을 때였다. 자비타 칸이 최근 사망하자 굴람 카디르는 아버지의 유산뿐만 아니라 어머니와 친가 쪽 삼촌들을 즉각 투옥하고 그들의 재산도 차지했다. "그 배은망덕한 작자는 파라오라도 된 것처럼 굴었다"라고 아즈파리Azfari는 썼다. "그는 어리석은 소리를 지껄였고, 큰 소리로 추잡한 말을 늘어놓으며 '곧 샤자하나바드로 와서 복수를 할 거다. 내가 할 수 있는 어떤 방식으로든 응징 게임을 벌여서 붉은 요새를 야무나강에 가라앉혀버릴 거다'라며 호언장담했다. 이에 관한 풍문이 들불처럼 퍼져나갔고, 굴람 카디르가 곧 와서 도시를 뿌리째 뽑아버릴 거라는 이야기가 평민과 귀족 가릴 것 없이 모두의 입에 오르내렸다."[103]

1788년 7월 중순에 굴람 카디르는 마침내 자신의 말을 행동에 옮겼다. 그는 아버지의 복수를 하고, 황제에게 보복하며, 지난날 그를 억류했던 자들이 그와 그의 백성에게 한 짓에 대가를 치르게 하겠다고 결심하고서, 안장을 얹고서 말을 달려 나와 로힐라 군대를 이끌고 델리로 향했다.

7월 17일, 로힐라인들은 샤흐다라에 도착해 붉은 요새 건너편 야무나 강둑에 진을 쳤다. 왕궁의 분위기는 조마조마했지만 황제는 불안해할 이유가 없다고 하며 침착함을 유지했다. 그는 "이 고아가 왜 그토록 적대의 대상이어야 하는지 모르겠다"라고 말했다. "이 굴람 카디르는 내 일가의 자식이며 나의 소금을 먹었다.* 그가 성급하거나 폭력적인 조치를 취할 거란 가능성이 어디 있는가? 이는 항간의 사람들이 퍼트린 중상일 뿐이다. 진정하라, 나의 자식들아."¹⁰⁴

    하지만 다음 며칠에 걸쳐 로힐라인의 군사적 존재감을 훨씬 더 위협적으로 만드는 두 가지 일이 일어났다. 우선 굴람 카디르는 아흐마드 샤 황제의 연로한 미망인이자, 과거 굴람 카디르의 조부인 나지브 우드다울라와 한편이었던 말리카이자마니 베굼Malika-i-zamani Begum에게 전언을 받았다. 태후는 로힐라가 샤 알람을 폐위시키고 그 자리에 자신의 손자이자 황제의 어린 사촌인 베다르 바흐트Bedar Bakht를 앉혀준다면 12라크**를 주겠다고 제의했다. 둘째로 쿠드시아 바그에 소규모 대대와 함께 숙영 중이던 아눕기리 고사인이 반대편 강둑에서 점점 불어나는 로힐라 군대에 겁을 먹고는 28일 밤에 병사들과 서둘러 떠났는데 증원군을 찾으러 간 것이었다. 나중에 그가 한 말에 따르면 그렇다.***

---

*   나막 파르바르다Namak parvardah: 샤 알람의 부담으로 길러지고 부양되었다는 의미.
**   오늘날 가치로 1,560만 파운드.
*** Willima Pinch, *Warrior Ascetics and Indian Empires* (Cambridge, 2006), p. 2에서는 아눕기리가 굴람 카디르와 공모했으며 그와 이미 내통하고 있었다고 믿는다.

29일 동이 틀 때 로힐라 군대는 야무나강 도강 지점을 경계하는 사람이 더는 없으며 심지어 도시 성문을 지키는 사람도 아무도 없다는 것을 알았다. "번개와 바람의 속도로" 굴람 카디르는 보트 한 척 가득 병력과 장비를 이끌고 재빨리 강을 건넜다.[105] 그는 자신의 옛 거처인 쿠드시아 바그에 상륙했고 무굴인들이 대처하기 전에 카슈미르 성문을 장악했다. 나룻배들이 건너편에서 공성포와 나머지 병력을 실어오기를 기다리는 동안 흉벽에 부하들을 배치했다.

로힐라 병력 2,000명이 건너오자 그는 병사들과 함께 델리 시내를 가로질러 곧장 붉은 요새로 향했고, 거기서 성문이 닫힌 것을 발견하자 델리성문 앞 황금모스크에 진을 치고 안으로 전언을 보냈다. "이 일가 출생인 궁정의 친구가 운명의 손길에 시달리다 친절한 대접을 기대하고 왕의 그늘에서 피난처를 구합니다!"[106]

"로힐라인들은 해를 끼칠 의사가 없다고 [쿠란에 대고] 맹세했다"라고 마라타 소식지 작가는 썼다. "그들은 황제께서 그들의 머리에 자애로운 손을 얹어주길 원할 뿐이라고 말했다. 굴람 카디르가 평화롭게 우군으로서 주군을 찾아왔다고 정식 맹세하자 황제는 내시들을 보내 열 명이나 스무 명의 수행원만 대동한다면 알현을 허락하겠다고 밝혔다."[107] 하지만 수석 환관이자 나제르Nazer, 다시 말해 요새 행정의 감독관이기도 했던 만수르 알리 칸Mansur Ali Khan은 파타르가르 함락 당시 굴람 카디르의 목숨을 구했고 이제는 다시 그의 환심을 사고 싶어 했다. 그는 황제의 명을 거역하고 요새의 거대한 쌍여닫이문을 열어 그 아프간인이 부하 2,000명을 모두 데리고 입성하도록 허락했다. "나제르는 굴람 카데르(카디르) 칸의 병사들의 수중에 요새의 성문을 넘겼다"라고 카이르 우드딘은 썼다. "이제 요새 안에 들어온 굴람 카데르 칸은 요새와 왕실 처소 내·외부의 대로와 통로, 성문을 감시하도록 로힐라 장수들을 배치했다."[108]

나자프 칸의 붉은 소대 Red Platoon 병사들은 여전히 싸우고 싶어 했다. 디완이카스 알현실에서 샤 알람이 총애하는 아들인 아크바르 왕자는 다른 젊은 무굴 샤자다들을 불러 모아 교전을 허락해줄 것을 요청했다. "한 가지 선택이 아직 남아 있다"라고 그는 말했다. "당신이 허락하신다면 우리 형제들은 이 반역자들에게 덤빌 것이며 용감하게 순교와 마주할 것입니다." 하지만 황제는 고개를 저었다. "누구도 전능하신 신의 명령을 피할 수 없다"고 그는 말했다. "운명과 싸우는 것은 불가능하다. 권력은 이제 다른 이들의 수중에 있다."[109]

굴람 카디르는 발 빠르게 움직였다. 왕실 근위대와 왕자들은 즉시 무장해제되었다. 근위대는 요새에서 쫓겨났고 왕자들은 아우랑제브가 건설한 흰 대리석 모티 마스지드에 갇혔다. 그다음 굴람 카디르는 황제 바로 옆 옥좌의 방석에 앉아서 "주군의 목에 스스럼없이 팔을 두르고 그의 얼굴에 담배 연기를 내뿜으며" 다른 어느 때라면 용서할 수 없는 결례를 범했다."[110] 그리하여 마라타 소식지 작가가 "마귀들의 춤판"이라고 묘사한, 9주 동안 이어질 공포 정치가 시작되었다.[111]

그날 저녁 굴람 카디르는 왕궁의 정원 가운데 하나인 하야트 박시 바그의 진지로 물러갔다. 이튿날 아침인 30일에 그 로힐라인은 알현실로 돌아왔다. "그가 옥좌(사시르에 카스 sarir-e khas)를 침범하는 것을 보고 왕은 그를 조용히 나무라기 시작했다. '우리의 구두 합의와 그대가 거룩한 쿠란에 두고 한 맹세를 믿었네.'" 황제는 말했다. "내가 속았군."

그가 여전히 말하고 있을 때 로힐라인은 베다르 바흐트 왕자를 불렀다. 굴람 카디르는 앞으로 나와 황제의 허리춤에서 단검을 꺼내고는 한마디 말도 없이 황제를 살림가르의 왕실 감옥으로 보내버리고 베다르 바흐트를 제위에 앉혔다. 북소리가 울리고 새로운 황제 베다르 샤의 이름으로 주화가 주조되었다.[112] "황제는 반성이라는 이빨로 경악이라는 손을 깨물 뿐이었다."[113]

소식지 작가의 급보에 따르면 "굴람 카디르는 그다음 [소년 황제의 할머니] 말리카이자마니 베굼에게 약속받은 돈을 요구했다".

그녀가 델리의 자택에서 요새로 와서 말하길, "왕실 마할의 사람들과 베굼들을 몸수색한 다음에 자네에게 돈을 주겠네. 내 조언대로 행동한다면 만사형통일 것이네." 그러자 "요새의 돈과 재물은 이제 모두 내 것이오"라고 굴람 카디르는 대꾸했다. "약속한 것을 줘야 합니다."

굴람 카디르는 그 뒤 샤 알람의 돈과 세간, 옷가지, 왕실 창고에서 나온 보석과 금은 접시를 모조리 몰수했다. 그다음 베굼과 공주들을 몸수색하여 발견한 장신구와 옷가지를 전부 압수했다. 그들은 입고 있던 옷마저 빼앗겨서 코와 귀만 멀쩡하게 남아 있었다. 그다음 그는 요새의 남성 주민들과 델리로 피신해 온 주민들의 옷을 벗긴 뒤 모두 내쫓고 재산을 몰수했다. 그는 가옥 마룻바닥을 파헤치기 시작했다. "샤 알람은 우리 가문을 파멸시키려 했고, 마라타인과 미르자 나자프 칸과 손잡고 파타르가르로 와서 우리 가문 여성들을 욕보였다. 심지어 지금도 그는 신디아를 불러들여 우리 가문을 파틴내고 싶어 한다. 나는 보복할 수밖에 없다"고 말했다.[114]

황금 모스크의 둥근 지붕에서 금 잎사귀 장식이 모조리 뜯겨나갔다.[115] "나제르 만수르 알리 칸과 공모하여, 그들은 압제의 손길을 도시의 주민들에게 뻗쳤다."¹¹⁶ 얼마 지나지 않아 델리 시의 보석상과 은행가들은 25루피 크로르*의 보석을 토해냈다. 도시와 왕궁을 약탈하는 사이, 아즈파리에 따르면, 굴람 카디르는 "밤낮으로 다량의 술과 약물, 특히 방, 바우자[맥주 같은 술], 간자ganja(인도 대마—옮긴이)에 빠졌다."¹¹⁷

굴람 카디르는 갈수록 포악해졌다. 하인들은 황제의 보물이 감춰진 장소를 실토하도록 불 위에 거꾸로 매달려 고문을 받기 시작했다.¹¹⁸ "샤 알람이 아끼는 무희와 여흥을 제공하는 여종들이 베일이나 가리개 없이 끌려나와 다이라 진지로 가서 술 취한 무지렁이들을 즐겁게 해줘야 했다."¹¹⁹ 수석 환관인 만수르 알리는 변소로 이리저리 끌려다니다 변소 아래 하수구에 내버려져 익사할 뻔했다. "굴람 카디르는 부하들에게 외쳤다. '이 반역자(나마크하람 *namak-haram*)가 다음 경까지(3시간 내에—옮긴이) 7라크 루피**를 내놓지 않는다면 입에 똥을 쑤셔넣어라!'¹²⁰ 굴람 카디르가 아기였을 때 그의 목숨을 구했다고 환관이 항변하자 굴람 카디르는 '뱀을 죽이고 그 새끼를 살려두는 것은 현명치 못하다는 옛 속담을 모르느냐'라고 대꾸했다."

워런 헤이스팅스에게 올라온 한 보고에 따르면 "[샤 알람을 폐위시키고 옹립한] 새로운 국왕 베다르 샤는 갈아입을 옷이 없고 끼니를 때우기 위해 굴람 카디르에게 1루피를 구걸해야 했지만 그 로힐라인은 아예 그를 보길 거부했다. 나데르 샤의 침공 이전 가장 찬란했던 델리를 본 적 있는 무하마드 샤 [랑길라]의 옛 왕비들은 거처에서 쫓겨났고 소유물을 샅샅이 털렸다. 샤 알람은 거친 빵과 물 말고는 아무 음식도

---

*   현재 가치로 32억 5,000만 파운드.
**   현재 가치로 900만 파운드.

없이 이레를 지냈다."[121]

굴람 카디르는 황제가 여전히 많은 보물을 감추고 있다고 확신했고 그래서 8월 10일에 그와 왕자들을 살림가르 감옥에서 다시 불러냈다. 카이르 우드딘에 따르면 그 보힐라인은 먼저 "아크바르 왕자와 술라이만 슈코Sulaiman Shukoh 왕자를 묶고 양탄자 펼치개carpet spreader(천을 두들겨서 고르게 펴는 막대기나 틀—옮긴이)로 매질하도록 명했고 (…) 그래서 그들의 입과 코에서 피가 뿜어져 나왔다. 샤 알람은 '무슨 짓을 하든 간에 나한테 하라! 이들은 어리고 아무 잘못이 없다'고 소리쳤다. 그러자 굴람 카디르는 몇몇 흉포한 아프간인들에게 '헛소리를 지껄이는 이 자를 쓰러트리고 눈을 멀게 만들어라'라고 명령했다."[122]

샤 알람은 굴람 카디르를 똑바로 쳐다보며 물었다. "뭐라고? 60년 세월 동안 성스러운 쿠란을 읽는 데 부지런히 바쳐온 이 두 눈을 망가트릴 것이냐?"[123] 하지만 신앙에 대한 호소는 그 아프간인에게 아무 소용이 없었다.

그자들은 그를 패대기친 다음 눈을 바늘로 찔렀다. 그들은 막대기로 마구 때리면서 그를 땅바닥에 꼼짝 못 하게 했고, 굴람 카디르는 눈앞에 뭐 보이는 게 있느냐고 조롱하듯 물었다. 그는 "나와 너 사이에 성스러운 쿠란만이 보인다"라고 대답했다. 그와 그의 자식들, 왕궁의 여자들은 밤새도록 크게 비명을 질렀다. 굴람 카디르는 그날 밤을 모티 마할에서 지냈는데 그 비명을 듣고는 뱀처럼 몸부림치며 하인들에게 비명을 지르는 사람들을 때려죽이라고 명령했다. 하지만 하인들은 심판의 날에 받을 질문이 두려워 그들을 건드리지 않았다.

이튿날 굴람 카디르는 베다르 샤에게 "밖으로 나와라, 너에게 보여줄 게 있다"고 말했다. 그러고는 샤 알람에게 가서 "황금을 찾아내라. 안 그러면 너도 저세상으로 갈 것이다"라고 말했다. 샤 알람은 그를 욕하고 꾸짖으며 "나는 네 손아귀에 있고, 이렇게 사는 것보다 죽는 것이 나으니 내 목을 쳐라"라고 말했다.

굴람 카디르 칸은 펄쩍 뛰어올라 희생자의 가슴에 걸터앉고는 칸다하리 칸과 푸르딜 칸에게 그(샤 알람)의 양손을 목에 갖다 대고 팔꿈치를 꼼짝 못 하게 붙들라고 명령했다. 아프간 나이프로 [바늘로 눈을 멀게 하는 일반적인 관행과 달리] 칸다하리 칸이 먼저 샤 알람의 한쪽 눈알을 도려냈고 그다음 다른 쪽 눈알은 그 파렴치한 악당이 뽑았다. 샤 알람은 목이 잘린 닭처럼 땅바닥에서 퍼덕거렸다.

굴람 카디르는 그다음 아크바르, 술레이만 시코(슈코), 아흐산 바흐트 왕자의 눈을 바늘로 찌르라고 명령했다. 그러자 왕실 여인들이 커튼 뒤에서 나와 굴람 카디르의 발 앞에 엎드렸지만 그는 그들의 가슴을 걷어차며 "세 사람을 모두 결박해라. 그들을 어떻게 할지 이따가 생각해보겠다"고 말했다. 그러고는 부하들을 불러 그들이 의식을 잃을 때까지 두들겨 팬 다음 감옥으로 다시 처넣으라고 명령했다. 그 뒤 화가를 불러서 "손에 나이프를 들고 샤 알람의 가슴에 걸터앉아 눈알을 도려내는 내 모습을 당장 그려라"라고 말했다. 그런 다음 수행원들에게 샤 알람이나 그의 아들들에게 음식이나 물을 갖다주는 것을 금했다.[124]

그날 밤 시종 세 사람과 물 지게꾼 두 사람이 황제의 갈증을 덜어주려고 했다. 굴람 카디르는 다섯 명 모두를 차례차례 죽인 다음, 시신을 신음하고 있는 황제 곁 그들이 쓰러진 자리에 그대로 버려두라고 명령했다.

25일에 굴람 카디르는 왕실의 왕자들에게 눈길을 돌렸다. 한때 그가 미동 신세가 되었을지도 몰랐던 것처럼 이제는 그가 왕가의 남자들에게 굴욕감을 안길 차례였다. 장래 황제들인 아크바르 샤Akbar Shah와 그의 아들 바하두르 샤 자파르Bahadur Shah Zafar를 비롯해 왕자 스무 명이 로힐라 장수들을 위해 노래하고 춤을 춰야 했다. "그들이 그의 요구를 거절하려고 아무리 애를 써도 그는 듣는 시늉도 안 하며 이렇게 말할 뿐이었다. '전부터 너의 춤과 노래에 관해 멋진 이야기들을 많이 들었지!'"

그러고는 굴람 카디르는 호위병들을 향해 소리쳤다. "저들이 더 핑계를 대려고 하면 수염을, 아니지 아예 그들의 몸에 난 털을 모조리 밀어버려라!" 왕자들과 그들의 아들들은 명령을 따를 수밖에 없었고 그래서 엉덩이와 어깨, 목을 흔들며 춤을 추고 노래하기 시작했다. 그는 그들의 공연에 흥분하고 기분이 좋아져서 물었다. "어떤 보상을 받고 싶으냐?" 그들은 대답했다. "우리 아버지와 자식들은 음식과 물이 절실하니 이것들을 제공하도록 허락해주신다면 감사하겠습니다."

그는 그렇게 하라는 내용의 명령서에 서명하고 부하들을 물러가게 한 뒤, 차고 있던 섬과 난검을 빗이 왕지들이 볼 수 있고 손이 닿을 수 있는 거리에 두고는 왕세자 미르자 아크바르 샤의 무릎을 베고 누웠다. 그렇게 한 시간 동안 눈을 붙인 뒤 일어나서 왕자들에게 따귀를 한 대씩 갈기고 조롱하듯 외쳤다. "너희들은 이 모든 것을 잠자코 참을 작정이구나. 그러고도 왕이 될 수 있다고 착각하는 것이냐? 흥! 나는 너희들을 시험하고 있었다. 가슴에 남자다운 기개가 손톱만큼이라도 있었다면 검과 단검을 집어 들고 나를 금방 해치웠겠지!" 그는 실컷 욕설을 퍼부은 뒤 그들을 면전에서 쫓아내 감옥에 다시 처넣었다.[125]

절망에 빠진 몇몇 왕자들은 왕궁의 흙벽 너머로 몸을 던져 야무나 강에 빠져 죽었다. 시간이 지나자 다른 여러 왕자들은 굶어 죽었다. "내시 나마킨Namakin Khwaja-sara이 들어와 샤 알람의 열 살짜리 자식이 방금 갈증과 굶주림으로 숨졌다고 알렸다. 하지만 로힐라인은 이렇게 외쳤다. '그것이 쓰러진 자리에 그냥 구덩이를 하나 파서 그 안에 내던지고, 입고 있던 옷을 갈아입히는 건 신경 쓰지 마라!'"[126]
다음 며칠간 굴람 카디르는 신성불가침의 왕실 여인들에게 눈길을 돌려서 남아 있던 마지막 금기마저 깨트렸다. 8월 29일에 태후인 말리카이자마니 베굼이 옷을 발가벗긴 채 음식이나 물도 없이 땡볕에 내버려졌다. 같은 날 다수의 더 어린 공주들이 발가벗겨 '모든 구멍을' 샅샅이 수색당하고, 추행당하고, 매질당한 뒤 강간당했다. 이 문헌들의 빅토리아 시대 번역본들은 이 문단을 검열했지만 카이르 우드딘의 페르시아어 원본은 잔인한 전모를 들려준다. 어느 날 저녁에 굴람 카디르는 "미르자 히카와 미르자 자카의 아름다운 딸들"에 관해 듣고서 "그날 저녁 딱하고 불운한 그 처자들을 모티 마할로 데려오게 하여 베일이나 가리개 없이 눈앞에 대령시키고, 그들의 미모를 넋을 잃고 쳐다보았다".

그다음 그는 마음이 맞는 가장 가까운 부하들을 그 은밀한 장소로 불러들여, 그 둘도 없는 미인들을 구경시켜준 다음 느긋하게 데리고 즐길 수 있도록 한 명씩 내주었다. 무슨 일이 벌어지고 있는지 듣자 베다르 샤는 머리와 가슴을 치며 그 거짓말쟁이 협잡꾼에게 의례용 철퇴를 받드는 시종을 보내 제발 그만두라는 말을 전했다. 시종은 "저 같은 시종이 그런 군벌에게 무슨 말을 할 수 있겠습니까?"라는 변명을 대며 돌아왔다.

그러자 베다르 샤는 굴람 카디르에게 직접 호소했다. "이럴 수는 없소. 이건 무도한 일이고, 적의 딸이라 해도 그래선 안 되오. 아버지의 죄악을 그 자식들에게 돌려선 안 되오! 샤 알람은 당신 아버지의 딸이나 여자 형제들을 단 한 번도 실례가 되게 쳐다보지 않았소! 제발 그만두시오!" 하지만 굴람 카디르는 그를 비난할 뿐이었다. "이 여자들을 내 하렘으로 보내 첩으로 삼고 마음대로 섭하고 싶다! 왕자들의 딸들을 전부 내 아프간 부하들에게 내줄 거다. 그들의 정액에서 남자답고 용감한 새 세대의 청년들이 나올 것이다! 파타르가르 약탈 당시 왕실의 장수들은 내 아버지의 시녀들한테 이보다 훨씬 더 험한 짓을 했다. 내 부하들이 형식적인 혼례도 없이 즐기기 위해 공주들을 잡아채어 방으로 끌고 가면 그 시절이 다시 돌아온 것을 보고 있다고 생각해라."[127]

아즈파리의 말마따나, "이 시절의 불행한 사건과 참화의 극히 일부만이라도 묘사한 이야기를 듣는다면, 들은 사람은 누구든 귀가 먹어버릴 것이나. 그 이야길 듣고도 귀가 멀쩡하고 여전히 동정심을 느낄 수 있다면 분명히 슬픔으로 쓸개가 터져버릴 것이다".[128]

9월 중순이 되어서야 마하지 신디아는 황제를 도우러 갈 충분한 병력과 군수품을 끌어모았다. 다시금 우기였고, 길이 침수되어 모든 이동이 불가능하다시피 했기에 진군은 늘 그렇듯이 느렸다. 마라타 군대가 샤다라에 도착한 것은 21일이었다. 거기서 그들은 아눕기리가 이끄는 고사인 전사들과, 베굼 숨루가 사르다나에서 보낸 세포이 대대 및 1778년 4월 남편이 죽은 뒤로 그녀와 가까워진 남자와 연락을 취했다. 베굼 숨루의 새로운 남자는 '티퍼러리 출신 라자'로 불린 조지 토머스George Thomas라는 아일랜드인 용병으로, 한때 선실 심부름꾼으로 일하다가 마드라스에서 무작정 배에서 내려 유능한 포병이자 대포 주조자로서 이름을 떨친 사람이었다.

　굴람 카디르에 대한 공격을 이끌기 위해 신디아는 가장 믿음직한 부관 두 명을 보냈다. 한 명은 라나 칸Rana Khan으로서, 17년 파니파트 전투가 끝난 뒤 도랑에서 피를 흘리며 죽어가던 신디아를 발견해 안전한 곳으로 무사히 들쳐업고 온 사람이었다. 목숨을 구하고 간호하여 건강을 회복시킨 것에 대한 보답으로 신디아는 전직 비스티, 즉 이 물지게꾼 무슬림을 군인으로 양성했고, 본인의 재능과 용맹 덕분에 그는 신디아의 최고위 장교로 빠르게 진급했다. 구조 작전의 또 다른 지휘관은 사부아 출신의 세련된 용병 브누아 드 부아뉴로서, 신디아를 위해 현대식 보병 군대를 양성하는 데 막 착수한 터였다.

　9월 29일, 강을 건넜을 때 놀랍게도 구원군은 델리시의 성문들이 열려 있는 것을 발견했다. 그들은 으스스하게 버려진 도시를 통과하여, 붉은 요새 주변에 자리를 잡은 뒤 우기의 비로 막힌 길을 따라 천천히 이동하는 대포를 기다리면서 요새를 포위·봉쇄했다.

사흘 뒤인 10월 2일 정오, 신디아의 공성포가 델리로 가까워지고 있을 때 어마어마한 폭발이 델리의 하늘을 찢었다. "폭발의 굉음은 심판의 날에 죽음의 천사가 부는 나팔 소리를 연상시켰다"라고 아즈파리는 썼다. "탄약고가 폭발하면서 화약과 대포, 문과 담이 공중으로 치솟아 먼지와 매캐한 연기가 자욱했고 날이 어두워지자 '태양이 어둠 속에 잠길 때'라는 쿠란의 구절이 떠올랐다. 요새의 흙벽이 무너지고, 문과 담이 부서지고, 단단한 지붕이 주저앉았으니, 모든 것이 쿠란의 구절로 표현될 수 있으리라. '그리고 산들은 푹신푹신한 양털 뭉치 같을 것이다.'"

요새 안에서 내가 살던 구역의 주민들은 탄약고와 아주 가까워서 다수가 목숨을 잃었지만, 여러 형제들과 아주머니 중 한 명은 중상을 입긴 했어도 신의 은총으로 여전히 살아 있었다. 하늘은 어둡고 대포와 돌멩이, 벽돌, 회반죽이 공중에서 비 오듯 쏟아졌다. 신음과 비명 소리가 하늘을 찔렀다. 우리는 괴로움에 차 비명을 지르는 목소리들을 알아차렸으나 분진과 연기 때문에 서로의 얼굴을 볼 수 없었다. 이 무시무시한 폭발음은 델리에서 30여킬로미터 떨어진 바하두르 가르까지 들렸다. 사람들은 저마다 고개를 저으며 물었다. "하늘이 무너졌나?"[129]

연기 구름이 서서히 걷히면서 생존자들이 붉은 요새의 테라스 너머를 내려다보자 노를 저어 점점 상류로 거슬러가는 보트 행렬과 보화를 실은 코끼리 한 마리가 강둑을 따라 느릿느릿 이동하는 광경이 눈에 들어왔다. 거의 석 달이 지난 끝에 굴람 카디르가 약탈품을 모조리 챙겨서, 아크바르 왕자를 비롯해 나이가 많은 왕자들 열아홉 명도 인질로 데리고 마침내 떠난 것이다. 무굴인들에게 마지막 작별의 선물로 남긴 폭발에 불타서 사라지길 바란 모양인지, 심하게 다친 샤 알람은 붉은 요새에 남겨두었다.[130]

어쩌면 9주 전에 진지를 버리고 도망간 죄책감에 시달렸는지 아눕 기리는 요새에 가장 먼저 진입한 이들 중 하나였다. 소규모 무리를 이끌고 그는 왕자들 중 한 명이 내려준 밧줄을 타고 올라가 나머지 군대가 들어올 수 있게 성문을 연 다음 불을 끄기 시작했다. 화재가 진압되는 동안 생존한 왕실 사람들이 은신처에서 모습을 드러내기 시작했다. 그들의 모습은 구원군 가운데 산전수전 다 겪은 일행마저도 충격에 빠트렸다. 부스스하고 검댕을 뒤집어쓰고 뼈만 남은 추레한 몰골의 왕자와 공주들이 구원군들 주위로 몰려들어 안도감을 느끼며 흐느꼈다.

황제의 모습은 한층 충격적이었다. 그는 어찌어찌 스스로를 감방에 가두고 입구도 막아서 라나 칸이 구슬려 밖으로 나오게 해야만 했다.[131] 처음에는 모든 치료를 거부했다. 상처를 치료하기 위해 의사를 불러오자 "'자식과 손주들이 굶주림과 갈증으로 이미 많이 숨졌고 이제는 나도 죽음을 기다리고 있다'고 말하며 의사를 내쫓고 눈에 바를 연고를 땅바닥에 내동댕이쳤다".[132]

라나 칸이 식량과 물을 가져오고 왕실 사람들의 수염을 다듬기 위해 이발사들을 다수 데려오는 등 황제와 붉은 요새를 살피는 사이, 베굼 숨루와 부아뉴는 굴람 카디르와 그의 보물을 찾으러 출발했다. 로힐라인은 파타르가르로 향하고 있었지만, 에루트 요새까지밖에 못 간 12월 12일에 추격군이 그를 따라잡아 에워쌌다. 포위전을 버틸 비축 물자가 없었으므로 그는 인질들을 버리고 그날 밤 바로 포위망을 뚫고 도망치려고 시도했다. "그는 여전히 그를 따르는 기병 500명을 데리고 요새에서 앞장서서 달려나와 적을 향해 힘차게 돌진했고 그를 포로로 사로잡으려는 갖은 노력에도 불구하고 전열을 돌파해 탈출에 성공했다."[133]

그는 멀리 가지 못했다. 시라지 우드다울라처럼 너무 악명을 떨쳐서 눈에 띄지 않게 빠져나갈 수가 없었다. "밤의 어둠 속에서 동행들은 그를 놓쳤다"라고 카이르 우드딘은 썼다. "그는 이쪽으로, 그들은 저쪽으로 갔다."

그는 그들을 찾으려고 애썼지만 성공하지 못했다. 길은 물이 흥건한 진흙탕이었고, 말이 구덩이에 발을 헛딛으면서 굴람 카디르도 도랑에 내동댕이쳐졌다. 밤은 어두웠고 길가에는 가시가 많은 아카시아 덤불이 무성했기에 어느 쪽으로 가야 할지 알 수 없었다. 아침이 찾아와 사람이 사는 곳이 눈에 들어오자 그는 그곳으로 향했다. 그 마을에 도착하자마자 어느 브라만의 집에 머리를 들이밀었다. 하지만 그 브라만은 지난날 그 악당의 손에 고통을 겪었고 그의 마을은 유린당했다. 그를 짓밟은 장본인이 손바닥 안에 있었으므로 그는 그를 집안으로 불러들인 뒤 문을 단단히 잠갔다.[134]

브라만은 자민다르에게 전갈을 보냈고 자민다르는 마라타인들에게 알렸다. 정오에 신디아의 병사들이 미을로 말을 달려와 그 집을 에워쌌다. 그다음 굴람 카디르를 사로잡아 결박하여 우리에 가뒀다. 그들은 그의 발에 족쇄를 채우고 목에도 고리를 채워 추레한 소달구지에 태워, 세포이 2개 연대와 기병 1,000명의 감시하에 신디아의 본부로 보냈다. 굴람 카디르가 우리 안에 매달린 채 군대 앞에 전시되자

〈7〉 황폐한 델리

조롱과 야유가 쏟아졌다.[135] "신디아의 명령에 따라 굴람 카디르는 귀가 잘려서 그의 목에 걸렸고, 얼굴이 검게 더럽혀졌으며, 시내 여기저기로 끌려다녔다."

이튿날 코와 혀, 윗입술이 잘렸고, 그는 다시금 구경거리로 끌려다녔다. 셋째 날에는 땅바닥에 패대기쳐져서 눈알이 도려내어지고 다시금 이리저리 끌려다녔다. 그 뒤로는 손이 잘렸고, 그다음은 발이, 그다음은 생식기가 그리고 마침내는 목이 잘렸다. 목이 잘린 시신은 나무에 거꾸로 매달렸다. 어느 믿을 만한 사람은 눈 주변만 털이 하얀 검은 개가 와서 나무 아래 앉아 똑똑 떨어지는 피를 핥아먹었다고 이야기한다. 구경꾼들이 돌멩이와 흙덩이를 집어던졌지만 개는 그곳을 떠나지 않았다. 셋째 날 시신이 사라졌고 개도 자취를 감췄다.[136]

마하지 신디아는 굴람 카디르의 귀와 눈알을 바구니에 담아 축하 선물로 샤 알람 황제에게 보냈다. 그다음 아프간인들을 요새로 들여보냈던 수석 환관인 만수르 알리 칸에게 "코끼리 발에 짓밟혀 죽는" 형벌을 내렸다.[137] 하지만 이때쯤 샤 알람은 더 이상 현세에 관해 걱정하지 않았다. 황제에게 예를 표하러 왔을 때 베굼 숨루는 그가 나지막이 쿠란을 암송하며 샤 부르지의 불탄 잔해 한가운데 평온하게 앉아 있는 것을 발견했다. 그는 이미 지어둔 2행 연구 시도 그녀에게 들려주었다.

불구가 되어 재앙의 바람이 몰아쳤네
짐의 치세는 잔인하게 망쳐졌네

드높은 왕권의 태양(아프탑)이 한때는 하늘을 밝혔으나
황혼이 내리면서 이제는 짐의 파멸의 어둠을 한탄하네

아프간의 저 사생아가 왕실의 존엄을 흐트러뜨렸으니
하느님 말고는 이제 누가 짐의 벗이 되어주랴?

짐은 뱀의 새끼에게 젖을 주고 그를 길러냈으나
끝내 그는 짐의 처형인이 되었노라

현세의 부와 영예는 위험으로 넘쳐나니
이제 운명은 짐의 괴로움을 영원하게 만들었네

이 젊은 아프간인이 나라의 위엄을 망가트렸으니
저는 가장 드높으신 분, 오로지 당신만을 봅니다

주여, 저를 불쌍히 여기소서
죄인이나이다.

‹8›

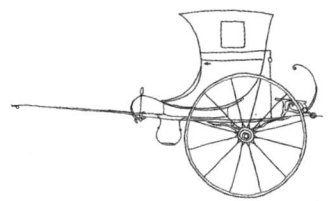

워런 헤이스팅스 탄핵

1788년 2월 13일 정오, 굴람 카디르가 델리 공격을 준비하고 있을 때 런던에서는 거대한 군중이 의회 바깥에 운집했다. 워런 헤이스팅스를 탄핵하기 위해 웨스트민스터홀로 입장하는 귀족원(상원) 의원들의 행렬을 구경하러 나온 사람들이었다.

방청객에게 배정된 몇 안 되는 좌석표는 무려 50파운드*에 거래되었고 그러고도 너무 많은 사람들이 방청하고 싶어 해서 탄핵 소추 위원 중 한 명이 주목한 대로, "청중은 회의장 문이 열리는 9시까지 문 앞에 몰려 있다가, 개릭(데이비드 개릭David Garrick, 18세기 영국의 유명한 배우 겸 극장 지배인. 셰익스피어의 부흥과 연극 장르의 전반적인 위상을 높이는 데 크게 기여했다—옮긴이)이 리어 왕을 연기할 때 플레이하우스의 1층 객석처럼 문이 열리자마자 달려가야 할 것이다. (…) 귀부인들이

---

* 현재 가치로 5,250파운드.

잘 차려입고 [아침] 6시까지 팰리스 야드에 와서, 업무가 시작되기 전 9시부터 12시까지 앉아 있다. (…) 일부 사람들은, 그리고 내 생각엔 심지어 귀부인들도 시간에 맞춰 회의장 문 앞에 반드시 도착하도록 웨스트민스터홀 옆 커피하우스에서 잤다."¹

170명의 귀족 의원들 말고도 가발을 쓰고 흰 담비 털을 두른 법복을 입은 판사들과 검은 법복을 입은 양측 변호사들 및 200명의 평민원(하원) 의원들도 있었다. 옅은 황갈색 새틴 드레스에 다이아몬드를 매우 드문드문 박은 수수한 머리장식을 한 왕비는 아들과 두 딸과 함께 로열박스에 앉았고, 글로스터 공작부인과 컴벌랜드, 글로스터, 요크 공작 등과 같은 여타 수행원들도 대동했다. 왕세자는 찰스 제임스 폭스Charles James Fox와 함께 의회를 찾았다. 입장하기 위해 줄을 선 사람 중에는 사교계의 대배우이자 코티전인 사라 시돈스Sarah Siddons와 화가 조슈아 레이놀즈Joshua Reynols, 일기 작가 패니 버니Fanny Burney, 역사가 에드워드 기번 등이 있었다.

이 자리의 연극성에도 불구하고—아닌 게 아니라 탄핵 소추인 중 한 명은 극작가 리처드 브린즐리 셰리든Richard Brinsley Sheridan이었다—이 탄핵 심판은 조지 3세 시대 최대의 정치적 스펙터클일 뿐만 아니라 영국인들이 동인도회사의 인도 제국을 법정에 세우는 데 가장 가까이 다가간 경우였다. 그들은 영국 최고의 웅변가 중 한 명을 앞장세워 그렇게 했는데 다름 아닌 영국-아일랜드계 휘그 정치가이자 정치 이론가인 에드먼드 버크였다. 버크는 그 못지않게 유창한 언변을 자랑하며 훨씬 더 급진적인 라이벌인 찰스 제임스 폭스의 지지도 받았다.

워런 헤이스팅스는 바로 인도를 유린한 죄로, 혹은 버크가 모두 발언에서 표현한 대로는 "국민의 신뢰에 반하는 배반과 부정행위로"

기소당했다.

다양한 착취 사례와 여타 실정 행위로 (…) 온 나라를 빈곤에 빠 트리고 주민을 감소시킨 [범죄로] (…) 방종하고, 부당하고, 사악한 권력 행사로 (…) 나라의 유서 깊은 체제를 전복한 [범죄로] (…) 전 대미문의 잔인성과 거의 이름조차 붙일 수 없는 피폐화 (…) 인간의 사악한 성향—탐욕과 욕심, 자만, 잔인성, 악의, 교만, 오만불손, 포 악, 기만, 잔혹성, 성정의 악함에서 생겨나는 범죄들로, 한마디로 모든 도덕 원칙의 총체적 소멸을 보여주는 일체의 [범죄], 뿌리 깊 은 마음의 사악함, 철저하게 시커메진 마음, 부패하여 뼛속까지 썩 어버린 마음을 드러내는 일체의 [범죄로] (…) 우리는 머리를, 인도 의 모든 사기와 공금 횡령, 폭력, 폭정을 체현한 부정행위의 수괴를 여러분 앞에 세웠습니다.[2]

버크는 헤이스팅스가 그야말로 범죄자라고 설명했다. "그는 강도 다. 도둑질하고, 슬쩍 훔치고, 약탈하고, 억압하고, 착취한다." 그는 범 죄라는 "주제에 관한 교수, 박사"였다.[3] 한술 더 떠서 헤이스팅스가 "쥐새끼" "족제비(교활한 인간에 대한 비유적 표현—옮긴이)" "부패에 찌 든 돼지우리를 지키는 사람"이라고 말했다. "야수처럼, 그는 죽어가 는 자와 죽은 자의 시체를 두고 구석에서 으르렁거린다."[4]

그 사람 못지 않게 나쁜 것은 그가 대표하는 제도 자체였다. 벵골 의 지배자는 하나의 회사, 즉 기업이었기 때문에 정부를 정당하고 합 법적으로 만들어주는 통상적인 견제와 균형 장치가 전혀 존재하지 않는다고 버크는 믿었다. "인도의 동인도회사는 영국 국민이 아니다. 타타르족이 중국과 인도로 들어왔을 때도, 고트족과 반달족이 유럽으로 들어왔을 때도, 노르만족이 영국에 들어왔을 때도, 그들은 모두 한 나라를 이루는 민족으로서 움직였다."

인도의 동인도회사는 하나의 국민으로 존재하지 않습니다. 회사의 직원으로 가지 않으면 누구도 거기에 갈 수 없습니다. (…) 그들은 보은 인사들로 이루어진 족속입니다. 국민 없는 공화국, 공동체입니다. (…) 그 결과는 공직의 권한을 통제하고 감시하고 균형을 맞출 국민이 없다는 것입니다. (…)

이로부터 일종의 권력 오남용이 생겨났고, 그 꼭대기에서 헤이스팅스 씨는 본국 동인도회사의 권위와 이 나라의 모든 권위에 맞섰습니다. (…) 그는 뇌물로 자신의 손과 정부를 더럽혔습니다. 합법적인 통치 대신에 압제와 폭정을 구사했고, 공중에 봉사하는 사람들을 위해 정직하고 명예롭고, 적절한 보상을 찾아주도록 노력하는 대신, 일말의 통제도 없이 그들이 공중을 먹잇감으로 삼게 방치했습니다.[5]

버크는 극적 효과를 노려서 잠시 말을 멈춘 다음, 이내 벼락처럼 클라이맥스로 내달았다.

그러므로 저는 중대 범죄와 경범죄들로 워런 헤이스팅스 귀하를 탄핵하는 바입니다. 그가 의회의 신뢰를 배반했기에 이 자리에 모인 영국 하원의 이름으로 그를 탄핵합니다. 그가 영국의 국민성을 수치에 빠트렸기에 영국 국민의 이름으로 그를 탄핵합니다. 그가 인도의 법률, 권리, 자유를 전복하고 재산을 파괴하고 나라를 황폐하게 만들었기에 인도 주민의 이름으로 그를 탄핵합니다. 그가 위배한 정의라는 저 영원한 법칙에 의거하여, 그 법칙의 이름으로 그를 탄핵합니다. 지위고하와 남녀노소를 불문하고, 그가 무참하게 유린하고 훼손하고 억압한 인간 본성 그 자체의 이름으로 그를 탄핵합니다.[6]

버크의 모두 발언만 나흘이 걸렸다. 이 연설에서 그는 무자비하게 약탈품을 찾는 과정에서 회사가 광범위하게 고문을 자행했다고 주장했고, "적도만 넘어가면 모든 미덕이 죽어버리기라도 하듯이" 헤이스팅스가 "지리적인 도덕성"을 갖고 있다고 비난했다. 그는 자연법이란 정의와 인간의 권리들이 보편적임을 의미한다고 말했다. "도덕 법칙들은 어디에서나 동일하며, 잉글랜드에서 갈취와 횡령, 뇌물 행위로 통하면서 유럽, 아시아, 아프리카, 그리고 전 세계에서 갈취, 횡령, 뇌물 수수 행위로 통하지 않을 행위는 없다"라고 단언했다.[7]

계속해서 그는 회사의 지배는 자산 수탈을 제외하면 인도에 아무런 이득이 되지 않았다고 주장했다. "영국인이 1루피의 이익을 거둘 때마다 인도는 그만큼 영영 손실을 본다. 다른 모든 정복자들은 (…) 어떤 기념비를 남겼다. 오늘 당장 인도에서 쫓겨난다면 우리가 지배한 그 수치스러운 기간에 오랑우탄이나 호랑이보다 더 나은 존재가 인도를 소유했었다는 사실을 말해줄 것은 아무것도 남아 있지 않을 것이다. (…) [회사는] 그 어떤 것보다도 통상이라는 미명하에 주민을 약탈하려는 군대에 더 가까워 [보인다] (…) [그들의 사업이란] 무역보다는 강도 짓에 가깝다."[8] 이제는 기업체도 개인처럼 의회에 해명 책임을 지게끔 만드는 것이 탄핵 심판을 위해 이 자리에 모인 사람들의 의무라고 그는 주장했다.

버크가 회사의 징세인들이 벵골 처녀들과 그 어머니들에게 저지른 성폭행을 묘사하기 시작하자 – "그들은 사람이 보는 데서 벌거벗긴 채로 끌려나와, 모든 사람들 앞에서 매질을 당했다. (…) 여자들의 젖꼭지를 뾰족하게 쪼개진 대나무 모서리로 찍어 잡아뜯었다" – 방청하던 여러 여성들이 실신했다. 매콜리에 따르면 "방청석에 있던 귀부인들은 그러한 웅변의 과시에 익숙지 않아 감정을 걷잡을 수 없는 상태였다. 손수건을 꺼내고, 냄새를 맡는 약병(후각을 자극해 정신을 차리게 하는 방향염이 들어 있다 – 옮긴이)을 건넸으며, 히스테리컬한 흐느낌과 비명이 들려왔다. 셰리든 부인은 발작을 일으켜 실려나갔다."[9]

그다음 셰리든이 연설을 이어받아 소추 내용을 더 자세히 설명하고 나흘간 더 열변을 토했다. 그도 헤이스팅스의 이른바 도덕적 사악함을 길게 공격하며, "몸을 비트는 뱀의 부정함 (…) 발뺌하고, 애매모호하고, 어둡고, 음흉한 것"에 비교했다. 헤이스팅스의 고용주들인 회사로 말하자면, 그들은 "한 손으로는 곤봉을 휘두르고 한 손으로는 주머니를 터는 (…) 행상인의 비열함과 해적의 방탕함"을 합쳐놓았다.[10]

그의 발언은 당대 가장 위대한 웅변적 위업으로 널리 여겨졌다. 심지어 의장도 할 말을 잃었다. 열정적인 연설 끄트머리에 셰리든은 "의원 여러분, 저는…"이라고 속삭이다가 졸도하여 버크의 품 안에 쓰러졌다. "회의장 전체 – 하원의원들, 귀족들, 방청객들 – 가 저도 모르게 다 같이 요란한 박수갈채를 쏟아냈다. (…) 좌중에 눈물을 흘리지 않는 이가 거의 없었다."[11] 친구의 상태가 걱정이 된 기번은 이튿날 셰리든이 괜찮은지 보려고 찾아간 뒤 "그는 아주 쌩쌩하다"고 일기에 적었다. "훌륭한 배우다."[12]

소추인단의 기소 내용과 통찰 가운데 일부 – 보편적인 인권들 혹은 '자연적' 권리들이라는 관념과 같은 – 는 중요하고, 심오하기까지

했다.[13] 나머지 대부분은 끝내주게 재미있고 추문을 불러일으키는 내용이었다. 유일한 문제는 변함없이 앙심을 품은 필립 프랜시스의 공작 탓에 의회가 엉뚱한 사람을 탄핵했다는 것이었다.

이전에 버크는 의회 조사에 맞서 로버트 클라이브를 변호했었고, 그리하여 진짜로 무자비하게 파렴치한 약탈꾼이었던 사람에게 면죄부를 주는 데 일조했다. 이제 그는 워런 헤이스팅스를 상대로, 다시 말해 그가 맡은 자리 때문에 확실히 인도에서의 상업적 압제라는 체제 전체의 상징이긴 하지만 회사를 규제하고 개혁하는 과정을 시작하는 데 크게 기여한 사람이자 회사의 활동 가운데 도를 넘은 최악의 관행들에 재갈을 물리는 데 다른 어느 회사 간부보다 더 많은 일을 한 사람을 상대로 웅변술을 발휘했다.

탄핵은 결투 때 그를 총으로 쐈고 그가 강박적으로 계속 미워해온 사람에 대한 필립 프랜시스의 마지막 복수였다. 1780년 10월에 결투에서 입은 부상에서 회복하자마자 프랜시스는 사임하고 런던행 배에 올랐다. 런던에서 그는 인도에서 쌓은 재산을 이용해 의석을 매수했고 헤이스팅스를 망가트리기 위해 로비를 시작했다.

1782년 2월에 그는 당시 휘그파의 떠오르는 별인 에드먼드 버크가 자신의 이야기에 공감하고 있음을 알게 되었다. 버크는 인도에 가본 적이 없었지만 그의 집안 중 일부는 동인도회사 주식에 현명치 못하게 투자했다가 파산했었다. 버크와 프랜시스는 인도에서 회사의 비행을 폭로하는 일련의 특별위원회 보고서를 함께 마련했다. 프랜시스를 만나기 전에 버크는 헤이스팅스의 재능에 대한 "엄청난 예찬자"를 자처했었다.[14] 프랜시스는 그런 생각을 바꾸기 위해 교묘히 그만의 사악한 마력을 발휘했다. 1782년 4월에 이르러 그는 헤이스팅스에 대한 22가지 기소 이유를 담은 흉흉한 목록을 작성했고 버크가 이를 의회로 가져갔다.¹⁵ 1787년 5월, 헤이스팅스의 이름과 평판을 더 럽히려는 강박적인 캠페인을 5년 동안 이어간 끝에 버크와 프랜시스는 그를 탄핵 소추할 증거가 충분하다고 의회를 설득해냈다. 21일, 최근 귀국한 헤이스팅스는 수위관Serjeant-at-Arms(하원의 질서 유지를 담당하는 관리—옮긴이)에 의해 구인되었고, 수위관은 헤이스팅스를 흑장관Black Rod(상원의 질서 유지를 담당하는 관리—옮긴이)에게 보냈다. 헤이스팅스는 상원 재판정에 무릎을 꿇고 고개를 숙인 다음, 자신에 대한 기소 내용을 들었다.

헤이스팅스는 물론 천사가 아니었고 그의 치하에서도 회사의 수탈은 여전했다. 프랜시스가 떠난 뒤 헤이스팅스는 총독의 권한에 대해 더 구태의연하고, 유사 군주정적이고, 심지어 전제적인 생각을 품기 시작했는데, 버크가 특히 질색하는 발상이었다.¹⁶ 더욱이 1780년대 초반의 군사적 위기 동안, 티푸와 마라타 군대의 승리의 여파로 회사가 인도에서 쉽게 밀려날 수도 있을 것처럼 보였을 때 헤이스팅스는 전쟁을 치르고 마드라스와 캘커타를 구하기 위해 신속히 자금을 마련해야 했다. 그는 회사의 동맹인 토후들에게 분담금을 내도록 압박함으로써 자금을 마련했고, 필요한 액수를 모으기 위해 극히 미심쩍은 수단들을 일부 이용했다. 여기에는 은거 생활을 하던 친척들인 아와드 베굼들의 재산을 박탈하도록, 러크나우의 나와브 아사프 우드다울라를 을러메는 일도 포함되었다. 그는 베나레스의 라자 차이트 싱Chait Singh에게도 강압적인 수법을 직접 구사했는데, 그로 인해 현지의 봉기를 야기하고 하마터면 헤이스팅스도 목숨을 잃을 뻔했다. 다른 미심쩍은 결정들도 있었다. 특히 헤이스팅스는 벵골 나와브의 전 재무 대신 난다쿠마르Nandakumar의 목숨을 구해줄 사면 조치를 취하지 않았는데, 난다쿠마르는 헤이스팅스의 부패에 대한 증거를 조작해 필립 프랜시스에게 넘긴 사람이었다. 난다쿠마르는 헤이스팅스의 웨스트민스터 학창 시절 친구인 당시 캘커타 대법관 일라이자 임피 경에게 위조죄로 사형선고를 받았었다. 버크와 프랜시스는 이 사건을 공익 제보자에 대한 편리한 '사법 살인'으로 여겼고, 헤이스팅스는 이를 막지 않았다는 혐의를 사게 됐다.

이 모두가 중대한 혐의였다. 하지만 헤이스팅스는 그럼에도 회사가 그때까지 인도에 파견한 모든 간부 가운데 가장 책임감 있고 인도에 동정적인 사람이었다. 20대 초반일 때부터 그의 편지들은 회사 직원들이 인도를 착취하고 인도 사람들을 함부로 대하는 파렴치한 행태에 느끼는 공분으로 넘쳐났다. 그는 절친한 인도인 친구가 많았고, 자신을 벵골 주민을 위한 정의의 영예로운 옹호자라고 여겼다. 벵골 지방을 약탈하고 벵골 경제를 망가트리는 사람들을 맹비난하고 그들에 맞선 조직적인 움직임을 주도했으며, 벵골 경제를 더 번영하고 지속 가능한 경로에 올려놓기 위해 최선을 다했다. 파트나에 오늘날까지 남아 있는 대골라를 건설한 것을 비롯해 1770년의 끔찍한 기근이 반복되지 않도록 구체적인 조치를 취했다. 헤이스팅스의 후임자는 벵골에서 그가 인도의 모든 영국 관리 가운데 가장 인기 있다고, "분명히 주민들에게 사랑받는" 사람이었다고 말했다.[17]

그는 기소 내용이 묘사하는 악당처럼 보이지도 않았다. 과시적이고 큰소리를 쳐대는 신흥 갑부 '네이봅'이기는커녕 헤이스팅스는 위엄 있고 이지적이며 다소간 금욕적인 인물이었다. 수수한 검은 프록코트와 흰 스타킹 차림으로 법정에 선, 비쩍 마르고 머리가 희끗한 그는 배불뚝이 약탈꾼이라기보다는 설교를 늘어놓을 참인 청교도 목사처럼 보였다. 대략 180센티미터인 그는 50킬로그램도 나가지 않았다. "마른 체격에, 심한 대머리이고, 차분하고 생각에 잠긴 표정이지만, 활기를 띨 때면 지성으로 가득한" 외모였다.

프랜시스의 영향을 받은 결과, 탄핵 소추안은 관련 쟁점과 관련자들에 대한 청중의 무지에 기댄 명백한 망상과 왜곡으로 가득했다. 탄핵안 내용은 형편없었고 필수적인 법적 세부 사항도 결여했다. 더 재미있는 발언들 다수는 거짓 이력과 근거 없는 중상을 뒤섞은 인신공격성 장광설에 불과했다. 헤이스팅스는 "사기를 일삼는 수송아지 계약업자"로 경력을 시작하지 않았다. 베나레스의 차이트 싱은 "군주"가 아니었다. 헤이스팅스는 마라타연맹에 전쟁을 선포한 사람이 아니었고, "로힐라인을 절멸"하라는 명령을 내린 적도 없었다. 아와드 베굼의 내시들은 매질을 당하지 않았다.¹⁸ 소추인단이 내놓은 무수한 기초적 사실관계 오류를 헤이스팅스의 변호인단이 정정하는 데만도 여러 주가 걸렸다.

외려 탄핵안은 무엇보다도 영국 국민이 30년 동안 그토록 수익성 있게, 그토록 철저하게 약탈해온 아대륙에 관한 철저한 무지를 드러냈다. 정말이지 일부 기소 이유는 우스울 만큼 엉망진창이었다. 이를테면 일자무식에 해적 같은 로힐라 아프간 군벌 하피즈 레흐마트 칸Hafiz Rehmat Khan은 버크에 의해 신비로운 14세기 페르시아 연가 시인 하피즈와 합체되었는데, 하피즈는 헤이스팅스 탄핵 당시 이미 무덤에 묻힌 지가 400년이었다.¹⁹

7년 뒤 1795년 4월 23일에 헤이스팅스가 결국 모든 혐의를 벗었을 때 놀란 사람은 거의 없었다. 하지만 탄핵 재판은 그가 "암울한 핍박의 세월"이라고 묘사할 정도로 그의 인생 만년에 지울 수 없는 상처를 남겼다. "나에게 제기된 터무니없는 범죄 혐의 말고도, 나는 소추인들에 의해 재판 당시 논고와 변론 과정 내내 이 나라나 다른 어느 나라의 사법 기관에도 유례없는 저속하고 상스럽고 모멸적인 표현으로 악화된, 가장 추잡한 모욕의 언어에 시달렸다."[20]

엉뚱한 방향을 향하고 헛다리를 짚긴 했지만, 이 탄핵 재판은 한 가지 유용한 성과를 낳았다. 회사의 많은 비행들을 의회에 해명해야 할 책임이 있음을 입증하고, 회사의 부패와 폭력, 매수를 만천하에 알리는 데 일조함으로써 정부 감독과 규제, 통제 강화를 위한 토대를 마련한 것이다. 이는 1773년 규제법the Regulating Act으로 이미 시작되었고, 회사의 정치, 군사 업무를 정부 감독하에 둔 1784년 피트의 인도법the India Act이 한결 강화되는 계기가 되었다. 70년 뒤인 1858년에 회사의 전면적 국유화로 절정에 달하게 되는 그 과정의 조짐이 1784년에 이미 보이고 있었다. 그 해에 회사에서 은퇴한 수로학자 알렉산더 달림플Alexander Dalrymple은 극히 명료하고 자신 있게 그 점을 지적했다. "동인도회사는 상업적인 것과 정치적인 것 두 가지 측면에서 고려되어야 한다. 하지만 두 측면은 불가분이며, 정치가 상업에 부차적이 되지 않는다면, 회사의 파괴가 틀림없이 뒤따를 것이다."[21]

헤이스팅스 탄핵 재판의 요란한 스펙터클 와중에, 그를 대체하기 위해 파견된 사람이 특별히 그 청렴결백함 때문에 의회에 의해 선택된 것은 일리가 있었다. 장군 찰스 콘월리스 경은 영제국의 아메리카 13개 식민지를 조지 워싱턴에게 내주었고, 그 뒤 워싱턴은 13개 식민지를 자유로운 독립 국가로 선언했다.

콘월리스의 임무는 이제 똑같은 일이 인도에서 절대 일어나지 않게 하는 것이었다.

1786년 8월에 캘커타에 도착하자마자 콘월리스는 14년 전 헤이스

팅스를 맞았던 기근으로 황량해진 흙먼지 지대보다 훨씬 더 번창한 벵골을 물려받았다.

적어도 부분적으로는 헤이스팅스가 도입한 개혁 조치들의 결과였다. 캘커타 자체는 플라시 전투 때보다 두 배 이상인 인구 약 40만의 붐타운으로 탈바꿈했다. 이제 그곳 영국인 주민들에게는 궁전들의 도시City of Palaces 나 동방의 상트페테르부르크로, 옛 무굴 귀족층에게는 잔나트알빌라드Zannat-al-Bilad, 즉 민족들의 낙원으로 알려진 회사의 벵골 교두보는 분명 동방에서 가장 부유하고 가장 크고 가장 우아한 식민 도시였다. 갓 도착한 윌리엄 헌터William Hunter는 "자연에서 찬란한 모든 것이 건축에서 아름다운 모든 것과 결합된 것을 상상하면 캘커타가 어떤 곳인지 희미하게나마 그려볼 수 있을 것"이라 썼다.[22]

도시는 번창했고 급속히 성장하고 있었다. 빠진 것은 제대로 된 도시계획 규제뿐이었다. 모다브 백작은 이렇게 썼다. "이방인이 캘커타 시를 바라보면 놀라움과 함께 얼마간 짜증도 느껴진다. 균형 잡히게 계획된 배치를 따르기만 했어도 그곳을 세계에서 가장 아름다운 도시 가운데 하나로 쉽게 탈바꿈시켰을 텐데, 가장 기괴한 취향과 가장 괴상한 설계대로 지을 자유를 허용함으로써 영국인들이 그토록 아름다운 장소를 십분 활용하지 않은 이유는 도저히 이해할 수 없다. 가지런히 배치된 두세 군데 거리를 제외하면 나머지는 구불구불한 좁은 골목길로 가득한 미로다. 영국식 자유의 영향이라고들 하는데, 그런 자유가 질서정연함 및 균형과 양립 불가능하기라도 하는가?"[23]

이 새로운 호황에서 승승장구하거나 호화롭게 살아가는 사람이 영국인만도 아니었다. 벵골 상인과 대부업자 대가문들도 번영을 구가했다. 일례로 물리크 가문은 방만하게 뻗은 바로크풍 대저택을 도시 여기저기에 지었고, 얼룩말 두 마리가 끄는 화려한 마차를 타고 캘커타를 돌아다녔다. 나아가 호황의 혜택은 더 비천한 벵골 노동자들에게까지 미쳤다. 1780년대 말에 이르면 노동자의 임금이 10년 사이에 대략 50퍼센트 상승했던 것이다.[24]

벵골의 재정은 사실 1740년대와 1750년대 알리베르디 칸 시대 이래 어느 때보다 더 건전한 상태였다. 1780년대 말에 이르면 콘월리스는 세입이 지출을 200만 파운드 능가한다고 런던에 보고할 수 있었다. 이 돈으로 다른 곳의 적자를 메운 뒤에도 수출 상품을 구매할 '투자'금이 130만 파운드나 남았고, 콘월리스는 이 수출 물량이 런던에서 240만 파운드에 팔릴 것이라고 추산했다.*[25] 조마조마한 시기를 보낸 뒤 회사는 다시금 본궤도에 올라 이제 많은 이익을 내고 있었다. 이익 가운데 일부는 설탕, 아편, 인디고와 같은 새로운 환금작물의 성공적인 도입에서 나왔지만 상당 부분은 순전히 이 지방 천혜의 다산성 덕분으로, 벵골은 매년 대량의 잉여 쌀을 생산했다. 무굴 제국을 지탱해왔던 벵골의 농경 수입이 이제는 회사 지배를 지탱했다.[26]

경제를 호전시킨 것은 농업과 토지 수익만이 아니었다. 무역도 번창했다. 회사가 거의 파산할 뻔하며 바닥을 쳤던 1772년 이후로 벵골의 수출은 다섯 배 증가하여 수출액이 이제 1,500만 루피, 다시 말해 대략 500만 파운드를 넘었다. 이런 상승세가 지속될 것이라는 신호는 충분했다.[27] 벵골산 고급 직물 — 특히 면직물, 모슬린과 고급 비단 — 은 연간 무려 2,800만 루피**에 달할 만큼 잘 팔렸고 말와산 아편과 구자라트산 면도 마찬가지였다. 하지만 최대의 성공 스토리는 중

---

* 이 액수들을 현재 가치로 환산하면, 200만 파운드는 2억 1,000만 파운드, 130만 파운드는 1억 3,600만 파운드, 240만 파운드는 2억 5,200만 파운드다.
** 이 액수들은 현재 가치로 환산하면 500만 파운드는 5억 2,500만 파운드, 2,800만 루피는 3억 6,400만 파운드다.

국산 차였다.²⁸ 1795년에 이르자 차 판매량은 10년도 채 지나지 않아 두 배로 증가하여 무려 2,000만 파운드(9,000톤)에 달했고, 회사의 한 전직 이사는 차가 "영국의 국민 식품"이 된 것 같다고 썼다.²⁹ 유일한 장애는 공급 문제였다. "벵골산 상품 수요가 조달할 수 있는 물량을 두 배 초과한다"고 콘윌리스는 런던에 보고했다.

그 결과 1770년대 벵골 경제를 마비시켰던 지금의 부족은 까마득한 옛일이 되었고, 캘커타 조폐국은 매년 250만 루피*의 주화를 찍어 냈다.³⁰ 어느 모로 보나 인도 동부에 보유한 회사의 영토—벵골, 비하르, 오리사 3개 주—는 다른 어느 경쟁 세력보다 몇 배나 많은 자원을 보유하여, 남아시아 곳곳에 산재한 포스트무굴post-Mughal 역내 후계 국가들 가운데 이제 사실상 가장 부유했다.

이 모든 것은 회사 국가가 계속해서 군대를 증강하고 연간 300만 파운드가 넘는 돈을 군비 지출에 배정할 수 있었다는 뜻인데, 다른 어느 남아시아 세력도 도저히 따라갈 수 없는 액수였다.³¹ 벵골 군대의 병력은 플라시 전투가 끝난 뒤 1757년에 세포이 2,900명에서 콘윌리스가 부임할 때면 대략 5만으로 불어났다.³² 게다가 회사는 세포이들에게 정기적으로, 그리고 어느 누구보다 많은 봉급을 줬기 때문에 군 노동력 시장에서 최상의 후보자를 고를 수 있었다. 벵골 군대에서 '젠틀맨 기병gentleman trooper'으로 분류된 세포이는 연봉이 대략 300루피에 달한 반면, 같은 수준의 마이소르 기병들은 연봉이 192루피밖에 되지 않았고(티푸가 일반 사병에게 지급한 48루피보다 네 배 많은 액수), 아와드의 기병들은 연간 80루피밖에 받지 못했다.**³³ 버튼 스타인Burton

---

*   250만 루피는 현재 3,250만 파운드다.
** 300만 파운드=3억 1,500만 파운드, 300루피=3,900파운드, 192루피=2,496파운드, 48루피=624파운드, 80루피=1,040파운드.

Stein이 멋지게 표현한 대로 "인도 식민 정복은 싸워서 이룬 것인 만큼 돈으로 사들인 것이기도 했다".³⁴

한편으로 윌리엄 요새의 무기고와 둠둠의 병기 제조소에서 운영되는 정교한 전쟁 기구도 이들 세포이를 뒷받침했다. 1787년 캘커타에서 여러 달을 지냈을 때 하이데라바드의 재상 미르 알람Mir Alam은 회사 군사 기구의 규모에 감탄을 금치 못했다. 그는 윌리엄 요새에서 구경한 무기고에 특히 깊은 감명을 받았다. "언제든 집어 갈 수 있게 30만 정의 머스킷총이 가지런히 걸려 있고, 탄약 제조소는 바쁘게 돌아가고 있으며, 2,000에서 3,000문의 대포가 배치되어 있고, 5,000에서 6,000문의 대포가 언제든 쓸 수 있게 예비용으로 더 있다."³⁵ 40년 전 1750년에 회사는 소규모 치안 유지 병력과 허물어져가는 요새 몇 군데를 보유한 무역 기업이었다. 1790년에 이르러 회사는 인도 영토를 사실상 아시아에서 가장 막강한 군대가 지키며 단단하게 운영되는 재정-군사 국가로 탈바꿈시켰다.

그러므로 1791년에 마이소르 티푸 술탄과의 전쟁 전망이 다시금 고개를 쳐들었을 때 콘월리스의 군대는 이제 전례 없는 병력, 무기류, 군수물자에 의존할 수 있었다. 회사 장성들이 자신만만한 데는 다 이유가 있었다. 티푸와의 전쟁은 불가피했고, 그들은 이제 12년 전 폴릴루르에서의 참패에 복수할 좋은 기회를 얻었다.

1783년, 마이소르의 하이다르 알리는 등에 생긴 '커다란 접시만한' 화농성 종양으로 숨졌다. 아들인 티푸는 발 빠르게 움직여 아버지의 왕위를 승계했다.

마드라스 총독은 티푸를 "아버지의 악덕이나 폭정의 오명이 없는, 젊고 혈기 방장한 하이다르의 상속자"라고 불렀다.[36] 한 영국인 관측통에 따르면 이제 서른셋인 티푸는 "대략 5피트 7인치(170센티미터)에, 짧은 목을 제외하면 굉장히 균형 잡힌 체격에 다리와 발목, 발의 비율이 보기 좋고, 크고 근육질인 팔은 대단히 힘이 세 보이지만 손은 군인치고는 다소 곱고 섬세하다. (…) 그는 인도의 무술만치고는 피부색이 대단히 희고, 마르고 오밀조밀하게 생겼으며, 흥미롭고 온화한 생김새 가운데 크고 생기 넘치는 검은 두 눈이 가장 두드러진 특징이었다".[37]

임종 시 하이다르는 티푸에게 훌륭한 통치술에 관한 유지를 남겼다. 그는 아들에게 회사가 승계 과정에서의 약점을 이용하려들 것이라고 경고했다. 그는 "네가 극복해야 할 최대의 장애물은 유럽인들의 시기심이다. 영국인들은 현재 인도에서 매우 막강하다. 전쟁으로 그들을 반드시 약화시켜야 한다"라고 말했다.

그는 티푸가 그렇게 할 수 있는 절호의 기회는 분할 지배에 있다고 봤다. "힌두스탄의 자원은 침략당한 땅에서 영국인들을 몰아내기에 역부족이다. 유럽 민족들이 서로 대적하게 만들어라. 프랑스인의 도움을 받아 인도의 군대들보다 더 잘 훈련된 영국 군대를 정복할 수 있을 것이다. 유럽인들은 더 믿음직한 전술을 보유하고 있으니, 그들을 상대로는 언제나 그들의 무기를 역이용하라."

그다음 그는 아들에게 작별 인사를 하고 행운을 빌었다. "신께서 내게 더 긴 인생을 허락하셨다면 너는 내 과업의 성공을 누리기만 해도 됐을 텐데…."

하지만 그 과업을 달성하기 위해 풍요로운 고장과 1,200만 인구, 병사, 금은보화와 막대한 자원을 남긴다. 너의 용기를 일깨울 필요는 없겠지. 네가 곁에서 싸우는 모습을 종종 지켜봤으니 너는 내 영광의 상속자가 될 것이다. 용맹이 우리를 왕좌에 올려줄 수 있지만 왕좌를 유지하는 데는 용맹만으로는 충분치 않다는 것을 어디까지나 기억해라. 백성의 소심함 때문에 왕관을 장악할 수 있다 해도 서둘러 백성의 사랑에 맡기지 않는다면 왕관은 우리의 손을 빠져나갈 수도 있다.[38]

티푸는 이미 인도에서 가장 두려움을 사고 칭송받는 군 지휘관 중 한 명이었다. 유능하고 용감하고 꼼꼼하고 근면한 그는 무엇보다도 혁신적이었고, 유럽식 기술과 지식을 얻고 적을 상대로 그 기술과 지식을 활용할 방도를 찾으려는 의지가 확고했다. 티푸는 폴릴루르에서만이 아니라 그 뒤로도 두 차례 더 회사에 패배를 안기며 전장에서 이를 이미 입증했다. 1782년에는 탄조르 바로 바깥에서 존 브레이스웨이트John Braithwaite 대령 휘하의 또 다른 영국군을 전멸시켰고, 그로부터 1년 뒤 즉위 직전에는 콜러룬 강둑에 매복해 있다가 회사 병력의 3분의 1을 몰살했다. 놀라운 사실은 몇 년 안으로 티푸가 전시만큼 평시에도 창의성을 보여주었다는 것이다.

티푸는 프랑스 기술자들을 통해 산업 기술을 수입하기 시작했고 기계 장치를 끌기 위해 수력을 이용하는 방법을 실험했다. 중국 남부에 사절을 파견해 누에씨를 가져오게 해서 마이소르에 양잠업을 일구었는데, 양잠업은 오늘날까지도 그 지역을 살찌우고 있다. 그는 관개를 도입하고 댐을 축조했으며, 심지어 그의 영국인 적들마저도 그의 왕국이 "잘 경작되고, 근면한 주민들로 인구가 많으며, [방갈로르를 비롯한] 신도시들이 건립되고, 상업이 확대되었다"고 인정해야 했다.

더욱 놀라운 것은, 티푸가 자체 선박과 상관을 보유한 사실상의 국유 무역회사를 창설했다는 점이다. 티푸가 '통상 부문'에 발행한 무역 규제 문서들이 지금까지 전해지며, 그 안에는 스리랑가파트남을 통해 수입되거나 수출된 귀중한 품목들—예컨대 백단향, 비단, 향신료, 코코넛, 쌀, 유황, 코끼리 등—에 대한 국가 주도 무역의 구체적인 내용이 담겨 있다. 마이소르 지역 내 서부 해안의 쿠치까지 북쪽으로 이어지는 여러 지점들과 퐁디셰리와 하이데라바드 등에 서른 개의 무역 거점이 세워졌다. 관료들에게는 이러한 시장을 운영할 적절한 훈련을 받은 조수들을 채용하도록 장려되었고, 이들 모두는 자신의 종교에 따라 선서를 하고 업무에 임해야 했다. 무역을 위한 자본은 관리들이 징수한 세입으로 조달되었고, 민간 자금도 정해진 수익률로 국가 무역에 투자할 수 있었다. 그 외에도 무스카트와 페르시아만 여기저기에 상관이 들어섰다. 티푸는 심지어 오스만 제국의 이스탄불에 파견한 외교 사절들에게 바스라 항에 이자라$_{ijara}$(농장)를 확보하라고 지시하기까지 했다. 유럽인들처럼 해외 정착지를 확보하여 자국 선박의 거점으로 삼으려는 목적이었다.[39]

백성의 사랑을 얻으라는 아버지의 충고를 유념하면서, 티푸는 자국 영토 내 힌두교도들을 보호하고 그들의 지지를 얻으려고 각별히 노력했다. 치세 초기부터 그는 왕국 내 사원들에 선물과 토지, 각종 영예를 하사했다. 그의 공문서 보관소 기록 가운데 남아 있는 것은 거의 없지만, 일례로 1784년에 그가 "자신의 장수와 번영을 빌어주길" 간청하면서 벤카타찰라 사스트리라는 사람과 일단의 브라만들에게 토지를 수여했음을 그 지역 사원 문서고로부터 알 수 있다. 1년 뒤에 그는 멜코트 사원에 코끼리 열두 마리와 케틀드럼 한 개를 보낸 한편, "퉁갑하드라 강둑의 사원과 브라만 들에게" 토지를 하사했음을 기록한 산스크리트어 운문 한 편도 보냈다. 그리하여 티푸의 치세 내내 연간 최소 서너 차례꼴로, 대체로 "국왕의 군대의 승리"를 위한 푸자_puja_, 즉 기도나 사원 행렬을 요청하고 그 대가로 돈이나 종, 연금, 촌락, 보석 또는 '파드샤 링감_padshah lingams_'(시바신에게 봉헌된 상징물—옮긴이) 등으로 이루어진 대형 기부나 하사가 이어졌다.⁴⁰

하지만 1950년대에 사원에서 발견된 서신 뭉치가 보여주듯이 언제나 가장 넉넉한 후원을 받은 곳은 스링게리 대사원이었다. 티푸는 마이소르 침공 당시 마라타의 핀다리 습격대가 사원에 야기한 피해에 경악했고 이를 기록으로 남겼다. "그런 신성한 장소에 죄를 범한 자들은 분명히 악행의 대가를 치를 것이다. 웃으면서 악행을 저지르는 자들은 울면서 대가를 치르리라. 구루들에 대한 배반은 틀림없이 혈통과 대가 끊기는 결과를 초래할 것이다."⁴¹

"사라다 여신께 봉헌"하고 "1,000명의 브라만을 먹이도록" 거액의 현금과 곡식을 보내면서 티푸는 스와미(힌두교 종교 지도자—옮긴이)에게 "우리의 번영의 증대와 적의 파멸을 위해 부디 기도해주길" 부탁했다. 그 직후에 그는 코끼리 한 마리를 선물로 보내면서 "구루들과 우리 나라에 나쁜 짓을 저지른 자들은 곧 신의 은총으로 멸망하리라! 사원에서 코끼리와 말, 가마, 여타 물건을 가져간 자들은 반드시 신에게 처벌받을 것입니다. 여신께 바칠 옷감을 보냅니다. 부디 여신께 봉헌하고, 우리의 잘됨과 적의 파멸을 빌어주십시오"라고 쓴 또 다른 쪽지들 보냈다.⁴²

이것은 비단 국정 운영의 문제가 아니었다. 티푸는 독실한 무슬림이었고 자신을 이슬람의 수호자로 여겼지만 당대의 혼교적 문화를 철저하게 수용했고, 힌두 신들의 힘을 강하게 믿었다. 아침마다 해몽서에 간밤에 꾼 꿈을 부지런히 기록했던 티푸는 꿈에서 오래전에 죽은 수피 성인들만이 아니라 힌두교의 남녀 신들도 만났다. 한번은 어느 긴 꿈에서 우연히 발견한 무너진 사원에서 눈동자를 움직이는 우상들을 봤다고 언급했다. 그중 한 우상이 그에게 말을 걸었고 그에 따라 티푸는 그 사원의 재건을 명령했다.[43] 티푸가 "[브라만] 복점관들의 조언에 따라" 무슬림과 힌두교도를 가릴 것 없이 모든 병사들이 비겁을 씻어내고 전투에서 마라타인들을 능가하도록 신성한 강에서 제의적인 목욕을 하게 했다는 기록도 있다. 티푸는 또한 힌두교와 이슬람 성인들의 초자연적인 힘을 강하게 믿었다. 1793년에 그는 스링게리의 스와미에게 이렇게 썼다. "당신은 자가트구루*Jagatguru*, 세계의 스승입니다. (…) 당신 같은 성스러운 분들이 살고 있는 나라는 어디든 좋은 비와 풍작으로 번창할 것입니다."[44]

영국인들은 티푸를 일관되게 미개인이자 광신적인 야만인으로 묘사했지만 사실 그는 주로 법학, 신학, 세속 학문에 관해 여러 언어로 쓰인 2,000권가량의 장서를 보유하고, 온도계와 기압계를 비롯해 근대 과학 기기를 다량 수집한 지성인이자 심미안을 가진 자였다.[45] 마드라스 외곽을 습격하는 와중에 티푸의 병사들이 인도 식물학에 관한 학술서를 노획했을 때 티푸는 그 책들을 재장정해 자신의 도서관에 추가했다. 티푸가 마이소르에서 육성한 혁신의 문화는 그가 캘커타에서 상상했던 것과는 매우 다른 인물임을 보여준다. 크리스토퍼 베일리가 멋지게 표현한 대로 "유럽 중상주의 세력의 무기, 즉 국가 독점과 공격적인 팽창 이데올로기로 바로 그 유럽 세력"과 맞서 싸우려고 했던, 근대화를 지향하는 기술관료 말이다. 그가 도입한 프랑스 군사 기술은 회사의 군사 기술보다 외려 더 선진적이었다. 그가 결국 실패한 이유는 오로지 회사의 자원이 마이소르의 자원보다 이제는 더 많았고, 그 격차가 훨씬 빠르게 확대되고 있었기 때문이었다.

하지만 티푸는 그를 적들에게 취약하게 노출시킨 심각한 결점들이 좀 있었다. 티푸는 적과 그에게 패배한 사람들에게 당대의 기준으로 봐도 불필요한 폭력을 사용하는 경향이 있어서 화해가 가능하고 또 훨씬 현명한 선택이었을 상황에서 철천지 원수들을 양산했다. 반란자들은 교수형을 당하기 전에 팔, 다리, 귀, 코가 잘렸다. 그는 힌두교와 기독교도, 인도인과 영국인을 가리지 않고, 붙잡힌 적과 내부 반란자들을 툭하면 할례를 받게 하고 이슬람으로 개종시켰다. 또 그가 정복한 자들의 사원과 교회를 자주 파괴했다. 그는 말라바르, 망갈로르, 쿠르그에서 여러 전역을 수행할 때 특히 대대적으로 이를 자행했다. 엄청난 수의 사람들이 터전에서 쫓겨나 강제로 이주해야 했다. 단 1년 사이에 기독교도 6만 명이 남부 카르나티크에서 마이소르로 이주했다.[46] 포르투갈 기독교 선교사들은 "그가 벌거벗은 기독교도와 힌두교도 들을 코끼리 다리에 묶은 다음, 무력한 희생자들의 몸뚱이가 갈가리 찢길 때까지 코끼리들을 이리저리 몰았다"라고 썼다.

종종 비생산적인 이러한 공격성과 과대망상증에 맞물려 외교적 수완이 치명적으로 부족했다. 1786년 9월, 콘월리스가 캘커타에 도착했을 때 티푸는 이미 마라타 페슈와와 하이데라바드의 니잠과 전쟁 중이었는데 원래는 둘 다 그의 아버지의 동맹이었다. 영국에 맞서 삼자동맹 연합에 가담했던 하이다르와 달리 이웃 국가들에 대한 티푸의 침략적인 공세는 마라타와 하이데라바드의 경각심을 자아냈고 콘월리스가 구애하려고 접근해오자 그들은 새로운 삼자동맹을 결성하는 데 합의했다. 이번 동맹은 회사와 손을 잡는 것이었고, 티푸의 마이소르를 겨냥했다.

이걸로도 적이 충분치 않다는 듯이 티푸는 그 뒤 샤 알람과 관계를 단절하기로 결심하여 무굴 황제의 명목상의 주권도 공식적으로 부인한 최초의 인도 군주가 되었다. 그는 금요 설교인 쿠트바가 황제의 이름이 아닌 자신의 이름으로 이루어져야 한다고 명령하면서 "쿠트바에 샤 알람의 이름을 도입한 그 멍청이들로 말하자면 그들은 무지해서 그렇게 하는데, 이른바 황제의 실상이란 다음과 같기 때문이다. 그는 1만 5,000루피*의 월급을 받는 신디아의 하인이기에 사실 예속되어 있고, 하찮은 존재일 뿐이다. 사정이 그러하므로 성스러운 쿠트바를 낭독하면서도 불신자들에 의존하는 사람의 이름을 말하는 것은 명백한 죄악이다"라고 했다.⁴⁷

그 뒤 1789년 12월에 티푸는 새로운 전선을 열었다. 그는 이미 코친까지 북부 말라바르를 정복했고 이제는 그 남쪽의 트라반코르 라자를 복속시키기로 결심했다. 라자는 트라반코르선Travancore Lines으로 알려진 대단한 방어시설로 스스로를 지켰는데, 폭 5미터 도랑으로 에워싸고 뚫기 힘든 대나무 울타리를 얹은 67킬로미터 길이 흙벽이었다. 게다가 그는 회사와 상호 방위 조약도 체결했다.

그러므로 1789년 12월 29일 동틀 녘에 티푸가 중포대를 이끌고 와 트라반코르 방어선에 커다란 구멍을 내고, 정예 호랑이 세포이 부대를 보내 방심하고 있던 라자의 병사들을 학살하게 했을 때, 그는 갑자기 마라타와 하이데라바드, 트라반코르의 주민들만 아니라, 이번에도 다시금 철천지원수이자 숙적인 동인도회사와도 전쟁 상태에 들어갔다.

---

*   현재 가치로 19만 5,500파운드.

제3차 영국-마이소르 전쟁은 이전 두 차례 전쟁과 마찬가지로 티푸가 전례 없이 신속하고 난폭하게 카르나티크로 진군하면서 시작되었다. 그는 1790년 12월 초에 트리치노폴리에 도달했고 아무렇지도 않게 굼뜬 회사 군대의 허를 찔렀다. 그다음 마드라스와 퐁디셰리 사이 해안에 들이닥쳐서, 기병을 이용해 무방비 상태의 소읍과 촌락들을 불태우고 휩쓸었다. 1월 중순에는 대ㅅ사원도시 티루반나말라이가 피비린내 나는 약탈을 당했다.

회사는 티푸의 행군 속도를 따라갈 능력이 없었다. 회사 장교인 제임스 레널 소령은 마이소르 병사들이 "우리가 한 번 행군할 때 세 번 행군"하곤 했으며, "티푸의 행군 속도는 너무도 빨라서 우리처럼 물자와 장비를 갖춘 군대는 결코 평지에서 그를 따라잡아 싸움을 벌일 수 없었다"라고 기록했다.[48] 이러한 차이는 부분적으로 회사 장교들이 하나같이 최소 여섯 명의 하인을 대동하고, 숙영 장비, "갈아입을 리넨(흰 셔츠나 속옷의 통칭 —옮긴이)(최소 24벌), 포도주와 브랜디, 진 수십 병, 차, 설탕, 비스킷, 살아 있는 가금을 넣은 바구니, 젖을 짜는 염소"까지 빠짐없이 챙겨서 이동했기 때문이었다.[49] 티푸의 병사들은 그런 거추장스러운 짐이 거의 없었다.

하지만 콘월리스는 티푸가 그를 압도하게 놔둘 생각이 없었다. 또한 10년 전 요크타운에서 조지 워싱턴에게 항복함으로써 얻은 오명을 만회하려고 굳게 마음먹었다. 그래서 직접 반격을 이끌기로 했다. "우리는 시간을 잃었고 적은 명성을 얻었는데, 그 둘은 전쟁에서 가장 귀중한 것이다"라고 콘월리스는 썼다. "내가 직접 가서 (…) 더 잘

할 수 있는지 두고 보는 수밖에 없다."⁵⁰

1791년 2월 초에 사람들은 다소 통통한 몸집의 콘월리스 후작이 군마에 올라타 1만 9,000명 병력의 세포이 군대 선두에 서서 마드라스에서 출정하는 광경을 볼 수 있었다. 3월 21일에 이르자 그는 동가트 산맥을 올라 아무런 저항도 받지 않고 너머의 고원에 도달했다. 그 뒤 습격으로 티푸 제2의 도시인 방갈로르를 함락했다. 여기서 회사의 동맹인 하이데라바드의 미르 알람이 무굴 기병 1만 8,000명을 이끌고 콘월리스에게 합류했다.

5월에 이르자 연합군은 티푸의 영토 깊숙이 진격하기 시작했는데, 여기서 그들의 문제점이 드러나기 시작했다. 티푸가 콘월리스의 진군 경로상의 들판과 촌락을 초토화하여 식량 보급이 어려웠고, 티푸의 수도인 스리랑가파트남 섬에 접근할 때까지 회사 군대의 수송을 담당한 수소가 1만 마리나 죽었다. 남아 있는 소들도 아사 직전이라 도저히 짐을 끌 수 없을 정도였다. 수송대의 수소가 부족해지자 유럽인 사병과 세포이, 군속들이 포병대의 무거운 군수품을 직접 끌고 져 날라야 했다. 설상가상으로 군대 내에서 병이 창궐했고, 우기가 생각보다 일찍 들이닥쳐 보급 식량인 쌀 상당량이 상했으며 병을 앓는 병사들이 비를 흠뻑 뒤집어썼다. 하층 카스트 출신 군속들은 죽은 수소의 썩어가는 살로 연명해야 했다. 얼마 지나지 않아 천연두가 회사 병사들 사이에 극성을 부렸다.⁵¹ 5월 24일, 티푸와 짤막하게 소규모 교전을 벌인 뒤 콘월리스는 공성 포대와 중포를 파괴하라고 지시했고 이내 진흙탕 길을 따라 방갈로르로 퇴각하기 시작했다.

퇴각하는 군대가 한나절만 행군했을 뿐인데 사원 도시인 멜코트 근처에서 기병 2,000명이 눈앞에 나타났다. 콘월리스의 군대는 경보를 울리고 총알을 몇 발 주고받은 후 눈앞의 병사들이 티푸의 기병대가 아니라 회사의 새로운 동맹인 마라타연맹 소속이라는 것을 알아 차렸다. 곧 더 대규모 본진이 뒤따라왔고, 이들은 콘월리스의 수소와 병사 들을 위한 보급품을 잔뜩 싣고 왔다.

몇 주 동안 보급 부족에 시달렸던 회사 병사들은 마라타 바자에서 차고 넘치는 물건들을 보며 두 눈을 의심했다. "잉글랜드산 광목, 버밍엄산 펜나이프, 카슈미르산 풍성한 숄, 희귀하고 값비싼 보석류 말고도 황소, 양, 가금 및 번창하는 읍락이 제공할 수 있는 것이 모두" 있었다.[52] 쫄쫄 굶은 세포이와 군속들은 부풀린 가격의 식량을 사기 위해 서둘러 마라타 진영으로 달려갔다. 영국인 장교들은 짐마차를 끄는 수소를 최대한 사들이고 징발했다.[53] 세 동맹군은 다 함께 방갈로르로 퇴각하여 폭우를 버티고, 우기가 잦아들어 홍수가 물러갈 때 새롭게 공격에 나설 수 있도록 준비했다.

휴식을 취하고 실컷 먹고, 마라타와 하이데라바드 동맹군과 함께 사열하며 두 달을 보낸 뒤 콘월리스는 부하들을 보내 가트 산맥을 관통하는 남은 고갯길들을 지키는 티푸의 산악지대 요새들에 포위전을 개시했다. 그들은 방갈로르를 내려다보며 난디힐스가 한눈에 들어오는 요새들과 거의 수직으로 깎아지른 정상에 자리 잡고 있어 데칸고원에서 가장 난공불락으로 여겨진 위압적인 사반두르가 요새부터 시작했다. 새해까지 콘월리스는 보급로의 안전을 확보해, 지난 5월의 병참 실패가 재연되지 않도록 했다.

마침내 1792년 1월 26일에 세 군대는 마이소르의 호랑이를 그의 소굴에서 구석으로 몰아넣으려는 작전을 재차 시도하기 위해 방갈로르에서 나왔다. 콘월리스는 이제 휘하에 2만 2,000명의 세포이와 1만 2,000명의 마라타 병사, 그리고 그보다 살짝 많은 하이데라바드 동맹군을 거느렸다.[54]

티푸는 이보다 더 큰 군대—5만 명이 넘는 세포이 보병과 기병—를 거느렸지만 신중한 장군이었기 때문에 그런 만만찮은 병력을 상대로 정면 전투의 위험을 무릅쓰지 않았다. 그 대신 포격에 잘 견디는 요새 설계에 관한 세바스티앙 보방의 연구를 따라, 몽탈랑베르 후작의 저서 《수직 요새 축성La Fortification Perpendiculaire》에서 응용한 과학적인 최신 원리에 의거해 프랑스 공병들이 축성한 스리랑가파트남의 웅장한 방어시설 안에 머물렀다. 이러한 설계들은 대포와 폭탄의 화력 증대와 공성용 땅굴, 요새를 급습하고 공성전을 벌이기 위한 전술상의 최신 발전들을 고려하여 18세기에 건설 가능한 최첨단 방어시설을 제공했다.[55] 이러한 방어시설을 돌파하는 것이 이제 콘월리스의 군대가 직면한 도전이었다.

1792년 2월 5일 늦게, 세 군대는 스리랑가파트남의 가공할 성벽 앞에 다시 도착했다. 티푸가 먼저 움직이길 기다리지 않고 또 동맹군에게 자신의 계획을 알리지도 않고, 콘월리스는 달이 뜨지 않은 밤을 이용해 즉시 공격을 개시했다. 그는 처음에는 카베리강에 걸쳐 있는 다리와 여울목을 지키는 섬 반대편 고지에 위치한 티푸의 요새화된 진지에 화력을 집중했다. 콘월리스가 전군이 집결할 때까지 기다릴 것이라고 생각했던 티푸는 완전히 허를 찔렸다. 그는 두 시간 동안 용감히 항전을 이끌었지만 결국 한밤중에 섬으로 퇴각해 성채 안으로 들어갔다.

티푸가 진지를 버리고 여울목이 무방비 상태가 되자 콘월리스는 곧장 섬 동쪽 끄트머리의 요새를 향해 두 번째 병력을 출격시켰다. 동틀 녘에 이르러 아름다운 랄 바그Lal Bagh, 즉 붉은 정원은 콘월리스의 손에 들어왔다. 두 번째 공격진에 있었던 제임스 커크패트릭James Kirkpatrick은 전날 강 건너편을 응시하며 티푸의 찬란한 무굴 양식 정원 궁전 "그 눈부시게 아름다운 모습 그대로인 랄 바그Lall Baug"를 보았다. 그는 아버지에게 이렇게 썼다. "안타깝지요! 그건 전쟁이라는 비상 상황의 제물이 되었습니다." 궁전은 부상자들을 위한 병동이 되었고 아름다운 정원은 "포위전을 위한 물자를 공급하기 위해 철거되었습니다. 가도를 따라 줄줄이 늘어선 크고 위풍당당한 사이프러스 나무가 몽땅 베어지고, 오렌지, 사과, 백단나무, 심지어 향기로운 그늘을 드리우는 장미와 재스민마저도 이 무차별적인 파괴에서 남아나질 못했습니다. 아버지가 우리 포대를 봤다면 재스민으로 엮고, 백단나무 말뚝으로 울타리를 두른 장미 덤불 엄폐물을 볼 수 있었을지도 모르겠네요. 그야말로 선발先發 공병들이 향기로워졌습니다. (…)"⁵⁶

심지어 유럽인 병사들 사이에서의 "심각한 사망률"과 "수도 주변 약 32킬로미터에 걸쳐 지상을 뒤덮은 수많은 부패한 사체에서 뿜어 나오는 전염성 악취"조차도 그가 참전해 포위하고 있는 도시의 경이적인 아름다움을 가릴 수는 없었다. "섬과 도시 바깥에 있는 궁전과 정원들은 도시 내부의 주요 궁전과 정원들에 못 미친다고 합니다만, 규모와 운치, 화려함에서 방갈로르의 것들을 크게 능가합니다."⁵⁷

이튿날, 티푸는 반격을 잇따라 시도했지만 효과적이지 못했고, 그의 처지가 가망 없음이 점차 분명해지자 병사들은 갈수록 이탈했다. 그는 생포된 회사 장교들을 통해 콘월리스에게 강화 협상을 제시하는 전갈을 보낼 수밖에 없었다. 콘월리스가 강화를 위해 내건 조건은 가혹했다. 티푸는 마이소르 왕국의 절반을 넘겨야 하며, 3,000만 루피*의 배상금을 물고, 모든 전쟁 포로를 석방하고, 배상금 전액 지불을 보장하도록 가장 나이 많은 아들 둘을 인질로 내주어야 한다는 조

---

* 현재 가치로 3억 9,000만 파운드.

건이었다. 마라타연맹과의 접경지대는 페슈와에게 넘겨질 예정이었고 하이데라바드와의 접경지대는 니잠에게 갈 것이었으며, 회사는 동가트산맥에 있는 마이소르 영토와 더불어 쿠르그에 있는 영토 및 향신료가 풍부한 말라바르 지방을 받기로 했다.

조약이 최종적으로 체결되었고 어린 두 왕자―여덟 살인 압둘 칼리크Abdul Khaliq 와 다섯 살인 무이주딘Muizuddin―는 1792년 3월 18일에 콘월리스에게 넘겨졌다. 소년들은 코끼리에 실려 마드라스로 보내졌고, 비록 헨델의 〈메시아〉와 〈유다 마카베오〉 전막 공연을 꼼짝없이 감상해야 했던 일은 달갑지 않았지만 그곳을 대체로 좋아했던 듯하다.[58] 그들은 위엄과 지성, 예의 바른 태도로 마드라스 사교계에 선풍을 불러일으킨 뒤, 2년이 지나 티푸가 배상금의 마지막 할부금을 지급했을 때 돌려보내졌다.

이 모든 것은 티푸에게 심대한 타격이었다. 3차 영국-마이소르 전쟁을 거치며 이미 70군데의 요새와 800문의 포를 잃고, 4만 9,340명의 사상자를 냈다. 이제 그는 아버지로부터 물려받은 왕국의 절반을 잃었다. 하지만 강화 조약을 둘러싸고 협상이 옥신각신 진행되는 동안에도 티푸가 패배에 굴하지 않는다는 것은 분명했다.

이 무렵에 티푸는 하이데라바드의 니잠 알리 칸Nizam Ali Khan에게 접근했다. "영국인들의 관습을 알지 않는가? 그들은 그 긴 갈고리발톱을 박는 곳마다 조금씩 모든 사안의 운영에 끼어든다." 조약이 체결되기 바로 전날 밤, 마라타 문헌에 따르면 티푸는 마라타 진영에 몰래 나타나 "당당한 브라만" 장군 하리판트 파드케Haripant Phadke의 막사로 데려가 줄 것을 청했다고 한다. 그는 이렇게 말했다. "내가 전혀 당신의 적이 아니라는 것은 분명 알고 있을 거요. 당신의 진짜 적은 영국인이고, 당신이 조심해야 할 사람은 바로 그들이오."[59]

1792년은 여러 측면에서 인도의 동인도회사에 주요한 전환점이었다. 그 전까지 회사는 주로 수세적 입장이었고, 언제나 입지가 불안정했다. 하지만 1792년 이후로 회사의 지배력은 갈수록 커지는 듯했다. 게다가 그 시점까지 회사는 영토 측면에서 볼 때, 417만 제곱킬로미터 가운데 38만 8,500제곱킬로미터—인도 땅덩어리 가운데 대략 9.3퍼센트이고, 거의 북부와 동부에 국한되었다—만을 지배하는 여전히 비교적 소규모 세력이었다.[60] 하지만 남부에서 티푸한테 막 빼앗은 광대한 영토 덕분에 회사령 인도the Company Raj는 이제 군사적, 경제적 열강뿐 아니라 영토적 열강이 되어가고 있었다.

    캘커타로 귀환하자마자 콘월리스가 착수한 개혁 조치들은 회사의 이러한 입지를 한층 공고히 했다. 아메리카에서 영국은 아메리카 원주민들이 아니라 유럽 정착민의 후손들에게 식민지를 상실했었다. 콘월리스는 본인에게도 치욕적인 일이었지만(미국독립전쟁 당시 영국군 총사령관으로서 요크타운에서 항복한 일을 말한다—옮긴이) 아메리카에서처럼 정착 식민 계급이 부상하여 영국 지배의 기반을 약화시키는 일이 없게 하려고 결심했다. 이 시기에 이르면 인도에 있는 영국인 남성은 세 명 가운데 한 명꼴로 인도 여성과 동거했고, 총독령 도시 세 곳에 영국-인도계가 1만 1,000명 이상 있다고 추정되었다.[61] 이제 콘월리스는 인도인 아내, 즉 비비를 둔 영국인 남성의 자식을 회사 직원 채용에서 배제하는 것을 겨냥한 다수의 인종주의적 입법을 태연하게 도입했다.

    이미 1786년에 영국인 병사를 아버지로 둔 영국-인도계 고아들에게 회사 군대 복무 자격을 주지 말라는 지시가 내려왔었다. 1791년에 인도인 부모를 둔 사람은 회사의 민정(행정)이나 군사(육군), 해군 부문에 고용될 수 없다는 지침이 내려왔을 때 문은 확실히 닫혔다. 1년 뒤에 이런 조치는 "회사 소속 선박의 고급 선원들officers(선장과 항해사를 말한다—옮긴이)"로 확대되었다. 1795년에 다시금 양친 모두가 유럽인이 아닌 사람은 "피리 연주자, 고수, 군악대, 편지공"을 제외하고 회사 군대에서 복무하는 것을 명시적으로 배제하는 추가적인 법률이 발효되었다. 게다가 아버지가 영국인이라도 영국-인도계 혼혈은 토지를 소유할 수 없었다. 돈을 잘 벌 수 있는 가장 확실한 취업 기회에서 배제된 영국-인도계는 사회 계층의 긴 사다리에서 빠르게 하락하기 시작했다. 이러한 신분 하락은 한 세기 뒤에 영국-인도계가 하급 사무원, 우체부, 철도 기관사 등의 공동체로 전락할 때까지 지속된다.[62]

수세기에 걸친 전제정이 인도인들에게 "부패"를 양산했다는 겉만 그럴싸한 근거로 많은 인도인들—옛 무르시다바드 무굴 행정직의 마지막 생존자들—이 정부 고위직에서 쫓겨난 것도 콘월리스 치하에서였다.[63] 모든 비유럽인은 윌리엄 요새 회사 본부에서 근무하는 백인 관리들로부터 갈수록 멸시의 눈초리를 받았다. 이 무렵 워런 헤이스팅스의 군사 담당 비서이자 무굴 공주와 결혼한 윌리엄 파머William Palmer 소령은 편지에서 콘월리스가 인도 고관대작과 관련해 캘커타에 도입한 새로운 예법에 안타까움을 표명했다. "그들은 가장 냉랭하고 정나미 떨어지는 방식으로 취급되고 있고, 그들도 보고 느끼고 있으며 분명히 그런 대우에 분개할 것이라고 장담한다."[64]

다음으로 콘월리스는 특히 전시에 꾸준한 수입 흐름을 보장하고, 회사가 정복한 땅의 지배권을 강화하는 토지와 과세 개혁을 잇따라

단행했다. 1793년에 도입된 영구처분법The Permanent Settlement은 회사 관리들이 영구적으로 정한 금액만큼 토지세를 내는 조건으로 자민다르 지주에게 절대적인 권리를 부여했다. 자민다르가 기한까지 꼬박꼬박 세금을 납부하는 한 그들은 그 세수가 나오는 토지에 소유권을 보장받았다. 세금을 납부하지 못하면 땅은 다른 사람에게 팔렸다.[65]

이러한 개혁 조치들은 회사령 벵골의 토지 소유에서 곧장 일대 혁명을 가져왔다. 이전 하인들이 과거 주인들의 토지를 사들이려고 경매장으로 떼 지어 달려가면서, 많은 대토지들이 쪼개졌다. 이후 몇십 년에 걸쳐 매우 엄격하고 가혹한 과세는 거의 50퍼센트의 토지가 주인이 바뀌는 결과를 초래했다. 구 무굴 지주 계급 다수는 파산하여 땅을 팔 수밖에 없었고, 고도로 불평등한 농업 사회가 생겨났으며, 농민들의 삶은 어느 때보다 힘들었다. 하지만 회사의 시각에서 볼 때 콘월리스의 개혁은 커다란 성공이었다. 토지 세입으로부터 나온 수입은 안정적이 된 동시에 엄청나게 증가했고, 이제 세금은 기한까지 어김없이 전액 들어왔다. 더욱이 구 자민다르 계층으로부터 땅을 사들인 사람들은 여러 측면에서 회사의 신질서와 한배를 타고 있었다. 이런 식으로 친영파 힌두 벵골 은행가와 무역상으로 구성된 새로운 계층이, 회사가 현지의 책임을 위임할 수 있는 유산 지주층으로 부상하기 시작했다.

구 무굴 귀족층이 고위직을 잃고 있을 때 신흥 힌두 서비스 젠트리 층이 벵골의 사회석 사나리 꼭대기에서 그들을 대체하게 되었다. 타고르Tagores, 뎁Debs, 물리크Mullicks 같은 가문이 대표하는 이 신흥 벵골 바드랄로크bhadralok(중상계급) 집단은 캘커타의 중간급 공직과 더불어 농업 생산물과 시장에서의 지배력을 강화했다. 그들은 캘커타의 새로운 환금작물 거래에 참여한 한편—일례로 드와르카나트 타고르Dwarkanath Tagore는 이 시기에 인디고 거래로 재산을 쌓았다―흔히 무려 10~12퍼센트의 이자율로 계속 회사에 돈을 빌려주었다. 바로 이 계층으로부터 나온 융자금으로 식민지 군대에 자금을 대고, 머스킷, 대포, 말, 코끼리, 거세 수소를 구입하고, 병사들에게 봉급을 지불했으며, 그 덕분에 회사 군대는 다른 인도 토후국들을 상대로 전쟁을 치러 승리할 수 있었다. 점점 커져가는 회사의 인도 제국은 역내 권력 집단과 현지 공동체 들의 정치적, 경제적 지원이 없었다면 불가능했을 것이다. 동인도회사라는 거대한 구조물은 회사가 무역상과 용병 동맹을 맺은 나와브와 라자 그리고 무엇보다도 고분고분한 은행가들과 유지할 수 있는 미묘한 균형으로 지탱되었다.[66]

결국 부분적으로는 토지 세입의 안정적 흐름을 통해서, 또 부분적으로는 인도 대부업자와 금융가 들과의 협력을 통해서 무한정한 신용 보유고에 접근할 수 있었던 덕분에 이 시기 회사는 인도의 라이벌들을 상대로 우위를 유지할 수 있었다. 차이를 만들어낸 것은 더는 유럽의 군사 과학기술도, 행정 능력도 아니었다. 회사가 동양 세계에서 가장 크고 가장 잘 훈련받은 군대를 전장에 투입할 수 있었던 것은 방대한 재정적 자원을 동원하고 이전할 수 있었기 때문이다. 다수가 파트나와 베나레스를 기반으로 했던 당대 최대의 회사들―랄라 카슈미리 말, 람찬드-고팔찬드 샤후, 고팔다-마노하르다 가문 들―은 봄베이나 수라트, 마이소르의 환어음 발행과 더불어 대규모 현금 융자를 담당하면서, 세계 최대 규모의 군 관련 송금 업무를 취급했고, 이 모든 활동은 회사 병력의 유지와 무장, 조달, 정기적 급여 지급을 가능케 했다. 회사는 회사대로 이 공로에 보답하여 1782년에 고팔다 가문을 자가트 세트 가문을 대신하여 정부의 은행가로 공식 임명했다. 그 뒤 회사의 지원을 받은 고팔다 가문은 인도 서부로 새롭게 진출할 수

있었다.[67]

라자트 칸타 레이가 표현했듯이 "토착 상업신용 시스템과 관련해, 회사는 부채 상환의 중요성에 대한 선진적 의식을 갖춘 국제적 기업이라는 명성 덕분에 인도 세력들보다 입지가 좋았다. 더욱이 회사는 사후카라 sahukaras[대부업자]들로부터 받는 대규모 약정 대출에 담보로 제공할 수 있는 인도 최대의 잉여 세수를 보유한 것으로 알려졌다".[68] 인도 무역상과 은행가들은 회사를 자연스러운 파트너로 인식했다. 하리 차란 다스는 영국인들은 "부자들, 은행가와 상인 들, 그들의 도시에 거주하는 여타 사람들의 부富에 간섭하지 않으며, 오히려 부유한 사람들에게 우호적이다"라고 썼다.[69]

자가트 세트가 40년 전에 발견한 대로 동인도회사는 인도 은행가들이 이해하는 언어로 말했고 경쟁 상대들보다 인도 자본에 더 고도의 안정성을 제공했다.[70] 결국에 모든 것은 돈으로 귀결되었다. 18세기 말에 이르러 신디아가 말과 영토에서 간신히 120만 루피의 순세입을 거두고 있을 때, 벵골은 연간 2,500만 루피*의 세입 흑자를 보고 있었다.[71] 신디아가 "돈이 없으면 군대를 끌어모으거나 전쟁을 치를 수 없다"라고 고민한 것도 당연했다.[72]

종국적으로 인도 전역의 은행가들이 지지하기로 결정한 대상은 마라타연맹이나 마이소르의 술탄이 아니라 동인도회사였다.[73] 회사의 탐욕에도 불구하고 인도의 은행가들에게 그것은 갈수록 쉬운 결정이었다. 1792년에 이르면 믿음이 가는 반대 세력이 없었기 때문이다. 티푸는 패퇴하여 왕국의 절반을 상실했다. 용기와 결의는 부족하지 않았지만, 그가 과거에 폴릴루르에서 그랬던 것처럼 다시 한번 충

---

*   현재 가치는 다음과 같다. 2,500만 루피=3억 2,500만 파운드, 120만 루피=1,560만 파운드.

분한 자원을 끌어모아 회사를 무찌르려면 기적이 필요했다.

한편, 가장 넓은 영토를 지배하고 가장 크고 강력한 군대를 보유했던 대마라타연맹은 서서히 와해되기 시작했다. 여러 해 동안 긴장이 심화되고 충돌이 잦아진 끝에, 1793년 6월 1일 라케리 전투에서 투코지 홀카르는 마하지 신디아에 참패했다. 전투 결과가 델리에 보고되었을 때 눈먼 샤 알람은 싱긋 웃고는 "마라타 권력이 곧 파괴되겠군"이라고 한마디 했다.[74] 그가 옳았다. 다음 라운드의 유혈 내분에서 "마라타 제후들은 연맹이라기보다는 한 무리의 족제비 같았다".[75]

미래를 예견하는 것은 더 이상 어렵지 않았다. 1790년대에 이르면, 일례로 모다브 백작은 인도의 앞날에 대해 한 치의 의심도 없었다. "영국인들은 위태롭고 매우 불확실하게만 무굴 제국에 자리를 잡을 것이며 시간이 흐르면 결국에는 그것(인도 영토-옮긴이)을 상실할 것이라고 확신한다"라고 썼다. 그러면서도 다음과 같이 덧붙이는 것을 잊지 않았다.

> 하지만 그들은 확실히 인도로부터 어마어마한 액수의 돈을 뜯어낼 만큼 오랫동안 지배할 것이며, 이는 유럽의 무역 국가들 사이에서 주요 세력, 아니 그보다는 다른 세력을 모조리 배제하고 (인도 내) 단 하나뿐인 세력이라는 그들이 자임한 역할을 유지할 수 있게 해줄 것이다.
>
> 누가 그들을 막을 수 있으랴? 힌두스탄의 무정부 상태는 좋은 것이 싹트거나 생겨날 희망을 꺾어버린다. 잘살 수 있는 가능성을 그토록 많이 갖고 있음에도 불구하고 사람들은 비참하고 궁핍하게 살아간다. 벵골의 영국인들은 그로부터 이득을 보길 기대하며 이 기이한 상황을 유심히 지켜보고 있는데, 이득에 대한 그들의

갈망은 정복에 대한 그들의 열광만큼 게걸스럽기 때문이다.

나는 이 제국의 모든 군대들의 발목을 잡으며 끝없이 재발하는 동란들이 제국 자체를 야금야금 차지하는 확실한 수단으로서 영국인들에게 환영받는다는 것을 믿어 의심치 않는다. 그들은 내분의 불협화음을 용의주도하게 부추기다가 최대한 신속히 군사력을 과시함으로써 중재를 지지하는 방식으로 사태를 해소하려고 나서므로 그들의 행동이 이 같은 장기 전략에 정확히 일치한다는 생각이 든다.

여러 해 동안 고수해온 이런 행동 패턴으로 그들은 벵골 경계 너머로 많은 지역을 차지했고, 그리하여 곧 알라하바드부터 대양까지 갠지스강 (유역)의 주인이 될 것이다. 그들은 한 걸음도 앞으로 내딛는 모습을 보이는 법 없이 전진하는 게임을 한다. (…) 한마디로 말해 로마인들이 정치에서 따른 그 오랜 금언, 다시 말해 타키투스가 표현한 대로 백성을 노예 상태로 전락시키는 도구로 이용하기 위해 [현지의 세습] 군주들을 그대로 유지하라는 금언을 열심히 실천한다.

영국회사(동인도회사)는 그들이 여기서 하고 있는 중요 역할을 헤아릴 수 없을 만큼 확대하기 위해 은밀하고 조용하게 준비하면서 오늘날 이 광대한 무대 위에 홀로 서 있다. 그들의 모든 책략, 계획, 주도적 조치들은 이 한 가지 거대한 목표를 향해 나아간다. 인도의 모든 세력은 공포, 뇌물, 감언이설, 약속이나 협박에 의해 차례차례 무력해지고 있다. 영국회사는 매일 목표에 한 발짝씩 가까워진다. 나는 힌두스탄을 침공하고 동인도제도의 모든 무역을 장악하는 계획이 그들이 아메리카에서 잃은 것에 대한 수익성 있는 보상으로서 지난 몇 년간 심사숙고의 대상이었다는 것을 전혀 의심하지 않는다. 당신이 영국 해군의 능력, 인도 해안에 자리 잡은 그들의 군사력도 고려한다면, 이미 보유한 수단을 감안할 때 이 원대하고 장대한 프로젝트를 달성하기 위해 그들이 약간의 노력만 하면 된다는 것을 깨달을 것이다.

행동해야 할 순간이 오면 그들의 계획은 아무리 방대하고 복잡할지라도, 필요한 모든 예비 정보를 이미 갖추고, 마지막 세부 사항까지 철저하게 세워져 있을 것이다. 그다음 그들의 작전은 전 유럽을 놀라움에 빠트리며 신속하게 성공적으로 수행될 것이다.[76]

그는 이제 누구도 회사와 대적할 수 없어 보인다고 믿었다. 하지만 그는 한 가지를 간과했다. 회사의 앞길을 여전히 가로막을 수 있는 세력이 사실 하나 있었다. 한창 혁명에 빠져 있으며, 외국인 억양이 심한 프랑스어를 구사하는 코르시카 출신 대령 나폴레옹 보나파르트라가 곧 등장하게 될, 모다브의 고국이 1793년 2월 1일에 영국을 상대로 막 전쟁을 선포했다. 4년 뒤인 1797년 12월에 티푸는 회사에 맞서 나폴레옹의 도움을 구하기 위해 사절을 파견했다. 마이소르의 술탄이 몰랐던 것은 그에게 필요한 군대가 이미 툴롱에서 준비하고 있다는 사실이었다. 티푸의 사절이 파리에 도착할 무렵인 1798년 4월에 나폴레옹은 1만 9,000명의 최정예 병력을 실은 194척의 배를 이끌고 툴롱에서 출항하여 지중해 건너편 이집트로 갈 기회를 엿보고 있었다. 나폴레옹은 자신의 계획에 관해 아주 분명했다.

1788년에 그는 튀르크 전쟁에 관한 어느 책 가장자리에 "우린 이집트를 통해서 인도를 침공할 것이며, 수에즈를 통과하는 옛 항로를 재수립하고 희망봉을 거치는 항로는 불필요하게 만들 것이다"라는 말을 끼적였다. 그는 많은 문제를 예상하지도 않았다. "웅장한 상업의 골조가 무너지는 데 필요한 것은 프랑스 검을 한 번 갖다 대는 것뿐이다."[77] 1798년 카이로에서, 나폴레옹은 도움을 구하는 티푸의 호소에 답하고 자신의 대전략을 개략적으로 설명하는 서신을 보냈다.

내가 영국의 쇠멍에서 당신을 구하고 해방시킬 열망을 가득 안고, 수많은 무적의 군사를 이끌고 홍해 접경지에 도착했다는 소식은 이미 전해 들으셨겠지요. 당신의 정치적 상황에 관해, 무스카트와 모카를 거쳐 소식을 듣고 싶다는 저의 열망을 증명할 이 기회를 열렬히 반깁니다. 당신이 신뢰하고 저와 논의할 수 있는 좀 영리한 사람을 수에즈나 카이로로 파견해주시면 좋겠습니다. 전능하신 신께서 당신의 권력을 증대하고 적들을 파괴해주시길! 이만 줄입니다.

보나파르트[78]

‹ 9 ›

인도라는 시체

1798년 5월 17일, 나폴레옹이 함대를 이끌고 툴롱항을 빠져나가 지중해를 건너 알렉산드리아로 향하기 이틀 전, 높은 돛대 하나짜리 미끈한 이스트인디아맨 한 척이 7개월 간의 항해 끝에 침로를 틀어 후글리강으로 진입했다. 배에는 나폴레옹이 프랑스의 역사를 바꾼 만큼 인도의 역사를 바꿀 사람이 타고 있었다. 그의 이름은 오늘날 대체로 잊혔지만, 다음 7년 사이에 그는 나폴레옹이 유럽에서 정복한 것보다 더 넓은 영토를, 더 빠르게 인도에서 정복한다.

로버트 클라이브가 1756년 12월에 같은 강으로 진입하여 벵골만의 물빛이 갠지스강 토사로 독특한 색깔을 띠게 되는 지점을 편지에서 언급했을 때, 벵골에 남아 있던 유일한 회사 사람들은 싸움에 져서 캘커타에서 도망쳐온 난민들, 말라리아에 시달리며 풀타의 순다르반 맹그로브 늪지에서 떼죽음을 당하던 이들뿐이었다. 캘커타 자체는 폐허가 되었다. 그로부터 불과 42년이 지난 지금 캘커타는 아시아 최대 도시 가운데 하나였으며, 회사는 인도 동부와 남부를 완전히 지배하고 인도 반도 전체를 성공적으로 포위했다. 선미갑판의 선실에서 밖을 내다보면서 문제의 승객은 자신이 이 기업의 정복과 공고화 사업을 절정으로 이끌 구체적 임무를 띠고 동방에 파견되었음을 의식했다.

이번이 벵골을 처음으로 엿보는 기회였기에 그는 눈앞의 광경에 흥분했다. "어느 것도 내가 그곳으로 다가가며 본 눈부신 장관을 따를 수는 없을 거요"라고 그는 도착하자마자 아내에게 보내는 편지에 썼다. "런던의 템스강만큼 커다란 강 양옆으로 거의 5킬로미터에 걸쳐서 주랑현관과 열주를 갖춘 근사하고 튼튼하게 잘 지어진 전원 대저택들이 늘어서 있소. 시내에도 동일한 양식의 훌륭한 대저택들이 즐비하고, 세계 최고의 요새를 갖췄소. 잔디밭의 푸르름은 지금까지 구경한 어느 것도 능가하며 (…) 그렇게 더운 나라에서 아주 특별한 인상을 자아내더군. 나무들은 유럽 어느 나라보다 더 아름답고, 녹음이 무성하며 (…) 아서는 시내에서 몇 마일 나와 우릴 맞이해줬고, 내가 요새에 도착하자마자 예포가 발사되었소."[1]

승객은 벵골 신임 총독인 리처드 웰즐리 후작이었다.[2] '아서'는 그의 동생으로, 최근 인도에 배치되었고 결국에는 형을 넘어서 웰링턴 공작으로 봉해지게 된다. 두 형제는 인도와 유럽을 바꿔놓을 운명이었다.

여기에 필연적인 것은 없었다. 두 형제는 대귀족도 저명한 정치가도 아니었고 재산이 많은 것도 아니었다. 그들은 영국-아일랜드 혈통의 지방 소귀족 출신이었다. 그들의 주요 자산은 강철 같은 자신감과 기민한 두뇌 그리고 두둑한 배짱이었다. 앞선 클라이브처럼 그들은 공세야말로 최상의 방어라고 믿는 대단히 공격적이고 독재적인 실용주의자였다. 그리고 클라이브처럼 자기 의심이라는 것을 몰랐고, 더 전전긍긍하거나 더 예민한 사람들은 겁에 질렸을 난관 앞에서도 눈 하나 깜짝하지 않았다.

두 형제의 인생 이 시점에서 가문의 스타는 아서가 아니라 리처드였다. 그는 스물네 살에 하원에 입성하여 재무부 대장경Lord of Treasury 중 한 명으로 임명되었고, 총리인 윌리엄 피트의 절친이 되었다. 콘월리스 경의 뒤를 이어 인도의 회사 영토를 다스리는 총독으로 캘커타 물가에 발을 내딛는 지금, 서른일곱의 리처드 웰즐리는 훤한 이마와 짙고 검은 눈썹, 매부리코가 두드러진 대단히 침착한 젊은이였다. 그는 그윽한 푸른 눈동자와 단호해 보이는 턱선을 자랑했고, 그 단단한 턱선은 얼굴 4분의 3 길이의 구레나룻으로 더 두드러졌다. 작은 입에는 결의가 서려 있고 표정에는 뛰어난 재기와 어쩌면 무자비함도 암시하는 올빼미 같은 번뜩임이 서려 있었다. 하지만 그의 모든 초상화는 의심의 눈초리와 심지어 편집증적인 기색마저 드러낸다. 그것은 그가 극도의 오만이라는 가면으로 위장하려고 한 결점이었다.

웰즐리가 총독으로서 전임자들과 뚜렷하게 갈라지는 지점은 회사에 대한 태도였다. 캘커타가 클라이브에게 친숙했던 낡고 황폐해진 소도시에서 완전히 달라진 것처럼 회사도 클라이브가 근무했을 때와는 아주 다른 존재가 되어 있었다. 인도에서는 회사가 클라이브가 지휘하던 것보다 대략 스무 배 큰 군대를 거느리고 이전과 비교할 수 없을 만큼 막강해졌을지라도, 런던에서는 1773년 노스 경의 규제법과 1784년 피트의 인도법으로 의회가 회사의 권한과 독립성을 차츰 잠식해왔다. 두 법률은 영국령 인도의 정치와 군사적 사안에 대한 통제력을 레든홀가의 회사 이사들한테서 박탈하여, 회사를 감독하기 위해 1784년에 맞은편 화이트홀에 설립한 정부 기구인 인도위원회Board of Control 수중으로 넘기는 데 크게 기여했다.

웰즐리는 거리낌 없는 정부 측 인사였으며, 전임자들과 달리 "넌더리 나는 소굴 인디아하우스"의 의견들을 "철저히 경멸"한다는 태도를 전혀 감추려하지 않았다.[3] 그는 이사들에게 광대한 제국을 얻게 해주었지만 그 과정에서 회사를 거의 파산시킬 뻔했으며, 그가 회사의 수익률을 유지하는 것보다 훨씬 더 야심 찬 목표들을 염두에 두고 있음은 처음부터 분명했다. 그는 회사를 위해 일하기로 되어 있었지만 실제로는 회사의 장삿속을 질색했던 것이다.

웰즐리는 회사 이사들 모르게 두 가지 매우 분명한 목표를 품고 동방으로 왔다. 그는 영국의 지배를 위해 인도를 확보하고, 그 아대륙에서 프랑스 세력을 몰아내려고 작정했다. 이런 측면에서 그는 인도위원회의 의장인 헨리 던다스Henry Dundas의 입장을 따랐는데, 던다스의 프랑스공포증은 신임 총독이 인도로 출발하기 전에 보낸 일련의 긴 요약 보고를 통해 웰즐리에게 고스란히 전달되었다.

특히 던다스는 웰즐리에게 프랑스 영향력에 '오염된' 인도 토후 권력이 점점이 박혀 있는 지역들—다시 말해 마이소르의 티푸 술탄과 하이데라바드의 니잠 알리 칸의 궁정들 그리고 마라타 대연맹을 지배하는 라이벌 족장들의 궁정 네트워크—을 '청소'하라고 지시했다. 이들은 모두 프랑스 용병과 이탈자들(프랑스 사회를 떠나 인도 사회에 투신한 사람들—옮긴이)에게 훈련받은 세포이 군대를 양성했고, 그 군대들은 전부 잠재적으로 영국 세력에 맞서 프랑스 세력을 위해 이용될 여지가 많았다. 국가적 위기의 시기, 다시 말해 영국이 프랑스는 물론이고 네덜란드와 에스파냐와도 전쟁 중이며 영국의 마지막 동맹국—오스트리아—은 전쟁에서 발을 뺀 시점에, 해협함대에서 해군 반란이 터져나왔던 시점에, 당시 반란 일보 직전이던 아일랜드와 영국 남해안에 나폴레옹이 해상 침공 작전을 세우고 있던 시점에, 인도의 이 같은 형세는 영국 정부가 용납할 수 없는 것이었다.[4]

인도에서의 프랑스의 위협에 관한 웰즐리의 생각은 부임지로 향하는 길에 재의장을 위해 배가 희망봉에 기착했을 때 훨씬 더 또렷해졌다. 1798년 1월 말에 그곳에서, 웰즐리는 통풍을 치료하고 망가진 건강을 회복할 요량으로 케이프타운의 광천수 욕장에서 요양 중이던 회사의 고위 외교관을 만났다. 윌리엄 커크패트릭William Kirkpatrick 소령은 웰즐리 못지않게 프랑스공포증이 있는 사람이었고, 근래에는 델리와 하이데라바드에서 회사 상주관으로 재직하는 등 성인이 된 이후 생애 전부를 인도에서 보냈기 때문에 신임 총독과 달리 그곳을 속속들이 알았다. 델리와 하이데라바드에서, 커크패트릭은 웰즐리가 무찌르고 쫓아내려고 결심한 프랑스 용병들과 여러 차례 직접 접촉했었다.

웰즐리는 처음에 커크패트릭 소령에게, 하이데라바드의 니잠이 고용한 프랑스 병력, 특히 "레몽이라는 프랑스인"이 지휘하고 "가장 극렬하고 악명 높은 자코뱅주의 원칙들을 따르는 프랑스인들"이 장교로 복무하는 한 대대와 "대단히 열성적이고 부지런하며 활동적인 프랑스인 무장 집단 (…) 인도에서 프랑스 파벌의 영구적 기반"에 관한 광범위한 질문들에 서면 답변을 작성해달라고 요청했다.[5] 그는 답변서에 깊은 감명을 받아 원문 그대로 던다스에게 보냈을 뿐 아니라 커크패트릭에게 고국으로 귀환하려던 계획을 버리고 캘커타에서 군사 담당 비서로 자기 곁에서 일하라고 간청하기까지 했다.

케이프타운에서 함께 틀어박혀 지내는 동안 커크패트릭은 새로운 상관에게 자신이 인식하는 프랑스의 위협과 신임 총독이 그와 관련해 취할 수 있는 조치들에 대해 간단히 설명했다. 프랑스 장교들이 지휘하고 무장을 잘 갖춘 마라타의 세포이 대대들에 관해서도 설명했는데, 사부아 출신의 뛰어난 장군 브누아 드 부아뉴가 신디아를 위해 훈련시켰던 군사다. 부아뉴는 이제 은퇴하여 유럽으로 돌아갔고 그가 양성한 대대들은 피에르 페롱이라는 능력이 훨씬 떨어지는 지휘관에게 넘겨졌지만, 커크패트릭은 부아뉴가 창설한 군대의 전력, 특히 매우 효율적인 포병대의 실력을 두 눈으로 목격했었다. 3년 전인 1795년 3월, 하이데라바드 니잠의 군대가 카르들라 전투에서 그들의 포화에 무너졌을 때 그도 현장에 있었다. 커크패트릭은 신디아의 신형 군대의 가공할 능력을 잘 알고 있었고, 그 군대는 제복, 반복 훈련, 무기, 심지어 채용한 세포이들의 종족적, 카스트적 배경에 이르기까지 이제 회사의 군대와 분간이 안 될 정도였다.

 웰즐리는 회사의 가장 강경하고 집요한 적인 티푸 술탄의 군대가 500명에 달하는 프랑스 혁명파 용병과 고문관, 기술자 및 장교 무리에 완전히 넘어갔다는 이야기를 듣고 특히 우려가 컸다. 커크패트릭은 1797년 5월에 티푸의 프랑스 병사들이 스리랑가파트남에 혁명 자코뱅 클럽을 설립하기까지 했다고 말했다. "국기[삼색기]가 병영의 포성과 머스킷 총성에 맞춰 게양된" 반면 혁명 이전 부르봉 군주정의 상징들은 불태워졌다. 그다음 '자유의 나무' — 일종의 자코뱅 5월제 기념 기둥 — 를 심는 동안 혁명가를 부르고 나무에는 '평등의 모자'를 씌운 한편, 행사 참석자들은 "승자이자 프랑스 공화국의 우방인 티푸 술탄을 제외한 모든 왕에 대한 증오를 다짐하며, 압제자들에 맞서 전쟁을 벌일 것과 모국과 시민 군주 Citizen Prince 티푸의 나라를 향한 사랑을 맹세했다". 마지막으로 그들은 공화정을 지지하겠다고, "무기를 들고 죽으리라. (…) 자유롭게 살든지 아니면 죽으리라!"라고 엄숙히 맹세했다.[6]

의례가 끝나자 프랑스 군단이 스리랑가파트남 연병장으로 행진했고, 거기서 시민 군주는 그들을 기다렸다. 군단이 다가오자 티푸는 2,300문의 대포와 500기의 로켓포, 그리고 병사들이 동원할 수 있는 모든 머스킷으로 예포를 발사하라고 명령했다. 시민 티푸가 선언했다. "그대들의 나라의 군기에 대한 답례를 보라. 그대들의 나라는 내게 소중하며 또 나의 맹우이기도 하다. 우리의 자매 공화국에서와 마찬가지로 이 군기는 이 땅에서 어딜 가나 항상 높이 휘날릴 것이다! 가서 축제를 마무리하라!"[7]

웰즐리는 티푸와의 전쟁이 다시 벌어진다면 회사에 도전하기 위해 다양한 프랑스 용병 부대들이 연합할 수도 있다는 점을 가장 두려워했다. 그는 런던에 다음과 같이 보고했다.

> 현재 하이데라바드 니잠 정부가 허약한 상황에서 그에게 고용된 프랑스 부대들은 공공연히 티푸 술탄과 손을 잡을 것이고, 티푸 술탄과의 동맹하에 불시에 일격을 가해 니잠의 영토를 장악하고 그곳을 프랑스 영토로 삼으려고 할 것이다. 역시 프랑스 장교 휘하에 대군을 거느리고 있는 신디아는 이해관계와 성향상 티푸 술탄 및 프랑스인들과 함께하게 될 것이다. 그러므로 니잠, 신디아, 티푸 아래 각각 복무하는 프랑스 장교들 간에 연합이 결성되어 푸네와 데칸 지방 국가들의 폐허 위에서 프랑스 세력을 수립할 수도 있다.[8]

캘커타에 도착하자마자 웰즐리는 이 위협에 대처하기 위해 남부로 병력을 파견하는 계획을 세우기 시작했다. 웰즐리의 계획은 6월 8일 캘커타 신문에서, 모리셔스의 프랑스 총독 무슈 말라르티크M. Malartic가 발표한 포고문을 읽었을 때 한층 속도가 붙었다. 포고문은 티푸가 프랑스와 공수攻守 동맹을 체결할 의향이 있으며 "그는 인도에서 축출하기를 열망하는 영국인들을 상대로 전쟁을 선언하기 위해 프랑스가 도우러 올 때만을 기다리고 있다"고 밝혔다.[9]

그 순간부터 티푸의 운명은 정해진 셈이었다. 웰즐리의 우선 목표는 이제 프랑스 파견군이 도착하기 전에 인도 내 프랑스의 영향력을 흔적도 없이 뿌리 뽑는 것이었다. 6월에 그는 마드라스의 총사령관이자 티푸를 상대로 한 콘월리스의 군사 작전에 참가했던 해리스 장군General Harris에게 편지를 써서, "티푸가 외국의 원조를 받기 전에 그를 불시에 타격"하는 것을 목표로, "지체 없이 우리 동맹들에게 요청하여 해안에 최대한 신속히 군대를 집결"시키라는 결정을 알렸다.[10]

8월 초에 이르러 웰즐리는 전쟁 계획을 완성했다. 그는 "티푸 술탄과 프랑스의 시도를 좌절시킬 목적에 가장 바람직한 (…) 조치들"을 제시해, 런던의 던다스에게 전달했다.[11] 웰즐리의 입장에서 티푸는 이제 입증된 적이었고 즉시 분쇄되어야 했다. 그는 "적대행위 도모의 증거는 완벽하다"라고 썼다. "누구보다 우호적이고, 기존의 평화와 우호 조약들을 준수하며, 우리 쪽이 도발하지 않았는데도 티푸 술탄은 우리를 완전히 파괴하려는 의도를 드러냈다."[12]

웰즐리는 우선 레몽이 이끄는 하이데라바드의 프랑스 혁명군부터 처리하기로 결심했다.

이 시기에 웰즐리가 쓴 글 다수에서는 프랑스공포증이 유발한 편집증이 느껴지지만, 레몽이 회사에 제기하는 잠재적 위협에 관한 내용은 사실 꽤 정확했다. 근래에 발견된 문서 뭉치가 보여주듯이 레몽은 정말로 신디아가 고용한 부아뉴 부대 소속 프랑스 장교들과 더불어 스리랑가파트남에서 티푸를 위해 일하는 프랑스 장교들과 연락하고 있었고, 레몽 본인은 니잠 밑으로 들어가기 전에 스리랑가파트남에서 고용되기도 했었다.

레몽의 야심은 1790년대 초에 그가 조국과 혁명에 대한 충성을 맹세하며 퐁디셰리의 프랑스 세력 본부에 쓴 열렬하고 애국적인 일련의 서신들에서 드러난다. 그는 퐁디셰리 총독에게 "저에게 생명을 불어넣는 조국을 위한 열성을 입증할 수 있는 상황이 운 좋게도 닥친다면 저는 모든 것을 희생할 각오가 되어 있습니다"라고 썼다. 모리셔스 총독에게는 자신의 의향을 한층 더 노골적으로 드러냈다. "당신께서 내리고 싶은 어떤 [명령이든] 저의 첫째가는 의무로서 항상 따를 것입니다. (…) 도움이 될 수 있다면 다시 한번 프랑스를 위해 피를 흘릴 각오가 되어 있습니다. 저는 오로지 이 의무를 다하고 당신의 호평을 얻기 위해 애쓸 뿐입니다."[13]

프랑스 부대를 몰아내는 임무를 위임받은 하이데라바드의 신임 영국 상주관 제임스 아킬리스 커크패트릭은 웰즐리의 신임 군사 담당 비서의 동생이었다. 그의 임무는 쉬운 일이 아니었다. 레몽의 개인 수입은 막대했고—그의 영지에서 나오는 수입만 연간 50만 루피*였다—1798년 초반 몇 달 사이에 레몽은 병력을 증원하도록 니잠을 다시 설득했는데, 이번에는 무려 1만 4,000명 이상에, 맞춤 생산 대포 주조소와 5,000마리의 수소가 끄는 포열(대포와 탄약, 그것을 운반할 장비와 인원, 가축을 통틀어 가리킨다—옮긴이)을 갖췄다. 군단은 탁월한 대포와 더불어 검과 머스킷, 피스톨을 제조했으며, 600명에 달하는 소

---

*   현재 가치로 650만 파운드.

규모 기병대도 있었다. 설상가상으로 레몽은 하이데라바드 궁정에서 개인적으로 매우 인기 있었다. 왕위 후계자인 시칸데르 자Sikander Jah는 그 프랑스인에게 홀딱 빠져서 "레몽의 머리를 걸고"라고 맹세할 정도였다.[14]

그러다가 1798년 3월 25일 아침, 레몽은 고작 마흔세 살의 나이에 시신으로 발견되었다. 두르바르 내 친 회사파의 소행으로 독살되었을지도 모른다는 뒷얘기가 있었다. 진실이 무엇이든 간에 레몽의 급사는 커크패트릭에게 기회가 되었다. 니잠의 대신 중 한 명인 미르 알람이 최근 캘커타를 방문했다가 회사의 병영과 무기 제조소의 규모를 보고 깜짝 놀랐고, 하이데라바드 두르바르의 다른 고위 관리들 역시 회사가 인도에서 가장 강력한 세력이라고 확신했다는 사실이 도움이 되었다. 그들은 하이데라바드가 자국보다 훨씬 더 강력한 두 이웃, 즉 남쪽으로 티푸의 마이소르와 바로 서쪽 푸네의 마라타에 둘러싸여 있으므로 안전을 위해서 동맹이 불가결하다고 주장했다.

여섯 달 뒤, 여러 주 동안 힘겹게 협상을 벌인 끝에 하이데라바드와 회사를 긴밀한 군사 동맹으로 묶는 비밀 조약이 체결되었다. 6,000명의 회사 병력이 하이데라바드에 주둔하며 니잠을 보호할 예정이었다. 그 대가로 니잠은 회사에 4만 1,710파운드*의 연간 보조금을 지급하고 프랑스 부대를 해산하기로 했다. 하지만 이런 내용이 정확히 언제 어떻게 이행될지는 조약에 명시되지 않았다.

조약 체결 이후, 포열과 더불어 4개 대대로 구성된 새로운 회사 병력이 군투르 근처 해안으로부터 240킬로미터를 천천히 이동하며 불안한 한 달이 지나갔다. 군두르는 회사가 통제하는 국경에서 가장 가

---

*   현재 가치로 437만 9,550파운드.

까운 마을로서, 두 달 전 웰즐리는 그곳에 집결하여 하이데라바드로 진군할 태세를 갖추라고 명령했었다.[15]

10월 22일 새벽이 밝아오기 전, 회사 병력은 레몽을 추모하기 위해 고전 그리스식 신전과 오벨리스크가 막 세워진 곳에서 그리 멀지 않은, 프랑스 전선 위 산등성이에 포를 배치하여 소리 없이 프랑스군 병영을 에워쌌다. 그들은 완벽한 기습에 성공했다. 동이 텄을 때, 프랑스 부대들은 잠에서 깨어 자신들이 포위된 것을 알아차렸다. 9시에 커크패트릭은 항복한다면 항명자들이 받아야 할 모든 봉급을 지급하겠다고 제의했다. 그들은 "무기를 가져다 쌓고 병영 오른쪽에 대략 0.8킬로미터 떨어진 곳에 세운 깃발까지 15분 이내에 가야 했다. 여기에 응하지 않는다면 즉시 공격당할 것이었다".[16]

30분 동안 프랑스 군단은 우물쭈물했다. 2,000명의 회사 기병이 프랑스 병영의 우익에 집결해 있었고 500명이 더 왼쪽에서 기다리고 있었다. 중앙에는 4,000명의 회사 보병이 있었다. 그러다 오전 9시 30분 직후에 커크패트릭으로서는 대단히 다행스럽게도 마침내 (프랑스 장교들 휘하의) 세포이들이 조건을 수용한다는 전언을 보내왔다.

회사 기병대가 재빨리 말을 달려 프랑스군의 무기고와 창고, 화약고, 주조소, 대포를 차지하는 사이, 프랑스 세포이들은 투항기 아래로 도망쳐 항복했다. "영광스러운 동시에 안타까운 광경"이라고 커크패트릭은 생각했다.[17] 몇 시간 만에 1만 4,000명에 달하는 인도 내 최대의 프랑스 병력이 그 수의 3분의 1이 못 되는 병력에 의해 무장해제되었다. 총알 한 발 발사하지 않았고, 단 한 명도 목숨을 잃지 않았다.

커크패트릭은 오후 내내 영국 공관 지붕에서 병사들이 무기를 내려놓는 것을 지켜보았다. 그날 저녁, 피로와 의기양양함이 교차하는 상태에서 형인 윌리엄에게 "레몽의 병사 수천 명이 떠나는 것을 마치 그 자리에 있는 것처럼 내 집 지붕에서 망원경으로 똑똑히 지켜보았는데, 인생에서 최고의 광경이었습니다"라고 썼다.

두 시간 뒤 덧붙인 추신에서는 더 좋은 소식이 들려왔다. 방금 봄베이에서 황급히 도착한 "넬슨 제독의 찬란한 해전" 소식이었다. 8월 1일 나일강 해전에서 넬슨은 아부키르만에 정박해 있던 프랑스 함대 거의 전체를 침몰시켜 인도를 공격하기 위한 근거지로 이집트를 이용하려던 나폴레옹의 희망을 꺾었다. 놀라운 사태 전환이었다. 나폴레옹의 이집트 원정 소식이 도착한 이래로 인도가 다음 공격 목표 지점이며 심지어 프랑스 식민지가 될 수도 있다는 생각이 퍼져 있었다. 이제 그 위협은 크게 줄어들었다.[18]

매끄럽게 작전이 성공하자 웰즐리는 기뻐했다. "프랑스 장교들 휘하에서 니잠에게 고용된 1만 4,000의 군사를 부드럽게 제압했습니다"라고 그는 그달 후반에 던다스에게 썼다. "내가 보낸 긴급 공문들에는 한 가지 흥미로운 사실이 빠졌는데, 이 군대의 군기가 삼색기였다는 겁니다. 인도 대륙에 꽂힌 최초의 삼색기였죠. 그 군기가 우리 수중에 떨어졌으니 인도에서 프랑스의 영향력을 분쇄하려는 정책 전체에 대한 최상의 논평으로서 본국으로 보내겠습니다."[19]

하이데라바드를 확보했으니 웰즐리는 이제 그의 주요 적수인 티푸 술탄에 정면으로 맞서 움직일 준비가 되었다.

1798년 11월 4일 웰즐리는 티푸에게 나일강 전투에서 티푸의 동맹인 프랑스의 참패를 알리는 빈정거리는 편지를 썼다. "우리 사이의 연합과 결속으로부터 당신도 진심으로 만족하리라고 확신하기에 이

소식을 전달하는 즐거움을 도저히 뿌리칠 수 없었습니다."[20] 티푸도 웰즐리에게 "저는 가끔 바람도 쐬고 유원지로 이용되는 장소에서 사냥을 즐기기도 하면서 집에 머물고 있습니다"라며 보기에는 우호적이지만 시치미를 떼는 답장으로 비슷하게 반응했다.[21]

웰즐리가 다음에 편지를 썼을 때 회사와 하이데라바드 사이에는 동맹이 체결되었고 프랑스 부대는 일망타진되었기에 총독은 자신의 유리한 입장에 이제 훨씬 더 자신감이 넘쳤다. 이번에 그의 어조는 매우 달랐다. "회사의 숙적인 프랑스인들과 당신 간의 교류를 내가 모를 거라 여기지는 않겠지요. 당신과 회사 간의 우호의 토대를 무너트리고, 당신의 왕국에 무정부와 혼란의 원칙들을 도입하며 (…) 당신이 받드는 신앙을 파괴하려고 위협하는 (…) 관계가 야기할 파멸적인 결과들에 당신이 엮이려고 하는 것을 내가 놀라움과 우려를 느끼며 인지하고 있다는 사실을 더는 감출 필요가 없을 것 같습니다."[22] 하지만 티푸는 여기에 반응하지 않았다. "사냥과 유람을 나가고 싶은 마음이 자주 들고 그래서 지금 또 사냥 여행을 떠나려고 합니다. (…) 앞으로도 다정한 편지로 안부를 알려주어 계속 나를 즐겁게 해주시구려."[23]

웰즐리는 이제 침공 계획을 최종적으로 손질하느라 여념이 없었다. 전쟁을 치를 재원이 확보되었고, 벵골 마르와리 은행가들의 지지도 얻어냈으므로 웰즐리는 봄베이와 마드라스에 1,000만 루피(100만 파운드이며 현재 가치로는 1억 3,000만 파운드)라는 막대한 금액을 보냈는데, 그건 캘커타 단기 금융시장에서 마련한 돈이었다.[24] 유럽에서도 때마침 재정이 투입되어 돈이 더 들어왔다.[25]

그는 푸네의 상주관 윌리엄 파머에게 편지를 써서 무슨 수를 써서라도 마라타가 마이소르와 관계를 끊고, 콘월리스가 서명한 삼자동맹에 따라 티푸에 맞선 전쟁에 가담하게 해야 한다고 지시했다. 이

옥고 페슈와는 파머에게 마라타가 조약을 지킬 것이며 회사에 2만 5,000명의 병력을 보낼 것이라고 마지못해 약속했다. 물론 푸네에서 한참 꾸물거린 탓에 이 병사들은 전투에 맞춰 제때에 도착하지 못했지만 말이다.[26] 하이데라바드의 니잠과 커크패트릭이 다섯 달 전에 조약에서 합의한 대로, 새로운 동맹인 영국을 지원하도록 군사를 소집하라는 전언은 니잠에게도 전달되었다.

오늘날 단호하게 목소리를 높이는 무슬림 지도자들과 서방 국가 간의 익숙한 비방전처럼, 웰즐리는 이제 티푸에 맞선 선전을 강화하여 그를 "잔인하고 가차 없는 적" "밀림의 짐승" "유럽인들에게 뿌리 깊은 증오"를 품고 있으며, "말끝마다 지하드 계획을 들먹이는" "불관용적인 독단가"로 그렸다. 이 폭군은 또한 "억압적이고 불의한 통치자 (…) 피에 굶주린 폭군, 배신을 일삼는 협상가" 그리고 무엇보다도 "격렬한 광신도"로 간주되었다.[27]

그와 동시에 그는 이사회에 편지를 써서 자신이 회사에 손해를 끼쳐가며 허황된 모험을 추구하고 있지 않다고 안심시켰다. "인도 곳곳의 전장에 당신들의 군대를 투입하는 것이 내 의무라고 여기지만 나는 평화를 지향하고 또 예상하고 있으며, 현재의 위기에서 평화는 전쟁에 대한 선제적 준비 태세를 갖추지 않고는 달성될 수 없다."[28]

이 편지는 그가 지금까지 티푸에게 쓴 어느 편지 못지않게 가식적이었다. 웰즐리는 실제로는 평화를 유지할 의사가 전혀 없었기 때문이다. 대신에 그는 회사의 군대를 이용해 인도 내 프랑스 세력을 상대로 전적으로 피할 수 있는 전쟁을 기꺼이 벌이고자 했다.

    1798년 12월 25일 크리스마스에, 웰즐리 경은 작전을 직접 통세하기 위해 캘커타에서 출항하여 마드라스로 향했다. 그는 1798년 마지막 날 도착하여 신임 마드라스 총독의 환영을 받았다. 신임 마드라스 총독 클라이브 경 에드워드는 25년 전 플라시 전투에서 크게 이기며 본국보다 훨씬 더 큰 영토와 상비군을 보유한 민간 소유 제국 세력으로 동인도회사를 변신시키는 과정을 일찍이 주도한 로버트 클라이브의 머리가 살짝 둔한 아들이었다. 첫 만남 뒤에 웰즐리는 아들 클라이브가 "명예롭고 열성적이고 공손하고 훌륭한 성격의 신사다운 사람이지만, 재능이나 지식, 업무 능력이나 결단력은 현 상황을 감당할 깜냥이 못 된다. 대체 어떻게 이 자리에 온 거지?"[29]라고 평가했다. 그때부터 웰즐리는 마드라스 총독을 대체로 무시하고 어떤 식으로든 에드워드 클라이브를 끌어들이지 않은 채 티푸에 대한 공격의 세부 사항을 조율하는 데 동분서주했다.

    이때쯤이면 공성추와 땅굴 장비를 갖춘 해리스 장군의 중(重)공성 포열은 마이소르 국경을 넘기 전 영국 측의 마지막 요새인 벨로르에 도착했다. 거기서 2만 명의 동인도회사 소속 세포이와 장래의 웰링턴 공작 아서 웰즐리 휘하의 영국군 정예 척탄병 1,400명, 그리고 킬트를 입은 스코틀랜드 하이랜더 1개 대대가 진격 명령이 떨어지길 기다리며 군사 훈련을 하고 있었다.[30]

    매우 효과적인 첩보망을 갖추고 있던 티푸는 국경 너머에서 무슨 일이 벌어지고 있는지 정확히 알고 있었다. 그는 "관련자들 간 회담의 결과로, 군사 작전의 준비가 시작되었다는 이야기가 근래 내 귀에 들어왔다"³¹라고 썼다. 웰즐리 경이 작전을 준비하는 사이, 티푸도 과거에 어떤 의견 차이가 있었든지 간에 지금이 힘을 합쳐 영국인들을 물리칠 기회라고 경고하며 회사에 대적할 능력이 있는 토착 군대들로부터 지원을 이끌어내려고 웰즐리만큼 정력적으로 애썼다.

1월 8일 하이데라바드에서 제임스 커크패트릭은, 티푸가 니잠에게 편지를 써서 영국인들은 "모든 무술만을 전멸시키고 무술만 대신에 모자를 쓰는 인간들hat-wearers이 자리 잡게 만들 작정"³²이라고 주장하면서 자신이 어떤 조약을 위반했다면 용서를 구하고 동맹을 맺자고 요청했다고 보고했다. 이틀 뒤인 1월 10일에는 푸네에서 보낸 공문이 웰즐리에게 도착하여 티푸의 사절단이 마라타 궁정에도 나타나 군사적 지원을 구하고 있다는 첩보를 알렸다.³³

웰즐리의 첩자들은 티푸 술탄이 아흐마드 샤 두라니의 손자이자 아프가니스탄의 통치자인 자만 샤Zaman Shah 한테까지 서신을 보냈다고 보고했다. 티푸는 "다 함께 힘을 합쳐 불신자들을 근절하는 것이 신실한 족장들의 의무가 되어야 한다"고 쓴 다음 "신앙을 그토록 미약한 상태로 전락시킨 한심한 국왕[샤 알람]을 몰아낸 뒤, 우리끼리 인도를 분할해야 한다"고 제안했다.³⁴ 하지만 이미 늦어버렸다.

웰즐리는 이제 준비가 되었고 티푸가 자위自衛를 위해 필요한 동맹을 구성할 시간은 없었다.³⁵ 티푸의 아버지 하이다르 알리는 죽어가면서 아들에게 언제나 다른 인도 군주들과 반드시 동맹을 맺고 회사에 맞서라고 충고했다. 오로지 그 길을 통해서만 승리를 장담할 수 있으리라. 야심만만하고 자신감 넘치는 티푸는 아버지의 충고를 무시했다. 이제 동맹의 지원이 가장 절실할 때 그는 홀로 싸워야 했다.

티푸는 승산이 거의 없다는 것을 틀림없이 알았을 것이다. 그의 해몽서에는 마지막 순간에 도착한 프랑크인[프랑스인] 구원군 1만 명에 관한 꿈과 함께, 12월 20일에 돼지 머리를 한 영국인 기독교도 부대로 이루어진 대군이 수도로 진군해오는 악몽도 기록되어 있다.[36] 웰즐리의 침공이 시작되었다는 소식을 들었을 때 티푸는 이렇게 말했다고 전해진다. "평생을 양으로 사느니 하루를 사자로 살겠다. (…) 연금을 받는 라자와 나와브들의 목록에 올라, 불신자들에게 의존하는 비참한 삶을 사는 것보다 용사답게 죽는 게 낫다."[37]

1799년 2월 3일, 해리스 장군은 병사들을 동원하여 "가급적 지체하지 말고 (…) 마이소르 영토에 진입하여 세링가파탐(스리랑가파트남) 포위전을 진행"하라는 명령을 받았다. 인도 총독은 침공을 어떻게 진행해야 하는지에 관해 그답게 상세한 지시 사항을 보냈고 어떤 상황이 닥치든 간에 군대가 스리랑가파트남 성벽 앞에 설 때까지 절대 협상하지 말아야 한다고 못박았다.[38]

2월 19일에 하이데라바드에 주둔하고 있던 제임스 달림플 대령 휘하 동인도회사 소속 4개 대대와 더불어 하이데라바드 세포이 4개 대대 그리고 1만 명이 넘는 하이데라바드 기병이 해리스 장군의 회사 군대에 합류했다. 3월 5일, 3만 마리의 양과 막대한 양의 곡물, 10만 마리의 수송용 수소가 꼬리에 꼬리를 물고 뒤따라오는 가운데 두 군대는 국경을 넘어 마이소르로 진입했다.[39] 전투원보다 최소 네 배는 많은 10만 명 이상의 군속도 따라왔다. 웰즐리는 그의 군대가 "인도에서 출정한 역대 최상의 군대"라고 믿었지만, 사실 거대하고 거추장스러운 군대였다. 그들은 메뚜기 떼처럼 "그 고장이 내놓을 수 있는 양식이란 양식은" 남김없이 털어가며, 하루 8킬로미터라는 괴롭도록

느린 속도로 스리랑가파트남을 향해 터덜터덜 나아갔다.[40]

1792년에 왕국의 절반을 할양한 뒤 티푸의 자원은 콘월리스의 전역 당시보다 훨씬 더 제한되어 있었고, 그는 자신이 성공할 유일한 기회는 모든 병력을 섬에 위치한 수도 겸 요새에 집중시키는 데 있다는 것을 깨달았다. 그는 두 차례 짤막한 출격만 감행했는데, 한번은 봄베이에서 온 소규모 영국군이 쿠르그에서 산악지대를 넘어갈 때였고, 또 한 번은 방갈로르 인근에서 해리스의 주력 군대를 상대로 한 것이었는데 이때 티푸는 기병들의 힘찬 돌격을 손수 이끌었다. 그 뒤 그는 스리랑가파트남의 거대한 성벽 뒤로 물러나 방비를 강화하고 포위전에 대비하기 시작했다.

병력이 3만 7,000명에 불과해 동맹군보다 수적으로 약간 열세였지만 그는 여전히 강력한 상대였다. 이전의 세 차례 영국-마이소르 전쟁에서 티푸의 군대가 회사를 수시로 격파했다는 사실을 누구도 잊지 않았다. 실제로 이번 전역의 회사 지휘관 중 가장 걸출한 두 사람인 데이비드 베어드 경과 그의 사촌 제임스 달림플은 "인도의 영국군에 닥쳤던 가장 통탄할 참사"인 1780년 폴릴루르 전투에서 처참한 패배를 겪고 사로잡혀 무려 44개월간 갇혀 지냈던 티푸의 포로였다.[41]

3월 14일에 이르러 해리스의 군대는 방갈로르를 지나 주변 야산에 있는 여러 핵심 요새들을 손에 넣었다. 3주 뒤인 4월 5일에는 마침내 스리랑가파트남이 보이는 곳에 들어왔다. 4월 6일, 아서 웰즐리가 외곽 방어선 일부에서 야간 공격을 이끌었으나 실패했다. 회사 소속 세포이 13명이 티푸의 군대에 생포되었다가 고문을 받고 죽었다. 7일, 포위전이 시작되었다.[42]

특유의 재간과 집념으로 티푸는 항전 의지를 역력히 드러냈다. 한 영국인 병사가 쓴 대로 그는 "포에는 포로 응수했고 (…) [야간의 산발적 교전에서는] 결사적으로 싸웠다. (…) 곧 엄청난 광경이 펼쳐졌다. 아주 무거운 로켓탄과 포탄이 남서쪽 방면에서 쉴 새 없이 우리에게 쏟아졌고 요새의 북사면에서 날아오는 14파운드포의 포탄과 포도탄은 계속해서 참호에 커다란 피해를 야기했다. 한편, 수시로 불이 붙는 우리 쪽 포대의 화염은 (…) 타이거 세포이[호랑이 줄무늬 제복을 입은 티푸의 정예 병력]들에게 진격하여 우리를 괴롭히는 머스킷 일제사격을 쏟아내라는 신호였다". 20명의 장교를 비롯해 대략 120명의 프랑스 병사들이 포로로 잡혔다.[43]

공화국의 모표와 월계수 가지를 단 450명가량의 소규모 프랑스 부대도 4월 22일에 섬의 북안에 있는 영국군 진영에 반격을 감행하여 "아주 씩씩하게 싸웠다". "일부는 참호 안쪽 우리의 총검 위로 쓰러졌고 일부는 참호 가까이에서 죽음을 맞았다."[44]

티푸는 용감하고 노련하게 방어에 나섰고, 한동안은 회사 병사들이 별다른 진전을 보지 못했다. "적은 무너진 흉벽을 야간에 계속 보수했고, 아침에는 새로운 토루에 여러 대포를 설치하고 북서쪽 방면의 기병을 에워싸서 우리의 허를 찔렀다. (…) 실의에 가까운 어떤 감정이 이제 서서히 우리 마음을 사로잡기 시작했다. 이런 상황이 곧 바뀌지 않는다면 이 진정으로 가공할 만한 요새는 큰 희생을 치르지 않고는 주인이 바뀌지 않을 것이다"라고 한 장교는 썼다.[45]

하지만 웰즐리의 군대는 전례 없는 대량의 중포로 무장했고, 성벽에 균열을 낼 18파운드포 40문과 요새의 성벽 안쪽으로 포탄을 떨어트릴 8인치와 5.5인치 곡사포 7문을 배치했다. 게다가 티푸의 보병을 상대로 공성전을 벌이는 군대에 지원 사격을 할 6파운드포도 57문을 보유했다.[46] 4월 말에 이르러 섬의 북쪽과 서쪽 끄트머리에 있는 티푸의 포 대다수는 무력화되었다. 5월 3일에 이르러 하이데라바드 파견군의 포병대는 성벽에서 가장 허약한 지점 320미터 이내로 전진해도 될 만큼 안전했고 저녁이 되자 성벽에 상당한 크기의 구멍이 뚫렸다. 해리스는 이튿날을 공습일로 잡았다.[47]

그날 아침, 성벽의 구멍을 살펴보고 목욕을 한 뒤 티푸는 브라만 점성술사들에게 자문을 구했다. 그들은 술탄에게 특히 불길한 징조를 경고했다. 티푸는 그들에게 "코끼리 세 마리와 물소 두 마리, 수소 한 마리, 암염소 한 마리"와 더불어 점치는 데 쓰는 기름이 가득한 무쇠 단지를 주면서 "제국의 번영을 빌어달라"고 청했다. 이제 그는 자신이 끝장났음을 짐작했다.[48]

오후 1시, 날이 한창 더울 때 티푸의 세포이 대다수는 오후 휴식을 취하러 갔다. 회사 군대의 참호에서는 기운을 차린 데이비드 베어드가 병사들에게 "기운을 북돋는 술 한 모금과 비스킷을 한 조각씩" 지급하고 "칼을 뽑아 든 다음 '제군들이여, 준비되었나?'라고 묻자, '그렇습니다'라는 대답이 돌아왔다. '그렇다면 전진하라, 나의 부하들이여!'"[49] 그다음 그는 참호에서 뛰쳐나와 4,000명의 돌격대를 카베리 강으로 이끌고 가 얕은 여울을 건너 성벽에 구멍이 난 지점으로 향했다. 그의 두 부대는 격렬한 백병전 와중에 흉벽을 따라 좌우로 움직이며 경사면을 기어올라 도시로 진입했다.

공습이 마침내 개시되었다는 소식을 듣고서 티푸는 궁전에서 점심을 들다 말고 곧장 달려갔다. 그가 성벽에 도착했을 때 회사 병사들은 성벽 안쪽으로 진입한 지 오래였다. 총안 흉벽으로 기어 올라가 목숨을 걸고 싸우는 것 말고는 도리가 없었다. 수적으로 열세인 데다 압도적으로 밀려드는 회사 군대 세포이들에게 용감하게 맞서던 그는 총검으로 두 군데 상처를 입고 왼쪽 어깨에는 총알이 스치고 가는 부상을 당했다. 수행원은 티푸에게 항복을 청했지만 그는 "미쳤느냐?

입을 다물라"라고 대꾸했다.

요새의 내성 흉벽과 수문 사이 이곳에서, 티푸는 그에게 누구보다 적의를 가진 영국 병사들마저 "용감한 최후의 저항"이라고 인정한 항전을 보여주었다.[50] 일단의 영국군이 성문 사이로 비집고 들어왔고, 한 척탄병이 부상당한 술탄의 허리춤에서 반짝이는 황금 버클을 보고는 잡아채려고 하다가 술탄이 휘두른 칼에 치명상을 입었다. 그 직후 척탄병의 동료 중 한 명이 바로 코앞에서 총을 발사하여 총알이 티푸의 관자놀이를 관통했다. 32년이라는 세월에 걸쳐 회사를 상대로 네 차례 전쟁을 벌인 끝에 마이소르의 호랑이는 검을 쥔 채, 산더미처럼 쌓인 시신과 죽어가는 자들 사이에 마침내 쓰러졌다.[51]

몇 시간 만에 도시는 회사의 수중에 들어왔다. 그날 저녁, 해가 진 뒤 베어드는 티푸의 조신 중 한 명인 라자 칸의 안내를 받아 티푸의 시신을 찾으러 갔다. 한 목격자는 "아주 충격적인 현장이었다. 시신이 너무 많고 너무 어두워서 사람들을 구분할 수 없었다"라고 썼다. 그들은 시체 더미에서 시신을 한 구씩 굴려 내려서, 깜빡이는 등불을 비추어 얼굴을 확인해야 했다. 결국에 베어드는 티푸를 찾아냈다. 공교롭게도 그의 시신은 베어드가 포로로 갇혀 지낸 감옥 출입문에서 270여 미터밖에 떨어지지 않은 곳에 있었다.[52]

술탄의 시신은 옷가지의 보석이 모두 뜯겨나간 채, 부상자와 시체 더미 바닥에 깔려 있었다. 티푸는 눈을 뜨고 있었고 시신이 아주 따뜻해서 베어드는 술탄이 아직 살아 있는 것은 아닐까 잠깐 생각했지만 맥박을 짚어보고는 그가 죽었다고 선언했다. "그의 표정은 결코 일그러지지 않았지만, 준엄한 평정심이 느껴졌다"라고 베어드는 썼다.[53] "입고 있는 옷가지는 흰 리넨 재킷이었다"라고 또 다른 목격자는 기억했다. 그 아래로는 "헐렁한 꽃무늬 비단 바지"를 입었고 "허리에는 진홍색 비단과 면포를 두르고 있었다. 어깨에는 커다란 주머니가 달린 적록색 비단 벨트를 걸쳤다. 난리통에 쓰러지면서 터번이 벗겨져 머리는 드러나 있었고, 팔에는 부적을 차고 있었지만 다른 장식물은 없었다".* 시신의 신원은 생포된 티푸의 가족들도 확인했다.[54]

이미 마이소르의 사상자 수는 동맹군의 사상자 수를 크게 상회했다. 티푸의 병사 1만 명가량이 죽은 데 반해 회사와 하이데라바드 세포이 전사자는 350명가량이었다. 한 영국인 관찰자는 "베란다와 대로를 따라 사방팔방에 온갖 자세로 널려 있는 시신들이 오감에 제시하는 참화의 대상들, 그 끔찍한 광경을 적절한 말로 묘사하기는 거의 불가능할 것이다"라고 썼다.[55] 하지만 참화는 막 시작되었을 뿐이었다.

그날 밤 주민 10만 명의 보금자리였던 스리랑가파트남시는 강간과 약탈, 살육이 닥치는 대로 자행되는 아수라장이 되었다. 아서 웰즐리는 어머니에게 "시내에서는 약탈당하지 않은 집이 없다시피 했고, 우리 병사들과 세포이, 군속들이 숙영지에 차린 장터에서는 대단히 값나가는 보석과 금괴 등등이 매물로 나왔다고 합니다. 저는 5일 아침에 군대의 지휘를 맡으러 왔다가 교수형과 태형 등등 최대한 노력한 끝에 그날 차차 질서를 회복할 수 있었습니다. (…)"라고 말했다.[56]

그날 오후 4시 30분에 술탄의 느린 장례 행렬이 눈물을 흘리며 운

---

*　어떤 2차 문헌들은 아서 웰즐리가 티푸의 시신을 발견했다고 잘못 전한다. 티푸를 발견한 사람이 베어드라는 점은 베어드가 해리스 장군에게 쓴 편지에서 분명히 드러난다. 그 편지는 Montgomery Martin ed., *The Despatches, Minutes and Correspondence of Marquis Wellesley*, vol. I, (1836), pp. 687~689에서 볼 수 있다. 스리랑가파트남 함락에서 웰즐리의 역할은 사후적 판단과 이후 유럽에서 그가 거둔 승전들을 염두에 두고 그의 중요성을 부풀리는 일부 역사가들에 의해 과장되었다. 당시 티푸를 격파한 공로를 인정받은 두 고위 장성은 베어드와 해리스다.

집한 생존자 무리 사이로 조용히 지나갔다. 사람들은 거리에 늘어섰고, "그들 다수는 시신 앞에 엎드려 큰 소리로 통곡하며 비탄을 드러냈다".[57] 마침내 행렬은 랄 바그 정원 안 하얀 양파 모양 지붕을 씌운 하이다르 알리의 무덤 앞에 도착했다.

여기서 티푸는 "무함마드 신봉자들에 의해 샤이드Shahid, 즉 신앙의 순교자로 곧장 선언되어 (…) 드높은 지위에 걸맞게 모든 군장의 예를 갖춰" 아버지 곁에 안장되었다.[58] 영국군 모두는 전역 내내 티푸가 잔혹한 폭군이라는 웰즐리의 프로파간다를 귀에 못이 박히도록 들었다가 힌두교도와 무슬림을 가릴 것 없이 백성이 그를 얼마나 사랑했는지를 발견하고 깜짝 놀랐다. 그의 왕국이 매우 번창하고―잘 경작되고, 근면한 주민들로 인구가 많고, 새로 건립된 도시들과 확대되는 상업―그가 참모들 사이에서 대단히 인망이 있었음을 알고 나서도 놀라기는 마찬가지였다. "전시에 우리의 포로가 된 그의 힌두교도 최측근들은 그가 관대하고 너그러운 주인이었다고 인정했다."[59]

한편, 전리품을 분배하는 일을 맡은 포상 위원회Prize Committee는 남은 티푸의 재산과 국고 안의 재물을 모으기 시작했다. 그들은 자신들이 발견한 것에 감탄을 금치 못했다. "궁전의 부는 우리보다 훨씬 더 저장된 보물에 익숙한 많은 이들이 보기에도 대단히 눈부셨는데, 정금과 보석, 금괴 그리고 무수한 자루에 담긴 값비싼 물건의 형태로 당시 모든 추산을 능가하는 수준이었다."[60]

다해서 대략 200만 파운드**의 금접시와 보석류, 가마, 무기와 갑옷, 비단과 숄이 쌓였다. "권력이 차지하거나 돈으로 살 수 있는 모든 것"이 있었다.[61] 그 가운데 가장 찬란한 물건은 귀금속을 새겨넣고 보

** 　 현재 가치로 2억 파운드.

석이 박힌 호랑이 머리가 상류부를 장식하고 있는 티푸의 황금 보좌로서, "뛰어난 솜씨로 장식된 (…) 그것은 호랑이 등 위에 얹힌 [하우다 형태를 띠었는데] 딱딱한 부분은 검은 목재로 만들어져 전체가 대략 기니 금화 두께의 순금 천으로 덮여 은못으로 단단히 고정되어 있었으며, 정성 들여 톱니 모양으로 깎고, 매우 아름답고 반들반들 윤이 나는 호랑이 줄무늬가 새겨져 있었다."[62]

누구에게 수여해야 할지 결정하지 못한 포상 중개인들은 호랑이 왕좌를 작게 절단했고, 그리하여 18세기 인도 최대의 경이 가운데 하나를 파괴하고 말았다. 아서 웰즐리는 이사들에게 쓴 편지에서 그 손실을 가장 먼저 한탄한 사람이었다. "왕좌를 통째로 영국에 보낼 수 있었다면 정말 기뻤겠지만 제가 그런 전리품의 존재에 관해 알기도 전에 군대 포상 중개인들의 무분별한 열성이 술탄의 오만을 보여주는 그 당당한 기념비를 조각내고 말았습니다."[63]

스리랑가파트남의 피비린내 나는 약탈은 워낙 악명을 떨쳐서 나중에 윌키 콜린스Wilkie Collins의 선구적인 탐정소설 《월장석 The Moonstone》에 영감을 제공했다. 이 소설은 도시의 함락 장면으로 문을 여는데, 이때 화자의 사촌 존 헌캐슬은 "노란 다이아몬드 (…) [한때] 달을 상징하는 네 손 달린 인도 신상의 이마에 박혀 있었으며, 인도 토착 연대기들에서 유명한 보석"을 손에 넣는다. 이것을 손에 넣기 위해 헌캐슬은 "한 손에는 횃불을 들고 한 손에는 피가 뚝뚝 떨어지는 단검을 들고서" 월장석을 지키는 세 수호자를 살해하며, 세 수호자 중 마지막 사람은 죽어가면서 다이아몬드의 저주가 헌캐슬의 무덤까지 따라다닐 것이라고 경고한다. "월장석은 너와 너의 사람들에게 복수할 것이다!" 이야기가 진행되면서 다이아몬드는 그것을 접한 거의 모든 사람에게 불운과 죽음을 가져오다가 결국 그 보석의 신비로운 힌두 수호자들 손으로 되돌아간다. 스리랑가파트남의 실제 약탈에서는 아직 일어나지 않은 일이었다.[64]

티푸의 보물 중의 보물은 나중에 클라이브의 며느리인 파위스 백작부인 헨리에타가 이듬해 인도 남부를 여행했을 때 수집했다. 그녀는 아둔한 마드라스 신임 총독인 남편 에드워드 클라이브와 함께 지내는 게 지루해서 남편은 새 직장인 총독 관저에 놔둔 채 티푸의 이전 영토인 마이소르 여기저기를 돌아다녔다. 회사 병영에 갈 때마다 그녀는 스리랑가파트남에서 약탈한 보석류를 현금으로 바꾸고 싶어 하는 보병들에게 둘러싸였다. 그녀는 기꺼이 사들였다. 이런 식으로 그리 큰돈을 들이지 않고 유럽에서 가장 인상적인 인도-이슬람 공예품 컬렉션을 구축했다. 시간이 지나 컬렉션은 클라이브 가문의 파위스 저택으로 들어갔고, 거기서 40년 전 시라지 우드다울라의 무르시다바드 궁전에서 수집된 전리품과 나란히 전시되었다. 컬렉션은 지금도 거기 있다.

뒤이은 정치적인 합의 과정에서 티푸의 아들들은 벨로르 요새로 유배되었고, 마이소르 왕국에서 가장 좋은 땅 대부분은 회사와 하이데라바드 니잠 사이에 분할되었다. 나머지는 힌두 와디야르 왕조에게 반환되었는데 하이다르와 티푸의 제위는 원래 그들한테서 찬탈한 것이었다. 와디야르 왕가 출신의 다섯 살짜리 아이는 "비참한 상태에서 (…) 옆에 헛간이 딸린 일종의 마굿간에서" 살고 있었다.[65] 소년은 이제 자신이 군주라는 말을 들었고, 간략한 의례를 거행한 뒤, 영국인 상주관이 주시하는 가운데 축소된 마이소르를 통치하게 되었다. 와디야르 왕가는 머잖아 마이소르로 수도를 다시 옮겼고 스리랑가파트남은 폐허가 되어 버려졌다. 그곳은 결코 복구되지 못했다.

오늘날, 티푸의 옛 궁전 터 옆에는 자그마한 마을이 자리 잡고 있으며, 한때 찬란했던 그의 유원지에는 염소들이 풀을 뜯는다. 프랑스인들이 설계한 웅장한 요새시설 말고 티푸의 이전 수도에서 가장 잘 보존된 건물은 아이러니하게도 고대 힌두 스리 랑가나타 사원이다. 티푸의 수도가 이름을 따 간 이곳을 티푸는 보호했을 뿐 아니라, 그 곳에 있는 아름다운 비자야나가라 시대 신상들과 마찬가지로 지금도 여전히 전시되어 있는 귀중한 선물들로 사원을 가득 채웠다. 영국인 적들에 의해 광신적이고 "불관용적인 독단가"로 매도당한 군주의 수도 한복판에 서 있긴 하지만 이 가운데 어느 것도 우상 파괴자들의 끌에 피해를 입지 않았다.

오늘날 티푸의 수도 대부분은 목초지이며, 회사의 맹공격에 저항하기 위해 다른 누구보다 힘썼던 인도 유일의 군주 마이소르의 호랑이 왕국의 지난날의 영화를 증언하는 것은 거의 남아 있지 않다.

티푸가 죽었다는 소식이 전해졌을 때 웰즐리 경은 잔을 들고 "신사 숙녀 여러분, 인도라는 시체를 위해 건배합시다"라고 말했다.[66]

2년이 못 걸려 웰즐리는 인도 내 최대 규모의 프랑스 세력을 무장해제하고, 두 번째로 큰 프랑스 세력을 무찌르고 파괴하는 데 성공했다. 이제 인도의 완전한 지배라는 그의 목표 앞에는 프랑스 장교들이 지휘하는 마라타 군단만이 있었다. 조만간 분쟁이 또 일어나는 것은 불가피했다.

마라타인들은 여전히 당시 회사가 보유한 것보다 훨씬 더 넓은 서부와 중부, 남부 인도의 거대한 지역을 지배했다. 연합전선을 구성할 수 있었다면 인도에서 가장 우세한 세력으로 재부상할 수 있었을 테지만 그들은 이제 어느 때보다 가망 없이 분열되었고, 웰즐리는 그런 상황을 무엇보다 기꺼이 이용했다.

마라타 대연맹의 마지막 장은 1800년 3월 13일에 그곳의 베테랑 재상으로서, 사반세기 동안 마라타 외교와 행정을 총괄해온 뛰어난 나나 파드나비스의 죽음과 함께 시작되었다.[67] '마라타 마키아벨리' 나나는 회사가 인도의 모든 독립 군주들에게 제기하는 실존적 위협을 일찌감치 깨달은 사람 중 한 명이었고, 1780년대에 회사를 인도에서 축출할 심산으로 최초의 삼자동맹을 이끌어내기도 했다.

그는 연맹의 다양한 일원들을 하나로 유지하기 위해서도 노력했다. 마라타연맹에는 비극적이게도 그는 1761년 파니파트 전투에서의 파국적인 패배 이후 두각을 나타낸 유능한 세대 가운데 마지막 사람이었고, 그의 죽음은 페슈와 및 신디아와 홀카르 가문의 연장자들이 하나둘씩 세상을 떠난 1795~1800년, 5년 간의 시기 끄트머리에 찾아왔다. "위대한 재상 나나 파드나비스의 죽음과 더불어 마라타 정부의 지혜와 중용은 모조리 사라졌다"고 푸네의 영국 상주관인 파머 장군은 썼다.[68] 웰즐리가 할 일은 별로 없었다. 그는 캘커타에서 뒷짐 지고 앉아 대연맹이 와해되는 것을 지켜보기만 하면 됐다.

나나가 사라지자 마라타연맹의 리더십을 물려받은, 야심만만하지만 툭하면 다투고 경험이 일천한 세 명의 십 대―신임 페슈와 바지 라오 2세, 신디아 가문의 새로운 수장 다울라트 라오, 홀카르 가문의 새로운 수장 자스완트 라오―는 이제 서로를 겨냥해 실컷 모략을 꾸미고 암투를 벌였다. 점점 더 잘 무장하고, 재정이 넉넉하고, 침략적이고 군사주의적인 회사의 병력을 웰즐리가 아대륙이라는 체스판 위로 아주 교묘하게 움직이기 시작할 때 마라타인들은 내분의 깊은 늪에 꼼짝없이 빠져 있었다. 그들은 연합할 때만 회사에 맞서 승리하기를

기대할 수 있었다. 하지만 날이 갈수록 연합은 더 요원해졌다.[69]

북인도의 정치는 신디아와 홀카르 가문 간 대대로 이어진 반목에 의해 오랫동안 지배되어왔다. 이제 그 반목은 점차 격화되고 폭력적으로 분출되었다. 1794년 마하지 신디아가 죽었을 때 후계자인 다울라트 라오는 열다섯 살에 불과했다. 소년은 브누아 드 부아뉴가 선대를 위해 훈련시켰던 뛰어난 군대를 물려받았지만 그것을 활용하는 데 필요한 비전이나 재능을 보여주지 못했다. 마라타 정치에 대한, 회사의 가장 노련한 관찰자인 파머 장군은 마하지 신디아를 굉장히 예찬했지만 그 후계자에게는 감명을 받지 못했다. 그는 그를 "방종한 젊은이 (…) 나약[하고] 원칙이나 품위가 전무하다"고 평가했다.

> 수입은 급속히 줄어든 반면 군대는 쓸데없이 불어났고, 이제 그는 병사들에게 1크로르 [1,000만 루피, 현재 가치로 1억 3,000만 파운드] 이상의 봉급을 지불하지 못했다. 무스누드[제위]에 오른 이후로 가장 파렴치한 탄압과 강도질로 5크로르를 받았지만 말이다. 유럽인 장교들과 그들이 지휘하는 부대의 충성심이 지금까지 그의 축출을 막아왔지만, 그들이 그를 더 오래 지켜주지는 못할 것이다. (…) 그는 자신의 사정에 관해 완전히 무지하며 또 자신의 진정한 이익을 이해할 능력이 없고, 명예나 성품에 조금도 관심이 없으며 자비심도 없다. 그의 시종들은 이런 결점들을 하나도 놓치지 않고 이용하고 있으며, 그의 정부는 혼란과 협잡, 강탈의 현장이다.[70]

신임 페슈와 바지 라오 2세가 똑같이 젊고 미숙하다는 것도 문제였다. 파머는 이렇게 생각했다. "그는 성품이 [다울라트 라오] 신디아보다 나을 게 없고, 똑같이 악행을 저지르기 위해 권력을 원한다. 하지만 개인적 처신에 한해서 그는 점잖은 반면 신디아는 아주 제멋대로다. 나는 여기서[푸네에서] 자신들에게 바람직한 것이나 타인의 권리를 이해하지 못하는 두 젊은이를 상대해야 하는 아주 골치 아프고 난감한 역할을 맡고 있다."[71]

턱선이 또렷하지 않고 솜털이 보송보송한, 호리호리하고 소심하며 자신감 없어 보이는 스물한 살의 젊은이 바지 라오는 자신의 권력 기반을 구성하는 상이한 파벌들을 하나로 유지할 능력이 전혀 없었다. 더욱이 그와 신디아 모두 제3의 마라타 주요 권력 실세인 자스완트 라오 홀카르, 즉 애꾸눈 '인도르의 사생아Bastard of Indore'와 화해 불가능할 만큼 사이가 나빴다.

페슈와의 전통적 역할은 여러 마라타 군벌들 간 중재자 노릇을 하며 그들을 단합시키는 것이었다. 하지만 1802년 4월에 바지 라오는 아주 쓸데없이 홀카르 가문과 새로운 유혈 반목을 야기했다. 자스완트 라오의 형 비토지Vitoji가 페슈와의 병사들에게 예기치 못하게 붙잡혔을 때 의기양양한 바지 라오는 200대의 태형에 처한 다음 코끼리 발에 매달아 끌고 다니며 죽게 만들었다. 비토지가 비명을 지르며 궁전 여기저기로 끌려다니는 동안 바지 라오는 키득거리며 테라스에서 내다보았다.[72] 그 직후에 바지 라오는 나나 파드나비스의 이전 지지자와 동지들을 궁전으로 초대한 다음 음모를 꾸몄다는 혐의를 씌워 모두 붙잡아 가뒀다.[73]

별칭이 암시하듯이 자스완트 라오는 투코지 홀카르가 첩한테서 낳은 혼외자였다. 적자인 이복형제가 즉위하자 자스완트 라오는 도망자가 되어 그와 비슷하게 처지가 절박한 무장 추방자 무리를 이끌고 밀림으로 떠나 인도르 주변의 불모지에서 이동 생활을 하며 거친 삶을 살았다. 비토지가 살해된 뒤 자스완트는 제주리에 있는 가문의 수호신에게 도움을 구하고, 지모와 용기가 뛰어난 지도자라는 명성에 힘입어, 충성스러운 비일Bhil 전사 200명의 도움을 받아 형제의 요새였던 마헤슈와르로 진군하여 스스로 그의 후계자로 즉위했다.

거기서 5월 31일에 자스완트 라오 홀카르는 형제의 피살에 책임이 있다고 여기는 자들에게 복수를 맹세했다. 그는 먼저 신디아에게 고개를 돌려 지체 없이 적의 영토를 습격하러 출발해, 그의 궁전을 약탈하고 불태웠다. 두 앙숙은 인도 중부의 언덕과 전쟁터 곳곳에서 싸우며 1801년의 대부분을 보내다 우자인과 부르한푸르 사이에서 교착 상태에 빠졌고, 그사이 그들의 군대는 많은 희생자를 냈다. 연대기 작가 문나 랄에 따르면 "사태를 있는 그대로 볼 줄 아는 데칸의 다른 지휘관들은 우리 마라타인들 사이에서 상호 증오는 수치요, 번영은 단합으로부터 나오는 반면 불화는 파멸을 가져올 것이라고 말하며 자스완트 라오와 평화를 중재하려 애썼다. 그러나 시절이 하 수상하니, 그들의 충고는 아무 소용이 없었고, 날이 갈수록 불화의 불길이 더욱 활활 타올랐다".[74]

마침내 자스완트 라오는 군대를 이끌고 고다바리강을 건너 남쪽으로 진군하여 푸네로 향했다. 필사적으로 우군을 찾던 페슈와는 티푸가 죽은 뒤 여전히 활동 중인 유일한 세력에게 고개를 돌렸다. 그는 영국 상주관을 호출하여 동맹을 요청했다.

웰즐리가 마라타연맹을 더 분열시켜 그 군사력을 마비시킬 기회였다. 그는 얼마 전 니잠에게 제의했던 조건을 바지 라오에게도 제의했다. 방위 동맹을 맺고 그를 보호하기 위해 푸네에 회사 소유 세포이 부대를 영구 주둔시키는 대가로 매년 거액의 현금을 지급받는다는 내용이었다. 페슈와는 조건을 수용했지만 회사 병력이 그를 보호하러 도착하기 전에 그와 신디아는 이제 빠른 속도로 푸네로 진군 중인 홀카르의 군대를 직면해야 했다.

1802년 10월 25일 일요일, 디왈리 축일에 두 군대는 마라타 수도에서 몇 킬로미터 떨어진 하다스푸르의 울창한 넓은 골짜기에서 맞닥뜨렸다. 전투는 아침 9시 반에 장시간의 쌍방 포격으로 시작되었다. 포격은 이렇다 할 승부가 나지 않으며 이어지다가, 1시 직후에 자스완트 라오가 "사슴 떼에 달려드는 호랑이처럼" 신디아의 포를 상대로 직접 대형 기병 돌격을 이끌었다. 그는 돌격하는 중에 심각한 부상을 입었지만 결정적 승리를 거뒀다.[75] 결국 전투에서 지고 5,000명의 부하들이 목숨을 잃었는데, 겁에 질리고 당황한 바지 라오는 한참 전에 도망쳤다.

한 달간, 젊은 페슈와는 자스완트 라오의 척후병들을 피해 호위대와 함께 언덕 요새들을 떠돌았다. 한동안은 푸네 남쪽 신하가르 요새에서 은신하다가 험준하고 접근이 힘든 언덕 꼭대기에 위치한 장엄한 라이가드 요새로 갔는데, 최초의 위대한 마라타 시바지가 즉위하고 아우랑제브의 무굴 군대를 물리친 곳이었다. 이후 바지 라오는 새로운 동맹인 회사와 긴밀히 연락을 유지했고 회사는 곧 구조 작전에 돌입했다.

라이가드에서 페슈와는 해안으로 가라는 연락을 받았고, 해안에 도달하여 옛 해적 근거지인 수바르나두르그에 피신했다. 머잖아 그는 웰즐리의 사절인 케네디 함장이 이끄는 허큘리언HMS Herculean호에 의해 구조되었다. 바지 라오와 그의 부하들은 식사를 비롯해 각종 대접을 받고 2라크 루피*의 금도 제공받았다. 2주 뒤인 12월 16일, 슬루프선은 봄베이에서 북쪽으로 조금 떨어진 과거 포르투갈 무역 기지

---

*   현재 가치로 260만 파운드.

바세인-현재의 바사이-에 예포를 쏘며 입항했다. 퇴락해가는 예수회 교회와 잡초가 무성한 도미니크회 수도원이 즐비한 허물어져가는 도시는 거대한 반얀나무들이 부서진 바로크 양식 박공벽과 무너져가는 회랑을 휘감는 가운데 서서히 밀림화되고 있었다.

여기서 바지 라오는 회사와 동맹 조약을 체결하고, 이제 회사를 마라타의 종주宗主로 인정했다. 대규모 영국군 수비대가 푸네에서 페슈와의 궁전을 내려다보는 신축 병영에 주둔할 예정이었고, 영국의 군대가 이제 그를 그곳에 다시 앉힐 터였다.

바세인 조약으로 알려진 문서는 그해 마지막 날인 1802년 12월 31일에 비준되었다. 조약의 세부 내용을 전해 들었을 때 홀카르는 딱 잘라 말했다. "바지 라오는 마라타를 파괴했다. 이제 영국인들은 티푸 술탄에게 한 것과 똑같은 일을 거기에 할 것이다."[76]

웰즐리는 바세인 조약으로 전에 니잠에게 한 것처럼 피 한 방울 흘리지 않고 마라타를 회사의 의존국으로 탈바꿈시키는 데 성공했다고 믿었다. 더 노련한 다른 관찰자들은 그만큼 자신하지 않았다. 조약의 세부 내용을 전해 듣자마자 하이데라바드의 상주관인 제임스 커크패트릭은 하이데라바드에서 공문을 보내, 마라타 군벌 가운데 누구도 가만히 앉아서 회사가 바지 라오를 꼭두각시로 부리는 것을 허용하지 않을 것이라고 경고했다. 그는 웰즐리의 작업이 평화를 가져오는 대신 바지 라오는 실패했던 일, 즉 마라타인을 단합시키는 데 성공할 것이며, 마라타 군대들이 이제 회사와 싸우기 위해 '적대적 연맹'으로 뭉칠 것이라고 내다봤다.

예상대로 웰즐리는 커크패트릭의 경고를 주제넘은 참견이라 여기고 노발대발했다. 그는 마라타의 단합된 저항은 이제 어떤 식으로든 "절대적으로 불가능"하며, 자신과 다른 의견을 내비치는 상주관은 "무지와 어리석음, 배반"을 저지르는 것이라고 말하며, 하이데라바드에 험악한 답장을 써 보냈다. 하지만 커크패트릭은 자신의 정보원들에 따르면 "그러한 연맹이 구성될 개연성은 매우 크고", 홀카르는 그렇지 않아도 지금 푸네를 점령하려고 오고 있으며, 마라타 족장들 가운데 또 다른 주도적 인사인 라구지 보슬레Raghuji Bhosle, 즉 베라르의 라자도 거기서 그에게 합류할 계획이라고 대답하며 물러서지 않았다.

커크패트릭은 옳았다. 몇 달 만에 회사는 다시 한번 전쟁에 나서게 되는데, 이번에는 그들이 지금까지 직면한 군대 가운데 가장 크고, 가장 잘 무장했으며, 가장 단단히 훈련된 군대에 맞서야 했다.

구세대 군주들 가운데 최후의 생존자는 샤 알람 황제였다. 이제 일흔다섯 살의 눈먼 국왕은 폐허가 된 궁전 한가운데 금박의 모조 공작 왕좌에 여전히 앉아 있었으니, 대체로 환상에 불과한 제국의 앞 못 보는 군주일 뿐이었다.

황제는 자신의 모든 적들—나데르 샤, 이마드 울물크, 클라이브, 카낙, 슈자 우드다울라, 굴람 카디르—보다 오래 살았지만, 이것만이 실제로 그의 유일한 승리였다. 연로한 그는 후계자인 아크바르 샤에게 델리로 돌아온 날부터 자신은 이름뿐인 군주였다고 말하는 등, 자신의 실패들에 관해 적어도 현실적인 태도를 보였다. 자신은 제1급 수인囚人일 뿐이며, 그의 아들들도 자신들을 그 이상으로 여겨서는 안 된다고 말했다.[77]

황제의 안위에 적어도 가끔가다 관심을 보인 마하지 신디아는

1794년에 죽었고, 후임자인 다울라트 라오는 무굴의 바킬이무탈라크, 즉 대재상이라는 명목상 지위에 완전히 무관심했다. 자신의 영토 멀리 북쪽에 위치하고 무스누드에 오른 뒤 한 번도 가본 적 없는 무굴 궁정을 유지하는 일에는 더 무관심했다. 그러므로 마라타 수비대가 붉은 요새 안에 주둔하고 황제는 마라타의 명목상 보호하에 있었지만, 왕실은 보호자들에게 방치된 채 궁색하게 살았다.

이들은 황제의 일신과 호위대를 책임진 사보이 출신 귀족 루이 기욤 프랑수아 드뤼종Louis Guillaume François Drugeon 과, 마라타의 한 역사가가 "제빵사, 폭죽 제조자, 겁쟁이"라고 묘사한 미천한 출신의 프랑스 용병 루이 부르키엥Louis Bourquien이 이끄는 일단의 프랑스 장교들이었다. 총괄 지휘권은 신디아의 총사령관 피에르 페롱 장군에게 있었는데, 프로방스 직조공의 아들인 그는 병사들과 함께 동남쪽으로 150여 킬로미터 떨어진 알리가르 대요새에 주둔하고 있었다.[78]

여러 권에 달하는 이 시기의 궁중 일기《로즈남차이 샤 알람Rozna mchai-Shah Alam》이 영국도서관에 남아 있어서, 무굴 궁정 생활이 순전히 자원의 부족으로 어느 정도까지 쪼그라들었는지 다른 어느 문헌보다 잘 드러내준다. 궁중 일기는 한 왕자가 "내다 팔 요량으로" 아사드 부르즈 탑 바닥에 상감된 준보석 장식과 대리석 조각들을 떼어내다가 붙잡혔다는 이야기를 들려준다. "그는 폐하 앞에 불려와 그런 고의적인 파손 행위를 저질러서는 안 된다는 꾸지람을 들었다." 한 공주는 저당 잡힐 수밖에 없었던 보석들의 이자를 둘러싸고 황제와 말다툼을 벌였다. 한 첩은 나와브 무바라크 마할의 장식품을 훔쳤다고 고발당했다. 황제의 자식들은 연금을 받지 못했다고 불만을 토로했고, 더 먼 왕실 친척들은 적절한 식량을 받지 못해 아사 직전이라고 주장하며 살라틴 우리에서 탈출을 시도했다. 황제는 "제국이 쇠약한 상태이므로, 왕자들은 푸네의 주인들[마라타인들]이 경비로 얼마를 제공하든 만족해야 한다"라고 대꾸했다.

특히 한 번은, 눈먼 황제를 찾아온 어느 마라타 족장이 동전 한 줌을 알현실 바닥에 던지자 모든 수행원들이 궁중예법을 무시하고 돈을 주우러 달려들고 일부는 심지어 디완이암Diwan-i-Am(붉은 요새 내 대형 홀. 디완이카스보다 더 넓은 알현 장소이며, 무굴 황제들은 여기서 공식 조정을 주재했다—옮긴이) 안에서 주먹질을 벌여, 황제가 시종들을 꾸짖어야 했다. 한편 델리시의 탄원자들은 성내城內에서는 구자르인들이, 교외에서는 시크인들이 습격을 벌인다고 불만을 호소했다.[79]

샤 알람은 마라타 내전이 벌어져 발생한 폭력과 불안정에 관해서도 보고 받고 다울라트 라오를 탓하며 근심에 잠겼다. 그의 전기 작가 문나 랄은 "폐하께서는 '이 흉흉한 인간이 이제는 동포들 사이에서 불화의 씨앗을 뿌리려고 애를 쓰는구나. 그런 추하고 부적절한 행위로 그는 자신이 앉아 있는 나뭇가지를 잘라버렸다. 모든 것이 수치스러운 참사로 끝나리라'라고 말씀하시며 이런 사태에 깊은 유감을 드러냈다"고 전했다.[80]

이 세상이 돌아가는 꼴에 답답함을 느낀 황제는 점점 더 영성의 세계로 눈길을 돌렸다. 어느 이름난 탁발 고행자가 라호르에서 도착했을 때 그는 도시 성문까지 왕자들을 보내 그를 맞이하게 했다. 한번은 어느 첩이 "꿈을 꾸었는데 폐하가 카담 샤리프를 방문하고, 자유롭게 뛰놀 수 있도록 붉은 임소 한 마리를 풀어주도록 명하면 제국의 상황이 나아질 것"이라는 계시를 받았다고 한다. 황제는 두 가지 일을 실행하라는 명령을 내렸다.[81]

샤 알람에게 남은 한 가지 즐거움은 문학 활동이었다. 그는 70대의 자유 시간 상당 부분을 그의 일생의 시문을 편집하는 데 보냈고,

가장 마음에 드는 시문만을 모아 한 권짜리 시문집 및《나디라트이 샤히》와《디완에아프탑》을 내놓았다. 또한 학자들이 델리 우르두어로 쓰인 최초의 장편 소설로 간주하는 작품을 받아 적게 했는데, 바로 4,000쪽짜리 야심 차고 거대한 작품《아자이브 울카사스 *Ajaib ul-Qasas*》이다. 이 다스탄(이야기)은 왕권에 대한 고찰로서, 자신들이 통제할 수 없는 힘들에 시달리며 인도부터 다양한 마법의 섬, 요정과 악마의 영역들을 거쳐 콘스탄티노플까지 이어지는 한 왕자와 공주의 이야기를 들려준다. 운명의 손길에서 왕자가 느끼는 무력감은 샤 알람의 경험을 반영하는 한편, 호화로운 궁정풍 배경은 아래 세대 신디아 정권의 방치 아래 샤 알람의 곤궁해진 현실과 대조를 이룬다.

다울라트 라오 신디아는 연로한 무굴 황제를 통제하는 가치를 깨닫지 못했을지도 모르지만 웰즐리 경은 확실히 간파했다. 그는 샤 알람이 이렇다 할 군사력은 휘두르지 못할지라도 여전히 상당한 상징적 권위를 지니고 있으며, 그가 내린 결정은 그 즉시 합법성을 부여한다는 중대한 차이를 이해했다. "황제 폐하는 실제적 권력과 영토, 권위를 완전히 박탈당했음에도 인도의 거의 모든 나라와 각계각층의 사람들은 계속해서 그의 명목상 주권을 인정한다. 기존의 모든 권력의 통화는 샤 알람의 이름으로 주조된다. (…)"[82]

1803년 6월 말에 이르러 신디아가 바세인 조약을 수용하지 않을 것이며 이제 전쟁이 불가피하다는 것이 분명해지자 웰즐리는 힌두스탄을 침공하여 그곳의 유서 깊은 무굴 수도와 황제 둘 다를 확보할 상세한 계획을 그리기 시작했다. 그는 "무슈 페롱의 군대를 파괴"한 다음에 "신디아의 영토를 침공하여 라지푸트인들과 동맹을 맺을" 계획이었다.[83] 동생인 아서에게는 "아그라와 델리를 손에 넣고" 그리하여 "가급적 빨리 (…) 무굴 [황제의] 신변을 영국의 보호 아래 둘 생각이다"라고 썼다.[84] 이는 회사가 마침내 인도 최고 통치자로서 상징적으로 또 실질적으로 무굴과 마라타를 대체하는 순간이 될 것이었다.

영국인들은 샤 알람의 측근인 사이드 레자 칸을 황제와의 조심스러운 대화 채널로 오랫동안 이용해왔다. 이제 웰즐리는 비밀 서신을 보내 샤 알람에게 피신처를 제의하고 30년 전인 1772년에 황제가 알라하바드를 떠난 이래 처음으로 무굴 왕조를 다시금 회사 아래 거두기 위한 협상을 개시하기로 했다. "폐하께서는 영국 정부가 폐하와 왕가에 대해 변함없이 품어온 존경과 애정의 감정을 익히 알고 계시겠지요"라고 그는 아첨과 빈정거림, 반쪽짜리 진실을 뒤섞은 평소 스타일대로 편지의 서두를 뗐다. "불행히도 폐하께서 일신의 보호를 마라타의 권력에 의탁하신 이래로 폐하와 폐하의 빛나는 가문이 겪어온 상처와 무례는 저희 회사에 끊임없는 염려의 대상이었습니다."

불의와 탐욕, 비인간성으로부터 폐하께 적절한 구제를 제공하기 위해 영국의 권력이 개입하기에 지금까지 형편이 좋지 않았던 것이 심히 유감입니다. 현 위기 사태에, 폐하께서 다시금 영국 정부의 보호 아래 의탁하실 기회가 있을 듯하며 저는 폐하의 왕가에 진심으로 품고 있는 존경과 애정이 명하는 바를 따를 수 있게 할 어떤 사건이든 이용할 것입니다.[85]

웰즐리의 총사령관인 레이크 경은 "폐하께 모든 형태의 존경과 공경, 관심을 그리고 폐하와 왕가의 안위에 지극한 배려를 보이"고, "폐하와 폐하의 가족 및 왕실을 부양하기 위한 적절한 대책을 마련할 것"이라고 장담하라는 지시를 받았다. 비록 다음 문단에서 황제는 붉은 요새를 떠나 캘커타에 더 가까운 곳인 파트나 인근의 수수한 지방 요새 몽기르에서 기거하는 편을 선호할지도 모른다고 시사했을 때 웰즐리의 실제 의도가 드러나긴 했지만 이는 너그러운 제안처럼 들렸다.[86] 하지만 기사도 넘치는 레이크 경은 웰즐리의 뜻을 오해하고, 상관의 의도를 뛰어넘어 우호적인 보호자라기보다 신하의 어조를 취했다. 그는 "폐하께 저의 모든 충심과 애정을 진심으로 드러내고 싶으며, 폐하의 명령을 실행하는 것은 남다른 특전인 만큼이나 현저한 영예일 것입니다"라고 썼다.

어조의 미묘한 차이를 황제는 놓치지 않았다.

이제 회사의 두 군대가 각각 북쪽과 남쪽에서, 다가오는 무력 분쟁을 본격적으로 준비하고 있었다. 북쪽에서는 레이크가 전진 기지인 "광대한 폐허가 된 고대 도시 카나우지"에서 병사들을 훈련시켰다. 마라타와 접한 회사의 서부 변경지에 가까운 이곳은 "웅장한 건물 잔해와 군주들의 무덤을 뒤덮고 있는 높이 자란 풀에 에워싸여 있었고, 늑대와 자칼, 호랑이 같은 다양한 사냥감이 곳곳에 숨어 있었다."[87]

불과 열일곱 살 때 레이크는 프리드리히 대왕 곁에서 복무했으며, 그로부터 빠르고, 가볍고, 말이 끄는 대포, 즉 그가 부르는 바로는 "갤로퍼 포galloper guns"(경야포)의 효율성을 익혔다. 이제 그는 이 군사적 신문물을 인도로 가져왔다. 윌리엄 손William Thorn 소령에 따르면 "이런 6파운드포 2문이 기마 연대마다 배치되었으며, 어느 것도 이 대규모 기병과 경야포에 의해 전속력으로 수행되는 기동의 정확성과 속도를 능가하지 못했는데, 이들의 맞물린 움직임이 아주 일사불란하게 이루어져서", 곧 "마라타 기병들 사이에서 공포"를 불러일으키게 된다.[88] 레이크는 병사들을 혹독하게 조련했지만 저녁이면 아낌없는 대접으로 그들의 마음을 사로잡았다. 일단 전쟁이 벌어지자, 뛰어난 마라타 포병대를 제압하도록 병사들을 구슬리려면 이렇게 쌓아둔 신뢰와 인기가 모두 필요할 터였다.

남쪽에서는 웰즐리 경의 동생이자 갓 진급한 아서 웰즐리 소장 역시 다가오는 전쟁을 한창 준비 중이었고, 병력과 쌀, 여타 물자를 티푸의 옛 수도 스리랑가파트남에 집결시키느라 바빴다. 이곳에서 그는 앞서 티푸의 일부 병사와 대포 그리고 가장 중요하게도 그의 방대한 수송 조직―3만 2,000마리의 수소와 25만 마리의 마이소르 흰소―을 자신의 군대로 흡수했다.[89] 그는 고리 배coracle(고리를 엮어 바구니처럼 만든 선체에 가죽을 씌운 작은 배―옮긴이)로 급류를 건너는 연습을 하며, 레이크처럼 병사들을 혹독하게 훈련시켰다. 한편, 인근 언덕에서는 "후일 자신의 군대가 스무 배나 많은 적을 물리칠 수 있게 해준 일사분란한 동작을 가르쳤다."[90]

1803년 3월 초에 아서 웰즐리는 이제는 영국의 보호 아래, 웰즐리 형제가 단단히 통제하고 있는 페슈와 바지 라오 2세를 푸네로 데려와 권좌에 복귀시키기 위해 출발했다. 그는 이 목표를 4월 초에 총 한 발 쏘지 않고 달성했는데, 홀카르가 데칸고원을 가로질러 북동쪽 아우랑가바드로 군대를 신중하게 퇴각시킨 덕분이었다. 궁중 생활을 재개한 바지 라오는 이제 마라타 지도자라기보다는 영국의 꼭두각시에 가까웠지만 "바깥세상에 신경을 끊은 채 목욕과 기도, 먹고 마시기, 떠들썩한 유흥으로 이루어진 일상에 행복한 듯했다. (…) 접시에 풍성한 장식을 곁들여 사치스러운 정찬이 매일같이 차려진다. 요리의 선택을 둘러싸고 열띤 논쟁이 벌어진다. (…)"[91]

아서 웰즐리는 이 일에 쉽게 성공한 탓에 나중에 전 상주관인 존

얼리치 콜린스John Ulrich Collins 중령이 "그들의 보병과 포에 깜짝 놀라게 될 것"이라고 경고할 때 코웃음을 치며 마라타인들의 용기와 실력을 과소평가하게 된다. 이는 심각한 실수였고, 머잖아 마라타 군대는 회사가 상대한 역대 최강의 적이라는 사실을 입증할 것이었다. 훗날 콜린스의 경고를 기억한 웰즐리 소장의 장교 중 한 명은 회고록에서 "나중에 말을 타고 돌아오면서, 장군[아서 웰즐리]을 비롯해 우리는 '꼬마 킹 콜린스'를 놀리는 농담을 주고받으며 낄낄거렸다. 그의 말이 곧 진실로 드러날 것이라고는 거의 생각지 못했다"라고 썼다.[92]

장군들이 병사들을 분주히 조련하고 훈련시키는 동안 총독 본인은 캘커타에서 다가오는 전쟁을 위한 재정적, 외교적 지원을 마무리 짓는 데 전념했다.

회사 군대는 웰즐리 치하에서 아주 빠르게 불어나서 몇 년 만에 인원이 11만 5,000명에서 15만 5,000명으로 거의 절반이나 증가했다. 다음 10년 사이에는 다시금 19만 5,000명으로 증가하여, 세계 최대 규모의 유럽식 상비군 가운데 하나이자 영국군 규모의 대략 두 배에 달하게 된다. 게다가 힘 좋은 유럽산과 남아프리카산 말을 탄, 당당한 신식 기병도 뒤늦게 모집했다. 이들의 임무는 탈레가온과 폴릴루르에서 치명적인 결과를 낳았던 이동이 느리고 거추장스러운 보병과 대포 행렬을 인도 비정규 경기병의 측면 공격에서 보호하는 것이었다. 비정규 경기병을 이용한 측면 공격은 마라타인들이 특히 능숙한 전쟁 방식이었다.[93]

늘 현금 부족에 시달린 워런 헤이스팅스와 달리 웰즐리는 이렇게 방대하게 늘어난 군사기구에 돈을 대는 데 문제가 없었다. 콘월리스의 토지 개혁이 야기한 농촌의 격변이 진정된 뒤 회사는 벵골에서 매년 2,500만 루피라는 적잖은 세수 잉여를 얻었다. 반면에 신디아는 관개가 잘 되지 않은 말와의 근거지로부터 120만 루피*의 현금만 얻을 수 있었다. 이 믿음직한 잉여금 덕분에 회사는 벵골 단기금융시장의 신용에 쉽게 접근할 수 있었고, 그리하여 웰즐리 치하인 1798년과 1806년 사이에 인도에서 회사의 부채는 세 배 이상 늘었다.

회사는 또한 이러한 금융 자원들을 인도 곳곳에 효율적으로 재분배할 수 있었다. 회사 군대의 보호를 받은 베나레스와 인도 서해안 고팔다-마노하르다 가문의 은행가들은 병사들과 군 경리관에게 필요한 현금을 공급하며, 이제 군대와 함께 이동하는 대표들을 보내기 시작했다. 실제로 인도 전역의 은행가들이 너도나도 회사에 자금을 융자하기 시작했다. 베나레스의 두 금융 가문인 만누 랄가家와 베니파르샤드가家는 "군대가 사용하는 데 필요한 현금을 공급할 수 있는 우선권을 그들에게 부여할 것"이라는 확약을 회사에 요구하기까지 했다.[94]

궁극적으로 동인도회사는 막강한 용병 군대에 안정적 재정 기반을 제공할 길을 찾았기 때문에, 그리고 군대에 봉급을 주고 배고픈 병사들을 먹이는 데 필요한 돈을 재빨리 현금화하고자 할 때 인도의 세트, 사후카라, 슈로프 Shroff들(용어 해설 참조)을 언제나 경쟁자들보다 더 쉽게 설득할 수 있었기 때문에 전쟁에서 승리했다. 반면에 젊은 아서 웰즐리가 주목했듯이 "페슈와부터 최하급의 기병에 이르기까지, 땡전 한 푼이라도 갖고 있는 마라타인은 나라 전체에 한 명도 없

---

* 이 액수들의 현재 가치는 다음과 같다. 2,500만 루피=3억 2,500만 파운드, 120만 루피=1,560만 파운드.

‹9› 인도라는 시체 533

었다". 1801년에 이르자 이는 그다지 놀랄 일이 아니었는데, 아서가 지적했듯이 마라타 내전이 휩쓸고 간 뒤에 "푸네 주변 150마일(240킬로미터) 반경으로 나무 한 그루나 곡식 한 포기도 서 있지 않았으니" 말이다.[95]

무굴 궁정의 사정도 그만큼 나빠서 한 마라타 사절은 "돈이 눈 씻고 봐도 없다"고 보고할 정도였다.[96] 그 결과 신디아와 홀카르는 병사들에게 줄 봉급이 엄청나게 밀렸고, 그들의 사후카라들은 더 이상의 융자를 거부하는 가운데, "채권자들에게 시달리는 지옥에 빠져 (…) 이마에서 살갗이 벗겨질 때까지 그들의 발밑에 엎드리고 있다"라고 자신을 묘사한 이전 어느 마라타 페슈와와 같은 처지에 놓였다.[97]

하지만 리처드 웰즐리는 순전히 무력이나 회사의 금력에만 의존하기에는 아주 교활하고 무자비한 적수였다. 그는 언제나 적을 좌절시키거나 속수무책으로 덫에 빠트리는 방식으로 체스판에서 말을 움직일 때 가장 커다란 기쁨을 느꼈다.

마라타에 고용되었으나 봉급을 받지 못한 용병들을 꾀고 부패시키고, 매수하라는 메시지가 보내졌다. 평생 모은 재산 28만 파운드*를 이미 회사 주식에 투자한, 신디아의 북부군 총사령관 피에르 페롱 장군은 호혜적인 재정적 합의에 도달하는 데 가장 먼저 관심을 보인 사람이었다.[98] 레이크는 "그의 군사적 자원과 권력 전체를 귀관에게 넘기도록 유도할 합리적인 보상과 더불어 그의 개인적 이해관계와 재산을 보장해주도록 페롱 씨와 합의를 체결"해도 좋다는 권한을 부여받았다.[99]

이제는 히마트 바하두르로 알려진, 늙고 주름이 자글자글한 전사

---

*   현재 가치로 2,900만 파운드 이상이다.

고행자 아눕기리 고사인에게도 과거의 적들과 화해하고, 분델칸드 기반의 나가 전사들을 이끌고 회사 편으로 넘어오도록 설득했다. 이는 웰즐리의 첩보 담당자 중 한 명이 "히마트 바하두르는 신뢰할 수 없다. (…) 그를 두고 한 원주민은 강을 건널 때 발을 두 보트에 걸치고 한쪽이 가라앉으려고 하면 언제든 버릴 준비가 된 사람과 같다고 말했다"라고 경고했음에도 불구하고 이루어졌다.[100]

웰즐리는 반목하는 마라타 군대들이 이견을 접고 화해하지 않게 하려고도 애썼다. 특히 오랜 로마 격언 '디비데 에트 임페라divide et impera', 즉 '분할하여 지배하라'를 신조로 삼아 신디아와 홀카르가 화해하는 것을 막기 위해 최선을 다했다. 이 지점에서 그는 특히 성공적이었다.

1803년 6월 말에 이르러, 홀카르는 전군을 아우랑가바드 근처로 집결시켰지만 회사와 싸우기 위해 자기 형제의 살해자와 연합하는 일에는 여전히 망설였다. 여기서 웰즐리가 선보인 신의 한 수는 전쟁이 끝난 뒤에 페슈와 바지 라오와 손을 잡고 홀카르의 전복을 꾀하는 신디아의 편지를 가로채 홀카르에게 보낸 것이었다. 편지에서 다울라트 라오는 "그의 요구를 들어주는 척하자. 전쟁이 끝난 뒤 우리 둘 다 그에게 철저히 복수할 것이다"라고 썼다.[101]

이 편지를 받은 뒤, 신디아에 합류하려고 이제 막 이틀간 진군했던 홀카르는 발길을 돌렸고, 동맹에 가담하기를 단호히 거부했다. 그 직후 그는 나르미다강을 다시 건너서 중인도에 있는 근거지 마헤슈와르로 돌아가려고 출발했다.[102] 이로써 웰즐리는 신디아와 그의 동맹인 베라르의 라자 라구지 보슬레를 먼저 치고, 그 뒤에 홀카르에 맞서 병력을 이동시킬 수 있게 되었다. 어쩌면 다른 어느 요인보다도 이것이 여전히 군사적으로 강력하지만 정치적으로 분열된 적인 마라타연맹에 회사가 맞서는 데에 가장 큰 이점을 제공했을 것이다.

이 같은 각종 공작과 책략 이면에서 웰즐리는 기업이 아니라 국가적 기획이라는 인도의 영제국에 관한 공격적인 신개념을 발전시키고 있었다. 그것은 그의 회사 선임자들이 꿈꿨을 어떤 것보다도 훨씬 더 뚜렷하게 민족주의적이고 적나라하게 팽창주의적인 비전이었다. 7월 8일에 조지 발로 경Sir George Barlow은 공식 비망록에서 이와 같은 비전을 가장 먼저 분명하게 표현했다. "영국 권력에 의해 유지되지 않거나 그 정치적 행위가 영국 권력의 절대적 통제 아래 있지 않은 어떤 토착 국가도 인도에 절대 남아 있어선 안 된다."[103] 인도 반도 전체에 대한 영국 정부의 완전한 지배라는 이러한 생각으로부터 영국의 인도 지배the British Raj가 자라나게 되며, 그와 더불어 무굴, 마라타, 그리고 마침내는 회사마저도 시간이 지나면 영국 국왕British Crown의 지배로 대체될 미래가 찾아올 터였다.

늘 그랬듯이 웰즐리는 그의 명목상 고용주인 회사 이사들에게 자신이 계획하고 있는 일을 알리는 것을 등한시했다. 이미 레든홀가에서는 웰즐리의 거창한 통치 스타일을 둘러싸고 불안이 커지고 있었다. 여행가인 발렌시아 경Lord Valentia은 캘커타에 도착했을 때 "인도는 회계소보다는 궁전에서 통치되는 것이 낫다"라고 쓰면서 웰즐리의 제왕적 스타일을 칭송했다. 하지만 이사들 사이에서 웰즐리에 대한 지지를 철회하고 궁극적으로는 그를 소환하자는 논의를 처음 촉발한 것은 회사 자금을 낭비하며 갈수록 헤퍼진 그의 씀씀이였다.[104] 이미 이사들은 "원주민 정부들의 허례허식과 과시를 본받는 것이 인도에서 우리 정부의 안위에 반드시 필요하다고 보이지 않으며, 그러한 시스템이 자연스레 야기할 비용은 우리의 상업적 이익에 해가 될 것이 틀림없다"는 점을 매우 분명히 하면서 웰즐리에게 경고 신호를

보내고 있었다.[105]

고용주들에게 평소처럼 시치미를 떼는 자세로, 웰즐리 경은 1803년을 한참 지나서까지 여전히 이사들에게 "페슈와 각하와의 최근 합의 및 영국 권력의 중재와 영향력을 통해 마라타 족장들 사이에 존재하는 이견들의 원만한 조정을 서둘러 신속히 매듭 짓겠다"고 약속하고 있었다.[106] 어쩌면 그해 봄 웰즐리는 신디아가 바세인 조약을 인정하도록 겁박할 수 있으며, 그보다 앞서 니잠과 페슈와 바지 라오가 그런 것처럼 으름장에 굴복해 회사의 보호를 받아들일 수도 있다고 여전히 기대하고 있었을 수도 있다. 하지만 1803년 봄이 가고 여름으로 접어들자, 그의 사절인 존 콜린스 대령이 보낸 점점 더 우울한 공문들이 확인해주듯이 그러한 희망이 이루어질 가능성은 빠르게 희미해졌다. 7월에 웰즐리는 신디아에게 나르마다강 이북으로 퇴각하거나 그렇지 않으면 결과를 받아들일 각오를 하라고 최후통첩을 보냈다.

결국 다울라트 라오 신디아는 물러서지 않았고, 오히려 티푸처럼 적대행위를 준비하기 시작했다. 1803년 8월 1일에 그는 콜린스에게 정식으로 선전포고를 하고 그를 진지에서 퇴거시켰다.

급사急使들이 이 소식을 캘커타까지 전하는 데는 일주일이 걸렸지만 웰즐리 경이 주도면밀하게 짠 전쟁 계획을 무려 네 전선에 걸쳐 즉각 실행하라는 명령을 내리는 데는 몇 시간밖에 걸리지 않았다. 네 전선이란 오리사와 구자라트 해안을 따라 이루어지는 소규모 진격과 데칸고원과 힌두스탄 전체를 장악하기 위한 두 가지 주요 공격이었다.[107]

신디아와 보슬레에게 총독은 짤막한 쪽지를 썼다. "우리는 당신들을 상대로 전쟁을 개시하고 싶은 의사가 없으나, 니잠의 접경지에 대군을 집결시키고 위치에서 물러나길 거부했으므로 당신들 두 족장은 우리를 공격하려는 의사를 분명히 보여주었소. 당신들은 내가 내민 우정의 손길을 거부했으며, 나는 이제 더 이상의 교섭 없이 적대행위를 개시할 것이오. 〔개전〕 책임은 전적으로 당신들에게 있소."[108]

아서 웰즐리 소장은 신디아의 선전포고 소식을 8월 4일에 들었다. 6일에 그는 숙영지에서 철수하여 4만 병력을 이끌고 북쪽의 웅장한 아흐마드나가르 요새를 향해 출발했고, 짤막한 포격과 신디아를 위해 요새를 지키고 있던 프랑스인과 아랍인 용병들에게 거액의 뇌물을 먹인 덕분에 11일에 요새를 함락했다. 요새 안에서는 다량의 화약과 신디아의 남아 있는 국고 일부, 그리고 풍성한 식량이 발견되었다. 아서 웰즐리는 요새를 기지로 삼고 병력을 주둔시킨 한편, 척후병을 내보내 마라타 주력 군대를 찾게 했다.

그 사이 신디아와 보슬레는 병력을 한곳에 집결시키는 데 성공했다. 그다음 아우랑가바드 주변 니잠의 영토를 약탈하고 웰즐리를 안전한 요새에서 이끌어내기 위해 연합군을 남쪽으로 진군시켰다. 그들의 계획은 적중했다. 웰즐리는 아흐마드나가르를 지킬 대규모 수비대를 남겨둔 뒤, 동맹의 영토를 방어하고 마라타의 진격을 저지하고자 동쪽으로 이동했다. 웰즐리의 병사들이 밤새도록 29킬로미터를 막 행군한 뒤 마침내 두 군대는 9월 23일 이른 아침에 아잔타 고개 북쪽, 먼지가 이는 충적평원에서 서로의 가시거리 안에 들어왔다.

소장은 전군이 좁은 아잔타 골짜기를 통과할 경우 행군이 지체될 수 있어 이틀 전 군대를 둘로 쪼개서 절반은 부관인 스티븐슨 대령 휘하에 서쪽으로 보냈다. 그래서 척후병들로부터 신디아의 진지가 8킬로미터밖에 떨어져 있지 않으며 마라타 군대가 곧 이동하려 한다는 소식을 들었을 때 그한테 있던 병력은 5,000명이 채 못 되었다. 그중 절반은 마드라스 세포이, 나머지 절반은 킬트를 입은 하이랜드 부대원이었다. 게다가 이 소규모 군대는 야간 행군으로 지쳐 있었다. 하지만 기다리다가 사냥감이 빠져나갈지도 모른다는 걱정에, 웰즐리는 부하들에게 쉴 틈을 주거나 병력의 나머지 절반이 오길 기다리지 않고 공격에 돌입하기로 즉시 결정했다.

낮은 언덕마루에 도달한 소장은 발 앞에 펼쳐진 두 마라타 군대를 보았고, 그 옆에는 요새화된 촌락인 아사예가 있었다. 그들의 막사와 카나트*qanats*(천막을 처서 구획된 장소. 용어 해설도 참조)는 얕은 켈나강의 강둑을 따라서 켈나강이 더 작은 시내인 주아강에 합류하는 지점 근처까지 무려 10킬로미터가량 뻗어 있었다. 그는 보병이 대략 1만 명, 그리고 비정규 기병이 그보다 대략 다섯 배 있다고 추산했다. 적군은 분명히 공격을 예상하지 못했고 대포를 끄는 수소들은 강둑을 따라서 풀을 뜯고 있었다.

군용 짐과 물자에 보초를 붙여 뒤에 남겨두고, 웰즐리는 강을 건너 즉시 정면 공격을 하려는 듯 전진했다. 그러다가 적이 지키지 않는 여울에서 구불구불한 켈나강을 건너기 위해 마지막 순간에 동쪽으로 방향을 틀었는데, 작은 두 마을이 바로 그 앞에 가까이 붙어 있어 여울목의 위치를 짐작할 수 있었다. 그의 짐작은 요행수였다. 강물의 깊이는 무릎에서 허리 높이 사이여서, 웰즐리는 화약을 젖지 않게 하면서 모든 병사를 가까스로 도강시켰다. 그렇긴 해도 포병들은 강을 건너는 데 애를 먹었고 대포 여러 문이 진흙탕에 빠져버려서, 보병들은 엄호 포격의 보호 없이 대형을 이루고 마라타의 개시 포격을 맞아야 했다.

아서 웰즐리는 아군의 기동 속도와 기습이 마라타 군대를 혼란에 빠뜨리고 무방비인 오른쪽 측면을 공격할 기회를 제공할 것이라고 기대했다. 하지만 그로서는 놀랍게도 신디아의 병사들은 완전한 전투 대형을 갖췄을 뿐더러 새로운 공격 방향에 맞서기 위해 왼쪽으로 능숙하게 선회하기까지 했고 그동안 한 치의 흐트러짐도 없었다. 그들이 할 수 없을 것이라고 가정했던 어려운 기동을 그들은 연병장에서와 같은 정확성으로 순식간에 해냈다.

마라타 군대의 이런 대응은 그날 아서 웰즐리가 맞닥뜨리게 될 일련의 놀라운 사건들 중 첫 번째에 불과했다. 또 그는 훗날 자신이 치렀던 가장 치열했던 전투 가운데 하나로 이를 기억하게 되는데, 나폴레옹과 맞붙었던 워털루 전투보다도 훨씬 더 힘들었다고 회상했다. 그는 나중에 친구인 존 맬컴에게 "그들은 우리를 제외하고, 인도에서 그때까지 목격한 보병 가운데 최고야"라고 썼다. "그들의 사격이 워낙 맹렬해 한순간은 과연 우리 병사들이 진격할 수 있을지 의심했다니까. 이 전투가 인도에서 벌어진 전투 가운데 가장 치열한 전투였다고 모두가 입을 모으네. 우리 병사들은 훌륭한 모습을 보였고 세포이들은 나를 깜짝 놀라게 했지."[109]

특히 충격을 안긴 것은 콜린스가 경고한 것만큼 치명적인 신디아의 중야포였다. "적의 포격은 아주 무시무시했다"라고 존 블래키스턴John Blakiston 소령은 기억했다. "1마일이 못 되는 공간에서, 대포 100문이 능숙하고 신속하게 운용되면서 우리의 미약한 전열에 죽음을 토해냈다. 그러므로 아군 세포이들이 소나기처럼 쏟아지는 그 치명적인 포화를 피하려고 울퉁불퉁한 지형지물을 이용했다 하더라도, 심지어 몇몇 경우에는 장교들이 아무리 노력해도 그들에게 전진하도록 설득할 수 없었다 해도 놀랄 일은 아니다."[110] 손 소령도 동의했다.

"유럽의 전쟁에서 프랑스 포병대의 능력을 목격한 바 있는 현장의 모든 장교들은 아사예 전투에서 적의 대포도 그만큼 잘 운용되었다고 인정했다."[111]

소장 본인은 타고 있던 말 두 마리가 포탄에 맞았고 마라타 포병들이 그가 있는 방향으로 날려 보낸 포도탄 세례에 주변에 있던 직속 참모들 여러 명이 전사했다. 구형 포탄 한 알은 웰즐리가 켈나강을 건너는 도중 그를 아슬아슬하게 빗나갔지만, 대신 강 한복판에 잠시 멈춰 선 그의 용기병 당번병의 머리를 날려버렸다. 머리가 날아간 기병이라는 무시무시한 광경은 아사예 전투에 관한 여러 서술에 등장한다. "작은 행낭과 가죽 총집, 여타 기병 안장의 부속품으로 고정된 몸뚱이는 여전히 말을 타고 있었고, 겁에 질린 말이 그 무시무시한 짐을 벗어버린 것은 얼마가 지난 뒤였다."[112]

웰즐리의 최전방 중앙에 배치된 마드라스 세포이 보병들과 우익의 하이랜드 부대원들은 특히 집중적인 공격을 받았다. 마라타 포병들이 근거리에서 인명 살상용 사슬탄과 포도탄 대형 산탄통으로 적군 대형의 중핵을 날려버리려고 했기 때문이다. "쉬익 하는 날카롭고 섬뜩한 소리와 함께 허공을 가르며 산탄이 날아올 때마다 사람과 말, 수소가 쓰러졌다."[113]

그럼에도 웰즐리의 보병은 꾸준한 속도로 연기를 뚫고 계속 전진했다. 그들은 한 차례 일제사격을 한 다음 총검을 들고 마라타 포를 향해 돌격해 포병들을 처치했다. 포병들은 포구 옆에 그대로 서서 "총검이 그들의 가슴팍에 닿을 때까지 누구도 자리를 이탈하지 않았다. (…) 골룸다우즈*golumdauze*[포병]가 보여준 실력이나 용기를 따를 것은 없었다".[114]

영국군이 후퇴한 신디아 병사들을 완전히 몰아내기 위해 진격했을 때 마지막 놀라운 사건이 기다리고 있었다. 영국군 보병 전열이 무사히 지나가자마자 대포 주변에 있던 "죽은" 마라타 병사들 다수가 "벌떡 일어나 군대가 놔두고 간 대포를 차지해, 그들이 뭘 하고 있는지 신경 쓰지 않은 채 눈앞에서 도망치는 적을 추격하는 데만 혈안이 된 우리 병사들의 후위를 향해 격렬한 포격을 재개하기 시작한 것이다". "되살아난 적에 맞서" 소장이 직접 필사적인 기병 돌격을 이끌 때까지 영국군 병사들은 산탄 세례를 더 받았고, 바로 이 돌격 와중에 웰즐리가 타고 있던 두 번째 말이 포탄에 맞았다.[115]

두 시간 뒤, 요새 마을에서 최후의 항전을 벌인 끝에 신디아의 마라타 군대는 대포 98문을 영국군 수중에 넘긴 채 전장에서 밀려나 주아강 너머로 돌아갔다. 양측의 사상자 수치는 어마어마했다. 마라타 군대는 6,000명가량을 잃었다. 웰즐리의 손실은 더 적었지만 연기가 걷히고 난 뒤 소장은 병력의 꼬박 3분의 1이 전장에 쓰러져 있음을 발견했다. 병사 4,500명 가운데 1,584명이 나중에 아사예 벌판에서 화장되거나 땅에 묻혔다.[116] 실제로 병사들이 워낙 난타당해 웰즐리는 신디아와 그의 도망치는 병사들을 추격하는 것은 불가능하다고 밝히며, 형에게 "신디아의 프랑스식[으로 훈련받은] 보병은 티푸의 보병보다 훨씬 더 뛰어나고 그의 대포는 탁월하며, 그의 군수품은 매우 훌륭하고 또 잘 갖춰져 있어서 우리가 이용하기에도 적절합니다. 티푸의 군수품은 이용할 수 없었죠. 아군의 피해도 컸고, 이번 전투는 지금까지 이 나라에서 치러진 전투 가운데 가장 혹독한 전투였을 겁니다"라고 썼다.[117] 웰즐리의 고위 장교 가운데 한 명이 직후에 소장에게 쓴 대로였다. "그렇게 큰 대가를 치르고 승리를 사는 일이 더는 없길 바랍니다."[118]

훗날 워털루 이후 아서 웰즐리의 유명세 때문에 아사예 전투는 마라타 전쟁에서 오랫동안 결정적 승리로 간주되었다. 하지만 당시에 대다수의 눈길은 실은 북쪽에, 아사예 한참 전에 총사령관 레이크 경이 이미 무굴 수도로 급속히 진격 중이던 곳에 쏠려 있었는데, 그 전역이야말로 회사가 한때 무굴 제국이었던 곳을 정복하는 최종적 장으로 여겨졌기 때문이다.

리처드 웰즐리가 레이크에게 분명하게 쓴 대로였다. "페롱의 패퇴는 확실히 전역의 첫째 목표"였다. 그는 레이크가 "프랑스의 속셈에 맞서 황제의 신변과 무굴의 명목적 권위를 확보하고, 상처 입고 불운한 그 군주의 신변과 가족에게 명예로운 피난처를 제공함으로써 영국의 명망이 높아질 것임을 이해해야 한다"라고 강조했다.[119]

아서왕 전설의 영웅, 호수의 기사 랜슬롯의 후손이라고 주장하길 좋아한 레이크 경은 외교를 중시하거나 지시받는 것을 좋아하는 사람이 아니었다. 그는 어느 군 경리관에게 "끼적거리는 것은 집어치우고 싸움이나 신경 써!"라고 소리쳤다고 전해진다. 그 표현은 그의 금언이 되었다. 예순 살로, 7년전쟁과 더 근래에는 미국독립전쟁에 참전하여 요크타운에서 워싱턴에 맞서 싸웠던 역전의 용사였지만, 그는 소년 같은 매력과 엄청난 에너지로 여전히 유명했고, 종종 오전 2시에 일어나 푸른 눈을 번뜩이며 행군을 이끌 태세였다.[120]

공세를 취하기로 결심한 레이크는 한창 우기이고 길이 진흙탕이 되었는데도 8월 7일, 선전포고 소식을 들은 이튿날 칸푸르에서 출발했다. 그는 정확히 서쪽, 알리가르에 있는 페롱의 요새로 향했다. 고속 이동전을 수행할 작정이었으므로 그의 경야포로 무장한 기병 사단 1개를 비롯해 작지만 고도로 훈련된 1만 명의 대육군을 이끌고 왔지만 중포와 공성 장비는 일부러 갖고 오지 않았다.

그러나 작지만 기동성 있는 군대를 이끌려는 그의 계획은 인도의 현실 탓에 다소 난관에 부닥쳤다. 19세기 초까지 동인도회사 군대에는 수행원과 보조원으로 이루어진 거대한 군속 집단이 쌓여갔다. 결국에 서쪽으로 향한 총인원은 마후트(코끼리 부리는 사람—옮긴이)와 쿨리, 풀 베는 인부, 말구종(말을 돌보는 사람—옮긴이), 막사 일꾼, 수소를 돌보는 사람, 반자라(용어 해설 참조), 곡물 채집인과 환전인, "돌팔이 의사, 곡예사, 무희, 쾌락 신봉자 들"을 비롯해 10만 명 이상에 달했다. 물론 이 숫자에는 그들 뒤를 바짝 따라오는 수천 마리의 코끼리, 낙타, 말, 가금과 염소 떼, 양 떼는 포함되지 않았다. "우리 군대의 행렬은 긴 직사각형 모양으로, 읍락이나 성채가 이동하는 모습을 띠었다"라고 손 소령은 기억했다. "그 직사각형의 양 측면은 번쩍이는 칼과 총검이라는 흉벽으로 방어되었다."[121]

꼼꼼하게 밀봉한 탄약상자를 머리 위로 치켜들고 진흙탕과 심하게 침수된 도로를 헤쳐나가며, 폭우 속에서 3주간 힘겹게 행군한 끝에 8월 29일 레이크의 군대는 마라타 영토로 진입했다. 이어 프랑스인들이 설계한 거대한 성벽과 강화된 모서리 망루, 깊은 해자를 갖춘 웅장한 다각형 요새 알리가르로 신속하게 진격했다.

알리가르는 힌두스탄에서 가장 강력하고 물자를 넉넉하게 갖춘 요새 가운데 하나로 여겨졌다. 포위전은 몇 달이 걸릴 수도 있었을 것이다. 하지만 행군 내내 레이크는 요새를 영국군에게 넘기는 대가로 얼마를 청구할 것인지 페롱 장군과 협상 중이었다.[122] 중개인들을 통해서 두 지휘관은 마침내 합의에 도달했고 레이크의 군대가 페롱의 본부로 진격했을 때 페롱은 레이크의 경야포로부터 몇 차례 일제포격을 받고 아주 짧은 소규모 접전만 벌인 뒤에 호위대만 이끌고 순순히 물러났다.

페롱은 부하들에게 아그라와 델리에서 증원군을 모으러 떠난다고 말했고, "견장과 금몰 장식을 단 초록색 재킷을 입은 다부지고, 나이든 사람"인 부관 페드롱 대령Colonel Pedron에게는 대단히 표리부동한 편지를 보냈다. 그는 "귀관이 프랑스인이라는 점을 기억하고 귀관의 행동이 귀관의 국민의 품격을 더럽히는 일이 없도록 하게. 나는 며칠 내로 그 영국 장군을 신속히, 아니 그가 왔던 것보다 더 신속하게 돌려보낼 수 있기를 바라네. 그 문제에 있어서는 전적으로 안심하게. 황제의 군대나 레이크 장군 어느 쪽이든 알리구르(알리가르) 앞에서 무덤을 찾게 될 것이니까. 의무를 다하고 조금이라도 돌이 쌓여 있는 한 요새를 방어하게. 다시 한번 귀관의 국민을 기억하게. 수백만의 눈길이 자네에게 고정되어 있어!"[123]

이러한 씩씩한 말은 그가 델리 도로를 따라 도망치기 전에 나눈 마지막 대화로 거짓임이 드러났다. 스코틀랜드인과 라지푸트인의 피가 섞인 하급 기병 장교 중 한 명이 그와 함께 말을 타고 가려고 했지만 "아, 아니야, 됐어! 다 끝났어!"라는 말과 함께 거부당했다. "모자도 쓰지 않고 당황한" 모습의 페롱은 젊은 제임스 스키너James Skinner에게 어깨 너머로 소리쳤다. "이 친구들[기병대]은 처신을 잘못했어. 신세 망치지 말고 영국군에게 넘어가. 다 끝났어!"[124]

프랑스 병사들에게 불신받던 마라타 내 모든 영국-인도계는 스키너 본인을 비롯해 이 시점에 변절해 적군에게 넘어갔다. "레이크 장군은 우리를 친절하게 맞아주었다"라고 나중에 스키너는 썼다.[125] 페드롱 및 페롱의 프랑스인 동료 용병들 다수도 평생 모은 돈을 고스란히 챙겨 무사히 귀환하는 것이 보장된다면 기꺼이 항복하고자 했다.

⟨9⟩   인도라는 시체

하지만 레이크는 신디아의 라지푸트와 마라타 장교들의 명예는 계산에 넣지 않았는데, 이들은 무기를 버리라는 모든 유인책을 완강히 거부하고 재빨리 성벽 뒤편으로 물러나 농성에 들어갔다. 거기서 그들은 페드롱을 지휘에서 물러나게 하고 투옥한 뒤, 자기들끼리 마라타 지휘관을 선출해 끝까지 싸울 태세였다.

사흘 동안 레이크는 온갖 과도한 약속을 해가며 계속 협상했지만 방어자들은 흔들리지 않았다. "요새를 포기하도록 이 사람들을 설득하기 위해 갖은 수단을 시도했고 거액을 제시했지만 그들은 끝까지 항전하기로 결심했고, 그것도 아주 완강하게 그리고 외람된 말이지만 아주 용감하게 그렇게 했습니다."[126]

레이크는 이제 눈앞에 놓인 도전에 기가 죽었다. "그곳이 얼마나 강력한지는 묘사할 길이 없습니다"라고 그는 웰즐리에게 썼다. "74문[포함](이 시기 영국 해군의 주력 전함으로서 정식 명칭은 전열함 ship of the line 이나 표준적으로 포를 74문 탑재하여 통칭 '74문 seventy-four'이라고 불렀다—옮긴이)도 그 해자에서 항해할 수 있을 겁니다."[127] 하지만 언제나 과하게 활동적인 60대로서 레이크는 기질상 참을성 있게 포위전을 수행할 수 없는 사람이었고, 어쨌거나 공성 장비도 칸푸르에 두고 왔다. 그래서 9월 4일에 그는 유일한 대안을 선택했는데, 오랫동안 난공불락으로 여겨진 요새 정문을 정면 공격하는 것이었다. 신디아 수비대에서 도망친 아일랜드인 탈영병 루칸 대위가 레이크의 부관 몬슨 대령의 감독하에 습격대를 이끌겠다며 자원했다.

습격대는 동트기 두 시간 전에 출발했고 곧 첫 번째 행운과 맞닥뜨렸다. 마라타 병사들이 해자 뒤로 물러나 다리를 파괴했다면 레이크가 할 수 있는 일은 거의 없었을 것이다. 하지만 방어군은 다리를 그대로 놔두고 쪽문을 열어둔 채 요새 앞에 흙을 쌓아올려 만든 임시 흉벽 뒤에 6파운드포와 50명의 초계병을 세워두었다. 루칸과 습격대는 어둠 속에서 살금살금 다가가 병사들이 초소에서 담배를 피우고 있는 것을 발견했다. 스키너에 따르면 "그들은 사자처럼 달려들었"고 그 자리에 있던 많은 병사들의 목을 그었다. 나머지 병사들은 "쪽문 쪽으로 달려가 안으로 들어갔다. 공격대도 같이 따라 들어가려고 했지만 가로막혔다".

하지만 퇴각하는 대신에, 이 용감한 사람들은 내가 지금까지 목격한 가장 맹렬한 집중 포격과 머스킷 사격 아래서 군주스$_{goonjus}$ [다리] 위에 버티고 서서 (…) [성벽을 기어오르려고 했다.] 해가 뜨자 그제야 그들은 100야드(90미터)가량 뒤로 물러났고 (…) 물러가면서 [버려진] 마라타 대포를 같이 가져갔다.[128]

그들은 그 대포를 두 차례 발사한 다음 세 번째로 발사했지만 단단하게 보강된 성문을 날려버릴 수는 없었다. 더 큰 새 대포를 끌고 오길 기다리는 동안 공격자들은 성곽 공격용 사다리로 성벽을 오르려고 계속 시도했다. 전처럼 그들은 총안 흉벽에서 긴 창을 들고 기다리는 마라타인들에게 밀려났다. 무거운 12파운드 대포가 포차에 실려 마침내 성문 앞에 당도했지만 발사하기 전에 무게를 이기지 못하고 밑에 있던 갱도가 무너졌다. 방어자들이 쪽문 앞 부근에 교묘하게 파놓았던 땅굴이 무너져내려, 대포가 절반은 지상, 절반은 땅굴에 빠지고 말았다.

몬슨과 루칸이 지레를 이용해 대포를 땅굴에서 빼내려 애쓰는 사이 공격자들의 머리 위로 머스킷 총알이 빗발쳤고, 바로 이 순간을 위해 방어자들이 설치해둔 중박격포 2문에서는 포도탄이 발사되었다.

이 혼란에 엎친 데 덮친 격으로, 그다음 방어군은 영국군이 성벽에 걸쳐놨던 사다리를 타고 내려오기 시작했다. 그들 가운데 한 명은 몬슨의 허벅지를 장창으로 찔러 부상을 입혔고 몬슨의 장교 네 명도 죽었다.[129] "이 불행이 우리를 상당히 멈춰세웠고, 이때 우리 장교와 병사들을 너무나 많이 잃었다. 그런 광경은 처음 봤다. 출격은 그야말로 도살장을 불러왔고, 우리는 아군의 시신과 부상자들 위로 아주 어렵사리 대포를 끌어올릴 수 있었다."[130]

회사 진영에서는 레이크가 공격 중지 신호나팔을 불기 직전이었다. 하지만 마지막 순간 대포가 바로 세워져 나무 성문에 대고 발사되었다. 포탄이 없는 포구 폭풍 muzzle blast(포구에서 포탄이 발사될 때 추진 가스가 빠져나오면서 발생하는 충격파―옮긴이)이었지만 근접 거리에서 폭발한 점화 화약의 압력은 마침내 거대한 성문 가운데 하나를 비틀어 열어젖혔다.[131] 스키너는 "나는 레이크 경 가까이에 있어서 오가는 상황을 모두 보고 들었다"라고 썼다.

> 천국의 하느님은 확실히 그 고귀한 자들을 굽어보고 계셨으니 (…) 그들은 문을 반쯤 열어젖혔고, 세 차례 함성을 지른 다음 안으로 돌진했다. 라지푸트인들이 용사처럼 버티고 있었고, 첫 번째 문부터 두 번째 문까지 양측은 필사적인 사투를 벌였으며, 엄청난 살육이 벌어졌다. (…) 그다음 말에 박차를 가하면서 [레이크가] 성문으로 질주했다. 거기에 그의 영웅들이 가득 쓰러져 있는 것을 보고 그의 눈에는 눈물이 고였다. 그는 "이것이 훌륭한 군인의 운명이다!"라고 말하고는 몸을 돌려 아군 진영으로 다시 전속력으로 달려와 요새를 약탈하도록 내주었다.[132]

그 뒤 몇 시간에 걸쳐 2,000명의 수비대가 학살되었다. 아무도 자비를 구하지 않았고 또 아무도 자비를 보이지 않았다. "적군의 다수는 우리가 진입한 뒤 해자를 헤엄쳐 건너 도망치려다 죽었다. 어떤 사람이 목숨을 구하려고 물에 뛰어든 순간 나는 포병에게 무기를 겨냥하라고 말했다"라고 레이크의 병참장교 존 페스터John Pester는 썼다. "병사는 그가 다가오기를 침착하게 기다렸다가 머리를 날려버렸다."

전투의 흥분이 가라앉자, 나는 그때 그들을 그렇게 죽인 것에 대해 그에게 따졌지만 그 사람은 그날 아침 아주 오래 알고 지낸 전우들을 잃어서 복수를 하고 싶었다고 말했고, 우리가 아무도 살려주지 말라는 명령을 받았다는 점도 상기시켰다. (…) 우리는 그곳들을 차지하자마자 여러 무기고와 성문마다 배치되어 있던 경비병들을 처치했고, 모든 적군을 해치웠다. 빠져나간 사람은 한 명도 없다시피 했는데 해자를 헤엄쳐 건넌 사람들은 벌판에서 기병들에게 당했고, 요새에서 발견된 자들은 모두 총검에 찔렸기 때문이다.[133]

9월 1일 자정, 인도에서 이슬람 지배 확립의 상징으로서 12세기에 건립된 쿠트브 미나르에 대지진이 일어나 꼭대기 층이 붕괴했다. 샤알람의 선기 직가 뭔니 랄은 이렇게 기록했다. "델리와 인근 전역에서 많은 건물들이 토대부터 무너졌다. 여러 곳에서 땅이 갈라졌다. 지진이 조금만 더 길게 이어졌다면 부활의 날이 찾아왔을 것이다. 현자들은 이 시대에 재앙이 들이닥칠 것이라며 이를 불길한 전조로 해석했다."[134]

‹9› 인도라는 시체

전조와 징후를 언제나 민감하게 받아들이던 샤 알람은 크게 놀랐다. 따지고 보면 그는 곤란한 입장이었다. 성인이 된 이후 상당 기간 동안 그는 마라타와 회사의 보호 사이에서 선택하는 것 말고는 방도가 없었다. 둘 다 자신들의 목적을 위해 그를 이용했고, 둘 다 그의 인생의 결정적 국면에서 그를 철저히 저버렸다. 하지만 페롱이 마침내 레이크 경에게 항복하고, 가족과 다이아몬드, 재산을 챙겨 캘커타까지 무사히 갈 수 있게 안전을 보장받았다는 소식이 도착했을 때 황제는 이제 회사가 분명히 우위에 있으며, 협상을 재개할 때라고 생각했다.

샤 알람은 자신에게 가장 유리한 길은 여전히 붉은 요새에 주둔하며 그의 근위대를 구성하는 프랑스와 마라타 주인들에게 복종하는 척하면서 은밀히 웰즐리와 접촉하는 데 있다고 계산했다. 그러므로 그는 "온 나라를 장악하고 제위에 대한 충성을 팽개친" 회사에 맞서 싸우겠다는 포고문에 인장을 찍으면서도 사이이드 레자 칸에게 레이크와의 교신을 재개할 권한을 부여했다. "황제가 작성한 공식 서한과 그가 출진한다는 선언은 자발적 행위가 아니라 강요에 의한 것이며 그 자신의 소망에 정면으로 반한다. (…) 그가 말하길 '나는 거기에 힘껏 저항할 것이지만, 그들의 손아귀에 있기에 속수무책이다'"라고 레자 칸은 설명했다.[135]

샤 알람은 그럼에도 알라하바드 조약 조건에 따라 그가 받아야 할 벵골 디와니 세입의 지급을 헤이스팅스가 일방적으로 중단했던 일을 잊을 수 없었고 따라서 회사와 한 배를 타기로 약속하기 전에 자신의 수당이 제대로 지급될 것이라는 서면 보증을 요구했다. "영국인들이 이 나라를 손에 넣었을 때 나를 잊어버릴 수도 있으므로, 향후 내게 불만 사유나 불복종이 없도록 [레이크] 장군이 이 문제를 총독과 합의해야 한다."[136] 그와 동시에 황제는 신디아의 부하들이 왕위 계승자인 아크바르 샤를 전투에 데려가는 것을 단호히 거부했다.

페롱의 투항 이후 붉은 요새의 지휘권은 루이 부르키엥 중령에게 넘어갔다. 한때 캘커타에서 폭죽과 작은 타르트를 만들어 생계를 유지한 적이 있는 그는 "요리 솜씨가 군사적 실력보다 더 뛰어난" 인물이었다.[137] 하지만 그의 진정한 재능이 어느 쪽에 있었든지 간에 신디아의 병사들은 그에게 충성했으며 알리가르에서 일어난 전우들의 학살에 복수를 벼르고 있었다.

레이크가 알리가르에서 빠르게 진군 중이며, 최대한 빨리 델리를 함락하고 황제를 '해방'시키기 위해 아그라를 우회하기로 했다는 소식이 전해지자, 부르키엥은 1만 9,000명의 병력을 붉은 요새 아래 가트에서 나룻배에 태워 야무나강을 건너 샤다라로 옮겼다. 그 지역은 평평하고 곳곳이 습지였지만 그는 델리로의 접근로가 한눈에 들어오는 낮은 언덕을 발견했고 힌단강 근처 두 늪지 호수가 길 양쪽을 감싸는 지점에 병사들을 매복시켰다. 알리가르에서 델리로 향하는 어느 군대든 두 늪지 사이 좁은 둑길로 진입할 수밖에 없었다. 그다음 그는 언덕 기슭에 있는 부채꼴의 키 큰 엘리펀트그라스 수풀 뒤에 100문의 중포를 반원형으로 감춘 뒤 레이크가 접근하기를 기다렸다.

9월 10일 오후에 레이크는 시칸드라에 있는 아크바르 영묘 북쪽에 병사들을 야영시켰다. 저녁이 다가오자 그의 정찰병들이 신디아 군대가 야무나강을 건넜으며, 그의 도강을 저지하려고 준비하고 있다는 소식을 갖고 왔다. 하지만 그들의 위치에 관한 구체적 정보는 부족했다. 델리를 장악하기 위한 최후의 전투가 이튿날 벌어질 것이라는 소문이 재빨리 퍼져나갔다. 병참장교인 페스터는 "우리는 이 첩보를 듣고 클라레 한 병을 추가로 더 마셨고, 전투의 운명에 대해 딱히

고민하지 않고 9시 넘어서까지 즐거운 시간을 보냈다"라고 썼다.[138]

레이크는 평소 습관대로 오전 2시에 병사들을 깨웠고 무굴 수도로 향하는 최종 행군은 한 시간 뒤인 오전 3시에 시작되었다. 오전 10시, 29킬로미터를 행군한 뒤 태양이 행군 대열에 내리쬐기 시작하는 가운데, 레이크는 아침을 먹기 위해 힌단 강둑 위 늪지 호수 옆에서 정지를 명했다. 막사를 세우고 장화를 벗고 불을 지폈으며, 세포이들은 파라타를 요리하기 시작했다. 장군은 장교들에게 술 한 잔씩을 돌렸다.

그때 느닷없이 밝은 불꽃이 번쩍이고 우레와 같은 중포의 굉음이 터져나와, "그날의 고요함은 물론 대포에 가장 가까이 있던 병사들의 고막도 찢었다. (…) 폭발과 함께 발생한 압력파는 주변의 풀을 납작하게 쓰러트렸고 뒤이어 이상하고 훨씬 더 으스스한 청각적 자극이 먹먹해진 귀를 곧장 파고들었다. 포도탄과 사슬탄이 허공을 가르는 소리와 함께 풀을 가르고 찢었고 발사체가 장비를 맞히는지 사람과 말의 신체를 맞히는지에 따라 금속성의 쨍그랑 소리나 둔탁한 소리가 이어졌다."[139]

학살이었다. 첫 번째 일제포격의 포탄에 맞았던 페스터도 많은 사상자 중 한 명이었다. "포도탄 한 알이 권총집을 관통해 안에 있던 여러 피스톨 가운데 하나를 산산조각 냈고 나는 타고 있던 말이 비틀거리는 것을 느꼈다. 또 다른 포도탄이 말의 옆구리를 스치다 살에 박혔다. 세 번째 포도탄은 말을 관통했다. 그 포도탄은 전반신(4등분한 말의 몸통 가운데 앞다리 쪽—옮긴이) 한쪽으로 들어와 그 반대편으로 나갔다. 말은 비틀거리다 내 위로 쓰러졌다."[140]

아비규환이 펼쳐졌지만 마라타 병사들은 진격하여 겁에 질린 회사 세포이들을 흩어버리는 대신 고지에서 방어 태세를 고수했다. 덕분에 레이크는 전열을 가다듬을 시간을 얻었다. 부르키엥을 유인하기로 결심한 그는 보병에게 후퇴하는 척하라는 명령을 내렸고, 그들은 키 큰 풀 뒤에 숨어 있는 기병대의 양익 사이로 도망치는 척했다. 마라타 병사들은 미끼를 물어 앞으로 달려나왔다가 양면 공격작전에 붙들리게 되었다. 그다음 회사 보병이 경야포의 지원을 받으며, 몸을 돌려 총검을 앞세우고 착착 전진해왔다. 심하게 다친 페스터는 "우리는 그들을 야무나강으로 밀어붙였고 수백 명이 강을 건너려다 죽었다"라고 썼다.

경야포대가 활약했고, 강물로 뛰어든 적을 향해 쏘아대는 포도탄의 포화로 강이 지글지글 끓는 것 같았다. 한동안은 말 그대로 피가 강물을 이뤘고, 다른 때라면 그야말로 사람의 영혼을 얼어붙게 만들 광경을 선사했다. 이 일이 끝나자 우리는 몸을 돌려 부상당한 아군 장교와 병사들을 거두기 위해 전장으로 돌아왔다. (…)

눈앞의 광경은 진정으로 충격적이었다. (…) 대략 30명의 군의들이 말 그대로 피를 뒤집어쓴 채 전투에서 팔다리가 산산조각 난 불운한 병사들을 상대로 수술을 하고 있었고, 온갖 형태의 죽음이 인간의 비참함이 모인 이곳을 주재하고 있는 듯했다. 그들의 비명은 가장 무정한 가슴도 찌를 만했다. 수많은 병사들이 수술 도중에 실신하고 심지어 죽어가고 있었다. 최대한 꿋꿋하게 고통을 견디는 병사들도 있었다. (…) 막사 한 귀퉁이에는 팔다리가 무더기로 쌓여 있었는데, 많은 팔다리가 장화와 옷을 여전히 고스란히 걸치고 있었다.[141]

그날 밤 프랑스 지휘관 다섯 명이 항복했고, 레이크 경은 웰즐리에게 상황을 알리는 편지를 쓰면서[142] 다음과 같이 덧붙였다. "아시겠지만 제가 지금까지 목격한 가장 가공할 포화 아래서 (…) 매우 큰 손실을 입었습니다."[143] 나중에 그는 마라타 군대가 보여준 용맹과 실력을 자세히 설명했다. "그들의 대대는 무장을 극히 잘 갖추었고, 더 바랄 나위 없이 잘 운용되는 무수한 대포를 보유하고 있습니다."

총검에 찔려 죽을 때까지 포병들이 대포를 떠나지 않을 만큼 적군의 모든 세포이는 매우 용맹했습니다. (…) 제 평생 그렇게 심각한 곤경에 처한 적은 없으며, 원컨대 제발 두 번 다시 그런 상황에 빠지지 않기를! 그들의 군대는 아군보다 무장을 잘 갖추고 있고, 비용을 아끼지 않았고, 대포 1문당 배치된 병사 숫자가 우리보다 세 배나 많았습니다. 이 친구들은 악마같이, 아니 그보다는 영웅처럼 싸웠고, 우리가 대적할 수도 있는 가장 가공할 군대에 맞서 싸워야 할 방식대로 작전을 구사하지 않았다면 그들이 자리 잡았던 위치로 볼 때 우리가 실패했을지도 모른다고 진심으로 믿습니다.[144]

끔찍하기는 했지만, 델리 전투는 남아시아에서 영국군이 프랑스 장교들과 대적한 마지막 전투였다. 이로써 100년 넘게 이어지며 대부분 비非유럽인들의 피를 흘리게 했던 두 제국 간의 경쟁은 막을 내렸다. 카이르 우드딘이 전투 직후에 표현한 대로 "이 나라는 이제 번창하고 있으며 평화롭다. 사슴은 표범과, 물고기는 상어와, 비둘기는 매와, 참새는 독수리와 나란히 눕는다."[145] 카이르 우드딘은 물론 영국인 후원자들에게 아첨하기 위해 글을 썼지만, 그의 글에는 얼마간 진실이 담겨 있었다. 지난 세기의 참상─'거대한 아수라장 the Great Anarchy'─과 비교해 다음 50년은 '평온한 황금기 the Golden Calm'로 기억될 테니 말이다.

　무엇보다도 델리 전투는 향후 인도의 운명을 결정했다. 마라타연맹은 회사를 무찌르고 남아시아에서 몰아낼 군사적 능력이 있는 마지막 인도 토착 세력이었다. 신디아와 홀카르가 항복할 때까지 치러야 할 전투가 아직 몇 차례 더 남아 있었지만 아사예와 델리 전투 이후로 전쟁의 승패는 매우 분명했다. 회사를 축출할 수 있었을 최후의 권력이 꺾여서 곧 정복당할 참이었다.

　회사령 벵골, 마드라스, 봄베이는 이제 연속적인 하나의 영토로 연결되었고, 여기에 데칸고원과 힌두스탄 대부분이 추가되어 50년 뒤에 영국령 인도가 될 130만 제곱킬로미터가 넘는 영토를 다스리는 육상 제국이 다져졌다.[146] 머잖아 회사는 신디아의 봉토였던 모든 라지푸트 국가들, 즉 조드푸르, 자이푸르, 마체리, 분디, 바라트푸르의 자트 라자와 조약을 체결하게 된다. 인도 반도의 모든 주요 정권은 정복과 협력, 포섭의 과정을 통해 회사에 병합되거나 회사의 동맹이 되었다. 아서 웰즐리가 희희낙락한 형에게 말한 대로였다. "형의 정책과 우리의 힘이 인도의 모든 국가들을 보잘것없는 처지로 전락시켰습니다."[147]

　15만 5,000명의 인도 세포이들이 지켜주는, 잘 훈련받은 회사의 문민 관리들 대략 600명이 인도 반도 대부분을 다스릴 것이었다.[148] 여기서 회사의 군대는 이제 누가 봐도 지배적인 군사력을 보유했고, 그것을 통수하는 인도 총독이 진짜 황제였다. 웰즐리 경은 10년 전에 북아메리카에서 영국이 상실한 것보다 훨씬 더 많은 신민—대략 5,000만 명—을 얻었을 뿐 아니라 그의 제국 프로젝트에 헌신하며 그가 떠난 뒤에도 뜻을 계속 이어갈 청년 간부 집단도 창출해냈다.[149] 웰즐리가 후원한 야심만만한 후배들은 영국화된 식민 국가를 수립하고 확대하기 위해 일하고 있었다. 그들이 탄생시킨 새로운 제국은 효율적이고 기강이 잡혔지만 현지인들과 점차 동떨어지고 이질적이 될 행정 체계를 제공할 터였다. 그들 가운데 한 명인 젊은 회사 외교관 찰스 멧칼프Charles Metcalfe가 쓴 것처럼 말이다. "당신들은 주권자이며, 바로 그렇게 행동해야 한다."[150]

인도에서 무슨 일이 벌어졌는지 런던에서는 아직 놀랄 만큼 모르고 있었다. 나라는 여전히 나폴레옹과의 투쟁에 사로잡혀 있었고, 웰즐리가 정복한 넓은 영토에도 불구하고 인도와 직접적으로 관련 있는 사람이나 조직 외에는 인도에서 벌어진 일에 관심이 거의 없었다. 심지어 웰즐리의 최종 상관인 외무장관 그렌빌 경Lord Grenville도 웰즐리 경의 공격적이고 팽창주의적 인도 정책이 반쯤 빈 상원에서 간단히 논의될 때 "이 주제의 모든 측면에 관해 아주 생소하다"라고 밝혔다.[151]

하지만 인도에서는 방금 거대한 혁명이 일어났음을 모르는 사람이 없었다. 청교도적인 델리 이맘 샤 압둘 아지즈Shah Abdul Aziz가 이끄는 많은 무슬림은 인도가 12세기 이래 처음으로 자신들의 수중에서 벗어난 순간이라고 봤다. "여기서부터 캘커타까지, 기독교도들이 완전히 지배하고 있다"라고 샤 압둘 아지즈는 1803년도 지하드 파트와(성전 선언-옮긴이)에 썼다. "인도는 더 이상 다르 울이슬람Dar ul-Islam(용어 해설 참조)이 아니다."[152] 회사 관리들도 똑같이 명확하게 인식했다. "우리는 이제 인도의 완전한 주인이다"라고 토머스 먼로Thomas Munro는 썼다. "그리고 우리가 그 점을 확인해줄 적절한 조치를 취한다면 무엇도 우리 권력을 흔들 수 없다."[153]

영국의 패권을 지탱하는 힘줄들이 이제 자리를 잡았다. 1857년 세포이항쟁 몇 달간을 제외하면, 좋든 싫든 인도는 1947년 8월에 마침내 자유를 얻게 될 때까지 144년을 더 영국의 수중에 남게 된다.

샤 알람과 왕실은 붉은 요새의 지붕에서 걱정스레 전투를 지켜봤다. 늦은 오후 무렵 그들은 특별 관람석의 관객처럼 대리석 파빌리온 바로 맞은편에서 회사의 창기병들이 달아나는 마라타 세포이를 추격해 "델리 요새 바로 아래로 흐르는 강의 둑에서 그들을 처치하는" 광경을 구경했다. "황제는 즉시 총사령관에게 우리의 승리를 축하하는 말을 보냈고 '장군을 나의 구원자로서 두 팔로 맞이하길 기다렸다'라고 밝혔다."[154]

이튿날인 9월 15일, 《샤 알람 나마》에 따르면

레이크 장군은 야무나강 건너편에 진을 치고, 오랫동안 황제의 궁정에서 회사의 대리인 역할을 한 사이이드 레자 칸을 보내 천조의 문지방The Celestial Threshold에서 알현을 정중히 요청했다 (디완이암이나 디완이카스에서 공식 알현을 요청했다는 의미—옮긴이). 또한 강을 건널 보트도 제공해주길 청했다. 온 세계의 군주는 지체 없이 보트를 보내라고 야무나강 지휘관the Commander of the River에게 명했다. 장군은 야무나강을 건너 옛 요새 근처 푸라나 킬라에 머물렀다. 이튿날 사이이드 레자 칸은 폐하께 호의와 충실한 우정을 표하는 종복의 서신을 올렸다. 폐하께서는 사자에게 특별히 의복을 하사했다.[155]

9월 16일, 아크바르 샤 왕세자는 푸라나 킬라에 있는 레이크 경의 진지에 정오에 나타나기로 했지만 무굴의 일반적인 시간 관념대로 오후 3시에야 나타났다. 세포이 병사들은 꼬박 세 시간 동안 사열을 해야 했다. 윌리엄 손 소령은 끈적끈적한 우기의 더위에 퍼스티언천 붉은 제복을 입고 땀을 뻘뻘 흘리며 부동자세로 서 있던 병사들 중 한 명이었다. "통상적인 의례가 진행되고, 왕세자 전하가 코끼리에 다시 오르고 기마대가 도열했을 때쯤에는 이미 4시를 지났다."

거리가 4마일(6.5킬로미터)이었으므로 각하[레이크]는 해 질 녘에야 궁에 도착했다. 헤치고 지나가야 하는 군중이 워낙 많아 행렬을 유지하기가 힘들었는데, 델리의 주민들이 말하자면 단단한 덩어리로 뭉쳐있었기 때문이다. 오랫동안 위신이 땅에 떨어졌던 티무르 왕가의 부활을 구경하고 싶어서 안달이 난 구경꾼들이 궁정에도 넘쳐났다.[156]

과거 마라타인들이 자행한 포위전과 약탈의 기억이 여전했기에 신디아의 병사들은 델리에서 언제나 인기가 없었다. 누구도 그들이 사라지는 것이 슬프지 않은 듯했다. 황제의 새로운 보호자들에게 무엇을 기대할 수 있을지에 관해, 무굴 수도의 주민들은 당분간은 열린 마음과 호기심을 유지했다.

다들 자신들의 군주의 구원자를 보고 싶은 마음이 굴뚝같은 이 엄청난 인파를 헤치고 천천히 나아간 끝에 총사령관은 마침내 궁에 도착했고, 과거 그곳을 구경한 이들이 동방의 찬란한 장관에 눈을 뜰 수 없었던 방으로 안내되었다. (…)
하지만 이제 지상의 영화란 헛되고 한낱 인간의 권력이란 불확실한 것이니, 위대한 아크바르와 승리에 빛나는 아우랑제브의 후예는 눈멀고 나이 들고 권위를 박탈당하고 가난에 내몰려 동정의 대상이 된 채 너덜너덜하고 해진 작은 캐노피 아래 앉아 있었다. 제왕의 위엄의 단편, 인간의 긍지에 대한 조롱. 그런 광경은 보는 이들의 마음에 깊은 인상을 남기지 않을 수 없다.[157]

《샤 알람 나마》에 따르면 레이크는 그럼에도 "제위의 발치에 고개를 숙이고" 그다음 부관인 데이비드 옥털로니Sir David Ocheterlony 대령을 통해서 눈먼 황제와 대화했다. 옥털로니의 아버지는 매사추세츠에 정착한 하이랜드 스코틀랜드인이었다. 미국혁명이 터졌을 때 충성파였던 그의 가족은 캐나다로 달아났고, 옥털로니는 1777년에 회사 군대에 입대했다. 그는 두 번 다시 신세계로 돌아가지 않았고, 인도를 고향으로 삼은 뒤 그곳을 떠나지 않겠다고 맹세했다. 다양한 인도인 아내들을 수집해 그들에게 코끼리를 한 마리씩 주었으며, 그들을 통해 우르두어와 페르시아어를 유창하게 말하는 법을 배웠다. 바로 이 점에 연대기 작가인 문나 랄은 깜짝 놀라고 깊은 인상을 받았으며, 다우드 악타르-루니 바하두르(문나 랄이 부른 그의 이름)가 "이해력과 통찰력에서 따를 사람이 없으며, 페르시아어에 아주 정통했다. 그는 폐하의 정치적, 재정적 협상을 자문하기 위해 폐하의 요청으로 궁정에 남았다"라고 적었다.[158]

데이비드는 이때를 위해서 웰즐리가 신중하게 작성한 서신을 황제에게 읽어주었는데, 편지에서 충독은 자신을 "영국 국왕의 권력하에 폐하를 존엄과 평온의 상태로 복귀시키는 행복한 도구"라고 묘사했다.[159] 답례로 "폐하께서는 캄파니 사히브 바하두르에 감사를 표시하기 위해, 두 사람에게 화려한 옷을 하사하고, 제러드 레이크 장군에게 나와브 삼삼 알다울라, 칸 다우란 칸이라는 칭호를 내렸다. [옥틸로니] 대령도 그에 걸맞게 훌륭한 의복과 나시르 알다울라, 무자파르 장이란 칭호를 하사받았다"라고 문나 랄은 썼다.[160]* 옥털로니는 웰즐리가 보낸 선물 60만 루피를 샤 알람의 즉각적인 경비로 사용할 수 있다고 밝히고 "왕실의 하인들과 왕자들, 그리고 국가의 기둥인 주요 궁정인들의 경비"로 월간 6만 4,000루피**를 제공하는 임무를 맡았다.[161]

이후 며칠에 걸쳐 레이크 경은 무굴 궁정의 모든 귀족들과 "영국인들 편이라고 밝힌" 사람들을 위해 델리에서 두르바르를 주재했다.[162] 여기에는 마라타 병사들과 함께 싸우도록 1개 대대를 보냈고, 그 사실과 더불어 파트나 학살에서 남편이 했던 역할로 인해 이제 영지가 몰수될 수도 있다고 전전긍긍했던 베굼 숨루도 있었다. 하지만 두르바르 이후 열린 만찬에서 그녀는 옥털로니의 마음을 사로잡았고 이내 그는 그녀의 절친한 친구가 된다.

베굼 숨루는 레이크 경에게도 자신을 소개했는데, 알고 보니 옥털로니를 상대하는 것보다 더 골치 아픈 일이었다. 레이크는 술을 잔뜩 마셨고 "수염이 무성한 어떤 족장 대신에" 한때 델리에서 가장 아름다운 코티전 중 한 명으로 유명한 여성이 접근해오자 분명히 놀란 눈치였다. "방금 마신 술로 인해 약간 들뜨기도 한 그는 정중하게 다가가, 함께 온 수행원들이 당혹스럽게도 그녀를 끌어안고 키스했다"라고 스키너는 썼다. 이는 무굴의 예법에 완전히 어긋나는 일이었고 만찬장에는 쥐 죽은 듯 적막이 흘렀다. "곤란한 실수였을 수도 있지만

---

* 어쩌면 놀라울 수도 있을 텐데, 라자스탄의 소도시 나시르바드는 그 스코틀랜드계 보스턴 사람의 이름을 딴 것이다.

** 이 액수들을 현재 가치로 환산하면 60만 루피는 거의 800만 파운드에 달하며, 6만 4,000루피는 83만 2,000파운드이다.

부인의 침착함이 모든 것을 바로잡았다. 장군이 보인 관심을 예의 바르게 받은 뒤, 그녀는 깜짝 놀란 수행원들을 향해 침착하게 몸을 돌려 '이것은 사제가 딸에게 하는 [용서와 화해의] 인사'라고 말했다. 베굼은 기독교를 믿는다고 했고 그러므로 그녀의 설명은 딱 들어맞았다. 물론 더 물정을 잘 아는 구경꾼이라면 레이크 경이라는 모습으로 나타난, 붉은 영국군 제복을 입은 성직자의 등장에 빙그레 미소를 지었겠지만."[163]

그 직후 레이크는 남아 있는 마라타 저항 세력을 소탕하고 라스와리에서 신디아를 상대로 마지막 대승리를 거두기 위해 아그라로 출발했다. 회사의 새로운 상주관으로 막 임명된 옥털로니는 과거에 샤자한의 장남인 수피교도 왕자 다라 슈코의 도서관이었으며, 더 근래에는 거의 50년 전에 젊은 샤 알람 왕자가 이마드 울물크를 피해 도망쳤던 집인 다 허물어진 옛 무굴 건축물을 거처로 삼았다.[164] 한편, 기병과 포병대를 위한 숙소와 병원이 카슈미르 성문 근처에 세워졌고, 아지메르 성문 근처의 카마르 알딘의 하벨리는 새로운 세관이 되었다. 오래된 다른 여러 저택들도 신임 회사 행정부가 공용 건물로 인수했으며, 영국-무굴식 이중 법원 체계가 세워졌다.[165] 새로운 영국-무굴 공동 행정이 빠르게 제자리를 찾았다.

회사의 델리 정복은 어떤 기준에서 보더라도 굉장히 의미심장했다. 시인 아자드가 "한낱 장기판의 왕"이라고 묘사한 앞 못 보고 힘없는 샤 알람에게 그것은 평생토록 그를 괴롭혀온 난제, 다시 말해 티무르조 선조들의 제국을 어떻게, 어디에서, 그리고 누구의 비호 아래 다스릴 것인가라는 문제의 최종 해법을 제시했다.[166] 그는 이제 일흔일곱 살이었다. 어렸을 적에 그는 나데르 샤가 델리에 입성해 거대한 코이누르 다이아몬드가 박힌 공작 왕좌를 가져가는 것을 보았다. 또 자신을 없애려는 이마드 울물크의 암살 시도에서 빠져나왔으며 클라이브와의 거듭된 대결에서 살아남았다. 파트나와 북사르에서 회사와 싸웠고 알라하바드에서 클라이브에게 디와니를 수여했으며 회사의 뜻을 거역하고 아대륙의 장거리 횡단을 감행해 델리로 귀환했다. 델리에서는 미르자 나자프 칸과 함께 모든 예상을 뒤엎고 선조들의 제국을 재건하는 데 거의 성공할 뻔했다가 무굴 최후의 위대한 장군의 때 이른 죽음과 함께 그 꿈이 신기루처럼 사라지는 것을 지켜봤다. 마지막으로 생애 가장 밑바닥의 순간에 황제는 전에 자신이 총애한 사이코 같은 피후견인 굴람 카디르에게 폭행당하고 눈이 멀었다. 이제 웰즐리의 비호와 회사의 연금을 받게 된 그는 적어도 말년을 선조들의 제위 위에 앉아 사랑하는 붉은 요새에서 안락하고 안전하게, 그리고 얼마간 품위를 유지하며 보낼 수 있게 되었다.

3년 뒤인 1806년 4월에 옥털로니의 대리이자 웰즐리 경이 새로 설립한 포트윌리엄 칼리지의 첫 졸업생 가운데 한 명인 윌리엄 프레이저William Fraser는 델리에 갓 도착하여 인버네스에 있는 아버지에게 늙은 황제와 그의 궁정에 관한 인상을 편지에 써 보냈다. "최근의 어느 무술만 축제 때 저는 모스크에 가는 황제를 수행했고, 궁정 전체가 전능하신 신께 겸손하고 위엄 있게 기도를 바치는 모습에 대단히 감명받았습니다."

이때 저는 줄곧 국왕 곁에 있었는데 그의 걸음걸이와 자세, 표정에 드러나는 지극한 고귀함에 찬탄하지 않을 수 없었습니다. 실명이 그의 용모를 흉하게 하지 않고 오히려 실명하게 된 내력과 그가 겪은 불운은 우리의 동정심과 공경심을 드높입니다. 그가 죽으면 그제야 비로소 하나의 왕조로서 티무르조는 소멸한다고 할 수 있겠죠. 절름발이(무굴 왕조의 시조인 티무르는 발을 절었다고 한다—옮긴이)로 시작해서 장님으로 끝나네요.[167]

빛나는 치세라고는 도저히 말할 수 없지만 그럼에도 불구하고 그의 인생은 친절함, 품위, 진실함과 학식을 찾아보기 힘든 시절에 그런 자질들이 두드러진 인생이었다. 무엇보다도 샤 알람은 잇따른 끔찍한 시련 속에서도 엄청난 결의를 보여주었다. 평생토록 거듭되는 좌절을 겪었지만 결코 포기하지 않았고 아주 잠시만—로힐라인들에게 가족이 강간당하고 자신도 눈이 먼 뒤에—절망에 굴복했다. 상상할 수 있는 가장 불리한 상황에서도, 거대한 무정부 상황에서도 그는 고급문화가 있는 궁정을 다스렸고, 본인이 뛰어난 운문 작가임과 동시에 시인과 학자, 예술가들에게 관대한 후원자였다.

더욱이 그는 무굴 왕조 최악의 순간들을 통과하며 그 왕조를 이끌었고, 거대한 무정부 상태였던 최악의 상황에서 무굴의 불꽃이 꺼지지 않게 했다. 샤 알람은 무굴 통치의 새로운 모델을 창조하는 데 성공했는데, 여기서 실질적인 권력이 부재하다는 사실은 신이 정해준 왕권이라는 오라, 그리고 고급문화와 품위 있는 궁정 예법이라는 금박의 가리개 아래에 잘 위장되어 있었다. 그 두 가지는 모두 그의 티무르 혈통 선조들한테서 유래한 것이었다. 그것은 대략 반세기 뒤에, 그의 손자의 궁정이 역사상 최대의 반식민 반란의 중심이 되도록 여전히 영감을 주기에 충분했던 비진이었다. 이 항쟁은 영국의 지배를 끝장낼 뻔했고 무굴 지배의 새로운 국면을 열 수도 있었다.[168]

회사에게도 이것은 역사적 순간, 마라타연맹을 격파하고 그들로부터 이전 무굴 제국에 대한 지배권을 빼앗아오는 긴 싸움의 마지막 대단원이었다. 그와 동시에 이는 무굴 체제에 대한 회사의 점진적 침투에서 마지막 장이었으니, 이 점진적 과정이란 시티 오브 런던에서 온 한 합자주식회사가 강대한 무굴 제국의 권력을 서서히 전유하고, 어느 정도는 웰즐리 치하에서 무굴 왕조의 화려한 위광을 보여주는 요소들을 채택하기도 한 과정이었다.

결국에 회사는 무굴 황제의 섭정으로 군림함으로써, 무굴 제국이라는 우산 아래에서 스스로를 인도 사회에 정당화할 수 있는 방식으로 최고 지배권을 확립했다. 1831년까지도 벵골 개혁가 라자 람모한 로이는 "아무 영토도 갖고 있지 않지만 힌두스탄의 민족들에게 여전히 명예나 통치권의 유일한 합법적 토대로 간주되는 군주의 우호를 확보함으로써 영국 정부 권력이 획득한 더 큰 안정성"에 관해 곱씹었다.[169] 회사는 무굴 체제를 싹 날려버리거나 폐지하기보다는 거기에 침투하는 것이 중요함을 인식했다.

웰즐리는 자신이 "동인도회사를 실질적으로든 간접적으로든 무굴의 제위에 올려놓고" 싶어 한다고 "영국에서 의심받고 있다는 생각에 몸서리쳐진다"고 이사들에게 항변했다.[170] 그것은 물론 정확히 그가 한 일이었다. 50년이 채 못 걸려 다국적 회사는 한때 무굴 인도였던 것의 거의 전부에 대한 지배권을 장악했다. 이 시점에 이르면 회사는 정교한 행정과 공무원 조직을 만들어내고, 런던 항만 구역의 상당 부분을 건설하고 영국 무역의 거의 절반을 담당하게 됐다. 회사의 연간 지출은 영국 내에서만 대략 850만 파운드*로 영국 정부의 연간 총지출의 대략 4분의 1에 맞먹었다.[171] 회사가 이제 스스로를 '세계에서 가장 원대한 상인회'라고 부르는 것도 당연했다. 회사의 군대는 거의 모든 국민국가들의 군대보다 컸고, 그 권력은 이제 전 지구를 에

---

*   현재 가치로 8억 9,000만 파운드.

워쌌다. 실제로 회사 주식은 이 무렵 일종의 세계 준비 통화였다. 버크가 쓴 것처럼 "회사의 정관定款은 통상으로 시작해서 제국으로 끝났다." 아니 그보다는 회사 이사들 가운데 한 명이 인정했듯이 "제국 안의 제국"으로 끝났다.[172]

그러나 그 방대한 자원들에도 불구하고 회사는 6년간 끊이지 않았던 웰즐리의 전쟁에 돈을 대느라 연간 적자가 대략 200만 파운드[**]로 엄청나게 늘어나 거의 파산할 뻔했다. 웰즐리가 처음 인도에 도착했을 때 1,700만 파운드였던 회사의 총부채는 이제 3억 1,500파운드[***]에 다가가고 있었다. 1800년과 1806년 사이에, 웰즐리가 쌓은 막대한 부채를 상환하기 위해 390만 파운드의 은[****]이 런던에서 벵골로 실려가야 했다.[173] 웰즐리 경이 진정한 무굴식 규모로 캘커타에 짓기 시작한 으리으리한 총독 관저 신축 비용 소식은 이사들에게 최후의 결정타였다. 이사들은 웰즐리 치하에서 인도 정부는 "그야말로 전제정으로 탈바꿈했다"고 딱 잘라 말했다.

1803년 11월 6일에 회사 이사회는 영국 정부의 인도위원회에 웰즐리에 대한 반대 이유를 조목조목 작성해 보냈다. 그들은 그가 다음과 같은 실책을 저질렀다고 비난했다.

영국령 인도의 통치를 위해 확립된 규약을 다양한 방식으로 위배하고, 공공 지출에서 약속한 대규모 긴축을 실행하기를 바란다는 의향을 그들이(이사회가) 지금까지 표명했을 때 (…) 그 의향에 부응하는 대신 그들이 생각하는 것처럼 쓸데없이, 불가피하게 전쟁들로 이

[**] 현재 가치로 연 2억 1,000만 파운드.
[***] 현재 가치로 무려 33억 파운드.
[****] 현재 가치로 4억 파운드 이상이다.

어지는 외교 정책과 광범위한 계획들을 실시했으며 (…) 이사회의 견해로는 그 전쟁들은 여러 심각한 폐해를 초래하고, 그곳의 부채와 경비를 감축할 전망을 어느 때보다 더 어둡게 만들었으며, 영국 권력의 안정적 상태와 존경받는 성격을 불확실한 패권과 더불어 매우 우려스럽게도 인도 내 모든 국가들의 불만과 맞바꿨다.[174]

1803년 말에 이르자 최종 결정이 내려졌다. 회사라는 기업적 둥지에서 제국 건설 정부의 뻐꾸기였던 웰즐리는 본국으로 소환되었다.

1803년 이사들은 뜻을 관철했지만 결국 회사를 압도한 것은 영국 정부였다. 19세기 전반기가 흘러가면서 회사가 인도에서 하루가 다르게 강력해지고 과거 어느 때보다 무적이 되어갈 때도 국가의 감독과 제약은 갈수록 더 면밀해졌다. 그리고 이제는 나라의 가장 중요한 식민지가 된 영토를 기업이 다스리는 상황은 점점 더 비정상으로 보이기 시작했다.

십중팔구 제임스 밀James Mill일 한 필자는 웰즐리가 소환되고 몇 달 뒤에 〈에든버러 리뷰〉에 그 점을 잘 표현했다. "지금까지 제시된 공상적이고 터무니없는 모든 정책 체계 가운데 제국을 다스리는 가장 바람직한 방법은 수천 마일 떨어진 곳에 기거하는 일단의 상인들의 관리에 맡기는 것이라는 주장만큼 얼토당토않은 것도 없다."[175] 1813년에 의회는 다른 무역상과 대리점 들이 봄베이와 캘커타에 사무소를 차릴 수 있게 허용하여 회사의 동방 무역 독점을 폐지했다.[176]

1825년에 이르면 의회에서 동인도회사의 존속 자체에 대한 반대가 커졌다. 한 의원은 회사의 권력과 영향력이 너무 커서 "정말이지 그 부_副의 소재지가 그렇게 멀리 떨어져 있지 않다면, 그러한 단체의 존재 자체가 국민의 자유뿐만 아니라 국가의 안정성에도 위험스러울 것"이라고 언급했다. 5년 뒤에 또 다른 의원은 "왕국의 복지에 반하며, 의회가 아주 미미하고 간접적 통제력만 갖고 있는 거대 권력의 존재"를 허용하는 정치인들에게 분노를 쏟아냈다.[177] 의회에서 제임스 실크 버킹엄James Silk Buckingham은 한 발 더 나갔다. "1억 명이 살고 있는 제국의 정치적 운영을 주식회사에게 맡긴다는 생각은 (…) 너무 터무니없어서 그런 생각이 지금 처음으로 제안되었다면 불합리한 것일 뿐 아니라 왕국에서 가장 이해력이 떨어지는 사람에게도 모욕으로 간주될 것이다."[178]

1833년에 의회는 마침내 조치를 취했다. 동인도회사 특허장법East India Company Charter Bill을 통과시켜, 동인도회사가 무역할 권리를 박탈하고 회사를 일종의 통치 기업으로 전환시켰다. 한때 광대한 사업 제국을 주관했던—그리고 이 시점에도 차 무역만으로 연간 100만 파운드*를 벌어들이던— 회사는 전적으로 제국의 통치라는 일에만 투신하는 최종 국면에 접어들었다.[179]

마침내 1857년 5월 10일, EIC 소유의 사병 군대가 고용주들에 맞서 봉기를 일으켰다. 불확실한 아홉 달을 보낸 뒤 반란을 진압하자마자 회사는 갠지스강을 따라 장이 들어서는 마을마다 반란 혐의자들을 수민 명 목메달고 살해함으로써 마지막으로 위용을 떨쳤다. 아마 영국 식민주의 역사를 통틀어 가장 피로 얼룩진 한 단면일 것이다. 세포이항쟁the Great Uprising—영국에서 알려진 대로는 인도 반란the

---

*   현재 가치로 1억 파운드 이상이다.

Indian Mutiny 또는 인도에서 부르는 대로는 제1차 독립전쟁the First War of Independence—의 여파로 의회는 드디어 회사를 권좌에서 완전히 축출했다.

이만하면 됐다. 기업적 탐욕과 무능으로 불거진 위험들에 경각심을 놓지 않았던 빅토리아 시대 국가는 역사상 가장 탐욕스러운 기업을 성공적으로 길들였다. 회사의 해군은 해체되었고 육군은 국왕에게 귀속되었다. 1859년, 알라하바드 요새 성벽 안쪽—클라이브가 디와니에 서명하여 회사를 제국적 권력으로 탈바꿈시킨 바로 그 공간—에서 인도 총독인 캐닝 경Lord Canning은 회사의 인도 자산이 국유화되고 영국 정부의 관할로 넘어갈 것임을 공식적으로 선포했다. 이제부터는 EIC의 이사들이 아니라 빅토리아 여왕이 인도의 통치자가 될 것이었다.

동인도회사는 수족이 잘린 형태로 다음 15년을 어찌어찌 더 버티다가 칙허장이 만료된 1874년에, 한 논평가에 따르면 "지역 철도가 파산할 때보다 덜 요란하게" 마침내 조용히 문을 닫았다.[180]

이제 동인도회사라는 상표명은 런던 웨스트엔드의 전시 매장에서 '고급 식품과 조미료'를 판매하는 데 그 이름을 이용하는 케랄라 출신 두 형제가 소유하고 있다.

에필로그

회사가 샤 알람으로부터 디와니를 받아내고 끝내 제국을 박탈했던 곳, 무굴 제국의 붉은 사암 요새—라호르나 아그라, 델리에서 관광객들이 방문하는 요새들보다 훨씬 크다—는 여전히 폐쇄된 군사 구역이다. 내가 작년 말 그곳을 방문했을 때 입구를 지키는 경비병이나 장교들 누구도 그곳에서 벌어진 사건들에 대해 아는 바가 없었다. 한때 클라이브의 디와니 천막이 세워졌던 연병장에 회사의 대포들이 여전히 점점이 박혀 있음에도 초병들은 동인도회사에 대해 들어본 적도 없었다.

붉은 요새를 방문한 날 저녁에 나는 요새 성벽 아래에서 작은 보트를 빌려 사공에게 상류로 노를 저어가달라고 부탁했다. 해가 지기 한 시간 전, 북인도인들이 고둘리벨라*godhulibela*—소 먼지의 시간—라고 부르는 그 아름다운 순간이었고, 야무나강은 사방으로 흩어진 무굴 보석처럼 저녁 햇살에 눈부시게 반짝였다. 야무나강과 갠지스강이 만나는 상서로운 합수부 근처에서 강물에 몸을 담그는 순례자들을 지나, 해오라기들이 강둑을 조심조심 거닐었다. 순례자와 성인들 틈에는 낚싯줄을 든 소년들이 뒤섞여 메기 낚시라는 덜 신비로운 일에 빠져 있었다. 잉꼬들이 총안 흉벽에 난 구멍에서 날아와 내려앉고 구관조들이 둥지를 틀었다.

강물이 뱃전에 철썩거리는 가운데 40분 동안 우리는 유유히 흘러갔고 옆으로는 저마다 멋진 무굴풍 키오스크(정자식 구조물—옮긴이)

와 격자무늬, 정화頂華, finial(꼭대기 장식의 일종―옮긴이)로 장식된 우뚝 솟은 탑과 돌출 능보(직선 성벽에서 둥그렇게나 각이 지게 튀어나온 부분―옮긴이)들이 1.5킬로미터 넘게 펼쳐졌다. 일개 런던 기업이 그토록 찬란하게 강력한, 그 자신의 힘과 광휘, 아름다움을 그토록 자신하던 무굴 제국을 정복할 수 있었다는 것을 도저히 상상하기 힘들었다.

인도와 영국에서 사람들은 여전히 영국의 인도 정복에 관해 이야기하지만, 이 책이 보여주려고 한 것처럼 그런 표현은 훨씬 더 복잡한 현실을 가린다. 18세기 중반에 인도를 정복한 것은 영국 정부가 아니라 민간 회사였기 때문이다. 인도에서 식민주의로의 이행은 전적으로 투자자들의 배를 불리기 위해 존재했던 영리 추구 기업 메커니즘을 통해서 일어났다.

회사의 인도 정복은 거의 확실하게 세계사에서 최고의 기업 폭력 행위로 남아 있다. 오늘날 세계 최대의 기업들―엑손모빌이나 월마트 아니면 구글이든 간에―이 휘두르는 권력에도 불구하고, 그 기업들은 닥치는 대로 집어삼키며 군사화된 동인도회사의 영토 야욕에 비하면 양반이다. 하지만 역사가 뭔가를 보여준다면, 그것은 국가 권력과 기업 권력 간에 펼쳐지는 긴밀한 춤사위 속에서 기업 권력은 규제될 수도 있지만 수중의 모든 자원을 이용해 기업은 거기에 저항할 것이라는 점이다.

오늘날 우리는 인도에 파견된 영국의 초대 사절 토머스 로 경에게 친숙할 세계로 돌아왔다. 로마 시대부터 동인도회사가 탄생할 때까지 그랬던 것처럼 서양의 부가 다시금 동쪽으로 빠져나가기 시작했기 때문이다. 이제 서방의 총리가 인도를 방문하면 그는 더 이상 클라이브가 그랬던 것처럼 조건을 부과하러 오는 것이 아니다. 실은 어떤 종류의 협상도 의제에서 배제되어 있다. 로처럼 그는 계약과 사업을 구걸하는 청원자로 오며, 그 나라 대기업의 최고경영자들도 같이 따라온다.

기업—바다를 가로질러 뻗어 있는 통합된 단일 사업 조직이라는 발상—은 아시아와 유럽 무역 세계를 뒤엎은 유럽 식민주의의 시작과 동시대에 등장한 유럽의 혁명적 발명품으로서 유럽에 경쟁 우위를 부여하는 데 일조했다. 게다가 그것은 유럽 제국주의가 진즉 무너진 뒤에도 계속 승승장구한 개념이다. 인도에서 영국 식민주의의 유산을 두고 논쟁할 때 역사가들은 보통 민주주의, 법치, 철도, 차, 크리켓을 언급한다. 하지만 주식회사라는 개념은 영국의 가장 중요한 대對인도 수출품 가운데 하나이자 싫든 좋든 유럽의 다른 어느 개념만큼이나 남아시아를 변화시킨 개념이다. 그 개념의 영향력은 공산주의와 프로테스탄트 기독교보다 확실히 크고 어쩌면 민주주의보다도 클 것이다.

회사와 기업은 이제 가족 이외의 어느 기관보다도 인도인들의 시간과 에너지를 많이 차지한다. 이는 놀라운 일이 아니다. 하버드 대학교의 기업과정부센터 Center for Business and Government 의 전직 이사인 아이라 잭슨 Ira Jackson 이 최근 지적했듯이 기업과 기업 지도자는 오늘날 "정치와 정치인을 대체하여 (…) 우리 시스템의 새로운 대제사장과 과두 지배층"이 되었다. 기업은 여전히 은밀하게 인류 상당 부분의 삶을 지배한다.

대형 다국적 기업의 권력과 위험에 어떻게 대치해야 하는가라는 300년 된 질문은 오늘날에도 명확한 답이 없다. 국민국가가 과도한 기업 권력으로부터 어떻게 자신과 시민을 적절하게 보호할 수 있는지는 명백하지 않다. 현대의 어떤 기업도 동인도회사의 폭력과 엄청난 군사력을 되풀이하고 무사할 수는 없지만 많은 기업이 기업의 목적을 위해 국가 권력을 왜곡시키는 데 성공한 동인도회사를 따르려고 시도해왔다.

2007~2009년 세계적인 서브프라임 거품과 금융 붕괴가 최근에 보여주었듯이, 기업들은 국가들의 운명을 윤택하게 하고, 형성하고, 확실히 좌지우지할 수 있는 것처럼, 국가 경제를 끌어내릴 수도 있다. 2007년 1월부터 2009년 9월까지 미국과 유럽 은행들은 악성 자산에 총 1조 달러 이상을 잃었다. 1772년에 동인도회사가 영국에 저지를 것이라고 버크가 우려했던 일―정부를 잠재적으로 "헤아릴 수 없는 나락으로" 끌어내리는 일―은 2008~2011년에 아이슬란드의 민간 시중 은행 주요 세 곳이 무너지며 나라를 완전한 파산 직전까지 몰아갔을 때 실제로 일어났다. 21세기에도 막강한 기업 하나가 18세기에 동인도회사가 벵골에서 그랬던 것만큼 아주 효과적으로 한 나라를 압도하거나 무너트릴 수 있다.

기업의 영향력은 권력과 돈, 무책임성이 치명적으로 맞물려서, 기업에 대한 규제가 충분치 않거나 효과적이지 못하고 대기업의 구매력이 재정이 부족한 정부를 능가하거나 압도할 수 있는 약한 국가들에서 특히 강하고 위험하다. 일례로 2009년부터 2014년까지 집권한 인도국민회의 정부가 여기에 해당되었던 것 같은데, 당시 인도 정부는 토지와 광물의 헐값 투매부터 실제 가치의 극히 일부에 불과한 가격에 이동전화 주파수를 부당 매각한 것에 이르기까지 부패 스캔들에 연이어 휘말렸다.

2015년 9월에 당시 인도 중앙은행 총재 라구람 라잔Raghuram Rajan 뭄바이에서의 한 연설에서 기업의 돈이 의회의 청렴성을 훼손하는 데 우려를 표명했다. "우리의 민주주의와 경제가 점점 더 활기를 띠어가고 있음에도 최근 선거에서 중요 쟁점은 우리가 과거의 정실 사회주의를, 부자와 유력 인사들이 부패한 정치인들에게 뇌물을 주고 그 대가로 토지와 천연자원, 주파수를 받았다고 하는 정실 자본주의로 대체했는지 여부였다. 정실 자본주의는 투명성과 경쟁을 죽임으로써 자유 기업과 경제 성장에 해롭다. 그리고 공익을 특수 이익으로 대체함으로써 민주적인 의사 표현에도 해롭다." 총재의 걱정은 300년도 더 전에 동인도회사가 과시적 부와 정치적 부패와 동의어가 되었을 때 영국에서 호러스 월폴과 여타 인사들이 표명한 우려와 대단히 비슷했다.

천만다행으로 오늘날 동인도회사에 꼭 들어맞는 것은 없다. 수익 측면에서 세계 최대 기업인 월마트의 자산에는 핵잠수함 함대가 없으며 페이스북이나 셸컴퍼니도 보병 연대를 소유하고 있지 않다. 하지만 동인도회사—최초의 거대 다국적 기업이자 최초로 고삐 풀린 기업—는 오늘날 다수의 주식회사들의 궁극적 모델이자 원형이었다. 오늘날 가장 강력한 거대 주식회사들은 자체 군대가 필요하지 않다. 정부에 의존해 자신들의 이해관계를 보호하고 긴급 구제를 받을 수 있으니까.

오늘날, 레든홀가의 회사 본부가 있던 자리에는 리처드 로저스의 작품인 강철과 유리로 지은 로이드 건물이 서 있다. 이곳이 매콜리에 따르면 '세계 최대의 기업'이었고, 남아시아의 넓은 땅덩어리에 걸쳐 정치적 권력을 장악함으로써 확실히 무굴 왕조에 맞먹었던 유일한 권력의 사적지임을 알려주는 푸른 명판blue plaque(영국의 사적 안내판. 푸른색 원형 판이며 일반적으로 유명 인물이 살았거나 역사적 사건이 있었던 건물 외벽에 붙어 있다—옮긴이)은 없다. 하지만 시티에서 회사의 유산에 대한 기념비를 찾으려는 사람은 주변을 둘러보기만 하면 된다.

이 책은 상업적 권력과 제국적 권력 간의 관계를 연구하려는 시도였다. 기업들이 어떻게 정치에 영향을 미칠 수 있는지 또 그 반대도 들여다봤다. 권력과 돈이 어떻게 부패시킬 수 있는지, 그리고 상업과 식민화가 흔히 나란히 발맞춰 진행되는 방식을 살펴봤다. 서구 제국주의와 기업 자본주의는 같은 시기에 탄생했고, 둘 다 어느 정도는 근대 세계를 낳은 분쟁의 씨앗이기 때문이다.

동인도회사의 도래가 18세기 인도에 가져온 파열은 그것을 다루기 위해 완전히 새로운 문학 장르가 발명될 정도였다. 이는 이브라트 나마, 즉 훈계서로 알려진 교훈을 이끌어내는 역사서 장르다. 이런 역사서의 교훈적 목적은 이 장르의 가장 유명한 저자인 카이르 우드딘 일라하바디가 간단명료하게 표현했다. "*Az farâ-dîd-i sar-guzasht-i guzashtagân, bar khud 'ibrat pazîrad*(이 같은 과거의 삶들을 살펴봄으로써 그대의 미래를 위해 유의하라)".[1]

동인도회사는 오늘날 기업 권력의 오남용 가능성, 그리고 주주들의 이익이 국익인 것처럼 보이게 하는 음험한 수단에 관한 역사상 가장 섬뜩한 경고로 남아 있다. 오늘날 우리가 사는 세계는 탈제국이 결코 아니며, 앞으로도 영영 그럴 가능성이 크기 때문이다. 탈제국 대신에 제국은 노골적인 군사적 정복이나 점령 또는 직접적 경제 지배보다는—아니면 때로는 그런 수단과 나란히—캠페인 기부와 상업적 로비 활동, 다국적 금융 시스템과 세계 시장, 기업 영향력과 새로운 감시자본주의의 예측 데이터 수집 활동을 이용해 목적을 달성하는 지구적 권력의 형태로 변신하고 있다.

창립된 지 420년이 지난 지금, 동인도회사 이야기는 그 어느 때보다 더 현재적이다.

용어 해설

ㄱ

가그라 촐리 *Gagra Choli* 인도 윗옷과 치마
가잘 *Ghazal* 우르드어나 페르시아어 연가戀歌
가트 *Ghat* 목욕하는 곳이나 강으로 통하는 계단
고둘리벨라 *Godhulibela* '소-흙먼지 시간'—일몰 전의 황금 시간대
골룸다우즈 *Golumdauze* 포병
군주스 *Goonjus* 다리, 교각

ㄴ

나가라 *Nagara* 인도의 의례용 케틀드럼
나게슈와람 *Nageshwaram* 오보에처럼 생긴 길쭉한 타밀 목관악기
나마크하람 *Namak-haram* 반역자. 말 그대로는 '충실히 섬기지 않는'다는 뜻
나우밧 카나 *Naubat Khana* 요새 출입문 위에 위치한 북을 치는 문루
나우밧 *Naubat* 고관대작을 영접할 때와 축제에서 치는 북
나즈르 *Nazr* / 나자르 *Nazar* 인도 궁정에서 상위의 봉건 지배자에게 바치는 상징적 선물
나카르 카나 *Naqqar Khana* 의례용 북을 치는 건물
네이봅 *Nabob* 문자 그대로는 '대리'란 뜻으로, 무굴 황제가 지방 총독과 부왕에게 내리는 칭호인 힌두스타니어 나와브 *Nawab* 가 영어로 들어와 변질된 것이다. 특히 새뮤얼 푸트의 1768년 희곡 〈네이봅〉이 이 단어를 대중화시킨 뒤 영국에서는 귀국한 '인도통들 Old Indian hands'을 비하하는 표현이 되었으며, 이내 '놉 nob'으로 줄었다.
노치 *Nautch* 인도 춤 공연
니잠 *Nizam* 〔데칸 지역〕 하이데라바드 세습 통치자의 칭호.

ㄷ

다라마살라 *Dharamasala* 여행자 휴게소, 숙박소
다르 울이슬람 *Dar ul-Islam* 이슬람의 땅 혹은 이슬람의 집
다르가 *Dargah* 수피 성소聖所, 보통은 성인의 무덤 위에 짓는다.
다르마 *Dharma* 의무
다스타크 *Dastak* 통행증, 출입증.
다스탄 *Dastan* 이야기, 대하大河 역사 또는 구전口傳 역사
다코이트 *Dacoit* 무법자, 도적 떼의 일원
다크 *Dak* 우편 (18세기와 19세기 문헌에서는 때로 'dawke'라고 표기된다.)
다프타르 *Daftar* 공직 또는 니잠의 궁전에서는 재상직을 가리킨다.
데르지 *Derzi* 재단사
데오리 *Deorhi* 중정中庭이 있는 집 또는 하벨리
도비 *Dhobi* 세탁업자

도티 Dhoti 허리옷(긴 천을 허리부터 다리까지 감싸서 앞쪽에 주름을 잡아 입는다—옮긴이)
두르바르 Durbar 궁정, 조정
두바시 Dubash 통역가
두파타 Dupatta 숄이나 스카프로서, 보통은 살바르 케미세salvar kemise(문자 그대로는 '두 장 또는 두 폭'이라는 뜻)와 같이 착용한다. 추니chunni 로도 알려져 있다.
둘리 Dhoolie 지붕을 씌운 가마
디반 Divan 시집
디완 Diwan 총리 또는 행정 재무를 담당하는 재상vizier

ㄹ

라자 Raja 왕
라크 Lakh 10만
라티 Lathi 곤봉이나 막대기
랑가르 Langar 종교 축제 동안 음식의 무상 분배
렁기 Lungi 인도식 사롱. 더 길어진 도티(참조)
로타 Lota 물 항아리
리요트 Ryott 농민이나 소작농
링감 Lingam 창조주로서의 시바신과 연관된 남근 상징

ㅁ

마르카나 Marqana 모스크나 궁전 출입구 위에 얹은 종유석 형태 장식
마질리스 Majlis 회합. 특히 무하람(참조) 기간의 모임
마할 Mahal 말 그대로는 '궁'이지만 흔히 잠자는 방이나, 궁이나 거처에서 제나나Zenana 구역을 가리킬 때 쓰인다.
마히 마라팁 Mahi maratib 물고기 휘장. 무굴을 상징하는 기
만다파 Mandapa 사원의 출입구
만삽다르 Mansabdar 무굴 귀족이자 공직자로서, 만삽다르의 신분은 그가 전투에 제공해야 하는 기병 숫자로 결정되었는데, 이를테면 2,500 만삽다르는 니잠이 전쟁에 나갈 때 기병 2,500명을 제공해야 한다.
만스나비 Mansnavi 페르시아어나 우르두어 연가
메흐필 Mehfil 무굴 궁정의 야간 연회이며, 보통은 춤과 시 낭송, 가잘(참조) 가창이 포함된다.
모할라 Mohalla 무굴 도시 내 구획된 구역으로, 보통 하나의 출입구를 통해서만 들어갈 수 있는 주택가
무샤이라 Mushaira 시 담화회나 토론회
무스누드 Musnud 긴 베개와 방석을 낮게 배치한 것으로 이 시기 인도 군주들의 옥좌 역할을 했다.
무하람 Muharram 선지자(무함마드)의 손자 이맘 후사인의 패배와 죽음을 기리는 시아파 무슬림의 대축제. 하이데라바드와 러크나우에서 특히 열성적으로 기린다.
문시 Munshi 인도인 개인 비서나 언어 교사
미르 Mir 이름 앞에 붙는 '미르' 칭호는 일반적으로 그가 사이이드(참조)임을 뜻한다.
미르자 Mirza 제후나 신사
미흐랍 Mihrab 모스크에서 메카 방향을 가리키는 벽감

ㅂ

바그 Bagh 정식 무굴 정원. 흔히 차르 바그char bagh 라고 하는데 정중앙에서 뻗어나온 십자형 작은 수로와 분수로 네char 개의 정사각형으로 나뉘어 있기 때문이다.
바드랄로크 Bhadralok 유복하고 교육을 잘 받은 벵골 중상층
바즈가슈트 Bazgasht 귀환 혹은 귀향

바킬 *Vakil* 대사나 대표 (현대 용법에서는 단순히 변호사를 뜻한다)
반자라 *Banjara* 유목민 교역 공동체
방 *Bhang* 대마초 조제용 물질
베굼 *Begum* 인도 무슬림 귀족 여성. 지위와 존경을 나타내는 칭호로 영어의 '마담Madam'에 해당한다.
베텔 *Betel* 인도에서 약한 마약으로 이용되는 견과류이며 판으로 먹는다.
베트 *Bhet* 공물
브라만 *Brahmin* 힌두 사제 계급caste이며 카스트 피라미드에서 최상위이다.
비비 가르 *Bibi ghar* '여자들의 집' 또는 제나나
비비 *Bibi* 인도인 아내나 정부情夫
비스티 *Bhisti* 물 지게꾼
빌라야트 *Vilayat* 속주나 지방, 국토.

ㅅ

사나드 *Sanad* 칙허장이나 인가서
사르페슈 *Sarpeche* 터번 보석이나 장신구
사리르에 카스 *Sarir-e khas* 옥좌
사와리 *Sawaree* 코끼리 축사(와 코끼리 사육과 관련된 용품과 시설 전체)
사이이드 *Sayyed* (또는 여성형으로는 사이이다 *Sayyida*) 선지자 무함마드의 직계 후손. 사이이드는 흔히 '미르'라는 칭호를 갖는다.
사티 *Sati* 과부를 산 채로 화장하는 풍습이나 화장당한 과부
사후카라 *Sahukara* 대부업자
산야시 *Sanyasi* 힌두교 고행자
살라틴 *Salatin* 궁에서 태어난 왕자들
샤디 *Shadi* 혼인 축하연이나 잔치
샤미아나 *Shamiana* 인도식 대형 천막이나 천막 구역 둘레에 세운 가리개.
세트인 *Seth* 상인, 무역상, 은행가나 대금업자
세포이 *Sepoy* 인도인 병사
수바다르 *Subadhar* 주지사나 총독
슈로프 *Shroff* 상인, 무역상, 은행가나 대금업자
스트라파도 *Strappado* 사람을 밧줄에 묶어 높은 곳에서 떨어트리는 포르투갈식 고문
슬로카 *Sloka* 산스크리트어 2행 연구
시르다르 *Sirdar* 귀족
시아 *Shia* 이슬람의 양대 종파 중 하나로서 선지자의 사망 직후, 메디나 칼리프의 권위를 인정하는 파와 선지자의 사위 알리를 따르는 파(시아트 알리 *Shiat Ali*는 아랍어로 '알리파'라는 뜻이다) 간의 분열로 거슬러 올라간다. 대다수의 시아파는 이란에 살고 있지만 인도 데칸지방에도 다수가 줄곧 존재해왔고 하이데라바드는 역사상 상당 기간 시아파 문화의 중심지였다.
시카르 *Shikar* 사냥

ㅇ

아락 *Arrack* 인도 압생트
아르지 *Arzee* 페르시아식 청원
아미르 *Amir* 귀족
아크바르 *Akhbars* 인도 궁정 소식지
아타샥 *Atashak* 임질
아프탑 *Aftab* 태양
알람 *Alam* 세계. 무하람 경배의 초점으로서 시아파가 이용하는 표식을 의미하기도 한다. 일반적으로

용어 해설　　577

눈물 모양이나 손바닥 모양으로 묘사되는 이 표식은 서기 680년에 케르발라 전투에서 이맘 후사인이 들었던 깃발의 양식화된 재현이다.
옴라*Omrah* 귀족
우나니*Unani* 이오니아(나 비잔틴 그리스) 의술. 원래는 페르시아의 비잔틴 망명자들을 통해 이슬람 세계에 건너왔고 지금도 인도에서 실행된다.
우르스*Urs* 축일
우브나*Obnah* 남성 동성애자
우스타드*Ustad* 거장이나 교사, 전문가
울라마*Ulama* 무슬림 성직자
이드*Id* 무슬림의 양대 축제. 이드 울피트르*Id ul-Fitr*는 라마단의 끝을 알리는 한편 이드 울주하*Id ul-Zuha*는 이삭의 탄생을 기린다. 후자를 기념하기 위해서는 구약성서와 쿠란에 기록된 원래의 경우처럼 숫양이나 숫염소를 잡는다.
이자라*Ijara* 임대 계약
이프타르*Iftar* 라마단 금식을 깨는 저녁 식사

ㅈ

자가트구루*Jagatguru* 우주의 구루
자기르*Jagir* 나라에 복무한 대가로 수여되는 토지로서 여기서 나오는 수익은 자기르다르*jagirdar* (자기르 보유자)의 소득으로 취급될 수 있다.
자로카*Jharoka* 튀어나온 발코니
자민다르*Zamindar* 지주나 현지 통치자
자자이르*Jazair* 선회포. 보통 낙타의 등에 얹는다.
잘리*Jali* 돌이나 나무를 깎아 만든 격자형 칸막이
제나나*Zenana* 하렘, 즉 여성만의 거처
지즈야*Jizya* 비무슬림에 대한 이슬람 세금

ㅊ

차르포이*Charpoy* 줄을 엮어 만든 침대 (문자 그대로는 '네 발'이란 뜻)
차우파르*Chaupar* 파치시*pachisi* (고대 인도에서 유래한 윷놀이 같은 보드게임—옮긴이)와 매우 유사한 십자형 보드게임
차트라파티*Chhatrapati* 왕을 가리키는 칭호—말 그대로는 '(모든 군주를) 아우르는 군주'라는 뜻. 황제에 해당한다.
차트리*Chattri* 기둥으로 받친 돔형의 키오스크로서 흔히 건물 꼭대기 작은 탑과 미너렛에 장식적 효과를 준다. (문자 그대로는 '우산'이란 뜻)
초우키다르*Chawkidar* 경비, 문지기
촐리*Choli* 짧은 (그리고 이 시기에는 흔히 투명한) 인도 여성 윗옷

ㅋ

카나자드*Khanazad* 궁에서 태어난 왕자들
카나트*Qanat* 캔버스로 된 휴대용 가림막이나 천막
카르카나*Kar-khana* 공방이나 제작소
카리타*Kharita* 편지를 보낼 때 봉투 대용으로 쓰는 작은 봉인封印 양단 주머니
카왈*Qawal* 카왈리 가수
카왈리*Qawali* 수피 성소에서 부르는 열광적 찬가
칸사만*Khansaman* 18세기에는 집사를 의미했다. 현재는 일반적으로 요리사를 의미한다.
칼라완트*Kalawant* 가수나 소리꾼

코스 Coss 무굴 거리 단위로 대략 5킬로미터에 해당한다.
코트왈 Kotwal 무굴 도시의 경찰서장이나 지사 또는 시 행정관
코틀라 Kotla 요새나 성채
쿠트바 Khutba 설교. 금요 기도 때 설교하는 동안 통치자를 위한 이슬람식 기도를 드린다.
크로르 Crore 1,000만 (또는 100라크)
키질바시 Qizilbash 말 그대로는 '붉은 머리'. 터번 아래 쓴 높고 붉은 모자 때문에 사파비 왕조 병사(와 나중에는 무역상)들에게 붙여진 이름
킬라다르 Qiladar 요새 관리자
킬랏 Khilat 상징적인 궁중 예복

ㅌ

타와이프 Tawaif 후기 무굴 사회와 문화에 두드러진 특징이었던 교양 있고 도회적인 무용수와 코티전
탁타 Takhta 솥을 받치는 나무틀
탈리 Thali 쟁반

ㅍ

파드샤나마 Padshahnama 황제사史
파우지다르 Faujdar 요새 관리자나 수비대 지휘관
파키르 Fakir 말 그대로는 '가난한'이란 뜻이다. 수피 성인이나 데르비시 또는 무슬림 탁발 고행자
팔란퀸 Palanquin 인도식 가마
페슈와즈 Peshwaz 허리선이 높은 긴 가운
페슈카시 Peshkash 아랫사람subordinate이 윗사람에게 바치는 선물이나 공물. 이 표현은 더 구체적으로, 니잠과 같이 '종속된subordinate' 세력이 자신들에게 바치는 돈을 일러 마라타인들이 사용했다.
푸르다 Purdah 말 그대로는 '커튼'. 제나나 안에서 여성을 감추는 것을 뜻할 때 사용한다.
푸자 Puja 기도
푸카 Pukka 제대로 된, 올바른
푸쿠르 Pukhur 연못
프라사드 Prasad 신도들이 공물을 바치면 사원에서 나눠주는 단 것. 힌두교 풍습이었다가 고원 수피 사당들에서 이슬람 풍습으로 이전된 전통이다.
피랑기 Firangi 외국인
피르 Pir 수피교 성인
피르만 Firman 문서로 적힌 황제의 명령
픽단 Pikdan 타구唾具(가래나 침을 뱉는 데 쓰는 그릇—옮긴이)

ㅎ

허르카라 Hurkarra 말 그대로는 '잡역부'. 심부름꾼, 배달원, 소식통 또는 스파이. 18세기 문헌에서는 때로 'hircarrah'라고 표기된다.
하맘 Hamam 튀르키예식 한증탕
하벨리 Haveli 안뜰이 있는 집이나 전통 저택
하빌다르 Havildar 상사에 해당하는 세포이 부사관
하킴 Hakim 내과의
홀리 Holi 힌두교 봄 축제. 참가자들은 서로에게 붉은색과 노란색 가루를 뿌린다.
후카 Hookah 물담뱃대
흉갑기병 Cuirassier 머스킷으로 무장하고 갑옷을 착용하는 기병 장교

주

약어

BL 영국 도서관(British Library)
CPC 페르시아 서신 일람표(*Calendar of Persian Correspondence*)
IOR 인도성 기록(India Office Records)
NAI 인도 국립문서고(National Archives of India)
OIOC 동양·인도성 자료(Oriental and India Office Collections)

프롤로그

1 필립 스턴의 뛰어난 저술은 회사가 예전에 인식되던 것보다 훨씬 더 일찍이 실제적이고 유형적인 정치권력을 획득했음을 보여주었다. Philip J. Stern., *The Company State: Corporate Sovereignty & the Early Modern Foundations of the British Empire in India* (Cambridge, 2011)를 보라.

2 "The Muzaffarnama of Karam Ali", *Bengal Nawabs*, trans. Jadunath Sarkar (Calcutta, 1952) p. 63.

3 Ghulam Hussain Khan, *Seir Mutaqherin* vol. 3 (Calcutta, 1790~1794), pp. 9~10.

4 Emma Rothschild의 미출간 논문 "The East India Company and the American Revolution"에서 인용함.

5 대표적인 더 근래의 연구로는 Richard Barnett, *North India Between Empires: Awadh, the Mughals and the British, 1720-1801* (Berkeley, 1980)와 Christopher Bayly, *Rulers, Townsmen and Bazaars*, Alam, *The Crisis of Empire in Mughal North India* 등과 같은 역사가들의 저작이 있으며, 특히 마지막 책은 18세기 전반기 북인도에서 경제가 성장했음을 보여준다. 이와 같은 새로운 역사 인식을 보여주는 연구가 상당히 축적되어 있다. '수정주의적' 견해를 지지하는 논문집은 ed. Seema Alavi, *The Eighteenth Century in India* (New Delhi, 2002); ed. P. J. Marshall, *The Eighteenth Century in Indian History. Evolution or Revolution* (New Delhi, 2003)를 보라. Stewart Gordon, *Marathas, Marauders and State Formation in Eighteenth-Century India* (Delhi, 1998); Rajat Datta, *The Making of the Eighteenth Century in India: Some Reflections on Its Political and Economic Processes*. Jadunath Sarkar Memorial Lecture, Bangiya Itihas Samiti, Kolkatta, April 2019; Karen Leonard, "The Hyderabad Political System and Its Participants", *Journal of Asian Studies*, 30(3) (1971); Tilottama Mukherjee, *Political Culture and Economy in Eighteenth-Century Bengal. Networks of Exchange, Consumption and Communication* (New Delhi, 2013); John F. Richards, "The Seventeenth-Century Crisis in South Asia" *Modern Asian Studies*, 24(4) (1990), pp. 625~638; M. Athar Ali, "The Passing of an Empire: The Mughal Case", *Modern Asian Studies*, 9(3) (1975), pp. 385~396; Stewart Gordon, *Legitimacy and Loyalty in some Successor States of the Eighteenth Century. In John F Richards, Kingship and Authority in*

South Asia (New Delhi, 1998), pp. 327~347; Madhu Trivedi, *The Making of the Awadh Culture* (New Delhi, 2010); Stephano Pelò, "Drowned in the Sea of Mercy. The Textual Identification of Hindu Persian Poets from Shi'i Lucknow in the Tazkira of Bhagwan Das 'Hindi'", eds. Vasudha Dalmia and Munis D. Faruqui, *Religious Interactions in Mughal India* (New Delhi, 2014); Sanjay Subrahmanyam, "Connected Histories: Notes Towards a Reconfiguration of Early Modern Eurasia", *Modern Asian Studies*, 31(3) (1997); J. F. Richards, "Early Modern India and World History", *Journal of World History*, 8(2) (1997); C. A. Bayly, "Indian Merchants in a 'Traditional' Setting. Banaras, 1780-1830", eds. Clive Dewey and A. J. Hopkins, *The Imperial Impact: Studies in the Economic History of Africa and India* (London, 1978); Philip Calkins, "The Formation of Regionally Oriented Ruling Group in Bengal, 1700-1740", *Journal of Asian Studies*, 29(4) (1970).

6 Fakir Khair-al Din Illahabadi, Fakir, *Ibrat Nama*, BL, OIOC, Or. 1932. fiv.

1장 1599년

1 James Shapiro, *1599: A Year in the Life of William Shakespeare* (London, 2005), pp. 303~308.
2 Henry Stevens, *The Dawn of British Trade to the East Indies, as Recorded in the Court Minutes of the East India Company 1599-1603, Containing an Account of the Formation of the Company* (London, 1866), pp. 1~10.
3 Marguerite Eyer Wilbur, *The East India Company and the British Empire in the Far East* (New York, 1945), pp. 18~24.
4 Robert Brenner, *Merchants and Revolution: Commercial Change, Political Conflict, and London's Overseas Traders, 1550-1653* (Princeton, 2003), pp. 19~23, 61~64; James Mather, *Pashas: Traders and Travellers in the Islamic World* (London, 2009), pp. 4, 40~42.
5 Stevens, *The Dawn of British Trade*, pp. 1~10.
6 Sir William Foster, "The First Home of the East India Company", ed. W. Paley Baildon, FSA, *The Home Counties Magazine*, vol. XIV (1912), pp. 25~27; Beckles Willson, *Ledger and Sword: The Honourable Company of Merchants of England Trading to the East Indies 1599-1874*, 2 vols (London, 1903), vol. 1, pp. 19~23.
7 Stevens, *The Dawn of British Trade*, pp. 5~6; P. J. Marshall, "The English in Asia to 1700", in Nicholas Canny, *The Oxford History of the British Empire*, vol. 1, *The Origins of Empire* (Oxford, 1998), pp. 267~269.
8 잉글랜드는 번영한 무굴 제국과 비교하면 거지꼴이었지만 북유럽 기준으로는 가난하지 않았으며, 주로 네덜란드를 통해 이뤄지는 대규모 직물 무역도 성장하고 있었다.
9 Kenneth R. Andrews, *Trade, Plunder and Settlement: Maritime Enterprise and the Genesis of the British Empire, 1430-1630* (Cambridge, 1984), pp. 12, 33, 256.
10 Niall Ferguson, *Empire: How Britain Made the Modern World* (London, 2003), pp. 6, 7, 9; G. L. Beer, *The Origins of the British Colonial System, 1578-1660* (London, 1908), pp. 8~9.
11 Giles Milton, *Nathaniel's Nutmeg or, The True and Incredible Adventures of the Spice Trader Who Changed the Course of History* (London, 1999), pp. 15~20.
12 Andrews, *Trade, Plunder and Settlement*, pp. 176, 200~222, 309, 314; Ferguson, *Empire*, p. 58.
13 *National Archives of India Calendar of Persian Correspondence*, intro. Muzaffar Alam & Sanjay Subrahmanyam, vol. 1 (New Delhi, 2014) (henceforth *CPC*), p. xxxi.
14 William Foster ed., *Early Travels in India 1583-1619* (London, 1921), pp. 1~47; G. V. Scammell, *The World Encompassed: The First European Maritime Empires* (London, 1981),

p. 474.
15 Brenner, *Merchants and Revolution*, pp. 20~21; Milton, *Nathaniel's Nutmeg*, pp. 7, 42~52; Holden Furber, "Rival Empires of Trade in the Orient, 1600-1800", in *Maritime India*, intro. Sanjay Subrahmanyam (New Delhi, 2004), pp. 31, 343n.
16 Furber, "Rival Empires of Trade in the Orient", pp. 31~32; Shapiro, *1599*, p. 303; Andrews, *Trade, Plunder and Settlement*, p. 260.
17 K. N. Chaudhuri, *The English East India Company: The Study of an Early Joint-Stock Company 1600-1640* (London, 1965), p. 11; Mather, *Pashas*, p. 40.
18 Willson, *Ledger and Sword*, pp. 19~21.
19 Stevens, *The Dawn of British Trade*, pp. 5~6.
20 Sir William Foster, *England's Quest of Eastern Trade* (London, 1933), pp. 144~150.
21 Mather, *Pashas*, p. 41.
22 Philip J. Stern, *The Company State: Corporate Sovereignty & the Early Modern Foundations of the British Empire in India* (Cambridge, 2011), pp. 6~9.
23 John Micklethwait and Adrian Wooldridge, *The Company: A Short History of a Revolutionary Idea* (London, 2003), p. 26.
24 Brenner, *Merchants and Revolution*, pp. 12~13.
25 Willson, *Ledger and Sword*, p. 31.
26 John Keay, *The Honourable Company: A History of the English East India Company* (London, 1991), p. 13; Milton, *Nathaniel's Nutmeg*, p. 77.
27 Keay, *The Honourable Company*, p. 9.
28 Stern, *The Company State*, pp. 12, 56~58.
29 필립 스턴은 전에 인식되던 것보다 훨씬 일찍이 회사가 실제적이고 뚜렷한 정치권력을 획득했음을 훌륭하게 보여주었다. Stern, *The Company State*를 보라.
30 Stevens, *The Dawn of British Trade*, p. 13.
31 Ibid., pp. 14~20, 42~43.
32 Ibid., pp. 30~46, 52.
33 Sir William Foster, *John Company* (London, 1926), p. 5.
34 Milton, *Nathaniel's Nutmeg*, pp. 77~80.
35 Keay, *The Honourable Company*, p. 15; Milton, *Nathaniel's Nutmeg*, pp. 80~82.
36 Keay, *The Honourable Company*, p. 23.
37 Furber, "Rival Empires of Trade in the Orient", pp. 38~39.
38 Marshall, *The English in Asia to 1700*, p. 268; Scammell, *The World Encompassed*, pp. 480~481.
39 H. Love, *Vestiges of Old Madras*, 2 vols, London, 1913, vol. I, p. 533, vol. II, p. 299에서 인용.
40 Scammell, *The World Encompassed*, p. 479.
41 Furber, "Rival Empires of Trade in the Orient", p. 42.
42 Ferguson, *Empire*, p. 21.
43 *CPC*, p. xxxi; Brenner, *Merchants and Revolution*, p. 49; Furber, "Rival Empires of Trade in the Orient", p. 39; Marshall, *The English in Asia to 1700*, pp. 270~271; Andrews, *Trade, Plunder and Settlement*, p. 270.
44 Richard M. Eaton, *India in the Persianate Age, 1000-1765* (London, 2019), p. 373.
    케임브리지 역사가 앵거스 매디슨Angus Maddison은 1700년 무렵 인도가 경제 규모에서 중국을 잠깐 앞질렀음을 보여준다. 여기에는 여러 요인이 있는데, 셰르 샤 수리와 무굴 왕조는 도로와 하천 운송, 해로, 항구를 개발하고 내륙 통행료와 세금을 다수 폐지하여 무역을 장려했다.

그들의 미적인 집착도 인도 직물 제조업이 아름답고 뛰어난 제품으로 전례 없는 절정을 구가하는 데 기여했다. 1700년에 프랑스인 여행객 프랑수아 베르니에는 "지구 곳곳에서 힌두스탄으로 금과 은이 들어온다"라고 썼고, 토머스 로 경도 "유럽의 출혈로 아시아가 살찐다"라고 맞장구를 쳤다. 매디슨의 정확한 수치에 따르면 1600년에 영국은 세계 GDP의 1.8퍼센트를 차지하고 있던 반면, 인도는 22.5퍼센트를 차지했다. 1700년에 수치는 2.88퍼센트 대 22.44퍼센트다.

다른 한편으로 매디슨은 1600년부터 1인당 GDP는 잉글랜드가 인도보다 이미 더 높았음을 보여주는데, 이 시기 인도에서의 부는 오늘날과 마찬가지로 지배층과 사업 계층에 집중되었으며, 매우 불균등하게 분배되었음을 시사한다. 유럽 여행객들은 지배자와 은행가들의 엄청난 부와 농민 계층의 가난에 대해 끊임없이 언급했다. 그러나 매디슨의 저술은 17세기 인도의 1인당 GDP가 이전 어느 시기보다 높았음을 보여준다.

이르판 하비브 아래서 학위 논문을 쓴 시린 무스비 Shireen Moosvi는 1980년대에 아인이아크바리 Ain-i-akbari에 대한 상세한 연구를 수행했다. 무스비의 결론은 무굴 국가가 수탈이 매우 심해 전체 생산물 가운데 56.7퍼센트를 가져갔다는 것이었다. 이 연구는 북인도 5개 주인 아그라, 델리, 라호르, 알라하바드, 아와드에 초점을 맞췄다. 이 5개 주의 총인구는 3,600만 명으로 추정되었다. 그녀는 농민 가구당 평균 소득을 연간 380담으로 추산했으므로 대략 1일당 1담이었던 셈이다 ('담dam'은 무굴 인도에서 표준 동화 銅貨로 1루피는 대략 40담이었다).

W. W. 헌터에 따르면 1882년에 아우랑제브의 1695년 총 세입은 8,000만 파운드로 추산되었다. 1869년과 1879년 사이에 영국령 인도의 총 과세액은 3,530만 파운드였다. 그러므로 아우랑제브 치하(1700년경)에서 무굴 제국은 영국 지배 시절(1880년경)보다 두 배 많은 세금을 거둔 셈인데 양 시기의 경제 규모는 동일했다. W. W. Hunter, *The Indian Empire* (London, 1882)를 보라. 이를 알려준 스리칸타 크리슈나마차리야 Śrīkānta Kṛṣṇamācārya에게 감사드린다.

45 D. A. Washbrook, "Progress and Problems: South Asian Economic and Social History c. 1720-1860", *Modern Asian Studies*, vol. 22, no. 1 (1988), pp. 57~96.
46 Angus Maddison, *Contours of the World Economy, 1-2030 AD: Essays in Macro-Economic History* (Oxford, 2007), pp. 116~120, 309~311, 379; Shashi Tharoor, *Inglorious Empire: What the British Did in India* (New Delhi, 2016), pp. 2~3.
47 Shireen Moosvi, *Economy of the Mughal Empire, c1595: A Statistical Study* (New Delhi, 1987), p. 376; Foster ed., *Early Travels*, p. 112; Eaton, *India in the Persianate Age*, p. 371.
48 Furber, "Rival Empires of Trade in the Orient", p. 45.
49 Geoffrey Parker, *The Military Revolution* (Oxford, 1988), p. 135. 수치는 정확하지 않을 수도 있다. 파커는 이를 어빈한테서 얻었을 텐데 어빈은 아불 파즐Abu'l Fazl의 《아인이아크바리》에서 얻었다. Dirk Kolff, *Naukar, Rajput, and Sepoy* (London, 1992)는 아불 파즐의 이 수치가 실제로는 1590년대 제국의 12개 수바흐(실질적으로 북인도) '군 노동력 시장'에 대한 추정치임을 설득력 있게 보여주며, 무굴 군대의 실제 규모로 이해해서는 안 된다고 주장한다. pp. 3ff(기본적으로 '무장 농민'에 관한 챕터 전체)를 보라.
50 Milo Cleveland Beach and Ebba Koch eds., *King of the World the Padshahnama: an Imperial Mughal Manuscript from the Royal Library, Windsor Castle* (London, 1997), pp. 56~57, 58~60, 179~180; Sanjay Subrahmanyam, *The Portuguese Empire in Asia: A Political and Economic History 1500-1700* (New York, 1993), pp. 165~166, 201; Tirthankar Roy, *The East India Company: The World's Most Powerful Corporation* (New Delhi, 2012), p. 83.
51 Furber, "Rival Empires of Trade in the Orient", p. 40.
52 최상의 전기는 Michael Strachan, *Sir Thomas Roe 1581-1644* (Salisbury, 1989).
53 Bernard Cohn, *Colonialism and Its Forms of Knowledge* (Princeton, 1996), p. 17.
54 Sir Thomas Roe and Dr John Fryer, *Travels in India in the 17th Century* (London, 1873), pp. 26~29, 38~39.

55 Ibid., pp. 103~104. Sir William Foster, *The Embassy of Sir Thomas Roe to India 1615-9. as Narrated in his Journal and correspondence* (New Delhi, 1990)도 보라.
56 로는 1616년 10월 30일에 '인디야'에서 헌팅던 부인 엘리자베스에게 멋진 연애편지를 썼다. 이 참고 문헌을 보내준 샬럿 머튼Charlotte Merton에게 감사드린다. Pasadena Library, Hastings Collection, 5 Box 7(1612 to 1618, Thomas Roe to Elizabeth, Countess of Huntingdon, HA10561).
57 Roe and Fryer, *Travels in India*, p. 74. William Pinch의 뛰어난 에세이 "Same Difference in India and Europe", *History and Theory*, vol. 38, no. 3 (October 1999), pp. 389~407도 보라.
58 Strachan, *Sir Thomas Roe*, pp. 86~87.
59 Samuel Purchas, *Hakluytus Posthumus or Purchas His Pilgrimes, Contayning a History of the World*, 20 vols (Glasgow, 1905), part 1, IV, pp. 334~339.
60 확실히 Beni Prasad는 *History of Jahangir* (Allahabad, 1962)에서 그렇게 주장했다.
61 Roe and Fryer, *Travels in India*, pp. 83~84.
62 *Jahangir Preferring a Shaykh to Kings*, by Bichitr, c.1615~1618. 종이에 불투명 수채물감과 금. Freer Gallery of Art, Smithsonian Institution. Purchase F1942.15. 이 그림과 관련해 나는 BBC/PBS *Civilisations*, Episode 5에 나오는 사이먼 샤마의 뛰어나고 재치 있는 분석에 빚졌다. 자한기르의 꿈 그림들은 수수께끼 같고 해독하기 어렵다. 이 경우에 그림은 독실한 황제가 실제로 이슬람의 사고방식에서 어떤 식으로 천년왕국적 군주였는지를 드러내는 자한기르 본인의 꿈을 반영한다. 그는 새로운 천년의 도래를 알리는 시공간의 주인이다. 이 새로운 천년에서 다른 모든 왕들은 그 아래 존재하며 하찮지만, 황제는 수피 지혜의 내적인 신비를 향해 눈길을 돌린다. A. Azfar Moin의 뛰어난 *The Millennial Sovereign: Sacred Kingship & Sainthood in Islam* (Columbia, 2014)과 Kavita Singh의 통찰이 번뜩이는 *Real Birds in Imagined Gardens: Mughal Painting between Persia and Europe*, (Los Angeles, 2017)을 보라.
63 C. A. Bayly, *Indian Society and the Making of the British Empire* (Cambridge, 1988), p. 16.
64 *CPC*, p. xxxiii.
65 G. J. Bryant, *The Emergence of British Power in India 1600 1784: A Grand Strategic Interpretation* (Woodbridge, 2013), p. 4에서 인용.
66 Marshall, "The English in Asia to 1700", pp. 272~273.
67 Eaton, *India in the Persianate Age*, p. 373.
68 Rupali Mishra, *A Business of State: Commerce, Politics and the Birth of the East India Company* (Harvard, 2018), p. 6.
69 Keay, *The Honourable Company*, pp. 112~113.
70 Mather, *Pashas*, p. 53.
71 Thomas Mun, A Discourse of Trade, from England unto the East Indes By T.M. (London, 1621), Mishra, *A Business of State*, p. 3에서 인용.
72 *CPC* 1, p. xi; Stern, *The Company State*, p. 19.
73 Stern, *The Company State*, p. 19; Keay, *Honourable Company*, p. 68; *CPC* I, p. xi; Furber, "Rival Empires of Trade in the Orient", p. 71.
74 Furber, "Rival Empires of Trade in the Orient", pp. 71~72.
75 Stern, *Company State*, pp. 35~36.
76 Ibid., pp. 22~23; Keay, *Honourable Company*, pp. 130~131; Bruce P. Lenman, *Britain's Colonial Wars 1688-1783* (New York, 2001), p. 85; Roy, *East India Company*, p. 77.
77 Lenman, *Britain's Colonial Wars*, pp. 86~88.
78 Sir William Foster ed., *The English Factories in India 1618-1669*, 13 vols (London, 1906~1927), vol. 3, p. 345.
79 봄베이 마녀 재판에 관해서는 Stern, *Company State*, p. 109를 보라.
80 Keay, *The Honourable Company*, pp. 136~137.

81 William Letwin, *The Origin of Scientific Economics* (London, 1963), p. 37.
82 Richard Carnac Temple, *The Diaries of Streynsham Master, 1675-1680*, 2 vols (London, 1911), vol. 2, p. 28; Foster, *English Factories*, vol. 4, p. 308; John R. McLane, *Land and Local Kingship in Eighteenth-Century Bengal* (Cambridge, 1993), p. 112; Jon Wilson, *India Conquered:Britain's Raj and the Chaos of Empire* (London, 2016), p. 39.
83 Bryant, *Emergence of British Power*, p. 3.
84 Wilson, *India Conquered*, p. 49.
85 Ibid., p. 47.
86 Ibid., p. 53.
87 Alexander Hamilton, *A New Account of the East Indies*, 2 vols (London, 1930), vol. 1, pp. 8~9, 312~315.
88 Wilson, *India Conquered*, p. 53; Maya Jasanoff, *Edge of Empire:Conquest and Collecting in the East,1750-1850* (London, 2005), p. 25.
89 François Bernier, *Travels in the Mogul Empire, 1656-68*, ed. Archibald Constable, trans. Irving Brock (Oxford, 1934), pp. 437, 442; McLane, *Land and Local Kingship*, pp. 29~30; Om Prakash, *The Dutch East India Company and the Economy of Bengal, 1630-1720* (Princeton, 1985), pp. 75, 162~163.
90 Audrey Truschke, *Aurangzeb:The Man and the Myth* (New Delhi, 2017), pp. 66, 105.
91 C. A. Bayly, *Rulers, Townsmen and Bazaars:North Indian Society in the Age of British Expansion* (Cambridge, 1983), pp. 20~21; Satish Chandra, "Social Background to the Rise of the Maratha Movement During the 17th Century", *Indian Economic and Social History Review*, x (1973), pp. 209~218.
92 Dr John Fryer, *A New Account of East India & Persia 1672-81*, ed. W. Crooke, Hakluyt Society, 3 vols (London, 1909~1915), vol. I, p. 341; Irfan Habib, "The Agrarian Causes of the Fall of the Mughal Empire", in *Enquiry*, 2 (September 1958), pp. 81~98 and *Enquiry*, 3 (April 1960), pp. 68~80. Meena Bhargava, *The Decline of the Mughal Empire* (New Delhi, 2014), p. 43도 보라.
93 Fryer, *A New Account of East India & Persia*, vol. II, pp. 67~68.
94 Truschke, *Aurangzeb*, p. 66.
95 Kaushik Roy, "Military Synthesis in South Asia: Armies, Warfare, and Indian Society, c.1740-1849", *Journal of Military History*, vol. 69, no. 3 (July 2005), pp. 651~690; V. G. Dighe and S. N. Qanungo, "Administrative and Military System of the Marathas", in R. C. Majumdar and V. G. Dighe eds., *The Maratha Supremacy* (Mumbai, 1977), pp. 56~78. 시바지의 두 차례 즉위식에 관한 최상의 사료는 *Sivarajyabhiṣekakalpataru* (*The Venerable Wish-Fulfilling Tree of Śiva's Royal Consecration*) dated 30 September 1596 Saka era (= 1674 ad). Bihani Sarkar, *Traveling Tantrics and Belligerent Brahmins: the Sivarajyabhiṣekakalpataru and Sivaji's Tantric consecration*, "Professions in motion: culture, power and the politics of mobility in 18th-century India"에 관해 2017년 옥스퍼드 세인트앤스칼리지에서 열린 학회 발표문을 보라. www.academica.edu에서 입수 가능; James W. Laine, *Shivaji:Hindu King in Islamic India* (Oxford, 2003).
96 Velcheru Narayana Rao, David Shulman and Sanjay Subrahmanyam, *Textures of Time: Writing History in South India 1600-1800* (New York, 2003), p. 232에서 인용. 이슬람에 맞선 전사 영웅으로서 시바지의 명성은 여전히 살아 있고, 심지어 현 마하라슈트라주에서는 더욱 커져가고 있어서, 봄베이의 공항과 기차역, 프린스오브웨일스 박물관까지 근래에 모두 그의 이름을 따서 이름이 바뀌었을 정도다. 여기서 극우 힌두트바 시브 세나('시바지의 군대'란 뜻)당은 봄베이시 길거리에서 가장 강력한 정치 세력 중 하나이며, 1992년에 바브리 마스지드가

97 Truschke, *Aurangzeb*, p. 69.
98 Syed Ghulam Hussain Khan Tabatabai, *Seir Mutaqherin* (Calcutta, 1790~1794), vol. 1, pp. 310~311. 굴람 후사인 칸에 대해서는 Iqbal Ghani Khan, "A Book With Two Views: Ghulam Husain's An Overview of Modern Times", in Jamal Malik, ed., *Perspectives of Mutual Encounters in South Asian History, 1760-1860* (Leiden, 2000), pp. 278~297과 Kumkum Chatterjee, "History as Self-Representation: The Recasting of a Political Tradition in Late Eighteenth Century Eastern India", *Modern Asian Studies*, vol. 32, no. 4 (1998), pp. 913~948를 보라.
99 Truschke, *Aurangzeb*, p. 120.
100 Ibid., p. 65; Giovanni Gemelli Careri, *Indian Travels of Thevenot and Careri*, ed. S. N. Sen (New Delhi, 1949), p. 216을 인용. 원서는 *Giro del Mondo* (Rome, 1699).
101 *Ahkam-i Alamgiri*, f 61b, Bhargava, *The Decline of the Mughal Empire*, p. 43에서 인용.
102 Waldemar Hansen, *The Peacock Throne* (New Delhi, 1986), p. 28에서 인용.
103 Uday Kulkarni, *The Era of Baji Rao: An Account of the Empire of the Deccan* (Pune, 2017)은 대중서임과 동시에 철저한 연구를 바탕으로 이 시기 마라타 지배에 관해 탁월한 개관을 제공한다.
104 Fakir Khair ud-Din Illahabadi, *Ibrat Nama*, BL Or. 1932. 2v.
105 Jean-Baptiste Gentil, *Mémoires sur l'Indoustan* (Paris, 1822), p. 76.
106 Stewart Gordon, "The Slow Conquest: Administrative Integration of Malwa into the Maratha Empire, 1720-1760", in *Modern Asian Studies*, vol. 11, no. 1 (1977), pp. 1~40를 보라. Andre Wink, "Maratha Revenue Farming", in *Modern Asian Studies*, vol. 17, no. 4 (1983), pp. 591~628; Stewart Gordon, *Marathas, Marauders and State Formation in Eighteenth Century India* (Delhi, 1994)도 보라.
107 *Voyage en Inde du Comte de Modave, 1773-1776*, ed. Jean Deloche (Pondicherry, 1971), pp. 400~401.
108 Roy, "Military Synthesis in South Asia"; R. C. Majumdar et al., *An Advanced History of India* (1978, reprint, Madras, 1991), pp. 536~546; Eaton, *India in the Persianate Age 1000-1765*, p. 354; Stewart Gordon, *The Marathas, 1600-1818* (Cambridge, 1993), pp. 127~129, 140~143.
109 Munis D. Faruqui, "At Empire's End: The Nizam, Hyderabad and Eighteenth Century India", *Modern Asian Studies*, 43, 1 (2009), pp. 5~43; Sanjay Subrahmanyam, "Un Grand Derangement: Dreaming An Indo-Persian Empire in South Asia, 1740-1800", *Journal of Early Modern History*, 4, 34 (2000), pp. 337~378; Muzaffar Alam, *The Crisis of Empire in Mughal North India: Awadh and the Punjab 1707-1748* (New Delhi, 1986).
110 Salim Allah, *A Narrative of the Transactions in Bengal*, trans. Francis Gladwin (Calcutta, 1788); McLane, *Land and Local Kingship*, p. 72. Tilottama Mukherjee, "The Co-ordinating State and Economy: The Nizamat in Eighteenth-Century Bengal", *Modern Asian Studies*, vol. 43, no. 2 (2009), pp. 389~436도 보라.
111 Ghulam Hussain Khan, *Seir Mutaqherin*, vol. 2, p. 450; J. H. Little, *The House of Jagat Seth* (Calcutta, 1956), p. 3.
112 BL, IOR, Orme Mss India, VI, f. 1455.
113 Ibid., f. 1525.
114 자가트 세트가에 대한 최상의 문헌은 여전히 Little, *The House of Jagat Seth*다. Sushil Chaudhury, "The banking and mercantile house of Jagat Seths of Bengal", *Studies in People's History*, 2, 1 (2015), pp. 85~95; Lakshmi Subramanian, "Banias and the British: the role of indigenous credit in the Process of Imperial Expansion in Western India in the

second half of the Eighteenth century", *Modern Asian Studies*, 21, 3 (1987); Kumkum Chatterjee, "Collaboration and Conflict: Bankers and Early Colonial Rule in India: 1757-1813", *Indian Economic and Social History Review*, vol. 30, 3 (1993); Thomas A. Timberg, *The Marwaris: From Jagat Seth to the Birlas* (New Delhi, 2014), p. 22; Lokanatha Gosha, *The Modern History of the Indian Chiefs, Rajas, Zamindars,&C.* (Calcutta, 1881)도 보라. 이 시기 더 전반적인 인도 경제에 관해서는 Rajat Datt, "Commercialisation, Tribute and the Transition from late Mughal to Early Colonial in India", *Medieval History Journal*, vol. 6, no. 2 (2003), pp. 259~291; D. A. Washbrook, "Progress and Problems: South Asian Economic History c.1720-1860", *Modern Asian Studies*, vol. 22, no. 1 (1988), pp. 57~96; K. N. Chaudhuri, "India's International Economy in the Nineteenth Century: A Historical Survey", *Modern Asian Studies*, vol. 2, no. 1 (1968), pp. 31~50를 보라.

115 Sanjay Subrahmanyam, *Penumbral Visions: Making Politics in Early Modern South India* (Michigan, 2001), p. 106; Muzaffar Alam and Sanjay Subrahmanyam, *Writing the Mughal World* (New York, 2012), pp. 353~355; Niccolao Manucci, *Storia do Mogor, or Mogul India, 1653-1708*, trans. William Irvine (London, 1907), vol. 3, pp. 369~370.

116 *CPC* 1, p. xxi; Stern, *The Company State*, p. 176; Alam and Subrahmanyam, *Writing the Mughal World*, pp. 358~359, 394.

117 Brijen K. Gupta, *Sirajuddaullah and the East India Company, 1756-7* (Leiden, 1966), p. 44.

118 Stephen P. Blake, *Shahjahanabad: The Sovereign City in Mughal India, 1639-1739* (Cambridge, 1991), p. 162.

119 Ishrat Haque, *Glimpses of Mughal Society and Culture* (New Delhi, 1992), p. 21.

120 William Dalrymple and Yuthika Sharma, *Princes and Poets in Mughal Delhi 1707-1857* (Princeton, 2012), pp. 4~5; Zahir Uddin Malik, *The Reign of Muhammad Shah 1719-1748* (Aligarh, 1977).

121 Gentil, *Mémoires sur l'Indoustan*, pp. 123~124.

122 Subrahmanyam, *Penumbral Visions*, pp. 15~16.

123 Sayid Athar Abbas Rizvi, *Shah Walli-Allah and His Times* (Canberra, 1980), p. 141; Gordon, *The Marathas 1600-1818*, pp. 124~125; Zahir Uddin Malik, *The Reign of Muhammad Shah*, p. 133; Michael Axworthy, *The Sword of Persia: Nader Shah from Tribal Warrior to Conquering Tyrant* (London, 2006), p. 189; Govind Sakharam Sardesai, *A New History of the Marathas*, 3 vols (Poona, 1946), vol. 2, p. 154; Bhargava, *The Decline of the Mughal Empire*, p. xv; Jadunath Sarkar, *Fall of the Mughal Empire, 1739-54*, 4 vols (New Delhi, 1991), vol. 1, pp. 2, 135.

124 Ghulam Hussain Khan, *Seir Mutaqherin*, vol. 1, p. 302; Subrahmanyam, *Un Grand Derangement*, pp. 356~357; Malik, *The Reign of Muhammad Shah*, p. 135; Blake, *Shahjahanabad*, p. 150.

125 Malik, *The Reign of Muhammad Shah*, p. 111.

126 C. A. Bayly, *Indian Society and the Making of the British Empire*, pp. 8~9.

127 Malik, *The Reign of Muhammad Shah*, p. 265; Rizvi, *Shah Walli-Allah and His Times*, p. 141; Gordon, *Marathas*, pp. 125, 128, 129, 135; Sardesai, *New History of the Marathas*, vol. 2, p. 159.

128 Père Louis Bazin, "Memoires sur dernieres annees du regne de Thamas Kouli-Kan et sa mort tragique, contenus dans un letter du Frere Bazin" (1751), in *Lettres Edifiantes et Curieuses Ecrites des Mission Etrangeres* (Paris, 1780), vol. IV, pp. 277~321. 이 구절은 pp. 314~318에서 인용했다.

129 Willem Floor, "New Facts on Nadir Shah's Indian Campaign", in *Iran and Iranian*

Studies: Essays in Honour of Iraj Afshar, ed. Kambiz Eslami (Princeton, 1998), pp. 198~220, p. 200.
130 Anand Ram Mukhlis, "Tazkira", in Sir H. M. Elliot and John Dowson, The History of India as Told by its Own Historians (London, 1867), vol. VIII, pp. 82~83.
131 Subrahmanyam, Un Grand Derangement, pp. 357~358.
132 Axworthy, The Sword of Persia, p. 207.
133 Mukhlis, "Tazkira", in Elliot and Dowson, The History of India, vol. VIII, p. 85.
134 Michael Edwards, King of the World: The Life and Times of Shah Alam, Emperor of Hindustan (London, 1970), p. 15.
135 Floor, "New Facts on Nadir Shah's Indian Campaign", p. 217.
136 Ghulam Hussain Khan, Seir Mutaqherin, vol. 1, pp. 315~317.
137 Mukhlis, "Tazkira", in Elliot and Dowson, The History of India, vol. VIII, p. 86.
138 Floor, "New Facts on Nadir Shah's Indian Campaign", p. 217.
139 Mukhlis, "Tazkira", in Elliot and Dowson, The History of India, vol. VIII, p. 87.
140 Mahdi Astarabadi, Tarikh-e Jahangosha-ye Naderi: The official history of Nader's reign (Bombay lithograph 1849/1265), p. 207.
141 Sarkar, Fall of the Mughal Empire, 1739-54, vol. 1, pp. 2~3, 4, 13.
142 BL, Add 6585, Shakir Khan, Tarikh-i Shakir Khani, ff. 346.
143 Dirk H. A. Kolff, Naukar, Rajput & Sepoy (Cambridge, 1990).
144 Washbrook, "Progress and Problems: South Asian Economic and Social History c.1720-1860", p. 67.
145 Ghulam Hussain Khan, Seir Mutaqherin, vol. 3, pp. 160~161.
146 Subrahmanyam, Un Grand Derangement, p. 344.
147 S. P. Sen's book, The French in India, 1763-1816 (Calcutta, 1958); Arvind Sinha, The Politics of Trade: Anglo-French Commerce on the Coromandel Coast, 1763-1793 (New Delhi, 2002); Ferguson, Empire, pp. 30~32.
148 Jean Marie Lafont and Rehana Lafont, The French & Delhi, Agra, Aligarh and Sardhana (New Delhi, 2010), pp. 41~44.
149 보병 훈련은 뒤플렉스 이전에 소규모로 인도에 도입되었다. David Harding, Small Arms of the East India Company 1600-1856 (London, 1997), vol. 4, pp. 150~165와 Randolf Cooper의 중요한 논문 "Culture, Combat and Colonialism in Eighteenth and Nineteenth Century India", International History Review, vol. 27, no. 3 (September 2005), pp. 534~549와 특히 pp. 537~538를 보라.
150 Henry Dodwell, Dupleix and Clive: The Beginning of Empire (London, 1920), pp. 1~9.
151 Ferguson, Empire, p. 31.
152 The Private Diary of Ananda Ranga Pillai. Dubash to Joseph Franois Dupleix, eds. J. F. Price and K. Rangachari, 12 vols (Madras, 1922), vol. 3, p. 90.
153 Ibid., p. 9; Subrahmanyam, Penumbral Visions, p. 14; Geoffrey Parker, The Military Revolution, (Oxford, 1988), p. 133.
154 The Private Diary of Ananda Ranga Pillai, p. 96; Subrahmanyam, Penumbral Visions, p. 14; Parker, The Military Revolution, p. 133; Bert S. Hall and Kelly De Vries, "Essay Review The Military Revolution Revisited", Technology and Culture, 31 (1990), p. 502; Knud J. V. Jespersen, "Social Change and Military Revolution in Early Modern Europe: Some Danish Evidence", Historical Journal, 26 (1983), pp. 1~2; Michael Howard, War in European History (1976, reprint, Oxford, 1977), pp. 61, 78; Hew Strachan, European Armies and the Conduct of War (1983, reprint, London, 1993), p. 33; Roy, "Military Synthesis in South

Asia".
155 Sir Penderel Moon, *The British Conquest and Dominion of India* (London, 1989), p. 19.
156 Partha Chatterjee, *The Black Hole of Empire: History of a Global Practice of Power* (New Delhi, 2012), p. 11.
157 Subrahmanyam, *Penumbral Visions*, p. 19.
158 Gupta, *Sirajuddaullah and the East India Company*, p. 36.
159 Bryant, *Emergence of British Power*, p. 9.
160 *Voyage en Inde*, pp. 67~68. 모다브의 생각은 옛 친구인 볼테르의 생각과도 통했다. "마침내 이 지역 프랑스인들에게는, 최소한의 이윤도 내지 못하고 무역 이익으로 채권자들과 주주들에게 아무런 배당금도 주지 못하고, 비밀스런 강도 행각을 통해서만 인도 행정 조직을 간신히 유지하고, 국왕이 수여한 담배 전매권 지분으로만 지탱된 회사를 떠받치기 위해 40년 넘게 막대한 돈을 쏟아부었다는 후회만이 남았다. 인도와의 파멸적인 무역에서 프랑스 국민이 지금까지 보여준 지성의 결여를 입증하는 잊지 못할, 하지만 쓸데없는 사례가 아닐까?" Voltaire, *Précis du siècle de Louis XV*, p. 1507, in *Oeuvres historiques*, ed. R. Pomeau (Paris, 1962), pp. 1297~1572.
161 Daniel Baugh, *The Global Seven Years War, 1754-63* (New York, 2014), pp. 52~54.
162 Ibid., pp. 59~60.

2장 거절할 수 없는 제의

1   NAI, Bengal Select Committee, *Letters from Court* (25 May 1756), vol. 23 (1756~1771) (13 February 1756).
2   Ibid.
3   Daniel Baugh, *The Global Seven Years War, 1754-63* (New York, 2014), p. 462.
4   John Keay, *The Honourable Company: A History of the English East India Company* (London, 1991), pp. 111~112.
5   K. N. Chaudhuri, *The English East India Company in the 17th and 18th Centuries: A Pre-Modern Multinational Organisation* (The Hague, 1981), p. 29.
6   Sir William Foster, *The East India House: Its History and Associations* (London, 1924), pp. 132~133.
7   Holden Furber, "Rival Empires of Trade in the Orient, 1600-1800", in *Maritime India*, intro. Sanjay Subrahmanyam (New Delhi, 2004), pp. 128~129; Tirthankar Roy, *East India Company: The World's Most Powerful Corporation* (New Delhi, 2012), pp. 116~117.
8   Tillman W. Nechtman, *Nabobs: Empire and Identity in Eighteenth Century Britain* (Cambridge, 2010).
9   P. J. Marshall, "The British in Asia: Trade to Dominion, 1700-1765", in P. J. Marshall ed., *The Oxford History of the British Empire*, vol. 2, *The Eighteenth Century* (Oxford, 1998), pp. 267~269; Keith Feiling, *Warren Hastings* (London, 1954), p. 13; Burton Stein, "Eighteenth Century India: Another View", *Studies in History*, vol. 5, 1 n.s. (1989), p. 20.
10 George Forrest, *The Life of Lord Clive*, 2 vols (London, 1918), vol. 1, pp. 232~233; Percival Spear, *Master of Bengal: Clive and his India* (London, 1975), pp. 62~63.
11 Mark Bence-Jones, *Clive of India* (London, 1974), p. 3; A. M. Davies, *Clive of Plassey* (London, 1939), p. 7.
12 Forrest, *The Life of Lord Clive*, vol. 1, pp. 4~5.
13 Feiling, *Warren Hastings*, p. 31.
14 Sir Penderel Moon, *The British Conquest and Dominion of India* (London, 1989), p. 29.
15 Spear, *Master of Bengal*, p. 61.

16　Bruce Lenman, *Britain's Colonial Wars, 1688-1783* (Harlow, 2001), pp. 99~100.
17　Moon, *The British Conquest and Dominion of India*, pp. 30~31; Baugh, *The Global Seven Years War*, p. 67; G. J. Bryant, *Emergence of British Power Power in India 1600-1784: A Grand Strategic Interpretation* (Woodbridge, 2013), p. 59; Forrest, *The Life of Lord Clive*, vol. 1, pp. 194~201; Bence-Jones, *Clive of India*, pp. 65~67.
18　Forrest, *The Life of Lord Clive*, vol. 1, p. 218.
19　Ibid., p. 233.
20　P. J. Marshall, *The Making and Unmaking of Empires: Britain, India and America c. 1750-1783* (Oxford, 2005), pp. 84~85.
21　John Keay, *India Discovered* (London, 1981), p. 21에서 인용.
22　Feiling, *Warren Hastings*, p. 10.
23　Marshall, *The Making and Unmaking of Empires*, p. 148.
24　Brijen K. Gupta, *Sirajuddaullah and the East India Company, 1756-7* (Leiden, 1966), p. 14. 하지만 이 시점에는 아직 유럽이 아니라 아시아가 18세기 초반 벵골로 유입된 금·은괴의 주요 원천이었다. 1750년대와 60년대에 벵골에 살았던 EIC의 주요 관리 중 한 명은 유럽인이 아니라 아시아 상인들이 벵골에 유입된 금·은괴의 주요 수입업자이며 그들의 귀금속 수입량은 유럽인들의 수입량을 크게 능가했다고 쓴다. 또 다른 회사 관리인 루크 스크래프턴은 이런 결론을 뒷받침한다. Sushil Chaudhury, *Companies Commerce and Merchants: Bengal in the Pre-Colonial Era* (Oxford, 2017), pp. 389~395를 보라. 리처드 이턴에 따르면, "18세기 중반까지도 아시아 무역상들 특히 구자라트인, 아르메니아인, 펀자브인이 유럽인보다 벵골 상업 경제에 중요한 역할을 했다". 이턴은 아시아 상인과 유럽 상인이 직물 제품의 대금으로 다량의 은을 벵골 삼각주 지역으로 들여왔고, 이 은이 통화로 주조되어 지역 경제를 화폐 경제로 전환함으로써 변경지대 농업 활황을 촉진했다고 지적한다. 이턴은 무굴 문서에 의존해 벵골 삼각주, 농업 변경지의 장기적 확대, 강 물줄기의 변화에 관해 뛰어난 연구를 수행했으며, 이 세 가지 요인 덕분에 무굴 통치자들은 풍성하고 비옥한 쌀 재배 농업 기반을 확대할 수 있었으나 18세기 후반에 이르러 회사의 개입으로 이 과정이 중단되었다고 설명한다. Richard M. Eaton, *Essays on Islam and Indian History* (Oxford, 2000), p. 263를 보라.
25　Mrs Jemima Kindersley, *Letters from the East Indies* (London, 1777), p. 17. 이 시기의 켈커타에 대한 또 다른 훌륭한 설명으로는 Farhat Hasan, "Calcutta in the Early Eighteenth Century", in J. S. Grewal, *Calcutta: Foundation and Development of a Colonial Metropolis* (New Delhi, 1991)와 Rajat Datta, "From Medieval to Colonial: Markets, Territoriality and the Transition in Eighteenth-Century Bengal", *Medieval History Journal*, vol. 2, no. 1 (1999)를 보라.
26　K. N. Chaudhuri, *The Trading World of Asia and the English East India Company 1660-1760* (Cambridge, 1978), p. 253.
27　Kaushik Roy, "Military Synthesis in South Asia: Armies, Warfare, and Indian Society, c.1740-1849", in *Journal of Military History*, vol. 69, no. 3 (July 2005), pp. 65~190; V. G. Dighe and S. N. Qanungo, "Administrative and Military System of the Marathas", in R. C. Majumdar and V. G. Dighe eds., *The Maratha Supremacy* (Mumbai, 1977), pp. 56~78; Jadunath Sarkar, *Fall of the Mughal Empire, 1789-1803*, 4 vols (1950, reprint, New Delhi, 1992), p. 85. 영국 상관의 기록은 무정부 상태를 적나라하게 묘사했다. "마라타인들이 비르붐(1742년)을 약탈하고 있어서 모든 사업이 중단되었고, 상인과 직조공들은 너도나도 도망치고 있다." 상관 기록 가운데 일부는 Sarkar, *Fall of the Mughal Empire*, vol. 1, p. 43에서 인용된다.
28　Sarkar, *Fall of the Mughal Empire*, vol. 1, p. 44에서 인용.
29　Velcheru Narayana Rao, David Shulman and Sanjay Subrahmanyam, *Textures of Time: Writing History in South India 1600-1800* (New York, 2003), pp. 236~237.

30 John R. McLane, *Land and Local Kingship in Eighteenth-Century Bengal* (Cambridge, 1993), pp. 16~35; *The Maharahtra Purana: An Eighteenth Century Bengali Historical Text*, trans. and ed. Edward C. Dimock Jr and Pratul Chandra Gupta (Honolulu, 1965), pp. 28~32. 강가 람의 이야기를 뒷받침하는 다른 기록들이 많다. 일례로 역사가 살리물라와 굴람 후사인 살림도 이런 이야기들을 지지한다. 그들은 "바르지들은 수많은 사람들의 귀와 코, 손을 베거나 각종 고문과 고통을 가해 - 흙을 쑤셔 넣어 입을 틀어막고 그들을 파괴하는 식으로(즉, 그들의 여자들을 능욕했다) - 죽였다". Sarkar, *Fall of the Mughal Empire*, vol. 1, p. 44를 보라. 사르카르는 비디얄란카르의 긴 이야기를 제시한다. 찬데르나가르의 프랑스 상관과 캘커타 영국인 정착지에서 보낸 서신은 압제와 파괴의 동일한 이야기를 들려준다.
31 Sarkar, *Fall of the Mughal Empire*, vol. 1, p. 8.
32 Francis Gladwin, trans., *The Memoirs of Khojeh Abdulkurreem* (Calcutta, 1788), pp. 147~148.
33 Roy, *East India Company*, p. 165.
34 Ibid., pp. 25, 141~142, 165~167.
35 C. A. Bayly, *Indian Society and the Making of the British Empire* (Cambridge, 1988), p. 49.
36 Roy, *East India Company*, p. 23. 캘커타를 인도 상인들을 위한 일종의 조세 피난처나 절세 수단으로 보는 시각은 문제가 있는데, 이 상인들이 캘커타에서만 활동한 게 아니라 인도 동부와 북부 전역에 퍼져 있는 광범위한 상인-공급업자 네트워크에 의존했기 때문이다. 번창하는 항구 도시라는 캘커타의 위상과 회사의 자금력이 자석 역할을 하긴 했지만 캘커타가 후기 무굴 경제의 대규모 부문들과의 공생관계 속에서만 번영할 수 있었다는 것도 사실이다. 캘커타는 '법적 시스템'을 갖춘 유일한 도시가 아니었고, 로이가 이런 측면에서 회사의 독특함을 과대평가했을 수도 있다.
37 Abdul Latif Shushtari, *Kitab Tuhfat al-'Alam* (written Hyderabad 1802 and lithographed Bombay 1847), p. 427.
38 Ibid., p. 434.
39 P. J. Marshall, *East India Fortunes: The British in Bengal in the Eighteenth Century* (Oxford, 1976), pp. 218~219.
40 Andrew Ward, *Our Bones Are Scattered* (London, 1996), p. 8를 보라.
41 Marshall, *East India Fortunes*, p. 159.
42 Scottish Records Office, Hamilton-Dalrymple Mss, bundle 56, GD 110, folios 1021,1021. Stair Dalrymple to Sir Hew Dalrymple, 3 Jan 1754; Marshall, *East India Fortunes*, pp. 159, 215.
43 *Causes of the Loss of Calcutta 1756*, David Renny, August 1756, OIOC, BL, O.V. 19, pp. 147~161; OIOC, HM vol. 66, pp. 821~824.
44 Jean Law de Lauriston, *A Memoir of the Mughal Empire 1757-61*, trans. G. S. Cheema (New Delhi, 2014), p. 59.
45 OIOC, Bengal Correspondence, Court of Directors to the Fort William Council, 16 January 1752; Gupta, *Sirajuddaullah and the East India Company, 1756-7*, p. 37.
46 Watts to Drake and the Fort William Council, BL, OIOC, Bengal Public Consultations, 15 August 1755; Gupta, *Sirajuddaullah and the East India Company, 1756-7*, p. 38.
47 Philip B. Calkins, "The Role of Murshidabad as a Regional and Subregional Centre in Bengal", in Richard L. Park, *Urban Bengal* (East Lansing, 1969), pp. 25~26.
48 J. P. Losty, "Murshidabad Painting 1750-1820", in Neeta Das and Rosie Llewellyn Jones, *Murshidabad: Forgotten Capital of Bengal* (Mumbai, 2013), pp. 82~105; J. P. Losty, "Towards a New Naturalism: Portraiture in Murshidabad and Avadh, 1750-80", in Barbara Schmitz ed., *After the Great Mughals: Painting in Delhi and the Regional Courts*

in the 18th and 19th Centuries (Mumbai, 2002); J. P. Losty, "Eighteenth-century Mughal Paintings from the Swinton Collection", in *The Burlington Magazine* CLIX (October 2017), pp. 789~799; Tilottama Mukherjee, "The Coordinating State and the Economy: the Nizamat in Eighteenth Century Bengal", *Modern Asian Studies*, 43, 2 (2009), p. 421.

49 이 세밀화는 델리 망명자 나투 칸이 커다란 라밥을 연주하며 악단을 이끌고, 놀랍도록 푸른 눈동자를 지닌 미청년 무함마드 칸이 노래를 부르는 동안 형들인 차우 칸과 딘다르 칸은 그 옆에서 탐부라로 반주를 하고 타지 칸은 빈을 타며, 시타 람은 파카와지를 두드리는 모습을 보여준다(라밥, 탐부라, 빈은 인도 현악기, 파카와지는 타악기-옮긴이). 1755년은 사하마트 장이 사망한 해다. "Eighteenth-century Mughal Paintings from the Swinton Collection", in *The Burlington Magazine*, CLIX (October 2017), pp. 789~799, fig. 29도 보라. 이 이미지를 내게 설명해준 캐서린 버틀러 스코필드에게 감사드린다.

50 Syed Ghulam Hussain Khan Tabatabai, *Seir Mutaqherin* (Calcutta, 1790~1794), vol. 2, pp. 156~162; Mukherjee, "The Coordinating State and the Economy: The Nizamat in Eighteenth Century Bengal", p. 412.

51 Sir Jadunath Sarkar ed., *The History of Bengal*, vol. II, *The Muslim Period 1200 A.D.-1757 A.D.* (New Delhi, 1948), p. 448.

52 NAI, Home Dept, Public Branch, vol. 1, 9 January 1749, p. 73; Mukherjee, "The Coordinating State and the Economy: The Nizamat in Eighteenth Century Bengal", pp. 389~436.

53 Gupta, *Sirajuddaullah and the East India Company, 1756-7*, p. 45.

54 Ghulam Hussain Khan, *Seir Mutaqherin*, vol. 2, p. 164. 이 시기에 대한 또 다른 훌륭한 설명은 *Waqa-i-Mahabat Jang* [알리베르디 칸의 전사全史] or *Ahwal-i-Mahabat Jang of Yusuf Ali*, Sir Jadunath Sarkar의 영역으로 Asiatic Society of Bengal에서 출간한 *Nawabs of Bengal* (Calcutta, 1952)이다.

55 Robert Travers, *Ideology and Empire in Eighteenth Century India: The British in Bengal* (Cambridge, 2007), p. 3; McLane, *Land and Local Kingship*, p. 6; Marshall, *East India Fortunes*, p. 34.

56 BL, OIOC, IOR, Bengal Public Consultations, 10 June 1753, Range 1, vol. 26, f. 169. 당대의 문헌을 보면 시라지가 9.11 이전 바그다드의 우다이 후세인처럼 행동했다는 증거가 압도적임에도 여러 사람이 탈식민주의적 관점에서 그의 평판을 회복시켜주려고 용감히 나선 바 있다. 일례로 수실 초두리는 시라지 우드다울라의 악랄한 성격은 사실이 와전된 것이라 주장한다. Sushil Chaudhury, *The Prelude to Empire: Plassey Revolution of 1757* (New Delhi, 2000), pp. 29~36를 보라.

57 Law, *A Memoir of the Mughal Empire 1757-61*, pp. 65~66.

58 Ghulam Hussain Khan, *Seir Mutaqherin*, vol. 2, pp. 122, 183~184, 188.

59 J. H. Little, *The House of Jagat Seth* (Calcutta, 1956), p. 165.

60 Ghulam Hussain Khan, *Seir Mutaqherin*, vol. 2, p. 225. Lakshmi Subramanian and Rajat K. Ray, "Merchants and Politics: From the Great Mughals to the East India Company", in Dwijendra Tripathi, *Business and Politics in India: A Historical Perspective* (New Delhi, 1991), pp. 19~45에서의 뛰어난 논의도 보라.

61 Ghulam Hussain Khan, *Seir Mutaqherin*, vol. 2, p. 95.

62 Law, *A Memoir of the Mughal Empire 1757-61*, p. 52.

63 Ghulam Hussain Khan, *Seir Mutaqherin*, vol. 2, p. 163.

64 Gupta, *Sirajuddaullah and the East India Company, 1756-7*, pp. 39, 51; S. C. Hill, Indian Records Series, *Bengal in 1756-7*, 3 vols (London, 1905), vol. 1, p. 147.

65 "The Muzaffarnama of Karam Ali", in *Bengal Nawabs*, trans. Jadunath Sarkar (Calcutta,

1952), p. 58.
66 Ibid., p. 63.
67 Gupta, *Sirajuddaullah and the East India Company, 1756-7*, p. 54.
68 *Narrative of the Capture of Calcutta from April 10 1756 to November 10 1756*, William Tooke, BL, OIOC, OV. 19 (Bengal 1756), pp. 54~56; Rajat Kanta Ray, *The Felt Community: Commonality and Mentality before the Emergence of Indian Nationalism* (New Delhi, 2003), p. 233.
69 *Narrative of the Capture of Calcutta from April 10 1756 to November 10 1756*, pp. 5~46.
70 Feiling, *Warren Hastings*, p. 21.
71 Gupta, *Sirajuddaullah and the East India Company, 1756-7*, pp. 14, 53; Hill, *Bengal in 1756-7*, vol. 1, p. 3.
72 *Voyage en Inde du Comte de Modave, 1773-1776*, ed. Jean Deloche (Pondicherry, 1971), pp. 67~68.
73 Law, *A Memoir of the Mughal Empire 1757-61*, pp. 218~219.
74 *CPC* ii, no. 1101; Sarkar, *Fall of the Mughal Empire*, vol. 2, pp. 315, 328.
75 Ghulam Ali Khan alias Bhikhari Khan, *Shah Alam Nama*, BL, Add 24080, f. 21.
76 Khurshidul Islam and Ralph Russell, *Three Mughal Poets: Mir, Sauda, Mir Hasan* (New Delhi, 1991), pp. 30, 59.
77 Sarkar, *Fall of the Mughal Empire*, vol. 1, p. 222.
78 Law, *A Memoir of the Mughal Empire 1757-61*, p. 126.
79 Ghulam Hussain Khan, *Seir Mutaqherin*, vol. 3, p. 334.
80 Law, *A Memoir of the Mughal Empire 1757-61*, p. 126; Manna Kai, "Imad ul-Mulk", in *The Encyclopedia of Islam Three*, ed. Kate Fleet and Gudrun Krmer (Brill, 2018), pp. 110~113.
81 Law, *A Memoir of the Mughal Empire 1757-61*, p. 125.
82 Muzaffar Alam and Sanjay Subrahmanyam, *Writing the Mughal World: Studies on Culture and Politics* (New York, 2012), pp. 43~44
83 이 부분은 Katherine Schofield와 David Lunn의 뛰어난 에세이 "Delight, Devotion and the Music of the Monsoon at the Court of Emperor Shah Alam II", in Margit Pernau, Imke Rajamani and Katherine Schofield, *Monsoon Feelings* (New Delhi, 2018), pp. 185~218에서 발췌했다.
84 Ibid. 샤 알람을 '수피교도'로, 수피교와의 접점이 많은 그의 아버지를 '청교도'로 지나치게 대비시키는 것은 다소 환원적일 수도 있다. 양자 간 구분이 있긴 하지만, 나일 그린의 연구는 무굴 수피교가 '이슬람 신비주의'의 뚜렷한 분파라기보다는 학구적이고 성스러운 계보를 지니며 머리가 여럿 달린 다면적 집단으로 보아야 하며, 사실 근대 초기를 거치면서 무슬림 '기성 집단'으로 자리 잡았음을 설득력 있게 논증한다. Nile Green, *Sufism: A Global History* (London, 2012)를 보라.
85 Ghulam Ali Khan alias Bhikhari Khan, *Shah Alam Nama*, BL, Add 24080, f. 18.
86 Fakir Khair ud-Din Illahabadi, *Ibrat Nama*, BL Or. 1932, 17v-18r.
87 *Tarikh-i-Alamgir Sani*, BL Mss Or. 1749, f. 166 verso.
88 Ibid., f. 167 recto.
89 Fakir Khair ud-Din Illahabadi, *Ibrat Nama*, BL Or. 1932, 17v-18r. 나는 살짝 더 앞서서 동일한 사건을 서술한 관련 기록을 참고하여 여러 세부사항을 추가했다. *Tarikh-i-Alamgir Sani*, BL Mss Or. 1749, f. 166 verso를 보라.
90 Ghulam Hussain Khan, *Seir Mutaqherin*, vol. 3, pp. 365~368.
91 Law, *A Memoir of the Mughal Empire 1757-61*, p. 254.
92 Fakir Khair ud-Din Illahabadi, *Ibrat Nama*, BL Or. 1932, 17v-18r. 동일한 사건을 다룬

굴람 후사인 칸의 관련 서술에서 대화를 추가했다.
93   Ghulam Ali Khan alias Bhikhari Khan, *Shah Alam Nama*, BL, Add 24080, f. 30.
94   K. K. Dutta, *Shah Alam II & The East India Company* (Calcutta, 1965), pp. 1~2.
95   Ghulam Hussain Khan, *Seir Mutaqherin*, vol. 2, pp. 286~289, vol. 3, pp. 189~190; Ray, *The Felt Community*, p. 333.

3장 약탈의 빗자루질

1   William Tooke, *Narrative of the Capture of Calcutta from April 10, 1756 to November 10, 1756*, BL, OIOC, O.V. 19 (Bengal 1756), pp. 5~46.
2   존 제퍼나이어 홀웰의 말로, John Keay, *The Honourable Company: A History of the English East India Company* (London, 1991), p. 301에서 인용.
3   William Watts and John Campbell, *Memoirs of the Revolution in Bengal, Anno. Dom. 1757*, p. 14.
4   존 제퍼나이어 홀웰의 말로, Bruce P. Lenman, *Britain's Colonial Wars 1688-1783* (New York, 2001), p. 106에서 인용.
5   *An Account Of The Capture Of Calcutta By Captain Grant*, BM Add Mss 29200, f. 38.
6   Ibid.
7   *Concerning the Loss of Calcutta*, BL, OIOC, HM vol. 66, pp. 821~824.
8   *An Account Of The Capture Of Calcutta By Captain Grant*, BM Add Mss 29200, f. 39.
9   Ibid.
10   *Account of the loss of Calcutta by David Renny*, BL, OIOC, HM vol. 66, pp. 821~824.
11   *Cooke's Evidence before the Select Committee of the House of Commons*, in W. K. Firminger ed., *Great Britain, House of Commons, Report on East India Affairs, Fifth report from the Select Committee*, vol. III, p. 299.
12   Sir Penderel Moon, *The British Conquest and Dominion of India* (London, 1989), p. 42에서 인용했다.
13   Syed Ghulam Hussain Khan Tabatabai, *Seir Mutaqherin* (Calcutta, 1790~1794), vol. 2, p. 190.
14   *Concerning the Loss of Calcutta*, BL, OIOC, HM vol. 66, pp. 821~824.
15   *Narrative of the loss of Calcutta, with the Black Hole by Captain Mills, who was in it, and sundry other particulars, being Captain Mills pocket book, which he gave me*, BL, OIOC, O.V. 19, pp. 77~92.
16   Ibid.
17   *Account of the loss of Calcutta by John Cooke Esq. who was in the Black Hole, June 1756, in Cooke's Evidence before the Select Committee of the House of Commons*, in W. K. Firminger ed., *Great Britain, House of Commons, Report on East India Affairs, Fifth report from the Select Committee*, vol III, p. 299.
18   Ghulam Husain Salim, *Riyazu-s-salatin: A History of Bengal, Translated from the original Persian by Maulvi Abdus Salam* (Calcutta, 1902), p. 366.
19   S. C. Hill, Indian Records Series, *Bengal in 1756-7*, 3 vols (Calcutta, 1905), vol. 1, p. 51, French letter from Chandernagar.
20   *Account of the loss of Calcutta by John Cooke Esq. who was in the Black Hole, June 1756*, in *Cooke's Evidence before the Select Committee of the House of Commons*, in W. K. Firminger ed., *Great Britain, House of Commons, Report on East India Affairs, Fifth report from the Select Committee*, vol. III, p. 299.

21 Yusuf Ali Khan, *Tarikh-i-Bangala-i-Mahabatjangi*, trans. Abdus Subhan (Calcutta, 1982), pp. 120~122.
22 John Zephaniah Holwell, *A Genuine Narrative of the Deplorable Deaths of the English Gentlemen, and others, who were suffocated in the Black Hole in Fort William, in Calcutta, in the Kingdom of Bengal: in the Night Succeeding the 20th June 1756* (London, 1758).
23 캘커타 블랙홀에 관한 문헌은 방대하다. 기초 증거에 대한 최상의 법의학적 조사는 Brijen K. Gupta, *Sirajuddaullah and the East India Company, 1756-7* (Leiden, 1966), pp. 70~81에서 볼 수 있다. Partha Chatterjee, *The Black Hole of Empire: History of a Global Practice of Power* (Ranikhet, 2012), p. 255; Jan Dalley, *The Black Hole: Money, Myth and Empire* (London, 2006); Rajat Kanta Ray, *The Felt Community: Commonality and Mentality before the Emergence of Indian Nationalism* (New Delhi, 2003), pp. 235~237; Linda Colley, *Captives: Britain, Empire and the World 1600-1850* (London, 2002); Ian Barrow, "The many meanings of the Black Hole of Calcutta", in *Tall Tales and True: India, Historiography and British Imperial Imaginings*, ed. Kate Brittlebank (Clayton, Vic., 2008), pp. 7~18에도 좋은 논의가 있다. 베티 조지프는 블랙홀 사건 덕분에 회사는 인도에서 일어난 회사의 역할 변화에 관해 대중적, 정치적 감시를 피할 수 있었고, 그 결과 상업 권력에서 영토 권력으로 변신하며 비판을 받지 않고 인도 정복을 시작했다고 주장한다. Betty Joseph, *Reading the East India Company* (New Delhi, 2006), pp. 70~71.
24 *Concerning the Loss of Calcutta*, BL, OIOC, HM vol. 66, pp. 821~824.
25 *Causes of the Loss of Calcutta 1756*, David Renny, August 1756, BL, OIOC, O.V. 19, pp. 147~161.
26 G. J. Bryant, *Emergence of British Power in India 1600-1784: A Grand Strategic Interpretation* (Woodbridge, 2013), pp. 118~121.
27 Hill, Indian Records Series, *Bengal in 1756-7*, vol. 1, p. 233. 클라이브 대령이 세인트조지 요새에서 런던 비밀 위원회에 보낸 1756년 10월 11일자 서신 발췌문.
28 George Forrest, *The Life of Lord Clive*, 2 vols (London, 1918), vol. 1, p. 278.
29 Mark Bence-Jones, *Clive of India* (London, 1974), p. 94.
30 Daniel Baugh, *The Global Seven Years War, 1754-63* (New York, 2014), p. 286.
31 Ghulam Hussain Khan, *Seir Mutaqherin*, vol. 2, p. 220.
32 Bence-Jones, *Clive of India*, p. 98; Keith Feiling, *Warren Hastings* (London, 1954), p. 23.
33 Captain Edward Maskelyne, *Journal of the Proceedings of the Troops commanded by Lieutenant Colonel Robert Clive on the expedition to Bengal*, BL, OIOC, Mss Eur Orme, vol. 20, p. 19.
34 Edward Ives, *A Voyage From England to India in the Year 1754* (London, 1733), Keay, *The Honourable Company*, p. 307에서 인용.
35 Ghulam Hussain Khan, *Seir Mutaqherin*, vol. 2, p. 221.
36 Ives, *A Voyage From England to India in the Year 1754*, p. 102.
37 Feiling, *Warren Hastings*, p. 23.
38 Ghulam Husain Salim, *Riyazu-s-salatin*, pp. 369~370.
39 Captain Edward Maskelyne, *Journal of the Proceedings of the Troops commanded by Lieutenant Colonel Robert Clive on the expedition to Bengal*, BL, OIOC, Mss Eur Orme, vol. 20, pp. 23~24; Watts and Campbell, *Memoirs of the Revolution in Bengal, Anno. Dom. 1757*, p. 18.
40 Watts and Campbell, *Memoirs of the Revolution in Bengal, Anno. Dom. 1757*, p. 20.
41 클라이브의 증언-하원 조사위원회 최초 보고; Forrest, *The Life of Lord Clive*, vol. 1, pp. 35~45.

42 Captain Edward Maskelyne, *Journal of the Proceedings of the Troops commanded by Lieutenant Colonel Robert Clive on the expedition to Bengal*, BL, OIOC, Mss Eur Orme, vol. 20, pp. 28~30.
43 Forrest, *The Life of Lord Clive*, vol. 1, pp. 359~360.
44 Ghulam Hussain Khan, *Seir Mutaqherin*, vol. 2, p. 222.
45 P. J. Marshall ed., *The Eighteenth Century in Indian History: Evolution or Revolution* (New Delhi, 2003), p. 362.
46 Ray, *The Felt Community*, p. 244.
47 이 이야기에서 세 영국 행위자인 국왕 정부와 회사, 의회는 통일된 세력으로 움직인 적이 거의 없다. 삼자 간의 긴장 관계에 대한 훌륭한 분석은 Lucy Sutherland의 고전 *The East India Company in Eighteenth-Century Politics* (Oxford, 1952)를 보라.
48 Baugh, *The Global Seven Years War*, p. 291. 쿠바는 에스파냐 식민지로서 에스파냐가 참전한 막판에야 전쟁에 얽혔다.
49 Hill, Indian Records Series, *Bengal in 1756-7*, vol. 1, pp. 180~181, Letter to M Demontorcin, Chandernagar, August 1, 1756.
50 Jean Law de Lauriston, *A Memoir of the Mughal Empire 1757-61*, trans. G. S. Cheema (New Delhi, 2014), p. 87.
51 Keay, *The Honourable Company*, p. 314.
52 Sir Jadunath Sarkar ed., *The History of Bengal, vol. II, The Muslim Period 1200 A.D.-1757 A.D.* (New Delhi, 1948), pp. 48~45에서 인용.
53 Law, *A Memoir of the Mughal Empire 1757-61*, p. 98.
54 Ghulam Husain Salim, *Riyazu-s-salatin*, pp. 373~374; BL, OIOC, HM 193, p. 88.
55 Ghulam Hussain Khan, *Seir Mutaqherin*, vol. 2, p. 193.
56 Law, *A Memoir of the Mughal Empire 1757-61*, p. 66.
57 Ghulam Hussain Khan, *Seir Mutaqherin*, vol. 2, pp. 211, 213.
58 Law, *A Memoir of the Mughal Empire 1757-61*, pp. 82~83.
59 Hill, Indian Records Series, *Bengal in 1756-7*, vol. 2, pp. 368~369, Letter from Colonel Clive to Mr Pigot, dated 30 April 1757.
60 바로 이런 까닭에 인도의 저명한 학자 K. M. 파니카르는 플라시 전투는 "전투가 아니라 거래, 자가트 세트가 이끄는 벵골의 매판상인들이 나와브를 동인도회사에 팔아넘긴 거래"라는 유명한 말을 했다. K. M. Pannikar, *Asia and Western Dominance* (New York, 1954), p. 100. Sushil Chaudhury, *Companies, Commerce and Merchants: Bengal in the Pre-Colonial Era* (New Delhi, 2015), pp. 336~352도 보라.
61 Fort William Select Committee Proceedings of May 1, 1757, in Hill, Indian Records Series, *Bengal in 1756-7*, vol. 2, p. 370.
62 안 그래도 복잡한 이야기를 간단하게 정리하기 위해 나는 음모에서 중요한 역할을 한 또 다른 은행가는 뺐다. 회사에는 오미찬드Omichand로 알려진 펀자브 출신 은행가 아미르 찬드Amir Chand는 플라시 음모에서 중요한 역할을 했다. 클라이브는 오미찬드를 협상가로 철저히 이용했고, 그는 2월에 조약이 체결됨에 따라 와츠가 무르시다바드로 갈 때도 동행했다. 오미찬드는 플라시의 전리품 가운데 자기 몫을 원했고 여차하면 시라지에 음모를 폭로하겠다고 협박하며 나와브의 전 재산 중에 5퍼센트를 요구했다. 하지만 5월 17일에 선임위원회가 만났을 때 클라이브는 교활하게 이중 조약을 작성하도록 설득하여, 미르 자파르와 회사가 서명할 한쪽 문서에는 오미찬드의 '몫'을 인정하는 조항이 들어가고 다른 쪽 문서에는 그 조항이 빠졌다. Sushil Chaudhury, *The Prelude to Empire: Plassey Revolution of 1757*, p. 127과 여러 대목을 보라.
63 페트루스 아라툰이 이사회에 보낸 1759년 1월 25일자 편지, Forrest, *The Life of Lord Clive*, vol. 1, p. 432에서 인용.

64 Watts and Campbell, *Memoirs of the Revolution in Bengal. Anno. Dom. 1757*, pp. 98~99.
65 BL, OIOC, Mss Eur Orme India XI, no. 153.
66 BL, OIOC, IOR, HM 193, no. 158.
67 Ibid., no. 159.
68 Spear, *Master of Bengal*, p. 87.
69 Forrest, *The Life of Lord Clive*, vol. 1, p. 440.
70 BL, OIOC, IOR, HM 193, no. 161.
71 Ibid., no. 162.
72 Ibid., no. 167.
73 Ibid., no. 169.
74 Ibid.
75 BL, OIOC, Orme Papers, O.V., CLXIV-A, f. 115.
76 NAI, Home Misc of Ancient Records, 1757, vol. 19, pp. 120~128, 26 July 1757.
77 Ghulam Hussain Khan, *Seir Mutaqherin*, vol. 2, pp. 230~231.
78 *The Muzaffarnama of Karam Ali, in Bengal Nawabs*, trans. Jadunath Sarkar (Calcutta, 1952), p. 76.
79 Ghulam Husain Salim, *Riyazu-s-salatin*, pp. 375~376.
80 Captain Edward Maskelyne, *Journal of the Proceedings of the Troops commanded by Lieutenant Colonel Robert Clive on the expedition to Bengal*, BL, OIOC, Mss Eur Orme, vol. 20, p. 30.
81 NAI, Home Misc of Ancient Records, 1757, vol. 19, pp. 120~128, 26 July 1757.
82 BL, OIOC, IOR, HM 193, no. 172.
83 Moon, *The British Conquest and Dominion of India*, p. 55.
84 Hill, Indian Records Series, *Bengal in 1756-7*, vol. 2, p. 437, Clive to Select Committee, Fort William June 30th 1757.
85 BL, OIOC, IOR, HM 193, no. 194.
86 Ghulam Hussain Khan, *Seir Mutaqherin*, vol. 2, pp. 235~242.
87 *The Muzaffarnama of Karam Ali*, p. 78.
88 P. J. Marshall, *The Making and Unmaking of Empires: Britain, India and America c. 1750-1783*, p. 150; John R. McLane, *Land and Local Kingship in Eighteenth-Century Bengal* (Cambridge, 1993), p. 150.
89 Forrest, *The Life of Lord Clive*, vol. 2, p. 35.
90 필립 스턴은 이전에 인식되던 것보다 회사가 훨씬 일찍 정치적 권력을 얻었음을 보여주었지만 플라시가 그 권력을 엄청나게 증대시켰다는 점은 의심의 여지가 없다. Philip J. Stern, *The Company State: Corporate Sovereignty & the Early Modern Foundations of the British Empire in India* (Cambridge, 2011)를 보라.
91 Ray, *The Felt Community*, pp. 245~246.
92 Keay, *The Honourable Company*, pp. 317~318.
93 Alexander Dow, *History of Hindostan*, 3 vols (Dublin, 1792), vol. 3, p. xxiv.
94 P. J. Marshall, *East India Fortunes: The British in Bengal in the Eighteenth Century* (Oxford, 1976), p. 8.

4장 별 볼 일 없는 군주

1 Percival Spear, *Master of Bengal: Clive and his India* (London, 1975), p. 97.
2 Ibid.

3 Clive to Mir Jafar, 15 July 1757, OIOC, HM 193, 180; Mark Bence-Jones, *Clive of India* (London, 1974), p. 157.
4 Clive to John Payne, 11 November 1758, National Library of Wales, Clive Mss 200 (2), pp. 102~104.
5 George Forrest, *The Life of Lord Clive* (New Delhi, 1986), vol. 2, pp. 119~122.
6 Abdul Majed Khan, *The Transition in Bengal 1756-1775* (Cambridge, 1969), pp. 10~11.
7 J. Price, *Five Letters from a Free Merchant in Bengal, to Warren Hastings Esq* (London, 1778), p. 136; Peter Marshall, *Problems of Empire: Britain and India 1757-1813* (London, 1968), p. 26.
8 Forrest, *The Life of Lord Clive*, vol. 2, p. 179; Tillman W. Nechtman, "A Jewel in the Crown? Indian Wealth in Domestic Britain in the Late Eighteenth Century", *Eighteenth Century Studies*, 41:1 (2007), pp. 71~86, p. 74; Spear, *Master of Bengal*, p. 119.
9 Sir Penderel Moon, *Warren Hastings and British India* (London, 1947), p. 35; Abdul Majed Khan, *The Transition in Bengal 1756-1775*, pp. 28~29.
10 Syed Ghulam Hussain Khan Tabatabai, *Seir Mutaqherin* (Calcutta, 1790~1794), vol. 2, pp. 262, 270.
11 Sir Penderel Moon, *The British Conquest and Dominion of India* (London, 1989), p. 62.
12 Ghulam Hussain Khan, *Seir Mutaqherin*, vol. 2, p. 241.
13 Ibid., vol. 2, p. 351.
14 Ibid., vol. 2, pp. 262, 250~251, 373; Henry Vansittart, *A Narrative of the Transactions in Bengal from the Year 1760. to the year 1764. during the Government of Mr Henry Vansittart* (London, 1766), vol. 1, pp. 151~153.
15 Moon, *The British Conquest and Dominion of India*, p. 86.
16 OIOC, Bengal Secret Consultations, 30 April, 25, 26, 30 July, 27 Aug 1764, Range A, vol. 5, pp. 156~161, 408~421, 444~458; P. J. Marshall, *East India Fortunes: The British in Bengal in the Eighteenth Century* (Oxford, 1976), pp. 118, 128; Bence-Jones, *Clive of India*, p. 156.
17 Vansittart, *A Narrative of the Transactions in Bengal*, vol. 1, p. 25.
18 Marshall, *East India Fortunes*, p. 120.
19 Bence-Jones, *Clive of India*, p. 156에서 인용.
20 *Voyage en Inde du Comte de Modave, 1773-1776*, ed. Jean Deloche (Pondicherry, 1971), p. 48.
21 Ibid., pp. 282~287.
22 Vansittart, *A Narrative of the Transactions in Bengal*, vol. 2, pp. 79~84에서 인용.
23 Hastings to Vansittart, 25 April 1762, OIOC, BL Add Mss 29,098, f. 7-8. Walter K. Firminger and William Anderson, *The Diaries of Three Surgeons of Patna* (Calcutta, 1909), p. 16도 참조.
24 Keith Feiling, *Warren Hastings* (London, 1954), pp. 111; Jeremy Bernstein, *Dawning of the Raj: The Life & Trials of Warren Hastings* (Chicago, 2000), pp. 32~35.
25 Feiling, *Warren Hastings*, pp. 39, 66. 이 초상화는 현재 런던 국립초상화 박물관에 있다, NPG 81.
26 Ibid., pp. 28, 41.
27 Kumkum Chatterjee, *Merchants, Politics & Society in Early Modern India Bihar: 1733-1820* (Leiden, 1996), pp. 118~123. 퍼크스에게 제기된 다른 불만 사항들은 Vansittart, *A Narrative of the Transactions in Bengal*, vol. 1, p. 28를 보라.
28 자가트 세트가에서 샤 알람에게 보낸 서신은 Forrest, *The Life of Lord Clive*, vol. 2, p. 126를 보라. 샤 알람에 대한 미르 아슈라프의 지지는 BL, Or. 466, *Tarikh-i Muzaffari* of Muhammad

'Ali Khan Ansari of Panipat, pp. 635~636를 보라.
29 Ghulam Ali Khan alias Bhikhari Khan, *Shah Alam Nama*, BL, Add 24080.
30 이 시기에 대한 역사 서술은 일반적으로 무굴 제국의 쇠퇴라는 오랜 테제와 지방 자율성과 성장에 대한 수정주의적 견해를 나란히 대비시킨다. 샤 알람의 이야기는 지방분권화에 대한 사례 연구 이상의 더 복잡한 이야기를 들려주며, 이러한 단선적 입장 어느 쪽에도 포함되지 않는 상황의 유동성과 변화무쌍한 정치적 층위과 이해관계를 드러낸다.
31 Sayid Athar Abbas Rizvi, *Shah Walli-Allah And His Times* (Canberra, 1980), p. 170.
32 Fakir Khair ud-Din Illahabadi, *Ibrat Nama*, BL Or. 1932, 20r-21v.
33 Ghulam Ali Khan alias Bhikhari Khan, *Shah Alam Nama*, BL, Add 24080.
34 Krishna Dayal Bhargava, *Browne Correspondence* (Delhi, 1960), p. 1.
35 Jean Law de Lauriston, *A Memoir of the Mughal Empire 1757-61*, trans. G.S. Cheema (New Delhi, 2014), p. 297.
36 Jadunath Sarkar, *Fall of the Mughal Empire*, 4 vols (New Delhi, 1991), vol. 2, p. 315.
37 *Tarikh-i Shakir Khani*, British Library Oriental manuscripts, Add. 6568, f. 14r.
38 Law, *A Memoir of the Mughal Empire 1757-61*, pp. 265, 280, 290~291.
39 Ghulam Ali Khan alias Bhikhari Khan, *Shah Alam Nama*, BL, Add 24080. 또한 John R. McLane, *Land and Local Kingship in Eighteenth-Century Bengal*,(Cambridge, 1993), p. 181.
40 Ghulam Hussain Khan, *Seir Mutaqherin*, vol. 2, pp. 338~341.
41 Ibid., vol. 2, p. 342.
42 Hastings to Vansittart, BL, OIOC, Add Mss 29132, f. 10311; Moon, *Warren Hastings and British India*, p. 37도 보라.
43 John Caillaud, *A Narrative of What Happened in Bengal in the Year 1760* (London, 1764), p. 15.
44 Ghulam Hussain Khan, *Seir Mutaqherin*, vol. 2, pp. 344~345.
45 *Tarikh-i Muzaffari* of Muhammad 'Ali Khan Ansari of Panipat, pp. 634~636. McLane, *Land and Local Kingship*, p. 181도 보라.
46 Caillaud, *A Narrative of What Happened in Bengal in the Year 1760*, p. 25.
47 *Tarikh-i Muzaffari* of Muhammad 'Ali Khan Ansari of Panipat, pp. 634~635.
48 Ghulam Hussain Khan, *Seir Mutaqherin*, vol. 3, p. 180.
49 Law, *A Memoir of the Mughal Empire 1757-61*, p. 297.
50 K. K. Dutta, *Shah Alam II & The East India Company* (Calcutta, 1965), p. 15. 샤 알람은 일부 소지품과 책상도 잃었고, 아치볼드 스윈턴이 차지했던 이 전리품은 현재 에든버러 왕립스코틀랜드박물관에 소장되어 있다.
51 Jean-Baptiste Gentil, *Mémoires sur l'Indoustan* (Paris, 1822), pp. 203~204.
52 Ghulam Hussain Khan, *Seir Mutaqherin*, vol. 2, p. 404.
53 Ibid., vol. 2, p. 403.
54 Ibid., vol. 2, pp. 401~403.
55 Caillaud, *A Narrative of What Happened in Bengal in the Year 1760*, p. 35.
56 Ghulam Hussain Khan, *Seir Mutaqherin*, vol. 2, pp. 371~372.
57 Ibid., vol. 2, p. 374.
58 Hastings to Vansittart, BL, OIOC, Add Mss 29132, f. 10311.
59 Hastings to Vansittart, 10 July 1760, BL, OIOC, Add Mss 29132, f. 10311.
60 Moon, *The British Conquest and Dominion of India*, p. 88; Moon, *Warren Hastings and British India*, p. 39; Nicholas B. Dirks, *The Scandal of Empire: India and the Creation of Imperial Britain* (Harvard, 2006), p. 50.
61 Ghulam Husain Salim, *Riyazu-s-salatin: A History of Bengal*, Translated from the

original Persian by Maulvi Abdus Salam (Calcutta, 1902), pp. 385~386.
62 Caillaud, *A Narrative of What Happened in Bengal in the Year 1760*, p. 50.
63 Lushington to Clive, 3 December 1760, John Malcolm, *Life of Robert, Lord Clive* (London, 1836), vol. II, p. 268에서 인용.
64 *Tarikh-i Muzaffari* of Muhammad 'Ali Khan Ansari of Panipat, p. 681.
65 Ibid., pp. 681~9.
66 P. J. Marshall, *Bengal: The British Bridgehead—Eastern India 1740–1828*, (Cambridge, 1987), p. 86.
67 *Tarikh-i Muzaffari* of Muhammad 'Ali Khan Ansari of Panipat, pp. 683, 685.
68 슈루에 관한 모든 세부 사항은 *Voyage en Inde*, pp. 420~422를 보라.
69 Ghulam Hussain Khan, *Seir Mutaqherin*, vol. 2, pp. 500~503.
70 Ibid., vol. 2, pp. 421, 434.
71 Ibid., vol 2, pp. 427, 433.
72 Ibid., vol. 2, p. 427.
73 *Tarikh-i Muzaffari* of Muhammad 'Ali Khan Ansari of Panipat, pp. 683, 688.
74 카낙이 선임 위원회에 보낸 1761년 3월 5일자 편지, Vansittart, *A Narrative of the Transactions in Bengal*, vol. 1, p. 185.
75 Dutta, *Shah Alam II & The East India Company*, p. 18.
76 Ghulam Hussain Khan, *Seir Mutaqherin*, vol. 2, pp. 406~407.
77 근래에 스윈턴 집안이 에든버러의 왕립스코틀랜드박물관에 기증했다.
78 Ghulam Hussain Khan, *Seir Mutaqherin*, vol. 2, p. 407.
79 Moon, *The British Conquest and Dominion of India*, pp. 92~93.
80 Dutta, *Shah Alam II & The East India Company*, p. 21.
81 G. J. Bryant, *The Emergence of British Power in India, 1600-1784: A Grand Strategic Interpretation* (Woodbridge, 2013), p. 161 n; Dutta, *Shah Alam II & The East India Company*, p. 47.
82 Nandalal Chatterji, *Mir Qasim, Nawab of Bengal, 1760-1763* (Allahabad, 1935).
83 Gentil, *Mémoires sur l'Indoustan*, p. 205.
84 Feiling, *Warren Hastings*, p. 42.
85 Moon, *Warren Hastings and British India*, p. 39.
86 Vansittart, *A Narrative of the Transactions in Bengal*, vol. 1, pp. 300~307, 322~323.
87 Ibid., vol. 2, pp. 97~102; Forrest, *The Life of Lord Clive*, vol. 2, pp. 227~228.
88 Vansittart, *A Narrative of the Transactions in Bengal*, vol. 2, pp. 97~102; Feiling, *Warren Hastings*, pp. 46~47; G. S. Cheema, *The Ascent of John Company: From Traders to Rulers (1756-1787)* (New Delhi, 2017), p. 66.
89 Moon, *The British Conquest and Dominion of India*, pp. 98~99.
90 Moon, *Warren Hastings and British India*, pp. 50~51.
91 Gentil, *Mémoires sur l'Indoustan*, p. 210.
92 Ghulam Husain Salim, *Riyazu-s-salatin*, pp. 387~388.
93 Vansittart, *A Narrative of the Transactions in Bengal*, vol. 2, pp. 164~168; Rajat Kanta Ray, *The Felt Community: Commonality and Mentality before the Emergence of Indian Nationalism* (New Delhi, 2003), pp. 282~287.
94 Ghulam Hussain Khan, *Seir Mutaqherin*, vol. 2, pp. 465~466.
95 Ibid.
96 Moon, *The British Conquest and Dominion of India*, p. 100.
97 Firminger and Anderson, *The Diaries of Three Surgeons of Patna*, p. 38.

5장 유혈과 혼란

1. BL, Or. 466, *Tarikh-i Muzaffari* of Muhammad 'Ali Khan Ansari of Panipat, pp. 700~702.
2. Walter K. Firminger and William Anderson, *The Diaries of Three Surgeons of Patna* (Calcutta, 1909), p. 40.
3. Ibid., p. 24.
4. Syed Ghulam Hussain Khan Tabatabai, *Seir Mutaqherin* (Calcutta, 1790~1794), vol. 2, pp. 473~474.
5. *Tarikh-i Muzaffari* of Muhammad 'Ali Khan Ansari of Panipat, p. 703.
6. Ibid., p. 704.
7. Rajat Kanta Ray, *The Felt Community: Commonality and Mentality before the Emergence of Indian Nationalism* (New Delhi, 2003), p. 277; Nicholas Shreeve, *Dark Legacy* (Crossbush, 1996), pp. 11~12.
8. Jean-Baptiste Gentil, *Mémoires sur l'Indoustan* (Paris, 1822), pp. 216~218.
9. Luke Scrafton, *Observations on Vansittart's Narrative* (London, 1770), pp. 48~49.
10. *Tarikh-i Muzaffari* of Muhammad 'Ali Khan Ansari of Panipat, pp. 710~713.
11. Ghulam Hussain Khan, *Seir Mutaqherin*, vol. 2, p. 496.
12. *Tarikh-i Muzaffari* of Muhammad 'Ali Khan Ansari of Panipat, p. 710.
13. Ibid., p. 711.
14. Ibid.
15. Ibid., p. 715.
16. Gentil, *Mémoires sur l'Indoustan* pp. 218~221.
17. *Tarikh-i Muzaffari* of Muhammad 'Ali Khan Ansari of Panipat, p. 708.
18. Gentil, *Mémoires sur l'Indoustan* pp. 226~227. 나는 장티가 목격자였던 것으로 보이기에 그의 설명을 따랐다. 하지만 자가트 세트 형제의 죽음에 관해 상반되는 이야기들이 존재한다. 예를 들어 고샤는 나와브 본인이 그들을 무자비하게 죽였다고 말한다. "그들은 충직한 하인(키드마트가르) 추니의 보살핌을 받고 있었는데 하인은 어떤 말을 들어도 그들 곁을 떠나지 않으려 했다. 카심 알리[미르 카심]가 그들에게 활을 쏘자 그가 막아섰고, 그래서 그가 먼저 쓰러진 뒤 두 사촌이 뒤따라 쓰러졌다." Lokanatha Ghosha, *The Modern History of the Indian Chiefs, Rajas, Zamindars, &c* (Calcutta, 1881), p. 346를 보라.
19. Firminger and Anderson, *The Diaries of Three Surgeons of Patna*, p. 1.
20. Sir Penderel Moon, *Warren Hastings and British India* (London, 1947), p. 54.
21. Shreeve, *Dark Legacy*, p. 16.
22. Ibid.
23. Gentil, *Mémoires sur l'Indoustan* pp. 227~234.
24. Shreeve, *Dark Legacy*, p. 18.
25. Julia Keay, *Farzana: The Woman Who Saved an Empire* (London, 2014), p. 48.
26. *Tarikh-i Muzaffari* of Muhammad 'Ali Khan Ansari of Panipat, p. 713.
27. 블랙홀과 달리 파트나 학살은 거의 잊혔다. 우리는 영국 역사서에서 그에 관해 읽을 일이 거의 없으며 인도 역사서에는 전혀 나오지 않는다.
28. Ghulam Hussain Khan, *Seir Mutaqherin*, vol. 2, p. 518.
29. Gentil, *Mémoires sur l'Indoustan* p. 35.
30. Ghulam Hussain Khan, *Seir Mutaqherin*, vol. 2, p. 514.
31. Gentil, *Mémoires sur l'Indoustan* p. 35.
32. Ghulam Hussain Khan, *Seir Mutaqherin*, vol. 2, p. 512.
33. *Bhausahebanci Bhakar*는 Velcheru Narayana Rao, David Shulman and Sanjay

Subrahmanyam, *Textures of Time* (Delhi, 2003), pp. 232~233에서 인용.
34 Jadunath Sarkar, *Fall of the Mughal Empire*, 4 vols (New Delhi, 1991), vol. 2, p. 316에서 인용.
35 Ghulam Hussain Khan, *Seir Mutaqherin*, vol. 2, pp. 528, 558.
36 Fakir Khair ud-Din Illahabadi, *Ibrat Nama*, BL Or. 1932, 38v~39r.
37 Ibid., 39r.
38 Ibid., 40v~41r.
39 나가 고사인들은 머스킷 사격에 익숙했고, 1751년 라젠드라기리의 알라하바드 방어전을 묘사한 굴람 후사인 칸에 따르면 심지어 일부는 말을 타고 싸웠다. 그렇긴 해도 그들은 백병전에 뛰어났다. 윌리엄 핀치William Pinch는 *Warrior Ascetics and Indian Empires* (Cambridge 2006), 2장에서 그들의 군사적 양식의 진화를 자세히 설명한다. 나가 병사들이 어떤 무기를 갖추고 있었는지 확실히 알기는 어렵지만 David N. Lorenzen, "Warrior Ascetics in Indian History", *Journal of the American Oriental Society*, vol. 98, no. 1 (January~March 1978), pp. 61~75에서 벵골에서 일어난 산야시/파키르 장기 반란에 관한 묘사를 보라.
40 *CPC* 1, items 2130-1, 2136; Ashirbadi Lal Srivastava, *Shuja ud-Daula*, vol. 1, *1754-1765* (Calcutta, 1939), p. 182; Rajat Kanta Ray, "Indian Society and the Establishment of British Supremacy, 1765-1818", in Peter Marshall, *The Eighteenth Century* (Oxford, 1998), pp. 518~519.
41 Fakir Khair ud-Din Illahabadi, *Ibrat Nama*, BL Or. 1932, 41v.
42 Ghulam Hussain Khan, *Seir Mutaqherin*, vol. 2, p. 530.
43 Ibid., vol. 2, p. 531.
44 Fakir Khair ud-Din Illahabadi, *Ibrat Nama*, BL Or. 1932, 42v.
45 Ghulam Hussain Khan, *Seir Mutaqherin*, vol. 2, p. 530.
46 Fakir Khair ud-Din Illahabadi, *Ibrat Nama*, BL Or. 1932, 42v.
47 Ibid., 43v.
48 Ibid., 43v~44r.
49 Ibid., 44r.
50 Ibid.
51 René-Marie Madec, *Mémoire*, ed. Jean Deloche (Pondicherry 1983), p. 71.
52 Ghulam Hussain Khan, *Seir Mutaqherin*, vol. 2, p. 565.
53 Fakir Khair ud-Din Illahabadi, *Ibrat Nama*, BL Or. 1932, 44r.
54 Ibid., 45v.
55 Ibid.
56 Ibid., 45r.
57 Ashirbadi Lal Srivastava, *Shuja ud-Daula*, vol. 1, p. 232.
58 Sir Penderel Moon, *The British Conquest and Dominion of India* (London, 1989), p. 111.
59 Gentil, *Mémoires sur l'Indoustan*, pp. 258-259.
60 Ibid.
61 Madec, *Mémoire*, p. 74.
62 Fakir Khairud-Din Illahabadi, *Ibrat Nama*, BL Or. 1932, 45v.
63 Ghulam Hussain Khan, *Seir Mutaqherin*, vol. 2, p. 530.
64 Ibid.
65 The Late Reverend John Entick et al., *The Present State of the British Empire*, 4 vols (London, 1774), vol. IV, p. 533.
66 Philip J. Stern, *The Company State: Corporate Sovereignty & the Early Modern Foundations of the British Empire in India* (Cambridge, 2011), p. 3.
67 Thomas Twining, *Travels in India One Hundred Years Ago* (London, 1983), pp. 144~145.

68 이 시기의 국내 정치적 배경에 관해서는 James Vaughn, *The Politics of Empire at the Accession of George III* (Princeton, 2009)를 보라.
69 Keay, *Farzana*, pp. 53, 89.
70 Ghulam Hussain Khan, *Seir Mutaqherin*, vol. 2, pp. 583~584.
71 Gentil, *Mémoires sur l'Indoustan*, p. 259.
72 Sadasukh Dihlavi, *Munkatab ut-Tawarikh*, trans. Sir H. M. Elliot and John Dowson, *The History of India Told By Its Own Historians* (London, 1867), vol. VIII, p. 408.
73 Richard B. Barnett, *North India Between Empires: Awadh, the Mughals, and the British 1720-1801* (Berkeley, 1980), p. 73.
74 Amar Farooqui, *Zafar, and the Raj: Anglo-Mughal Delhi, c. 1800-1850* (New Delhi, 2013), pp. 8~9.
75 Ghulam Hussain Khan, *Seir Mutaqherin*, vol. 2, p. 571.
76 샤 알람 2세가 집행위원회에 보낸 날짜 미상의 서신, 캘커타에서는 1764년 12월 6일에 받았다, NAI, Foreign Department Secret Consultations, 1764, 2A, 738; *CPC* 1, lv, p. 353.
77 K. K. Dutta, *Shah Alam II & The East India Company* (Calcutta, 1965), pp. 289~29
78 Bengal Despatches, February 1764, Mark Bence-Jones, *Clive of India* (London, 1974), p. 205에서 인용.
79 Percival Spear, *Master of Bengal: Clive and his India* (London, 1975), pp. 130~131.
80 Clive to Carnac, 7 May 1762, Bence-Jones, *Clive of India*, p. 208에서 인용.
81 Bence-Jones, *Clive of India*, p. 208.
82 H. V. Bowen, "Lord Clive and speculation in East India Company stock, 1766", *Historical Journal*, 30 (1987), pp. 905~920. 클라이브의 전리품과 그것이 본국에 가져온 후폭풍에 관한 뛰어난 두 편의 글은 Bruce Lenman and Philip Lawson, "Robert Clive, the Black Jagir and British Politics", *Historical Journal*, vol. 26, no. 4 (December 1983), pp. 801~829, 그리고 C. H. Philips, "Clive in the English Political World, 1761-64", *Bulletin of the School of Oriental and African Studies*, University of London, vol. 12, no. 3/44, *Oriental and African Studies Presented to Lionel David Barnett by His Colleagues, Past and Present* (1948), pp. 695~702를 보라.
83 BL, OIOC, BL G37/4/1, f. 42; Barnett, *North India Between Empires*, p. 74.
84 Dutta, *Shah Alam II & The East India Company*, p. 38.
85 Clive and Carnac to Council, 14 July, Ashirbadi Lal Srivastava, *Shuja ud-Daula*, vol. 2, *1765-1775* (Calcutta, 1939), p. 10; Barnett, *North India Between Empires*, p. 75에서 인용.
86 Bence-Jones, *Clive of India*, p. 219에서 인용.
87 Clive to Sykes, 3 August 1765, Barnett, *North India Between Empires*, p. 74에서 인용.
88 Ghulam Hussain Khan, *Seir Mutaqherin*, vol. 3, pp. 9~10. 또 다른 문서(서기)와 함께 알라하바드 조약 문안 작성에 관여한 셰이크 이트사무딘Sheikh Itesamuddin은 클라이브와 카낙이 조약을 체결한 뒤 떠날 준비를 하자 샤 알람이 눈물을 글썽이며 그들이 자신의 안위는 조금도 생각하지 않고 적들 사이에 버리고 간다고 말했다고 전한다. (*Shigurf Namah* 1825:5). James Edward Alexander가 페르시아어에서 영역한 Mirza Itesamuddin, *Shigurf Namah-i-Velaet* (London, 1827)를 보라. 이트사무딘은 영국 국왕 조지 3세에게 샤 알람의 요청을 전달하기 위해 1767년에 인도에서 영국으로 왔다. Jeena Sarah Jacob, "The travellers' tales: The travel writings of Itesamuddin and Abu Taleb Khan", in William A. Pettigrew and Mahesh Gopalan, *The East India Company, 1600-1857: Essays on Anglo-Indian Connection* (London and New York, 2017), p. 141에서 인용.
89 Ghulam Husain Salim, *Riyazu-s-salatin*, pp. 398, 413~414.
90 George Forrest, *The Life of Lord Clive* (New Delhi, 1986), vol. 2, p. 335.

91 회사의 금괴 수입이 벵골 경제에서 차지하는 상대적 중요성에 관해서는 이견이 제기된다. Rajat Datta, *Society, Economy and the Market: Commercialisation in Rural Bengal, c1760-1800* (New Delhi, 2000)을 보라. 회사의 무자비한 벵골 자산 수탈이 어느 정도였는지에 관한 문제도 마찬가지다. 피터 마셜은 내게 쓴 편지에서 다음과 같이 지적했다. "이제부터 인도는 모든 이익이 해외로 유출되면서 쥐어짜내고 착취할 수 있는 광대한 플랜테이션으로 취급될 것이라는 주장은 물론 펼 수 있어요. 하지만 나는 EIC 안에서 17세기까지 거슬러가는 공정한 통치라는 수사修辭가 존재했으며, 비록 효과적이지는 못했다 하더라도 1757년 이후에 이사들이 공정한 통치를 실시하려고 했다는 사실을 무시할 수 없다고 생각합니다. 그들이 공정한 통치에 실패한 것이 국가 개입이 증대한 표면적 이유입니다. 가치 없는 약탈은 벵골을 망가트릴 것이다, 황금알을 낳는 거위를 죽이는 격이라는 말이 끊임없이 나왔습니다. 거위가 세심하게 보살핌을 받게 하려고 [이사들은 애썼습니다]. 인도의 똑똑한 많은 직원들도 확실히 이러한 수사를 공유했고, 헤이스팅스가 가장 분명한 경우이지요. 훌륭한 통치에 대한 고려가 특히 위기 시에 자원을 최대한 뽑아내야 한다는 요구에 번번이 밀려났다고 말해도 무방하겠지만 그 같은 고려가 존재했다는 사실을 부정할 수는 없다고 생각합니다." 친절하게 내 원고를 살펴봐주고 여러 해에 걸쳐 지원과 격려를 아끼지 않은 P. J. 마셜에게 매우 감사하다.
92 Bowen, *Revenue and Reform*, pp. 111~112; Moon, *The British Conquest and Dominion of India*, p. 125.
93 Bence-Jones, *Clive of India*, p. 221.
94 Om Prakash, "From Market-Determined to Coercion-based: Textile Manufacturing in Eighteenth-Century Bengal", in Giorgio Riello and Tirthankar Roy eds., *How India Clothed the World: The World of South Asian Textiles, 1500-1800* (Leiden, 2013), pp. 224~241.
95 Dutta, *Shah Alam II & The East India Company*, p. 45; Moon, *The British Conquest and Dominion of India*, p. 125; Jon Wilson, *India Conquered: Britain's Raj and the Chaos of Empire* (London, 2016), p. 115.
96 John R. McLane, *Land and Local Kingship in Eighteenth-Century Bengal* (Cambridge, 1993), p. 195에서 인용.
97 Ghulam Hussain Khan, *Seir Mutaqherin*, vol. 3, pp. 3, 46, 192~193, 202~204. 칸의 관찰에 대한 뛰어난 분석은 Rajat Kanta Ray, "Indian Society and the Establishment of British Supremacy, 1765-1818", in Marshall, *The Eighteenth Century*, pp. 514~515를 보라. P. J. Marshall, *The Making and Unmaking of Empires: Britain, India and America c.1750-1783* (Oxford, 2007), p. 260도 보라.
98 Ghulam Hussain Khan, *Seir Mutaqherin*, vol. 3, pp. 158~213. 벵골에서 해마다 부가 유출되는 것에 관해 회사의 공익 제보자인 알렉산더 다우는 다음과 같이 썼다. "그들[회사]은 물이 고갈되는 것을 방지하도록 저수지를 개울로 바꾸지 않고 물을 빼기 시작했다." Ranajit Guha, *A Rule of Property for Bengal: An Essay on the Idea of Permanent Settlement* (Durham, NC, 1983), p. 33에서 인용.
99 Ghulam Hussain Khan, *Seir Mutaqherin*, vol. 3, pp. 158~213.
100 Ibid., vol. 3, pp. 32, 181, 194~195.
101 Moon, *The British Conquest and Dominion of India*, p. 224.

6장 기근에 시달리다

1 OIOC, SCC, P/A/9, 29 November 1769. 1769~1779년에 걸쳐 일어난 끔찍한 벵골 기근에 관해서는 연구 문헌이 많다. 벵골 기근과 기근이 벵골 농촌에 미친 영향에 대한 최고의 연구는 Rajat Datta, *Society, Economy and the Market: Commercialisation in Rural Bengal, c1760-1800* (New Delhi, 2000), 5장, pp. 238~284를 보라. 라자트 다타는 군사적 정복, 정치적 혼란,

회사의 강제 징수가 농민층의 취약성에 확실히 영향을 미쳤지만 회사 치하에서 발생한 농업과 경제상의 중대한 변화가 기근의 강도에 영향을 미쳤다고 주장한다. 벵골의 번영은 위기를 맞기 쉬웠고, 생태학적으로 중대한 변화가 일어나고 있었다. 강의 물줄기들이 동쪽으로 이동했고, 경작도 동쪽으로 확산되었다. 벵골 서부는 점차 메말라갔고, 이 때문에 비가 내리지 않을 경우 기근에 극히 취약해진 반면, 동부는 번창하고 있었다. 동부는 1769~1770년에 기근을 피했지만 다타가 보여주듯이 나중에 홍수로 쑥대밭이 되었다.

벵골에서는 나와브 치하에서 벼 습식 재배가 오랫동안 증가해왔다. 이것은 매우 장기적인 생태학적 변화 과정이었고, 그에 따라 농업 개척지대가 된 벵골 동부 삼각주에서는 16세기 후반부터 18세기 중반까지 무굴 지방 관리들이 삼림 개간과 치수, 벼 습식 재배를 직접적으로 장려했다. J. F. Richards, *The Unending Frontier: An Environmental History of the Early Modern World* (Berkeley, 2003), p. 33를 보라.

    이 분야에서 선구적인 연구는 리처드 이턴에 의해 이루어졌는데, 이턴은 벵골 변경지에 대한 연구에서, 델리에서 무굴 권력이 꾸준히 쇠퇴하고 있던 시기에 무굴 지방 관리들이 집약적인 벼 습식 재배를 장려함으로써 시골에서 그들의 권위를 더 깊이 뿌리내리게 했다고 주장한다. 나와브들이 도입한 이러한 후원 시스템은 양곡 생산의 꾸준한 증가에 결정적 역할을 했지만 1760년에 벵골 지역에서 동인도회사가 최고 권력을 거머쥐면서 막을 내렸다. Richard M. Eaton, *The Rise of Islam and the Bengal Frontier 1204-1760* (Berkeley, 1993), p. 5를 보라.

    다타의 설명은 지역 곡물 시장의 확대를 강조하며, 이러한 변화는 농민층을 물가 충격에 더 노출시켰을 수도 있다. 그는 기근의 지역적 불균형에 관해서도 중요한 요점을 제기했는데 그가 보기에 기근은 벵골 서부와 비하르에서는 매우 심했지만 동부에서는 일어나지 않았다. 그러므로 벵골 전체의 사망자 수를 거론하며 이를 1,000만 명으로 잡는 것은 불가능하다. 오랫동안 EIC를 연구해온 베테랑 역사가인 피터 마셜은 다타의 설명에 대체로 동의한다. 내게 쓴 편지에서 그는 다음과 같이 설명했다. "당대의 논쟁부터 우리 시대에 이르기까지 단단히 자리 잡은 견해는 영국의 정복이 벵골을 망가트렸다는 것입니다. 나는 소수의견에 속하는 것 같은데요, 라자트 다타가 가장 권위 있게 설명한 이 견해는 구체적 개인들은 고사하고 영국이 과연 벵골 지방의 성쇠에 결정적 영향을 미칠 수 있었는지에 관해 회의적입니다. 벵골이 잠재적으로 매우 비옥하고 생산적인 지방이었다는 점은 의심의 여지가 없습니다. 정교한 상업화 경제가 발달했고 (…) 영국은 수출 무역의 증대와 캘커타의 광역 도시화로 상업화를 자극했습니다. 영국이 벵골 정치권력에 접근할 수 있었던 것이 악영향을 낳았을까요? 아마 그럴 겁니다. 영국이 농민 대중으로부터 직접 수탈할 능력은 없었다 해도 아마 더 가혹하게 과세했을 것입니다. 고급 직물이나 소금 같은 일부 무역은 자신들에게는 유리하고 토착 상인과 장인에게는 불리한 방식으로 규제했어요. 하지만 거대한 곡물 무역에 유의미하게 개입하는 것은 분명 그들의 능력 밖이었습니다. 전체적으로 나는 영국이 기근을 '야기'했는지 의심스러워요. 또 당신은 8장에서 헤이스팅스와 콘윌리스 치하에서 벵골이 회복되었다고 보는 것 같은데 거기에 대해서도 회의적입니다.

    나는 벵골의 역사를 만든 것은 대체로 벵골인들이라고 생각합니다. 나라면 벵골을 회복시킨 공로를 헤이스팅스에게 돌리지 않을 겁니다. 그런 일은 그나 다른 어느 영국인 개인이 할 수 있는 일이 아니기 때문입니다."

    이것들은 생태사와 경제사가 결합된 분명히 아주 복잡한 사안이고, 아직 결론이 나지 않았다. 하지만 여기서 나는 회사가 기근에 직접적으로 책임이 있는지 또는 생태학적 요인이 더 중요한 역할을 했는지 여부를 떠나서 회사의 무능한 대응이 서벵골의 기근을 훨씬 더 치명적으로 악화시킨 한편, 회사 치하에서 과도한 징세로 벵골 주민의 고통이 크게 가중되었다는 점을 주장하고자 했다. 그리고 확실히 그것이 그 시기에 참사에 관한 기록을 남긴 인도인과 영국인 관찰자 다수의 견해였다.

2   OIOC, Bengal Public Consultations, 23 October 1769.
3   Datta, *Society, Economy and the Market*, p. 244.
4   Abdul Majed Khan, *The Transition in Bengal 1756-1775* (Cambridge, 1969), p. 218.

5   Datta, *Society, Economy and the Market*, p. 244.
6   John R. McLane, *Land and Local Kingship in Eighteenth-Century Bengal* (Cambridge, 1993), p. 196에서 인용.
7   식인에 관한 리처드 비처의 보고는 OIOC, SCC, P/A/10를 보라.
8   Datta, *Society, Economy and the Market*, p. 252; Robert Travers, *Ideology and Empire in Eighteenth-Century India* (Cambridge, 2007), p. 72.
9   나는 여기서 기근에 관해 가장 상세하고 집중적인 연구를 수행한 Datta, *Society, Economy and the Market*, p. 264에서 나온 수치를 따랐다. 다타는 기근을 전후로 한 몇 년간 마을별 납세 신고 조사를 토대로 인구의 3분의 1인 1,000만 명이 죽었다는 워런 헤이스팅스(는 당시 런던에 있었다)가 제시한 널리 인용되는 수치를 거부한다. 다타는 기근이 벵골 서부에서 가장 심각했지만 벵골 동부 대부분은 영향받지 않았음을 보여주었다. Jon Wilson, *India Conquered: Britain's Raj and the Chaos of Empire* (London, 2016), p. 114와 Abdul Majed Khan, *The Transition in Bengal 1756-1775* (Cambridge, 1969), p. 219도 보라.
10 Joseph Price, *The Saddle Put on the Right Horse* (London, 1783), vol. 1, p. 33. Wilson, *India Conquered*, p. 114도 보라.
11 OIOC, HM, vol. 102, p. 94. 또한 Wilson, *India Conquered*, p. 113.
12 Khan, *The Transition in Bengal*, p. 219.
13 Datta, *Society, Economy and the Market*, p. 259.
14 Syed Ghulam Hussain Khan Tabatabai, *Seir Mutaqherin* (Calcutta, 1790~1794), vol. 3, p. 56.
15 W. W. Hunter, *The Annals of Rural Bengal* (London, 1868), pp. 43~45.
16 Khan, *The Transition in Bengal*, p. 219; S. C. Mukhopadhyay, *British Residents at the Darbar of Bengal Nawabs at Murshidabad 1757-1772* (Delhi [n.d.]), p. 388.
17 Jeremy Bernstein, *Dawning of the Raj: The Life & Trials of Warren Hastings* (Chicago, 2000), p. 11.
18 Datta, *Society, Economy and the Market*, p. 259.
19 Dean Mahomet, *The Travels of Dean Mahomet* (Berkeley, 1997), pp. 35~36.
20 Mukhopadhyay, *British Residents at the Darbar of Bengal Nawabs at Murshidabad*, p. 388.
21 Datta, *Society, Economy and the Market*, pp. 256~260; Nick Robins, *The Corporation That Changed the World: How the East India Company Shaped the Modern Multinational* (London, 2006), p. 90.
22 Romesh Chunder Dutt, *The Economic History of India under Early British Rule, 1757-1837* (London, 1908), p. 52.
23 P. J. Marshall, *Bengal: The British Bridgehead Eastern India 1740-1828* (Cambridge, 1987), p. 134.
24 Mukhopadhyay, *British Residents at the Darbar of Bengal Nawabs at Murshidabad*, p. 378; Khan, *The Transition in Bengal*, p. 217.
25 Khan, *The Transition in Bengal*, p. 222.
26 *Gentleman's Magazine*, September 1771. 필자는 그저 'JC'라고 서명했지만 일부 문단은 존 데브릿의 회고록을 충실하게 반영한다.
27 Robins, *The Corporation That Changed the World*, p. 94.
28 *Gentleman's Magazine*, September 1771.
29 Mukhopadhyay, *British Residents at the Darbar of Bengal Nawabs at Murshidabad*, p. 399.
30 George Forrest, *The Life of Lord Clive* (New Delhi, 1986), vol. 2, p. 383에서 인용.

31 H. V. Bowen, *The Business of Empire: The East India Company and Imperial Britain, 1756-1833* (Cambridge, 2006), p. 16에서 인용.
32 H. V. Bowen, *Revenue and Reform: The Indian Problem in British Politics, 1757-1773* (Cambridge, 1991), p. 95.
33 *Gentleman's Magazine*, April 1767, p. 152; Robins, *The Corporation That Changed the World*, p. 17.
34 P. J. Marshall, *The Making and Unmaking of Empires: Britain, India and America c. 1750-1783* (Oxford, 2007), p. 199.
35 John Micklethwait and Adrian Wooldridge, *The Company: A Short History of a Revolutionary Idea* (London, 2003), p. 42.
36 Tillman W. Nechtman, *Nabobs: Empire and Identity in Eighteenth-Century Britain* (Cambridge, 2010), p. 87에서 인용.
37 Jack Green, *Arenas of Asiatic Plunder* (London, 1767), Robins, *The Corporation That Changed the World*, p. 103.
38 새뮤얼 푸트 희곡 〈네이봅〉, 2막 발췌, P. J. Marshall, *Problems of Empire: Britain and India, 1757-1813* (London, 1968)에서 인용.
39 Arthur Young, *Political Essays concerning the present state of the British Empire* (London, 1772), p. 518.
40 Alexander Dow, *History of Hindostan*, 3 vols (Dublin, 1792), vol. 3, p. v; 라나지트 구하는 R. C. 더트와 딕비, 여타 민족주의자들보다 훨씬 전에 '부의 유출'이란 표현이 다우 같은 회사 관리들에 의해 통용되었음을 지적한다. Ranajit Guha, *A Rule of Property for Bengal: An Essay on the Idea of Permanent Settlement* (Durham, NC, 1983), pp. 33~34.
41 William Bolts, *Considerations on Indian Affairs; Particularly Respecting the Present State of Bengal and its Dependencies*, 3 vols (London, 1772~1775).
42 N. L. Hallward, *William Bolts: A Dutch Adventurer Under John Company* (Cambridge, 1920); Willem G. J. Kuiters, *The British in Bengal 1756-1773: A Society in Transition seen through the Biography of a Rebel: William Bolts (1739-1808)* (Paris, 2002). 루시 서덜랜드는 여론이 클라이브에게 좋지 않게 변한 데 볼츠의 책임이 있다고 주장한다. Lucy S. Sutherland, *The East India Company in Eighteenth-Century Politics* (Oxford, 1952), p. 221.
43 이 이야기는 인도 면직물 산업을 파괴하고 랭커셔 면직물 수입을 촉진하기 위해 영국인들이 인도 노동자들의 엄지를 잘랐다는 훗날 민족주의 신화의 기원이다.
44 볼츠의 글에 대한 훌륭한 분석은 Nicholas B. Dirks, *The Scandal of Empire: India and the Creation of Imperial Britain* (Harvard, 2006), pp. 250~254를 보라. Travers, *Ideology and Empire in Eighteenth-Century India*, pp. 61~62도 보라.
45 Ralph Leycester to Warren Hastings, March 1772, BL, Add Mss 29133, f. 72.
46 Dirks, *The Scandal of Empire*, p. 15에서 인용.
47 *The Monthly Review* (1772); Robins, *The Corporation That Changed the World*, pp. 78, 96도 보라.
48 Bowen, *Revenue and Reform*, p. 127; H. Hamilton, "The Failure of the Ayr Bank, 1772", *Economic History Review*, 2nd series, VIII (1955~1956), pp. 405~417.
49 *The Correspondence of Adam Smith*, ed. E. C. Mossner and I. S. Ross, 2nd edn (Oxford, 1987), p. 162, 엠마 로스차일드 Emma Rothschild의 뛰어난 미출간 논문 "The East India Company and the American Revolution"에서 인용.
50 Marshall, *The Making and Unmaking of Empires*, p. 212.
51 Bowen, *Revenue and Reform*, p. 117.
52 BL, Add Mss, 29133, f. 534, Bowen, Revenue and Reform, pp. 119~121에서 인용.

53   Bernstein, *Dawning of the Raj*, p. 81. Robins, *The Corporation That Changed the World*, pp. 90~95.
54   Bowen, *Revenue and Reform*, p. 127.
55   Wilson, *India Conquered*, p. 129에서 인용.
56   Anon, *The Present State of the British Interest in India*, *Monthly Review*, vol. XLVIII (1773), p. 99에서 인용.
57   Thomas Pownall, *The Right, Interest and Duty of Government, as concerned in the affairs of the East India Company*, revised edn, 1781, p. 4. Bowen, *The Business of Empires*, p. 17에서 인용.
58   George III to Grafton, 9 Dec 1766, in J. Fortescue, *Correspondence of George III, 1760-1783*, 6 vols (1927~1928), vol. I, pp. 423~424. Marshall, *The Making and Unmaking of Empires*, p. 209에서 인용.
59   Bowen, *Revenue and Reform*, p. 85.
60   Forrest, *The Life of Lord Clive*, vol. 2, pp. 404~405.
61   Ibid., vol. 2, pp. 408~409.
62   Nechtman, *Nabobs*, p. 84.
63   28 May 1773, BL, Egerton Mss, 249, ff. 846.
64   BL, Egerton Mss, 240, pp. 221, 225~226.
65   프랜시스가 '유니우스'임을 지지하는 주장은 *The Letters of Junius*, ed. John Cannon (Oxford, 1978)을 보라.
66   린다 콜리의 뛰어난 글을 보라. Linda Colley, "Gendering the Globe: The Political and Imperial Thought of Philip Francis", *Past&Present*, no. 209 (November 2010), pp. 117~148. Sophia Weitzman, *Warren Hastings and Philip Francis* (Manchester, 1929); Keith Feiling, *Warren Hastings* (London, 1954), p. 138도 보라.
67   W. S. Lewis et al., *The Yale Edition of Horace Walpole's Correspondence*, 48 vols (New Haven, CT, 1937~1983), vol. 32, pp. 61~62.
68   Mark Bence-Jones, *Clive of India* (London, 1974), pp. 300, 356에서 인용. 패티 듀캐럴은 거스타버스 듀캐럴 장군(1745~1800)의 누이였다.
69   Nechtman, *Nabobs*, p. 87; Bence-Jones, *Clive of India*, p. 299.
70   Travers, *Ideology and Empire in Eighteenth-Century India*, pp. 150~151.
71   Feiling, *Warren Hastings*, p. 133.
72   Ibid.
73   Sophia Weitzman, *Warren Hastings and Philip Francis* (Manchester, 1929), p. 227.
74   Ibid., pp. 221~222.
75   Ibid., p. 224.
76   Feiling, *Warren Hastings*, pp. 232~233.
77   Ghulam Hussain Khan, *Seir Mutaqherin*, vol. 3, p. 168.
78   Sir Penderel Moon, *The British Conquest and Dominion of India* (London, 1989), p. 148.
79   Travers, *Ideology and Empire in Eighteenth-Century India*, p. 139.
80   Sir Penderel Moon, *Warren Hastings and British India* (London, 1947), p. 113.
81   G. R. Gleig, *Memoirs of the Life of the Rt Hon Warren Hastings, First Governor General of Bengal*, 3 vols (London, 1841), vol. 1, p. 317.
82   Hastings to J. Dupre, 11 November 1772, BL, Add Mss 29,127, f. 63v. Hastings to L. Sullivan, Kasimbazar, 7 September 1772, ibid., f. 38v.
83   Bernstein, *Dawning of the Raj*, pp. 89~90.
84   ibid., p. 57에서 인용.

85　Moon, *The British Conquest and Dominion of India*, p. 149.
86　Moon, *Warren Hastings and British India*, p. 87.
87　Bernstein, Dawning of the Raj, p. 147에서 인용. 존스에 대해서는 S. N. Mukherjee, *Sir William Jones: A Study of Eighteeth-Century Attitudes to India* (Cambridge, 1968)를 보라.
88　Feiling, *Warren Hastings*, p. 138.
89　*Bhagavad Gita*, 2, pp. 47~51, 제임스 맬린슨 경 Sir James Mallinson이 나를 위해 영역해주었다. 이 글귀에 대한 헤이스팅스의 애착은 Feiling, *Warren Hastings*, p. 238를 보라.
90　Colley, *Gendering the Globe*, p. 121; Moon, *Warren Hastings and British India*, p. 348.
91　일부 포스트식민주의 역사가들은 프랜시스에 대해 더 호의적인 태도를 보인다. 서발턴 연구의 창시자 중 한 명인 라나지트 구하가 대표적으로, 구하는 프랜시스가 프랑스의 급진적 사상가들의 저작을 광범위하게 읽었고, 그 지적인 엄격함을 벵골의 농업, 행정, 화폐 개혁에 적용한 것을 높이 평가한다. Guha, *A Rule of Property for Bengal*, 특히 34장을 보라.
92　Ghulam Hussain Khan, *Seir Mutaqherin*, vol. 3, pp. 184~186.
93　Feiling, *Warren Hastings*, p. 160.
94　Velcheru Narayana Rao, David Shulman and Sanjay Subrahmanyam, *Textures of Time: Writing History in South India 1600-1800* (New York, 2003), p. 230, *Bhausahebanci Bhakar* 인용.
95　Ibid., p. 231. 언제나 탁월한 Uday S. Kulkarni, "Solstice at Panipat: An Authentic Account of the Panipat Campaign", (Pune, 2012)도 보라; Jadunath Sarkar, "Events Leading up to Panipat and Panipat, 1761", *India Historical Quarterly* (June 1934), pp. 258~273, 547~558.
96　Irfan Habib ed., *Resistance and Modernisation under Haidar Ali & Tipu Sultan* (New Delhi, 1999), Introduction, p. xxii.
97　이사회가 벵골 집행위원회에 보낸 1765년 4월 27일자 서신, *Fort William-India House Correspondence* (London, 1949~1958), vol. 4, p. 96.
98　마이소르 대포의 구경에 대해서는 Jean-Marie Lafont, *Indika: Essays in Indo-French Relations 1630-1976* (Delhi, 2000), p. 157를 보라. 로켓포는 Linda Colley, "Going Native, Telling Tales: Captivity, Collaborations and Empire", *Past & Present*, no. 168 (August 2000), p. 190를 보라.
99　Partha Chatterjee, *The Black Hole of Empire: History of a Global Practice of Power* (Princeton, 2012), p. 85에서 인용된 매튜스 대위.
100　John Carnac to the Bombay Council, 1 January 1779, BL, OIOC, P/D/63, f. 132.
101　Replies to Resolutions, 24/01/1782, BL, IOR, bscc P/D/68, ff. 61718, 24, Mesrob Vartavarian, "An Open Military Economy: The British Conquest of South India Reconsidered, 1780-1799", *Journal of the Economic and Social History of the Orient*, vol. 57, no. 4 (2014), pp. 486~510, p. 494에서 인용.
102　Stewart Gordon, *The Marathas: 1600-1818* (Cambridge, 1993), p. 164.
103　나나 파드나비스와 그의 유명한 첩보망에 관해서는 C.A. Bayly, *Empire & Information: Intelligence Gathering and Social Communication in India 1780-1870* (Cambridge, 1996), pp. 31~32를 보라.
104　Govind Sakharam Sardesai, *A New History of the Marathas*, 3 vols (Baroda, 1948), vol. 3, pp. 97~98.
105　Rajat Kanta Ray, "Indian Society and the Establishment of British Supremacy, 1765-1818", in Peter Marshall, *The Eighteenth Century* (Oxford, 1998), p. 519.
106　Mark Wilks, *Historical sketches of the south of India*, vol. 2 (1820), pp. 261~262; Vartavarian, "An Open Military Economy", pp. 486~510, p. 491.
107　Bernstein, *Dawning of the Raj*, p. 134.

108 Ibid.
109 Ibid., pp. 113~114.
110 BL, Add Mss 39, 878, f. 36; Moon, *Warren Hastings and British India*, p. 249.
111 Bernstein, *Dawning of the Raj*, p. 82.
112 Ghulam Hussain Khan, *Seir Mutaqherin*, vol. 3, p. 125.
113 Captain Muat, *Account of the Defeat at Pollilur*, BL, IOR, HM 223, p. 117.
114 Ibid.
115 John Baillie, *Account of Pollilur*, BL, IOR, HM 223, pp. 160~166.
116 Ibid.
117 Captain Wood, *Account of Pollilur*, BL, IOR, HM 211, f. 246.
118 Captain Muat, *Account of the Defeat at Pollilur*, BL, IOR, HM 223, pp. 83~85.
119 제73하이랜드연대의 중위, Alan Tritton, *When the Tiger Fought the Thistle* (London, 2013), pp. 271~272.
120 Tritton, *When the Tiger Fought the Thistle*, pp. 243, 248~253, 262~263.
121 John Baillie, *Account of Pollilur*, BL, IOR, HM 223, pp. 160~166.
122 Tritton, *When the Tiger Fought the Thistle*, pp. 272~274.
123 Mohibbul Hasan, *History of Tipu Sultan* (Calcutta, 1951), p. 15에서 인용.
124 Ross to Macartney, 07/06/1781, IOR, HM 330, ff. 25961; Davis to Coote, 02/07/1781, Add. Mss 22439, f. 9, Vartavarian, "An Open Military Economy", p. 507에서 인용.
125 여자로서 춤을 추는 것은 실제로 일부 세습 드러머 카스트 출신 소년과 청년들이 하는 일이었다. 물론 영국인들은 이를 대단히 치욕적이라고 여겼을 테지만 마이소르의 관점에서 볼 때는 그렇게 이상하거나 말도 안 되는 일이 아니었을 수도 있다. Linda Colley, *Captives:Britain, Empire and the World, 1600-1850* (London, 2002), pp. 276~291; Colley, "Going Native, Telling Tales: Captivity, Collaborations and Empire", *Past&Present*, no. 168 (August 2000).
126 James Scurry, *The Captivity, Sufferings and Escape of James Scurry, who was detained a prisoner during ten years, in the dominions of Haidar Ali and Tippoo Saib* (London, 1824), pp. 252~253.
127 G. J. Bryant, *The Emergence of British Power in India, 1600-1784: A Grand Strategic Interpretation* (Woodbridge, 2013), p. 291.
128 BL, OIOC, HM 246, f. 335.
129 Feiling, *Warren Hastings*, p. 246.
130 Moon, *Warren Hastings and British India*, p. 5.
131 *Incomplete Draft (1785) of an account of the Mysore War (1780-84)*, BL, OIOC, Mss Eur K 116, f. 84. Maya Jasanoff, *Edge of Empire:Conquest and Collecting in the East, 1750-1850* (London, 2005), p. 158에서 인용.
132 Marshall, *The Making and Unmaking of Empires*, pp. 330~332.
133 Emma Rothschild, "The East India Company and the American Revolution"(미발표 논문)에서 인용.
134 *Narrative of all the Proceedings and Debates on East India Affairs* (1784), p. 89, Colley, *Captives*, p. 272에서 인용.
135 Feiling, *Warren Hastings*, p. 230.
136 *Parliamentary History*, 21 (1780~1781), pp. 1201~1202, Colley, *Captives*, p. 275에서 인용.
137 Lewis et al., *The Yale Edition of Horace Walpole's Correspondence*, 48 vols, vol. 29, p. 123.

7장 황폐한 델리

1. Victoria & Albert Museum (V&A), IS.38-1957.
2. 보석으로 장식된 샤 자한의 공작 왕좌는 진작에 빼앗겨 파괴되었고 남은 것은 반쯤 폐허가 된 왕궁 안에 있는 목조 복제품뿐이긴 했지만 말이다.
3. NAI, Select Committee Proceedings, 2 Jan to 6 Dec, 1771, No. 18; Headquarters, Allahabad, 20 April 1771, pp. 177~181.
4. *CPC* 3, pp. 1345, no. 504, 14 Dec 1770; *CPC* 3, p. 98, no. 329, 11 Aug, to the King; *CPC* 3, p. 194, no. 719, 22 April, to the King; K. K. Dutta, *Shah Alam II & The East India Company* (Calcutta, 1965), p. 57.
5. NAI, Select Committee Progs, 2 Jan to 6 Dec, 1771, No. 18; Fort William, 20 April 1771, pp. 177~181.
6. William Francklin, *The History of Shah Alam* (London, 1798), p. 36.
7. NAI, Select Committee Progs, 2 Jan to 6 Dec, 1771, No. 18; Fort William, 17 May, pp. 184~187.
8. Francklin, *The History of Shah Alam*, pp. 278.
9. NAI, Select Committee Progs, 2 Jan to 6 Dec, 1771, No. 18; Fort William, 17 May, pp. 184~187.
10. *CPC* 3, pp. 190~191, no. 702, 14 Dec 1770, General Barker to Nawab Shuja ud-Daula; *CPC* 3, p. 189, no. 698, General Barker to the King.
11. Jean-Baptiste Gentil, *Mémoires sur l'Indoustan*, pp. 257~259.
12. Michael H. Fisher, "Diplomacy in India 1526-1858", in H. V. Bowen, Elizabeth Mancke and John G. Reid, *Britain's Oceanic Empire: Atlantic and Indian Ocean Worlds, c. 1550-1850* (Cambridge, 2012), pp. 276~277. 영국도서관 소장, Or. 200, 이티삼 알딘 I'tisam al-Din의 책, *Shigrif-namah-i Vilayet* BL, Or. 200. 벵골어 판본을 중역한 완역본은 *The Wonders of Vilayet, being a memoir, originally in Persian, of a visit to France and Britain*, trans. Kaiser Haq (Leeds, 2001)이다.
13. Nandalal Chatterji, *Verelst's Rule in India* (1939), p. 129.
14. 파니파트 전투가 얼마나 커다란 격변을 불러왔는지 짐작할 수 있는 흥미로운 민요가 있다. K. R. Qanungo, "Fragment of a Bhao Ballad in Hindi", *Historical Essays* (Calcutta, 1968), pp. 81~113.
15. Percival Spear, *The Twilight of the Moghuls* (Cambridge, 1951), p. 16.
16. Jadunath Sarkar, *The Fall of the Mughal Empire*, 4 vols (New Delhi, 1991), vol. 2, p. 329.
17. Ganga Singh, *Ahmed Shah Durrani*, p. 326. Gulfishan Khan, *Indian Muslim Perceptions of the West during the Eighteenth Century* (Karachi, 1998), pp. 72~78, K. K. Dutta, *Shah Alam II & The East India Company*, pp. 49~50도 보라.
18. Ganga Singh, *Ahmad Shah Durrani* (Patiala, 1959), p. 326.
19. Jadunath Sarkar ed., *Persian Records of Maratha History, 1: Delhi Affairs (1761-1788)* (Bombay, 1953), p. 21.
20. Michael Edwardes, *King of the World: The Life of the Last Great Moghul Emperor* (London, 1970), p. 172.
21. Govind Sakharam Sardesai, *A New History of the Marathas*, 3 vols (Baroda, 1948), vol. 3, p. 138.
22. Iqbal Husain, *The Rise and Decline of the Ruhela Chieftaincies in 18th Century India* (Aligarh, 1994), p. 138.
23. Francklin, *The History of Shah Alam*, pp. 50, 70.
24. BL, Add 6585, Shakir Khan, *Tarikh-i Shakir Khani*, f. 91.

25   *CPC* 3, p. 216, no. 798, from Nawab Shuja ud-Daula, 22 June 1771.
26   Ibid.
27   *CPC* 3, p. 215, no. 795, General Barker to the King, 20 June 1771.
28   *CPC* 3, p. 225, no. 828, 22 May; from Raja Shitab Ray, 20 July; NAI, Select Committee Progs, 2 Jan to 6 Dec, 1771, No. 18; Fort William, 6 July 1771, pp. 266~269.
29   Dutta, *Shah Alam II & The East India Company*, pp. 58~59.
30   NAI, Select Committee Progs, 2 Jan to 6 Dec, 1771, No. 18; Allahabad, 17 July 1771, pp. 258~259.
31   Sarkar ed., *Persian Records of Maratha History*, 1, p. 36; Sarkar, *Fall of the Mughal Empire*, vol. 2, pp. 330~331.
32   Sarkar ed., *Persian Records of Maratha History*, 1, p. 47.
33   NAI, Foreign Select Committee Progs, 17723, vol. 20, 10 Jan 1772.
34   Dutta, *Shah Alam II & The East India Company*, p. 59.
35   *Voyage en Inde du Comte de Modave, 1773-1776*, ed. Jean Deloche (Pondicherry, 1971).
36   Sarkar ed., *Persian Records of Maratha History*, 1, p. 55; Sarkar, *Fall of the Mughal Empire*, vol 2, p. 331.
37   Sarkar ed., *Persian Records of Maratha History*, 1, p. 57.
38   Sarkar, *Fall of the Mughal Empire*, vol. 3, p. 32.
39   Sarkar ed., *Persian Records of Maratha History*, 1, p. 58.
40   Sarkar, *Fall of the Mughal Empire*, vol. 3, p. 34; Fakir Khair ud-Din Illahabadi, *Ibrat Nama*, BL Or. 1932, f. 2078.
41   Husain, *The Rise and Decline of the Ruhela Chieftaincies in 18th Century India*, p. 144.
42   Sardesai, *A New History of the Marathas*, vol. 2, p. 516.
43   Mirza 'Ali Bakht, *Waqi'at-i Azfari*, ed. T. Chandrasekharan and Syed Hamza Hussain Omari (Madras, 1957), p. 5.
44   Ibid.
45   Ibid., pp. 5~6.
46   이 부분은 *Writing the Mughal World* (New York, 2012), pp. 433~444에 실린 무자파르 알람Muzaffar Alam과 산자이 수브라마니암의 뛰어난 글에서 가져왔다.
47   Dutta, *Shah Alam II & The East India Company*, p. 81에서 인용.
48   *Voyage en Inde*, p. 231.
49   Stephen P. Blake, *Shahjahanabad: The Sovereign City in Mughal India, 1639-1739* (Cambridge, 1991), p. 167.
50   C. M. Naim (translated, annotated and introduced), *Zikr-I Mir: The Autobiography of the Eighteeenth Century Mughal Poet, Mir Muhammad Taqi 'Mir'* (New Delhi, 1998), pp. 83~85, 93~94.
51   Khurshidul Islam and Ralph Russell, *Three Mughal Poets: Mir, Sauda, Mir Hasan* (New Delhi, 1991), pp. 221~222, 247~248.
52   Sarkar ed., *Persian Records of Maratha History*, 1, p. 45.
53   Sarkar, *Fall of the Mughal Empire*, vol. 3, p. 35.
54   René-Marie Madec, *Mémoire*, ed. Jean Deloche (Pondicherry, 1983), p. 170.
55   Sarkar ed., *Persian Records of Maratha History*, 1, p. 61.
56   Sarkar, *Fall of the Mughal Empire*, vol. 3, p. 55.
57   데이비드 런과 캐서린 버틀러 스코필드의 아름다운 글에서 가져온 번역이다. David Lunn and Katherine Butler Schofield, "Delight, Devotion and the Music of the Monsoon at the Court of Emperor Shah 'Alam II", in Imke Rajamani, Margrit Pernau and Katherine

Butler Schofield eds, *Monsoon Feelings: A History of Emotions in the Rain* (New Delhi, 2018), pp. 219~254.
58 Lunn and Butler Schofield, "Delight, Devotion and the Music of the Monsoon at the Court of Emperor Shah 'Alam II", pp. 219~254.
59 모다브는 이에 관해 잘 썼다. *Voyage en Inde*, pp. 427~428를 보라.
60 Ibid., pp. 420~422.
61 Ibid., p. 422.
62 Ibid., p. 103.
63 Sarkar ed., *Persian Records of Maratha History*, 1, pp. 68~69. 카이르 우드딘이 쓴 대로 "이 승리는 미르자 나자프 칸의 승전 기록의 첫 페이지이자 그의 성공 사다리의 첫 단이었다". K. R. Qanungo, *History of the Jats* (Calcutta, 1925), pp. 145~146에서 인용.
64 Sarkar ed., *Persian Records of Maratha History*, pp. 723. 바르사나 전투에 관해서는 F. S. Growse, *Mathura: A District Memoir*, (1883)를 보라.
65 발람가르 요새는 1774년 4월 20일에, 파루크나가르 요새는 1774년 5월 6일에 함락되었다. Sarkar, *Fall of the Mughal Empire*, vol. 3, p. 64를 보라.
66 Ibid., p. 83.
67 Emile Barbé, *Le Nabob Ren Madec* (Paris, 1894), Sec. 48.
68 *Voyage en Inde*, p. 438. 카이르 우드딘은 미르자 나자프 칸과의 전쟁 당시 자트인들의 용기를 포착한다. 그는 "단 한 사람도 제 목숨을 구하려 하지 않았다. 단결해서 싸웠다면 그들은 더 많은 적을 죽이고 [요새에서] 무사히 빠져나왔을 것이다"라고 썼다. 콰눙고는 "디그에서는 조하르johar(여성들이 적에게 생포되는 것을 막기 위해 불태워 죽이는 자트인의 관습-옮긴이) 불을 피우지 않았던 것 같다. 여자와 아이들은 살육당했다"라고 덧붙인다. Qanungo, *History of the Jats*, p. 174, fn. 15를 보라.
69 Sarkar ed., *Persian Records of Maratha History*, 1, p. 75.
70 Yuthika Sharma, "From Miniatures to Monuments: Picturing Shah Alam's Delhi (1771-1806)", in Alka Patel and Karen Leonard eds, *Indo-Muslim Cultures in Transition* (Leiden, 2002), pp. 126~130.
71 *Voyage en Inde*, pp. 434~435.
72 Antoine Polier, *Shah Alam II and his Court* (Calcutta, 1947), p. 99.
73 *Voyage en Inde*, pp. 432~434.
74 Ibid., pp. 217~218.
75 Polier, *Shah Alam II and his Court*, pp. 67~69.
76 *Voyage en Inde*, pp. 254~269.
77 CPC 4, p. 95, no. 506, 9 Sept 1773, from the King.
78 Sir Penderel Moon, *The British Conquest and Dominion of India* (London, 1989), p. 158.
79 Dutta, *Shah Alam II & The East India Company*, p. 69.
80 Sir Penderel Moon, *Warren Hastings and British India* (London, 1947), pp. 158~159.
81 Sir John Strachey, *Hastings and the Rohilla War* (Oxford, 1892), p. 97.
82 BL, IOR, HM/336, f. 18.
83 Fakir Khair ud-Din Illahabadi, *Ibrat Nama*, BL Or. 1932, 116v.
84 Ibid., 117r~120v.
85 Qanungo, *History of the Jats*, pp. 185~186에서 인용.
86 Fakir Khair ud-Din Illahabadi, *Ibrat Nama*, BL Or. 1932, 120v.
87 Sayid Athar Abbas Rizvi, *Shah 'Abd al'Aziz: Puritanism, Sectarianism and Jihad* (Canberra, 1982), p. 29.
88 *Urdu Letters of Mirza Asadu'llah Khan Ghalib* (New York, 1987), p. 435.

89 Sarkar ed., *Persian Records of Maratha History*, 1, pp. 105~106.
90 Ibid., p. 146.
91 Ibid., p. 124; Ganda Singh, "Colonel Polier's Account of the Sikhs", *The Panjab Past and Present*, 4 (1970), pp. 239, 24.
92 Spear, *The Twilight of the Moghuls*, p. 21.
93 C. A. Bayly, *Rulers, Townsmen and Bazaars: North Indian Society in the Age of British Expansion* (Cambridge, 1983), p. 102.
94 Islam and Russell, *Three Mughal Poets*, pp. 62~63.
95 Dutta, *Shah Alam II & The East India Company*, p. 86.
96 Sayid Athar Abbas Rizvi, *Shah 'Abd al'Aziz: Puritanism, Sectarianism and Jihad*, p. 47.
97 Jean-Marie Lafont, *Indika: Essays in Indo-French Relations 1630-1976* (Delhi, 2000), p. 179에서 인용.
98 Ibid.
99 Herbert Compton, *The European Military Adventurers of Hindustan* (London, 1943), pp. 8~9; Lafont, *Indika*, p. 185.
100 Sayid Athar Abbas Rizvi, *Shah 'Abd al'Aziz: Puritanism, Sectarianism and Jihad*, pp. 29~30.
101 Sarkar ed., *Persian Records of Maratha History*, 1, p. 127.
102 Muzaffar Alam and Sanjay Subrahmanyam, *Writing the Mughal World* (New York, 2012), pp. 416~423.
103 Mirza 'Ali Bakht, *Waqi'at-i Azfari*, eds. T. Chandrasekharan and Syed Hamza Hussain Omari (Madras, 1957), p. 6.
104 Ibid., p. 8.
105 Fakir Khair ud-Din Illahabadi, *Ibrat Nama*, BL, Or. 1932, f. 212.
106 Ibid.
107 Sarkar ed., *Persian Records of Maratha History*, 1, p. 195.
108 Fakir Khair ud-Din Illahabadi, *Ibrat Nama*, BL, Or. 1932, f. 214.
109 Ibid., f. 213. 이 부분은 Sir H. M. Elliot and John Dowson, *A History of India as Told By Its Own Historians*, 8 vols (London, 1867~1877), vol. VIII, p. 246에 번역되어 있다.
110 Fakir Khair ud-Din Illahabadi, *Ibrat Nama*, BL, Or. 1932, f. 214. 또한 Sarkar, *Fall of the Mughal Empire*, vol. 3, p. 270.
111 Dutta, *Shah Alam II & The East India Company*, p. 101.
112 Fakir Khair ud-Din Illahabadi, *Ibrat Nama*, BL, Or. 1932, v. 이 부분은 Elliot and Dowson, *A History of India as Told By Its Own Historians*, vol. VIII, pp. 246~247에 번역되어 있다.
113 Fakir Khair ud-Din Illahabadi, *Ibrat Nama*, BL, Or. 1932, f. 214.
114 Sarkar ed., *Persian Records of Maratha History*, 1, p. 199.
115 사르카르는 "카디르는 자미 마스지드의 금빅을 벗겨내어 괄았지만 마니야르 싱이 성스러운 건축물을 그렇게 모독하면 델리 시민 전체가 그에 대항해 무기를 들고 일어날 것이라고 경고해 나머지 금장식도 그와 유사하게 뜯어내지는 못했다"라고 쓸 때 이곳을 엉뚱한 모스크로 착각했던 듯하다. Sarkar, *Fall of the Mughal Empire*, vol. 3, p. 273를 보라.
116 Fakir Khair ud-Din Illahabadi, *Ibrat Nama*, BL, Or. 1932, f. 214.
117 Mirza 'Ali Bakht, *Waqi'at-i Azfari*, eds. Chandrasekharan and Syed Hamza Hussain Omari, p. 9.
118 Fakir Khair ud-Din Illahabadi, *Ibrat Nama*, BL, Or. 1932, f. 214.
119 Ibid., f. 215.

120 Ibid., f. 216.
121 BL, Add Mss 29171, ff 31920, Jonathan Scott to Warren Hastings.
122 Fakir Khairud-Din Illahabadi, *Ibrat Nama*, BL, Or. 1932, v. 인용문은 Elliot and Dowson, *A History of India as Told By Its Own Historians*, vol. VIII, p. 248에 번역된 것이다.
123 Francklin, *The History of Shah Alam*, p. 127.
124 Fakir Khair ud-Din Illahabadi, *Ibrat Nama*, BL Or. 1932, f. 216. 이 부분은 Elliot and Dowson, *A History of India as Told By Its Own Historians*, vol. VIII, p. 249에 번역되어 있지만 나는 빅토리아인들이 검열했던 몇 가지 세부 사항을 덧붙였다.
125 Fakir Khair ud-Din Illahabadi, *Ibrat Nama*, BL, Or. 1932, f. 217r. 전에 번역된 적 없음.
126 Ibid.
127 Ibid. (이 부분은) 엘리엇과 다우슨은 이 부분을 심하게 삭제, 편집했다. 페르시아어 원문은 참혹하다. *"Mi-khwaham ke in-ha-ra dar zomra-ye parastaran-e khod dakhel nemayam wa dad-e mobasherat deham! wa hama dokhtaran-e salatin be Afghana separam, ke az notfa-ye an-ha farzandan-e jawan-mard be-ham-resad."*
128 Mirza 'Ali Bakht, *Waqi'at-i Azfari*, eds. Chandrasekharan and Syed Hamza Hussain Omari, p. 8.
129 Ibid., p. 9.
130 Julia Keay, *Farzana: The Woman Who Saved an Empire* (London, 2014), pp. 183~184.
131 Ibid., p. 184.
132 Sarkar ed., *Persian Records of Maratha History*, 1, p. 200.
133 Francklin, *The History of Shah Alam*, p. 189.
134 Fakir Khair ud-Din Illahabadi, *Ibrat Nama*, BL, Or. 1932, ?v. 인용문은 Elliot and Dowson, *A History of India as Told By Its Own Historians*, vol. VIII, p. 253에 번역된 것이다.
135 Francklin, *The History of Shah Alam*, p. 190.
136 Fakir Khair ud-Din Illahabadi, *Ibrat Nama*, BL, Or. 1932, ?v. 인용문은 Elliot and Dowson, *A History of India as Told By Its Own Historians*, vol. VIII, p. 254에 번역된 것이다.
137 Francklin, *The History of Shah Alam*, p. 190.

8장 워런 헤이스팅스 탄핵

1 Tillman W. Nechtman, *Nabobs: Empire and Identity in Eighteenth-Century Britain* (Cambridge, 2010), p. 104에서 인용.
2 Edmund Burke, *The Writings and Speeches of Edmund Burke*, ed. P. J. Marshall, 6 vols (Oxford, 1991), vol. 6, pp. 275~276, 457.
3 Edmund Burke, *Speeches on the Impeachment of Warren Hastings*, ed. George Bell, Calcutta, 1906, vol. 1, p. 361, vol. 6, pp. 275~276.
4 Keith Feiling, *Warren Hastings* (London, 1954), p. 355.
5 Burke, *Speeches on the Impeachment of Warren Hastings*, vol. 1, p. 361, vol. 6, pp. 285~287.
6 V. K. Saxena ed., *Speeches on the Impeachment of Warren Hastings*, 2 vols (Delhi, 1987), vol. 1, pp. 131~134.
7 Burke, *The Writings and Speeches of Edmund Burke*, 6 vols, vol. 5, pp. 401~402.
8 Burke, *Speeches on the Impeachment of Warren Hastings*, vol. 1, p. 79.
9 Thomas Babington Macaulay, "Warren Hastings", *The Historical Essays of Macaulay*, ed. Samuel Thurber (Boston, 1892), p. 362.
10 Nick Robins, *The Corporation That Changed the World: How the East India Company*

　　　　Shaped the Modern Multinational (London, 2006), p. 133에서 인용.
11　*Oxford Dictionary of National Biography*, vol. XVIII, p. 81에서 인용.
12　Feiling, *Warren Hastings*, p. 357.
13　Jennifer Pitts, "Edmund Burke's peculiar Universalism", *A Turn to Empire: The Rise of Imperial Liberalism in Britain and France* (Princeton, 2005).
14　Ibid., p. 285.
15　Ibid., p. 339.
16　헤이스팅스의 총독 재임 말기에 드러나는 더 전제적인 성격은 앤드루 오티스의 흥미로운 연구에서 탐구된다. Andrew Otis, *Hicky's Bengal Gazette: The Untold Story of India's First Newspaper* (Chennai, 2018).
17　Sir Penderel Moon, *The British Conquest and Dominion of India* (London, 1989), p. 222.
18　Feiling, *Warren Hastings*, p. 354.
19　Ibid., p. 111.
20　BL, Add Mss 39903, f. 34r.
21　Alexander Dalrymple, *A Retrospective View of the Antient System of the East India Company, with a Plan of Regulation* (London, 1784), p. 73.
22　Denis Kincaid, *British Social Life in India up to 1938* (London, 1938), pp. 22, 95.
23　*Voyage en Inde du Comte de Modave, 1773-1776*, ed. Jean Deloche (Pondicherry, 1971), p. 77.
24　Rajat Datta, "The Commercial Economy of Eastern India under British Rule", in H. V. Bowen, Elizabeth Mancke and John G. Reid, *Britain's Oceanic Empire: Atlantic and Indian Ocean Worlds, c. 1550-1850* (Cambridge, 2012), p. 361.
25　Moon, *The British Conquest and Dominion of India*, p. 245.
26　P. J. Marshall, *The Making and Unmaking of Empires: Britain, India and America c. 1750-1783* (Oxford, 2007), p. 243.
27　P. J. Marshall, *Bengal: The British Bridgehead Eastern India 1740-1828* (Cambridge, 1987), p. 114; Datta, "The Commercial Economy of Eastern India under British Rule", p. 346.
28　H. V. Bowen, "British India, 1765-1813: The Metropolitan Context", in Peter Marshall, *The Eighteenth Century* (Oxford, 1998), p. 535; C. A. Bayly, *Indian Society and the Making of the British Empire* (Cambridge, 1988), p. 35; Datta, "The Commerical Economy of Eastern India under British Rule", p. 358.
29　H. V. Bowen, *The Business of Empire: The East India Company and Imperial Britain, 1756-1833* (Cambridge, 2006), pp. 241~242; Holden Furber, "Rival Empires of Trade in the Orient, 1600-1800", *Maritime India*, intro. Sanjay Subrahmanyam (New Delhi, 2004), p. 175.
30　Datta, "The Commercial Economy of Eastern India under British Rule", p. 346.
31　Marshall, *The Making and Unmaking of Empires*, pp. 248~251.
32　Datta, "The Commercial Economy of Eastern India under British Rule", p. 363.
33　Ibid., pp. 362~363. Bayly, *Indian Society and the Making of the British Empire*, p. 85. Seema Alavi, *The Sepoys and the Company: Tradition and Transition in Northern India 1770-1830* (Delhi, 1995)도 보라.
34　Burton Stein, "Eighteenth Century India: Another View", *Studies in History*, vol. 5, 1 n.s. (1989), p. 21.
35　Abdul Latif Shushtari, *Kitab Tuhfat al-'Alam* (written Hyderabad 1802 & lithographed Bombay 1847), p. 427.
36　Moon, *The British Conquest and Dominion of India*, p. 247.
37　Denys Forrest, *Tiger of Mysore: The Life and Death of Tipu Sultan* (London, 1970), p. 205에서

인용.
38 J. Michaud, *History of Mysore Under Haidar Ali and Tippoo Sultan*, trans. V. K. Raman Menon (Madras, 1924), pp. 47~48.
39 Burton Stein, "State Formation and Economy Reconsidered", *Modern Asian Studies*, vol. 19, no. 3, 특별호: 1984(1985)년 4월, 케임브리지 대학 인도 경제사회사 학술회의 발표 논총, April 1984 (1985), pp. 387~413, p. 403. Irfan Habib ed., *Resistance and Modernisation under Haidar Ali & Tipu Sultan* (New Delhi, 1999), Introduction, p. xxxi도 보라.
40 A. Subbaraya Chetty, "Tipu's Endowments to Hindus and Hindu institutions", in Habib ed., *Resistance and Modernisation under Haidar Ali & Tipu Sultan*, pp. 101~111.
41 B. A. Saletore, "Tipu Sultan as a Defender of Hindu Dharma", in Habib ed., *Resistance and Modernisation under Haidar Ali & Tipu Sultan*, p. 125.
42 Ibid., p. 126.
43 Habib ed., *Resistance and Modernisation under Haidar Ali & Tipu Sultan*, Introduction, p. xxvii. Mahmud Husain, *The Dreams of Tipu Sultan* (Karachi, n.d)도 보라.
44 Habib ed., *Resistance and Modernisation under Haidar Ali & Tipu Sultan*, Introduction, p. xxvi.
45 Maya Jasanoff, *Edge of Empire: Conquest and Collecting in the East, 1750-1850* (London, 2005), pp. 184~185; Habib ed., *Resistance and Modernisation under Haidar Ali & Tipu Sultan*, Introduction, p. xxxiv.
46 T. Venkatasami Row, *A Manual of the District of Tanjore in the Madras Presidency* (Madras, 1883), pp. 812~813. Stein, "Eighteenth Century India: Another View", *Studies in History*, vol. 5, 1 n.s. (1989)도 보라.
47 Moon, *The British Conquest and Dominion of India*, p. 248.
48 James Rennell, *The Marches of the British Armies in the Peninsula of India* (London, 1792), p. 33.
49 Moon, *The British Conquest and Dominion of India*, p. 251.
50 Forrest, *Tiger of Mysore*, p. 149에서 인용.
51 Cornwallis to Malet, 25 March 1791, BL IOR, MMC P/252/60, ff. 20056; Cornwallis to Oakeley, 30 April 1791, MMC P/252/61, ff. 23182319; Letter from Madras, 15 July 1791, BL IOR, HM 251, ff. 911; Cornwallis to Oakeley, 24 May 1791, BL IOR, MMC P/252/62, ff. 28279; Cockburn to Jackson, 12 July 1791, BL IOR, MMC P/252/63, ff. 3317, 3321; Torin to Cornwallis, 21 October 1791, National Archives, PRO 30/11/45, f. 5. Mesrob Vartavarian, "An Open Military Economy: The British Conquest of South India Reconsidered, 1780-1799", *Journal of the Economic and Social History of the Orient*, vol. 57, no. 4 (2014), pp. 486~510, p. 496에서 인용.
52 Govind Sakharam Sardesai, *A New History of the Marathas*, vol.3, (Baroda, 1948), p. 193에서 인용.
53 Military Operations BL, IOR, HM251, ff. 746-7, Vartavarian, "An Open Military Economy", p. 497에서 인용.
54 BL, OIOC, Eur Mss F228/52 Dec 1791, f. 1.
55 Jean-Marie Lafont, *Indika: Essays in Indo-French Relations 1630-1976* (Delhi, 2000), p. 186.
56 BL, OIOC, Eur Mss F228/52 Dec 1791, f. 2.
57 Ibid.
58 Forrest, *Tiger of Mysore*, p. 200.
59 Sardesai, *A New History of the Marathas*, vol. 3, p. 192.

60   Datta, "The Commerical Economy of Eastern India under British Rule", p. 342.
61   Durba Ghosh, *Sex and the Family in Colonial India: The Making of Empire* (Cambridge, 2006); William Dalrymple, *White Mughals: Love and Betrayal in Eighteenth-Century India* (London, 2002).
62   R. B. Saksena, *Indo-European Poets of Urdu and Persian* (Lucknow, 1941), p. 21; Christopher J. Hawes, *Poor Relations: The Making of a Eurasian Community in British India, 1773-1833* (London, 1996), ch. 4; William Dalrymple, *White Mughals: Love and Betrayal in Eighteenth-Century India* (London, 2002), pp. 50~52; Bayly, *Indian Society and the Making of the British Empire*, p. 70.
63   C. A. Bayly, *The Birth of the Modern World 1780-1914* (Oxford, 2004), p. 111.
64   Anderson Correspondence, BL, Add Mss 45, 427, Wm Palmer to David Anderson, 12 November 1786, f. 196.
65   Marshall, *Bengal: The British Bridgehead*, pp. 122~125.
66   Bayly, *The Birth of the Modern World*, p. 111; Marshall, *Bengal: The British Bridgehead*, pp. 122~125; C. A. Bayly, *Rulers, Townsmen and Bazaars: North Indian Society in the Age of British Expansion* (Cambridge, 1983), pp. 466~467, 474, 479; Bayly, *Indian Society and the Making of the British Empire*, pp. 108, 150.
67   Kumkum Chatterjee, "Collaboration and Conflict: Bankers and Early Colonial Rule in India: 1757-1813", *Indian Economic and Social History Review*, 30, 3 (1993), pp. 296~297. 이상의 주장은 1980년대에 Christopher Bayly, *Rulers, Townsmen and Bazaars*와 Karen Leonard의 획기적인 논문 "The Great Firm Theory of the Decline of the Mughal Empire", *Comparative Studies in Society and History*, 21, 2 (1979)와 "Banking Firms in Nineteenth-Century Hyderabad Politics", *Modern Asian Studies*, 15, 2 (1981)에서 처음 제기되었다. J. F. Richards가 "Mughal State Finance and the Premodern World Economy", *Comparative Studies in Society and History*, vol. 23, no. 2 (1981)에서 제기한 이견도 보라.
68   Rajat Kanta Ray, "Indian Society and the Establishment of British Supremacy, 1765-1818", in Marshall, *The Eighteenth Century*, pp. 516~517.
69   Hari Charan Das, "Chahar Gulzar Shuja" in Sir H. M. Elliot and John Dowson, *A History of India as Told By Its Own Historians*, 8 vols (London, 1867~1877), vol. VIII, p. 229.
70   워시브룩과 베일리, 더 최근에는 약간 다른 맥락에서 파르타사라티의 견해에 따르면 인도 경제를 상대적으로 정체시키고 영국의 산업화라는 새로운 도전에 효과적으로 대응하지 못하게 만드는 대가를 치렀다. 물론 이런 견해에는 반론이 제기되었고, 티르타카르 로이Tirthakar Roy는 더 긍정적인 설명을 제시한다.
71   Ray, "Indian Society and the Establishment of British Supremacy, 1765-1818", in Marshall, *The Eighteenth Century*, p. 517.
72   Jadunath Sarkar, *Fall of the Mughal Empire*, 4 vols (New Delhi, 1991), vol. 3, p. 254.
73   회사는 물론 '현지'의 돈에만 의존하지 않았고 본국의 회사와 영국 국내의 자원에도 의존했다. 차 무역 자금 조달에서 국내 소비자의 역할에 관해서는 J. R. Ward의 중요한 논문 "The Industrial Revolution and British Imperialism, 1750-1850", in *Economic History Review*, n.s., vol. 47, no. 1 (February 1994), pp. 44~65를 보라.
74   Sayid Athar Abbas Rizvi, *Shah 'Abd al'Aziz: Puritanism, Sectarianism and Jihad* (Canberra, 1982), p. 44.
75   Ferdinand Mount, *Tears of the Rajas: Mutiny, Money and Marriage in India 1805-1905* (London, 2016), p. 185의 멋진 표현으로 그렇다.
76   *Voyage en Inde*, pp. 549~550.
77   Napoleon to Tipu, 7 Pluviose VII [26 January 1799], OIOC, P/354/38. Andrew Roberts,

Napoleon and Wellington (London, 2001), pp. 16~17에서 인용된 두 번째 인용문은 사실 나폴레옹이 제2차 동방 원정을 살짝 생각해보고 있던 1812년에 나온 것이다. 하지만 이 글은 나폴레옹이 앞선 원정에서 인도가 자신의 수중에 쉽게 떨어질 것이라 생각했음을 드러낸다. Maya Jasanoff의 뛰어난 저서 *Edge of Empire*에서 나폴레옹의 이집트 원정에 관한 부분은 특히 훌륭하다.

78 Sir John Malcolm, *Political History of India*, 2 vols (London, 1826), vol. 1, p. 310에서 인용.

9장 인도라는 시체

1   Iris Butler, *The Elder Brother: The Marquess Wellesley 1760-1842* (London, 1973), p. 134에서 인용.
2   인도에 부임했을 때 리처드 웰즐리는 여전히 제2대 모닝턴 백작이었다. 독자의 편의상 여기서는 본문 전체에 걸쳐 그가 1799년부터 보유한 작위와 칭호인 웰즐리 후작으로 표기했다.
3   Sir Penderel Moon, *The British Conquest and Dominion of India* (London, 1989), p. 341에서 인용.
4   Butler, *The Elder Brother*, p. 134.
5   Richard Wellesley, *Two Views of British India: The Private Correspondence of Mr Dundas and Lord Wellesley: 1798-1801*, ed. Edward Ingram (London, 1970), p. 16.
6   Anne Buddle, *The Tiger and the Thistle: Tipu Sultan and the Scots in India* (Edinburgh, 1999, p. 33에서 인용.
7   이에 관한 궁극적 사료는 *Proceedings of a Jacobin Club formed at Seringapatam by the French soldiers in the Corps commanded by M Domport*. Paper C in *Official Documents Relating the Negotiations Carried on by Tippoo Sultan with the French Nation* (Calcutta, 1799); J. Michaud, *History of Mysore Under Hyder Ali and Tippoo Sultan*, trans. V. K. Raman Menon (Madras, 1924), pp. 108~109이다. Denys Forrest, *Tiger of Mysore: The Life and Death of Tipu Sultan* (London, 1970), pp. 250~252; Maya Jasanoff, *Edge of Empire: Conquest and Collecting in the East, 1750-1850* (London, 2005), pp. 150~151, 159~160도 보라.
8   Herbert Compton, *The European Military Adventurers of Hindustan* (London, 1943), pp. 8~9에서 인용.
9   Forrest, *Tiger of Mysore: The Life and Death of Tipu Sultan*, p. 254.
10 Ibid., p. 259.
11 Richard Wellesley, Marquess Wellesley, *The Despatches, Minutes and Correspondence of the Marquess Wellesley KG during his Administration of India*, ed. Montgomery Martin, 5 vols (London, 1840), vol. 1, p. 159.
12 Mark Wilks, *Historical Sketches of the South Indian History*, 2 vols (London, 1817), vol. 2, p. 689.
13 레몽의 서신 전문 번역은 Jadunath Sarkar, "General Raymond of the Nizam's Army", in Mohammed Taher, *Muslim Rule in Deccan* (Delhi, 1997), pp. 125~144를 보라.
14 Compton ed., *The European Military Adventurers of Hindustan*, pp. 382~386.
15 Wellesley, *The Despatches, Minutes and Correspondence of the Marquess Wellesley KG*, 5 vols, vol. 1, p. 209. Jac Weller, *Wellington in India* (London, 1972), pp. 24~25도 보라.
16 Rt Hon. S. R. Lushington, *The Life and Services of Lord George Harris GCB* (London, 1840), p. 235.
17 J. Kaye, *The Life and Correspondence of Sir John Malcolm GCB* (London, 1840), vol. 1, p. 78.
18 Ibid., vol. 1, p. 78n.

19 Moon, *The British Conquest and Dominion of India*, p. 281에서 인용.
20 Butler, *The Elder Brother*, p. 166에서 인용.
21 Moon, *The British Conquest and Dominion of India*, p. 284에서 인용.
22 Butler, *The Elder Brother*, p. 167에서 인용.
23 Moon, *The British Conquest and Dominion of India*, p. 285에서 인용.
24 Amales Tripathi, *Trade and Finance in the Bengal Presidency, 1793-1833* (Calcutta, 1979), pp. 4, 46~47, 72, 80~81; Rajat Kanta Ray, "Indian Society and the Establishment of British Supremacy, 1765-1818", in Peter Marshall, *The Eighteenth Century* (Oxford, 1998), pp. 516~517.
25 Burton Stein, "Eighteenth Century India: Another View", *Studies in History*, vol. 5, 1 n.s. (1989), p. 21. D. Peers, "State, Power and Colonialism", in *India and the British Empire*, eds. Douglas Peers and Nandini Gooptu (Oxford, 2012), p. 33도 보라.
26 Pratul C. Gupta, *Baji Rao II and the East India Company* (New Delhi, 1939), p. 57. 이 시기의 정치는 마라타의 기준에서 봐도 극히 복잡하다. (사고사든 자살이든 간에) 1795년 10월에 발생한 죽음으로 결과를 예측하기 힘든 페슈와 승계 문제가 불거졌는데, 페슈와 가문의 유일한 생존자 바지 라오와 그의 형제 치마지는 옥에 갇혀 있었고(실권한 라구나트 라오의 아들이었기 때문이다) 그들과 나나 파드나비스는 사이가 나빴던 것이다. 여전히 푸네에 있었던 다울라트 라오 신디아와 나나는 후임 페슈와를 장악하기 위해 오래 끄는 권력 투쟁을 개시했다. 바지 라오는 상냥해 보이는 외양 뒤로 본색을 감춘 간계의 달인이었다. 그는 결국 신디아에게 돈을 약속하고 나나의 동의를 얻어내 14개월 후에 페슈와 자리에 올랐는데 무일푼인 데다가 무력은 신디아에게, 행정적 경험은 나나에게 의존하는 신세였다. 하지만 상호 불신이 깊었고 나나와 다울라트 라오의 불화가 심했다. 나나는 신디아가 북쪽으로 가길 바랐고, 신디아는 나나만이 갖고 있다고 믿은 돈을 원했다. 필로스라는 '어느 유럽인 장교의 말'을 이용한 교묘한 술책으로 신디아는 나나를 자신의 병영에서 열리는 송별회로 유인해 체포했다. 나나는 신디아의 병영에 석 달간 억류되었지만 돈을 토해내려 하지 않았다. 그러자 포로로 아흐메드나가르로 보내졌다. 마라타 행정이 붕괴했고 결국 신디아는 나나를 풀어주고 복귀시킬 수밖에 없었다. 하지만 불신은 여전했고, 나나가 건넨 어떤 조언도 받아들여지지 않았다. 영국군이 티푸를 공격하자 나나는 군대를 보내야 한다고 간청했고, 마침내 1799년 4월 말에 영국군에게 자신이 직접 군대를 이끌 것이라고 썼다. 하지만 만시지탄이었다. 나나는 굴욕적인 조약을 체결하는 대가로 티푸의 영토 일부를 주겠다는 영국 측의 제안을 1799년에 거절했다. 그는 1800년에 죽었다.
27 William Kirkpatrick, *Select Letters of Tipoo Sultan to Various Public Functionaries* (London, 1811)에서 인용. Kate Brittlebank, *Tipu Sultan's Search for Legitimacy* (New Delhi, 1997), p. 11도 보라.
28 Butler, *The Elder Brother*, p. 162에서 인용.
29 Moon, *The British Conquest and Dominion of India*, p. 277에서 인용.
30 Forrest, *Tiger of Mysore*, pp. 270~271.
31 Butler, *The Elder Brother*, p. 166에서 인용.
32 OIOC, India Office Library, Kirkpatrick letters, Mss Eur F228/11 f. 10.
33 Gupta, *Baji Rao II and the East India Company*, p. 58.
34 Michaud, *History of Mysore Under Hyder Ali and Tippoo Sultan*, pp. 100~103.
35 Ibid., p. 129.
36 Mahmud Husain, *The Dreams of Tipu Sultan* (Karachi, n.d.); Michaud, *History of Mysore Under Hyder Ali and Tippoo Sultan*, pp. 165~167.
37 Moon, *The British Conquest and Dominion of India*, p. 285; C.A. Bayly, *Indian Society and the Making of the British Empire* (Cambridge, 1988), p. 97에서 인용.
38 Butler, *The Elder Brother*, p. 170.

39 수송용 소와 군대를 먹일 양을 조직하는 것이 이 시기 제임스 커크패트릭의 주요 관심사 중 하나였다. OIOC, Kirkpatrick papers, Mss Eur F228/11, pp. 14, 15, 28, etc.를 보라.
40 웰즐리의 발언은 Moon, *The British Conquest and Dominion of India*, p. 286에서 인용; 이후 발언들은 Buddle, *The Tiger and the Thistle*에서 인용.
41 Buddle, *The Tiger and the Thistle*, p. 15에서 인용.
42 David Price, *Memoirs of the Early Life and Service of a Field Officer on the Retired List of the Indian Army* (London, 1839), p. 430.
43 Buddle, The Tiger and the Thistle, p. 34에서 인용.
44 Alexander Beatson, *A View of the Origin and Conduct of the War with Tippoo Sultan* (London, 1800), pp. 97, 139~140; Price, *Memoirs of the Early Life and Service of a Field Officer*, pp. 434~435.
45 Price, *Memoirs of the Early Life and Service of a Field Officer*, pp. 418~421.
46 Captain G. R. P. Wheatley, "The Final Campaign against Tipu", *Journal of the United Service Institution of India*, 41 (1912), p. 255.
47 Weller, *Wellington in India*, p. 73.
48 Michaud, *History of Mysore Under Hyder Ali and Tippoo Sultan*, p. 169; Forrest, *Tiger of Mysore*, p. 290.
49 Captain W. H. Wilkin, *The Life of Sir David Baird* (London, 1912), p. 68.
50 Price, *Memoirs of the Early Life and Service of a Field Officer*, p. 427.
51 Forrest, *Tiger of Mysore*, p. 291.
52 Beatson, *A View of the Origin and Conduct of the War with Tippoo Sultan*, p. civ.
53 Wilkin, *The Life of Sir David Baird*, p. 73.
54 Beatson, *A View of the Origin and Conduct of the War with Tippoo Sultan*, p. 123.
55 Edward Moor, *A Narrative of the Operations of Captain Little's Detachment* (London, 1874), pp. 24~32.
56 Moon, *The British Conquest and Dominion of India*, p. 288에서 인용.
57 Beatson, *A View of the Origin and Conduct of the War with Tippoo Sultan*, p. 148.
58 Price, *Memoirs of the Early Life and Service of a Field Officer*, p. 432.
59 Edward Moore, 1794, A. Sen, "A Pre-British Economic Formation in India of the Late Eighteenth Century", in Barun De ed., *Perspectives in Social Sciences Historical Dimensions*, (Calcutta, 1977), I, p. 46에서 인용.
60 Price, *Memoirs of the Early Life and Service of a Field Officer*, pp. 434~435.
61 Forrest, *Tiger of Mysore*, p. 299를 보라; Buddle, *The Tiger and the Thistle*, p. 37도 보라.
62 Anon, *Narrative Sketches of the Conquest of Mysore* (London, 1800), p. 102; Anne Buddle, *Tigers Around the Throne: The Court of Tipu Sultan (1750-1799)* (London, 1990), p. 36.
63 Arthur Wellesley to the Court of Directors, January 1800. Buddle, *Tigers Around the Throne*, p. 38에서 인용.
64 Wilkie Collins, *The Moonstone* (London, 1868).
65 Butler, *The Elder Brother*, p. 188에서 인용.
66 Abdus Subhan, "Tipu Sultan: India's Freedom-Fighter par Excellence", in Aniriddha Ray ed., *Tipu Sultan and his Age: A Collection of Seminar Papers* (Calcutta, 2002), p. 39에서 인용.
67 나나 파드나비스에 대해서는 Grant Duff, *A History of the Mahrattas* (London, 1826), at A. L. Srivastava, *The Mughal Empire, 1526-1803 A.D.* (Agra, 1964); S. N. Sen, *Anglo-Maratha Relations during the Administration of Warren Hastings* (Madras, 1974)를 보라.
68 Moon, *The British Conquest and Dominion of India*, p. 314.
69 Moon, *The British Conquest and Dominion of India*, p. 314에서 인용. Sir Jadunath Sarkar,

70 Archives Departmentales de la Savoie, Chambery, De Boigne Archive, bundle AB IV Wm Palmer to de Boigne, Poona, 13 Dec 1799.
71 Ibid.
72 Govind Sakharam Sardesai, *A New History of the Marathas*, (Baroda, 1948), vol. 3, p. 371.
73 Gupta, *Baji Rao II and the East India Company*, p. 23.
74 Munshi Munna Lal, *Shah Alam Nama*, Tonk Mss 3406, Oriental Research Library, p. 536.
75 Jadunath Sarkar, *Fall of the Mughal Empire*, 4 vols (New Delhi, 1991), vol. 3, pp. 173~175.
76 Sardesai, *A New History of the Marathas*, vol. 3, p. 371.
77 Sayid Athar Abbas Rizvi, *Shah 'Abd al'Aziz: Puritanism, Sectarianism and Jihad* (Canberra, 1982), p. 43.
78 Compton, *The European Military Adventurers of Hindustan*, pp. 346~347; Amar Farooqui, *Zafar and the Raj: Anglo-Mughal Delhi c1800-1850* (Delhi, 2013), p. 31.
79 *Roznamcha-i-Shah Alam*, BL, Islamic 3921. 모든 사례는 1791년 11~12월 샤반 달과 라마단 달에 나온 것이다.
80 Lal, *Shah Alam Nama*, Tonk Mss 3406, p. 535.
81 *Roznamcha-i-Shah Alam*, BL, Islamic 3921. 모든 사례는 1791년 11~12월 사이인 샤반 달과 라마단 달에 나온 것이다.
82 Governor General in Council to the Secret Committee of the Court of Directors, 13 July 1804, Wellesley, *The Despatches*, vol. IV, p. 153.
83 Wellesley, *The Despatches*, vol. III, pp. 230~233.
84 Ibid., vol. III, no. xxxv, 27 June 1803.
85 BL, IOR, H/492 ff. 2512, Wellesley to Shah Alam, 27 June (Political Consultations, 2 March 1804).
86 BL, IOR, H/492 f. 241, Wellesley to Shah Alam, 27 June (Political Consultations, 2 March 1804). Percival Spear, *The Twilight of the Moghuls* (Cambridge, 1951), p. 35도 보라. 밍기르는 미르 카심의 예전 수도였다.
87 Colonel Hugh Pearse, *Memoir of the Life and Military Services of Viscount Lake* (London, 1908), p. 150.
88 Major William Thorn, *Memoir of the War in India Conducted by Lord Lake and Major General Sir Arthur Wellesley on the Banks of the Hyphasis* (London, 1818), p. 80.
89 Bayly, *Indian Society and the Making of the British Empire*, p. 86.
90 James Welsh, *Military Reminiscences Extracted from a Journal of Nearly Forty Years Active Service in the East Indies*, 2 vols (London, 1830), vol. 1, p. 147. 또한 Sarkar, *Fall of the Mughal Empire*, vol. 4, p. 227.
91 Sardesai, *A New History of the Marathas*, vol. 3, pp. 398~399.
92 John Blakiston, *Twelve Years Military Adventure in Three Quarters of the Globe*, 2 vols (London, 1829), vol. 1, p. 145. Randolph G. S. Cooper, *The Anglo-Maratha Campaigns and the Contest for India: The Struggle for the Control of the South Asian Military Economy* (Cambridge, 2003), p. 81에서 인용.
93 Bayly, *Indian Society and the Making of the British Empire*, p. 85; Jon Wilson, *India Conquered: Britain's Raj and the Chaos of Empire* (London, 2016), p. 187; H. V. Bowen, *The Business of Empire: The East India Company and Imperial Britain, 1756-1833* (Cambridge, 2006), p. 47; John Micklethwait and Adrian Wooldridge, *The Company: A Short History of a Revolutionary Idea* (London, 2003), p. 4.

94　첩보원이 총독에서 보낸 편지. Volumes (Registers) 1-21 Commissioner Banares pre-Mutiny Agency Records에서 발췌. Lakshmi Subramanian and Rajat K. Ray, "Merchants and Politics: From the Great Mughals to the East India Company", in Dwijendra Tripathi, *Business and Politics in India* (New Delhi, 1991), pp. 19~85, 특히 pp. 57~59의 논의도 보라.
95　Bayly, *Indian Society and the Making of the British Empire*, p. 102에서 인용.
96　Ibid., pp. 102~103, 106, 108; Rajat Kanta Ray, "Indian Society and the Establishment of British Supremacy, 1765-1818", in Marshall, *The Eighteenth Century*, pp. 516~517; C. A. Bayly, *Rulers, Townsmen and Bazaars: North Indian Society in the Age of British Expansion* (Cambridge, 1983), pp. 211~212.
97　James Duff, *A History of the Mahrattas* (Calcutta, 1912), vol. 1, p. 431에서 인용.
98　Compton, *The European Military Adventurers of Hindustan*, p. 328.
99　Sardesai, *A New History of the Marathas*, vol. 3, pp. 413~414.
100　William Pinch in *Warrior Ascetics and Indian Empires* (Cambridge, 2006), pp. 106~107, 114. Thomas Brooke to Major Shawe, Secretary to Lord Wellesley. BL, Add Mss 37, 281 ff. 228b-229f.
101　Sardesai, *A New History of the Marathas*, vol. 3, pp. 403~405.
102　Ibid., vol. 3, p. 397.
103　Memorandum of 8 July 1802, Michael H. Fisher, "Diplomacy in India, 1526-1858", in H. V. Bowen, Elizabeth Mancke and John G. Reid, *Britain's Oceanic Empire: Atlantic and Indian Ocean Worlds, c. 1550-1850* (Cambridge, 2012), p. 263에서 인용.
104　웰즐리의 거창한 스타일에 관한 탁월한 설명은 Mark Bence-Jones, *Palaces of the Raj* (London, 1973), 2장을 보라.
105　Philip Davies, *Splendours of the Raj: British Architecture in India 1660-1947* (London, 1985), p. 35에서 인용.
106　Butler, *The Elder Brother*, p. 306.
107　Sarkar, *Fall of the Mughal Empire*, vol. 4, p. 229.
108　Sardesai, *A New History of the Marathas*, vol. 3, p. 402.
109　26 Sept AW to JM, *Supplementary Despatches of Arthur, Duke of Wellington, KG, 1797-1818*, vol. IV, p. 160. Major Burton, "Wellesley's Campaigns in the Deccan", *Journal of the United Services Institution India*, 29 (1900), p. 61도 보라.
110　John Blakiston, *Twelve Years Military Adventure in Three Quarters of the Globe*, 2 vols (London, 1829), vol. 1, pp. 164~165. Cooper, *The Anglo-Maratha Campaigns and the Contest for India*, p. 108에서 인용.
111　Major William Thorn, *Memoir of the War in India*, p. 279.
112　Cooper, *The Anglo-Maratha Campaigns*는 이 전투에 관한 가장 훌륭한 설명을 많이 제공한다. 나는 웰링턴 공작과 함께 전투 사적지를 방문했는데 쿠퍼의 지도가 아주 유용했다. 이 글을 쓰는 지금, 피팔가온에서 주운 동인도회사 납탄환 한 알이 내 앞에 놓여 있다.
113　Sir T. E. Colebrook, *The Life of Mountstuart Elphinstone*, 2 vols (London, 1884), vol. 1, pp. 63~69.
114　Sarkar, *Fall of the Mughal Empire*, vol. 4, p. 276에서 인용. Wilson, *India Conquered*, p. 173도 보라.
115　Thorn, *Memoir of the War in India*, pp. 276~277.
116　Cooper, *The Anglo-Maratha Campaigns*, p. 116.
117　Antony Brett-James ed., *Wellington at War, 1794-1815: A Selection of his Wartime Letters* (London, 3 October 1803), pp. 84~85.
118　Sir Thomas Munro. Moon, *The British Conquest and Dominion of India*, p. 321에서 인용.

119 Compton, *The European Military Adventurers of Hindustan*, p. 204; Ray, "Indian Society and the Establishment of British Supremacy, 1765-1818", in Marshall, *The Eighteenth Century*, p. 522.
120 Pearse, *Memoir of the Life and Military Services of Viscount Lake*, p. 1; Moon, *The British Conquest and Dominion of India*, p. 323.
121 Thorn, *Memoir of the War in India*, pp. 87~89.
122 Compton, *The European Military Adventurers of Hindustan*, pp. 299~301.
123 James Baillie Fraser, *Military Memoirs of Lt. Col. James Skinner C.B.*, 2 vols (London, 1851), vol. 1, p. 265; Compton, *The European Military Adventurers of Hindustan*, pp. 302~303. 콤턴은 이 편지를 "허세스러운 호언장담과 형언하기 힘든 프랑스식 허영이 다분한 아주 특징적인 편지"라고 부른다.
124 Fraser, *Military Memoirs of Lt. Col. James Skinner C.B.*, vol. 1, pp. 253~254; Compton, *The European Military Adventurers of Hindustan*, p. 301.
125 Fraser, *Military Memoirs of Lt. Col. James Skinner C.B.*, vol. 1, p. 251.
126 Compton, *The European Military Adventurers of Hindustan*, pp. 303~304.
127 Ibid., p. 231.
128 Fraser, *Military Memoirs of Lt. Col. James Skinner C.B.*, vol. 1, p. 266.
129 Thorn, *Memoir of the War in India*, pp. 96~97.
130 Ibid.
131 알리가르 공격에 대한 현대의 가장 좋은 서술은 Randolph G. S. Cooper의 훌륭한 저서 *Anglo-Maratha Campaigns*, pp. 161~163에서 볼 수 있다.
132 Fraser, *Military Memoirs of Lt. Col. James Skinner C.B.*, vol. 1, pp. 266~267.
133 John Pester, *War and Sport in India 1802-6* (London, 1806), pp. 156~157.
134 Lal, *Shah Alam Nama*, Tonk Mss 3406, 46th Year of the Auspicious Reign, p. 535; Maulvi Zafar Hasan, *Monuments of Delhi* (New Delhi, 1920), vol. 3, p. 7.
135 BL, OIOC, IOR/H/492 f. 301, f. 305, 샤 알람의 성명서.
136 BL, OIOC, IOR/H/492 f. 292, 샤 알람의 성명서.
137 Sardesai, *A New History of the Marathas*, vol. 3, p. 419; Compton, *The European Military Adventurers of Hindustan*, pp. 340~341, Cooper, *Anglo-Maratha Campaigns*, p. 188.
138 Pester, *War and Sport in India 1802-6*, p. 163.
139 이 대담하고 인상적인 묘사는 Randolph G. S. Cooper, *Anglo-Maratha Campaigns*, p. 172에서 인용한 것이며, the Journal of Captain George Call, vol. 1. p. 22, National Army Museum, Acc. No. 6807-150에서 나왔다.
140 Pester, *War and Sport in India*, p. 166.
141 Ibid., p. 169.
142 Sarkar, *Fall of the Mughal Empire*, vol. 4, p. 246.
143 Pearse, *Memoir of the Life and Military Services of Viscount Lake*, p. 197.
144 Martin, *Despatches of Marquess Wellesley*, vol. III, p. 445. Commander-in-Chief General Lake's Secret Despatch to Governor General Richard Wellesley.
145 Fakir Khair ud-Din Illahabadi, *Ibrat Nama*, BL Or. 1932, f. 1r.
146 Bowen, *Business of Empire*, p. 5.
147 Wilson, *India Conquered*, p. 176.
148 Ibid., pp. 122, 187. 새 세대의 계약직 공무원을 양성하기 위해 웰즐리 경은 1800년 7월에 포트윌리엄 칼리지를 열었다.
149 Bowen, *Business of Empire*, p. 5.
150 Moon, *The British Conquest and Dominion of India*, pp. 328, 343.

151 Butler, *The Elder Brother*, p. 333.
152 Rajat Kanta Ray, *The Felt Community:Commonality and Mentality before the Emergence of Indian Nationalism* (New Delhi, 2003), p. 327; Ray, "Indian Society and the Establishment of British Supremacy, 1765-1818", in Marshall, *The Eighteenth Century*, p. 526.
153 Moon, *The British Conquest and Dominion of India*, pp. 328, 343.
154 Pester, *War and Sport in India*, p. 174.
155 Lal, *Shah Alam Nama*, Tonk Mss 3406, 46th Year of the Auspicious Reign, p. 542.
156 Thorn, *Memoir of the War in India*, p. 125.
157 Ibid., pp. 125~126.
158 Lal, *Shah Alam Nama*, Tonk Mss 3406, 46th Year of the Auspicious Reign, p. 544.
159 K. K. Dutta, *Shah Alam II & The East India Company* (Calcutta, 1965), p. 115.
160 Lal, *Shah Alam Nama*, Tonk Mss 3406, 46th Year of the Auspicious Reign, p. 544.
161 BL, OIOC, IOR H/492, f. 349.
162 Dutta, *Shah Alam II & The East India Company*, pp. 114~115.
163 Fraser, *Military Memoirs of Lt. Col. James Skinner C.B.*, vol. 1, pp. 293~294.
164 K. N. Pannikar, *British Diplomacy in Northern India:A Study of the Delhi Residency 1803-1857* (New Delhi, 1968), p. 7.
165 Stephen P. Blake, *Shahjahanabad: The Sovereign City in Mughal India, 1639-1739* (Cambridge, 1991), pp. 170, 181; Spear, *The Twilight of the Moghuls*, p. 92.
166 Frances W. Pritchett, *Nets of Awareness* (Berkeley and Los Angeles, 1994), p. 3에서 인용.
167 Fraser of Reelig Archive, Inverness, vol. 29, Wm Fraser letterbook, 1 April 1806, to Edward S. Fraser.
168 William Dalrymple, *The Last Mughal:The Fall of a Dynasty, Delhi, 1857* (London, 2006)을 보라.
169 Ray, *The Felt Community*, pp. 301~303, 334.
170 J. K. Majumdar, *Raja Rammohun Roy and the Last Moghuls:A Selection from Official Records (1803-1859)* (Calcutta, 1939), pp. 4, 319~320.
171 Bowen, *Business of Empire*, p. 277.
172 Joseph Sramek, *Gender, Morality, and Race in Company India, 1765-1858* (New York, 2011), p. 17를 보라.
173 Ibid., p. 229.
174 P. J. Marshall, *Problems of Empire:Britain and India, 1757-1813* (London, 1968), pp. 142~144.
175 Tillman W. Nechtman, *Nabobs:Empire and Identity in Eighteenth-Century Britain* (Cambridge, 2010), p. 225에서 인용.
176 Micklethwait and Wooldridge, *The Company*, p. 36.
177 Bowen, *Business of Empire*, pp. 16~17.
178 Ibid., p. 297.
179 Tirthankar Roy, *The East India Company:The World's Most Powerful Corporation* (New Delhi, 2012), p. xxiii.
180 Micklethwait and Wooldridge, *The Company*, p. 36.

에필로그

1 Fakir Khair ud-Din Illahabadi, *Ibrat Nama*, BL, OIOC, Or. 1932, f. 1v.

참고문헌

1. 유럽 언어로 된 사료
런던 영국 도서관 (전 인도성 도서관) 소장 동양·인도성 자료

MSS EUR
"Incomplete Draft (1785) of an account of the Mysore War (1780-84)", Mss Eur K 116
James Dalrymple Papers, Mss Eur E 330
Elphinstone Papers, Mss Eur F.88
Fowke Papers, Mss Eur E 6.66
Kirkpatrick Papers, Mss Eur F.228
Sutherland Papers, Mss Eur D.547

Orme Mss
Causes of the Loss of Calcutta 1756, David Renny, August 1756, Mss Eur O.V. 19
Narrative of the Capture of Calcutta from April 10 1756 to November 10 1756, William Tooke, Mss Eur O.V. 19
"Narrative of the loss of Calcutta, with the Black Hole by Captain Mills, who was in it, and sundry other particulars, being Captain Mills' pocket book, which he gave me", Mss Eur O.V. 19
Journal of the Proceedings of the Troops commanded by Lieutenant Colonel Robert Clive on the expedition to Bengal, Captain Edward Maskelyne, Mss Eur O.V. 20
Home Miscellaneous
Bengal Correspondence
Bengal Public Considerations
Bengal Secret Consultations
Bengal Wills 1780-1804 L/AG/34/29/4-16
Bengal Regimental Orders IOR/P/BEN/SEC
Bengal Political Consultations IOR/P/117/18

영국 도서관
"An Account Of The Capture Of Calcutta By Captain Grant", Add Mss 29200
Warren Hastings Papers, Add Mss 29,098-29,172
Anderson Papers, Add Mss 45,427
Brit Mus Egerton MS 2123
Wellesley Papers, Add Mss 37,274-37,318

엑서터 데번, 기록 보관소
Kennaway Papers B 961M ADD/F2

프랑스 샹베리, 사부아 기록 보관소
De Boigne archive

런던 국립 육군 박물관 도서관
The Gardner Papers, NAM 6305-56

웨일스 국립 도서관
Robert Clive Papers, GB 0210 ROBCL1

패서디나 도서관
Letters of Thomas Roe to Elizabeth, Countess of Huntingdon, Hastings Collection

라호르, 펀자브 문서고
Delhi Residency Papers

에든버러, 레지스트라 하우스, 스코틀랜드 기록 보관소
The Will of Lieut. Col. James Dalrymple, Hussein Sagar, December 8 1800: GD 135/2086
Letters of Stair Dalrymple, Hamilton-Dalrymple Mss

스코틀랜드 국립 도서관
The Papers of Alexander Walker, NLS 13,601-14,193

뉴 델리, 인도 국립 문서고
Secret Consultations
Political Consultations
Foreign Consultations
Foreign Miscellaneous
Letters from Court
Secret Letters to Court
Secret Letters from Court
Political Letters to Court
Political Letters from Court
Hyderabad Residency Records

개인 문서고
The Fraser Papers, Inverness
The Kirkpatrick Papers, London

2. 미출간 문헌과 논문

Chander, Sunil, *From a Pre-Colonial Order to a Princely State: Hyderabad in Transition, c1748-1865*, unpublished Ph.D. (Cambridge University, 1987)
Ghosh, Durba, *Colonial Companions: Bibis, Begums, and Concubines of the British in North*

India 1760-1830, unpublished Ph.D. (Berkeley, 2000)
Kaicker, Abhishek, *Unquiet City: Making and Unmaking Politics in Mughal Delhi, 1707-39*, unpublished Ph.D. (Columbia, 2014)
Rothschild, Emma, "The East India Company and the American Revolution", unpublished essay

3. 페르시아어, 우르두어, 벵골어, 타밀어 사료
A. 문서
영국도서관 동양·인도성(구 인도성 도서관)

Tarikh-i-Alamgir Sani, Mss Or. 1749
(이 문서에는 저자의 이름이나 작성 날짜, 설명이 없는 것으로 보인다)
Fakir Khair ud-Din, *Ibrat Nama*, Mss Or. 1932
Ghulam Ali Khan alias Bhikhari Khan, *Shah Alam Nama*, Mss Add 24080 I'tisam al-Din, Shigrif-namah-i Vilayet, Mss Or. 200
Muhammad 'Ali Khan Ansari of Panipat, *Tarikh-i Muzaffari*, Mss Or. 466 Roznamcha-i-Shah Alam, Islamic 3921
Shakir Khan, *Tārīkh-i Shākir Khānī*, Mss Add. 6585

하이데라바드, 개인 소장

Tamkin Kazmi, edited and expanded by Laeeq Salah, *Aristu Jah*
(1950년경에 우르드어로 쓰였고, 1980년경에 라이크 살라흐가 재편집한 전기)

라자스탄, 통크 마프리(MAAPRI) 연구소 도서관

Munshi Mohan Lal, *Shah Alam Nama*, Tonk Mss 3406

B. 출간 문헌
Abu'l Fazl, *Ain-I-Akbari*, 3 vols, trans. H. Blochman and H. S. Jarrett, written c. 1590 (Calcutta, 1873~1894)
Ali, Karam, "The Muzaffarnama of Karam Ali", in *Bengal Nawabs*, trans. Jadunath Sarkar (Calcutta, 1952)
Allah, Salim, *A Narrative of the Transactions in Bengal*, trans. Francis Gladwin (Calcutta, 1788)
Anon., *The Chronology of Modern Hyderabad from 1720 to 1890* (Hyderabad, 1954)
Astarabadi, Mirza Mahdi, *Tarikh-e Jahangosha-ye Naderi: The official history of Nader's reign* (Bombay lithograph, 1265 AC/AD 1849)
Azad, Muhammed Husain, trans. and ed. Frances Pritchett and Shamsur Rahman Faruqi, *Ab-e Hayat: Shaping the Canon of Urdu Poetry* (New Delhi, 2001)
Beach, Milo Cleveland, and Koch, Ebba, eds. *King of the World - the Padshahnama: An Imperial Mughal Manuscript from the Royal Library, Windsor Castle* (London, 1997)
Begley, W. E., and Desai, Z. A., eds, *The Shah Jahan Nama of Inayat Khan* (New Delhi, 1990)
Bidri, Mohammed Qadir Khan Munshi, *Tarikh I Asaf Jahi*, trans. Dr Zaibunnisa Begum, written 1266 AH/AD 1851 (Hyderabad, 1994)
Das, Hari Charan, "Chahar Gulzar Shuja" of Hari Charan Das, in Sir H. M. Elliot and John Dowson, *A History of India as Told By Its Own Historians*, 8 vols (London, 1867~1877), vol. VIII
Ganga Ram, *The Maharashtra Purana: An Eighteenth-Century Bengali Historical Text*, trans.

and ed. Edward C. Dimock Jr and Pratul Chandra Gupta (Honolulu, 1965)
Ghalib, *Urdu Letters of Mirza Asadu'llah Khan Ghalib* (New York, 1987)
Gholam Ali Khan, *Shah Alam Nama*, ed. A. A. M. Suhrawardy and A. M. K. Shiirazi (Calcutta, 1914)
Ghulam Husain Salim, *Riyazu-s-salatin: A History of Bengal. Translated from the original Persian by Maulvi Abdus Salam* (Calcutta, 1902)
Gladwin, Francis trans., *The Memoirs of Khojeh Abdulkurreem* (Calcutta, 1788)
Hasan, Mehdi, Fateh Nawaz Jung, *Muraqq-Ibrat* (Hyderabad, 1300 AH/AD 1894)
Husain, Saiyyad Iltifat, *Nagaristani-Asafi* (written c. 1816, printed in Hyderabad, 1900)
Islam, Khurshidul, and Russell, Ralph, *Three Mughal Poets: Mir, Sauda, Mir Hasan* (New Delhi, 1991)
I'tisam al-Din, *The Wonders of Vilayet, being a memoir, originally in Persian, of a visit to France and Britain*, trans. Kaiser Haq (Leeds, 2001)
Jehangir, *The Tuzuk-i Jehangiri or Memoirs of Jehangir*, trans. Alexander Rodgers, ed. Henry Beveridge (London, 1909–1914)
Kamran, Mirza, "The Mirza Name: The Book of the Perfect Gentleman", trans. Mawlavi M. Hidayat Husain, *Journal of the Asiatic Society of Bengal*, New Series, vol. IX (1913)
Kashmiri, Abd ol-Karim, *Bayan-e-Waqe'*, trans H. G. Pritchard, BM Mss Add 30782
Khair ud-Din Illahabadi, Fakir, *Ibrat Nama*, BL Or. (1932)
Khan, Dargah Quli, *The Muraqqa'e-Dehli*, trans. Chander Shekhar (New Delhi, 1989)
Khan, Ghulam Hussain, Khan Zaman Khan, *Tarikh e-Gulzar e-Asafiya* (Hyderabad, 1302 AH/AD 1891)
Khan, Ghulam Iman, *Tarikh i-Khurshid Jahi* (Hyderabad, 1284 AH/AD 1869)
Khan, M. Abdul Rahim, *Tarikh e-Nizam* (Hyderabad, 1311 AH/AD 1896)
Khan, Mirza Abu Taleb, *The Travels of Mirza Abu Taleb Khan in Asia, Africa, and Europe during the years 1799,1800,1801,1802, and 1803*, trans. Charles Stewart (London, 1810)
Khan, Mohammed Najmul Ghani, *Tarikh-e-Riyasat-e-Hyderabad* (Lucknow, 1930)
Khan, Saqi Must'ad, *Maasir-i-Alamgiri*, trans. as *The History of the Emperor Aurangzeb-Alamgir 1658–1707*, Jadunath Sarkar (Calcutta, 1946)
Khan, Syed Ghulam Hussain Tabatabai, *Seir Mutaqherin or Review of Modern Times*, 4 vols (Calcutta, 1790)
Kunwar Prem Kishor, "Firaqi", *Waqa'i-i Alam Shahi* (Calcutta, 1949)
Lal, Makhan, *Tarikh i-Yadgar-i-Makhan Lal* (Hyderabad, 1300 AH/AD 1883) Mansaram, Lala, *Masir i-Nizami*, trans. P. Setu Madhava Rao, Eighteenth Century Deccan (Bombay, 1963)
Marvi, Mohammad Kazem, *Alam Ara-ye Naderi*, 3 vols, ed. Mohammad Amin Riyahi, Tehran, 3rd edn (1374 AH/AD 1995)
Mirza 'Ali Bakht, *Waqi'at-i Azfari*, ed. T Chandrasekharan and Syed Hamza Hussain Omari (Madras, 1957)
Muhammad, Fayz, *Siraj ul-Tawarikh* (The Lamp of Histories) (Kabul, 1913) trans. R. D. McChesney (forthcoming)
Mukhlis, Anand Ram, *Tazkira*, in Sir H. M. Elliot and John Dowson, *A History of India as Told By Its Own Historians*, vol. VIII, (1867–1877)
C. M. Naim (translated, annotated and introduced), *Zikr-I Mir: The Autobiography of the Eighteenth-Century Mughal Poet, Mir Muhammad Taqi 'Mir'* (New Delhi, 1998)
National Archives of India Calendar of Persian Correspondence, intro. Muzaffar Alam and Sanjay Subrahmanyam, vols 1~9 (New Delhi, 2014 reprint)

Pillai, A. R., *The Private Diary of Ananda Ranga Pillai, Dubash to Joseph François Dupleix*, ed. J. F. Price and K. Rangachari, 12 vols (Madras, 1922)

Proceedings of a Jacobin Club formed at Seringapatam by the French soldiers in the Corps commanded by M.Domport, Paper C in Official Documents Relating the Negotiations Carried on by Tippoo Sultan with the French Nation (Calcutta, 1799)

Ruswa, Mirza Mohammed Hadi Ruswa, *Umrao Jan Ada*, trans. from the original Urdu by Khuswant Singh and M. A. Hussain (Hyderabad, 1982)

Sadasukh Dihlavi, *Munkatab ut-Tawarikh*, trans. Sir H. M. Elliot and John Dowson, *A History of India as Told By Its Own Historians*, vol. VIII, (1867~1877)

Salim, Allah, *A Narrative of the Transactions in Bengal*, trans. Francis Gladwin (Calcutta, 1788)

Shustari, Seyyed Abd al-Latif Shushtari, *Kitab Tuhfat al-'Alam* (written Hyderabad, 1802 and lithographed Bombay, 1847)

Talib, Mohammed Sirajuddin, *Mir Alam* (Hyderabad)

Talib, Mohammed Sirajuddin, *Nizam Ali Khan* (Hyderabad)

Tuzuk-i-Jahangiri or Memoirs of Jahanagir, trans. Alexander Rogers, ed. Henry Beveridge (London, 1919)

Yusuf Ali Khan, *Tarikh-i-Bangala-i-Mahabatjangi*, trans. Abdus Subhan (Calcutta, 1982)

4. 유럽 언어로 쓰인 당대 저작과 정기 간행물

Anon., *Narrative Sketches of the Conquest of Mysore* (London, 1800)

Andrews, C. F., *Zakaullah of Delhi* (Cambridge, 1929)

Archer, Major, *Tours in Upper India* (London, 1833)

Barnard, Anne, *The Letters of Lady Anne Barnard to Henry Dundas from the Cape and Elsewhere 1793-1803*, ed. A. M. Lewin Robinson (Cape Town, 1973)

Barnard, Anne, *The Cape Journals of Lady Anne Barnard 1797-98*, ed. A. M. Lewin Robinson (Cape Town, 1994)

Bayley, Emily, *The Golden Calm: An English Lady's Life in Moghul Delhi* (London, 1980)

Bazin, Père Louis, "Mémoires sur dernieres années du regne de Thamas Kouli-Kan et sa mort tragique, contenus dans une lettre du Frere Bazin" (1751), in *Lettres Edifiantes et Curieuses Ecrites des Mission Etrangères*, vol. IV (Paris, 1780)

Beatson, Alexander, *A View of the Origin and Conduct of the War with Tippoo Sultan* (London, 1800)

Bernier, François, *Travels in the Mogul Empire, 1656-68*, ed. Archibald Constable, trans. Irving Brock (Oxford, 1934)

Bhargava, Krishna Dayal, *Browne Correspondence* (Delhi, 1960)

Blakiston, John, *Twelve Years Military Adventure in Three Quarters of the Globe*, 2 vols (London, 1829)

Blochmann, H., trans. and ed., *The A'in-i Akbari by Abu'l Fazl 'Allami* (New Delhi, 1977)

Bolts, William, *Considerations on Indian Affairs; Particularly Respecting the Present State of Bengal and its Dependencies*, 3 vols (London, 1772~1775)

Bourquien, Louis, "An Autobiographical Memoir of Louis Bourquien translated from the French by J.P. Thompson", in *Journal of the Punjab Historical Society*, vol. IX, part 7 (1923)

Burke, Edmund, *The Writings and Speeches of Edmund Burke*, ed. P. J. Marshall, 6 vols (Oxford, 1991)

Caillaud, John, *A Narrative of What Happened in Bengal in the Year 1760* (London, 1764)
Colebrook, Sir T. E., *The Life of Mountstuart Elphinstone*, 2 vols (London, 1884)
"Cooke's Evidence before the Select Committee of the House of Commons", in W. K. Firminger, ed., Great Britain, House of Commons, Report on East India Affairs!!, Fifth Report from the Select Committee, vol. III (1812)
Dalrymple, Alexander, *A Retrospective View of the Antient System of the East India Company, with a Plan of Regulation* (London, 1784)
Dalrymple, James, *Letters &c Relative To The Capture of Rachore* by Capt. James Dalrymple (Madras, 1796)
D'Oyly, Charles, *The European in India* (London, 1813)
Dow, Alexander, *History of Hindostan*, 3 vols (Dublin, 1792)
Duff, Grant, *A History of the Mahrattas*, 2 vols (London, 1826)
Entick, The Late Reverend John, et al., *The Present State of the British Empire*, 4 vols (London, 1774)
Fenton, Elizabeth, *The Journal of Mrs Fenton* (London, 1901)
Firminger, Walter K., and Anderson, William, *The Diaries of Three Surgeons of Patna* (Calcutta, 1909)
Foster, William, ed., *The English Factories in India 1618-1669*, 13 vols (London, 1906-1927)
Foster, William, ed., *Early Travels in India 1583-1619* (London, 1921)
Foster, Sir William, *The Embassy of Sir Thomas Roe to India 1615-9, as Narrated in his Journal and Correspondence* (New Delhi, 1990)
Francklin, William, *The History of Shah Alam* (London, 1798)
Francklin, William, *Military Memoirs of Mr George Thomas Who by Extraordinary Talents and Enterprise rose from an obscure situation to the rank of A General in the Service of Native Powers in the North-West of India* (London, 1805)
Fraser, James, *The History of Nadir Shah* (London, 1742)
Fraser, James Baillie, *Military Memoirs of Lt. Col. James Skinner C.B.*, 2 vols (London, 1851)
Fryer, Dr John, *A New Account of East India and Persia Letters Being Nine Years Travels Begun 1672 and finished 1681*, 3 vols (London, 1698)
Gentil, Jean-Baptiste, *Mémoires sur l'Indoustan* (Paris, 1822)
George III, ed. J. Fortescue, *Correspondence of George III, 1760-1783*, 6 vols (1927-1928)
Green, Jack, *Arenas of Asiatic Plunder* (London, 1767)
Hamilton, Alexander, *A New Account of the East Indies*, 2 vols (London, 1930)
Hanway, Jonas, *An Historical Account of the British Trade over the Caspian Sea ... to which are added The Revolutions of Persia during the present Century, with the particular History of the great Userper Nadir Kouli*, 4 vols (London, 1753)
Hastings, Warren, ed. G. R. Gleig, *Memoirs of the Life of the Rt Hon Warren Hastings, First Governor General of Bengal*, 3 vols (London, 1841)
Heber, Reginald, *A Narrative of a Journey Through the Upper Provinces of India from Calcutta to Bombay, 1824-1825*, 3 vols (London, 1827)
Hickey, William, *The Memoirs of William Hickey*, ed. Alfred Spencer, 4 vols (London, 1925)
Hill, S. C., *Bengal in 1756-7*, 3 vols, Indian Records Series (Calcutta, 1905)
Hollingbery, William, *A History of His Late Highness Nizam Alee Khaun, Soobah of the Dekhan* (Calcutta, 1805)
Holwell, John Zephaniah, *A Genuine Narrative of the Deplorable Deaths of the English Gentlemen, and others, who were suffocated in the Black Hole in Fort William, in Calcutta,*

in the Kingdom of Bengal: in the Night Succeeding the 20th June 1756 (London, 1758)
Hunter, W. W., *The Annals of Rural Bengal* (London, 1868)
Jones, Sir William, *The Letters of Sir William Jones*, ed. Garland Canon, 2 vols (Oxford, 1970)
Jourdain, John, *Journal of John Jourdain 1608-17*, ed. W. Foster (London, 1905)
Kaye, John W., *The Life and Correspondence of Sir John Malcolm GCB*, 2 vols (London, 1856)
Kindersley, Mrs Jemima, *Letters from the East Indies* (London, 1777)
Kirkpatrick, William, *Diary and Select Letters of Tippoo Sultan* (London, 1804)
Lauriston, Jean Law de, *A Memoir of the Mughal Empire 1757-61*, trans. G. S. Cheema (New Delhi, 2014)
Linschoten, J. H. Van, *The Voyage of John Huyghen Van Linschoten to the East Indies*, 2 vols (London, 1885, original Dutch edn 1598)
Lockyer, Charles, *An Account Of The Trade With India Containing Rules For Good Government In Trade, And Tables: With Descriptions Of Fort St. George, Aheen, Malacca, Condore, Anjenjo, Muskat, Gombroon, Surat, Goa, Carwar, Telicherry, Panola, Calicut, The Cape Of Good Hope, And St Helena Their Inhabitants, Customs, Religion, Government Animals, Fruits &C.* (London, 1711)
Lushington, Rt Hon. S. R., *The Life and Services of Lord George Harris GCB* (London, 1840)
Macaulay, Thomas Babington, "Warren Hastings", in *The Historical Essays of Macaulay*, ed. Samuel Thurber (Boston, 1892)
Madec, René-Marie, *Mémoire*, ed. Jean Deloche (Pondicherry, 1983)
Majumdar, J. K. ed., *Raja Rammohun Roy and the Last Moghuls: A Selection from Official Records (1803-1859)* (Calcutta, 1939)
Malcolm, Sir John, *Sketch of the Political History of India from the Introduction of Mr Pitts Bill* (London, 1811)
Malcolm, Sir John, *Political History of India*, 2 vols (London, 1836)
Malcolm, Sir John, *Life of Robert, Lord Clive* (London, 1836)
Mandelslo, J. A. de, *The Voyages and Travels of J. Albert de Mandelslo The Voyages & Travels of the Ambassadors sent by Frederick Duke of Holstein, to the Great Duke of Muscovy, and the King of Persia*, trans. John Davis (London, 1662)
Manucci, Niccolao, *Storia do Mogor, or Mogul India, 1653-1708*, 2 vols, trans. William Irvine (London, 1907)
Methwold, William, "Relations of the Kingdome of Golchonda and other neighbouring Nations and the English Trade in Those Parts, by Master William Methwold", in W. H. Moreland, *Relations of Golconda in the early Seventeenth Century* (London, 1931)
Modave, Comte de, *Voyage en Inde du Comte de Modave, 1773-1776*, ed. Jean Deloche (Pondicherry, 1971)
Moor, Edward, *A Narrative of the Operations of Captain Little's Detachment* (London, 1794)
Nugent, Lady Maria, *Journal of a Residence in India 1811-15*, vol. 2 (London, 1839)
Parkes, Fanny, *Wanderings of a Pilgrim in Search of the Picturesque* (London, 1850)
Pellow, Thomas, *The Adventures of Thomas Pellow, of Penryn, Mariner*, ed. Robert Brown (London, 1890)
Polier, Antoine, *Shah Alam II and his Court* (Calcutta, 1947)
Pownall, Thomas, *The Right, Interest and Duty of Government, as concerned in the affairs of the East India Company* (revised edn, 1781)
Price, David, *Memoirs of the Early Life and Service of a Field Officer on the Retired List of the Indian Army* (London, 1839)

Price, Joseph, *Five Letters from a Free Merchant in Bengal, to Warren Hastings Esq* (London, 1778)
Price, Joseph, *The Saddle Put on the Right Horse* (London, 1783)
Purchas, Samuel, *Hakluytus Posthumus or Purchas His Pilgrimes, Contayning a History of the World*, 20 vols (Glasgow, 1905)
Rennell, James, *The Marches of the British Armies in the Peninsula of India* (London, 1792)
Roe, Sir Thomas, and Fryer, Dr John, *Travels in India in the 17th Century* (London, 1873)
Row, T. Venkatasami, *A Manual of the District of Tanjore in the Madras Presidency* (Madras, 1883)
Sarker, Jadunath, ed., *English Records of Mahratta History: Poona Residency Correspondence*, vol. 1, *Mahadji Scindhia and North Indian Affairs 1785-1794* (Bombay, 1936)
Sarkar, Jadunath, trans. and ed., "Haidarabad and Golkonda in 1750 Seen Through French Eyes: From the Unpublished Diary of a French Officer Preserved in the Bibliothèque Nationale, Paris", *Islamic Culture*, vol. X, p. 24
Saxena, V. K., ed., *Speeches on the Impeachment of Warren Hastings*, 2 vols (Delhi, 1987)
Scrafton, Luke, *Observations on Vansittart's Narrative* (London, 1770)
Scurry, James, *The Captivity, Sufferings and Escape of James Scurry, who was detained a prisoner during ten years, in the dominions of Haidar Ali and Tippoo Saib* (London, 1824)
Sen, S., *Indian Travels of Thevenot and Careri* (New Delhi, 1949)
Sleeman, Major General Sir W. H., *Rambles and Recollections of an Indian Official* (Oxford, 1915)
Smith, Adam, *The Correspondence of Adam Smith*, ed. E. C. Mossner and I. S. Ross, 2nd edn (Oxford, 1987)
Sramek, Joseph, *Gender, Morality, and Race in Company India, 1765-1858* (New York, 2011)
Srinivasachari, C. S., ed., *Fort William-India House Correspondence*, vol. 4 (London, 1949~1958)
Stevens, Henry, *The Dawn of British Trade to the East Indies, as Recorded in the Court Minutes of the East India Company 1599-1603, Containing an Account of the Formation of the Company* (London, 1866)
Tavernier, Jean-Baptiste, *Travels in India*, trans. V. Ball, ed. Wm Crooke, 2 vols (Oxford, 1925)
Temple, Richard Carnac, *The Diaries of Streynsham Master, 1675-1680*, 2 vols (London, 1911)
Thorn, Major William, *Memoir of the War in India Conducted by Lord Lake and Major General Sir Arthur Wellesley on the Banks of the Hyphasis* (London, 1818)
Vansittart, Henry, *A Narrative of the Transactions in Bengal from the Year 1760, to the year 1764, during the Government of Mr Henry Vansittart*, 3 vols (London, 1766)
Walpole, Horace, ed. W. S. Lewis et al., *The Yale Edition of Horace Walpole's Correspondence*, 48 vols (New Haven, CT, 1937~1983)
Watts, William, and Campbell, John, *Memoirs of the Revolution in Bengal, Anno. Dom. 1757* (London, 1758)
Welsh, James, *Military Reminiscences Extracted from a Journal of Nearly Forty Years Active Service in the East Indies*, 2 vols (London, 1830)
Wellesley, Arthur, Duke of Wellington, *Supplementary Despatches and Memoranda of Field Marshal Arthur Duke of Wellington*, edited by his son, the 2nd Duke of Wellington, 15 vols (London, 1858~1872)
Wellesley, Richard, Marquess Wellesley, *The Despatches, Minutes and Correspondence of the Marquess Wellesley KG during his Administration of India*, 5 vols, ed. Montgomery Martin (London, 1840)

Wellesley, Richard, Marquess Wellesley, *Two Views of British India: The Private Correspondence of Mr Dundas and Lord Wellesley: 1798-1801*, ed. Edward Ingram (London, 1970)
Wilkin, Captain W. H., *The Life of Sir David Baird* (London, 1912)
Wilks, Mark, *Historical Sketches of the South of India*, vol. 2 (1820)
Williamson, Captain Thomas, *The East India Vade Mecum*, 2 vols (London, 1810, 2nd edn, 1825)
Young, Arthur, *Political Essays concerning the present state of the British Empire* (London, 1772)
Yule, Henry, *Hobson-Jobson: A Glossary of Colloquial Anglo-Indian Words and Phrases* (London, 1903)

5. 2차 문헌과 정기 간행물

Ahmed Aziz, *Studies in Islamic Culture in the Indian Environment* (Oxford, 1964)
Alam, Muzaffar, *The Crisis of Empire in Mughal North India: Awadh and the Punjab 1707-1748* (New Delhi, 1986)
Alam, Muzaffar, and Alavi, Seema, *A European Experience of the Mughal Orient: The I'jaz-I Arslani (Persian Letters, 1773-1779) of Antoine-Louis Henri Polier* (New Delhi, 2001)
Alam, Muzaffar, and Subrahmanyam, Sanjay, *Writing the Mughal World* (New York, 2012)
Alam, Shah Manzur, "Masulipatam: A Metropolitan Port in the Seventeenth Century", in Mohamed Taher, ed., *Muslim Rule in Deccan* (New Delhi, 1997)
Alavi, Seema, *The Sepoys and the Company: Tradition and Transition in Northern India 1770-1830* (Delhi, 1995)
Alavi, Seema, ed., *The Eighteenth Century in India* (New Delhi, 2002)
Ali, M. Athar, "The Passing of an Empire: The Mughal Case", *Modern Asian Studies*, vol. 9, no. 13 (1975)
Arasaratnam, Sinnappah, and Ray, Aniruddha, *Masulipatam and Cambay: A History of Two Port Towns 1500-1800* (New Delhi, 1994)
Archer, Mildred, *Company drawings in the India Office Library* (London, 1972)
Archer, Mildred, and Falk, Toby, *India Revealed: The Art and Adventures of James and William Fraser 1801-35* (London, 1989)
Avery, Peter, Hambly, Gavin, and Melville, Charles, *The Cambridge History of Iran, vol. 7. From Nadir Shah to the Islamic Republic* (Cambridge, 1991)
Axworthy, Michael, *The Sword of Persia: Nader Shah from Tribal Warrior to Conquering Tyrant* (New York, 2006)
Axworthy, Michael, *Iran: Empire of the Mind: A History from Zoroaster to the Present Day* (London, 2007)
Ballhatchet, Kenneth, *Race, Sex and Class under the Raj: Imperial Attitudes and Policies and their Critics 1793-1905* (London, 1980)
Barnett, Richard, *North India Between Empires: Awadh, the Mughals and the British, 1720-1801* (Berkeley, 1980)
Barrow, Ian, "The many meanings of the Black Hole of Calcutta", in *Tall Tales and True: India, Historiography and British Imperial Imaginings*, ed. Kate Brittlebank (Clayton, Vic., 2008)
Baugh, Daniel, *The Global Seven Years War, 1754-63* (New York, 2014)
Bayly, C. A., "Indian Merchants in a 'Traditional' Setting. Banaras, 1780-1830", in Clive Dewey and A. J. Hopkins, eds, *The Imperial Impact: Studies in the Economic History of India and Africa* (London, 1978)
Bayly, C. A., *Rulers, Townsmen and Bazaars: North Indian Society in the Age of British*

Expansion (Cambridge, 1983)

Bayly, C. A., *Indian Society and the Making of the British Empire* (Cambridge, 1988)

Bayly, C. A., *Imperial Meridian: the British Empire and the World 1780–1830* (London, 1989)

Bayly, C. A., *Empire & Information: Intelligence Gathering and Social Communication in India 1780–1870* (Cambridge, 1996)

Bence-Jones, Mark, *Palaces of the Raj* (London, 1973)

Bence-Jones, Mark, *Clive of India* (London, 1974)

Bernstein, Jeremy, *Dawning of the Raj: The Life & Trials of Warren Hastings* (Chicago, 2000)

Bhargava, Meena, *The Decline of the Mughal Empire* (New Delhi, 2014)

Blake, Stephen P., *Shahjahanabad: The Sovereign City in Mughal India, 1639-1739* (Cambridge, 1991)

Bowen, H. V., "Lord Clive and speculation in East India Company stock, 1766", *Historical Journal*, vol. 30, no.4 (1987)

Bowen, H. V., *Revenue and Reform: The Indian Problem in British Politics, 1757–1773* (Cambridge, 1991)

Bowen, H. V., "British India, 1765–1813: The Metropolitan Context", in P. J. Marshall, *The Eighteenth Century* (Oxford, 1998)

Bowen, H. V., *The Business of Empire: The East India Company and Imperial Britain, 1756–1833* (Cambridge, 2006)

Brenner, Robert, *Merchants and Revolution: Commercial Change, Political Conflict, and London's Overseas Traders, 1550–1653* (Princeton, 2003)

Brett-James, Antony, ed., *Wellington at War, 1794–1815: A Selection of His Wartime Letters* (London, 1961)

Briggs, Henry, *The Nizam: His History and Relations with the British Government* (London, 1861)

Brittlebank, Kate, *Tipu Sultan's Search for Legitimacy: Islam and Kingship in a Hindu Domain* (New Delhi, 1997)

Bryant, G. J., *The Emergence of British Power in India 1600–1784: A Grand Strategic Interpretation* (Woodbridge, 2013)

Buchan, James, *John Law: A Scottish Adventurer of the Eighteenth Century* (London, 2019)

Buddle, Anne, *The Tiger and the Thistle: Tipu Sultan and the Scots in India* (Edinburgh, 1999)

Burton, David, *The Raj at Table: A Culinary History of the British in India* (London, 1993)

Butler, Iris, *The Elder Brother: The Marquess Wellesley 1760–1842* (London, 1973)

Calkins, Philip, "The Formation of a Regionally Oriented Ruling Group in Bengal, 1700–1740", *Journal of Asian Studies* vol. 29, no. 4, (1970)

Calkins, Philip B., "The Role of Murshidabad as a Regional and Subregional Centre in Bengal", in Richard L. Park, *Urban Bengal* (East Lansing, 1969)

Carlos, Ann M. and Nicholas, Stephen, "Giants of an Earlier Capitalism: The chartered trading companies as modern multinationals", *Business History Review*, vol. 62, no. 3 (Autumn 1988), pp. 398~419

Chandra, Satish, *Parties and Politics at the Mughal Court, 1717-1740* (New Delhi, 1972)

Chandra, Satish, "Social Background to the Rise of the Maratha Movement During the 17th Century", *The Indian Economic & Social History Review*, x, (1973)

Chatterjee, Indrani, *Gender, Slavery and Law in Colonial India* (New Delhi, 1999)

Chatterjee, Kumkum, "Collaboration and Conflict: Bankers and Early Colonial Rule in India: 1757–1813", *The Indian Economic and Social History Review*, vol. 30, no. 3 (1993)

Chatterjee, Kumkum, *Merchants, Politics & Society in Early Modern India, Bihar: 1733-1820*

(Leiden, 1996)

Chatterjee, Kumkum, "History as Self-Representation: The Recasting of a Political Tradition in Late Eighteenth Century Eastern India", *Modern Asian Studies*, vol. 32, no. 4 (1998)

Chatterjee, Partha, *The Black Hole of Empire: History of a Global Practice of Power* (New Delhi, 2012)

Chatterji, Nandlal, *Mir Qasim, Nawab of Bengal, 1760-1763* (Allahabad, 1935)

Chatterji, Nandlal, *Verelst's Rule in India* (1939)

Chaudhuri, K. N., *The English East India Company: The Study of an Early Joint-Stock Company 1600-1640* (London, 1965)

Chaudhuri, K. N., "India's International Economy in the Nineteenth Century: A Historical Survey", *Modern Asian Studies*, vol. 2, no. 1 (1968)

Chaudhuri, K. N., *The Trading World of the Asia and the English East India Company 1660-1760* (Cambridge, 1978)

Chaudhuri, Nani Gopal, *British Relations with Hyderabad* (Calcutta, 1964)

Chaudhury, Sushil, *The Prelude to Empire: Plassey Revolution of 1757* (New Delhi, 2000)

Chaudhury, Sushil, "The banking and mercantile house of Jagat Seths of Bengal", *Studies in People's History*, vol. 2, no. 1 (2015)

Chaudhury, Sushil, *Companies, Commerce and Merchants: Bengal in the PreColonial Era* (Oxford, 2017)

Cheema, G. S., *The Forgotten Mughals: A History of the Later Emperors of the House of Babar, 1707-1857* (New Delhi, 2002)

Chetty, A. Subbaraya, "Tipu's Endowments to Hindus and Hindu institutions", in I. H. Habib, ed., *Resistance and Modernisation under Haidar Ali & Tipu Sultan* (New Delhi, 1999)

Colley, Linda, "Britain and Islam: Perspectives on Difference 1600-1800" *Yale Review*, LXXXVIII (2000)

Colley, Linda, "Going Native, Telling Tales: Captivity, Collaborations and Empire", *Past & Present*, no. 168 (August 2000)

Colley, Linda, *Captives: Britain, Empire and the World 1600-1850* (London, 2002)

Colley, Linda, "Gendering the Globe: The Political and Imperial Thought of Philip Francis", *Past & Present*, no. 209 (November 2010)

Collingham, E. M., *Imperial Bodies: The Physical Experience of the Raj c.1800-1947* (London, 2001)

Compton, Herbert, ed., *The European Military Adventurers of Hindustan* (London, 1943)

Cooper, Randolph G. S., *The Anglo-Maratha Campaigns and the Contest for India: The Struggle for the Control of the South Asian Military Economy* (Cambridge, 2003)

Cooper, Randolph, "Culture, Combat and Colonialism in Eighteenth and Nineteenth Century India", *International History Review*, vol. 27, no. 3 (September 2005)

Cruz, Maria Augusta Lima, "Exiles and Renegades in Early Sixteenth Century Portuguese India", *Indian Economic and Social History Review*, vol. XXIII, no. 3 (1986)

Dalley, Jan, *The Black Hole: Money, Myth and Empire* (London, 2006)

Dalmia, Vasudha, and Faruqui, Munis D., eds, *Religious Interactions in Mughal India* (New Delhi, 2014)

Dalrymple, William, *City of Djinns* (London, 1993)

Dalrymple, William, *White Mughals: Love and Betrayal in Eighteenth-Century India* (London, 2002)

Dalrymple, William, *The Last Mughal: The End of a Dynasty, Delhi, 1857* (London, 2006)

Dalrymple, William, and Sharma, Yuthika, *Princes and Poets in Mughal Delhi 1707-1857* (Princeton, 2012)

Das, Neeta, and Llewellyn-Jones, Rosie, *Murshidabad:Forgotten Capital of Bengal* (Mumbai, 2013)

Datta, Rajat, "Commercialisation, Tribute and the Transition from late Mughal to Early Colonial in India", *Medieval History Journal*, vol. 6, no. 2 (2003)

Datta, Rajat, *Society,Economy and the Market:Commercialisation in Rural Bengal,c.1760-1800* (New Delhi, 2000)

Datta, Rajat, "The Commercial Economy of Eastern India under British Rule", in H. V. Bowen, Elizabeth Mancke and John G. Reid, *Britain's Oceanic Empire:Atlantic and Indian Ocean Worlds,c.1550-1850* (Cambridge, 2012)

Datta, Rajat, *The Making of the Eighteenth Century in India:Some Reflections on Its Political and Economic Processes*, Jadunath Sarkar Memorial Lecture, Bangiya Itihas Samiti, Kolkatta, April 2019

Davies, Philip, *Splendours of the Raj:British Architecture in India 1660-1947* (London, 1985)

Dewey, Clive, and Hopkins, A. J., eds, *The Imperial Impact:Studies in the Economic History of India and Africa* (London, 1978)

Dighe, V. G., and Qanungo, S. N., "Administrative and Military System of the Marathas", in R. C. Majumdar and V. G. Dighe, eds, *The Maratha Supremacy* (Mumbai, 1977)

Dirks, Nicholas B., *The Scandal of Empire:India and the Creation of Imperial Britain* (Harvard, 2006)

Disney, A. R., *Twilight of the Pepper Empire:Portuguese Trade in South West India in the Early Seventeenth Century* (Harvard, 1978)

Dodwell, Henry, *Dupleix and Clive:The Beginning of Empire* (London, 1920)

Dodwell, Henry, *The Nabobs of Madras* (London, 1926)

Dutt, Romesh Chunder, *The Economic History of India under Early British Rule,1757-1837* (London, 1908)

Dutta, K. K., *Shah Alam II & The East India Company* (Calcutta, 1965)

Eaton, Richard M., *The Rise of Islam and the Bengal Frontier 1204-1760* (Berkeley, 1993)

Eaton, Richard M., *Essays on Islam and Indian History* (Oxford, 2000)

Eaton, Richard M., *India in the Persianate Age, 1000-1765* (London, 2019)

Edwards, Michael, *King of the World:The Life and Times of Shah Alam,Emperor of Hindustan* (London, 1970)

Farooqui, Amar, *Zafar,and the Raj:Anglo-Mughal Delhi,c.1800-1850* (New Delhi, 2013)

Faruqi, Munis D., "At Empire's End: The Nizam, Hyderabad and Eighteenth-Century India", *Modern Asian Studies*, vol. 43, no. 1 (2009)

Feiling, Keith, *Warren Hastings* (London, 1954)

Ferguson, Niall, *Empire:How Britain Made the Modern World* (London, 2003) (국역:《제국》, 김종원 옮김, 민음사, 2006)

Findly, Ellison Banks, *Nur Jehan:Empress of Mughal India* (New Delhi, 1993)

Fisher, Michael H., *Beyond the Three Seas:Travellers'Tales of Mughal India* (New Delhi, 1987)

Fisher, Michael, *The Travels of Dean Mahomet:An Eighteenth-Century Journey Through India* (Berkeley, 1997)

Fisher, Michael, *Counterflows to Colonialism* (New Delhi, 2005)

Fisher, Michael H., "Diplomacy in India 1526-1858", in H. V. Bowen, Elizabeth Mancke and John G. Reid, *Britain's Oceanic Empire:Atlantic and Indian Ocean Worlds,c.1550-1850*

(Cambridge, 2012)

Floor, Willem, "New Facts on Nader Shah's Indian Campaign", in *Iran and Iranian Studies: Essays in Honour of Iraj Afshar*, ed. Kambiz Eslami (Princeton, 1998)

Forrest, Denys, *Tiger of Mysore: The Life and Death of Tipu Sultan* (London, 1970)

Forrest, George, *The Life of Lord Clive*, 2 vols (London, 1918)

Foster, Sir William, "The First Home of the East India Company", in *The Home Counties Magazine*, ed. W. Paley Baildon, FSA, vol. XIV (1912)

Foster, Sir William, *John Company* (London, 1926)

Foster, Sir William, *England's Quest of Eastern Trade* (London, 1933)

Furber, Holden, "Rival Empires of Trade in the Orient, 1600-1800", in *Maritime India*, intro. Sanjay Subrahmanyam (New Delhi, 2004)

Ghosh, Durba, *Sex and the Family in Colonial India: The Making of Empire* (Cambridge, 2006)

Ghosh, Suresh Chandra, *The Social Condition of the British Community in Bengal* (Leiden, 1970)

Goetzmann, William N., *Money Changes Everything: How Finance Made Civilisation Possible* (London, 2016)

Gommans, Jos J. L., *The Rise of the Indo-Afghan Empire c.1710-1780* (New Delhi, 1999)

Gordon, Stewart, "The Slow Conquest: Administrative Integration of Malwa into the Maratha Empire, 1720-1760", *Modern Asian Studies*, vol. 11, no. 1 (1977)

Gordon, Stewart, *The Marathas 1600-1818* (Cambridge, 1993)

Gordon, Stewart, *Marathas, Marauders and State Formation in Eighteenth Century India* (Delhi, 1998)

Gordon, Stewart, "Legitimacy and Loyalty in some Successor States of the Eighteenth Century", in John F. Richards, *Kingship and Authority in South Asia* (New Delhi, 1998)

Gosha, Lokanatha, *The Modern History of the Indian Chiefs, Rajas, Zamindars, &C.* (Calcutta, 1881)

Green, Nile, *Sufism: A Global History* (London, 2012)

Grewal, J. S., *Calcutta: Foundation and Development of a Colonial Metropolis* (New Delhi, 1991)

Grey, C., and Garrett, H. L. O., *European Adventurers of Northern India 1785-1849* (Lahore, 1929)

Guha, Ranajit, *A Rule of Property for Bengal: An Essay on the Idea of Permanent Settlement* (Durham, NC, 1983)

Gupta, Brijen K., *Sirajuddaullah and the East India Company, 1756-7* (Leiden, 1966)

Gupta, Narayani, *Delhi Between Two Empires 1803-1931* (New Delhi, 1981)

Gupta, Pratul C., *Baji Rao II and the East India Company* (New Delhi, 1939)

Habib, Irfan, ed., *Resistance and Modernisation under Haidar Ali & Tipu Sultan* (New Delhi, 1999)

Hall, Bert S., and De Vries, Kelly, "Essay Review – The 'Military Revolution' Revisited", *Technology and Culture*, no. 31 (1990)

Hallward, N. L., *William Bolts: A Dutch Adventurer Under John Company* (Cambridge, 1920)

Hamilton, H., "The Failure of the Ayr Bank, 1772", *Economic History Review*, 2nd series, vol. VIII (1955~1956)

Hansen, Waldemar, *The Peacock Throne* (New Delhi, 1986)

Haque, Ishrat, *Glimpses of Mughal Society and Culture* (New Delhi, 1992)

Harding, David, *Small Arms of the East India Company 1600-1856*, 4 vols (London, 1997)

Harris, Jonathan Gil, *The First Firangis* (Delhi, 2014)

Harris, Lucian, "Archibald Swinton: A New Source for Albums of Indian Miniature in William

Beckford's Collection", *Burlington Magazine*, vol. 143, no. 1179 (June 2001), pp. 360~366

Hasan, Maulvi Zafar, *Monuments of Delhi* (New Delhi, 1920)

Hasan, Mohibbul, *History of Tipu Sultan* (Calcutta, 1951)

Hawes, Christopher, *Poor Relations: The Making of the Eurasian Community in British India 1773-1833* (London, 1996)

Howard, Michael, *War in European History* (1976, reprint, Oxford, 1977) (국역: 《유럽사 속의 전쟁》, 안두환 옮김, 글항아리, 2015)

Husain, Ali Akbar, *Scent in the Islamic Garden: A Study of Deccani Urdu Literary Sources* (Karachi, 2000)

Husain, Iqbal, *The Rise and Decline of the Ruhela Chieftaincies in 18th Century India* (Aligarh, 1994)

Hutchinson, Lester, *European Freebooters in Moghul India* (London, 1964)

Ives, Edward, *A Voyage From England to India in the Year 1754* (London, 1733)

Jacob, Sarah, "The Travellers' Tales: The travel writings of Itesamuddin and Abu Taleb Khan", in William A. Pettigrew and Mahesh Gopalan, *The East India Company, 1600-1857: Essays on Anglo-Indian Connection* (New York, 2017)

Jasanoff, Maya, *Edge of Empire: Conquest and Collecting in the East, 1750-1850* (London, 2005)

Jespersen, Knud J. V., "Social Change and Military Revolution in Early Modern Europe: Some Danish Evidence", *Historical Journal*, vol. 26, no. 1 (1983)

Joseph, Betty, *Reading the East India Company* (New Delhi, 2006)

Keay, John, *India Discovered* (London, 1981)

Keay, John, *The Honourable Company: A History of the English East India Company* (London, 1991)

Keay, Julia, *Farzana: The Woman Who Saved an Empire* (London, 2014)

Khan, *Indian Muslim Perceptions of the West during the Eighteenth Century* (Karachi, 1998)

Khan, Abdul Majed, *The Transition in Bengal 1756-1775* (Cambridge, 1969)

Khan, Iqbal Ghani, "A Book With Two Views: Ghulam Husain's 'An Overview of Modern Times'", in Jamal Malik, ed., *Perspectives of Mutual Encounters in South Asian History, 1760-1860* (Leiden, 2000)

Kincaid, Denis, *British Social Life in India up to 1938* (London, 1938)

Kolff, Dirk, *Naukar, Rajput, and Sepoy* (London, 1992)

Kuiters, Willem G. J., *The British in Bengal 1756-1773: A Society in Transition seen through the Biography of a Rebel: William Bolts (1739-1808)* (Paris, 2002)

Kulkarni, G., and Kantak, M. R., *The Battle of Khardla: Challenges and Responses* (Pune, 1980)

Kulkarni, Uday S., *Solstice at Panipat, 14 January 1761* (Pune, 2011)

Kulkarni, Uday, *The Era of Baji Rao: An Account of the Empire of the Deccan* (Pune, 2017)

Kumar, Ritu, *Costumes and Textiles of Royal India* (London, 1998)

Lafont, Jean-Marie, "Lucknow in the Eighteenth Century", in Violette Graff, ed., *Lucknow: Memories of a City* (Delhi, 1997)

Lafont, Jean-Marie, *Indika: Essays in Indo-French Relations 1630-1976* (Manohar, Delhi, 2000)

Lafont, Jean-Marie, and Lafont, Rehana, *The French & Delhi, Agra, Aligarh and Sardhana* (New Delhi, 2010)

Laine, James W., *Shivaji: Hindu King in Islamic India* (Oxford, 2003)

Lal, John, *Begam Samru: Fading Portrait in a Gilded Frame* (Delhi, 1997)

Lal, K. Sajjun, *Studies in Deccan History* (Hyderabad, 1951)

Lal, K. S., *The Mughal Harem* (New Delhi, 1988)

Lane-Poole, Stanley, *Aurangzeb and the Decay of the Mughal Empire* (London, 1890)
Leach, Linda York, *Mughal and Other Paintings from the Chester Beatty Library* (London, 1995)
Lenman, Bruce, and Lawson, Philip, "Robert Clive, the 'Black Jagir' and British Politics", *Historical Journal*, vol. 26, no. 4 (December 1983)
Lenman, Bruce P., *Britain's Colonial Wars 1688-1783* (New York, 2001)
Leonard, Karen, "The Hyderabad Political System and Its Participants", *Journal of Asian Studies*, vol. 30, no. 3 (1971)
Leonard, Karen, "The Great Firm Theory of the Decline of the Mughal Empire", *Comparative Studies in Society and History*, vol. 21, no. 2 (1979)
Leonard, Karen, "Banking Firms in Nineteenth-Century Hyderabad Politics", *Modern Asian Studies*, vol. 15, no. 2 (1981)
Little, J. H., *The House of Jagat Seth* (Calcutta, 1956)
Llewellyn-Jones, Rosie, *A Fatal Friendship: The Nawabs, the British and the City of Lucknow* (Delhi, 1982)
Llewellyn-Jones, Rosie, *A Very Ingenious Man: Claude Martin in Early Colonial India* (Delhi, 1992)
Llewellyn-Jones, Rosie, *Engaging Scoundrels: True Tales of Old Lucknow* (New Delhi, 2000)
Lockhardt, Laurence, *Nadir Shah* (London, 1938)
Losty, J. P., "Towards a New Naturalism: Portraiture in Murshidabad and Avadh, 1750-80", in Barbara Schmitz, ed., *After the Great Mughals: Painting in Delhi and the Regional Courts in the 18th and 19th Centuries* (Mumbai, 2002)
Losty, J. P., "Murshidabad Painting 1750-1820", in Neeta Das and Rosie Llewellyn-Jones, *Murshidabad: Forgotten Capital of Bengal* (Mumbai, 2013)
Losty, J. P., "Eighteenth-century Mughal Paintings from the Swinton Collection", *Burlington Magazine*, vol. 159, no. 1375 (October 2017)
Losty, J. P., and Roy, Malini, *Mughal India: Art, Culture and Empire* (London, 2012)
Love, H. D., *Vestiges of Old Madras*, 2 vols (London, 1913)
Maddison, Angus, *Contours of the World Economy, 1-2030 AD: Essays in Macro-Economic History* (Oxford, 2007)
Malik, Jamaled, *Perspectives of Mutual Encounters in South Asian History, 1760-1860* (Leiden, 2000)
Malik, Zahir Uddin, *The Reign of Muhammad Shah, 1719-1748* (Aligarh, 1977)
Mansingh, Gurbir, "French Military Influence in India", *Reminiscences: The French in India* (New Delhi, 1997)
Marshall, P. J., *Problems of Empire: Britain and India 1757-1813* (London, 1968)
Marshall, P. J., ed., *The British Discovery of Hinduism* (Cambridge, 1970)
Marshall, P. J., *East India Fortunes: The British in Bengal in the Eighteenth Century* (Oxford, 1976)
Marshall, P. J., *Bengal: The British Bridgehead-Eastern India 1740-1828* (Cambridge, 1987)
Marshall, P. J., "Cornwallis Triumphant: War in India and the British Public in the Late Eighteenth Century", in Lawrence Freeman, Paul Hayes and Robert O'Neill, eds, *War, Strategy and International Politics* (Oxford, 1992)
Marshall, P. J., "British Society under the East India Company", *Modern Asian Studies*, vol. 31, no. 1 (1997)
Marshall, P. J., "The British in Asia: Trade to Dominion, 1700-1765", in P. J. Marshall, ed., *The Oxford History of the British Empire*, vol. 2, *The Eighteenth Century* (Oxford, 1998)
Marshall, P. J., "The English in Asia to 1700", in Nicholas Canny, *The Oxford History of the*

British Empire, vol. 1, *The Origins of Empire* (Oxford, 1998)

Marshall P. J., ed., *The Eighteenth Century in Indian History: Evolution or Revolution?* (New Delhi, 2003)

Marshall, P. J., *The Making and Unmaking of Empires: Britain, India and America c. 1750-1783* (Oxford, 2005)

Matar, Nabil, *Turks, Moors & Englishmen in the Age of Discovery* (New York, 1999)

Mather, James, *Pashas: Traders and Travellers in the Islamic World* (London, 2009)

McLane, John R., *Land and Local Kingship in Eighteenth-Century Bengal* (Cambridge, 1993)

Michaud, J., *History of Mysore Under Haidar Ali and Tippoo Sultan*, trans. V. K. Raman Menon (Madras, 1924)

Micklethwait, John, and Wooldridge, Adrian, *The Company: A Short History of a Revolutionary Idea* (London, 2003)

Milton, Giles, *Nathaniel's Nutmeg or, The True and Incredible Adventures of the Spice Trader Who Changed the Course of History* (London, 1999)

Mishra, Rupali, *A Business of State: Commerce, Politics and the Birth of the East India Company* (Harvard, 2018)

Moin, A. Azfar, *The Millennial Sovereign: Sacred Kingship & Sainthood in Islam* (Columbia, 2014)

Moon, Sir Penderel, *Warren Hastings and British India* (London, 1947)

Moon, Sir Penderel, *The British Conquest and Dominion of India* (London, 1989)

Moosvi, Shireen, *Economy of the Mughal Empire, c.1595: A Statistical Study* (New Delhi, 1987)

Moreland, W. H., "From Gujerat to Golconda in the Reign of Jahangir", *Journal of Indian History*, vol. XVII (1938)

Morris, James, *Heaven's Command: An Imperial Progress* (London, 1973)

Mount, Ferdinand, *Tears of the Rajas: Mutiny, Money and Marriage in India 1805-1905* (London, 2016)

Moynihan, Elizabeth B., *Paradise as a Garden in Persia and Mughal India* (New York, 1979)

Mukherjee, S. N., *Sir William Jones: A Study in Eighteenth-Century Attitudes to India* (Cambridge, 1968)

Mukherjee, Tilottama, "The Coordinating State and the Economy: the Nizamat in Eighteenth-Century Bengal", *Modern Asian Studies*, vol. 43, no. 2 (2009)

Mukherjee, Tilottama, *Political Culture and Economy in Eighteenth-Century Bengal: Networks of Exchange, Consumption and Communication* (New Delhi, 2013)

Mukhopadhyay, S. C., *British Residents at the Darbar of Bengal Nawabs at Murshidabad 1757-1772* (Delhi, n.d.)

Nayeem, M. A., *Mughal Administration of the Deccan under Nizamul Mulk Asaf Jah (1720-48)* (Bombay, 1985)

Nechtman, Tillman W., "A Jewel in the Crown? Indian Wealth in Domestic Britain in the Late Eighteenth Century", *Eighteenth-Century Studies*, vol. 41, no. 1 (2007)

Nechtman, Tillman W., *Nabobs: Empire and Identity in Eighteenth-Century Britain* (Cambridge, 2018)

Nilsson, Sten, *European Architecture in India 1750-1850* (London, 1968)

Otis, Andrew, *Hicky's Bengal Gazette: The Untold Story of India's First Newspaper* (Chennai, 2018)

Owen, Sidney J., *The Fall of the Mughal Empire* (London, 1912)

Pannikar, K. N., *British Diplomacy in Northern India: A Study of the Delhi Residency 1803-1857* (New Delhi, 1968)

Parker, Geoffrey, *The Military Revolution* (Oxford, 1988)

Pearse, Colonel Hugh, *Memoir of the Life and Military Services of Viscount Lake* (London, 1908)

Pearson, M. N., *The New Cambridge History of India, 1.1, The Portuguese in India* (Cambridge, 1987)

Peers, D., "State, Power and Colonialism", in Douglas Peers and Nandini Gooptu, eds, *India and the British Empire* (Oxford, 2012)

Pelò, Stephano, "Drowned in the Sea of Mercy. The Textual Identification of Hindu Persian Poets from Shi'i Lucknow in the Tazkira of Bhagwan Das 'Hindi'", in Vasudha Dalmia and Munis D. Faruqui, eds, *Religious Interactions in Mughal India* (New Delhi, 2014)

Pemble, John, "Resources and Techniques in the Second Maratha War", *Historical Journal*, vol. 19, no. 2 (June 1976), pp. 375~404.

Pernau, Margrit, Rajamani, Imke, and Schofield, Katherine, *Monsoon Feelings* (New Delhi, 2018)

Philips, C. H., "Clive in the English Political World, 1761-64", in *Bulletin of the School of Oriental and African Studies, University of London*, vol. 12, no. 3/44, Oriental and African Studies Presented to Lionel David Barnett by His Colleagues, Past and Present (1948)

Phillips, Jim, "A Successor to the Moguls: The Nawab of the Carnatic and the East India Company, 1763-1785", *International History Review*, vol. 7, no. 3 (August 1985), pp. 364~389.

Pinch, William, *Warrior Ascetics and Indian Empires* (Cambridge, 2006)

Pitts, Jennifer, *A Turn to Empire: The Rise of Imperial Liberalism in Britain and France* (Princeton, 2005)

Prakash, Om, *The Dutch East India Company and the Economy of Bengal, 1630-1720* (Princeton, 1985)

Prakash, Om, "Manufacturing in Eighteenth-Century Bengal", in Giorgio Riello and Tirthankar Roy, eds, *How India Clothed the World: The World of South Asian Textiles, 1500-1800* (Leiden, 2013)

Pritchett, Frances W. P., *Nets of Awareness: Urdu Poetry and Its Critics* (Berkeley and Los Angeles, 1994)

Qanungo, K. R., *History of the Jats* (Calcutta, 1925)

Qanungo, K. R., "Fragment of a Bhao Ballad in Hindi", *Historical Essays* (Calcutta, 1968)

Rao, P. Setu Madhava, *Eighteenth Century Deccan* (Bombay, 1963)

Rao, Velcheru Narayana, Shulman, David, and Subrahmanyam, Sanjay, *Textures of Time: Writing History in South India 1600-1800* (New York, 2003)

Ray, Aniriddha, ed., *Tipu Sultan and his Age: A Collection of Seminar Papers* (Calcutta, 2002)

Ray, Rajat Kanta, "Race, Religion and Realm", in M. Hasan and N. Gupta, *India's Colonial Encounter* (Delhi, 1993)

Ray, Rajat Kanta, "Indian Society and the Establishment of British Supremacy, 1765-1818", in P. J. Marshall, *The Eighteenth Century* (Oxford, 1998)

Ray, Rajat Kanta, *The Felt Community: Commonality and Mentality before the Emergence of Indian Nationalism* (New Delhi, 2003)

Regani, Sarojini, *Nizam-British Relations 1724-1857* (New Delhi, 1963)

Richards, J. F., "Early Modern India and World History", *Journal of World History*, vol. 8, no. 2 (1997)

Richards, J. F., "Mughal State Finance and the Premodern World Economy", *Comparative Studies in Society and History*, vol. 23, no. 2 (1981)

Richards, J. F., "The Seventeenth-Century Crisis in South Asia", *Modern Asian Studies*, vol.

24, no. 4 (1990)

Richards, John F., *Kingship and Authority in South Asia* (New Delhi, 1998)

Richards, J. F., *The Unending Frontier: An Environmental History of the Early Modern World* (Berkeley, 2003)

Rizvi, Sayid Athar Abbas, *Shah Walli-Allah And His Times* (Canberra, 1980)

Rizvi, Sayid Athar Abbas, *Shah 'Abd al'Aziz: Puritanism, Sectarianism and Jihad,* (Canberra, 1982)

Robb, Peter, *Clash of Cultures? An Englishman in Calcutta*, 1988년 3월 12일 취임 강연 (London, 1998)

Roberts, Andrew, *Napoleon and Wellington* (London, 2001)

Robins, Nick, *The Corporation That Changed the World: How the East India Company Shaped the Modern Multinational* (London, 2006)

Roy, Kaushik, "Military Synthesis in South Asia: Armies, Warfare, and Indian Society, c. 1740-1849", *Journal of Military History*, vol. 69, no. 3 (July 2005)

Roy, Tirthankar, *The East India Company: The World's Most Powerful Corporation* (New Delhi, 2012)

Russell, Ralph, *Hidden in the Lute: An Anthology of Two Centuries of Urdu Literature* (New Delhi, 1995)

Saksena, Ram Babu, *European & Indo-European Poets of Urdu & Persian* (Lucknow, 1941)

Sardesai, Govind Sakharam, *A New History of the Marathas*, 3 vols (Poona, 1946)

Sarkar, Bihani, "Traveling Tantrics and Belligerent Brahmins: The Sivarajyabhiṣekakalpataru and Sivaji's Tantric consecration", for the conference on *Professions in motion: culture, power and the politics of mobility in 18th-century India*, St Anne's College, Oxford, 2 June 2017 (forthcoming)

Sarkar, Jadunath, ed., *The History of Bengal, vol. II, The Muslim Period 1200 AD-1757 AD* (New Delhi, 1948)

Sarkar, Jadunath, *Bengal Nawabs*, trans. Jadunath Sarkar (Calcutta, 1952)

Sarkar, Jadunath, ed., *Persian Records of Maratha History*, 1, *Delhi Affairs (1761-1788)* (Bombay, 1953)

Sarkar, Jadunath, *Nadir Shah in India* (Calcutta, 1973)

Sarkar, Jadunath, *Fall of the Mughal Empire*, 4 vols, (New Delhi, 1991)

Sarkar, Jadunath, "General Raymond of the Nizam's Army", in Mohammed Taher, ed., *Muslim Rule in Deccan* (Delhi, 1997)

Saroop, Narindar, *A Squire of Hindoostan* (New Delhi, 1983)

Scammell, G. V., *The World Encompassed: The First European Maritime Empires* (London, 1981)

Scammell, G. V., "European Exiles, Renegades and Outlaws and the Maritime Economy of Asia c.1500-1750", *Modern Asian Studies*, vol. 26, no. 4 (1992)

Schimmel, Annemarie, *Islam in the Indian Subcontinent* (Leiden-Köln, 1980)

Schmitz, Barbara, ed., *After the Great Mughals: Painting in Delhi and the Regional Courts in the 18th and 19th Centuries* (Mumbai, 2002)

Schofield, Katherine, and Lunn, David, "Delight, Devotion and the Music of the Monsoon at the Court of Emperor Shah Alam II", in Margit Pernau, Imke Rajamani and Katherine Schofield, *Monsoon Feelings* (New Delhi, 2018)

Scott, William Robert, The Constitution and Finance of English, Scottish and Irish Joint Stock Companies to 1720, 3 vols (Cambridge, 1912)

Sen, A., "A Pre-British Economic Formation in India of the Late Eighteenth Century", in Barun De, ed., *Perspectives in Social Sciences.I. Historical Dimensions* (Calcutta, 1977)

Sen, S. N., *Anglo-Maratha Relations during the Administration of Warren Hastings* (Madras, 1974)
Sen, S. P., *The French in India, 1763-1816* (Calcutta, 1958)
Shapiro, James, *1599: A Year in the Life of William Shakespeare* (London, 2005)
Shreeve, Nicholas, *Dark Legacy* (Arundel, 1996)
Singh, Ganda, *Ahmed Shah Durrani* (Delhi, 1925)
Singh, Ganda, "Colonel Polier's Account of the Sikhs", *The Panjab Past and Present*, 4 (1970)
Singh, Kavita, *Real Birds in Imagined Gardens: Mughal Painting between Persia and Europe* (Los Angeles, 2017)
Spear, Percival, *The Twilight of the Moghuls* (Cambridge, 1951)
Spear, Percival, *The Nabobs* (Cambridge, 1963)
Spear, Percival, *Master of Bengal: Clive and his India* (London, 1975)
Spear, T. G. P., "The Mogul Family and the Court in 19th-Century Delhi", *Journal of Indian History*, vol. XX (1941)
Srivastava, Ashirbadi Lal, *Shuja ud-Daula*, vol. 1, *1754-1765* (Calcutta, 1939)
Stein, Burton, "State Formation and Economy Reconsidered", *Modern Asian Studies*, vol. 19, no. 3, 특별호: 1984년 4월 케임브리지 대학 인도 경제사회사 학술회의 발표 논총 (1985)
Stein, Burton, "Eighteenth Century India: Another View", *Studies in History*, vol. 5, issue 1 (1989)
Stern, Philip J., *The Company State: Corporate Sovereignty & the Early Modern Foundations of the British Empire in India* (Cambridge, 2011)
Strachan, Hew, *European Armies and the Conduct of War* (1983; reprint, London, 1993)
Strachan, Michael, *Sir Thomas Roe 1581-1644* (Salisbury, 1989)
Strachey, Edward, "The Romantic Marriage of James Achilles Kirkpatrick, Sometime British Resident at the Court of Hyderabad", *Blackwood's Magazine* (July 1893).
Strachey, Sir John, *Hastings and the Rohilla War* (Oxford, 1892)
Subrahmanyam, Sanjay, *Improvising Empire: Portuguese Trade and Settlement in the Bay of Bengal 1500-1700* (Delhi, 1990)
Subrahmanyam, Sanjay, *The Portuguese Empire in Asia: A Political and Economic History* (London, 1993)
Subrahmanyam, Sanjay, "Connected Histories: Notes Towards a Reconfiguration of Early Modern Eurasia", *Modern Asian Studies*, vol. 31, no. 3 (1997)
Subrahmanyam, Sanjay, "Un Grand Derangement: Dreaming An IndoPersian Empire in South Asia, 1740-1800", *Journal of Early Modern History*, vol. 4, nos. 3-4 (2000)
Subrahmanyam, Sanjay, *Penumbral Visions: Making Politics in Early Modern South India* (Michigan, 2001)
Subramanian, Lakshmi, "Banias and the British: the role of indigenous credit in the Process of Imperial Expansion in Western India in the second half of the Eighteenth century", *Modern Asian Studies*, vol. 21, no. 3 (1987)
Subramanian, Lakshmi, and Ray, Rajat K., "Merchants and Politics: From the Great Mughals to the East India Company", in Dwijendra Tripathi, *Business and Politics in India* (New Delhi, 1991)
Subramanian, Lakshmi, "Arms and the Merchant: The Making of the Bania Raj in Late Eighteenth-Century India", *South Asia*, vol. XXIV, no. 2 (2001), pp. 1~27
Sutherland, Lucy, *The East India Company in Eighteenth-Century Politics* (Oxford, 1952)
Teltscher, Kate, *India Inscribed: European and British Writing on India 1600-1800* (Oxford, 1995)

Tharoor, Shashi, *Inglorious Empire:What the British Did in India* (New Delhi, 2016) (국역: 《인도, 암흑의 시대》, 김성웅 옮김, 서런, 2018)
Timberg, Thomas A., *The Marwaris:From Jagat Seth to the Birlas* (New Delhi, 2014)
Travers, Robert, *Ideology and Empire in Eighteenth Century India: The British in Bengal* (Cambridge, 2007)
Tripathi, Amales, *Trade and Finance in the Bengal Presidency, 1793-1833* (Calcutta, 1979)
Trivedi, Madhu, *The Making of the Awadh Culture* (New Delhi, 2010)
Truschke, Audrey, *Aurangzeb:The Man and the Myth* (New Delhi, 2017)
Vartavarian, Mesrob, "An Open Military Economy: The British Conquest of South India Reconsidered, 1780-1799", *Journal of the Economic and Social History of the Orient*, vol. 57, no. 4 (2014)
Ward, Andrew, *Our Bones Are Scattered* (London, 1996)
Washbrook, D. A., "Progress and Problems: South Asian Economic and Social History c. 1720-1860", in *Modern Asian Studies*, vol. 22, no. 1 (1988)
Weitzman, Sophia, *Warren Hastings and Philip Francis* (Manchester, 1929)
Weller, Jac, *Wellington in India* (London, 1972)
Wheatley, Captain G. R. P., "The Final Campaign against Tipu", *Journal of the United Services Institute*, no. 41 (1912)
Wilbur, Marguerite Eyer, *The East India Company and the British Empire in the Far East* (New York, 1945)
Wilkinson, Theon, *Two Monsoons* (London, 1976)
Willson, Beckles, *Ledger and Sword: The Honourable Company of Merchants of England Trading to the East Indies 1599-1874*, 2 vols (London, 1903)
Wilson, Jon, "A Thousand Countries to go to: Peasants and rulers in late eighteenth-century Bengal", *Past and Present*, no. 189 (November 2005)
Wilson, Jon, *India Conquered:Britain's Raj and the Chaos of Empire* (London, 2016)
Wink, André, "Maratha Revenue Farming", in *Modern Asian Studies*, vol. 17, no. 4 (1983)
Young, Desmond, *Fountain of Elephants* (London, 1959)
Zaidi, S. Inayat, "European Mercenaries in the North Indian armies 1750-1803 ad", in *The Ninth European Conference on Modern South Asian Studies* (Heidelberg, 9~12 July 1986)
Zaidi, S. Inayat, "French Mercenaries in the Armies of South Asian States 1499-1803", in *Indo-French Relations:History and Perspectives* (Delhi, 1990)

찾아보기

ㄱ

가가바타 83
가시티 베굼 159, 162, 204
가이크와드 89
가지 우드딘 167
게리아 전투 280
고아 Goa 49, 63
골든하인드호 46
골콘다 71, 77, 81, 92
괴혈병 5~, 57, 191
구르긴 칸 260, 273
    암살 284~286
국립박물관, 델리 25
국유화 354, 465
굴람 카디르 칸 로힐라 21, 406~408
    공포 정치 441~447
    델리 장악 438~440
    델리로 진격 437
    생포됨 405
    샤 알람을 투옥함 440
    신디아의 응징 448~452
굴람 후사인 살림 194
굴레르 109
궁정 세밀화 153
귀족원(상원), 헤이스팅스 탄핵 재판 455~465
규제법 353~357, 364, 465
그랜트 대위 179, 183
그랜드, 제임스 330
그레고리, 호자 260
그렌빌 경 556
그로스, 존 334
글로브호 71
금융 위기(1772년) 347
기번, 에드워드 237, 456, 460
기업 로비 31, 76
기업 자본주의 574
기업 폭력 30, 570

ㄴ

나가 사두 299, 301, 303, 309
나나 파드나비스 23, 371, 519, 521
나데르 샤 아프샤르 17, 98, 525
    무굴 제국 침공 100~104, 110, 300, 409, 442, 561
나디아 109
나라얀 라오 412
나라얀 싱 161, 162
나바크리슈나 뎁 144
나와지시 칸 159
나왈 싱 419, 420
나일강 전투 504
나자프 칸, 미르자 282, 294
    궁중 암투 421~427
    군대 416~418
    델리 원정 412
    병환 429~431
    보상 415
    샤 알람의 군 지휘관 임명 398
    섭정 429
    재정복 419~421
    수복한 영토 상실 433
    아그라 요새 포위전 420
    자비타 칸 공격 400~403
    죽음 431
    파타르가르 포위전 404
나지브 우드다울라, 나지브 칸 유수프자이 21, 405, 409, 438
나폴레옹 보나파르트 493, 504, 564
    영국 침공 계획 490, 497
난다쿠마르 462
내부자 거래 31, 76
네덜란드 동인도회사 VOC 참조
네덜란드인 50~52, 59~61, 103, 121, 145187, 224
노스 경 352, 358, 495

찾아보기 647

노예 무역 48, 54
뇌물 공여 31, 76
누르 자한, 황후 67
누벨프랑스 123
뉴욕 123
니다 말 152, 421
니잠 알리 칸 482, 496

ㄷ

다국적 기업 27, 36, 346, 353, 571, 573
다라 슈코 172, 561
다리아이누르 다이아몬드 104
다우, 알렉산더 79
다우드 칸 92, 93
다울라트 라오 신디아 24, 519, 526
    아사예 전투 541~543, 555
    회사를 상대로 선전포고 538
다카 77, 151, 272
다카 붉은 요새 77
달림플, 스테어 148
달림플, 알렉산더 465
달림플, 제임스 381, 509
던다스, 헨리 14, 496, 500, 504
데버루, 로버트, 에식스 백작 54
데브릿, 존 336, 337, 341
데이, 프랜시스 72
데이비스, 토머스 384
데일스퍼드 237
데칸고원 87, 479, 531, 537, 555
    무굴 제국의 점령 81
델리
    굴람 카디르의 장악 438~440
    나데르 샤의 학살 102
    이마드 울물크의 권력 유지 168
    지진(1803) 549
델리 원정
    샤 알람과 슈자 우드다울라와의 만남 266
    지휘관으로 나자프 칸 임명 398
    파루크하바드로의 진군 175, 401
동인도회사
    1772년 채무불이행 35, 348
    국유화 354, 465
    군대 규모 27, 34
    권력 오남용 폭로 271, 351, 361, 458
    대차대조표 30
    중국 무역 독점 폐지 33
    동방 무역 독점 폐지 566
    무기 제조소 502
    미르 카심을 상대로 한 전쟁 279~288
    런던 본사 317, 573
    캘커타 본부(윌리엄 요새) 484
    부르드완, 미드나푸르, 치타공 할양 255
    부채 131, 533
    벵골의 재정 장악 322
    상표명 568
    설립 43
    세포이항쟁 567
    신용 시스템 487
    여론 악화 341
    영국-인도계 고용 배제 483
    웰즐리 소환
    의회 특별위원회 조사 351
    인도로 무역 대사 전환 61
    영란은행 융자 35, 349
    자가트 세트가의 대출 219
    자본 31, 52, 472
    재정 안정성 347
    재정 위기 350
    정부 감독 465
    정부 구제 금융 35, 36
    주식 공모 71
    주가 30, 35, 187, 317, 324, 339, 349
    주식회사 51, 571
    최초의 요새화된 기지(코로만델 해안) 72
    출자자 54, 56, 59
    칙허장 55
    칙허장 갱신 132
    칙허장에 규정된 특권 27, 55
    해군 해체 568
    현재적 의미 574
동인도회사 특허장법 567
두댈리호 182
두라니, 아흐마드 샤 200, 241, 266, 296, 365, 395, 409, 508
둠둠 177, 469
뒤플렉스, 조제프 프랑수아 16, 120
    군사적 모험 기업가 118
    마드라스 포위전 113
    만삽다르 지위 111
    불명예 퇴진 137
    인도 도착 110
    재산 112

퐁디셰리 총독 111
듀캐럴, 패티 356
드레이크 경, 프랜시스 46
드레이크, 로저 127, 140, 148, 198
드뤼종, 루이 기욤 프랑수아 526
디와니(징세권) 18, 31, 320, 324, 345, 562, 568, 569
디킨슨, 존 34, 387
딥 찬드 152

ㄹ

라구나트 라오 368, 370
라구지 보슬레, 베라르의 라자 525, 535
라나 칸 448, 450
라이가드 22, 83, 523
라인하르트, 발터 (솜루) 259, 279, 417
라자 람 나라인 246, 258, 286, 332
라자 람모한 로이 564
라자 칸 513
라자스탄 89, 437
라자트 칸타 레이 487
라잔, 라구람 572
라지마할 221, 280, 289, 330
라지푸트(인) 81, 86, 108, 262325, 528, 545, 548
라케리 전투 488
람, 강가 142
랑글라드, 샤를 123
랑푸르 334
랭커스터 경, 제임스 57
러크나우 421, 433, 462
런던
    파운더스홀 43, 49, 59
    헤이마켓 극장 342
런던 증권거래소 72
런던탑 57
레널, 제임스 361, 477
레니 대위, 데이비드 149, 187
레드드래건호 56
레몽, 미셸 조아킴 마리 16, 497~504
레이놀즈, 조슈아 456
레이크, 제럴드, 1대 자작 15, 529
    델리 전투 541~554
    델리 점령 555~557
    베굼 숨루에게 입맞춤 560
    알리가르 포위전 543~551

로 (드 로리스통), 장 150, 155, 159, 199, 202
    무굴 제국 포병장으로 임명 245
    샤 알람에게 합류 243
    최후 항전과 포로로 잡힘 252
    헬사 전투 251
로 경, 토머스 29, 64, 570
로, 자크 137, 149
로런스, 스트링어 135, 137
로리앙항 첩보 38, 125, 129
로어노크섬 48
로텐슈타인, 윌리엄, 〈브리튼 건설〉 28
로힐라 전쟁 357
로힐라인 21, 175, 199, 303, 395, 401, 409416, 421, 433, 438~443, 464, 563
론토르섬 63
롤리 경, 월터 47, 48
루칸 대위 546
루트(약탈품이나 전리품) 25, 230
루트프 운니사 221, 223
르노, M. 199, 200
린지, 윌리엄 187

ㅁ

마누치, 니콜라오 92
마넉찬드, 라자 185, 191~193, 203
마데크, 르네 298, 305, 309~311, 411
마드라스
    동인도회사에 반환 117
    선임위원회 128, 190
    설립 72
    수비대 113, 128
    인구 73
    부총독으로 합류한 클라이브 138
    클라이브의 첫 도착 134
    파고다 주화 73, 92
마드라스 집행위원회 188, 200
마드라스파트남 72
마라타 전쟁, 1803~1805년 531~555
마라타연맹 22, 36, 88, 111, 141, 365, 391, 396, 411
    와해 488
마르와리 오스왈 90
마르카르 장군 277
마술리파트남 71, 119
마숨푸르 전투 246
마이소르 21, 36, 365~371

찾아보기

649

마푸즈 칸 114, 115
마하라슈트라 89, 142
마흐탑 라이 자가트 세트 91, 158, 219, 287
만수르 알리 칸 439, 441, 452
말라르티크, M. 499
말리카이자마니 베굼 438, 440, 446
말버러호 191
매음굴 141, 147
매춘 106, 147, 430
매카트니 경 385
매콜리, 토머스 배빙턴 327, 363, 460, 573
맬컴, 존 540
머스커비회사 53
먼, 토머스 72
먼로 경, 헥터 308, 377
먼로, 토머스 556
메라 울리 39, 97, 171, 415, 419
메이플라워호 56
멕시코 62
멜코트 472, 478
멧칼프, 찰스 556
모다브 백작 39, 120, 165, 235, 260, 291, 409, 418~424
모리셔스 58, 112, 113, 499
모스 총독 114
모어턴 세이 133
몬슨 대령 357, 546
몰루카 제도 48, 58, 61, 63
몽갈코트 250
몽기르 259, 270~278, 283, 287, 289, 530
무굴 귀족층의 실질적 소멸 331
무기 제조소 502
무르시다바드 151~155, 188, 196, 208, 231
    쿠데타 208~218
무르시드 쿨리 칸 90, 93, 164
무스타파 칸 152
무이주딘 왕자 482
무함마드 레자 칸 330, 336
무함마드 샤 랑길라 17, 95, 105, 166, 422, 442
무함마드 알리 137, 286
무함마드 알리 하진 300
무함마드 타키 280
문나 랄 39, 522, 527, 549, 559
문명화 사명 28, 29
물리크 가문 466, 485
미국독립전쟁 15, 387, 543

미드나푸르 233
미들턴 경, 헨리 64
미란 208, 222, 226~234, 246~254
미르 마단 216
미르 아슈라프 239, 240
미르 알람 469, 478
미르 자파르, 벵골의 나와브 19, 154
    권력 기반의 약화 232~240
    클라이브의 평가 228
    벵골의 혼란 226
    아들 미란의 죽음 254
    샤 알람의 실패한 벵골 전역 241~251
    회사와 사위 미르 카심에 의한 실각 254~257
    캘커타 국빈 방문 227
    쿠데타 205~218
    헬사 전투에서 251
미르자 마흐디 아스타라바디 103
미르자 무함마드 샤피 432
민친 대령 178
밀, 제임스 566
밀스 대령 120

ㅂ

바그방골라 221
바기라티강 224
바네슈와르, 비디알란카르 142
바르사나 419
바세인 조약 25, 524, 528, 537
바스카르 판디트 141, 152
바웰, 리처드 358
바지 라오 2세, 페슈와 520~524, 531, 535
바커 장군 400
바하두르 샤 1세 166
바하두르 샤 자파르 445
발렌시아 경 536
발로 경, 조지 536
배핀, 윌리엄 45
밴시터트, 헨리 235, 255, 266~273, 316
버고인 장군, 존 351, 355
버니, 패니 456
버렐, 윌리엄 351
버지니아 48, 59, 123, 348
버지버지 요새 192
버커니어 46, 50, 327
버크, 에드먼드 35, 46, 230, 388, 456, 461,
버킹엄, 제임스 실크 567

베나레스 109, 286, 298, 301, 317, 332, 462
베니스회사 54
베다르 바흐트 438, 440
베르니에, 프랑수아 79
베어드, 데이비드 380, 510~513
베일리 대령, 윌리엄 377~384
베일리, 존 382
베일리, 크리스토퍼 37
벨로르 372, 507, 517
벵골 대기근(1770년) 329~341
벵골 바드랄로크(중상계급) 485
보글, 조지 361
보스턴 차 사건 387
볼츠, 윌리엄 110, 345
《인도 문제에 관한 고찰》 344
볼테르 418
볼통, 조제프 드 96, 111
봄베이캐슬호 138
부르드완 249, 255
부르키엥, 투이 526, 551, 553
부아뉴 백작, 브누아 드 435, 436, 448, 498, 520
북사르 전투 20, 313, 319, 399
북서 항로 48
브라간사의 캐서린 73
브라운베스 머스킷 192
블랙스톤, 윌리엄 53
비자가파탐 77, 148
비자야나가라 제국 73, 518
비자푸르 77, 81
비치트르 68, 69
비하르 13, 26, 37, 239, 255~264, 281, 297, 320, 325, 331
빅토리아 시대 28, 446, 568
빅토리아 여왕 568

ㅅ

사략선원 126, 214, 313, 327
사아다트 칸 89, 97~101
시우다(시인) 167, 422, 433
사이이드 레자 칸 529, 550, 557
사이프 우드다울라 332
사타라 85
사프다르 중, 아와드 나와브 17, 20, 89, 106, 107, 168, 424, 432
살바이 조약 23, 386
삼바지 85

상투메 72
샤 압둘 아지즈 556
샤다라 402, 448, 551
샤우카트 중 204
샤이스타 칸, 벵골의 나와브 76, 82
샤자하나바드 94, 152, 166~168, 402, 405, 437
샤키르 칸 106, 245, 399
샤하마트 장 153
서브프라임 거품, 2007~9년 572
세라이 알람찬드 399, 400
세링가파탐 384. 509
세인트데이비드 요새 93
세인트조지 요새 73, 134, 138, 386
세인트토머스 마운트 114, 367
세포이항쟁 567
셰리든, 리처드 브린슬리 456, 460
셰익스피어, 윌리엄 43, 455
〈맥베스〉 49
셸컴퍼니 573
소벨, 데이바 138
소엄 경, 스티븐 43
손 소령, 윌리엄 540, 544, 558
수라트 61, 64, 68, 74~77, 83
수바르나두르그 523
수발리 64
수브라마니암, 산자이 41, 70
술라이만 슈코 왕자 443
숨루 259, 278, 282, 287~291, 298, 303, 306, 310, 417, 448, 560
숨루, 베굼 417, 448, 452, 560
슈발리에, M. 235
슈시타리, 압둘 라티프 145~147
슈자 우드다울라, 아와드의 나와브 20
  미르 카심의 무굴 동맹 제안 295
  미르 카심 투옥 307
  배신한다는 평판 294
  북사르 전투 20, 313, 319, 399
  북사르에서 도주 316
  샤 알람과의 만남 266
  외모 294
  클라이브와의 만남 319
스리랑가파트남 40, 480~498
  약탈 514, 516
  요새화 366
  포위전 509~513

함락 513
혁명 자코뱅 클럽 498
흔적 518
스리랑감 137
스마이스 경, 토머스 44, 49~52, 57, 130
스미스, 애덤 313, 348
스와룹 찬드 158, 287
스윈턴, 아치볼드 264
스커리, 제임스 384
스커지오브맬리스호 56
스크래프턴, 루크 223, 227, 280
스키너, 제임스 545~548, 560
스타인, 버튼 468
스튜어트 대위, 제임스 369
스트레이치, 리처드 356
스트레이치, 제인 356
스트리덤호 140
스티븐스 수사, 토머스 49
스티븐슨 대령 538
시돈스, 사라 456
시라지 우드다울라, 벵골의 나와브 19
   성격 157, 160
   시신이 길거리에서 전시 223
   알리나가르 조약 198, 203, 204, 208
   손자에게 휘둘린 알리베르디 칸 159
   자가트 세트가를 멀어지게 만듦 158
   죽음 222
   축출 음모 204~217
   캘커타 입성 177
   캘커타 함락 179~185
   캘커타로 진군 164
   클라이브의 야간 공격 195~197
   클라이브의 선전포고 194
   클라이브의 최후통첩 208
   평판 155~157
시바지 본슬레 22, 82, 89, 141
시에라리온회사 54
시칸데르 자 502
시칸드라 402, 551
시크인 108, 410, 421, 429, 433, 527
시타브 라이 332
신디아, 마하지 23, 369, 396, 401, 405, 435448, 452, 488, 520
십먼 경, 에이브러햄 74

ㅇ

아그라 20, 29, 49, 62~64, 314, 396
아그라 요새, 포위전 420
아난다 랑가 필라이 113~117
아난드 람 묵홀리스 95, 101~103
아눕기리 고사인 299, 311, 399418, 438, 448, 535
아디야르강 전투 117
아르마곤 72
아르메니아인 64, 78, 140, 145, 164, 178, 205, 273, 277
아르코트 포위전 136
아사예 전투 539~543, 555
아사프 우드다울라, 러크나우의 나와브 433, 462
아삼 34, 235
아시아 학회 362, 363
아와드 20, 36, 89, 97, 100, 168, 266, 278, 292~294, 301, 314~319, 399, 416, 462
아우랑가바드 85, 88, 535
아우랑제브, 알람기르 16, 79
   ~에 대한 저항 77
   데칸 정벌 81~85
   성격 79~81
   조사이어 차일드의 공격 76~77
   치세 80
아이슬란드 572
아일랜드 48, 64, 231, 317, 354, 448, 496
아잠 왕자 86
아즈텍 제국 230
아즈파리 407, 437, 442, 447
아지메르 436
아체 58
아편 33, 155, 188, 204228, 265, 272, 279, 333, 356, 467
아편전쟁 33
아프가니스탄 29, 100, 508
아프간인 108, 166, 266, 300, 314, 357, 365, 396, 405, 439, 443, 452
아프라시야브 칸 432
아흐마드 샤 구르가니 169
아흐마드 칸 반가시 401
아흐마드나가르 538
아크바르 샤, 왕자 444, 445, 551, 557
아크바르 황제 445, 525
안사리, 무함마드 알리 칸 39, 257, 261, 276, 280, 282, 302, 309

안와르 우드딘 114
알라하바드 18, 244, 317, 319~321, 389~399,
　　427, 489, 529, 562
알라하바드 조약 33, 322, 345, 393, 550
알람기르 2세 17, 169, 241
알리 아잠 칸 174
알리가르 포위전 543~551
알리나가르 조약 198, 203, 204, 208
알리베르디 칸, 벵골의 나와브 18
　후계 분쟁 159
　시라지에게 꼼짝 못함 159
　인생 마지막 나날 155~158
　죽음 162
　집권 151
　치세 152, 155
　흰 페르시아 고양이 애호가 154
암본섬 61
암스테르담 대리인들 51
압둘 카림 101, 144,
애덤스 소령 280~282, 289
애미어트, 제임스 272, 273, 278, 287
앤더슨(의사) 274
앨버말 경 139
어센션호 57
에드워드 보나벤처호 50
에드워드 왕세자 456
에벌린, 존 76
에스파냐 46~50, 54~63, 120, 340, 496
에스파냐 아르마다 함대 44
에저튼 대령 368, 369
엑스라샤펠 조약 117
엘리스, 윌리엄 259, 267~278, 287~289, 345
엘리자베스 1세 49, 51
영, 아서 343
영구처분법 14, 485
영국-인도계 382, 484, 545
영어에 유입된 최초 인도 어휘 25, 230
영제국의 문명화 사명 28, 29
오를레앙 요새(포르토를레앙) 200
오스만튀르크 29, 53, 64, 69, 94, 104, 472
오스트리아 왕위 계승 전쟁 113, 117
오와인 그리피스 압 그웬윈 25
옥털로니 경, 데이비드 559
옴, 로버트 91, 187, 324
와드가온 조약 370, 371
와디야르 왕조 21, 517

와리드(역사가) 105
왓슨 제독 139, 188, 195, 200, 201
왕립해군 113, 139
요크타운 전투 14, 15, 387, 477, 543
우다이푸르 108
우두아 눌라 포위전 281
워싱턴, 조지 123, 465, 477
월마트 573
월컷 231
월폴, 호러스 231, 340, 346, 355, 388, 573
웨스트, 벤저민 33
웰즐리 대령, 아서 (훗날 웰링턴 공작) 15, 555
　스리랑가파트남 공격 507~516
　마라타 전쟁 준비 작업 531~538
　아사예 전투 539~542
웰즐리, 리처드 콜리, 1대 웰즐리 후작 14
　회사를 파산시킬 뻔함 496
　회사에 대한 태도 495
　회사의 경고 536
　회사의 부채 증가 565
　~와 샤 알람 528~530, 550, 559~562
　프랑스의 위협 497
　교활함 534
　군대 규모 531
　신디아에게 최후통첩 537
　마라타 분열 공작 519~537
　마라타와의 전쟁 539~543
　바세인 조약 524
　업적 555
　소환 566
　인도(캘커타) 도착 499
　인도에서의 영제국에 대한 구상
　티푸 술탄에게 쓴 편지 504, 505
　티푸 술탄과의 전쟁 507~515
　하이데라바드의 프랑스 병력 무력화 503
윌리엄 요새 13, 32, 38, 127, 177, 188, 193, 385,
　　418, 469, 484
유수프 알리 칸(작가) 186
은(유럽에서 무굴 제국으로의 유입량) 62
이라크 203
이마드 울물크, 가지 우드딘 칸 17
　권력 유지 241
　권력 장악 168
　샤 알람과의 관계 170~175, 395, 413, 525,
　　561
　알람기르 2세 살해 242

알람기르 2세를 황제로 앉힘 169
이베리아 제국들 47, 50, 53
이스트인디아하우스 77, 129, 130
이집트 490, 504
인도
    영국의 패권 371, 556
    직물 제조업 61, 62, 71, 79
    종교적 상처 80
인도 국립문서고 38, 40, 126
인도네시아 51, 57
인도법 (1784년)
인종 간 통혼 146, 326
일드프랑스 112, 113
임질 147
영란은행 35, 349

ㅈ

자만 샤 508
자비타 칸 로힐라 21, 395~398, 403~411, 437
자스로타 109
자스완트 라오 홀카르 24, 519~523
자이푸르 108, 421, 437, 555
자트인 85, 108, 164, 416, 419, 429, 433
자한기르 황제 29, 67~69
    성격 65
장티, 장바티스트 96, 252, 266, 280, 284, 308, 315, 392
자코바이트 반란(1745) 135, 147
잭슨, 아이라 571
제3차 영국-마이소르 전쟁 14, 477, 482
제국주의 57, 206, 326, 571
제임스 1세 29, 48, 69, 116
조드푸르 98, 108, 555
조지 3세 350, 354, 394, 456
존슨, 새뮤얼 356, 362
주식회사 52, 322, 564, 571, 573
중국 33, 128, 144, 188, 323, 457, 471
지나트 마할 176, 395, 402
지즈야세 80
직물업 61, 79
징세인 269, 322, 324, 459

ㅊ

차녹, 좁 78, 79, 140
차이트 싱, 베나레스의 라자 464
차일드 경, 조사이어 76, 116

찬데르나가르 111, 161, 199, 205, 208
    방어 200
    취약점 200
    함락 202, 204, 243
찰스 1세 66
찰스 2세 73
천연두 158, 332, 478
초석 71, 131, 239, 272, 323
촌락 공화국 166
칙허장 27, 55, 132
친 킬리치 칸, 니잠 울물크 17, 89, 97, 100, 106

ㅋ

카낙, 존 252, 261~266, 301~306, 316, 368
카누아 436
카레리, 조반니 게멜리 86
카르나티크 92, 109~122, 133~137, 141, 149, 160, 195, 367, 372, 475, 477
카르들라 전투 498
카르마나사강 240, 246, 266, 297, 301
카를래 368, 369
카불 85, 100
카심바자르 19, 77, 150, 177, 204, 238, 358
    포위전 162~164
카이르 우드딘 일라하바디 37, 171, 241, 296, 430, 439
카트와 전투 210, 280
칸치푸람 377~379
칸푸르 400, 543, 546
캐닝 경 568
캘커타의 블랙홀(감방) 186
커크패트릭, 윌리엄 497, 501~506, 524
커크패트릭, 제임스 아킬리즈, 480
컴벌랜드호 191
케이어드 소령, 존 247, 256
케이프타운 497
켄트호 191, 194, 201, 318
켈나강 539, 541
코라 320, 400, 427
코르탈라이야르강 378
코모로제도 50
코트반 420
콘월리스, 찰스, 1대 콘월리스 후작 14, 465~469
    제3차 영국-마이소르 전쟁 14, 477, 482
    개혁 조치 483, 533
    캘커타 도착 465

티푸 술탄과의 대결 477~482, 505
헤이스팅스를 교체
콜러룬강 471
콜린스, 윌키《월장석》 516
콜린스, 존 얼리치 532, 537
콜브룩 경, 조지 348
콤파니 판 페러 50
쿠달로르 93
쿠드시아 베굼 169
쿠르그 475, 482, 510
쿠트브 우드딘 박티아르 카키 170, 415
쿨다바드 87
크로아탄 48
클라이브, 로버트, 1대 클라이브 남작 13
　동인도회사 첫 근무 130
　동인도회사 두 번째 합류 132
　여론 악화 341
　마드라스 부총독 임명 138
　마드라스에 처음 도착했을 때 134
　마드라스 공격 위협 격퇴(1752) 137
　은밀한 매장 356
　배경 133
　벌처 경 342, 355
　벵골 약탈 32
　부패 혐의 351
　샤 알람에게 디와니 수령 18, 27
　슈롭셔 영지 133, 231
　슈자 우드다울라와의 만남 20
　시라지를 상대로 한 군사 작전 204~217
　시라지에게 보낸 최후통첩 208
　시라지에게 선전포고 194
　알라하바드 조약 33, 322, 345, 393, 550
　자살 355
　재산 32
　찬데르나가르 함락 202, 204, 243
　출생 133
　캘커타 재정복 191~193
클라이브, 리처드 133
클라이브, 에드워드, 1대 파워스 백작 15, 517
클래버링 장군 357
클레어몬트 영지 231
키베롱만 126
키어, 아치볼드 235
킨더슬리, 제미마 141
킬패트릭 소령 216

ㅌ

타고르, 드와르카나트 485
타밀 문화 109
타이거호 49, 201
탄조르 109, 471
　쿠데타 시도 118
탕헤르 73
터키회사(칙허회사) 54
토머스, 조지 448
토지 개혁(콘월리스) 533
트라반코르선 476
트와이닝, 토머스 313
트리노말리 367
트리치노폴리 137, 477
티루반나말라이 477

ㅍ

파니파트 전투 21, 363, 396, 405, 448, 519
파루크나가르 420
파루크하바드 175, 401
파머, 윌리엄 484, 505
파우널, 토머스 350
파위스 성 25, 32
파타르가르 포위전 404
파트나 전투 304
파티시에, 샤를조제프, 뷔시 후작 112
판 넥 제독, 야코프 코넬리슨 51
팻틀리 210
페드롱 대령 545, 546
페롱, 피에르-퀼레르 16, 498, 526, 534,
페리슈타 343
페스터, 존 549~553
페이스북 573
펠리페 2세 54
포다이스, 알렉산더 347
포르투갈 27, 47~50, 58, 63~78, 114, 130, 145
폭스, 찰스 제임스 456
폴리에브, 낭부안 37, 409, 417~424, 433
폴릴루르 전투 384, 510
퐁디셰리 93, 109~113
　뒤플렉스가 총독이 됨 111
　오스트리아 왕위 계승 전쟁 113, 117
푸네 원정(1779) 370
푸라나 킬라 168, 411, 557
푸르네아 158, 162, 204, 233
푸트, 새뮤얼 342

풀러턴, 윌리엄 292
풀타 191, 223, 493
프라사드, 이슈와리 80
프랑스 동인도회사 97, 110~112, 118, 120, 126, 133, 137, 202, 355
프랑스 해군 113, 126
프랜시스, 필립 14,
   헤이스팅스 354, 358, 372~377
   헤이스팅스 탄핵 461~464
   야심 354
   인도 도착 357
   인도에 대한 태도 363
프랭클린, 윌리엄 392, 398
프레이저, 윌리엄 562
프린스조지호 183
플라시 전투 32, 38, 222, 225, 228, 232, 238, 243
   1주년 기념일 274
플로이어, 찰스 117
피어스 대령, 토머스 딘 374
피치, 랠프 49
피트, 윌리엄 495

ㅎ

하다스푸르 전투 523
하리판트 파드케 482
하이다르 알리 21, 365
   마타라와의 동맹 371
   죽음 469
   카르나티크로 진격 372
   폴릴루르 전투 379~385
   회사를 상대로 선전포고 367
   통치에 대한 조언 508
하팀(시인) 95, 105
하퍼 대위, 게이브리얼 309
하피즈 레흐마트 칸 464
한시 164, 166, 171, 415, 416
해리스 장군 507, 509
해밀턴, 알렉산더 78
해클루트, 리처드 45
향신료 무역 49, 52, 61
향신료 제도 48, 63
향신료 항로 45
허큘리언호(전함) 523
헌터 경, 윌리엄 331
헤이스팅스, 워런 13

교육 237
무르시다바드 상주관 231~236
미르 카심의 자질 간파 255
배경 237
살바이 조약 386
샤 알람에 대한 지급 전면 중단 428
샤 알람의 자금 지원 요청 427
업적 359
인도 애호 성향 361~363
인도 총독 354
카심바자르 포위전 162~164
탄핵 455~491
폴릴루르 참사 소식 385
프랜시스와의 갈등 357~359, 363, 372
프랜시스와의 결투 373~377
회사와 미르카심의 갈등 267~273
헥터호 57
헬사 전투 251
호자 안툰 268
호킨스 선장, 윌리엄 29, 61~64
홀웰, 존 제퍼나이어 183
홀카르, 투코지 22, 397, 521
홍콩 33
후글리 반다르 194
후글리강 144, 191, 214, 217, 223, 237, 246, 331
후추 49~51, 57, 71, 120, 18
흄, 데이비드 348
흐와자 페트루스 아라툰 205~208

기타

7년전쟁 123, 198, 543
VOC(네덜란드 동인도회사) 58~61
〈네이놉〉(풍자극) 342
《나지브울타와리크》 407
《로즈남차이 샤 알람》 526
《리야주스살라틴》 194, 202,
《바가바드 기타》 362, 363
《샤 알람 나마》 39, 170, 242, 557
《시바바라타》 84
《아시아식 의회에서의 토론》 341
《와키아트이 아즈파리》 406
《타리크이 무자파리》 39, 249, 257
《파드샤나마》 63